本丛书系国家社科基金“一带一路”建设研究专项“‘一带一路’沿线国别研究报告”（批准号：17VDL002）成果，并得到上海社会科学院“一带一路”建设专项经费资助。

总主编　王振
副总主编　王健　李开盛

“一带一路”国别研究报告

（希腊卷）

主编　崔宏伟

The Belt and Road Country Studies
(Greece)

中国社会科学出版社

图书在版编目（CIP）数据

“一带一路”国别研究报告．希腊卷／王振总主编；崔宏伟主编．—北京：中国社会科学出版社，2020.9

ISBN 978－7－5203－7207－7

Ⅰ．①一…　Ⅱ．①王…②崔…　Ⅲ．①政治—研究报告—世界②政治—研究报告—希腊　Ⅳ．①D52②D754.5

中国版本图书馆 CIP 数据核字（2020）第 175303 号

出 版 人　赵剑英
责任编辑　赵　丽
责任校对　王佳玉
责任印制　王　超

出　　版　中国社会科学出版社
社　　址　北京鼓楼西大街甲 158 号
邮　　编　100720
网　　址　http://www.csspw.cn
发 行 部　010－84083685
门 市 部　010－84029450
经　　销　新华书店及其他书店

印　　刷　北京明恒达印务有限公司
装　　订　廊坊市广阳区广增装订厂
版　　次　2020 年 9 月第 1 版
印　　次　2020 年 9 月第 1 次印刷

开　　本　710×1000　1/16
印　　张　32.5
插　　页　2
字　　数　533 千字
定　　价　169.00 元

总　序

自习近平总书记于2013年分别在哈萨克斯坦和印度尼西亚提出建设“丝绸之路经济带”和“21世纪海上丝绸之路”以来，“一带一路”倡议得到了“一带一路”沿线国家的积极呼应，以政策沟通、设施联通、贸易畅通、资金融通、民心相通为合作框架的“五通”成为连接中国与世界的新桥梁、新通道。习近平总书记在第二届“一带一路”国际合作高峰论坛开幕式上的主旨演讲中特别提出，共建“一带一路”，顺应经济全球化的历史潮流，顺应全球治理体系变革的时代要求，顺应各国人民过上更好日子的强烈愿望。面向未来，我们要聚焦重点、深耕细作，共同绘制精谨细腻的“工笔画”，推动共建“一带一路”沿着高质量发展方向不断前进。

上海社会科学院自2014年以来积极推进“一带一路”倡议研究和国别数据库建设。2017年4月第一届“一带一路”国际合作高峰论坛召开之际，我们与中国国际经济交流中心紧密合作，联合推出了智库型的“丝路信息网”。在创建“一带一路”数据库过程中，我们深感学术界、智库对“一带一路”沿线国家的国情研究，明显存在广度、深度不足问题。传统的区域国别研究或以历史、语言为背景，或主要局限于国际问题研究领域，往往缺乏国情研究的多学科特点和专业性调研范式，对于“一带一路”建设的实际需求，也考虑较少。“一带一路”沿线国家各有其不同的历史文化和国情特征。只有深入了解和认识这些国家之间的国情特征，才能为“一带一路”建设和相关决策提供较为扎实的智力保障和知识依托。

全国哲学与社会科学工作办公室为推进“一带一路”国情研究，于2017年专门设立了“一带一路”国别与数据库建设研究专项，并组织上海社会科学院、中国人民大学国家发展与战略研究院、兰州大学中亚研究所三家智库组成联合课题组，系统开展“一带一路”国别研究。2018 年正式启动第一期研究，三家智库根据各自专业优势各选择 6 个国家开展国别研究，并在合作交流中逐步形成了体现国情研究特征的国别研究框架体系。

上海社会科学院高度重视“一带一路”研究，在张道根院长、于信汇书记的支持下，由副院长王振研究员牵头，组成了跨所跨院的研究团队。既集中了本院国际问题研究所、世界经济研究所、应用经济研究所、城市与人口研究所、宗教研究所、社会学研究所、“一带一路”信息研究中心等相关研究所的科研骨干，还特邀上海外国语大学、同济大学、上海对外经贸大学等上海高校的国别研究权威学者加盟，并担任国别研究的首席专家。在各位首席专家的牵头下，不仅有我院各个领域的科研骨干加入各国别研究小组，还组织国内外的各路专家学者参与国别研究，真正形成了多学科、社会化的合作研究格局。

为深化“一带一路”国别研究，有力推动“一带一路”国情数据库建设，我们在充分评判和总结已有各类研究文献的基础上，特别强调，要突出国情研究的特定类型和方式，要考虑国情数据库内容需要的全面性、积累性、长期性特点。一是内容的相对全面性。即除了研究各个国家的资源禀赋、对外开放、经济成长、地域政治外，还要研究各个国家的中长期战略、产业结构、市场需求、投资政策、劳动政策、科教文化、政党生态、宗教影响等，还要研究重点城市、产业园区等。二是调研的一线性。要收集、整理来自各个国家政府部门、智库的最新报告，同时动员这些国家的专家参与其中的部分研究，增强客观性和实地性；要收集、整理国际组织、发达国家智库最新的各类国别研究报告，增强多角度判断。三是观察的纵向时序性。要有发展轨迹的纵向梳理和评价，同时还要对未来的发展有基本的展望和把握。四是数据库建设内容更新的可持续性。要研究国情信息来源渠道的权威性、多样性和长期性，确保国情研究和数据库建设的基础内容需要；研究如何把汇集起来的大量国情内容，经过专业人员的分析研究，形成更加符合政府需要、企业需要和学者需要的国情产品。

在国别研究过程中，课题组多次开会讨论、反复推敲，最终形成了包括基本国情、重大专题和双边关系三篇的基本研究框架，并致力于在以下三方面形成研究特色。

一是通过跨学科协作，突出基本国情研究的综合性。在第一篇基本国情中，我们组织了来自经济学、地理学、人口学、政治学、国际关系学、宗教学等学科和领域的专家，分别从综合国力、人口结构、资源禀赋、基础设施、产业结构、政治生态、民族宗教、对外关系等方面对“一带一路”沿线国家的基本国情进行深度剖析。

二是结合“一带一路”建设需要，突出重大专题研究的专业性。本书第二篇重大专题，采取“3 + X”模式。“3”即为各“一带一路”沿线国家均须研究的内容，包括国家中长期战略、投资与营商环境、中心城市及其区域影响力。“X”即为基于各国特定国情以及“一带一路”建设在该国的特定需要而设置的主题。例如，关于以色列，我们就比较关注科技体制及其创新战略、巴以冲突和海外离散犹太人等问题。

三是着眼于务实合作，突出双边关系研究的纵深度。第三篇双边关系，同样采取“3 + X”模式。“3”即为各国别均须研究的内容，包括：历史与前瞻、中国观、“一带一路”与投资贸易关系。我们认为，这三部分对了解中国与“一带一路”沿线国家双边关系的历史与现实有着重要的意义。“X”则是着眼于具体双边关系的特色，突出每对双边关系中不同优先领域，如匈牙利卷我们关注金融合作、波兰卷关注物流合作、土耳其卷关注反恐合作、希腊卷关注人文交流、摩洛哥卷关注港口合作等。

根据上述研究框架，从 2017 年底开始，到 2019 年初，大约用了一年多一点的时间，我们完成首批六个“一带一路”沿线国家的国别研究报告，它们是：波兰、匈牙利、希腊、土耳其、以色列和摩洛哥。在全国哲学与社会科学工作办公室的支持下，我们正总结经验、推广布局，着手开始第二批“一带一路”沿线国家国别报告的研究工作。我们期待，在不长时间里，我们能够完成主要“一带一路”沿线国家的国别研究报告，为政府和企业决策提供相关的基础性信息，为促进我们对“一带一路”沿线国家的了解添砖加瓦，为推动“一带一路”建设尽绵薄之力。

在此首批成果推出之际，要特别感谢全国哲学与社会科学工作办公室智库处。“一带一路”建设研究专项是国家社科基金重大专项之一，有幸入选这一专项并得到持续支持，是我们研究不断推进的根本动力。还要特别感谢各个国别研究小组的首席专家，在他们的组织和专业背景支持下，形成了具有开创性价值的国别研究成果；感谢各个领域的专家们，有了他们深厚的专业造诣和齐心协力，才能确保研究的顺利完成。另外还要感谢跟我们一起入选这一专项的中国人民大学和兰州大学研究团队，我们在各自擅长的领域共同研究、分别推进，这种同侪间的交流拓展了我们的视野，让我们获益良多。最后，要感谢中国社会科学出版社给我们提供权威的出版平台，他们的努力是让这套丛书能够尽早与读者见面的直接保证。

王　振

上海社会科学院副院长

2019 年 5 月 30 日

前　言

希腊是一个历史悠久的古国，曾对人类文明发展进步的诸多领域做出了巨大贡献。古希腊是西方文明最重要的源头之一。古希腊在哲学、诗歌、戏剧、神话、科学、建筑等领域造诣深厚，诞生了苏格拉底、柏拉图、亚里士多德等伟大的思想家，《荷马史诗》为后世广泛传颂。古希腊语是世界上最古老的语言之一，包括古希腊文学艺术、城邦制度和古希腊战争在内的古希腊文明对后世产生了深远影响。前 20 世纪，古希腊进入了爱琴文明时代，也称克里特—迈锡尼文明时代。至前 2 世纪，古希腊又经历了荷马时代、古风时代、古典时代和希腊化时代。

希腊是一个命运多舛的民族。从前 146 年起，希腊被罗马人占领，成为罗马帝国的一个省。395 年，罗马帝国分裂，希腊成为拜占庭王朝的心脏地区。自 1453 年起，希腊被土耳其奥斯曼帝国统治长达 400 年。

1821 年，希腊人爆发了反抗土耳其人的民族独立革命并召开了第一次国民大会。然而，希腊人对“所要建立的政权并没有坚定的原则”，①在建立中央政府的过程中，因为各地区仍大权在握，发生了派系冲突并演变为内战，给了土耳其人以喘息的机会。直至 1829 年，英国、俄国和法国联合出兵干预，迫使苏丹承认希腊独立。希腊的首任总统亚尼斯·卡帕蒂斯特里阿斯试图将权力集中到中央，削弱地方精英的权力，结果触犯了贵族们庞大的、错综复杂的利益，于 1831 年被暗杀。1833 年，年轻的巴伐利亚王子作为继任者成为希腊的奥托一世国王。

1924 年 1 月 2 日，希腊召开国民会议，决定废除君主民主制，确认希

---

① ［希］约翰·科里奥普罗斯、萨诺斯·维莱米斯：《希腊的现代进程——1821 年至今》，郭云艳译，上海人民出版社 2008 年版，第 28 页。

腊为共和国，也开启了政局不稳定时期。在经历了政变、君主制复辟和独裁之后，1941 年希腊被轴心国占领。20 世纪 40 年代，持续多年的内战造成希腊社会巨大撕裂，严重破坏了国民经济。直至 1974 年，希腊开始了真正重建民主政体和自主外交的新时代。奥斯曼帝国长期统治的政治影响，使得现代希腊这个国家与典型的韦伯式国家迥然不同。①

希腊本土分为北希腊、中希腊和南希腊三部分。北希腊是多山的地区，文明发展的脚步相对较晚，不过后起的马其顿却最终成就了希腊的帝国之梦。中希腊的雅典从古到今始终是希腊最大的政治、经济、文化中心。南希腊在地理上又被称作伯罗奔尼撒半岛，其东北端的迈锡尼是爱琴文明后期的重镇，地位非常重要。

希腊处于欧洲、亚洲和非洲的交汇之地，占据地中海东部和东南欧的重要战略位置。陆地上的交通因为山脉的阻隔显得不便，因而希腊的国土通向广阔的大海。希腊人很早就开始海上求生存之路。早在古希腊城邦时期，希腊就建立起了庞大的海洋贸易网络，并享有“航海民族的盛誉”。长期以来，希腊海运业发达并且一直是国民经济的主要支柱和基石。而阳光、海滩、神话、古文明和文化遗址，让希腊成为世界旅游胜地，旅游业对希腊国民经济和就业贡献巨大。

尽管存在其他少数民族，但本质上，希腊是单一民族国家并奉行单一民族政策。东正教在希腊长期享有国教的地位，并塑造了现代希腊的文化认同。东正教教会在现代希腊民族国家建立过程中发挥了至关重要的作用。当代希腊实施政教分离的国策，不过东正教教会在政治和社会政策方面拥有较大的发言权。希腊人既坚守保守主义传统，重视家庭、血缘及宗族的价值和作用，又不断革新并追求现代价值理念和实践创新。

希腊是议会制共和国，国家机构由总统、议会、政府和法院组成，实行三权分立。政党在希腊社会政治生活中扮演重要角色。传统上，希腊政党建立在庇护关系、雇主关系、家族关系的基础上，没有鲜明的政纲和意识形态。② 1974 年之后，现代政党组织兴起，希腊的政党制度逐步向两党

---

① ［美］彼得·卡赞斯坦：《地区构成的世界：美国帝权中的亚洲和欧洲》，秦亚青、魏玲译，北京大学出版社 2007 年版，第 230 页。

② ［美］霍华德·威亚尔达主编：《全球化时代的欧洲政治》，陈玉刚、陈晓翌、左克文等译，北京大学出版社 2010 年版，第 307 页。

制和其他西欧国家的政治体制模式演进，泛希腊社会主义运动党在这方面做出了开拓性贡献。

与西欧国家相比，希腊工业化起步较晚，经济结构相对单一。希腊经济以旅游、航运和金融等服务业为主，工业和农业在经济中的比重较低，制造业基础较为薄弱。1981 年，希腊加入欧盟（欧共体），采取了一系列的制度改革措施以便与欧盟法律规范趋同。在欧盟架构下，一方面，希腊经济社会发展得到了欧盟财政转移的大力扶持；另一方面，希腊在欧盟统一市场内始终处于弱势地位，竞争力较低。2009 年，希腊爆发严重的债务危机，在国际救助机制的压力下，希腊政府不得不实施包括增加税收、削减工资和养老金福利、裁撤公务员、出售国有资产、推行私有化等严苛的紧缩举措。在经历了痛苦的改革后，自 2016 年起，希腊开始实现财政盈余，经济重新恢复增长。2018 年 8 月 20 日，希腊终于退出了国际救助机制，开始“靠自己的双腿走路”。2019 年 3 月，希腊发行了十年来首只十年期债券，重返国际债券市场。

“紧缩”政策的实施造成希腊经济严重衰退，国民生活水平大幅下降。与 2007 年相比，2017 年的希腊经济规模萎缩了近 1/4，债务与 GDP 的高占比、高失业率和高税收，妨碍了经济活动和投资。经济问题是希腊政治的核心。2015 年，持反紧缩立场的激进左翼联盟因契合民众需求顺势上台执政。然而，激进左翼联盟上台执政后不得不与债权国和欧盟合作，签署了第三轮救助计划，继续实施紧缩政策，背弃了选举承诺。在 2019 年的希腊大选中，选民重新选择了传统中右翼的新民主党。新民主党赢得议会 300 个席位中的 158 席，得以单独组阁，结束了希腊约十年的多党联合执政局面。

新民主党党魁基里亚科斯·米佐塔基斯于 2019 年 7 月 8 日宣誓就任希腊总理。新民主党一贯秉持自由主义和开放的经济理念，国际社会对希腊未来经济前景持乐观期待。米佐塔基斯总理上任后提出了一系列减税和增加收入的举措，同时保证在债权人为该国设定的严格的财政限制范围内开展工作。对此，国际评论认为，新民主党政府将面临一个艰难的平衡：既要满足疲惫的希腊社会增收的期望，又要满足欧盟主要国家经济保守派的低债务要求。鉴于希腊经济增长对投资的迫切需求，新民主党政府下决心改善投资营商环境，以吸引更多的外来投资。

希腊同属欧盟和北约，是巴尔干地区最发达的经济体，也是巴尔干和东地中海地区重要的稳定力量。希腊支持欧洲一体化和欧盟共同外交与安全政策，依托欧盟维护民族独立和国家安全是希腊外交政策的根本出发点。由于历史原因，希腊与土耳其之间一直存在着宗教矛盾、领土主权纠纷等错综复杂的利害关系，双方在塞浦路斯问题上争执不休。因此，土耳其是希腊国防政策的最优先指向。作为文明古国，希腊重视跨文明交流与文明互鉴。

自 1972 年 6 月 5 日建交以来，中国和希腊的友好交往一直秉持平等互信、互利共赢的原则，相互尊重彼此核心利益和重大关切。中希两国高层互访频繁，政治互信不断增进，领导人间的密切交往对促进双边关系发展具有重要引领作用。经济合作与人文交流是中希关系的两个轮子，航运和海洋合作是双方经贸投资合作的引擎。中希两大文明古国在当今的文明间对话中发挥着重要作用，两国都反对“文明冲突论”，坚持平等、互鉴、对话、包容的文明观，认为世界和平依赖于不同文明间的对话交流与相互理解。中希两国友好合作稳步发展并进入了深化和加强全面战略伙伴关系的新阶段。中希关系正在成为不同规模、不同制度、不同文化国家之间和平相处、合作共赢的典范。

希腊在“一带一路”建设中占据重要的支点地位。“一带一路”倡议与希腊经济增长战略相契合，由此促进了双方经贸与投资合作的不断增加。“一带一路”倡议为希腊经济注入新活力，希腊也将成为“海上丝路”国际运输的枢纽。希腊加入中国—中东欧合作框架，将进一步提高中欧陆海快线的效率。中远比雷埃夫斯港是中希两国“一带一路”合作的示范项目。2019 年，比雷埃夫斯港口群的综合评估排名进入全球十大航运枢纽行列，已成为地中海地区第二大港口和全球发展最快的集装箱港口之一。2019 年 10 月，中远比雷埃夫斯港 6 亿欧元新的投资计划获得希腊港口规划和发展委员会的批准，这项巨额投资计划将为希腊提供数千个新的岗位，有助于促进希腊经济增长。“一带一路”建设增进了中希两国人民交往和相互了解的热情，中希双边关系的社会基础越来越坚实。

本卷在结构上分为三个部分。第一篇是有关希腊基本国情的全面阐述，包括希腊的综合国力评价、人口状况、资源禀赋、基础设施、产业结构、政治生态、民族宗教及对外关系等，旨在为读者呈现希腊国家、社会、政治、经济、外交各领域的面貌；第二篇为专题研究，重点考察希腊应对债务危机而开展的结构改革、养老金制度改革、希腊的营商环境和重点城市发展战略等政策举措；第三篇则关注中国与希腊双边关系的发展，尤其是“一带一路”倡议框架下的政治关系、海运与海洋合作、经贸投资合作及人文交流，分析取得的成果和需要解决的问题。

本书着眼于服务“一带一路”建设的现实需要，强调问题导向，重视综合性研究、跨学科研究和实证研究，各章的写作尽量做到客观、准确，所引用的数据资料主要来源于希腊统计局、欧盟统计局以及联合国、世界银行等权威机构。

在本卷付梓之际，作为主编，我要感谢“一带一路”国别研究重大项目首席专家、上海社会科学院王振副院长的总体设计和领导，感谢希腊国别研究团队各位作者的辛勤工作与精诚合作，感谢上海社会科学院国际问题研究所副所长李开盛研究员的大力协调。

由于资料受限和时间仓促，书中难免会存在不少错误和纰漏之处，欢迎读者批评指正。

崔宏伟

本卷作者

前言　崔宏伟　上海社会科学院国际问题研究所研究员

第一篇

第一章　周　琢　上海社会科学院世界经济研究所副研究员

第二章　周海旺　上海社会科学院城市与人口发展研究所副所长、研究员

　　　　谭若愚　上海社会科学院城市与人口发展研究所研究生

第三章　叶　琴　上海师范大学环境与地理科学学院讲师

第四章　马　双　上海社会科学院信息研究所助理研究员

第五章　卢晓菲　上海社会科学院产业经济学博士

第六章　来庆立　上海社会科学院中国马克思主义研究所助理研究员

第七章　赵博阳　上海社会科学院宗教研究所助理研究员

第八章　赵　菩　上海社会科学院国际政治专业研究生

第二篇

第一章　吴晓群　复旦大学历史系教授

第二章　姜云飞　上海社会科学院世界经济研究所助理研究员

第三章　宋晓敏　中国社会科学院欧洲研究所副研究员

第四章　赵朝龙　上海工程技术大学马克思主义学院讲师

第五章　廖邦固　上海师范大学环境与地理科学学院副教授

　　　　徐惠研　上海师范大学环境与地理科学学院研究生

　　　　邓智团　上海社会科学院城市与人口发展研究所研究员

第六章　崔智博　华东师范大学人文社会科学学院博士

第三篇

第一章　崔宏伟　上海社会科学院国际问题研究所研究员
第二章　崔宏伟　上海社会科学院国际问题研究所研究员
　　　　盛张铭　上海社会科学院国际问题研究所研究生
第三章　董一凡　中国现代国际关系研究院欧洲研究所助理研究员
第四章　陈留俊　江苏省扬州市广陵区委党校讲师

目　录

第一篇　基本国情研究

第三篇 双边关系研究

第一篇

基本国情研究

第一章　综合国力评价

综合国力评价是对一个国家基本国情的总体判断，也是我们进行国与国之间比较的基础。本章拟通过数量化的指标体系对希腊的综合国力进行评价。

第一节　基本国情

希腊全称希腊共和国（The Hellenic Republic），国土面积为131957平方千米。希腊海岸线长达13676千米（8498英里），领海宽度为6海里。希腊岛屿众多，国土面积中有15%为岛屿，其中227个岛屿有人居住。希腊80%的国土为山脉或者丘陵，盆地和平原多被山地切割。希腊是欧洲拥有最多山区的国家之一，67%的国土在海拔200米以上，13%在海拔1000米以上。希腊位于巴尔干半岛最南端，北邻北马其顿和保加利亚，西北紧靠阿尔巴尼亚，东北与土耳其的欧洲部分相毗邻。希腊是爱琴海、地中海和亚得里亚海三海交汇的要冲，也是欧洲腹地、巴尔干半岛与西亚北非之间的十字路口。

希腊是世界上历史最悠久的国家之一，是西方文明的发源地。西方民主制度、西方哲学、奥林匹克运动会、西方文学、西方史学、西方政治学、科学及数学原理、西方戏剧，都可以追溯至古希腊文明。九成以上的希腊公民认为自己信仰东正教，属于希腊东正教会，使用拜占庭仪式。希腊共和国的官方语言和全国通用的语言是现代希腊语。

希腊法律体系源于罗马法的大陆法系，既在法国和德国影响下作出一定的调整修正，又融合了一些古希腊的原则。希腊是一个统一的议会共和国。名义上的国家元首是共和国总统，由议会选出，任期五年。大多数政治权力掌握在总理手中。

希腊的行政区划大致分为三级，即行政大区、省和市镇。行政大区在法律上不具有独立法人地位，属于中央政府的行政单位；省是第二级地方行政单位，也是选区单位；市镇为第一级地方自治政府，也是全国最基层的行政单位。希腊分 7 个大区，13 个行政省，325 个行政市。希腊的首都是雅典，雅典也是希腊最大的城市。第二大城市是北方工业重镇塞萨洛基尼（也称萨洛尼卡）。希腊的人口主要集中在这两个大城市。

2018 年，希腊总人口为 1074 万人，98% 的人口为希腊人，其余为马其顿、土耳其、阿尔巴尼亚等少数民族。历史上，由于资源匮乏、外族统治及商业拓展的需要，希腊一直是一个人口迁出大于人口迁入的国家。20 世纪头 20 年是希腊人口流动最为频繁的阶段，相当多的年轻人涌向美国、加拿大、澳大利亚等国；另外，许多希腊人则从土耳其、保加利亚、俄罗斯等地返回。

2017 年，希腊的生育率为 1.41‰，是世界上生育率最低的国家之一，显著低于自然更替水平，由此导致中位年龄为 44.2 岁，位列世界第七。2015 年希腊全国经常性医疗支出占 GDP 的 8.4%，2016 年希腊人平均寿命 72 岁。

希腊实行 9 年义务制教育。全国共有高等教育机构 32 所，其中 18 所是综合性大学，14 所为技术教育学院。2016 年希腊政府的教育支出占 GDP 的 4.3%。

希腊劳工组织较为发达，劳动用工制度严格。希腊近 26% 劳工有自己的工会组织，全国工会有 4000 多个，其中全国劳工总会（GSEE）和全国公职协会（ADEDY）是希腊最大的两个劳工组织，分别代表私企雇员和公职雇员。全国劳工总会最重要的职能是与雇主代表——希腊工业联盟（SEV）进行两年一次的全国集体劳工协议谈判，确定全国最低工资标准、工时、劳动环境与健康等。集体协议经劳工部批准后具有法律效力。除了全国集体劳工协议外，希腊集体劳工协议还包括行业集体劳工协议和企业集体劳工协议。各行业工会组织和企业工会组织与相应的资方代表定期谈判，以确定行业和企业的劳资条件。

2018 年，希腊的 GDP 总值为 1847 亿欧元，人均 GDP 为 1.72 万欧元（欧盟平均值为 3.09 万欧元）。截至 2017 年 12 月，希腊公共债务总规模达 3424.46 亿欧元，其中政府债务为 2780.65 亿欧元，央行债务为 643.81 亿欧元，公共债务占 GDP 比重超过 180%。2017 年，希腊的通货膨胀率为 1.1%，总体失业率为 21.5%。2017 年希腊人均居民最终消费支出为 1083 欧元（2010 年不变价），家庭储蓄率为 -16.7%。①

希腊的经济体量主要由服务业（78%）和工业（18%）构成，农业只占国民经济总量的 4%。旅游业和航运业是希腊的重点行业。希腊的旅游业在服务业中的占比最大，被联合国世界旅游组织列为欧盟第七大和世界第十六大访问目的地。2017 年，旅游业收入占希腊 GDP 的 8.0%。希腊的商业远洋运输能力占世界总量的 16.2%，位列世界第一。航运占希腊国内生产总值的约 6%。

希腊是欧盟和欧元区成员。欧盟成员国执行统一的对外贸易政策或经欧盟授权实施贸易措施。希腊海关管理制度与欧盟保持统一。外商在希腊投资需要遵守相关的欧盟法。

2017 年希腊对外货物贸易额为 893.84 亿美元；服务贸易出口 292.99 亿美元，进口 85.29 亿美元。截至 2017 年底，希腊吸收外资存量为 323.71 亿美元，外资投资领域主要集中在服务业如通信、金融、贸易、房地产、旅游业等。②

希腊是巴尔干地区最大的经济体和最重要的区域投资者。希腊分别是阿尔巴尼亚和保加利亚的第二、第三大外国投资者，在罗马尼亚和塞尔维亚的外国投资者中位列前三名，是北马其顿共和国最重要的贸易伙伴和最大的外国投资者。

第二节　指标体系的构建

一　指标体系构建原则

指标体系构建的原则是为了反映一国在一个时期内的综合国力。在参考国际上的指标体系和竞争力指标的基础上，立足于“一带一路”国家

---

① 商务部国际贸易经济合作研究院、中国驻希腊大使馆经济商务处、商务部对外投资和经济合作司编：《对外投资合作国别（地区）指南·希腊》2018 年版。

② 《对外投资合作国别（地区）指南·希腊》2018 年版。

的特点，本章提出了“一带一路”国家综合国力指数，旨在揭示“一带一路”国家的综合国力和基本国情。

合理地选取指标和构建“一带一路”国家综合国力指数评价体系，有利于真实、客观地反映“一带一路”国家质量与综合水平。本章在回顾既有研究成果的基础上，聚焦“国情”和“综合”，结合“一带一路”国家发展实践和“一带一路”国家综合国力指数的构建原则，并据此构建一套系统、科学、可操作的评价指标体系。

构建方法：第一步，本章对原始数据进行标准化处理，第二步，对各级指标进行算术加权平均，第三步，得出相应数值进行排名。

（本指数的基础数据主要来源于：世界银行数据库、世界竞争力报告数据和欧洲统计局。）

二　指标体系构建内容

本章拟构建一个三级指标体系对一个国家的综合国力进行评估。

（一）一级指标

一级指标体系包括四个“力”和一个“环境”，分别为基础国力、消费能力、贸易能力、创新能力和营商环境。

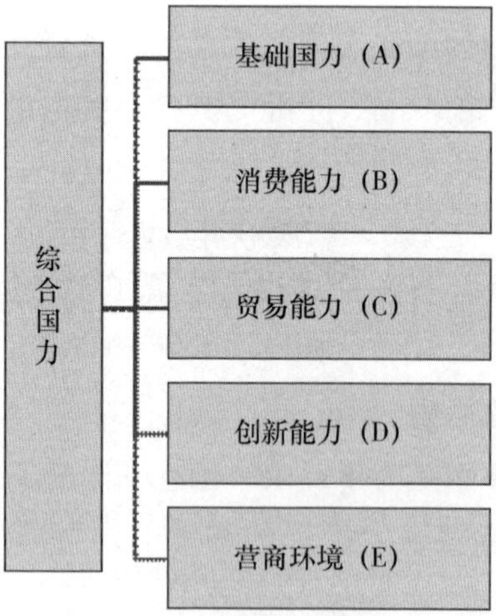

图Ⅰ-1-1　“一带一路”国家综合国力的一级指标

（二）二级指标

在基础国力（A）中间，设置了四个二级指标，分别是资源禀赋（A1）、人口状况（A2）、教育水平（A3）和基础设施（A4）。

在消费能力（B）中间，设置了两个二级指标，分别是消费总量（B1）和消费结构（B2）。

在贸易能力（C）中间，设置了两个二级指标，分别是进口能力（C1）和出口能力（C2）。

在创新能力（D）中间，设置了三个二级指标，分别是创新人才（D1）、研发投入（D2）和创新成果（D3）。

在营商环境（E）中间，设置了四个二级指标，分别是制度环境（E1）、投资安全（E2）、外商政策（E3）和公共服务（E4）。

（三）三级指标

三级指标共有139个，具体见表I－1－1：

表I－1－1　“一带一路”国家综合国力指标

一级指标	二级指标	三级指标	三级指标代码
基础国力	资源禀赋	地表面积	A101
		可再生内陆淡水资源总量	A102
		耕地面积	A103
	人口状况	总人口数	A201
		城市人口数	A202
		农村人口数	A203
		少儿人口抚养比	A204
		老龄人口抚养比	A205

续表

一级指标	二级指标	三级指标	三级指标代码
基础国力	教育水平	中学教育入学率	A301
		教育体系的质量	A302
		数学和科学教育质量	A303
		管理类教育质量	A304
		学校互联网普及程度	A305
		基础教育质量	A306
		基础教育入学率	A307
	基础设施	总体基建水平	A401
		公路长度	A402
		铁路长度	A403
		港口效率	A404
		空中运输	A405
		航线客座千米（百万/每周）	A406
		电力供应	A407
		手机普及程度（每百人）	A408
		固定电话数（每百人）	A409
消费能力	消费总量	GDP（PPP）（百万美元）	B101
		国内市场规模指数	B102
	消费结构	人均消费（底层40%的人口）（美元/天）	B201
		人均消费（总人口）（美元/天）	B202
		人均实际消费年化增长率（底层40%的人口）（%）	B203
		人均实际消费年化增长率（总人口）（%）	B204

续表

一级指标	二级指标	三级指标	三级指标代码
贸易能力	进口能力	保险和金融服务（占商业服务进口的比例）(%)	C101
		商业服务进口［美元（现价）］	C102
		运输服务（占商业服务进口的比例）(%)	C103
		旅游服务（占商业服务进口的比例）(%)	C104
		货物进口［美元（现价）］	C105
		农业原料进口（占货物进口总额的比例）(%)	C106
		食品进口（占货物进口的比例）(%)	C107
		燃料进口（占货物出口的比例）(%)	C108
		制成品进口（占货物进口的比例）(%)	C109
		矿石和金属进口（占货物进口的比例）(%)	C110
		通信、计算机和其他服务（占商业服务进口的比例）(%)	C111
	出口能力	保险和金融服务（占商业服务出口的比例）(%)	C201
		商业服务出口［美元（现价）］	C202
		运输服务（占商业服务出口的比例）(%)	C203
		旅游服务（占商业服务出口的比例）(%)	C204
		货物出口［美元（现价）］	C205
		农业原料出口（占货物出口总额的比例）(%)	C206
		食品出口（占货物出口的比例）(%)	C207
		燃料出口（占货物出口的比例）(%)	C208
		制成品出口（占货物出口的比例）(%)	C209
		矿石和金属出口（占货物出口的比例）(%)	C210
		通信、计算机和其他服务（占商业服务出口的比例）(%)	C211

续表

一级指标	二级指标	三级指标	三级指标代码
创新能力	创新人才	高等教育入学率	D101
		留住人才能力	D102
		吸引人才能力	D103
		科学家和工程师水平	D104
		每百万人中 R&D 研究人员（人）	D105
		每百万人中 R&D 技术人员（人）	D106
	研发投入	研发支出占 GDP 比例	D201
		最新技术有效利用程度	D202
		企业的科技运用能力	D203
		科学研究机构的质量	D204
		企业研发投入	D205
		产学研一体化程度	D206
		政府对高科技产品的采购	D207
		FDI 和技术转化	D208
		互联网使用者（占总人口的比例）（%）	D209
		固定宽带用户（每百人）	D210
		互联网带宽	D211
		移动互联网用户（每百人）	D212
	创新成果	非居民专利申请数（个）	D301
		居民专利申请数（个）	D302
		商标申请（直接申请，非居民）（个）	D303
		商标申请（直接申请，居民）（个）	D304
		商标申请合计（个）	D305
		高科技产品出口［美元（现价）］	D306
		在科学和技术学术期刊上发表的论文数（篇）	D307
		高科技产品出口占制成品出口的比例（%）	D308
		工业设计应用数量，非居民（个）	D309
		工业设计应用数量，居民（个）	D310
		非居民商标申请（个）	D311
		居民商标申请（个）	D312
		中高技术产品出口占制成品出口的比例（%）	D313

续表

一级指标	二级指标	三级指标	三级指标代码
营商环境	制度环境	有形产权保护	E101
		知识产权保护	E102
		公共基金的多样性	E103
		政府公信力	E104
		政府的廉政性	E105
		公正裁决	E106
		政府决策偏袒性	E107
		政府支出效率	E108
		政府管制负担	E109
		争端解决机制的法律效率	E110
		改变陈规的法律效率	E111
		政府政策制定透明程度	E112
		审计和披露标准力度	E113
		公司董事会效能	E114
		金融服务便利程度	E115
		金融服务价格合理程度	E116
		股票市场融资能力	E117
		贷款便利程度	E118
		风险资本便利程度	E119
	投资安全	公安机关的信任度	E201
		恐怖事件的商业成本	E202
		犯罪和暴力的商业成本	E203
		有组织的犯罪	E204
		中小股东利益保护	E205
		投资者保护（0—10 分）	E206
		银行的安全性	E207

续表

一级指标	二级指标	三级指标	三级指标代码
营商环境	外商政策	当地竞争充分程度	E301
		市场的主导地位	E302
		反垄断政策力度	E303
		税率对投资刺激的有效性	E304
		总体税率（占利润的比例）（%）	E305
		开办企业的步骤	E306
		开办企业的耗时天数	E307
		农业政策成本	E308
		非关税壁垒的广泛程度	E309
		关税	E310
		外资企业产权保护	E311
	公共服务	当地供应商数量	E401
		当地供应商质量	E402
		产业集群发展	E403
		自然竞争优势	E404
		价值链宽度	E405
		国际分销控制能力	E406
		生产流程成熟度	E407
		营销的能力	E408
		授权的意愿	E409
		劳动和社会保障计划的覆盖率（占总人口的百分比）	E410
		劳动和社会保障计划的充分性（占受益家庭总福利的百分比）	E411
		20%最贫困人群的劳动和社会保障计划的受益归属（占总劳动和社会保障计划受益归属的百分比）	E412

续表

一级指标	二级指标	三级指标	三级指标代码
营商环境	公共服务	失业救济和积极劳动力市场计划的覆盖率（占总人口的百分比）	E413
		20%的最贫困人群的失业救济和积极劳动力市场计划的受益归属（占总失业救济和积极劳动力市场计划受益归属的百分比）	E414
		社会安全网计划的覆盖率（占总人口的百分比）	E415
		社会安全网计划的充分性（占受益家庭总福利的百分比）	E416
		20%最贫困人群的社会安全网计划的受益归属（占总安全网受益归属的百分比）	E417
		社会保险计划的覆盖率（占总人口的百分比）	E418
		社会保险计划的充分性（占受益家庭总福利的百分比）	E419

从图Ⅰ-1-2中我们可以发现，希腊的综合国力在“一带一路”国家中排名第12位，在世界137个国家中排名70位。从横向比较上分析，2017年美国的GDP总量是193906亿美元，中国的GDP总量是122377亿美元，希腊的GDP总量是2002.9亿美元，希腊的GDP总量仅为美国GDP总量的1.03%；中国GDP总量的1.64%。

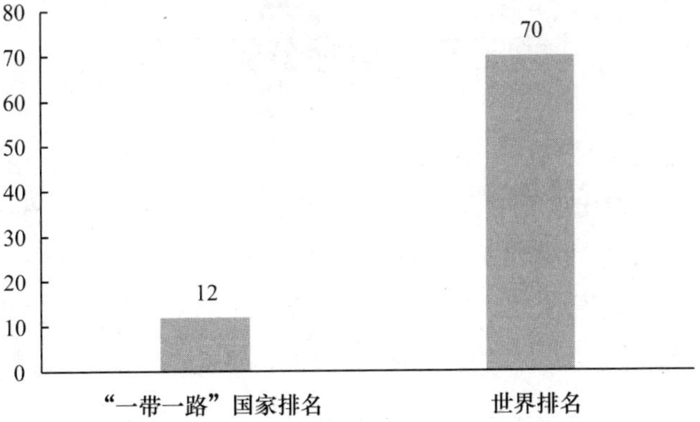

图Ⅰ-1-2　希腊的综合国力排名

从图Ⅰ-1-3中我们可以发现，希腊的基础国力在“一带一路”国家中排名第7位，在世界137个国家中排名第41位。希腊的消费能力在“一带一路”国家中排名第21位，在世界137个国家中排名第80位。希腊的贸易能力在“一带一路”国家中排名第6位，在世界137个国家中排名第55位。希腊的创新能力在“一带一路”国家中排名第21位，在世界137个国家中排名第83位。希腊的营商环境在“一带一路”国家中排名第18位，在世界137个国家中排名第85位。

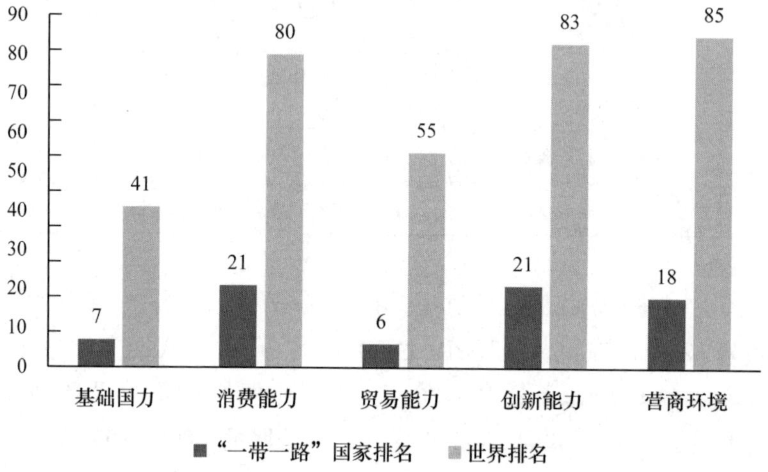

图Ⅰ-1-3　希腊综合国力一级指标排名

第三节　指标分类评价

一　基础国力评价

从Ⅰ-1-4图中我们可以发现，希腊的资源禀赋在“一带一路”国家中排名第15位，在世界137个国家中排名第70位。

希腊的人口状况在“一带一路”国家中排名第8位，在世界137个国家中排名第56位。以人口总数为例，2017年美国的人口总数为3.26亿人，中国的人口总数为13.86亿人，希腊的人口总数为1.07亿人，希腊的人口总数为美国人口总数的32.82%，为中国人口总数的7.72%。

希腊的教育水平在“一带一路”国家中排名第7位，在世界137个国家中排名第54位。在我们的计算样本中，美国、中国和希腊在教育培训分指标上的得分为别是6.3、4.8和4.45。

希腊的基础设施在“一带一路”国家中排名第9位，在世界137个国家中排名第55位。在我们的计算样本中，美国、中国和希腊在基础设施分指标上的得分为别是6.0、4.7和4.41。

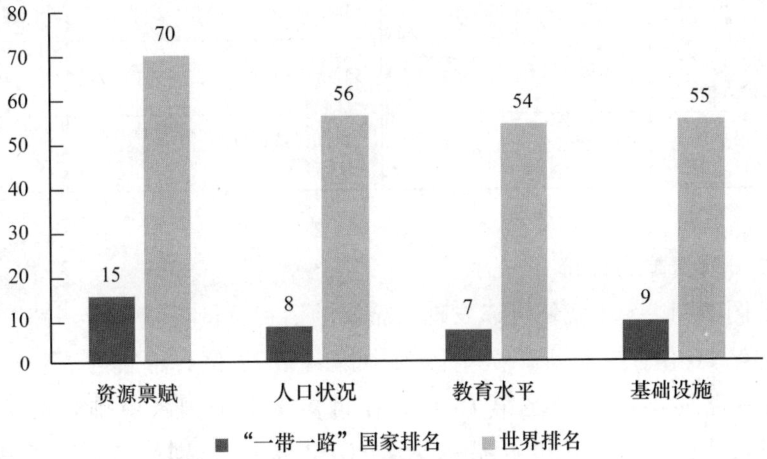

图Ⅰ-1-4　希腊基础国力二级指标排名

表Ⅰ-1-2　希腊基础国力三级指标排名

三级指标	“一带一路”国家排名	世界排名	三级指标	“一带一路”国家排名	世界排名
地表面积	8	50	管理类教育质量	7	63
可再生内陆淡水资源总量	7	61	学校互联网普及程度	8	66
耕地面积	8	52	基础教育质量	8	52
总人口数	9	60	基础教育入学率	6	50
城市人口数	7	59	总体基建水平	14	62
农村人口数	8	58	公路长度	15	74
少儿人口抚养比	13	73	铁路长度	16	78

续表

三级指标	“一带一路”国家排名	世界排名	三级指标	“一带一路”国家排名	世界排名
老龄人口抚养比	12	72	港口效率	5	20
中学教育入学率	8	71	空中运输	9	43
教育体系的质量	6	50	航线客座千米（百万/每周）	8	49
数学和科学教育质量	7	59	电力供应	10	45
固定电话数（每百人）	8	58	手机普及程度（每百人）	8	41

二　消费能力评价

从图Ⅰ-1-5中我们可以发现，希腊的消费总量在“一带一路”国家中排名第20位，在世界137个国家中排名第77位。希腊的消费结构在“一带一路”国家中排名第18位，在世界137个国家中排名第71位。2017年，美国、中国和希腊的人均GDP水平分别是59531.6美元、8826.9美元和18613.4美元。

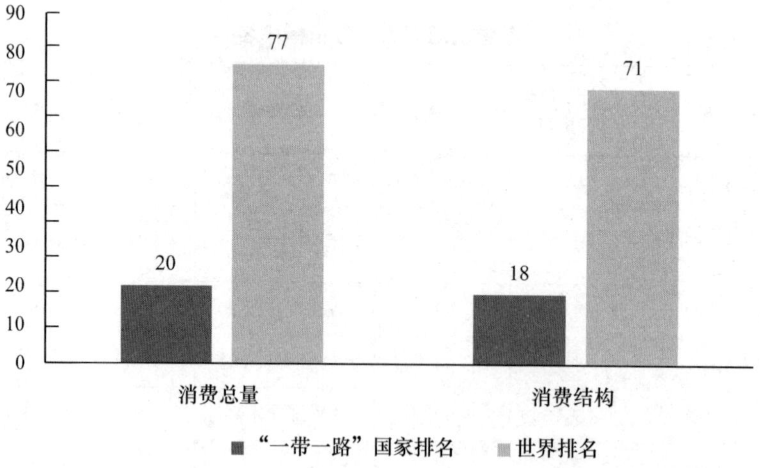

图Ⅰ-1-5　希腊消费能力二级指标排名

表 I-1-3　　希腊消费国力三级指标排名

三级指标	“一带一路”国家排名	世界排名
GDP（PPP）（百万美元）	11	68
国内市场规模指数	22	88
人均消费（底层 40% 的人口）（美元/天）	9	69
人均消费（总人口）（美元/天）	16	70
人均实际消费年化增长率（底层 40% 的人口）（%）	18	75
人均实际消费年化增长率（总人口）（%）	21	76

三　贸易能力评价

从图 I-1-6 中我们可以发现，希腊的进口能力在“一带一路”国家中排名第 10 位，在世界 137 个国家中排名第 57 位。希腊的出口能力在“一带一路”国家中排名第 9 位，在世界 137 个国家中排名第 56 位。2017 年，中国和希腊商品和服务出口占 GDP 的比重分别为 19.76% 和 33.2%，中国和希腊商品和服务进口占 GDP 的比重分别为 18.05% 和 34.3%。

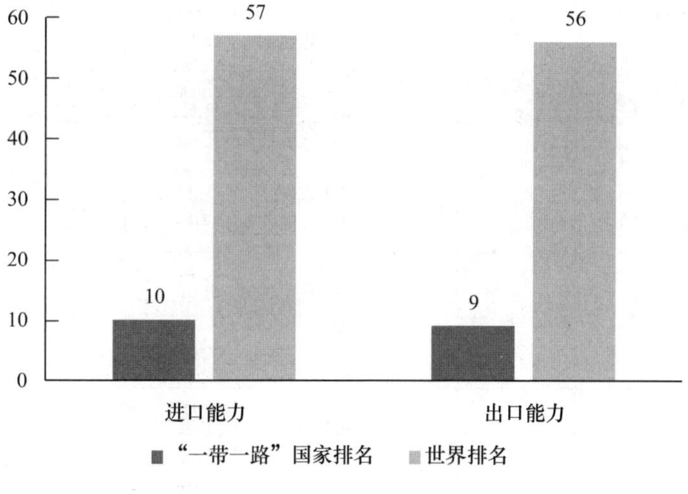

图 I-1-6　希腊贸易能力二级指标排名

表Ⅰ-1-4　　希腊贸易能力三级指标排名

	"一带一路"国家排名	世界排名		"一带一路"国家排名	世界排名
保险和金融服务（占商业服务进口的比例）(%)	9	58	保险和金融服务（占商业服务出口的比例）(%)	10	56
商业服务进口［美元(现价)］	11	56	商业服务出口［美元(现价)］	12	57
运输服务占商业服务进口的比例（%）	9	50	运输服务占商务出口的比例（%）	8	52
旅游服务（占商业服务进口的比例）(%)	6	52	旅游服务（占商业服务出口的比例）(%)	6	45
货物进口［美元（现价）］	12	69	货物出口［美元（现价）］	11	58
农业原料进口（占货物进口总额的比例）(%)	11	53	农业原料出口（占货物出口总额的比例）(%)	9	62
食品进口（占货物进口的比例）(%)	12	65	食品出口（占货物出口的比例）(%)	13	68
燃料进口（占货物出口的比例）(%)	9	59	燃料出口（占货物出口的比例）(%)	10	58
制成品进口（占货物进口的比例）(%)	10	55	制成品出口（占货物出口的比例）(%)	11	55
矿石和金属进口（占货物进口的比例）(%)	11	52	矿石和金属出口（占货物出口的比例）(%)	10	53
通信、计算机和其他服务（占商业服务进口的比例）(%)	5	53	通信、计算机和其他服务（占商业服务出口的比例）(%)	6	53

四　创新能力评价

从图Ⅰ-1-7中我们可以发现，希腊的创新人才在“一带一路”国家中排名第22位，在世界137个国家中排名第82位。在我们的计算样本中，美国的创新人才得分为6.4，中国的创新人才得分为3.5，希腊的创新人才得分为1.95。希腊的研发投入在“一带一路”国家中排名第21位，在世界137个国家中排名第87位。在我们的计算样本中，美国的研发投入得分为8.1，中国的研发投入得分为5.9，希腊的研发投入得分为2.6。希腊的创新成果在“一带一路”国家中排名第20位，在世界137个国家中排名第87位。在我们的样本中，美国的创新成果得分为7.6，中国的创新成果得分为3.2，希腊的创新成果得分为2.5。

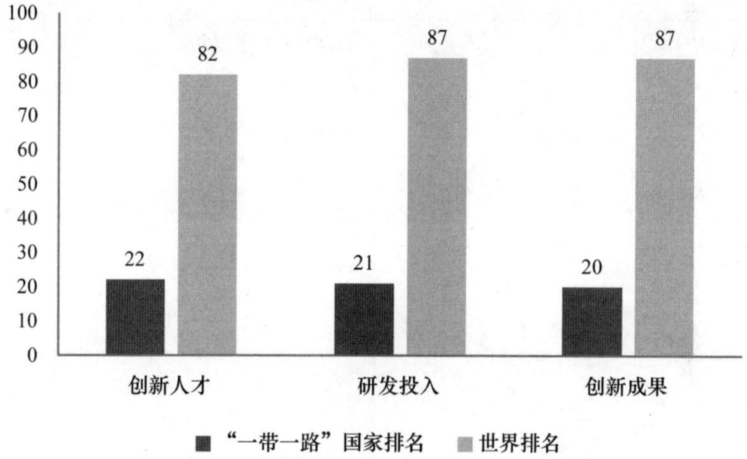

图Ⅰ-1-7　希腊创新能力二级指标排名

欧盟委员会公布了2018年欧盟成员国创新图表，结果显示，希腊的创新排名在28个成员国中仅名列第22位，排名靠后。这说明，希腊的创新水平低于欧盟的平均水平，远远落后于排在榜首的国家。自2010年以来，欧盟国家在创新方面的平均表现提高了5.8%，但希腊在这8年中的表现却没有得到改善。

表 I－1－5　　希腊创新能力三级指标排名

	"一带一路"国家排名	世界排名		"一带一路"国家排名	世界排名
高等教育入学率	20	75	固定宽带用户（每百人）	25	99
留住人才能力	23	93	互联网带宽	26	75
吸引人才能力	20	89	移动互联网用户（每百人）	27	71
科学家和工程师水平	21	74	非居民专利申请数	23	98
每百万人中 R&D 研究人员（人）	22	85	居民专利申请数	22	96
每百万人中 R&D 技术人员（人）	23	83	商标申请（直接申请，非居民）	29	88
研发支出占 GDP 比例	25	87	商标申请（直接申请，居民）	24	89
最新技术有效利用程度	26	86	商标申请合计	23	86
企业的科技运用能力	27	82	高科技产品出口［美元（现价）］	26	96
科学研究机构的质量	28	81	在科学和技术学术期刊上发表的论文数（篇）	23	94
企业研发投入	25	77	高科技产品出口占制成品出口的比例（%）	25	90
产学研一体化程度	23	89	工业设计应用数量，非居民	28	89
政府对高科技产品的采购	26	97	工业设计应用数量，居民	26	86
FDI 和技术转化	20	95	非居民商标申请	25	88
互联网使用者（占总人口的百分比）	16	92	居民商标申请	20	89
中高技术产品出口占制成品出口的比例（%）	18	85			

五　营商环境评价

从图Ⅰ-1-8中我们可以发现，希腊的制度环境在“一带一路”国家中排名第17位，在世界137个国家中排名第80位。在我们的样本国家中，美国制度环境的得分为9.6，中国制度环境的得分为6.5，希腊制度环境的得分为5.3。

希腊的投资安全在“一带一路”国家中排名第11位，在世界137个国家中排名第79位。在我们的样本国家中，美国投资安全的得分为9.6，中国投资安全的得分为6.5，希腊投资安全的得分为5.6。

希腊的外商政策在“一带一路”国家中排名第18位，在世界137个国家中排名第81位。在我们的样本国家中，美国外商政策的得分为8.6，中国外商政策的得分为7.5，希腊外商政策的得分为4.5。

希腊的公共服务在“一带一路”国家中排名第16位，在世界137个国家中排名第85位。在我们的样本国家中，美国公共服务的得分为7.6，中国公共服务的得分为7.0，希腊公共服务的得分为4.6。

2017年，希腊的外国直接投资达到40.46亿美元，同比增长31%，达到2008年以来的最高点。

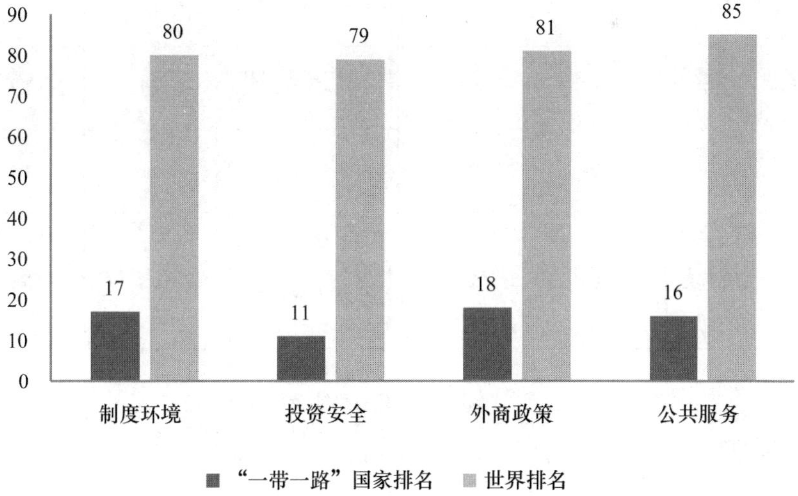

图Ⅰ-1-8　希腊营商环境二级指标排名

表Ⅰ-1-6　　希腊营商环境三级指标排名

三级指标	"一带一路"国家排名	世界排名	三级指标	"一带一路"国家排名	世界排名
有形产权保护	15	86	公司董事会效能	15	86
知识产权保护	19	84	金融服务便利程度	17	82
公共基金的多样性	16	86	金融服务价格合理程度	16	81
政府公信力	15	81	股票市场融资能力	17	83
政府的廉政性	19	84	贷款便利程度	19	90
公正裁决	18	89	风险资本便利程度	16	89
政府决策偏袒性	17	85	公安机关的信任度	11	86
政府支出效率	20	86	恐怖事件的商业成本	9	89
政府管制负担	21	75	犯罪和暴力的商业成本	8	86
争端解决机制的法律效率	22	89	有组织的犯罪	9	86
改变陈规的法律效率	20	88	中小股东利益保护	17	85
政府政策制定透明程度	18	95	投资者保护（0—10分）	16	87
审计和披露标准力度	17	79	银行的安全性	26	85
当地竞争充分程度	16	75	劳动和社会保障计划的充分性（占受益家庭总福利的百分比）	15	78
市场的主导地位	20	77	20%最贫困人群的劳动和社会保障计划的受益归属（占总劳动和社会保障计划受益归属的百分比）	17	79

续表

三级指标	“一带一路”国家排名	世界排名	三级指标	“一带一路”国家排名	世界排名
反垄断政策力度	16	77	失业救济和积极劳动力市场计划的覆盖率（占总人口的百分比）	19	76
税率对投资刺激的有效性	17	79	20%最贫困人群的失业救济和积极劳动力市场计划的受益归属（占总失业救济和积极劳动力市场计划受益归属的百分比）	20	72
总体税率（占利润的百分比）	15	70	社会安全网计划的覆盖率（占总人口的百分比）	21	79
开办企业的步骤	19	78	社会安全网计划的充分性（占受益家庭总福利的百分比）	23	77
开办企业的耗时天数	20	76	20%最贫困人群的社会安全网计划的受益归属（占总安全网受益归属的百分比）	20	76
农业政策成本	23	76	社会保险计划的覆盖率（占总人口的百分比）	22	78
非关税壁垒的广泛程度	25	89	社会保险计划的充分性（占受益家庭总福利的百分比）	21	78
关税	12	76	自然竞争优势	20	79
外资企业产权保护	16	79	价值链宽度	19	81
当地供应商数量	19	72	国际分销控制能力	21	89

续表

三级指标	“一带一路”国家排名	世界排名	三级指标	“一带一路”国家排名	世界排名
当地供应商质量	17	62	生产流程成熟度	20	86
产业集群发展	16	66	营销的能力	19	89
劳动和社会保障计划的覆盖率（占总人口的百分比）	19	72	授权的意愿	16	89

第二章　人口结构研究

截至2018年，根据联合国数据，希腊总人口为1074.12万人，人口密度83.40人/平方千米，约98.00%为希腊人，其余为土耳其人、马其顿人、保加利亚人等。希腊全国行政区划分为13个大区、52个州（包括享有很大自治权的圣山“阿索斯神权共和国”）、359个市镇。

表Ⅰ-2-1　　希腊13个大区行政区划

伯罗奔尼撒	中希腊	西希腊
色雷斯和东马其顿	中马其顿	西马其顿
爱奥尼亚群岛	南爱琴海	北爱琴海
克里特岛	伊皮鲁斯	色萨利
阿提卡大区		

资料来源：中华人民共和国外交部，https：//www.fmprc.gov.cn/chn/，2017年。

第一节　人口发展状况

一　人口总量发展变化趋势

（一）人口总量及其变化趋势

根据联合国人口司数据统计，从人口总量上看，截至2017年，希腊总人口数为1076.04万人，其中女性人口数量为529.63万人，占总人口比例为49.22%；男性人口数量为546.41万人，占总人口比例为50.78%，希腊男女性别比例较均衡，性别结构合理。

从人口总数来看，1960年至2017年，希腊人口总数整体呈上升趋势，1960 年希腊人口总数为 833.17 万人，1960 年至 1975 年希腊人口总数的增长速度较慢，1976 年后希腊人口总数的增长速度加快，2011 年人口总数达到 1110.49 万人，2012 年至 2017 年呈下降趋势，2017 年总人口数为 1076.04 万人。

从性别结构看，1960 年至 2017 年希腊男女人口数很接近，变化趋势相近。整体上看，1960 年至 2011 年逐年上升，2012 年至 2017 年开始下降，1960 年希腊男性人口数为 408.41 万人、女性人口数为 424.76 万人。到 2017 年，希腊男性人口数增长了 121.22 万人、女性人口数增长了 121.65 万人。

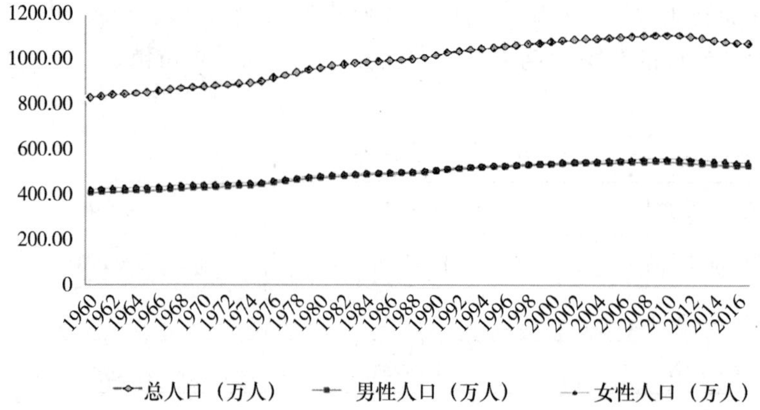

图Ⅰ-2-1　1960—2017 年希腊人口数变化（单位：万人）

注：图只显示到双年份。

资料来源：联合国人口司统计数据，http：//w3. unece. org/pxweb/en/，2018 年。

从希腊总人口性别比看，1960 年至 2017 年可以分为三个变化阶段：第一阶段，1960 年至 1965 年，希腊总人口性别比小幅上升后呈下降趋势，1965 年希腊总人口性别比为 96.18；第二阶段，1966 年至 1998 年呈波动上升趋势，其中出现两个峰值，1985 年希腊总人口性别比为 98.38，1998 年希腊总人口性别比为 98.94；第三阶段，1999 年至 2017 年呈下降趋势，2017 年希腊总人口性别比为 96.93。

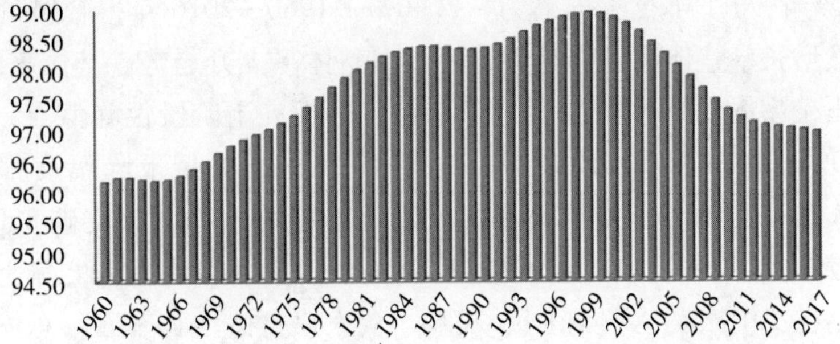

图Ⅰ-2-2 1960—2017年希腊总人口性别比变化趋势

说明：总人口性别比，即总人口中每100名女性对应的男性人数。

资料来源：联合国人口司统计数据，http：//w3. unece. org/pxweb/en/，2018年。

（二）人口发展前景预测

根据联合国编撰的《2017世界人口展望》，希腊2020年至2050年人口总数呈下降趋势，且女性人数仍高于男性人数，总人口性别比呈上升趋势。具体数据为：2020年希腊人口总数为1110.26万人，其中女性人口数为564.00万人，男性人口数为546.26万人；2025年希腊人口总数为1094.46万人，其中女性人口数为555.54万人，男性人口数为538.92万人；2050年希腊人口总数为998.16万人，其中女性人口数为503.48万人，男性人口数为494.67万人。

表Ⅰ-2-2 **希腊人口发展预测** （单位：万人）

年份	人口总数	男性人数	女性人数	总人口性别比
2020	1110.26	546.26	564.00	96.85
2025	1094.46	538.92	555.54	97.01
2050	998.16	494.67	503.48	98.25

说明：总人口性别比，即总人口中每100名女性对应的男性人数。

资料来源：联合国：《2017世界人口展望》，https：//population. un. org/wpp/，2017年。

二 人口自然变动情况

（一）人口自然变化趋势

根据世界银行数据可知，2016年希腊出生率为8.60‰、人口死亡率为 11.00‰、人口自然增长率为 -2.40‰。1960—2016 年，希腊的出生率、自然增长率整体呈下降趋势，死亡率整体呈上升趋势。具体表现为：从人口出生率看，整体呈波动下降趋势，出现三个阶段性峰值点：1967 年 18.80‰、1974 年 16.10‰、2008 年 10.70‰，其后下降幅度都比较大；从人口死亡率看，整体呈小幅波动上升趋势，1967 年突破 8.00‰、1980 年突破 9.10‰、2011 年突破 10.00‰，而且 2011 年后死亡率上升速度变快，在 2015 年达到峰值 11.20‰。从人口自然增长率看，总体呈波动下降趋势，与人口出生率的变动趋势相似，其间出现 4 个阶段性高点：1967 年 10.50‰、1974 年 7.60‰、1988 年 1.50‰、2008 年 1.00‰，其后下降速度更快。1998 年希腊人口自然增长率成为负值，经过小幅震荡后，从 2011 年起保持负增长状态，2015 年达到 -2.70‰的阶段低点。

新生儿死亡人数能在一定程度上反映出国家的健康医疗水平和社会经济水平。1961 年希腊的新生儿死亡人数为 3257 人，1961 年至 1968 年呈小幅波动上升趋势。1969 年至 1988 年下降趋势明显，1988 年希腊的新生儿死亡人数为 880 人。1989 年至 2016 年新生儿死亡人数下降速度放缓，2016 年希腊的新生儿死亡人数为 211 人。

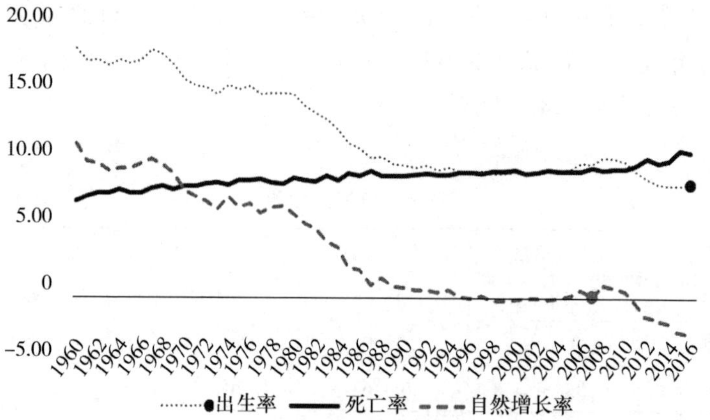

图 I-2-3 1960—2016 年希腊出生率、死亡率和自然增长率变化（单位:‰）

说明：死亡率表示一年内平均每千人中的死亡人数，出生率表示一年内平均每千人中的活产婴儿数。用出生率减去死亡率就得出人口自然增长率。

资料来源：世界银行，https：//data. worldbank. org. cn/，2017 年。

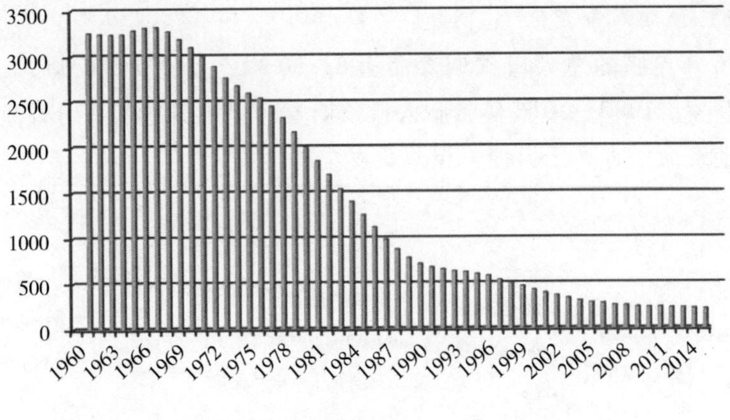

图Ⅰ-2-4　1960—2016 年希腊新生儿死亡人数（单位：人）

说明：新生儿指出生后 1 月内的婴儿。

资料来源：世界银行，https：//data. worldbank. org. cn/，2017 年。

（二）生育水平变化趋势

从总和生育率看，1960 年至 2016 年希腊的总和生育率整体呈波动下降趋势，大致可以划分为三个阶段：第一阶段为 1960 年至 1980 年，希腊总和生育率在 2. 1—2. 5 小幅度波动，1967 年为阶段性高点 2. 5，1980 年为 2. 2；第二阶段为 1981 年至 1990 年，希腊的总和生育率呈下降趋势，1990 年下降到 1. 4；第三阶段为 1991 年至 2016 年，希腊的总和生育率在 1. 2—1. 5 小幅度波动，2016 年总和生育率为 1. 3。

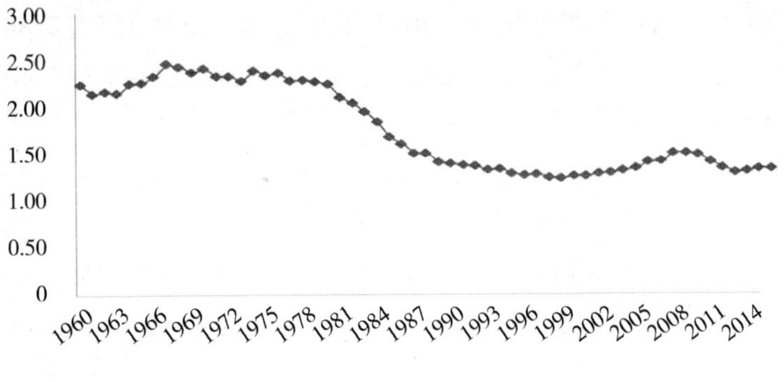

图Ⅰ-2-5　1960—2016 年希腊总和生育率变化情况

资料来源：世界银行，https：//data. worldbank. org. cn/，2017 年。

（三）预期寿命变化

2016 年希腊的总人口预期寿命为 81. 50 岁，女性为 84. 00 岁，男性为 78. 90 岁。1980—2016 年希腊人口预期寿命呈上升趋势，分性别来看，女性预期寿命一直高于男性，相差 5 岁左右。

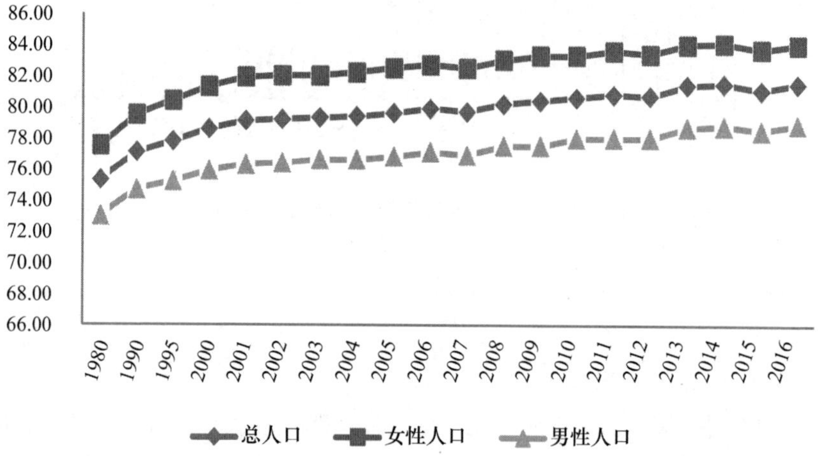

图 I-2-6　1980—2016 年希腊预期寿命变化（单位：岁）

资料来源：联合国人口司统计数据，http：//w3. unece. org/pxweb/en/，2017 年。

三　人口城乡分布情况

（一）城乡人口规模变化趋势

根据联合国人口司数据统计，2014 年希腊总人口数为 1112. 80 万人，其中城市人口为 864. 40 万人，约占 77. 70%；乡村人口为 248. 40 万人，约占 22. 30%。

从城市人口数量变动上看，1980—2014 年总体呈逐年增加趋势，1980 年，希腊城市人口数为 668. 60 万人，2014 年城市人口数量为 864. 40 万人。从乡村人口数量变动上看，1980—2014 年总体呈缓慢下降趋势，1980 年乡村人口数为 295. 60 万人，2014 年乡村人口数为 248. 40 万人。

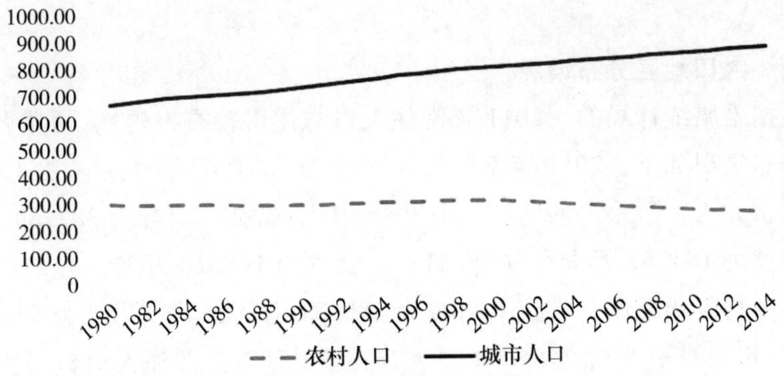

图Ⅰ-2-7　1980—2014 年希腊城乡人口数量变动（单位：万人）

资料来源：联合国人口司，http：//w3. unece. org/pxweb/en/，2016 年。

（二）人口城市化水平变化趋势

根据联合国统计数据，希腊人口城市化水平一直呈上升趋势。1980—2000 年人口城市化水平从 69.34% 缓慢增长到 72.71%，2000 年后，乡村人口数量下降，城市人口数量上升，导致人口城市化水平迅速上升，2014 年城市人口比重达到总人口数量的 77.68%，人口城市化水平已经很高。

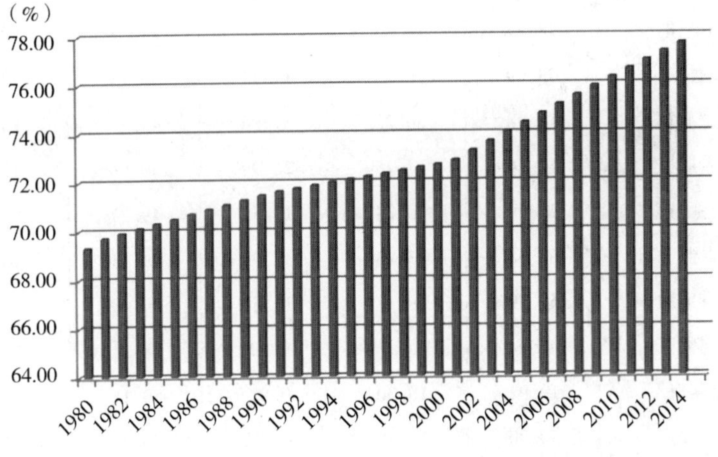

图Ⅰ-2-8　1980—2014 年希腊人口城市化水平变动趋势

说明：人口城市化水平 = 城镇人口/全国总人口 ×100%。

资料来源：联合国人口司统计数据，http：//w3. unece. org/pxweb/en/，2016 年。

四 人口地区分布情况

根据希腊统计局的《2011 年常住人口与住房普查报告》，希腊各区的人口分布情况如下：2011 年希腊常住人口为 1081.63 万人，希腊 13 个行政区中常住人口数最多的地区为阿提卡大区，常住人口数为 382.84 万人，其中男性为 184.57 万人，占 48.21%；女性为 198.28 万人，占 51.79%。其次为中马其顿地区，常住人口数为 188.21 万人，其中男性为 91.27 万人，占 48.49%；女性为 96.94 万人，占 51.51%。常住人口数最少的区为北爱琴海区，常住人口数为 19.92 万人，其中男性为 10.00 万人，占 50.18%；女性为 9.92 万人，占 49.82%。

表 I－2－3 2011 年希腊各区常住人口分布情况

描述	常住人口数（万人）			占总人口比例（%）	
	总计	男性	女性	男性	女性
希腊	1081.63	530.32	551.31	49.03	50.97
色雷斯和东马其顿	60.82	29.96	30.85	49.27	50.73
中马其顿	188.21	91.27	96.94	48.49	51.51
西马其顿	28.37	14.18	14.19	49.98	50.02
伊皮鲁斯	33.69	16.58	17.11	49.21	50.79
色萨利	73.28	36.22	37.06	49.43	50.57
中希腊	54.74	27.75	26.99	50.69	49.31
爱奥尼亚群岛	20.79	10.24	10.55	49.27	50.73
西希腊	67.98	33.93	34.05	49.91	50.09
伯罗奔尼撒	57.79	29.18	28.61	50.49	49.51
阿提卡大区	382.84	184.57	198.28	48.21	51.79
北爱琴海	19.92	10.00	9.92	50.18	49.82
南爱琴海	30.90	15.59	15.32	50.44	49.56
克里特岛	62.31	30.87	31.44	49.54	50.46

资料来源：希腊统计局：《2011 年人口与住房普查》，http://www.statistics.gr/en/home/，2014 年。

第二节　人口年龄结构

一　人口年龄构成及变化情况

（一）总体情况

根据联合国人口司统计数据，截至2015年，从人口年龄结构图中可以看出，希腊的人口结构呈现为纺锤形，中间大，两头小。30—64岁人口数量占人口总数的主要部分。从人口数量上看，2015年希腊0—14岁人口总数为156.73万人，占总人口数比重为14.48%；15—59岁人口总数为633.16万人，占总人口数比重为58.51%；60岁及以上人口总数为292.19万人，占总人数比重为27.00%。

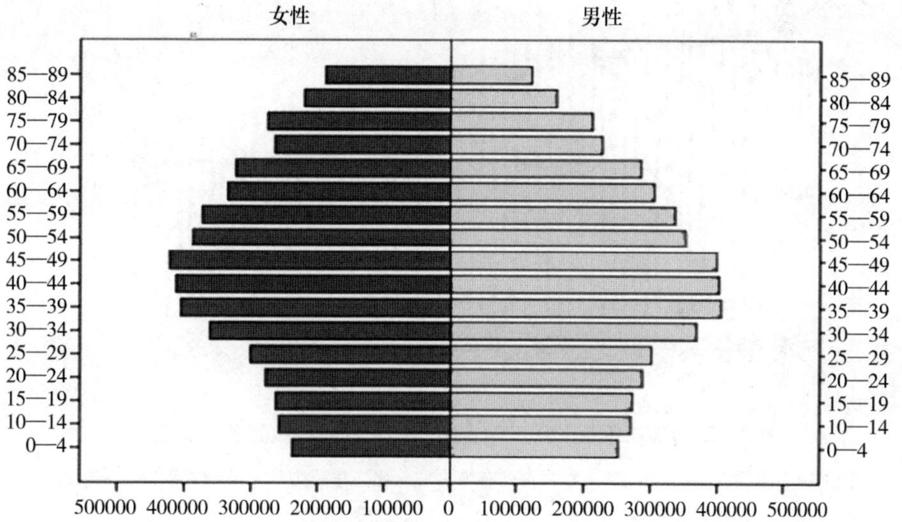

图Ⅰ-2-9　2015年希腊人口年龄结构

说明：横轴为人数，单位为人；纵轴为年龄，单位为岁。

资料来源：联合国人口司统计数据，http：//w3.unece.org/pxweb/en/，2016年。

（二）0—14岁人口数量及占比情况

根据世界银行统计数据，2017年希腊0—14岁人口数量为152.95万人，占总人口比例为14.21%。从0—14岁人口数量变化情况看，整体呈下降趋势，具体可分为三个阶段：第一阶段为 1961 年至 1981 年，0—14 岁人口数量在 220. 00 万上下小幅波动；第二阶段为 1982 年至 2000 年，0—14 岁人口数量呈下降趋势，2000 年人口数量为 166. 95 万人；第三阶段为 2001 年至 2011 年，0—14 岁人口数量呈上升趋势，2011 年人口数量为 166. 04 万人；第四阶段为 2012 年至 2017 年，0—14 岁人口数量呈下降趋势。

从 0—14 岁人口占总人口比重看，1960 年至 2017 年，希腊 0—14 岁人口占比整体呈现为下降趋势。1960 年 0—14 岁人口占比为 27. 35%，1960 年至 2000 年间占比呈下降趋势，2000 年 0—14 岁人口占比为 15. 45%，2001 年至 2016 年 0—14 岁人口所占比重下降速度放缓，2017 年 0—14 岁人口所占比重为 14. 21%。

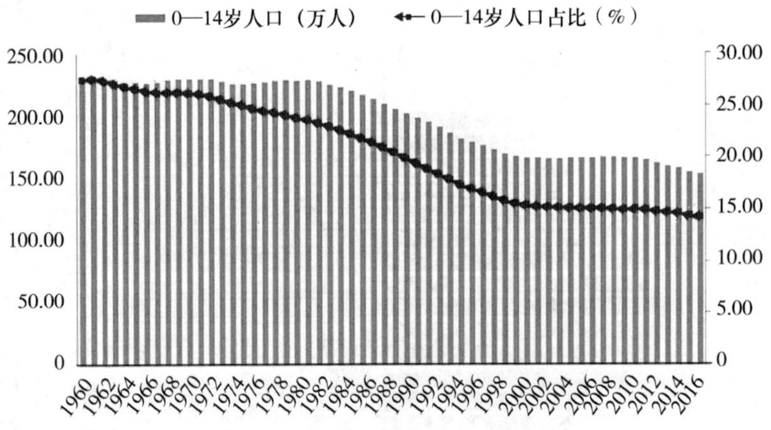

图 I-2-10　1960—2017 年希腊 0—14 岁人口数量及占比变动

说明：左轴为人口数量，单位为万人；右轴为百分比，单位为%；横轴为年份，单位为年。

资料来源：世界银行，https：//data. worldbank. org. cn/，2018 年。

（三）15—59 岁人口数量及占比情况

根据世界银行的统计数据，2017 年希腊 15—59 岁人口数量为 703. 62 万人，占总人口比重为 65. 39%。从希腊 15—59 岁人口数量变动看，1960 年至 2017 年，希腊 15—59 岁人口数量整体呈上升趋势，具体可分为三个阶段：第一阶段为 1960 年至 1972 年，15—59 岁人口数量基本保持在 560. 00 万人；第二阶段为 1973 年至 2010 年，15—59 岁人口数量呈上升趋势，2010 年人口数为 742. 15 万人；第三阶段为 2011 年至 2017 年，15—59 岁人口数量呈小幅下降趋势。

从希腊 15—59 岁人口占总人口比重看，可以分为四个变化阶段：第一阶段为 1960 年至 1964 年，15—59 岁人口比重先下降后上升，1964 年比重为 65. 76%；第二阶段为 1965 年至 1972 年，15—59 岁人口比重呈下降趋势，1972 年比重为 63. 48%；第三阶段为 1973 年至 2000 年，15—59 岁人口比重呈上升趋势，2000 年占比为 68. 17%；第四阶段为 2001 年至 2017 年，15—59 岁人口比重呈下降趋势，2017 年占比为 65. 39%。

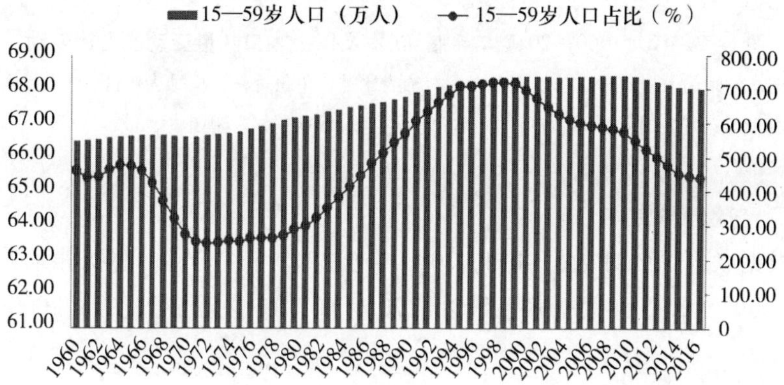

图 I-2-11　1960—2017 年希腊 15—59 岁人口数量变动及占比变动

说明：右轴为人口数量，单位为万人；左轴为百分比，单位为%；横轴为年份，单位为年。

资料来源：世界银行，https：//data. worldbank. org. cn/，2018 年。

（四）60 岁及以上人口数量及占比情况

根据联合国统计数据可知，2015 年，希腊 60 岁及以上人口数量为 292. 19 万人，占总人口的比重为 27. 00%。从希腊 60 岁及以上人口数量的变化趋势看，整体呈上升趋势，具体可分为两个阶段：第一阶段为 2000 年至 2002 年，60 岁及以上人口数量呈下降趋势，减少了 3. 96 万人；第二阶段为 2003 年至 2015 年，60 岁及以上人口数量呈增长趋势，2003 年 60 岁及以上人口数量为 250. 74 万人，2015 年增长为 291. 19 万人。从希腊 60 岁及以上人口占总人口比重变化看，与 60 岁及以上人口数量变动趋势一致，在 2000 年至 2002 年间呈下降趋势，2003 年至 2015 年间整体呈上升趋势。

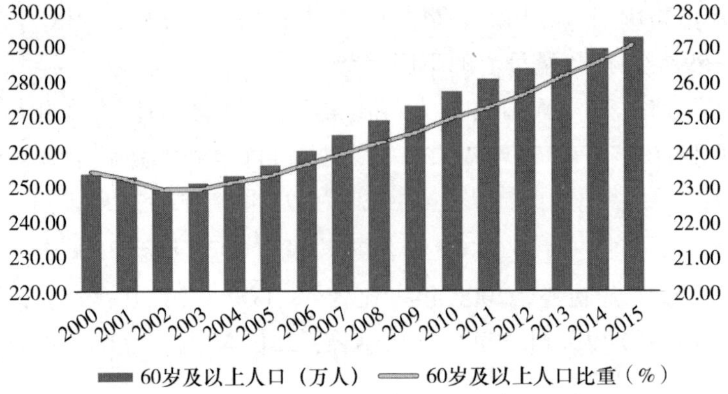

图Ⅰ-2-12　1960—2017年希腊60岁及以上人口数量变动及占比变动

说明：左轴为人口数量，单位为万人；右轴为比重，单位为%；横轴为年份，单位为年。

资料来源：联合国人口司，http：//w3. unece. org/pxweb/en/，2016年。

二　抚养系数

根据联合国统计数据可知，2000年至2015年，希腊的总抚养系数均高于60.00%，2015年总抚养系数达到70.90%。从少儿抚养比看，2000年至

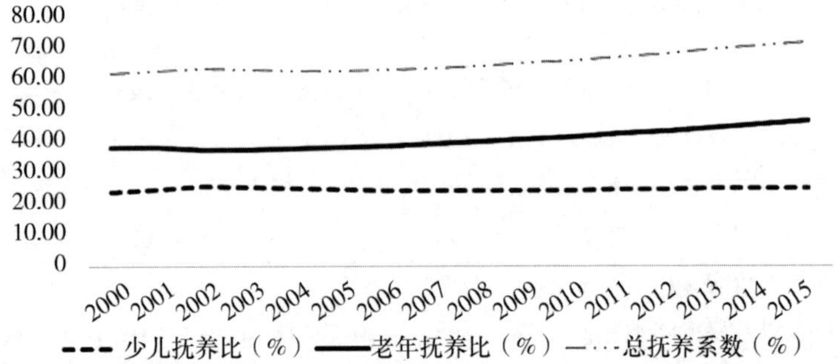

图Ⅰ-2-13　1960—2017年希腊抚养系数变动（单位:%）

说明：总抚养系数计算公式为（0—14岁人口数量+60岁及以上人口数量）/15—59岁人口数量；少儿抚养系数计算公式为（0—14岁人口数量/15—59岁人口数量）；老年抚养系数计算公式为（60岁及以上人口数量/15—59岁人口数量）。

资料来源：联合国人口司，http：//w3. unece. org/pxweb/en/，2018年。

2015 年，希腊少儿抚养比处于 23.00%—25.00%，2015 年比 2000 年增加了 1.19%。从老年抚养比看，2000 年至 2015 年老年抚养比均高于 37.00%，2015 年比 2000 年增加了 8.30%。

第三节 人口受教育情况及就业状况

一 人口文化程度构成情况

（一）小学入学率

根据联合国教科文组织数据统计，1971—2015 年希腊小学入学率情况如下：从总入学率看，1971—1973 年，呈上升趋势，1974—1993 年，整体呈下降趋势，1994—2015 年整体呈波动上升趋势；分性别看，1971—2015 年男性入学率与女性入学率的变化趋势与总入学率趋势相似，

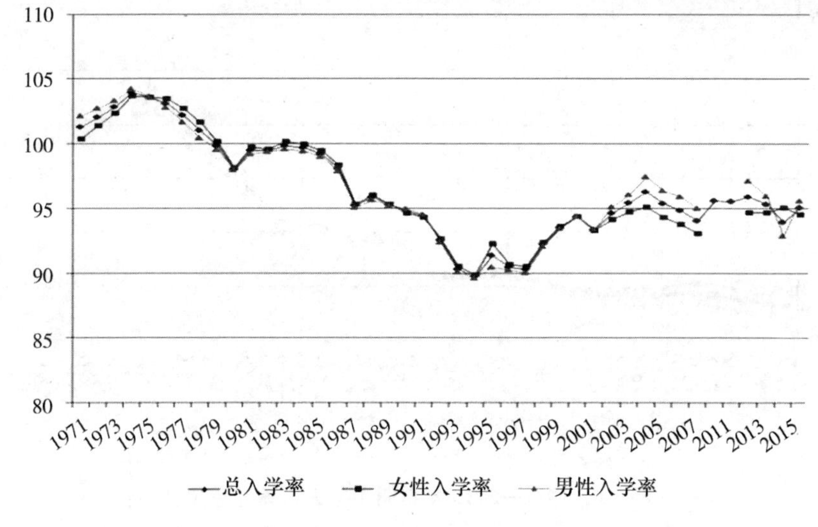

图 I-2-14 1971—2015 年希腊小学入学率（单位:%）

说明：小学入学率，是指不论年龄大小，小学在校生总数占符合小学官方入学年龄人口的百分比。总入学率可能超过 100%，因为包含了较早或较晚入学及复读的小龄和超龄学生。

注：2009 年数据缺失。

资料来源：联合国教科文组织，http：//www.unesco.org，2017 年。

1993—2001 年男性入学率与女性入学率大致相同，2002—2012 年男性入学率高于女性入学率，2013—2015 年女性入学率略微上升，又低于男性入学率。

（二）中学入学率

根据联合国教科文组织数据统计，1971—2015 年希腊中学入学率情况如下：从趋势上看，希腊中学总入学率、男性入学率、女性入学率均呈现为整体上升趋势，其中 1998 年至 2005 年增速加快。从性别上看，1971 年至 1982 年，男性入学率高于女性入学率。1997 年至 2007 年，女性入学率高于男性入学率。2010 年至 2015 年，男性入学率与女性入学率接近。

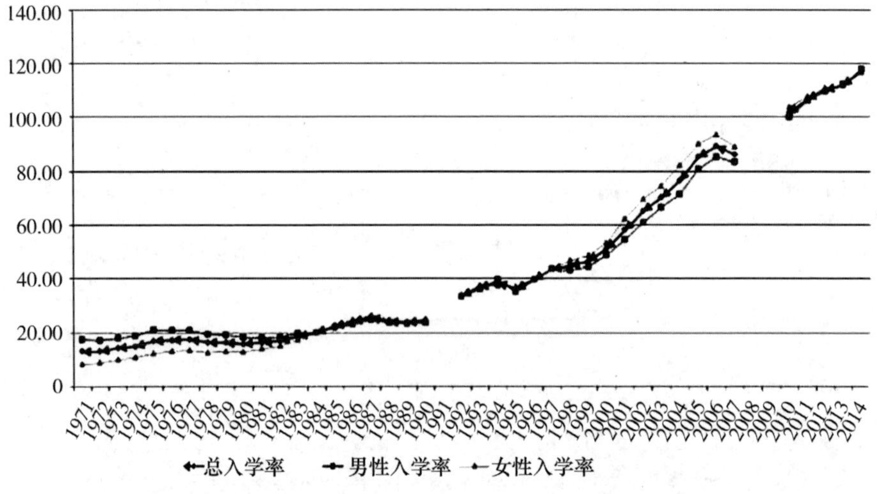

图 I－2－15　1971—2015 年希腊中学入学率（单位:%）

说明：中学入学率，是指不论年龄大小，中学在校生总数占符合中学官方入学年龄人口的百分比。总入学率可能超过 100%，因为包含了较早或较晚入学及复读的小龄和超龄学生。

资料来源：联合国教科文组织，http：//www. unesco. org，2017 年。

（三）高等院校入学率

根据联合国教科文组织数据统计，从总体趋势看，1971—2015 年希腊高等院校入学率情况如下：总入学率、男性入学率、女性入学率整体均呈上升趋势。1971 年至 1983 年，希腊男性高等院校入学率高于女性高等院校入学率；1984 年至 1993 年，男性高等院校入学率与女性高等院校入学率逐渐接近；1994 年至 2002 年，女性高等院校入学率高于男性高等院校入学率；2005 年至 2015 年，希腊男性高等院校入学率高于女性高等院校入学率。

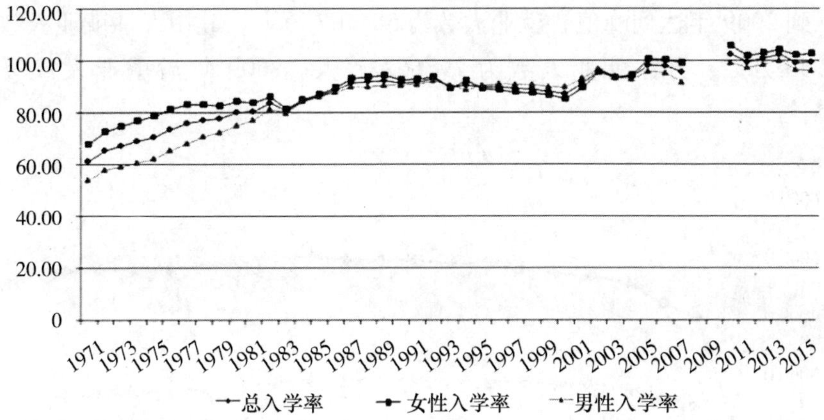

图 I-2-16　1971—2015 年希腊高等院校入学率（单位:%）

说明：高等院校入学率，是指不论年龄大小，大学（ISCED 5 和 6）在校生总数，占中学之后 5 年学龄人口总数的百分比。

资料来源：联合国教科文组织，http：//www. unesco. org，2017 年。

二　就业情况

（一）就业人口的规模现状及变化情况

1. 总体情况

根据联合国人口司统计数据，截至 2016 年，希腊就业人口总数为 480. 45 万人，其中女性就业人口数为 214. 77 万人、男性就业人口数为 265. 68 万人。15 岁到 59 岁的就业人口数为 452. 74 万人，占总就业人口数比例为 94. 20%，其中女性就业人口数为 203. 99 万人、男性就业人口数为 248. 75 万人；60 岁及以上就业人口数为 27. 71 万人，占总就业人口数比例为 5. 80%，其中女性就业人口数为 10. 79 万人、男性就业人口数为 16. 92 万人。60 岁及以上年龄段中，60—64 岁就业人口数为 20. 46

万人。

2. 就业人口总数与性别构成历年变化

从就业人口总数看，1980 年就业人口总数为 226. 94 万人，其中女性就业人数为 61. 27 万人、男性就业人数为 165. 67 万人。1980 年至 1990 年增长到 399. 34 万人，其中女性就业人数为 148. 16 万人、男性就业人数为 251. 18 万人。1991 年至 2009 年，就业人口数继续保持增长，增速放缓，到 2009 年达到峰值，就业人数为 504. 07 万人，其中女性就业人数为 211. 45 万人、男性就业人数为 292. 62 万人。2009 年后就业人数缓速下降。

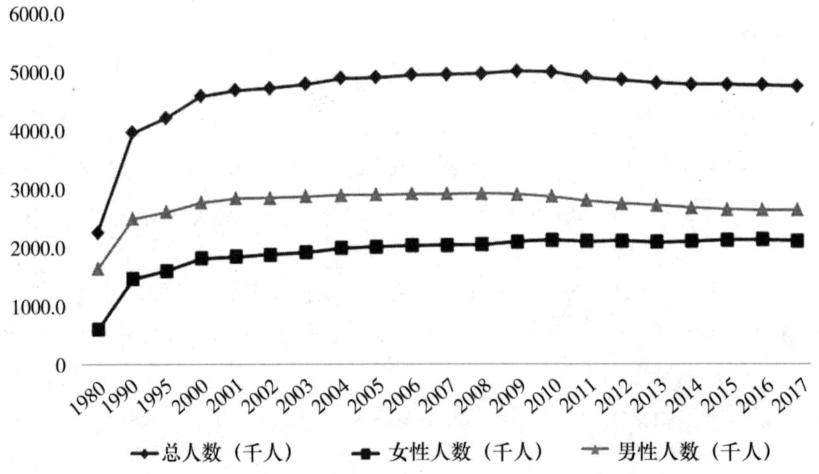

图 I－2－17　1980—2016 年希腊就业人口数量变动（单位：千人）

资料来源：联合国人口司，http：//w3. unece. org/pxweb/en/，2018 年。

3. 15—59 岁就业人口总量与性别构成历年变化

1980—2016 年希腊 15—59 岁就业人口变动情况如下：从总人数看，1980 年至 2010 年呈增长趋势，2008 年至 2016 年呈小幅下降趋势；从女性人数看，1980 年至 2004 年呈增长趋势，2005 年至 2016 年基本保持 200. 00 万人；从男性人数看，1980 年至 2008 年整体呈增长趋势，2009 年至 2016 年呈下降趋势，且男性人数高于女性人数。

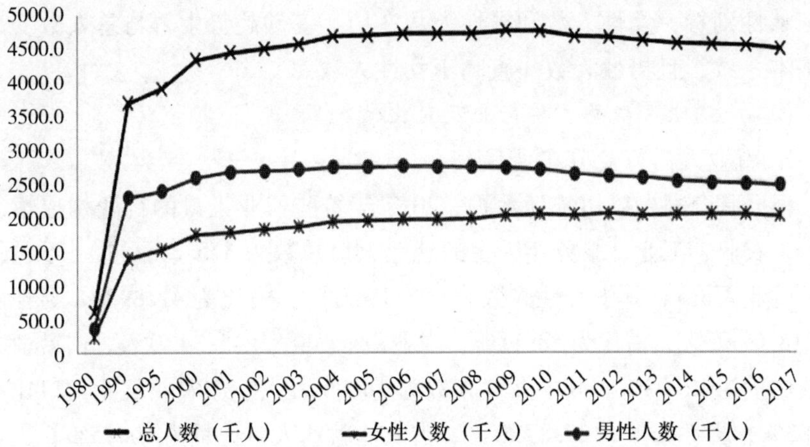

图 I-2-18　1980—2016 年希腊 15—59 岁就业人口数量变动（单位：千人）

资料来源：联合国人口司统计数据，http：//w3. unece. org/pxweb/en/，2018 年。

4. 60 岁及以上就业人口总量和性别结构历年变化

1990 年至 2016 年希腊 60 岁及以上就业人口变动情况如下：从总人数看，1990 年至 1995 年呈上升趋势，1996 年至 2004 年呈下降趋势，2005 年至 2008 年回升，2009 年至 2012 年又下降，2013 年至 2017 年再次回

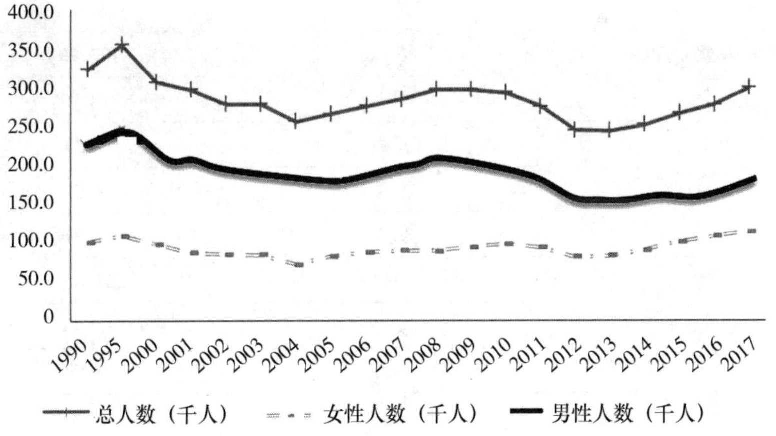

图 I-2-19　1990—2016 年希腊 60 岁及以上就业人数变动（单位：千人）

资料来源：联合国人口司统计数据，http：//w3. unece. org/pxweb/en/，2018 年。

升；从性别看，女性人数和男性人数在历年变动趋势中，与总人数变动趋势基本一致，且男性人数一直高于女性人数。

（二）就业人口的主要行业及变化情况

1. 就业人口行业分布现状

根据联合国人口司统计数据，2017 年希腊就业人口的行业构成情况如下：以农业、工业、服务业为主的就业人口总数为 375. 27 万人（不包括非正式就业人员），其中女性人数为 157. 19 万人，占比为 41. 89%，男性人数为 218. 07 万人，占比为 58. 11%；农业就业人数为 45. 34 万人，占就业人口总数比重为 12. 08%，其中女性人数为 18. 06 万人，占农业就业人口比重为 39. 83%，男性人数为 27. 27 万人，占农业就业人口比重为 60. 15%；工业就业人数为 57. 83 万人，占就业人口总数比重为 15. 41%，其中女性人数为 12. 90 万人，占工业就业人口比重为 22. 31%，男性人数为 44. 93 万人，占工业就业人口比重为 22. 31%；服务业就业人数为 272. 13 万人，占就业人口总数比重为 72. 52%，其中女性人数为 126. 25 万人，占服务业就业人口比重为 46. 39%，男性人数为 145. 88 万人，占农业就业人口比重为 53. 61%。

表 I－2－4　　**2017 年希腊分行业就业人数**　　（单位：万人）

行业	类别	人数
总就业人口	总数	375. 27
	女性	157. 19
	男性	218. 07
农业	总数	45. 34
	女性	18. 06
	男性	27. 27
工业	总数	57. 83
	女性	12. 90
	男性	44. 93
服务业	总数	272. 13
	女性	126. 25
	男性	145. 88

资料来源：联合国人口司统计数据，http：//w3. unece. org/pxweb/en/，2018 年。

2. 就业人口行业构成的历年变化趋势

从2008年至2017年的就业人口数据可知，2008年，总就业人口数为461.05万人，其中农业就业人口数为51.38万人、工业就业人口数为102.45万人、服务业就业人口数为307.24万人。总就业人口数2008年至2013年呈下降趋势，2013年总就业人口数为351.32万人，其中农业就业人口数为48.11万人、工业就业人口数为54.66万人、服务业就业人口数为248.54万人。总就业人数在2014年至2017年呈上升趋势，2017年总就业人数为375.27万人，其中农业就业人数为45.34万人、工业就业人数为57.83万人、服务业就业人数为272.13万人。

从农业、工业、服务业的产业变动中可知，农业就业人数历年变化幅度较小，就业人口数在50.00万左右波动，其中女性就业人数在20.00万左右、男性就业人数在30.00万左右；工业就业人数在2008年至2014年间呈下降趋势，2014年人数为52.96万人，其中女性就业人数为11.14万人、男性就业人数为41.82万人，2015年至2017年呈缓慢上升趋势；服务业就业人数变动趋势与总就业人口变动趋势类似，2008年至2013年呈下降趋势，2013年为248.54万人，2014年至2017年呈上升趋

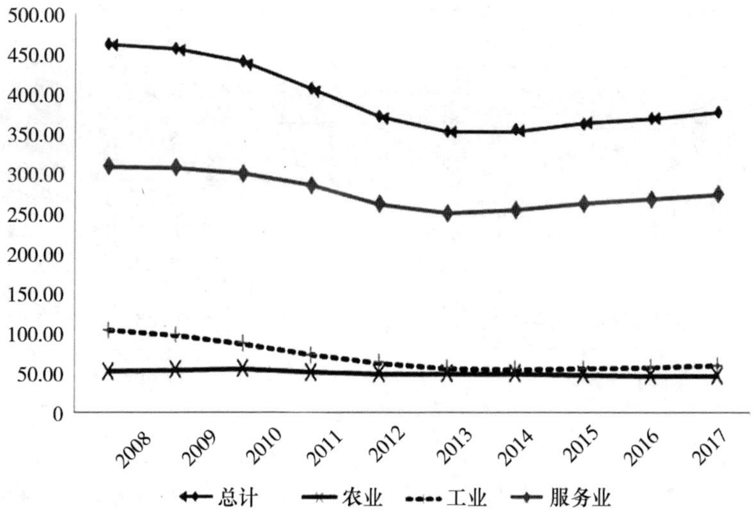

图Ⅰ-2-20　2008—2017年希腊分行业就业情况（单位：万人）

资料来源：联合国人口司统计数据，http：//w3. unece. org/pxweb/en/，2018年。

势，2017 年为 272. 13 万人。

（三）就业人口的主要职业及构成情况

根据联合国人口司统计数据，截至 2017 年，希腊就业人口的职业分布如下：服务和销售人员总数为 88. 35 万人，其中女性就业人员为 41. 74 万人、男性就业人员为 46. 61 万人，服务和销售人员占总就业人数的 23. 54%；专业技术人员总数为 72. 92 万人，其中女性就业人数为 37. 84 万人、男性就业人数为 35. 08 万人，专业技术人员占总就业人数的 19. 43%；熟练的农业、林业和渔业工人总数为 42. 02 万人，其中女性就业人数为 17. 34 万人、男性就业人数为 24. 68 万人，熟练的农业、林业和渔业工人占总就业人数的 11. 20%；文职人员总数为 39. 96 万人，其中女

表 I－2－5　　2017 年希腊分职业人口数量　　（单位：万人）

类别	数量
就业总人数	375. 27
管理者	9. 27
专业技术人员	72. 92
一般技术人员	29. 74
文职人员	39. 96
服务和销售人员	88. 35
熟练的农业、林业和渔业工人	42. 02
工艺有关人员	35. 20
工厂和机器操作员和装配工	24. 15
简单劳动职员	27. 10
武装人员	6. 55

说明：此处的就业总人数为表中不同职业就业人数的总和，与全社会总的就业人口数据有出入，因为有一部分就业人口不在本表所分职业中。

资料来源：联合国人口司统计数据，http：//w3. unece. org/pxweb/en/，2018 年。

性就业人数为22.85万人、男性就业人数为17.11万人，文职人员就业人数占总就业人数的10.65%。

工艺有关人员总数为35.20万人，其中女性就业人数为3.43万人、男性就业人数为31.77万人，工艺有关人员占总就业人数的9.38%；一般技术人员总数为29.74万人，其中女性就业人数为14.31万人、男性就业人数为15.43万人，一般技术人员占总就业人数的7.92%；简单劳动职员总数为27.10万人，其中女性就业人数为14.38万人、男性就业人数为12.72万人，简单劳动职员占总就业人数的7.22%；工厂和机器操作员和装配工总数为24.15万人，其中女性就业人数为1.69万人、男性人数为22.46万人，工厂和机器操作员和装配工占总就业人数的6.44%；管理者总数为9.27万人，其中女性人数为2.76万人、男性就业人数为6.51万人，管理者就业人数占总就业人数的2.47%；武装人员总数为6.55万人，其中女性就业人数为0.83万人、男性就业人数为5.72万人，武装人员占总就业人数的1.75%。

第四节　国际移民

一　国际移民数量与历年变化

（一）国际移民现状与来源地构成

根据世界银行统计数据，截至2017年，希腊国际移民数量为122.04万人。国际移民主要来源地为阿尔巴尼亚、德国、格鲁吉亚、保加利亚、俄罗斯联邦、罗马尼亚、土耳其、埃及、哈萨克斯坦、美国、塞浦路斯等国家。其中，来自阿尔巴尼亚的国际移民数为42.94万人，占总国际移民的35.19%；来自德国的国际移民数为11.23万人，占总国际移民的9.20%；来自格鲁吉亚的国际移民数为8.19万人，占总国际移民的6.71%；来自保加利亚的国际移民数为7.16万人，占总国际移民的5.86%。希腊的国际移民来源地覆盖186个国家和地区，吸引的国际移民国籍种类丰富。移民来源地主要集中在欧亚地区，接壤国家移民量较大。

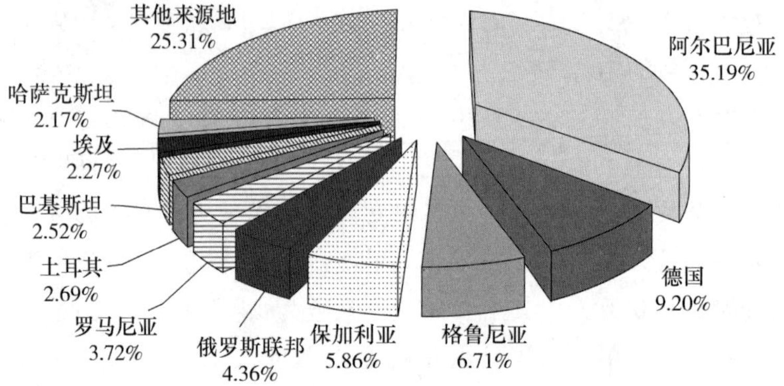

图Ⅰ-2-21　2017年希腊前10位移民迁入国及其他来源地

资料来源：世界银行，https：//data. worldbank. org. cn/，2018年。

（二）国际移民历年变化趋势

从1990年至2017年的国际移民数据可知，希腊1990年国际移民数量为61.81万人，2017年国际移民数量为122.04万人，增长了60.23万人。从希腊国际移民数量变化趋势看，1990年至2010年，呈快速增长趋势，20年间国际移民数量增长了70.30万人，2010年达到峰值，国际移民数量为132.11万人。2010年至2017年呈下降趋势，2017年国际移民数为122.04万人。

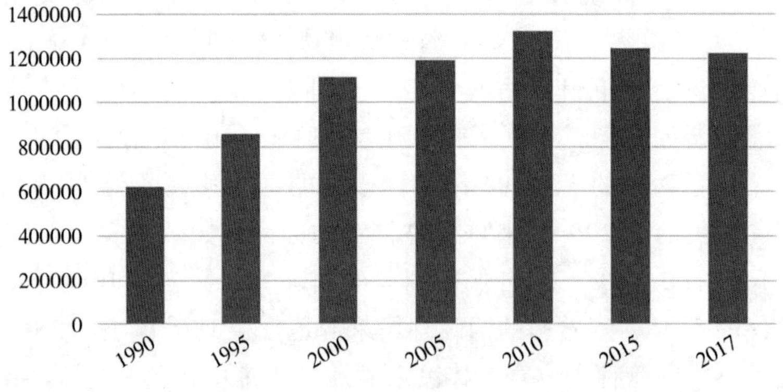

图Ⅰ-2-22　1990—2017年希腊移民数量变动（单位：人）

资料来源：世界银行，https：//data. worldbank. org. cn/，2018年。

二 国际移民的来源地变化情况

选取1990年、2000年、2010年、2017年迁入希腊移民数排名前十的国家数据，来分析希腊国际移民的来源地构成的变化。从数据中可以看出，1990年、2000年、2010年、2017年阿尔巴尼亚移民在希腊国际移民中均占第一，且移民人数不断上升；1990年德国迁入希腊的人数为2.65万人，2000年增长到10.05万人，且在2000年、2010年、2017年均位于迁入希腊移民数第二的国家；美国在1990年迁入希腊4.33万人，位于迁入希腊移民数最多国家的第三位，但2000年排到了第10位，移民数下降较快，且2010年、2017年美国均未进入迁入希腊移民数的前10位。从不同年份的希腊国际移民来源地及移民数量的对比中，可以看出希腊国际移民来源地主要集中在欧亚地区，接壤国家移民量较大。

表Ⅰ-2-6 **希腊国际移民主要来源国变化趋势** （单位：万人）

1990年		2000年		2010年		2017年	
主要迁入国	迁入人数	主要迁入国	迁入人数	主要迁入国	迁入人数	主要迁入国	迁入人数
阿尔巴尼亚	6.40	阿尔巴尼亚	40.03	阿尔巴尼亚	46.50	阿尔巴尼亚	42.94
塞浦路斯	4.56	德国	10.05	德国	12.16	德国	11.23
美国	4.33	土耳其	7.59	格鲁尼亚	8.87	格鲁尼亚	8.19
土库曼斯坦	4.02	俄罗斯联邦	7.20	保加利亚	7.75	保加利亚	7.16
格鲁吉亚	3.60	格鲁吉亚	7.10	俄罗斯联邦	5.76	俄罗斯联邦	5.32
土耳其	3.45	保加利亚	3.85	罗马尼亚	4.91	罗马尼亚	4.54
英国	3.42	埃及	3.24	土耳其	3.56	土耳其	3.29
碧蓝	2.99	罗马尼亚	2.63	巴基斯坦	3.33	巴基斯坦	3.07
俄罗斯联邦	2.83	哈萨克斯坦	2.42	埃及	3.01	埃及	2.78
德国	2.65	美国	2.29	哈萨克斯坦	2.87	哈萨克斯坦	2.65

资料来源：世界银行，https：//data.worldbank.org.cn/，2018年。

第五节 主要城市人口情况

一 希腊主要城市的人口数量及性别结构

根据2011年希腊人口与住房普查数据，希腊人口数最多的前十位城市为雅典、塞萨洛尼基、帕特拉、伊拉克利翁、比雷埃夫斯、拉里萨、沃洛斯、佩里斯特里、罗德岛、约阿尼纳，其中人口数最多的城市为雅典，总人口数为66.40万人，其中男性人口数为31.52万人，占总人数的47.50%；女性人口数为34.88万人，占总人数的52.50%。人口数排名第十的城市为约阿尼纳，总人口数为11.25万人，其中男性人口数为5.40万人，占总人口数的48.00%；女性人口数为5.85万人，占总人口数的52.00%。

表Ⅰ-2-7 2011年希腊10个最大城市的人口情况 （单位：万人）

城市	总人口	男性	女性	性别构成（%）	
				男性	女性
雅典	66.40	31.52	34.88	47.50	52.50
塞萨洛尼基	32.52	14.85	17.67	45.70	54.30
帕特拉	21.40	10.43	10.97	48.70	51.30
伊拉克利翁	17.40	8.51	8.89	48.90	51.10
比雷埃夫斯	16.37	7.82	8.55	47.80	52.20
拉里萨	16.26	7.98	8.28	49.10	50.90
沃洛斯	14.44	7.02	7.42	48.60	51.40
佩里斯特里	13.99	6.86	7.14	49.00	51.00
罗德岛	11.55	5.79	5.76	50.10	49.90
约阿尼纳	11.25	5.40	5.85	48.00	52.00

资料来源：希腊统计局，http://www.statistics.gr/en/home/，2014年。

二　希腊首都雅典的人口情况

雅典是希腊的首都和最大的城市，是阿提卡大区及雅典州的首府，也是世界上历史最悠久的城市之一。阿提卡大区是希腊人口最密集的地区，下设四个州，包括雅典州、东阿提卡州、比雷埃夫斯州、西阿提卡州。雅典州分为四个城市，包括雅典、比雷埃夫斯、珀里斯特拉、卡利地亚。雅典市一共分成 7 个主要街区，区的划分主要是为了行政管理。2001 年雅典市人口总数为 78. 94 万人，到 2011 年雅典市人口总数为 66. 40 万人，其中男性为 31. 52 万人、女性为 34. 88 万人。2016 年雅典市人口总数为 66. 50 万人。从人口宗教信仰看，主要是东正教。雅典市主要的少数民族是穆斯林少数民族，在城市里也有犹太人、亚美尼亚人、罗姆人、庞克人和土耳其人。

第三章　资源禀赋研究

因地震和火山的频繁爆发，希腊形成了种类丰富的矿产资源。希腊是世界上最大的珍珠岩、膨润土、火山灰和浮石的供应国之一。希腊 50% 以上的矿产品出口海外。希腊能源资源有限，主要有褐煤和海底石油。2017 年希腊褐煤产量在欧盟中排第六位，进口大量天然气和少量硬煤，出口石油产品。希腊采矿业发达，外向度高，采矿业正在促进希腊经济稳定的增长。在欧盟，2016 年希腊的镍、铝土矿、珍珠岩及膨润土均生产第一，菱镁矿生产第三，褐煤生产第四，铝生产列居第五。大理石品种多样，产量较大，享有世界知名度。20 世纪 70 年代末，希腊北部发现大量铀矿。希腊的矿产量并不高但多出口海外，是欧盟国家中重要的矿产出口国。希腊共有 18 项世界遗产（包括文化遗产 16 项、文化与自然混合遗产 2 项），在数量上居世界第 15 位。

第一节　能源资源

一　能源资源基本情况

虽然希腊拥有一定的石油和天然气储备，但石油大都属于海底油田。2015 年希腊褐煤生产达到 33.7 百万吨（Mtce），占希腊一次能源供应量的 23.4%，是希腊最重要的国内能源资源。2015 年，硬煤进口量为 0.3 百万吨，占一次能源供应总量的 0.6%，石油占一次能源供应的 47.6%；希腊有较大规模的炼油工业，并出口石油产品。在 2008 年国际金融危机之前，希腊进口天然气总量大幅上升，但在国际金融危机之后一直在下降。2015 年天然气在一次能源供应中的份额为 11.3%。近年来电力进口增长强劲，2015 年达到 11.1 太瓦时。供应安全，低开采成本和稳定价格是褐煤在希腊能源结构中保持强势地位的重要原因。

二 褐煤

2017 年，欧盟 28 国褐煤生产为 3.83 亿吨，硬煤生产 0.81 亿吨，总进口煤炭 1.73 亿吨。希腊的褐煤储量与产量高，进口少量硬煤，褐煤生产 0.38 亿吨，排在欧盟的第六位，排名前五的国家分别是德国（1.71 亿吨）、土耳其（0.7 亿吨）、波兰（0.61 亿吨）、捷克（0.39 亿吨）、塞尔维亚（0.39 亿吨）。

希腊拥有 46 亿吨褐煤资源和 29 亿吨经济可开采储量（表 I-3-1）。最重要的矿床位于希腊北部的 Ptolemais-Amynteon 和 Florina（15 亿吨）（图 I-3-1），占褐煤总产量的 80%。其他矿床位于 Drama（9 亿吨）和 Elassona（1.7 亿吨）以及 Megalopolis 南部（2.25 亿吨）。在希腊北部（马其顿东部）的 Philippi，还有大约 40 亿立方米的大型泥炭矿床。到目前为止，只有 30% 的褐煤被开采。

希腊的褐煤矿床平均深度为 150—200 米，通常包括与褐煤层交替的褐煤层。希腊褐煤的质量如下：最低热值在 Megalopolis 和 Drama（3770—5020 kJ/kg）和 Ptolemais-Amynteon（5230—6280kJ/kg）区域内。Florina 和 Elassona 的热值为 7540—9630kJ/kg。灰分含量范围从 15.1%（托勒密）到 19.0%（Elassona），水含量从 41.0%（Elassona）到 57.9%（Megalopolis）。硫含量通常较低。

希腊的褐煤主要由 Public Power Corporation（PPC）公司专门在露天矿中开采的。这家大型国有企业是希腊最大的褐煤生产商。它在马其顿西部的 Main Field、South Field、Kardia Field、Amynteon Field 和 Florina 经营矿场。PPC 还在希腊南部的伯罗奔尼撒地区的 Megalopolis 油田开发了一个露天矿。PPC 目前拥有 48 台斗轮挖掘机和 22 台吊具，以及 300 多千米的皮带输送机，用于在这些地点开采和运输褐煤，重型卡车用于清除在某些矿井中发现的坚硬的覆盖层。

2015 年，希腊褐煤产量达到 4600 万吨，主要由 PPC 开采，其中西马其顿褐煤中心（WMLC）开采了 3570 万吨，Megalopolis 褐煤中心（MLC）开采了 810 万吨。西马其顿地区的少数私营煤矿共生产了 220 万吨褐煤。

2015 年，WMLC 运营总共清除了 2.016 亿立方米的覆盖层和中间层，相当于每吨褐煤5.6立方米的覆盖层—埋层。在MLC，覆盖层加上中间层去除量为2840万立方米，相当于每吨褐煤3.5立方米的覆盖层—埋层。虽然近年来覆盖层—中间层—褐煤层的比例显著增加，但预计未来将保持稳定。两个采矿区，WMLC和MLC，以及雅典的总部，目前雇佣的劳动力总数约为3439人。

环境保护是确定PPC总体战略及其日常采矿活动的主要参数之一。在Ptolemais-Amynteon和Megalopolis周围的褐煤矿区，PPC开展了场地修复项目，以创建农田、人工林、林地、小动物保护区和作物测试区。

截至2015年底，PPC的发电厂占该国总装机容量22.0吉瓦（GW）的49.2%，其中包括褐煤和燃气电厂，以及水电站、风电场、太阳能发电厂、光伏电站。此外，还有7座私人发电厂，总容量为2626兆瓦（MW）。PPC拥有6个褐煤发电厂，包括14个单元，总装机容量为4337兆瓦。2015年，褐煤发电厂发电量占总发电量的48.1%，为48.0太瓦时（TWh）。天然气占总发电量的13.6%，石油占10.8%，水电占11.7%，风占9.5%，太阳能占7.8%，生物燃料/废弃物占0.5%。

褐煤在未来希腊能源领域中的地位正在发生变化，在欧洲能源领域，二氧化碳排放是有成本的。尽管如此，与天然气等进口能源相比，低成本的国内褐煤仍具有竞争力。PPC在能源市场自由化监管下，现在的战略重点包括拆除老旧与低效的工厂以及投资可再生能源。

表I-3-1 2015年希腊煤炭资源、消耗、进口、发电、就业情况

统计量	单位	2015年	统计量	单位	2015年
煤炭资源和储量			一次能源消耗		
资源褐煤	百万吨	4600	一次能源消耗总量	百万吨标煤	33.7
储备褐煤	百万吨	2900	硬煤消耗量	百万吨标煤	0.2
一次能源生产			褐煤消费	百万吨标煤	7.7
一次能源总产量	百万吨标煤	12.1	电源*		
褐煤（可销售产量）	Mt/Mtce	45.4/8.6	总发电量	太瓦时	48.0
可售煤质			净电力进口（出口）	太瓦时	9.6
褐煤净热值	kJ/kg	3770—9630	总功耗	太瓦时	57.6

续表

统计量	单位	2015 年	统计量	单位	2015 年
褐煤灰含量	kJ/kg	15. 1—19. 0	褐煤发电	太瓦时	22. 1
褐煤含水量	kJ/kg	41. 0—57. 9	褐煤发电量	MW	4337
褐煤含硫量	kJ/kg	0. 4—1. 0	就业		
煤炭进口/出口			直接在褐煤矿床开采	人	4919
硬煤进口	百万吨	0. 3	其他与褐煤有关的 **	人	2438

资料来源：欧洲煤炭，https：//euracoal. eu/info/country-profiles/greece/。

* 不包括带独立柴油发电机的小岛屿的发电量，** 例如发电，设备供应，服务和研发。

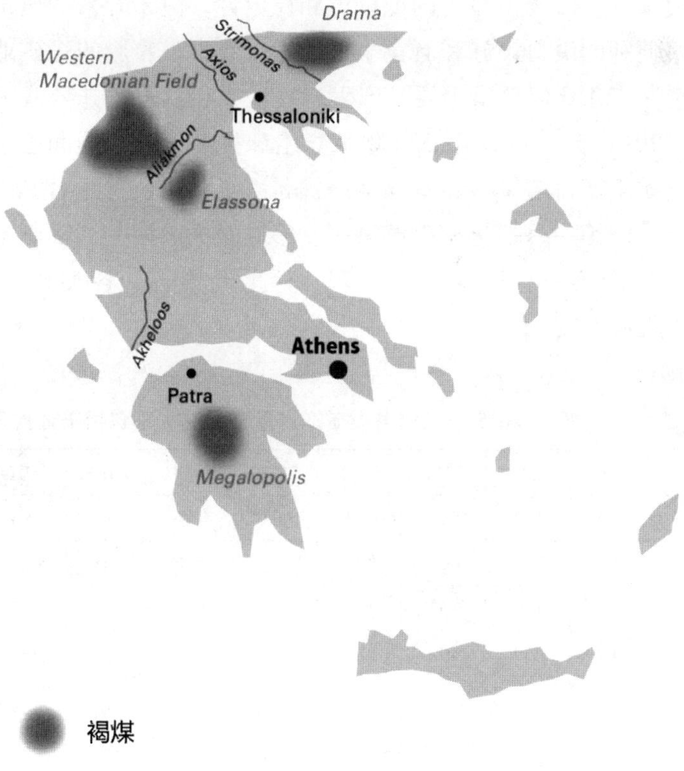

图 I－3－1　希腊褐煤分布

资料来源：欧洲煤炭，https：//euracoal. eu/info/country-profiles/greece/.

第二节　矿产资源

一　矿产资源的开采

希腊拥有丰富的矿产资源，各种矿物以及矿物原料无论在数量还是质量上在欧盟国家中都处于领先地位。希腊丰富的矿产资源有助于发展相关经济部门，如有色金属行业（如铝，镍等），不锈钢行业，发电，水泥行业，建筑和建筑活动等。采矿业（褐煤和骨料除外）由于其出口特性而具有高度外向性，因为国际市场的销售对该行业的营业额起着决定性的作用。

尽管近年来希腊经济出现严重衰退，大多数国内企业缺乏竞争力，负债累累，但采矿业表现出显著的抵抗力和稳定性，由于开采的质量和种类稳定，以及便利的港口设施和有竞争力的运输成本，希腊的采矿业保持着其生产潜力①。2016 年希腊主要矿产生产在世界和欧盟的排名情况（世界矿业数据，2018 年）：全球层面，珍珠岩生产排名第二、膨润土生产排名第五、菱镁矿生产排名第八、褐煤生产排名第十、镍产量排名第十七；欧盟层面，镍生产第一、铝土矿生产第一、珍珠岩生产第一、膨润土生产第一、菱镁矿生产第三、褐煤生产第四、铝生产第五。各类矿产产量如表 I-3-2 所示。

表 I-3-2　　2009—2017 年希腊各类矿产产量（千吨，不包括千金盎司）

产品	2009	2010	2011	2012	2013	2014	2015	2016	2017
无水氧化铝	719	662	683	653	665	674	674	693	693
铝水合物	796	785	810	784	812	814	807	821	821
铝	135	140	167	165	169	173	179	182	182
碳酸钙	580	450	400	380	345	414	438	495	535
水泥基黏土—硅酸盐岩石	—	—	—	—	1.400	1.500	1.181	1.372	—

① 希腊经济和工业研究基金会（IOBE）：《2018 年采掘业对希腊经济的贡献》，http://iobe.gr/research_dtl.asp?RID=161.

续表

产品	2009	2010	2011	2012	2013	2014	2015	2016	2017
钙质聚集体	65	50	38	29	30	38	35. 603	42. 052	—
海星（成品）	29	17	11	13	—	—	—	—	—
Castalluzite 黏土	81	37	18	20	32	45	108	45	54
锻	5	5	7	9	10	15	22	21	24
矾土	1. 935	1. 994	2. 300	1. 815	1. 844	1. 876	1. 832	1. 880	1. 987
石膏和硬石膏	730	574	590	621	760	664	649	778	855
二氧化硅	38	6	2		10		75	142	77
沥青氧化镁	22	64	38	27	31	26	20	21	22
腐蚀性氧化镁	56	62	60	61	57	71	87	90	95
浮石	381	413	469	386	420	430	581	659	840
菱镁矿	250	513	542	351	383	360	383	460	590
褐煤	61. 800	56. 300	58. 400	62. 335	55. 500	50. 000	46. 308	32. 675	37. 410
大理石加工	360	400	470	520	572	580	650	690	793
采矿大理石产品	1. 15	1. 28	1. 48	1. 50	1. 56	1. 60	1. 50	1. 60	1. 68
混合硫化物浓缩物	60	58	58	64	60	62	40	48	51
混合硫	225	230	215	227	227	220	155	190	326
膨润土处理	850	1	900	800	750	850	808	787	880
膨润土（矿物）	845. 000	1. 384	1. 188	1. 235	1. 000	1. 011	1. 123	883. 000	1. 100
镍（合金）	8	14	19	19	17	18	17	17	17

续表

产品	2009	2010	2011	2012	2013	2014	2015	2016	2017
镍铁（红土）	1. 400	1. 903	2. 236	2. 257	2. 221	2. 317	2. 264	2. 209	2. 284
珍珠岩加工	398	440	420	450	435	507	625	790	690
珍珠岩（矿物）	863	790	843	876	890	985	891	921	700
火山灰	830	550	350	270	266	270	154	110	114
耐火物质	32	36	45	45	42	41	34	42	47
水泥	12. 132	9. 488	6. 170	7. 196	9. 152	9. 003	9. 363	7. 162	—
石英产品	11	31	11	—	—	—	—	—	—
金（黄金黄铁矿）	—	—	—	—	20	29	29	4	26

资料来源：欧盟统计局（Eurostat）。

2016 年希腊采矿业总销售额为 18. 3 亿欧元，与 2015 年的 21. 6 亿欧元相比，略有下降。2016 年采矿业和矿产原料相关行业的国内销售额下降了 15%。2016 年销售额下降主要来自能源矿产，其在采矿业销售额中的份额从 2015 年的 30. 6% 下降至 26. 5%。然而，2016 年大理石和工业矿物的份额有所增加。2016 年矿物相关制造业销售额下降的一个重要因素是商品价格下跌，这是由于国际股票市场的下跌。国际镍价下跌约 20%，而铝价在 2015 年至 2016 年下跌 3. 6%。经过三年的复苏后，2016 年采矿业的总增加值（AMI）下降，为 12 亿欧元，而 2013—2015 年约为 14 亿欧元。直接相关矿物制造业的跌幅更为明显，下跌 19. 9%，而采矿业下跌 14. 9%。2017 年采矿业就业人数（FTE）增加，为 18. 1 万人。2012—2014 年，整个采矿业的就业人数基本保持不变，2015 年增加到 16. 7 万人。2016 年整个希腊工业采掘业就业占工业总就业的比例达到 3. 7%，而 2015 年为 4. 4%（图 I－3－2）。

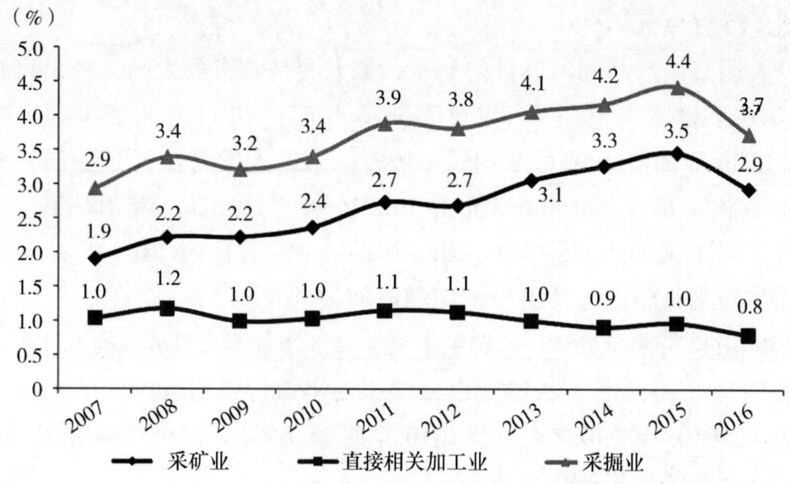

图 I-3-2　2007—2016 年希腊采矿业、直接相关加工业、采掘业就业人数占工业总就业人数份额

资料来源：欧盟统计局，数据处理：IOBE。

二　矿产资源的出口

希腊的采掘业外向度高，大部分产品（不包括惰性材料和褐煤）均出口国外。采掘业中的许多企业都是大型跨国集团的子公司，或在海外拥有大量业务，拥有合资企业。在此背景下，近年来国内采矿业的国际化趋势更为明显。值得注意的是，2015 年，国内 S&B 公司与跨国 Imerys 集团合并，通过股票交换和现金支付达成协议。Imerys 是工业设备和建筑用矿物的工业及工业解决方案的全球领导者，在 50 个国家开展业务。

希腊采矿业外向性可能是国家新发展模式的代表。希腊的增长应该以加强出口和外国直接投资为基础，因为通过政府债券或通过银行系统增加公共支出和外部借贷的潜力仍将有局限。由于出口销售额高且不断增长，并通过国际集团吸引外国投资，采矿业正在促进希腊经济稳定的增长。

希腊采矿业保持出口导向，出口价值越来越大。然而，在 2016 年，出口量下降了 11%，为 10 亿欧元。2015 年，希腊矿产资源出口价值达到 11.6 亿欧元，采掘业所涉及的所有活动的出口价值，包括不完全开采国内矿物原料，2015 年超过 19 亿欧元，2016 年为 18 亿欧元（略微减少 1.7%）。总体而言，2010—2016 年，基于扩大的活动样本的采矿业出口值接近115亿欧元。

从希腊采矿产品的出口目的地看，意大利是希腊最大的矿产出口目的地，2016年对意大利的矿产出口份额占矿产出口总份额的16.4%，2010—2016年的波动幅度为14%—19%。第二大贸易伙伴是德国，对德国出口份额从2013年的6.3%上升至2016年的10.5%。美国是第三大贸易伙伴，对美国的出口份额从2011年的2.8%上升到2016年的9.6%。排名第四位的是中国，其出口份额随时间波动在4.5%—7.0%。近年来，对法国的出口份额从2011—2014年的4.2%增加到2016年的6.1%。值得注意的是对10个最大目的地以外国家的出口份额随着时间的推移逐渐减少（从2010年的40.2%降至2016年的32.8%），但仍然相当高，凸显了采矿产品目的地多样化（表I-3-3）。

表I-3-3　2010—2016年希腊采掘业的贸易伙伴国（占出口的份额,%）

出口目的地	2010	2011	2012	2013	2014	2015	2016
意大利	14.5	18.7	15.4	14.5	13.7	17.9	16.4
德国	7.2	8.0	7.3	6.3	6.8	8.9	10.5
美国	4.3	2.8	3.8	4.0	4.4	8.7	9.6
中国	5.1	4.5	5.3	7.0	5.5	5.5	6.8
法国	4.5	4.2	4.2	4.2	4.2	5.3	6.1
土耳其	2.5	2.6	3.8	3.3	3.4	4.4	3.8
波兰	2.6	2.7	2.7	2.8	3.3	3.5	3.7
保加利亚	1.4	1.2	1.5	2.3	2.8	3.4	3.6
英国	2.8	3.2	3.1	3.0	3.3	3.7	3.5
荷兰	1.7	1.7	1.4	1.9	1.8	2.4	3.2
其他国家	40.2	40.1	38.8	35.9	35.2	36.2	32.8

资料来源：欧盟统计局，国际贸易。

就产品出口结构而言，近年来发生了显著的变化，镍、铝和水泥的出口额有较大的变化。2016 年，水泥出口额排第一，其出口额从 2011 年的 8200 万欧元增加到 2.25 亿欧元（图 I-3-3）。就 2016 年出口产品份额而言，水泥占 22%，铝占 19%，其次是大理石和镍占 14%，氧化铝占 10%（图 I-3-4）。

镍的出口额从 2011 年的 3 亿欧元降至 2016 年的 1.45 亿欧元。自 2014 年以来，出口下降了 35%。Larco Lmmwe 也生产不锈钢，在采矿业中很活跃，几乎所有的产品都出口国际市场，欧盟国家是主要出口目的地。

相比之下，铝的出口额在 2012—2015 年从 1.71 亿欧元上升至 2.58 亿欧元，但在 2016 年下降至 1.92 亿欧元。值得注意的是，希腊铝业是希腊唯一一家生产铝的公司。铝主要出口欧盟国家，对欧盟铝的出口额占总销售额的 70%。

其他矿石，混合硫化物的出口额随着时间的推移波动在 31 万—5700 万欧元。2010—2012 年铝土矿出口额从 2800 万欧元下降到 2016 年的 1700 万欧元。

值得注意的是，大理石出口额呈强劲上升趋势，从 2010 年的约 7000 万欧元，到 2016 年超过 1.4 亿欧元。2016 年大理石产品出口达到总产量的 90%，40% 出口中国市场，其余出口中东，美国和欧洲市场的出口较少。2016 年大理石出口到中国的总价值为 1.19 亿欧元，而 2015 年为 1 亿欧元。

在工业矿物市场，2010—2015 年膨润土和珍珠岩出口价值相对稳定。但是在 2016 年，膨润土出口价值从前几年的 6900 万欧元降至 6300 万欧元，而珍珠岩出口价值从 3100 万欧元增加到 3400 万欧元。Imerys Industrial Minerals 是世界上最大的膨润土出口公司，以及欧洲最大的膨润土生产商。特别是 2016 年，其出口额超过 6200 万欧元，主要目的地为欧洲、北美和非洲市场。

希腊碳酸钙—白云石的出口价值也出现了极大的波动，在 1700 万至 2800 万欧元之间波动。在其他工业矿物中，近年来石英出口额从 2011 年的 270 万欧元上升到 2016 年的 580 万欧元，腐蚀性氧化镁从 2014 年的 1090 万欧元，上升到 2016 年的 1450 万欧元。

2016 年氧化镁和耐火材料的出口总值超过 320 万欧元，占出口总额的 2.8%。Hellenic Lefkolithi 和 Terna Leykolithi 是主要生产氧化镁及其衍生物的公司。2015 年，Hellenic Lefkolithi 被评为世界领先的氧化镁生产商，使其成为欧盟最大的氧化镁出口商。两家公司的产品主要运往欧盟，衍生产品分别运往美国（北部和南部）、乌克兰，也运往波斯湾国家。

此外，希腊是世界上最主要的浮石出口国之一。在黏土市场上，Geoellas 脱颖而出，在海外市场销售额占其销售总额的三分之二，2016 年出口总额达到 450 万欧元。Geoellas 是一家活跃于工业矿物领域的公司，开发和利用欧洲最大的稀有轻质黏土和皂石膨润土。

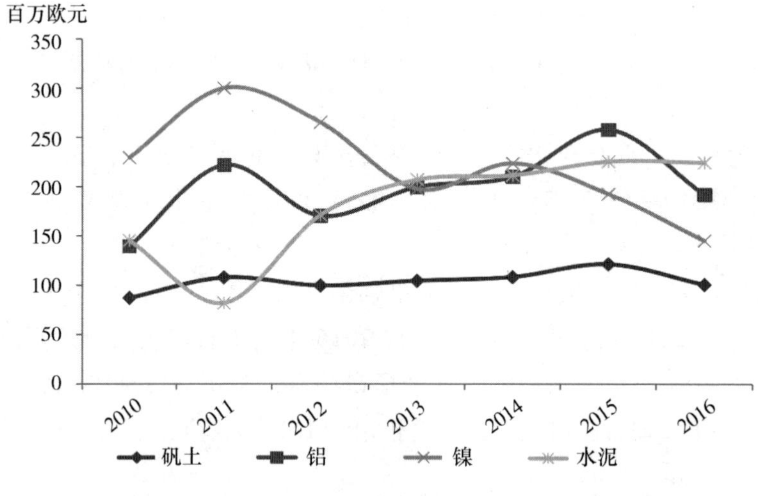

图 I-3-3　2010—2016 年希腊矾土、铝、镍和水泥出口额

资料来源：IOBE，PMS.

三　主要地区的矿物生产

（一）Parnassos-Gionas-Otis-Elikona 地区

采掘业对 Boeotia，Fokida 和 Fthiotida 地区的经济极为重要，其主要经济支柱是铝土矿开采和氧化铝及铝生产。希腊是欧洲最大的铝土矿生产国，其中大部分产品是由 Imerys（Elmin Sa）和 Mytilneos（Delphi-Distomon Sa）公司在 Parnassos-Gionas-Otis-Heliconas 地区开采的。希腊铝土矿主要由 Alouminion Sa 位于 Viotia 的 Agios Nikolaos 的工厂生产，Mytilineos 集团生产氧化铝和铝。Delfhi-Distomon，2016 年营业额为 1960 万欧元，拥有 82 名员工。Elmin 2016 年营业额接近 2780 万欧元，员工约 325 人。希腊铝业是欧盟最大的氧化铝和铝生产商，2016 年公司销售总额超过 5.62 亿欧元，该公司的工厂直接雇佣了 1000 多名员工。上述公司对 Parnassus-Gionas-Oitis-Heliconas 地区就业的直接贡献超过 1400 个。最后，采矿业对提升该地区劳动力技能做出了重大贡献。

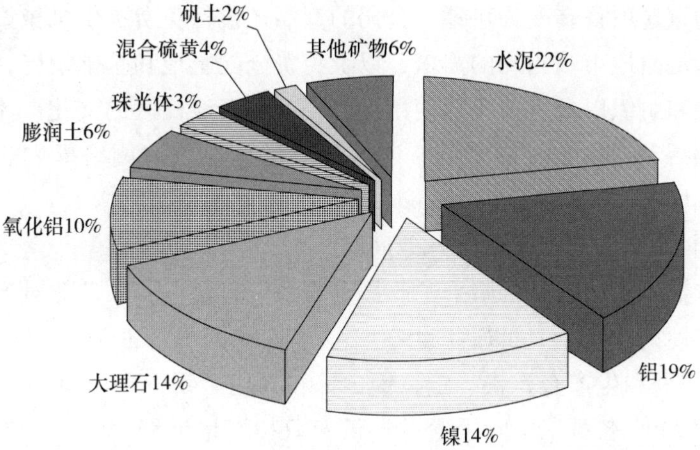

图 I-3-4　2016 年希腊各类矿物出口份额

资料来源：IOBE，PMS.

（二）西马克迪尼亚的 Ligital Center

PPC SA 公司在 Kozani 和 Florina 地区进行褐煤开采活动，这对于当地经济尤为重要。西马其顿的褐煤中心占这两个县的面积约 160 平方千米，主要集中在托勒迈达市，包括四个褐煤矿和四个褐煤蒸汽发电站（12 个褐煤发电厂）。这些褐煤厂与阿卡迪亚 Megalopolis 的单位一起生产，2017 年发电量约为 17.6 TWh，占国内互联系统发电量的 38.6%。在西部褐煤中心的马其顿和 Megalopolis 直接雇佣了约 3400 名员工，而 PPC 雇佣了该地区的分包商，并为许多当地供应商和贸易商提供服务。

此外，PPC 已经支付了法定的“工业电力生产区（LNG）发展费”，现在占 PPC 营业额的 0.5%，并且在 2016 年向两个县支付总费用 2180 万欧元，总的来说，PPC 在 1997—2016 年向 Kozani 和 Florina 地区支付了大约 3.31 亿欧元。这些基金为两个地区的基础设施，环境保护提供资金支持。

PPC 除了在当地招聘工人，对当地供应商和承包商提供服务以及支付褐煤开采费，公司对工人发展也做了巨大贡献。PPC 积极支持当地经济并采取了行动，其中包括基础设施项目的建设，如道路，供水网络，体育设施，休闲区，照明工程，灌溉工程，植树，森林种植和人工湖建设。将前褐煤矿的重建项目转变为耕地。公司的产品还包括免费提供机械设备和材料，以满足当地市政当局的需求，以及免费分配土地和基础设施，供当地市政当局和组织以及其他机构使用。PPC 还为当地社区的文化、体育、教育和其他活动提供系统的赞助。通过 PPC 的区域供热网络提供热水以满足该地区城市（Kozani，Ptolemaida，Amynteo）的供暖需求。

（三）哈尔基迪基地区（Halkidiki）

哈尔基迪基地区是希腊采矿业最重要的中心之一，采矿业对当地经济起着决定性的作用。Hellas Gold 在哈尔基迪基的奥林匹亚达，Stratoni 和 Skouries 提取和生产金，银，铜，铅，锌和其他矿物，2016 年两家公司雇用了大约 2400 名员工。除了通过提供专业技能培训培养工人，为该地区创造就业和人力资本，Hellas Gold 为该地区基础设施项目，如道路，供水，污水处理等提供资金。

自 2011 年以来，Hellenic Gold 已经开始了环境影响研究，尽管相关的环境审批决定规定了该公司要执行的重要的环境任务，但该公司黄金生产活动对环境的潜在影响仍然是争议较大的问题。争议主要集中在与木材切割，沉积聚集体有关的问题，特别是在黄金矿石加工过程中有毒物质释放到环境中的可能性，尤其是砷。特别值得关注的是，公司相关活动的环境许可得到了批准，但未充分确保黄金生产过程不会导致有毒物质释放到环境中。但是，在提请国务委员会一系列案件中，最高行政法院已作出裁决，支持 Hellenic Golden 环境许可证的合法性和有效性以及颁发此类许可证所遵循的程序。

同样值得注意的是 Hellenic Lefkolithi Amvnue 对区域经济的贡献，公司在 Chalkidiki 的 Gerakini 和 Kalyves 雇佣超过 360 名希腊的工人，2016 年的营业额超过 3800 万欧元。Hellenic Lefkokithi 是世界领先的氧化镁生产商之一，也是欧盟最大的氧化镁出口商。该公司的出口占其营业额 93%，其业务的高度外向性确保在金融危机的影响下哈尔基迪基当地经济增长依然强劲。此外，该公司除了资助和支持地方当局文化活动外，还对哈尔基迪基的烧毁森林地区进行了广泛的恢复工作，并积极参与该地区的消防活动，在其前矿区建造一座人工湖。由于该公司研究中心在 Vasilika Thessalonikis 的研发活动，该公司对希腊新知识生产的贡献也很大。

（四）米洛斯（Milos）

采矿对米洛斯的经济极为重要。Imerys Industrial Minerals Sa 在岛上有六个膨润土矿和三个珍珠岩矿，还有三个矿物加工厂，此外，还有两个火山灰矿和一个黄铁矿。

采矿活动占岛上生产的总增加值的三分之一，以及米洛斯岛 10% 以上的就业人口。考虑到岛上采矿活动的乘数效应（间接和诱导），采矿业占 Milos 总增加值的 56% 以上。采矿业对就业的总贡献超过岛上总就业人数的 1/3。

同样值得注意的是，Milos 矿业博物馆的建立，岛上会议中心的赞助，基础设施工程的建设（生物清洁等），为 Milos 的当地经济提供了支持。地方政府从特殊采矿费中获益，用于支持街道建设，学校补贴，文化俱乐部，体育俱乐部等活动。

该公司最近的采矿活动包括在米洛斯的 Trachila 的一个逐渐恢复的活性珍珠岩矿场建立有机农业葡萄园。自 2014 年 2 月以来，种植了 63 英亩，约 22300 株葡萄藤。葡萄园创造了新的工作岗位。在米洛斯的教育活动中，Imerys 还对该岛托儿所频繁资助。

第三节 遗产资源

希腊共有 18 项世界遗产，其中世界文化遗产 16 项、世界文化与自然混合遗产 2 项。16 处世界文化遗产分别是：

（1）雅典卫城（1987）：位于阿提卡县，面积 3.04 公顷。雅典卫城及其古迹是古典精神和文明的普遍象征，是希腊古代遗留给世界的最伟大的建筑和艺术复合体。前 5 世纪下半叶，雅典在对抗波斯人和建立民主之后，在古代世界的其他城邦之间占据了主导地位。在随后的时代，随着思想和艺术的蓬勃发展，一群杰出的艺术家实施了雅典政治家伯里克利亚雄心勃勃的计划，并在雕塑家 Pheidias 的灵感指导下，将岩石山变成了一个独特的思想纪念碑和艺术。最重要的纪念碑是在那段时间建造的：由 Ictinus，Erechtheon，Propylaea 建造的帕特农神庙。

（2）韦尔吉纳的考古遗址（1996）：位于中马其顿地区的 Imathia 县，面积 1420.81 公顷。艾加伊城（Aigai）是马其顿王国古代的第一个首都，发现于 19 世纪，靠近希腊北部的韦尔吉纳。其中最重要的遗迹是一个用马赛克和灰泥装饰的巨大宫殿，以及包括 300 多个坟墓的墓地，其中一些坟墓建于前 11 世纪。大古墓中的一个皇家墓穴已经确认属于菲利普二世。这位国王曾征服所有希腊城市，为他的儿子亚历山大以及希腊世界的扩张铺平了道路。

（3）德尔斐考古遗址（1987）：位于希腊中部地区的 Phokis，面积 51.04 公顷。阿波罗的神谕所讲的特尔斐泛希腊庇护所是“世界的肚脐”的地方。前 6 世纪的德尔斐与精湛的景观和谐地融为一体，充满了神圣的意义，确实是古希腊世界统一的宗教中心和象征。

（4）米斯特拉斯考古遗址（1989）：位于伯罗奔尼撒半岛地区的拉科尼亚州，面积 54.43 公顷。米斯特拉斯，“摩里亚半岛之奇迹”，于 1249 年由亚细亚王子维拉杜安的威廉修建，用来作为围绕堡垒的一个圆形剧场。被拜占庭人再度征服后，这里又相继被土耳其人和威尼斯人占领，后于 1832 年遭到遗弃，剩下的只是美丽的风景之中令人惊叹的中世纪废墟。

（5）奥林匹亚考古遗址：位于伊利亚州，西伯罗奔尼撒的西希腊地区，面积 105.6 公顷。奥林匹亚遗址位于伯罗奔尼撒半岛的一个山谷中，自史前时代就一直有人居住。前 10 世纪，奥林匹亚成为崇拜宙斯的中心。阿尔蒂斯——神灵的避难所——是古希腊世界中最高浓度的杰作之一。除了寺庙外，还有为奥运会建造的所有体育结构的遗迹，这些体育结构于前 776 年开始每四年在奥林匹亚举行一次。

（6）腓立比考古遗址（2016）：位于阿提卡大区，面积 87.545 公顷。这座有围墙的城市遗迹位于希腊东北部的一个卫城脚下，在连接欧洲和亚洲的古老路线上，即 Via Egnatia。前 356 年由马其顿国王菲利普二世建立，随着前 42 年腓立比战役后罗马帝国的建立，这座城市发展成为“小罗马”。充满活力的希腊化城市，包括城墙和大门，剧院和丧葬（寺庙），还有罗马公共建筑，如论坛和北面有寺庙的巨大露台。后来，在使徒保罗于49—50年访问后，这座城市成为基督教信仰的中心。其大教堂的遗址是早期建立基督教的证据。

（7）迈锡尼和提那雅恩斯的考古遗址（1999）：位于伯罗奔尼撒半岛地区的阿尔戈利斯州。迈锡尼和提那雅恩斯是迈锡尼文明两座最伟大的城市，其遗址也十分壮观。前15世纪至前12世纪，迈锡尼文明盛行于地中海东部，在古希腊文化的发展中发挥了重要作用。这两座城市还与荷马史诗《伊利亚特》和《奥德赛》有着密切的关联，而这两部史诗对欧洲艺术和文学的影响则持续了3000多年。

（8）德洛斯（1990）：位于南爱琴海地区的基克拉泽斯州，面积350.64公顷。根据希腊神话，阿波罗出生在基克拉泽斯群岛的这个小岛上。阿波罗的庇护所吸引了来自希腊各地的朝圣者，而德洛斯是一个繁荣的贸易港口。从前3000年到古老时代，这个岛上都有爱琴海世界继承文明的痕迹。考古遗址格外广泛而富饶，传达了一个伟大的国际大都会地中海港口的形象。

（9）罗得中世纪古城（1988）：位于南爱琴海地区的多德卡尼斯群岛，面积65.85公顷。1309—1523年，耶路撒冷的圣约翰骑士团占领了罗得城，并开始将其建成要塞。这里随后又相继受到土耳其人和意大利人的统治。上城是最美丽的哥特式城市建筑群之一，有大长老宫殿、大医院和骑士街。下城不但有哥特式建筑，也有清真寺、公共浴池及其他土耳其帝国时期的建筑。

（10）达夫尼修道院、俄西俄斯罗卡斯修道院和希俄斯新修道院（1990）：位于北爱琴海地区中希腊的阿提卡，面积3.7公顷。这三个修道院虽然从地理位置上相隔一定的距离（第一个在阿提卡，靠近雅典；第二个在福基斯州，靠近德尔菲；第三个在爱琴海的一个岛上，靠近小亚细亚），但属于相同类型，有着相同的美学特征。教堂建在广场中间，呈十字形，巨大的穹窿屋顶由突角拱支撑，形成一个八角结构。在11—12世纪，这些教堂的金色背景上装饰着华丽的大理石或马赛克，代表着“拜占庭艺术的第二个黄金时代”。

（11）塞萨洛尼基古建筑（1988）：位于中马其顿地区的塞萨洛尼基，面积5.327公顷。塞萨洛尼基州首府和海港建于前315年，是最早的基督教传播地之一。基督教建筑包括宏伟的教堂，有的按照希腊人的十字形设计，有的为包括三座中殿的长方形教堂。从4世纪到15世纪，教堂的修建历经了漫长工期，也因此反映了同一类型的教堂在不同历史时期的特点，这对拜占庭世界产生了相当大的影响。圆形建筑、圣德米特里和圣戴维兹教堂的马赛克艺术是早期基督教艺术中的伟大杰作。

（12）科孚古城（2007）：科孚古城起源于前8世纪，位于希腊西海岸的科孚岛，与阿尔巴尼亚隔海峡相望，面积70公顷，占据了亚得里亚海入海口的战略位置。古城的三座要塞由著名的威尼斯工程师设计，在400多年里被威尼斯共和国用来保护海上贸易利益，抵抗土耳其帝国。时光荏苒，19世纪英国统治时期，要塞历经多次修缮，并部分重建。在古城的新古典主义建筑当中，一部分建于威尼斯统治时期，另一部分是后建的，主要为19世纪建筑。作为地中海的港口要塞，科孚城区和港口建筑群因高度完整、保存良好而闻名于世。

（13）萨莫斯岛的毕达哥利翁及赫拉神殿（1992）：位于北爱琴海地区的萨摩斯县，面积668.35公顷。前3000年，这个靠近小亚细亚的爱琴海小岛上就有了文明。毕达哥利翁是一个古老的要塞，有着希腊和罗马建筑以及壮观的隧道和高架渠。赫拉神殿则是萨摩斯人赫拉的神庙。它们的遗址至今可见。

（14）埃皮达鲁斯考古遗址（1988）：埃皮达鲁斯遗址位于伯罗奔尼撒半岛的一个小山谷里，面积1393.8公顷。前6世纪，阿斯克勒庇俄斯医药神的祭仪是首先从这里开始的，但其主要古迹，尤其是剧场，是到4世纪才出现的，被认为是希腊建筑最完美的杰作之一。这片广阔的遗址在希腊和罗马时代是祈祷康复之处，有献给上帝的神庙和医院。

（15）帕特莫斯岛的天启洞穴和圣约翰修道院（1999）：位于南爱琴海地区的多德卡尼斯群岛，多德卡尼斯群岛的帕特莫斯小岛由于圣约翰神学家在此创作《福音书》和《启示录》而驰名。10世纪后期，有人在这里为“挚爱的门徒”修建了一座修道院，从此，这里便一直是一个朝圣地，也是希腊东正教学习之地。岛上占主体地位的是精美的修道院建筑群，焦耳城（Chorá）古老的住区及其周围许多宗教建筑。

（16）巴赛的阿波罗·伊壁鸠鲁神庙（1986）：位于伯罗奔尼撒半岛西部的梅塞尼亚，阿卡迪亚和伊利亚县，面积20.46公顷。这座著名的神庙是为康复之神和太阳神而建的，修于前 5 世纪中期，坐落在荒无人烟的阿卡迪亚群山之间。神庙有人类迄今为止发现的最古老的科林斯式柱头，建筑风格大胆，结合了早期希腊风格和明朗的陶立克（Doric）风格。

还有两处世界自然和文化混合遗产是：

（1）阿索斯山（1988）：位于阿索斯山自治区，面积 33042.3 公顷。阿索斯山自 1054 年以来就是东正教的精神中心，从拜占庭时期起就拥有独立的法律。这座“圣山”禁止妇女儿童进入，也是一个艺术宝库。这些修道院（约有 20 座修道院，住着 1400 名修道士）的规划设计的影响远达俄罗斯，其绘画流派甚至影响了东正教艺术史。

（2）曼代奥拉（1988）：位于塞萨利地区的特里卡拉县，面积 1884.14 公顷。从 11 世纪起，一些修道士就在这个几乎不可抵达的砂岩峰地区定居了下来，住在“天空之柱”上。15 世纪，隐士思想大复兴，这些修道士克服了超乎想象的困难，在这里修建了 24 座修道院。这里的 16 世纪壁画代表了后拜占庭绘画艺术发展的一个重要阶段。

第四章　基础设施研究

希腊国内运输以公路和水运为主，铁路为辅，对外贸易主要靠海运。一直以来，希腊政府都很重视基础设施建设。进入 21 世纪后，希腊政府利用筹备 2004 年奥运会的有利时机，增大了基础设施建设的投资力度，加快高速公路、机场、桥梁及其他交通枢纽设施的更新和建设，围绕奥运场馆的地铁、轻轨和城市主干道等基础设施建设大量增加，城市交通状况明显改善，对促进当地经济发展发挥了重要作用。近年来，深受主权债务危机影响，希腊的基础设施状况并不十分乐观，建筑行业经历了长逾 10 年的衰退。2015 年，建筑行业生产指数为 52.45（2010 年为基准年，指数为 100），同比上一年上升了 22.9%，但与 2010 年相比，仍衰退了约 50%。

自 2016 年起，希腊政府和社会进一步加大了对基础设施升级改造的力度，停工数年的 5 条高速公路项目、塞萨洛尼基市区地铁项目等多个基础设施建设项目纷纷开工，爱奥尼亚旅游岛屿水上飞机项目、雅典智能公交项目等新建项目也得以积极推进。2017 年，希腊政府正式对外公布了雅典地铁 4 号线的招标项目，该项目总预算约为 34 亿欧元，预计建设工期 8 年。

第一节　交通基础设施

一　公路

长期以来，希腊交通基础薄弱，又不与其他欧盟国家接壤，高等级公路较少，直接影响经济的发展。近年来，希腊政府在欧盟支持下，大力发展基础设施建设，高速公路、机场、桥梁及其他交通枢纽设施建设，高等级公路及城市主干道建设增加较多，城市交通状况明显改善。特别是在奥运会期间，以雅典为中心连接全国的交通网络为奥运会成功举办发挥了重要作用。

目前，希腊公路网络与周边国家的公路网络实现了互联互通，主要是向北通过马其顿、塞尔维亚进入中欧，向东或东北进入土耳其、保加利亚及罗马尼亚。希腊境内拥有连接南北和横贯东西的两条公路主干线，总里程分别为730千米和680千米。

根据国际道路协会的统计数据，截至2016年，希腊共有公路线路长度291018千米（包括非铺砌路面），国道和省道总长接近5万千米，处于运营中的高速公路大约为2200千米，公路路网密度220.5千米/百平方千米。根据希腊统计局数据，2016年，希腊车辆保有量为8172948辆，2015年公路运输货物为4.2亿吨。

从发展历程来看，2000—2016年希腊公路总里程从100000千米增加到291018千米，年均复合增长率为6.9%。公路路网密度从2000年的75.8千米/百平方千米上升至2016年的220.5千米/百平方千米，路网密度增加了144.7千米/百平方千米，年均复合增长率为6.9%。总体而言，希腊公路基础设施发展水平较高，发展速度较为平稳。

表I-4-1　　2000—2016年希腊公路路网长度和密度情况

年份	公路总里程（千米）	公路密度（千米/百平方千米）
2000	100000	75.8
2001	105000	79.5
2002	111000	84.1
2003	114931	87.1
2004	114931	87.1
2005	117533	89.0
2006	116631	88.4
2007	116631	88.4

续表

年份	公路总里程（千米）	公路密度（千米/百平方千米）
2008	116711	88.4
2009	121192	91.8
2010	153098	116.0
2011	194050	147.0
2012	235010	178.0
2013	253195	191.8
2014	271388	205.6
2015	281203	213.0
2016	291018	220.5

资料来源：国际道路协会：《世界道路统计年鉴2017》。

从时间序列来看，2000—2016年，希腊公路总里程和路网密度大体上均呈现出上升趋势。公路总里程和路网密度在2000—2008年处于平稳上升态势，年均增长率为2.16%；2009年之后，希腊公路总里程和路网密度处于快速上升时期，年均增长率达13.33%。

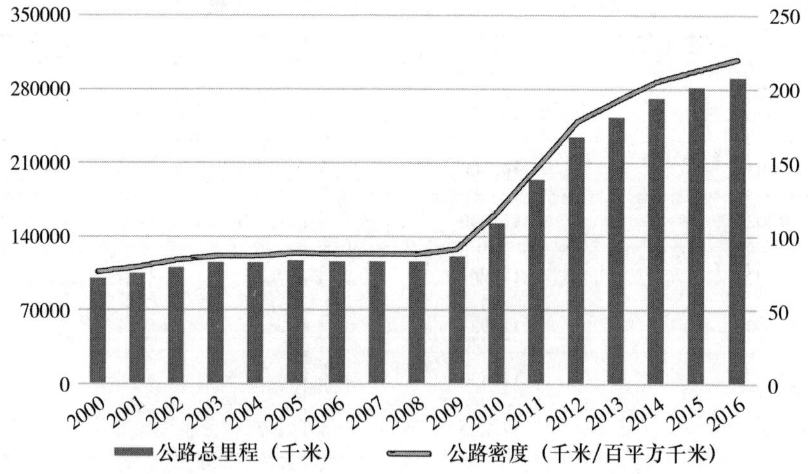

图Ⅰ-4-1　2000—2016年希腊公路里程规模和路网密度变化情况

二　铁路

希腊铁路系统比较落后，利用率低，经济效益不佳。奥运会前后，希腊政府加大对地铁、市内轻轨建设的投入，取得一定成效，但总里程增长不多。为适应经济发展需要，希腊政府计划建设南北铁路大动脉，以提高经济和交通运输的能力。其中，最重要的铁路是贯穿希腊南北的干线，将帕特雷、雅典和塞萨洛尼基连接起来。希腊铁路网络主要通过南北干线接入欧洲铁路主体网络，与欧洲国家实现铁路互联互通。

希腊铁路的运行速度较差，其中19%的铁路线运行速度在79千米/小时以下，39%的铁路线运行速度在80千米/小时至119千米/小时之间，23%的铁路线运行速度在120千米/小时至159千米/小时之间，19%的铁路线运行速度在160千米/小时以上。近年来，希腊政府正着手对铁路基础设施进行电气化等升级改造，雅典到塞萨洛基尼的铁路运输时间已从原先的6小时缩短到5小时。

除了对旧有铁路进行升级改造，改善铁路基床及铺设新轨也是重点工作。2016年，希腊私有化基金完成了国家铁路运营公司的私有化，意大利国家铁路公司入主。此外，铁路车辆维护运营公司的私有化进程也正在推进当中。

根据世界银行的统计数据，截至2016年，希腊共有铁路线路长度2240千米，其中80%的铁路是标准轨（1435毫米），铁路路网密度1.70千米/百平方千米，铁路客运周转量1395百万人/千米，铁路货运周转量517百万吨/千米。2015年，希腊铁路客运量5281.1万人次，铁路货运量750.1万吨。

从发展历程来看，2000—2016年希腊铁路总里程从2299千米微幅下降到2240千米，铁路里程长度减少了59千米，年均复合增长率为-0.16%；铁路路网密度从2000年的1.74千米/百平方千米下降至2016年的1.70千米/百平方千米，路网密度减少了0.04千米/百平方千米，年均复合增长率为-0.15%。铁路客运周转量从2000年的1583百万人/千米减少至2016年的1395百万人/千米，下降了188百万人/千米，年均复合增长率为-0.79%；铁路货运周转量从2000年的326百万吨/千米增加至2016年的517百万吨/千米，上升了191百万吨/千米，年均复合增长率为2.92%。总体而言，希腊铁路基础设施规模变化不大，铁路运输能力有所增强。

表Ⅰ-4-2　　　　2000—2016年希腊铁路里程和运量情况

年份	铁路总里程（千米）	铁路密度（千米/百平方千米）	铁路客运周转量（百万人/千米）	铁路货运周转量（百万吨/千米）
2000	2299	1.74	1583	326
2001	2377	1.80	1783	379
2002	2383	1.81	1836	327
2003	2414	1.83	1574	456
2004	2449	1.86	1668	588
2005	2576	1.95	1854	613
2006	2509	1.90	1811	661
2007	2551	1.93	1954	835
2008	2552	1.93	2003	786
2009	2552	1.93	1413	538
2010	2552	1.93	1413	538
2011	2554	1.93	1413	538
2012	2554	1.93	1413	538
2013	2265	1.72	774	538
2014	2238	1.70	1413	538
2015	2240	1.70	1400	532
2016	2240	1.70	1395	517

资料来源：世界银行（2016）。

从时间序列来看，2000—2016年，希腊铁路里程规模总体上呈现波动下降的趋势，同期的铁路路网密度也保持同样的变化趋势。2000—2005年，铁路总里程快速增加，年均复合增长率达到2.30%；2006—

2012 年基本处于停滞发展阶段，总里程没有出现较大波动，规模维持在 2550 千米上下；2012—2016 年铁路里程规模迅猛下降，至 2016 年已跌至最低点 2240 千米，年均跌幅达 3.33%。总体而言，希腊铁路里程规模和路网密度呈现下降趋势，这可能与希腊国内近年来的主权债务危机有很大关系。

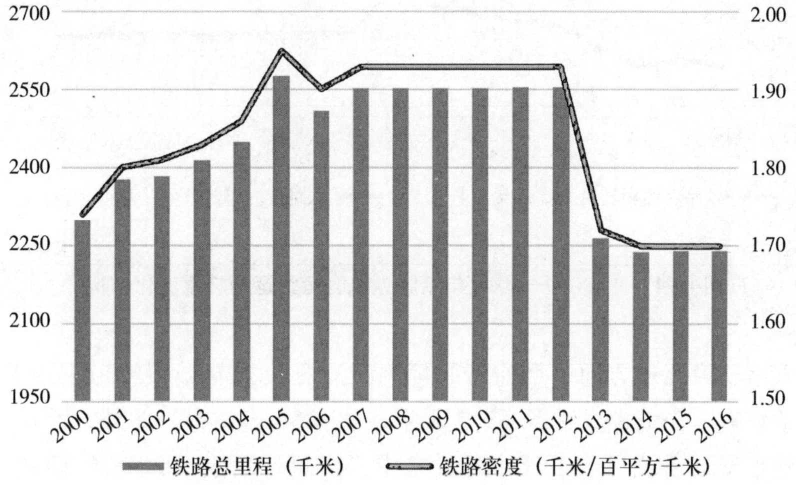

图 I-4-2　2000—2016 年希腊铁路总里程和路网密度变化情况

从铁路的客运和货运周转情况来看，2000—2016 年希腊铁路客运周转量和货运周转量呈现出不同的发展态势。其中，铁路客运周转量呈现波动下降态势，2000—2008 年铁路客运周转量呈现上升趋势，但在 2008 年之后开始下降，并一直稳定在 1410 百万人/千米上下；相反，铁路货运周转量呈现平稳发展小幅上升的态势，2000—2007 年铁路货运周转量持续上升，年均复合增长率达 14.38%，2007—2009 年受国际金融危机影响开始迅猛下降，年均跌幅达 24.58%，在 2010 年之后一直稳定在 530 百万吨/千米上下。总体而言，希腊铁路运输能力发展较为缓慢，运输能力有待加强。

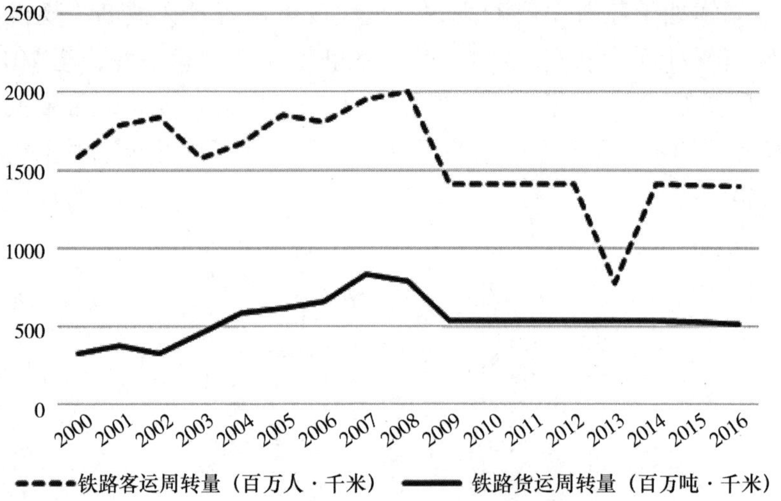

图Ⅰ-4-3　2000—2016年希腊铁路客运货运周转量变化情况

城市轨道交通方面，目前希腊境内只有雅典拥有城市轨道交通系统。雅典地铁有3条线路，总长73.7千米，共有56座站台。此外，萨洛尼卡城市轨道交通系统目前正处于建设之中，按照计划应于2018年前建设完成，项目第一期线路总长9.6千米，共有13座站台，预算金额约11亿欧元。

三　水运港口

希腊是世界航运大国，拥有全球规模最大的商船队。截至2017年，希腊共拥有百吨级以上船只1855艘，同比增加1.3%；总注册吨位4398.5万吨，同比减少0.8%。希腊船东共拥有4199艘超过1000总吨的船舶，位居世界第二；总运力约为3.09亿载重吨，运力约占世界总量的16%，居世界第一。

海运业是希腊国家经济的重要支柱产业。海运业共给大约19万人提供了就业机会，除6万名在海轮上工作的希腊籍船员外，海运业带动的金融、保险、咨询服务业、船用设备、维修等相关产业吸纳了13万劳动力，仅在比雷埃夫斯港就有1000多家企业开展与海运业相关的经营活动。

近年来，希腊船东致力于船队现代化建设，船舶质量明显改善，目前平均船龄仅为15.9年。希腊共有各类港口444个，其中16个为国际港口，主要港口有比雷埃夫斯港、萨洛尼卡港、沃洛斯港和帕特雷港等，其中比雷埃夫斯港已逐渐成为东地中海地区的中心港口之一。

据世界银行的统计数据，2017年希腊港口货物吞吐量为4461000标准箱。2015年，希腊港口总吞吐量约为8035万吨，乘坐轮船的旅客达到3389.1万人次，海运货物达到1.36亿吨。根据联合国贸发会（UNCTAD）数据显示，希腊班轮运输相关指数①从2004年的30.2增加到2016年的47.4，年均复合增长率3.83%。根据世界经济论坛发布的《全球竞争力报告》显示，希腊港口基础设施质量指数②从2007年的4.4小幅上升至2017年的4.5，年均复合增长率0.22%。

从发展历程来看，2000—2017年希腊港口吞吐量从1390844标准箱增加到4461000标准箱，年均复合增长率为7.10%。总体而言，希腊港口基础设施发展较快，港口吞吐能力不断提升。

表I-4-3　　2000—2017年希腊港口吞吐量情况

年份	港口吞吐量（标准箱）
2000	1390844
2001	1412286
2002	1660510
2003	1908121
2004	1895755
2005	1779030
2006	1769098
2007	1820349
2008	672522

① 该指数表明各国与全球航运网络的连通程度，是根据船舶数量、船舶集装箱承载能力、最大船舶规模、服务量、在一国港口部署集装箱船舶的公司数量五部分数据计算得到。

② 该指数用于衡量企业高管对本国港口设施的感受。

续表

年份	港口吞吐量（标准箱）
2009	935076
2010	1137000
2011	1976000
2012	3051900
2013	3486000
2014	3935200
2015	3679000
2016	4056000
2017	4461000

资料来源：世界银行（2017）。

从时间序列来看，2000—2017 年，希腊港口集装箱吞吐量呈现快速的波动上升趋势。港口集装箱吞吐量在 2000—2007 年呈现较为平滑的上升态势，年均增长率 3.92%，2007—2008 年受国际金融危机的影响出现大幅下滑，港口吞吐量下降近 3 倍；2008 年起又开始快速回升，至 2017 年达到最高点 4461000 标准箱，年均复合增长率达 23.40%。总体而言，希腊水运和港口吞吐能力发展较快，细分时间段则呈现平稳上升—急速下降—快速回升的发展态势。

四　航空

希腊全国有 45 个机场，其中 15 个国际机场（包括雅典机场、萨洛尼卡机场、克里特和罗德岛机场等），26 个国内机场以及 4 个区域机场。希腊的大部分机场尤其是海岛上的机场，主要服务于游客及包机。2001 年，雅典国际机场开始营业，被认为是欧洲最好的机场之一。

奥林匹克航空公司（Olympic Airlines）是希腊国有大型航空公司，2010 年将部分股权出售给一家私人公司，扭转了长期严重亏损的局面。目前，该公司拥有 41 架客机，运营 37 条国际航线和 36 条国内航线，年客运量534万人次，货运量为6.62万吨。另外有7家私人航空公司，主要运营国内航线。

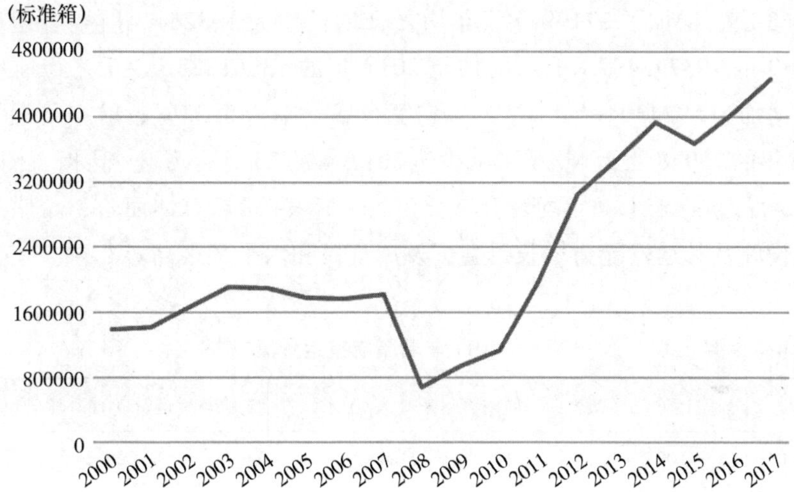

图Ⅰ-4-4　2000—2017年希腊港口集装箱吞吐量变化情况

当前，希腊最大的航空公司——希腊爱琴航空公司（Aegean Airlines）已收购奥林匹亚航空公司，成立新的希腊最大的航空公司——希腊载旗航空公司，负责运营希腊境内外的航线。2014年底，希腊将14个旅游岛屿机场40年经营权以12亿欧元的价格出让给了以德国法兰克福机场集团为首的竞标联合体，法兰克福机场集团承诺将在经营期内投入逾10亿欧元资金，用于改善机场基础设施等软硬件。

2014年，希腊各主要机场的国外到达人数平均增加了11.2%，总计达到1406万人次，2013年为1264万人次，同比增长11.23%。其中，增幅最大的是两大旅游热门目的地圣托里尼和雅典，增幅分别达到26.3%和24.6%。2016年1月，雅典国际机场客流量超过100万人次，单月同比增加11.9%。其中，国内和国外抵离乘客分别超过43万和65万人次，增幅为16.5%和9.1%。机场起降航班数超过1.1万架次，同比增加6.5%。

根据世界银行的统计数据，截至2017年，希腊航空运输量累计达到

135763 次，航空客运量 13861828 人/千米，航空货运量 23.5 百万吨/千米。2015 年，希腊机场运送旅客 4881.2 万人次，同比增长 9.46%，运输货物 9.26 万吨，同比增长 3.3%。

从发展历程来看，2000—2017 年希腊航空运输量从 108584 次增加到 135763 次，增加了 27199 次，年均复合增长率为 1.32%。航空客运量从 2000 年的 7937434 人/千米增加至 2017 年的 13861828 人/千米，航空客运量增加了 5924394 人/千米，年均复合增长率为 3.33%；航空货运量从 2000 年的 129.8 百万吨/千米减少至 2017 年的 23.5 百万吨/千米，下降了 106.3 百万吨/千米，年均复合增长率为 -10.58%。总体而言，希腊航空基础设施及其运输能力增长迅猛，发展规模和水平都很高。

表 I-4-4　　2000—2017 年希腊航空运量情况

年份	航空运输量（次）	航空客运量（人/千米）	航空货运量（百万吨/千米）
2000	108584	7937434	129.8
2001	125269	8430333	96.9
2002	113247	7579225	80.9
2003	114100	7518932	62.7
2004	137676	9276954	58.2
2005	130515	9452219	64.1
2006	133226	9481314	70.6
2007	137697	10206223	72.2
2008	128287	9442743	78.1
2009	112671	8795133	31.4
2010	136382	10352658	4.9
2011	125477	9569211	4.2
2012	111870	8785275	2.3
2013	103800	8761116	0.6
2014	134160	11152236	19.4

续表

年份	航空运输量（次）	航空客运量（人/千米）	航空货运量（百万吨/千米）
2015	124014	11237054	26.1
2016	128454	12689082	24.0
2017	135763	13861828	23.5

资料来源：世界银行（2017）。

从时间序列来看，2000—2017 年，希腊航空运输量呈现波动上升趋势。其中，2013 年为希腊航空运输量的最低点，仅为 103800 次；2007 年为希腊航空运输量的最高点，达 137697 次，总体而言，2000—2017 年希腊航空运输量反复波动较为剧烈，共经历了 5 个上升下降的反复周期。

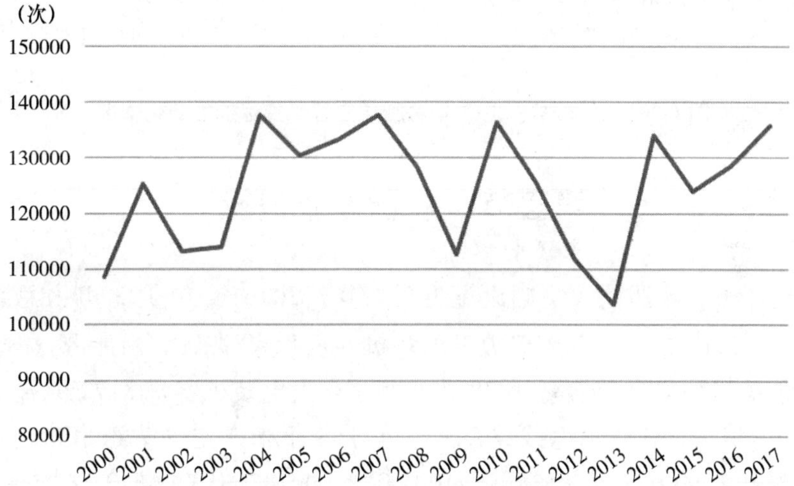

图 I－4－5　2000—2017 年希腊航空运输量变化情况

从航空客运量和货运量情况来看，2000—2017 年希腊航空客运量和货运量呈现出不同的发展态势。航空客运量总体呈现波动上升的发展态势，其中在 2013—2017 年呈现快速上升的趋势，年均复合增长率达 12.15%。航空货运量总体呈现波动下降的发展态势，其中在 2000—2004

年和2008—2013年急速下降，年均跌幅分别为22.20%和204.16%，至2013年已跌至最低谷的0.6百万吨/千米，2013年后又开始有所回升。总体而言，希腊航空客运量整体处于快速上升态势，而航空货运量则呈现出快速下降—缓慢回升—急剧下降—缓慢回升的发展态势。

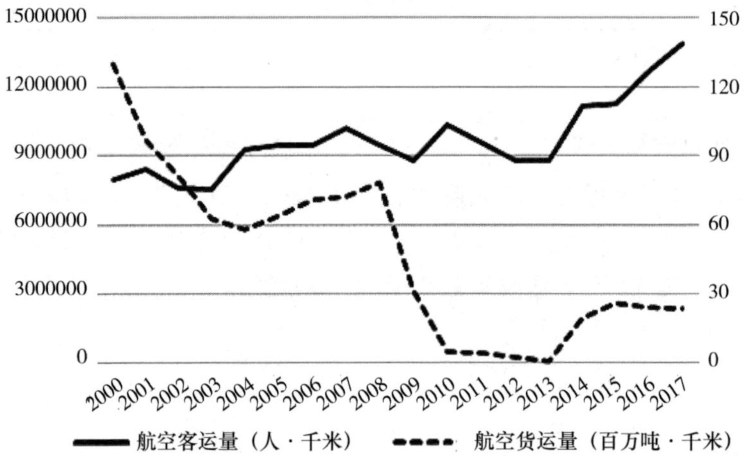

图Ⅰ-4-6 2000—2017年希腊航空客运货运能力变化情况

第二节 能源基础设施

近年来，希腊能源基础设施发展较快。2016年12月，电力总装机容量为16614兆瓦，其中热力发电装机容量8569兆瓦，新能源（风能、太阳能等）发电装机容量4870兆瓦，水电发电装机容量3172兆瓦。截至2013年底，希腊输电线路总长约11144千米，变电站约300座，电压等级包括400千伏直流电，400千伏、150千伏和66千伏交流电。2011年、2012年、2013年输电可靠率分别达到99.3%、99.8%和99.6%。

2016年，希腊共发电37.1吉瓦时，消费者需求为45.9吉瓦时，仍存8.8吉瓦时的电力缺口主要通过与土耳其、阿尔巴尼亚、马其顿、保加利亚和意大利等国的电力链接得以补充，同时希腊也向这些国家出口少量电力。

近年来，希腊输电系统运营公司新建了多条输电线路，对电网加以改造和升级，一方面建立境内岛屿之间的互联及岛屿与大陆的互联，另一方面加强与周边国家的互联，如与土耳其建立电网连接，对连接意大利和保加利亚的电网加以升级改造等。目前，希腊通过7条电力线路与周边国家进行连接，包括与阿尔巴尼亚的两条线路（400千伏和150千伏），与马其顿的两条线路（均为400千伏），与保加利亚（400千伏）、土耳其（400千伏）和意大利（400千伏）各一条线路。2016年，通过这些线路交易的总电量为10.87吉瓦时。

据世界银行的统计数据，2015年希腊总发电量约532亿千瓦时，其中煤炭发电量占比42.66%，天然气发电量占比17.54%，石油发电量占比10.93%，水力发电量占比11.77%，其他能源（如风能、地热能等）发电量占比17.10%。

从发展历程来看，2000—2015年希腊煤炭发电量占比从2000年的64.23%下降到2015年的42.66%，减少了21.57个百分点；天然气发电量占比从2000年的11.08%小幅上升到2015年的17.54%，增加了6.46个百分点；石油发电量占比从2000年的16.63%小幅下降到2015年的10.93%，减少了5.70个百分点；水力发电量占比从2000年的6.91%小幅上升到2015年的11.77%，增加了4.86个百分点；其他能源发电量占比从2000年的1.15%快速增加到2015年的17.10%，上升了15.95个百分点。总体而言，希腊能源基础设施的能源供应结构已得到很大改善，天然气、地热能、风能等清洁能源和可再生能源供应增长迅猛，煤炭、石油等不可再生和污染能源急剧减少，现阶段希腊的能源供应主要依靠天然气。希腊能源基础设施的发展前景较为乐观。

表I-4-5 2000—2015年希腊各能源基础设施发电量占比（%）

年份	煤炭发电量占比	天然气发电量占比	石油发电量占比	水力发电量占比	其他能源发电量占比
2000	64.23	11.08	16.63	6.91	1.15
2001	66.76	11.56	15.97	3.95	1.76
2002	64.08	13.09	16.00	5.19	1.64

续表

年份	煤炭发电量占比	天然气发电量占比	石油发电量占比	水力发电量占比	其他能源发电量占比
2003	60.74	13.81	15.04	8.23	2.18
2004	60.16	15.29	14.26	7.94	2.35
2005	59.81	13.75	15.49	8.44	2.51
2006	53.61	17.63	15.95	9.75	3.06
2007	55.29	21.96	15.38	4.13	3.24
2008	53.02	21.93	15.88	5.26	3.91
2009	55.96	18.04	12.57	8.80	4.63
2010	53.68	17.14	10.61	13.00	5.57
2011	52.50	23.56	10.00	6.78	7.16
2012	51.21	21.99	10.00	7.25	9.55
2013	46.23	19.01	9.48	11.11	14.17
2014	51.14	13.46	11.01	8.89	15.50
2015	42.66	17.54	10.93	11.77	17.10

希腊计划大力推进电力电网建设，拟将希腊打造成东南欧的能源枢纽，其中重点之一是建设欧亚电力连接网（EuroAsia Interconnector），在以色列、塞浦路斯、克里特岛和希腊大陆间建设电力高速公路，输电能力将达到2000兆瓦，连接长度约1520千米。为实现到2020年可再生能源发电量占比达18%的目标，希腊已按照欧盟标准完成新能源发电项目上网电价竞标规则的修订，从2018年到2020年每年各招标300MW的风电和太阳能发电项目投资，从2019年起再根据项目开发情况招标2次共800MW风电或太阳能发电项目，总招标规模达2600MW，投资总额预计为25亿—30亿欧元。

希腊政府致力于提高风电、太阳能和水电等清洁能源占能源消费的比重，计划将清洁能源消费比重由2016年的15%提高至2030年的35%，投资规模总计440亿欧元。

希腊最大的风电场项目位于大埃维亚岛东南部的卡菲拉斯角（Cap Kafireas）附近，被认为是地中海东部风力最强劲的地点之一。电场由七个风电站组成，投资成本为3亿欧元，总发电容量达154.1兆瓦，通过一条水下电缆与电网相连。该项目由意大利电力公司Enel Green所有并进行管理。

同时，希腊开始推进电力、天然气等公共部门的现代化和私有化进程，实施能源市场自由化。希腊公共电力公司（PPC）长期处在困境之中，2018年亏损5亿欧元。新民主党政府优先解决的问题之一是公共电力公司问题，希腊公共电力公司部分资产已经进入私有化轨道。

第三节　通信基础设施

希腊通信市场语音及移动业务比较发达，固网语音普及率超过65%，移动语音普及率高达100%。宽带数据业务覆盖率低于欧盟平均水平，ADSL业务处于高速发展阶段。

希腊最大的固网运营商是希腊电信（OTE），在希腊处于绝对垄断地位，员工约13000人，业务包括语音、数据、ISP等。其他固网中小运营商有Forthnet等，以语音、宽带、付费电视和增值业务为主。希腊移动运营商主要有希腊移动（Cosmote）、沃达丰（Vodafone）、Wind，分别拥有450多万、420多万和250多万用户，主要业务包括2G、3G、4G和4G+。据联合国经合组织（OECD）的数据，希腊网络接入速度在OECD国家中处于落后地位，其单位宽带的价格则在OECD国家中较为昂贵。当前，希腊正积极推进“下一代网络”建设计划，主要包括光纤电缆铺设、提高接入互联网速度和加强边远地区网络建设等。

根据世界银行的统计数据，截至2017年，希腊每百人拥有移动电话116部，每百人拥有固定电话46.4部。从发展历程来看，2000—2017年希腊每百人拥有移动电话数从2000年的53部增加到2017年的116部，增加了63部，年均复合增长率4.72%；希腊每百人拥有固定电话数从2000年的50.8部减少到2017年的46.4部，减少了4.4部，年均跌幅为0.53%。

表Ⅰ-4-6　　2000—2017年希腊固定/移动电话基础设施情况

年份	每百人拥有移动电话（部）	每百人拥有固定电话（部）
2000	53	50.8
2001	71	50.1
2002	83	56.1
2003	79	56.0
2004	83	56.4
2005	91	55.8
2006	97	54.4
2007	108	48.1
2008	121	46.0
2009	116	52.4
2010	107	51.5
2011	106	50.3
2012	117	48.0
2013	111	47.6
2014	108	47.2
2015	112	46.9
2016	112	46.5
2017	116	46.4

资料来源：世界银行（2017）。

从时间序列来看，2000—2017年，希腊每百人拥有移动电话和每百人拥有固定电话的发展趋势正好相反。每百人拥有移动电话部数在2008—2011年有长时间的明显下降波动，但整体上呈现快速上升趋势。相反，每百人拥有固定电话部数整体上一直处于缓慢下降趋势。

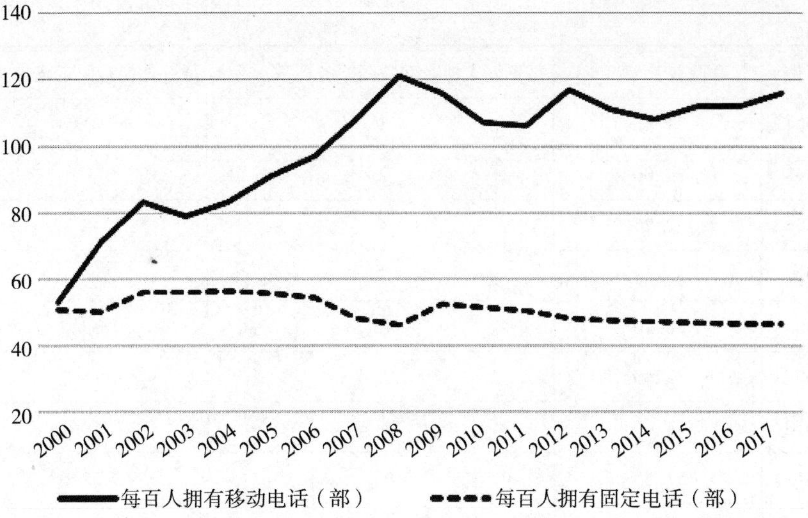

图Ⅰ-4-7　2000—2017年希腊每百人移动/固定电话拥有量变化情况

从互联网基础设施发展情况来看，截至2017年，希腊互联网普及率71.34%，每百万人拥有互联网服务器数3694个，每百人拥有固定宽带数33.9部。

从发展历程来看，2000—2017年希腊互联网普及率从2000年的9.14%迅猛增加到2017年的71.34%，增加了7倍左右，年均复合增长率12.85%；每百人拥有互联网服务器数从2004年的1个快速增加到2017年的3694个，年均复合增长率达88.11%；每百人拥有固定宽带数实现了从无到有的进化，2000年只有0部，到2017年已经达到33.9部。

表Ⅰ-4-7　**2000—2017年希腊互联网基础设施情况**

年份	互联网普及率（%）	每百万人拥有互联网服务器数（个）	每百人拥有固定宽带（部）
2000	9.14	0.1	0
2001	10.94	0.2	0
2002	14.67	0.4	0
2003	17.80	1	0.1

续表

年份	互联网普及率（%）	每百万人拥有互联网服务器数（个）	每百人拥有固定宽带（部）
2004	21.42	1	0.5
2005	24.00	2	1.4
2006	32.25	4	4.3
2007	35.88	7	8.9
2008	38.20	13	13.2
2009	42.40	23	16.7
2010	44.40	41	19.7
2011	51.65	93	21.6
2012	55.07	162	23.6
2013	59.87	212	25.7
2014	63.21	278	28.0
2015	66.84	410	30.7
2016	69.09	1412	32.3
2017	71.34	3694	33.9

资料来源：世界银行。

从时间序列来看，2000—2017 年，希腊互联网普及率、每百万人拥有互联网服务器个数和每百人拥有固定宽带部数均呈现上升发展态势，其中每百万人拥有互联网服务器个数呈现指数型上升趋势。总体而言，希腊通信基础设施发展速度较快，但目前发展水平还有待提高。

根据欧盟委员会《2018 年数字经济和社会指数（DESI）报告》，DESI 主要从宽带连接、人力资本、互联网使用、数字技术集成、数字化公共服务 5 个维度的 30 余个指标来综合描述欧盟经济社会的数字化水平和进程。欧盟 28 个国家平均得分 54.0，表现最优秀和最差国家之间的差距仍然很大，希腊得分较低。欧盟将其归类到“掉队国家”。互联网接入比例严重限制了希腊数字经济的发展能力，在高速互联网普及率上，希腊仅为欧盟平均水平的 1/2。

据2018年华为全球连接指数评估（GCI）报告，希腊在光纤到户网络和4G覆盖率方面的得分略低于全球平均水平，但在体验和潜力相关指标方面表现较好。希腊在移动宽带方面得分高，宽带服务价格合理。希腊4G覆盖率和电信投资有所提高，全年智能手机和家庭计算机用户增多，由此产生大量数据，提升了数据中心和物联网的发展潜力。

为此，希腊政府提出了国家数字化战略（Digital National Strategy），目标是发展数字技术产业，争取成为地区ITC枢纽。数字化战略将优先部署新一代接入（NGA）网络基础设施，提高宽带进入的速度。

2019年5月，希腊数字政策部发布招标信息，拟以PPP模式在尚无宽带服务的地区新建高速宽带网络，预计惠及250万人。项目总投资预计为7亿欧元，其中希腊政府将在欧盟支持下投资3亿欧元，是欧盟目前正在实施的最大宽带建设项目，拟分为七个分区实施，项目建成后将出售给希腊国内的电信运营商。

2019年7月，欧盟委员会表示支持希腊发展超高速宽带互联网连接计划，为该国连通性不足的地区的客户带来超快速宽带服务。希腊超快速宽带计划的预算为3亿欧元，将由欧洲区域发展基金，欧洲农村农业发展基金和希腊私人投资提供资金。这项投资将创建一个互联网速度至少为100 Mbps的网络。

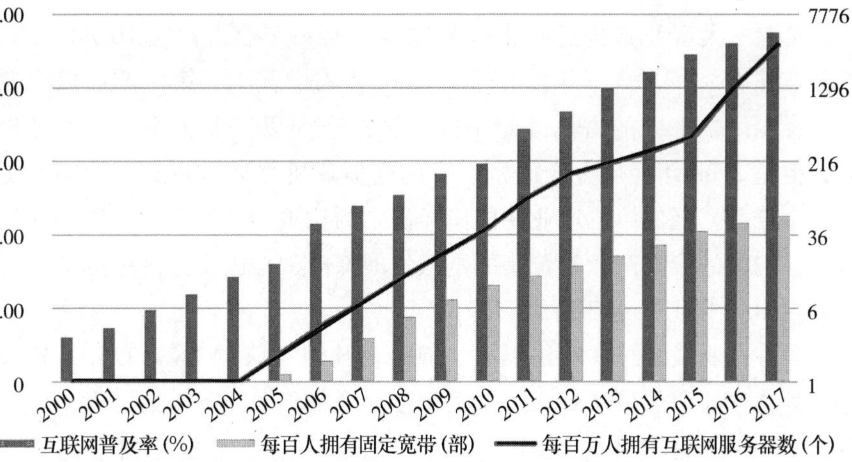

图Ⅰ-4-8　2000—2017年希腊互联网基础设施发展变化情况

第五章　产业结构及发展研究

2008 年金融危机爆发之前，希腊经济增速在欧盟国家平均水平以上。2009 年底，债务危机爆发导致希腊经济一度处在欧盟国家中等偏下水平。希腊统计局数据显示，2018 年，希腊以现价计的 GDP 达 1847. 14 亿欧元，实现同比增长 2. 49%。以上一年不变价计，希腊 2018 年 GDP 达 1837. 04 亿欧元，同比增长 2. 55%，这是金融危机以来连续第二年实现增长。希腊经济以旅游、航运和金融等服务业为主，工业和农业在经济中的比重较低，制造业基础相对较为薄弱，以食品加工业为主。

第一节　产业结构的演变

一　三大产业结构演变

希腊三大产业结构近年来较为稳定，第一产业占比在 10% 以下，第二产业在 15%—20%，第三产业在 80% 左右。其中，第一产业以农业为主，在国民经济中的占比逐年下降。第二产业以工业为主，虽然基础薄弱，但是 2008 年经历金融危机引发的欧债危机之后，希腊开始逐步提高工业生产力，促使第二产业在国民经济中的比重逐渐提高。旅游和航运等服务业构成的第三产业是希腊的重点发展部门，在国民经济中的比重一直保持在 70% 以上，近年来略有降低。

第一产业规模总体变化不大，但是占比呈下降趋势。1995 年至 2018 年，第一产业增加值从 6861. 19 百万欧元增加至 8944. 86 百万欧元，又回落至 6869. 93 百万欧元。第一产业占比处于较为明显的缩小趋势，从 1995 年的 8. 1% 一度减小至 2009 年的 3. 1% 左右，2015 年这一占比开始回升至 4% 以上，2018 年维持在 4. 3%。

受到金融危机重创，第二产业处于缓慢复苏中。希腊工业部门虽相对较弱，但是金融危机之前一直保持平稳增长态势，在国民经济中的比重也基本保持在20%以上。金融危机之后，工业部门一蹶不振，第二产业增加值连续九年下跌，在国民经济中比重一度下跌至16%以下，直至2016年才有所回转，近三年来一直保持良好增势。2018年，第二产业增加值回升至28204.67百万欧元，在国民经济中占比达17.5%，同比增长4.07%。

作为第三产业的服务业尽管也受到金融危机的冲击而有所收缩，但其仍是希腊国民经济创收的主要部门。1995年至2009年，希腊服务业迅速发展，服务业增加值一度达到近1700亿欧元，在国民经济中占比近80%。2009年之后，金融危机的余波开始对服务业造成不利影响，服务业连续七年负增长，增加值一度降低至不足1300亿欧元，直至2017年才开始有所复苏。2018年，希腊第三产业继续回升，同比增长1.59%（表I-5-1）。

表I-5-1　　1995—2018年希腊三大产业增加值及增速

	第一产业		第二产业		第三产业	
	增加值（现价，百万欧元）	增速（%）	增加值（现价，百万欧元）	增速（%）	增加值（现价，百万欧元）	增速（%）
1995	6864.19	—	18254.13	—	59560.93	—
1996	6784.89	-1.16	19438.27	6.49	67052.85	12.58
1997	7159.92	5.53	20572.61	5.84	75704.64	12.90
1998	7471.97	4.36	22798.49	10.82	83153.24	9.84
1999	7737.66	3.56	25589.70	12.24	86633.48	4.19
2000	7677.14	-0.78	26480.48	3.48	92023.78	6.22
2001	7918.19	3.14	29423.29	11.11	98128.81	6.63
2002	8151.97	2.95	31774.68	7.99	105870.73	7.89
2003	8944.86	9.73	36706.84	15.52	114861.67	8.49
2004	8282.14	-7.41	39409.58	7.36	127081.30	10.64

续表

	第一产业		第二产业		第三产业	
	增加值（现价，百万欧元）	增速（%）	增加值（现价，百万欧元）	增速（%）	增加值（现价，百万欧元）	增速（%）
2005	8535.99	3.06	35474.08	-9.99	134810.44	6.08
2006	6974.27	-18.30	43544.52	22.75	142528.34	5.72
2007	7067.74	1.34	41881.21	-3.82	156318.01	9.68
2008	6793.27	-3.88	37895.16	-9.52	169130.43	8.20
2009	6662.73	-1.92	36374.73	-4.01	169353.41	0.13
2010	6518.82	-2.16	31255.27	-14.07	161869.62	-4.42
2011	6108.83	-6.29	28326.25	-9.37	147474.11	-8.89
2012	6190.66	1.34	27391.71	-3.30	135396.59	-8.19
2013	5794.11	-6.41	26491.40	-3.29	127951.20	-5.50
2014	6070.41	4.77	25275.61	-4.59	126566.98	-1.08
2015	6730.14	10.87	25148.82	-0.50	124734.48	-1.45
2016	6313.43	-6.19	26220.79	4.26	121510.17	-2.58
2017	6673.26	5.70	27101.54	3.36	123751.55	1.84
2018	6869.93	2.95	28204.67	4.07	125714.25	1.59

注：第一产业包括农业、林业和渔业；第二产业包括工业和建筑业；第三产业主要为第一、第二产业之外的服务业。

资料来源：根据希腊统计局年度国民经济账户数据整理。

希腊就业结构基本与其三大产业增加值结构一致。具体来说，第三产业贡献就业份额最多，且1995年以来，第三产业贡献就业基本保持在50%以上，近年来逐渐提高。至2018年，第三产业提供就业提高至72.48%。第二产业和第一产业就业人员占比自1995年以来基本逐年走低，其中第二产业就业从1995年的23.59%降低到15.25%，第一产业从20.06%降低到12.27%。

二　产业发展概况

（一）农业发展概况

希腊国土大部分由于土壤贫瘠或者森林覆盖而无法耕种，可耕地面积仅占国土面积的30%，总体上缺乏农业发展的资源优势。希腊农产品大部分能够自给自足，代表性农产品有橄榄油、葡萄酒、奶酪和蜂蜜等，主要进口肉类和奶制品，出口蔬菜、水果以及坚果等。

希腊农业用地以可耕地为主。希腊统计局2019年6月公布的农业统计调查2017年的数据显示，2017年希腊可利用的总农业用地面积达3220.9千公顷，较上年减少0.1%，其中灌溉农业面积占38.32%。在总农业用地中，可耕地面积达53.3%，较上年略有降低。希腊可耕地主要用于种植粮食谷物，橄榄树，饲料作物和工业作物，2017年，这四类农业作物占希腊总农业用地面积达76%。

表Ⅰ-5-2　　2016—2017年希腊农业用地面积分布（千公顷）

按农作物分类	2016年	2017年	2017/2016变化（%）
总农业用地面积	3225.63	3220.90	-0.1
其中：灌溉农业	1208.30	1234.16	2.1
1. 农民耕种用地（净面积）	1724.04	1720.13	-0.2
其中：灌溉农业	698.71	718.71	2.9
2. 蔬菜种植（净面积）	63.43	63.31	-0.2
其中：灌溉农业	63.18	63.64	0.7
3. 永久作物种植（净面积）	1085.20	1082.69	-0.2
其中：灌溉农业	446.41	451.81	1.2
4. 休耕地	352.96	354.76	0.5
其中：用于商品农业和环境保护	185.58	196.97	6.1

资料来源：希腊统计局：《农业统计调查2017》。

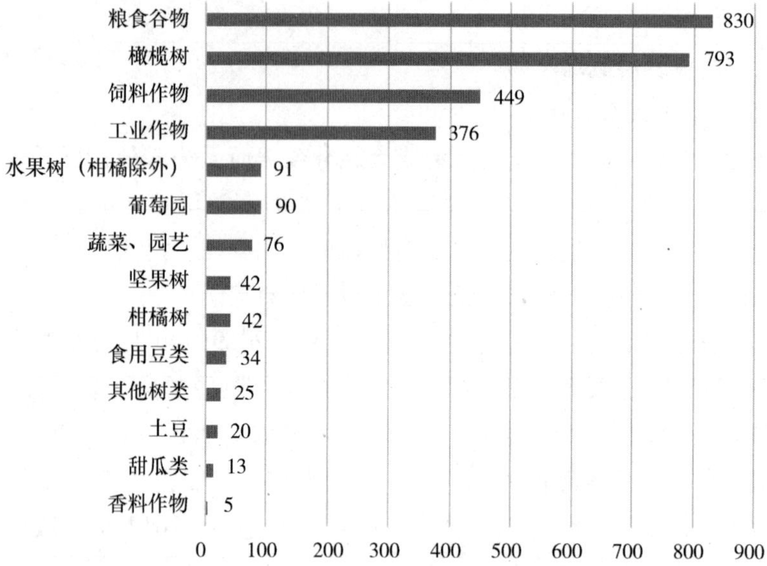

图1-5-1　2017年希腊主要农作物可耕地面积（千公顷）

资料来源：根据希腊统计局《农业经济账户2017》数据绘制。

希腊农作物以谷物为主。在各类农作物产量中，饲料作物产量增长迅速，2017年同比增长11.8%，达339.1万吨，其次是橄榄和玉米，均达百万吨以上。希腊各地区气候、土壤条件不同，各类农作物分布亦有不同。以橄榄油为例，2017年，希腊橄榄油产量达311.7千吨，主要来自希腊的三个大区，伯罗奔尼撒大区贡献了88.4千吨（以麦西尼亚州和科林西亚州为主），克瑞提大区贡献了72.9千吨（以伊拉克利翁为主），西希腊大区贡献了70.2千吨（以伊利亚州为主）。

除了农作物之外，活禽也是希腊农业的重要构成。2017年，希腊的牛、羊、母鸡、鹅等活禽以及蜂箱等的数量具有不同程度的增长，其中增速最快的是鹅的养殖规模，达7.5%，火鸡、鸭类和兔类均有所减少，其中火鸡养殖数量减少幅度最大，达3.9%。以肉产量来看，家禽肉产量最多，占希腊全部肉产量的56%，而牛肉产量增长最快，2017年增长6.6%至41.8千吨，山羊肉产量大幅下降了13%至21.9千吨。基于这些活禽衍生出的农产品也是希腊农业发展的重要内容，其中主要以奶类和活禽产品为主。希腊奶类主要有牛奶、羊奶和山羊奶，其中以羊奶产量最大，达85万吨以上。活禽产品则主要有软奶酪、硬奶酪、蜂蜜、鸡蛋等。

表1-5-3 2012—2017年希腊主要农作物产出（千吨）

		2012	2013	2014	2015	2016	2017
谷物	普通小麦	463.1	520.7	506.9	461.8	428.9	366.9
	硬质小麦	1373.9	1311.2	1063.5	996.9	1131.9	989.8
	大麦	336.3	381.1	420.8	412.6	381.7	376.5
	粮食玉米	2226.2	2275.2	1864.0	1716.5	1505.0	1461.7
工业作物	棉花	795.5	874.7	820.3	817.6	739.1	808.9
饲料作物	饲料作物（总数）	2522.7	2594.6	2389.6	2968.3	3033.6	3391.0
瓜类	西瓜	599.6	588.3	437.7	433.5	389.2	376.9
土豆	土豆（总计）	882.8	899.1	616.3	583.2	495.5	501.7
蔬菜类	西红柿（总计）	1234.3	1221.2	918.4	926.1	897.7	785.3
葡萄类	葡萄（总计）	849.7	871.3	796.3	805.4	833.8	827.5
	葡萄汁	337.3	330.5	302.9	299.6	302.5	297.6
柑橘类	橘子	849.6	875.8	754.2	808.6	805.9	727.5
水果类	苹果	265.8	253.7	252.3	267.0	279.7	253.1
	桃子—油桃	825.9	736.2	492.7	521.1	528.7	641.0
橄榄类	橄榄（总计）	2825.3	1752.0	2592.4	2592.4	2755.5	2837.8
	橄榄油	331.9	298.8	251.4	333.3	328.0	311.7

资料来源：根据希腊统计局《农业统计调查2017》数据整理。

希腊农业就业呈现出规模缩小化、地区集中化、人口老龄化特征。希腊农业人口主要分布于13个大区中的中马其顿大区、西希腊大区、伯罗奔尼撒大区、东马其顿和色雷斯大区和色萨利大区，这五大区农业就业占比达67%。20世纪60年代以来，务农者开始大批流失，仅1995年至2018年，希腊农业就业人口从76.7万人减少至46.9万人，年均流失4%。得益于希腊政府和欧洲计划对希腊农民的财政支持，希腊农业机械化程度已经超过国家所需的程度。但另一方面，希腊劳动力调查数据表明，2018 年，希腊务农者近 65% 为 45 岁以上的农民。由于缺乏学习能力较好的年轻农民，希腊农业机械化偏重拖拉机的使用，缺乏多元化的机械使用（比如播种机械和施肥机械），从而导致希腊农场的机械多元化程度不足①。2017 年，希腊农业用机械类最多的仍然是拖拉机，达 37.8 万辆，较上年减少 1%。其次是洒水机、播种机、脱粒机和收割机。此外，希腊灌溉系统也较为普及。

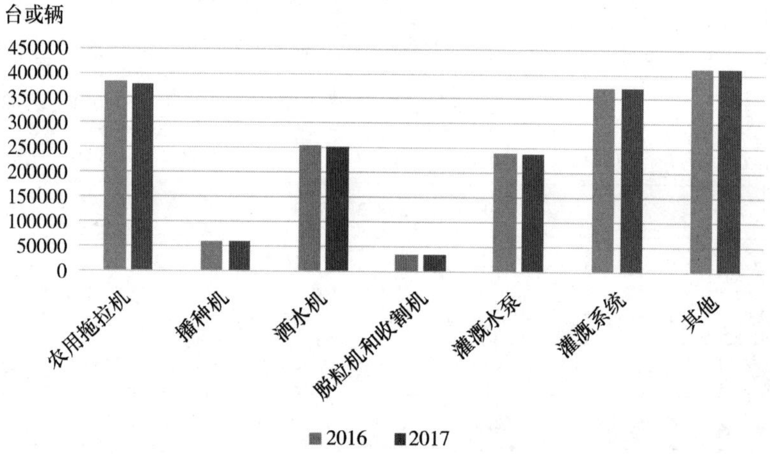

图Ⅰ-5-2　希腊 2016 年和 2017 年农业机械使用情况

资料来源：根据希腊统计局《农业经济账户 2017》数据绘制。

农业是希腊政府的重点补贴部门，农产品产值远大于动物产值。希腊政府对农产品一直实行零税收、强补贴的政策，因此农业产值一直处于平稳增长趋势。农业产值以农产品为主，占比达 97% 以上，农业服务产值仅为 2% 左右。农产品又可进一步分为农作物产值和动物产值，希腊的动物产值规模相对较小，基本在 26 亿欧元左右，1993 年以来一直较为稳定；农作物产值规模较大，2006 年曾一度下跌，此后逐渐回升，基本在 70 亿欧元左右。

① Athanassios Papageorgiou, "Agricultural Equipment in Greece: Farm Machinery Management in the Era of Economic Crisis", *Agriculture and Agricultural Science Procedia*, Vol. 7, 2015.

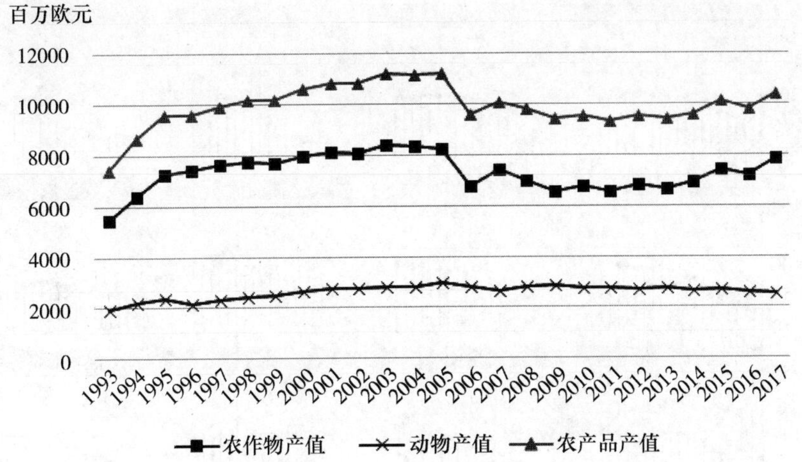

图 I－5－3　希腊 1993—2017 年农产品产值发展趋势

注：农产品产值以基础价格计算。

资料来源：根据希腊统计局《农业经济账户 2017》数据绘制。

希腊大部分农产品价格平稳，个别农产品价格呈现大幅波动。2000 年以来，希腊不同农业农产品价格指数呈现不同趋势。相对之下，动物类农产品价格较为平稳。农产品中，农作物价格指数以谷物、工业作物、饲料作物、蔬菜、土豆、葡萄酒、橄榄油以及其他农作物，在一定时期内的出售价格水平变动趋势及幅度的相对数来表示其中工业作物价格波动较大，尤其是在金融危机之后价格指数总体上得到较大幅度提升，谷物价格在 2007 年也得到了大幅度提升（图 I－5－4）。

此外，希腊渔业得益于自然条件而成为重要的优势部门。希腊海岸线长达 13676 千米，是地中海盆地国家中最长、世界第 11 长的国家。得天独厚的地理条件和气候条件给希腊提供了丰富的海产资源。希腊统计局海产调查 2017 年数据显示，希腊 2017 年有 21153 人从事海产行业，海产捕获量达 77114 吨，总价值达 24921 万欧元。其中，鱼类产量最大的是欧洲凤尾鱼和欧洲沙丁鱼，分别达 13032. 8 吨和 12674. 5 吨。欧洲鳕鱼、博格鱼等也是主要种类。头足类产量最大的是章鱼，达 2740. 5 吨，其次是宽尾短鱿鱼，1523. 6 吨。甲壳类以深水玫瑰虾和海洋螃蟹为主，产量分别达 3263. 7 吨和 2688. 6 吨。贝类以地中海贻贝和金星蛤为主，产量分别为 84. 0 吨和 66. 3 吨。

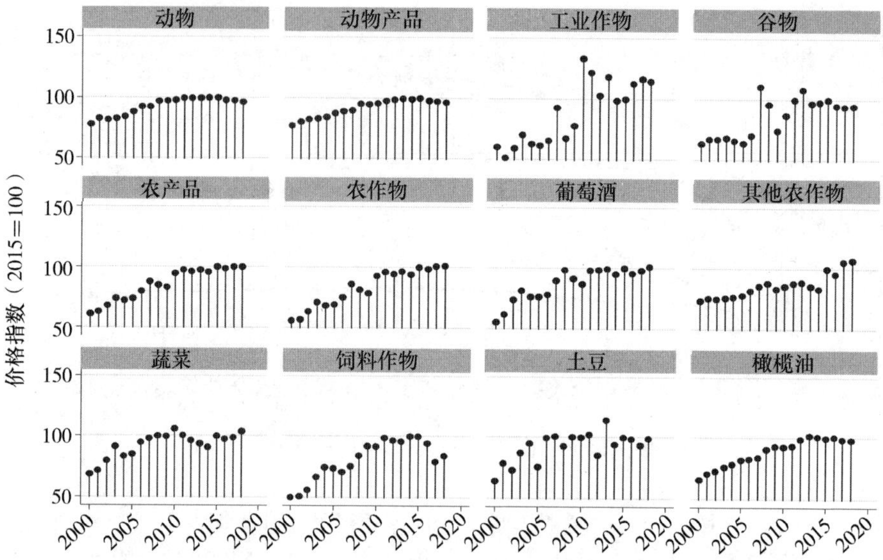

图Ⅰ-5-4　希腊2000—2018年主要农产品价格指数发展趋势

资料来源：根据希腊统计局《农业经济账户2017》数据绘制。

农业部门是希腊的重要贸易部门。希腊统计局发布的国际货物贸易的企业特征分布报告（International Trade in Goods by Enterprise Characteristics）显示，2017年，希腊农林牧渔业（主要是农业）货物进口企业数占希腊货物进口企业的22.2%，达7366家；农业货物进口额占希腊货物进口额7.7%，达34.55亿欧元。农业出口企业数占希腊货物出口企业的16.9%，达3056家；农业货物出口额占希腊货物出口额的6.2%，达17.59亿元。希腊农业部门贸易主要发生于欧盟内，农业进口74%左右来自欧盟国家，农业出口60%以上是出口到欧盟国家。

（二）工业发展概况

希腊工业基础相对薄弱。19世纪，希腊工业发展缓慢，主要集中在南爱琴海大区的埃尔穆波利和雅典南部的比雷埃夫斯。1912年至1922年爆发的战争促进了希腊纺织工业和弹药制造工业的发展，战后，这些工业逐渐转为民用。希腊1928年的人口普查报告显示，20世纪20年代，来自小亚细亚的难民为希腊提供了大量劳动力，降低了实际工资，从而给希腊工业增加了竞争力。加入欧共体之前，希腊工业略有下滑。至今，尽管希腊的工人生产率显著提高，但劳动力成本增长过快，希腊制造业在欧洲较难保持竞争力，且由于缺乏融资，希腊工业现代化程度很低[①]。希腊统计局于 2019 年 7 月公布的总增加值行业分解数据显示，2018 年，工业部门增加值达 24196 百万欧元，贡献了希腊经济的 15.05%。

希腊工业部门以制造业为主，尤其是食品工业。希腊统计局数据显示，2017 年，制造业贡献了工业部门 72.7% 的增加值。其中，食品、饮料和烟草，金属产品，煤炭和精炼石油制品，机械设备之外的合成金属，化工品构成希腊主要的五大工业，1995 年以来的工业结构基本稳定。2017 年，其增加值均在 10 亿欧元以上。其中，食品、饮料和烟草是希腊最大的工业部门，其工业部门占比基本保持在 23% 左右。

希腊工业分布相对集中。从工业就业的空间分布来看，希腊工业大部分位于雅典。2018 年，雅典的工业就业人数达 21.7 万人，占比近 38%。其次是中马其顿大区，工业人数达 10.6 万人。其他各大区的工业更为薄弱，工业就业人数不足 4 万人。

希腊工业企业以小规模企业为主，尤其是食品加工企业。统计局结构业务统计调查数据[②]显示，2016 年，希腊 24 个[③]细分制造业共有 61862 家企业，绝大部分为 10 人以下小企业，10 人以上较大规模企业仅有 4284 家。总的来说，除了基础药物产品和药物制剂行业，希腊各制造业部门均以不足 10 人的小型企业为主。希腊的食品加工企业最多，其次是合成金属和服装企业（图 I－5－5）。

---

① Elisabeth Oltheten, George Pinteras, and Theodore Sougiannis, "Greece in the European Union: Policy Lessons from Two Decades of Membership", *The Quarterly Review of Economics and Finance Winter*, 2003.

② 结构业务统计数据是在希腊国家义务的框架内编制的，起源于欧洲联盟法律［法规（EC）295/2008］，目的是对企业活动的结构和发展，生产要素的使用，企业的绩效和竞争力，企业和市场的区域分布，企业实施的政策及其活动的特点和特殊分布等进行统计估算。此外，结构业务统计数据用于编制国内生产总值（从生产，支出和收入方面）和地区国内生产总值，总增加值，就业和投资数据。一般而言，结构业务统计涵盖所有经济活动部门，农业和个人服务除外，即涵盖为企业提供的服务、贸易、制造和建筑。

③ 按照希腊统计局采用的 Nace Rev2 行业分类标准，制造业为其中行业代码为 10—33 的 24 个细分行业。

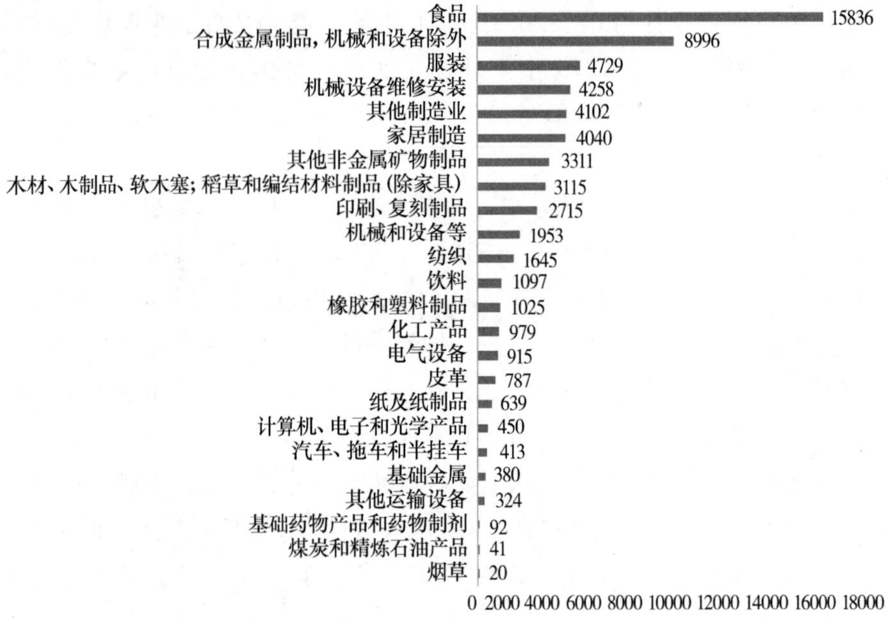

图Ⅰ-5-5　2016 年希腊制造业企业数量的结构分布（家）

资料来源：根据希腊统计局 2018 年 9 月公布的《结构业务统计调查 2016》数据绘制。

希腊制造业产值主要由大规模企业贡献。2016 年，希腊制造业产值达 413.42 亿欧元，其中，近 90% 均来自 10 人以上的较大规模企业。希腊大部分制造业中，10 人以上企业产值均大于 10 人以下企业的产值，这主要得益于企业的规模效应。食品加工企业不仅数量最多，也是希腊产值最大的企业，其次是煤炭和精炼石油产品（图Ⅰ-5-6）。

工业品贸易是希腊对外贸易的重要构成。希腊统计局发布的国际货物贸易的企业特征分布报告（International Trade in Goods by Enterprise Characteristics）显示，2017 年，希腊工业品进口企业数占希腊货物进口企业的 20.8%，达 6897 家；工业品进口额占希腊货物进口额的 47.5%，达 214.56 亿欧元。工业品出口企业数占希腊货物出口企业的 33.6%，达 6050 家；工业品出口额占希腊货物出口额的 67.2%，达 190.03 亿元。希腊工业品贸易大多发生于非欧盟第三国家，工业品进口 37% 来源于欧盟成员国，工业品出口的 46% 出口到欧盟成员国。

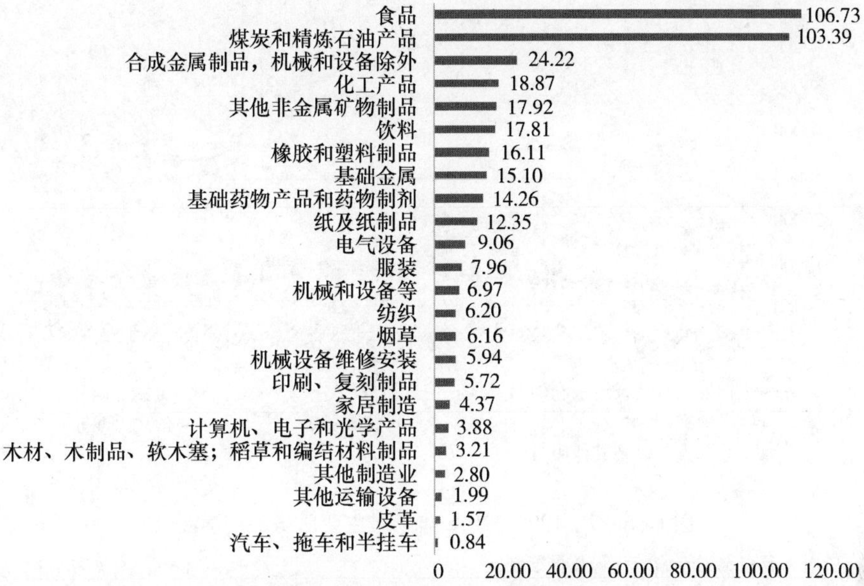

图 I－5－6　2016 年希腊制造业企业产值的结构分布（亿欧元）

资料来源：根据希腊统计局 2018 年 9 月公布的《结构业务统计调查 2016》数据绘制。

（三）服务业发展概况

旅游业和航运业是希腊的重点行业。希腊作为文明古国之一，位于地中海东部古海道，拥有许多岛屿和海滩，是世界上拥有最多和最长海岸线的国家，历史悠久、文化底蕴丰富，每年吸引了众多国外游客，是欧洲主要的旅游目的地之一①。此外，希腊岛屿的多样性以及与其他先进文明的邻近，因而运输业和海运业一直是其贸易发展的基础。

希腊服务部门表现出明显的金融危机冲击效应。2018 年，希腊服务业增加值达到 1257.14 亿美元，较 2017 年增长了 1.59%，但在 2007 年到 2018 年，增加值年均下降 0.89%。具体来看，希腊主要服务部门几乎都在金融危机前达到发展顶峰，随后一直处于萎缩阶段，直至 2016 年，批发零售、机动车辆维修、食宿服务以及运输仓储业开始有回升迹象，其他服务部门依然发展缓慢、艰难复苏（图 I－5－7）。

---

① World Tourism Organization, "UNWTO Tourism Highlights, 2013 Edition", UNWTO publication, 2013 (http://www.unwto.org/pub).

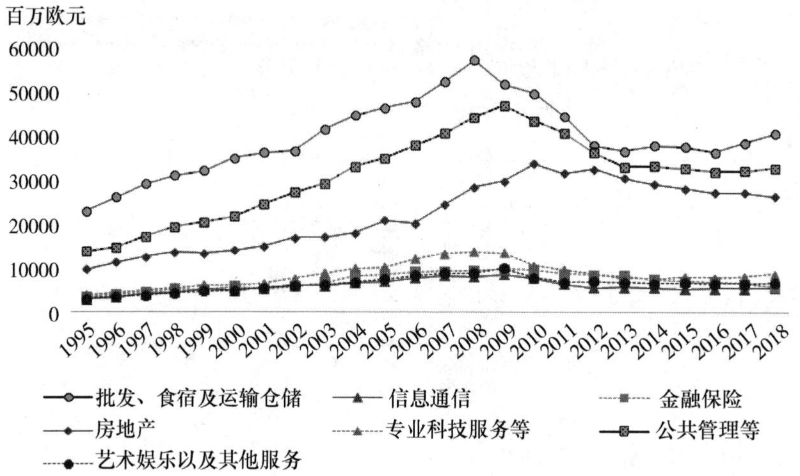

图Ⅰ-5-7 1995—2018年希腊主要服务部门演变

资料来源：根据希腊统计局数据绘制。

服务部门就业分布也体现出相对集中的特征。从就业分布来看，三大产业中服务业的就业人数持续攀升，服务业为希腊公民提供了大量的就业机会。其中2018年提供的总就业岗位人数达到277.47万人，较2017年增长了2%。雅典依然是希腊服务业就业人数最多的大区，2018年服务业人数达114.8万人，其次是中马其顿大区，为44.2万人；色萨利大区、东马其顿和色雷斯大区、阿提卡大区、西希腊大区、伯罗奔尼撒大区、南爱琴大区、中希腊大区这7个大区的服务业人数均在10万人以上，其他大区服务业规模相对较小。

表Ⅰ-5-4 **2018年希腊服务部门就业人数分布** （千人）

	贸易、酒店餐饮、运输和通信	金融、房地产、租赁和商务	其他	总人数
东马其顿和色雷斯大区	57.0	15.0	59.6	131.6
中马其顿大区	209.2	58.3	174.6	442.0
西马其顿大区	19.4	5.2	23.5	48.2
伊庇鲁斯大区	35.8	8.4	35.5	79.8

续表

	贸易、酒店餐饮、运输和通信	金融、房地产、租赁和商务	其他	总人数
色萨利大区	73.2	19.6	71.3	164.1
伊奥尼亚群岛	41.4	5.6	16.5	63.5
西希腊大区	66.9	11.5	53.4	131.8
希腊大区	56.1	14.2	39.6	109.9
阿提卡大区	491.6	242.7	413.5	1147.8
伯罗奔尼撒大区	60.1	11.5	53.1	124.7
北爱琴大区	23.8	5.4	20.9	50.2
南爱琴大区	69.5	11.2	27.4	108.2
克里特大区	94.2	19.9	58.8	172.8
总人数	1298.3	428.7	1047.7	2774.7

资料来源：希腊统计局：《劳动力调查2018》。

服务部门企业大多为批发零售等贸易企业。希腊结构业务统计数据显示，2016年，希腊批发零售和机动车辆维修企业数最多，达255503家，其次是专业科技服务，共有152320家，再次是食宿服务企业，包括酒店、餐饮企业等，共有118052家。以营业额来看，仍然是批发零售和机动车辆维修企业最多，达102.1百万欧元，位列其后的运输仓储和食宿服务企业，营业额要小得多，分别为13.24百万欧元和10.21百万欧元。

服务部门的货物贸易构成了希腊对外贸易的半壁江山。希腊统计局发布的国际货物贸易的企业特征分布报告（International Trade in Goods by Enterprise Characteristics）显示，2017年，希腊批发零售、机动车维修行业进口企业数占希腊货物进口企业的56.9%，达18827家；进口额占希腊货物进口额的44.8%，达202.21亿欧元。批发零售、机动车维修行业出口企业数占希腊货物出口企业的49.5%，达8915家；出口额占希腊货物出口额的26.6%，达75.18亿欧元。希腊批发零售、机动车维修部门贸易大多发生于欧盟内，批发零售、机动车维修部门货物进口的71%来源于欧盟成员国，批发零售、机动车维修部门货物出口的69%输出到欧盟成员国。

第二节　重点工业

一　采矿业

（一）采矿业概况

希腊矿产资源丰富。主要有褐煤（储藏量58亿吨）、铝矾土（储藏量约10亿吨）、镍、铬、镁、石棉、铜、铀、金、石油、大理石等。其中，褐煤主要产自西马其顿Ptolemais-Amynteo和伯罗奔尼撒Megalopolis的七个煤矿，其中西马其顿矿区产量占75%，希腊褐煤产量位居欧盟第一，世界第六。希腊铝土矿储量较大，但属于中低品位的水软铝石和水硬铝石类型①。2017年，采矿业贡献了希腊GDP的4.4%，是希腊重要的工业部门。采矿业增加值在金融危机之前一直处于较平稳的增长态势中，2007年达到最高水平899百万欧元，此后受主权债务影响而一度下跌至2004年水平。尽管危机之后希腊政府极力调整促使采矿业短暂复苏，但是2012年采矿业再度陷入低谷期，增加值不足700百万欧元。此后，采矿业再次经历起伏不定的发展阶段，2017年实现较大幅度增长23.5%（图I-5-8）。

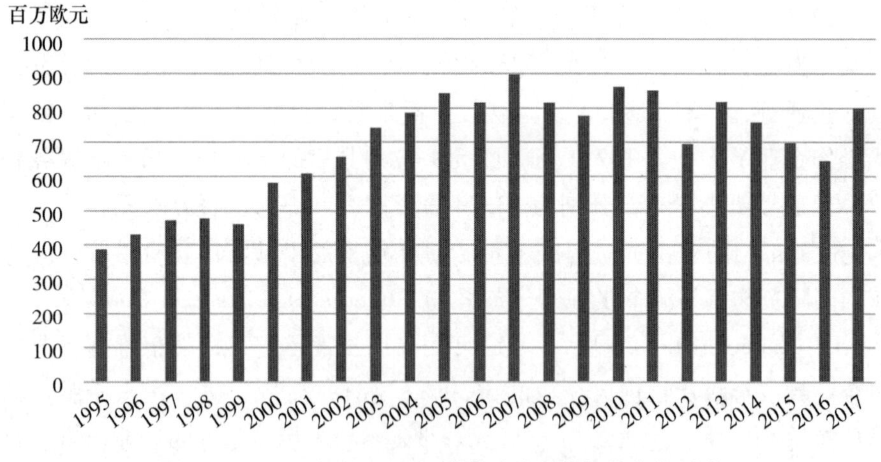

图I-5-8　1995—2017年希腊采矿业增加值变化趋势

资料来源：根据希腊统计局数据绘制。

---

① 《对外投资合作国别（地区）指南·希腊》，2018年版。

采矿业就业逐年减少。希腊劳动力调查2018年数据显示，采矿业就业人数较金融危机之前的17000多人显著减少，仅提供了就业11300人，占比在0.3%左右。此外，2008年以来，采矿业就业具有一个明显趋势，即越来越多的就业集中到50人以上的大公司，在50人以上规模公司就业的占比从2008年的42%提高至49%。

（二）采矿业企业情况

希腊采矿企业以采石企业和原油提取企业为主。希腊结构业务统计数据显示，2016年，希腊采矿业共有681家企业，较上年同比增长0.1%；这些企业营业额收入共计502.16百万欧元，同比增长0.2%；共计提供4897个就业岗位。其中，企业数最多的是石灰石、石膏等矿石业企业，共有391家采矿业企业。产值最大的则是原油提取业，达711.83百万欧元。希腊681家采矿企业的实体商品投资总额达91.61百万欧元，其中72%来源于原油提取业。铁矿和化学肥料矿物质业并未进行实体商品投资（表Ⅰ-5-5）。

表Ⅰ-5-5　　2016年希腊采矿业细分行业企业数

	企业数（家）	产值（百万欧元）	有形投资（百万欧元）
褐煤矿	13	27.87	0.75
化学和肥料矿物质	4	0.12	0
砾石和沙坑、黏土和高岭土的开采	194	112.96	1.77
其他采矿业	34	63.35	11.51
其他采矿业的支持活动	11	5.62	0.04
其他有色金属矿	14	251.65	5.41
石灰石，石膏等矿石	391	166.69	5.95
石油和天然气开采的支持活动	9	23.36	0
铁矿	3	0.07	0
盐提取	5	6.00	0.41
原油提取	3	53.15	65.78

资料来源：根据希腊统计局2018年9月公布的《结构业务统计调查2016》数据绘制。

希腊采矿业整体价格指数波动较大。具体来说，原油和天然气价格在2008年前后和2012年前后分别有两次大的波动，近年来逐渐恢复平稳。能源价格也在2008年和2012年前后有过较大幅度波动，2016年再次出现大幅度降价，2017—2018年逐年回升。煤炭和褐煤价格在2011年和2017年分别有两次较大幅度上涨，随后逐渐恢复较为平稳的上涨状态（图I-5-9）。

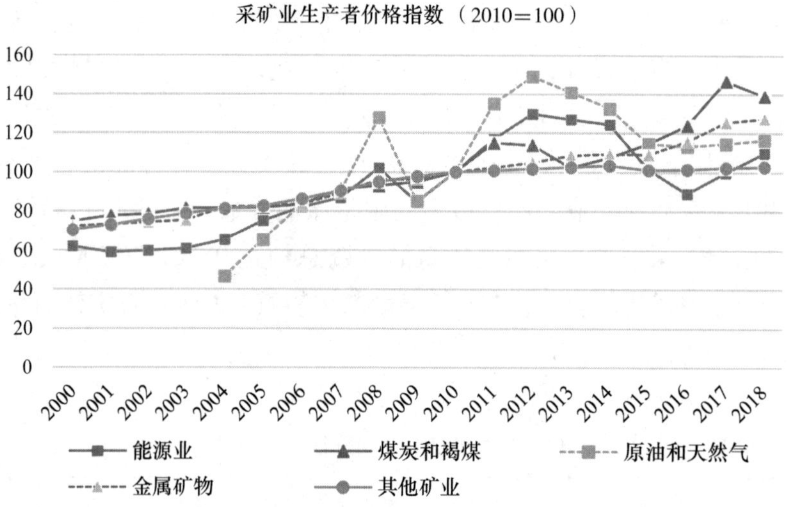

图I-5-9　2000—2018年希腊采矿业价格指数波动

资料来源：根据希腊统计局价格指数数据绘制。

二　食品加工业

（一）食品加工业概况

食品加工业是希腊的关键工业部门，提供10%的就业。2017年，以制造业企业数量计算，食品加工业企业占制造业总数的25%。在工业部门，食品加工业的增加值份额位居第一（高达26.3%），产值和营业额份额分别位居第二（分别达19.8%和21.7%）[①]。

食品加工业是创造增加值的重要工业部门。希腊统计局数据显示，

① United States Department of Agriculture Foreign Agricultural Service，"Greece：Food Processing Ingredients"，https：//www. fas. usda. gov/data/greece-food-processing-ingredients-0.

2017年，在希腊63个细分经济部门中，食品加工业（包括饮料和烟草）创造增加值为56.16亿欧元，贡献了3.56%的GDP，仅次于房地产（17.13%），公共管理、国防和社会保障（10.20%），食宿服务（6.80%），批发零售（5.88%），教育（5.70%）和人类健康服务（4.22%）六大服务部门。1995年以来，食品加工业增加值逐年扩张，在GDP中的占比虽在金融危机前后有所下跌，但是此后逐渐提高，近年来一直稳定在3.5%左右（图Ⅰ-5-10）。

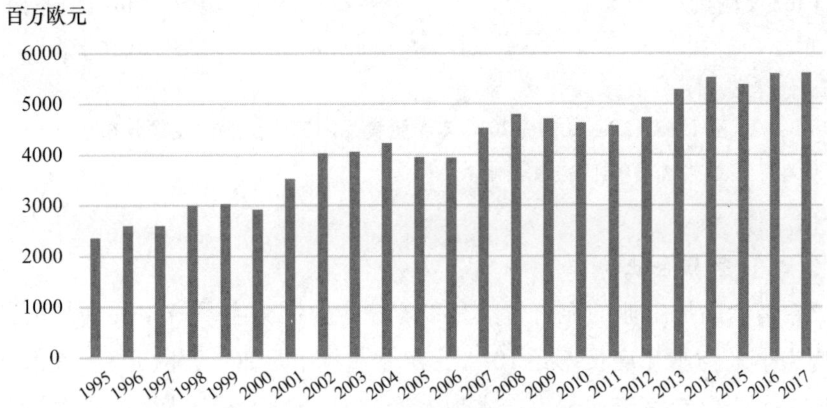

图Ⅰ-5-10　1995—2017年希腊食品加工业增加值趋势

资料来源：根据希腊统计局数据绘制。

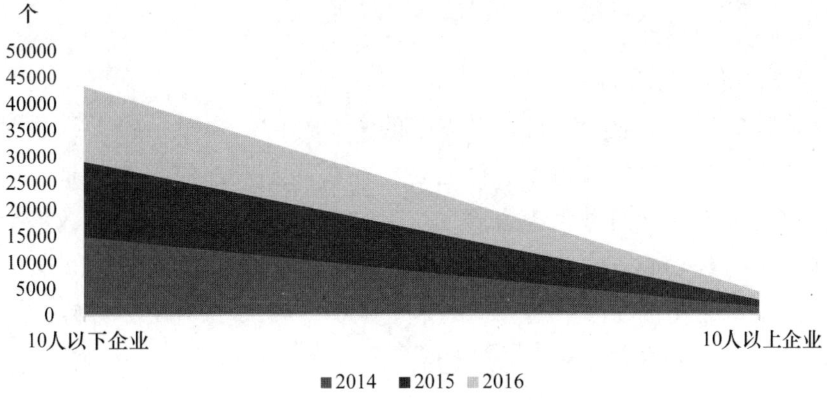

图Ⅰ-5-11　2014—2016年希腊食品加工业企业数量分布

资料来源：根据希腊统计局数据绘制。

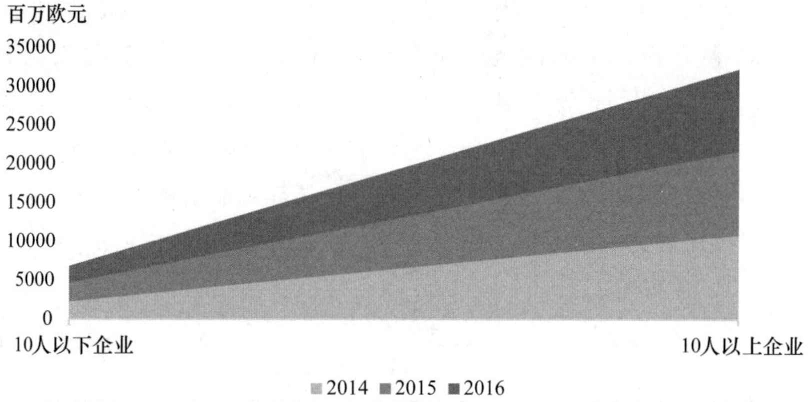

图Ⅰ-5-12 2014—2016年希腊食品加工业企业营业额分布

资料来源：根据希腊统计局数据绘制。

（二）家族企业特征

希腊食品加工业的显著特点是以家庭企业制为主。97%的食品加工企业均为小微企业（雇员不足10人，年营业额不足200万欧元）。大部分食品加工企业仅专注于加工生产本地农产品[①]。希腊统计局每年一次的结构商业统计调查数据显示，希腊食品加工企业以10人以下的家族企业为主，2016年为14305个，10人以上企业数较少，2016年为1531个。但是食品加工业83%的营业额都是由10人以上企业所创造，2016年营业额达10632.13百万欧元。

（三）食品贸易情况

希腊食品加工业基本是贸易赤字的主要部门。金融危机导致希腊食品工业受到一连串的冲击。总体而言，在食品工业部门，希腊是一个依赖进口的国家，欧盟国家为希腊供应大部分食品。希腊统计局数据公布的对外贸易数据显示，2017年，希腊食品和活禽出口额达28832万欧元，占出口总额的11.3%，其中出口到欧盟国家15468.2万欧元。食品和活禽进口额达50258.4万欧元，占进口总额的15.1%，其中来自

① United States Department of Agriculture Foreign Agricultural Service", Greece: Food Processing Ingredients", https://www.fas.usda.gov/data/greece-food-processing-ingredients-0.

欧盟国家的进口为26099.7万欧元（图5-15）。德国、荷兰、法国和意大利是希腊食品贸易的主要供应商，进口的主要农产品包括奶酪、猪肉、牛肉、糖和小麦。希腊食品则主要出口到德国、意大利、英国和保加利亚。奶酪和橄榄是希腊出口的主要食品，其次是橄榄油、桃子罐头、葡萄和橙子①。

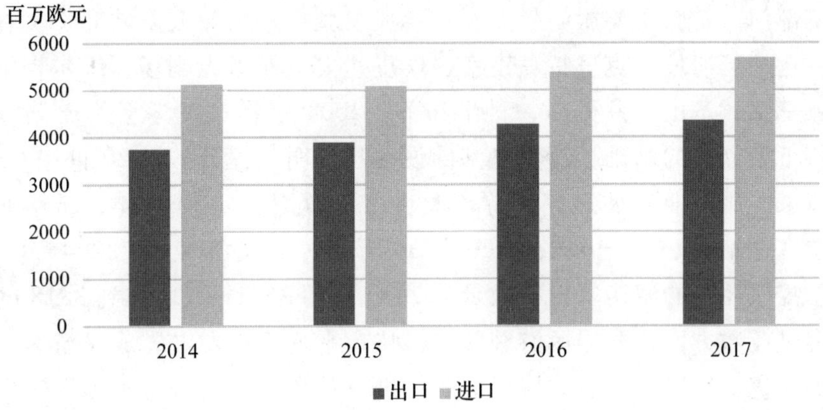

图Ⅰ-5-13　2014—2017年希腊食品加工业进出口趋势

资料来源：根据希腊统计局数据绘制。

（四）食品加工业优势与劣势

希腊食品加工业优劣势较为明显。希腊食品加工业的主要优势在于橄榄等产品质量优良、酸奶和奶酪营养价值高、羊肉产出水平高、气候和土壤条件得天独厚导致鲜花水果种类繁多、奶制品和肉类加工技术迅速发展以及鱼类孵化场的加速发展。主要劣势在于私人农场规模较小、农民对新技术所知甚少、很难开拓欧盟之外的出口市场、税收等法规政策变更频繁、鲜花水果等产品的标准化水平较低、谷物和酒精饮料产出水平较低。

① United States Department of Agriculture Foreign Agricultural Service，"Greece：Food Processing Ingredients"，https：//www.fas.usda.gov/data/greece-food-processing-ingredients-0.

第三节 重点服务业

一 旅游业

（一）旅游业概况

旅游业是希腊重要产业，是其获得外汇和维持国际收支平衡的重要经济部门。希腊主要旅游景点有：雅典卫城、德尔菲太阳神庙、奥林匹亚古运动场遗址、克里特岛王宫、埃皮达夫罗斯露天剧场、维尔吉纳马其顿王墓、圣山、罗得岛、科孚岛等。2004 年雅典奥运会为希腊旅游业打下了良好的基础，特别是基础设施建设明显提升。自 20 世纪 60 年代以来，旅游业发展迅速，游客人数连年增长。至 2018 年，希腊非居民游客住宿设施登记人数达 2091.36 万人，居民游客达 780.45 万人。希腊提供住宿的酒店等机构数量从 2017 年的 35719 家增加到 38180 家。游客过夜数方面，非居民游客基本保持在平均 5 夜左右，居民游客平均不到 3 夜，居民游客和非居民游客的过夜总数变化趋势基本和游客人数趋势一致（图 I－5－14）。

图 I－5－14 2007—2018 年希腊旅游住宿设施登记游客人数变化趋势

资料来源：根据欧盟统计局（ESTAT）旅游业统计数据（code：tour_ occ_ arnraw）（希腊）绘制。

（二）游客结构

希腊旅游入境游客主要来源于欧盟成员国。英国、德国、法国、意大利等欧盟成员国是希腊游客的主要来源国。此外，美国也是希腊游客的重要来源。近年来，中国到希腊旅游的人数逐渐增多，相较于十年前，2018年，中国超越挪威、奥地利、丹麦等国家，跻身希腊入境游客数量前十五位。

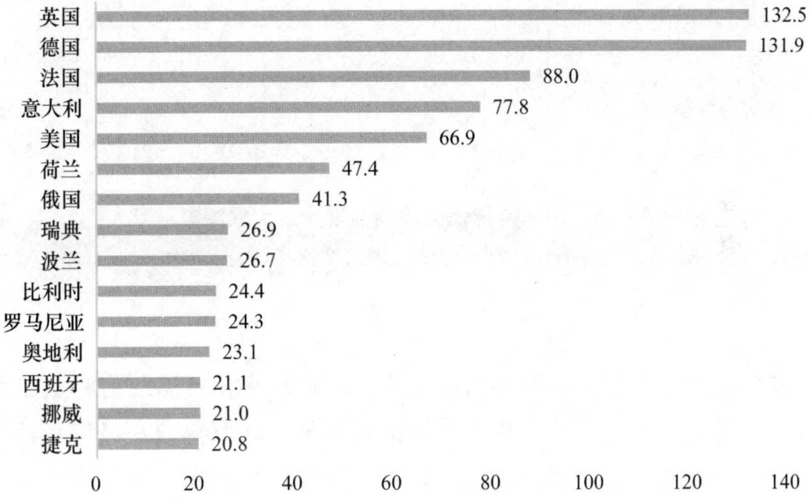

图 I－5－15　2009 年希腊入境游客前十五大来源国（万人）

注：游客数统计来自希腊住宿设施登记游客数，住宿设施主要包括酒店、度假及其他短暂停留住宿设施、露营以及娱乐游船等。

资料来源：根据欧盟统计局（ESTAT）旅游业统计数据（code：tour_ occ_ arnraw）（希腊）绘制。

（三）旅游业的经济贡献

希腊居民积极参与旅游活动。欧盟统计局《欧盟旅游业报告》数据①显示，希腊旅游业的民众参与积极性较高，15 岁以上本地居民参与旅游部门的比例达 39%，相对低于欧盟 62% 的平均水平。

① 欧盟统计局，https：//ec. europa. eu/eurostat/web/tourism/publications.

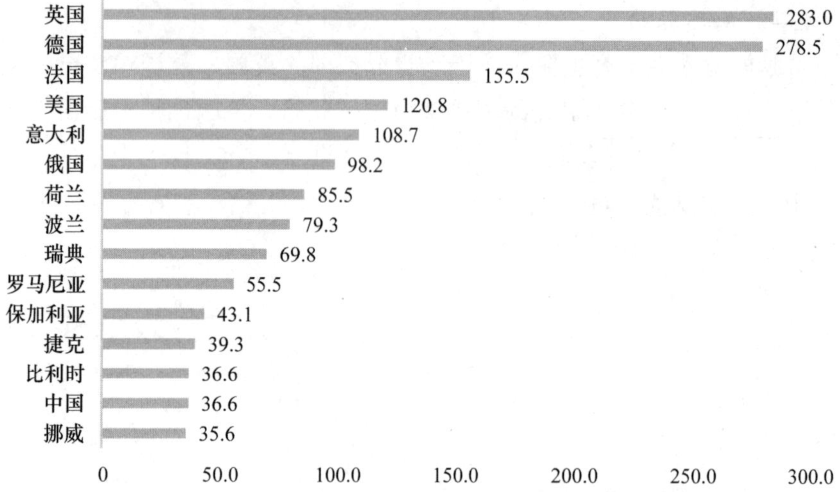

图Ⅰ-5-16　2018年希腊入境游客前十五大来源国（万人）

资料来源：根据欧盟统计局（ESTAT）旅游业统计数据（code：tour_ occ_ arnraw）（希腊）绘制。

旅游收入是希腊国民收入的重要构成。近年来，希腊政府将旅游业发展重心从增加游客数量转向提高游客消费水平，并取得较好经济和社会效益。根据《欧盟旅游业报告》数据，2017年，希腊旅游收入达146.3亿欧元，较2016年增长10.8%，占GDP 8.1%。接待游客总人数从2800万人次增加到3016万人次，同比增长7.4%。

表Ⅰ-5-6　**希腊和主要欧盟国家旅游业收支平衡对比**

	收入			支出			余额（百万欧元）
	金额（百万欧元）		占GDP比重（%）	金额（百万欧元）		占GDP比重（%）	
	2012	2017	2017	2012	2017	2017	2017
欧盟28国	107491	136912	0.9	92831	106047	0.7	30865
比利时	9743	11052	2.5	15768	18320	4.2	-7268
保加利亚	2739	3589	6.9	721	1494	2.9	2095
捷克	5804	6161	3.2	3483	4823	2.5	1338

续表

	收入			支出			余额（百万欧元）
	金额（百万欧元）		占 GDP 比重（%）	金额（百万欧元）		占 GDP 比重（%）	
	2012	2017	2017	2012	2017	2017	2017
丹麦	5091	7065	2.4	7593	8664	3.0	-1599
德国	29683	35251	1.1	65105	78839	2.4	-43588
爱沙尼亚	1005	1443	6.1	620	1106	4.7	337
爱尔兰	3022	4972	1.7	4609	5814	2.0	-842
希腊	10444	14630	8.1	1844	1905	1.1	12725
西班牙	45269	60294	5.2	12012	19730	1.7	40564
法国	51894	53715	2.3	31095	36671	1.6	17044
克罗地亚	6861	9477	19.3	722	1201	2.5	8276
意大利	32055	39156	2.3	20512	24557	1.4	14599
塞浦路斯	2023	2769	14.1	1005	1167	6.0	1602
立陶宛	1029	1169	2.8	721	984	2.3	185
卢森堡	3814	4029	7.3	2333	2646	4.8	1383
匈牙利	3950	5485	4.4	1473	2177	1.8	3308
荷兰	9569	14618	2.0	15393	17293	2.3	-2675
奥地利	14706	18111	4.9	7825	9454	2.6	8657
波兰	8569	11279	2.4	6843	7818	1.7	3460
葡萄牙	8606	15154	7.8	2946	4293	2.2	10861
罗马尼亚	1142	2236	1.2	1428	3075	1.6	-839
斯洛文尼亚	2008	2434	5.7	730	882	2.1	1552
斯洛伐克	1789	2588	3.0	1666	2125	2.5	463
芬兰	3024	3001	1.3	3808	4943	2.2	-1942
瑞典	7889	12549	2.6	10873	15106	3.2	-2557
英国	—	45277	1.9	—	63247	2.7	-17970
瑞士	12518	14431	2.4	11832	14516	2.4	-86

资料来源：欧盟统计局：《欧盟旅游业报告》。

世界旅行和旅游委员会（WTTC）给出了希腊旅游业对经济贡献的另一个角度，统计了旅游业对GDP和就业的重要作用。据统计，2017年，希腊旅游业收入对GDP的直接贡献为143亿欧元，占GDP的8.0%。如果将旅游业发展带动其他行业发展所引致的间接贡献也算在内，旅游业对GDP的总贡献高达350亿欧元，占GDP的19.7%。希腊旅游业收入中，93.8%来自游客的休闲娱乐支出，仅有6.2%来自商务支出。从国内游客和国外游客的支出对比来看，64.5%的旅游业收入来自国外游客，35.5%来自国内游客。

在就业方面，2017年，希腊旅游业直接创造就业45.9万个岗位，占总就业的12.2%，所创造的主要就业分布于酒店、旅行机构、航空部门和其他客运部门。此外，希腊的旅游部门也是重要的吸引外资的部门，2017年，吸引资本投资31亿欧元。

二 交通运输业

（一）交通运输业概况

交通运输业在希腊经济中占据重要地位。尤其是航运，航运占希腊国内生产总值的约6%，占就业的4%。总体而言，希腊交通运输业[①]主要分于陆路运输和管道运输、水运、空运和仓储及其他运输支持服务四个部门。从营业额和产值对比来看，陆路运输和管道运输是希腊交通运输创收的重要部门，其营业额和产值规模远大于其他交通运输部门，但是金融危机以来，该部门一直处于不断缩减的趋势之中，2008年至2016年，陆路运输和管道运输营业额年均减少5.4%，产值年均减少5.8%。水运部门近年来的发展也处于波动下跌趋势，但相对来说，跌幅较小，营业额和产值年均跌幅分别为3.3%和1.5%。和前两个部门不同，得益于入境旅游的发展，空运部门近年来的营业额呈递增趋势，产值规模也有显著扩张，2008年至2016年，空运营业额年均增长6.5%，产值规模年均扩张12.8%。此外仓储和其他运输支持服务近年来也处于显著的增长趋势之中（图I-5-17）。

---

① 本章中的交通运输业不包括邮政快递业。

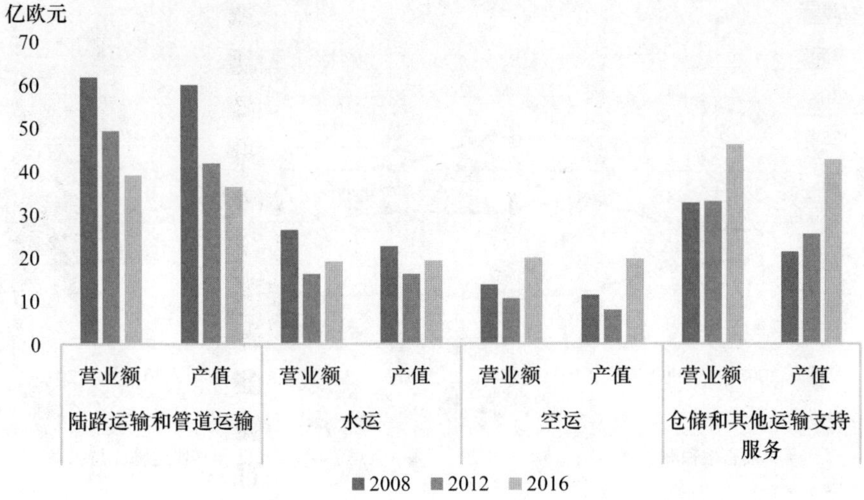

图Ⅰ-5-17　2008—2016年希腊交通运输业主要部门的营业额和产值

注：营业额不包括增值税。

资料来源：根据希腊统计局数据绘制。

陆路运输和管道运输增加值逐渐减小。2008年至2016年，跌幅高达8%，至2016年，该部门增加值跌至不足2008年的二分之一。相反，其他三个部门的增加值均有不同程度的增长，尤其是仓储和其他运输支持服务部门，其增加值实现年均增长6.6%，2016年实现同比增长3.7%至22.39亿欧元，成为交通运输业增加值最多的部门。值得注意的是，水运和空运部门在金融危机之后有过下跌趋势，但是2012年之后均实现回升，并基本可以保持增长的趋势（图Ⅰ-5-18）。

交通运输就业分布相对集中。陆路运输和管道运输始终保持为提供就业最多的部门，占交通运输部门近50%，但是近年来的波动较大，2012年甚至一度减少至金融危机之前的水平，此后开始逐渐回升。其次是仓储和其他运输支持服务，提供就业占比在35%左右。水运和空运部门提供就业相对较少，近年来的趋势也较为平稳（图Ⅰ-5-19）。

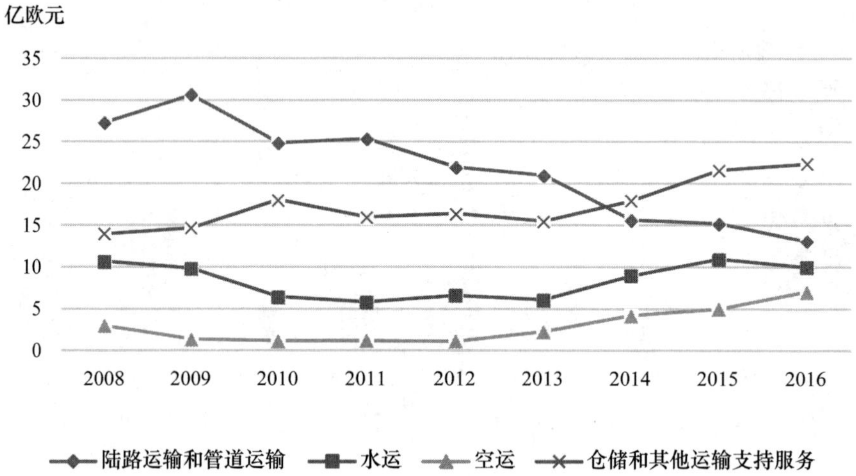

图Ⅰ-5-18　2008—2016年希腊交通运输业主要部门的增加值趋势

资料来源：根据希腊统计局数据绘制。

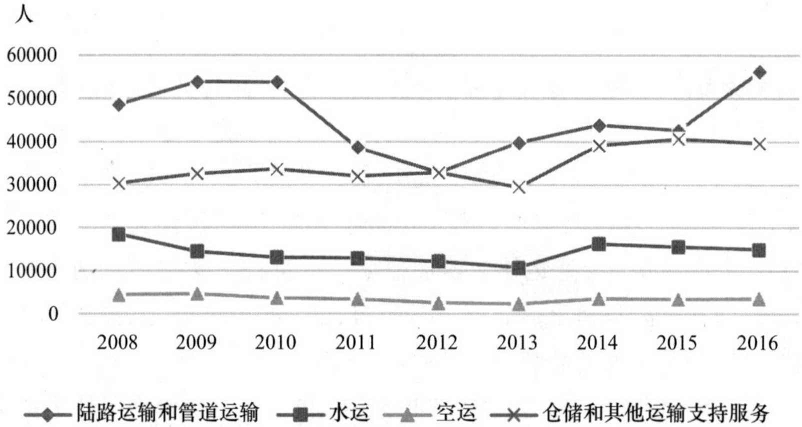

图Ⅰ-5-19　2010—2017年希腊主要部门的就业人数分布

资料来源：根据希腊统计局数据绘制。

（二）道路运输

希腊的货运主要是通过道路运输方式得以完成。近年来，道路运输承载的货运重量指标总体上有所增长，2011年至2017年实现年均增长5.4%，尽管2016年大幅下跌16.8%，但是2017年实现更大幅度的增长，同比增长率高达 26.3% 至 50532 万吨，达到近几年的最高水平（图Ⅰ-5-20）。

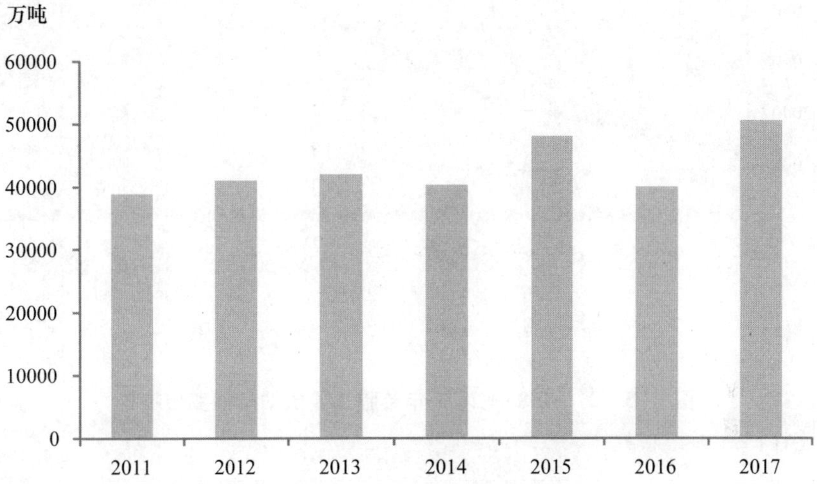

图Ⅰ-5-20　2011—2017 年希腊道路运输货运重量变化

资料来源：根据希腊统计局数据绘制。

道路运输以客车运输为主。1985 年以来，希腊客运汽车实现显著增长，1985 年至 2017 年，客运汽车辆数从 125.9 万辆增长至 523.6 万辆，实现年均增长 4.6%。其次是卡车，其数量在同期实现年均增长 2.6%。相较之下，公交车数量近几十年来的变化较小，基本保持在 2 万辆至 3 万辆之间，同期年均增长率仅为 1%（图Ⅰ-5-21）。

（三）航运交通

希腊航运业具有悠久历史。希腊是一个传统的海洋国家，航运得以成为希腊人最古老的交通运输方式，并且自古以来一直是希腊经济活动的关键因素，希腊也因此成为世界第一航运大国。现代希腊航运业的基础是在第二次世界大战后形成的。第二次世界大战后希腊海运业发生了新变化，行业所有者开始吸收非传统的船主（传统是航运家族企业通过联姻保持经营业务在封闭的圈子里进行）。正因如此，比雷埃夫斯港从一个沉睡的雅典港口发展成为顶级海上中心，经营着世界上最大的船队。

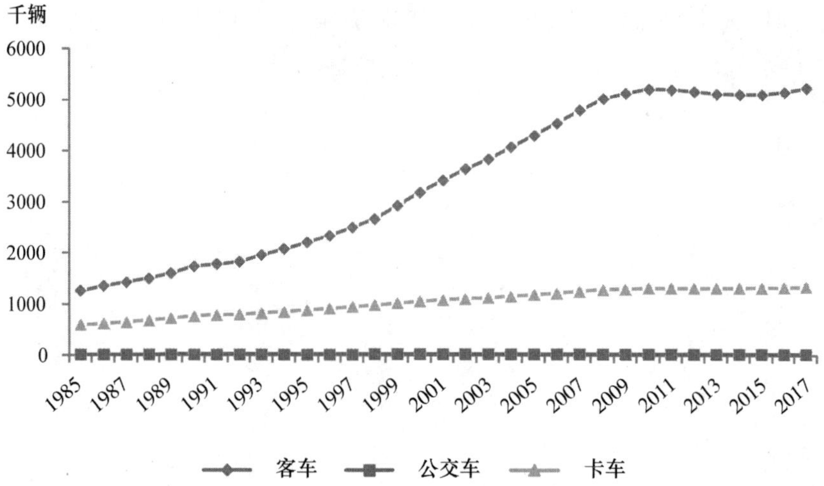

图Ⅰ-5-21　1985—2017年希腊主要机动车辆变化趋势

资料来源：根据希腊统计局数据绘制。

希腊航运以客运为主。金融危机以来，希腊航运业营业额主要来自客运部门，但是营业额在客运部门和货运部门的分布结构有所变化，总体趋势是客运营业额的占比逐渐降低，货运营业额的占比逐渐提高。2008年，希腊航运营业额为264879.3万欧元，其中70%为客运营业额，30%为货运营业额。2016年希腊航运营业额为191491.1万欧元，其中60%为客运营业额，40%为货运营业额。体现出希腊航运部门中，货物运输营业创收方面的作用逐渐提升（图Ⅰ-5-22）。

希腊航运增加值呈逐年分化趋势。2008年至2016年，客运和货运的结构变化趋势基本与营业额的结构变化趋势一致，甚至更加明显，即尽管航运业增加值最初主要来源于客运部门，但是货运部门增加值占比逐渐提高，客运部门占比则逐渐减小，至2015年，两大部门的增加值规模甚至近乎相等（图Ⅰ-5-23）。

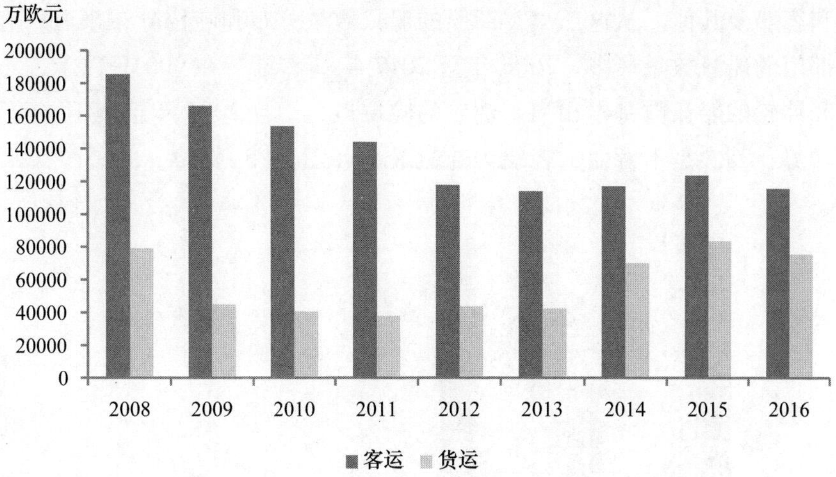

图Ⅰ－5－22　1985—2017年希腊航运营业额的分布

资料来源：根据希腊统计局数据绘制。

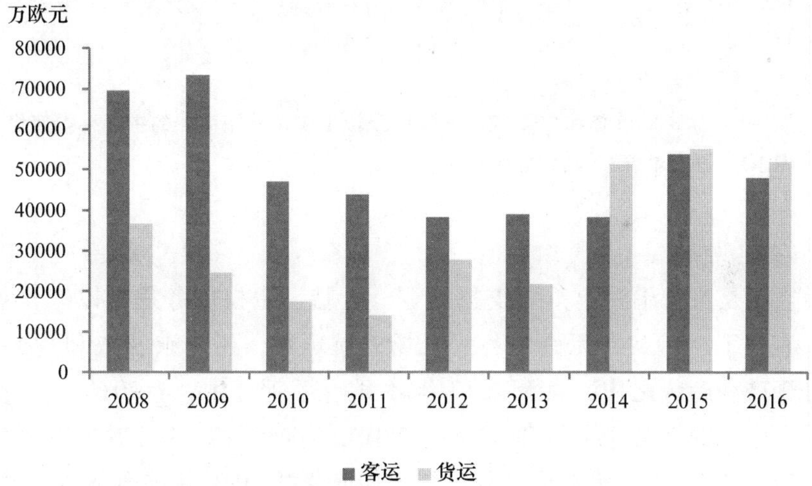

图Ⅰ－5－23　1985—2017年希腊航运增加值的分布

资料来源：根据希腊统计局数据绘制。

希腊商船是其航运业的重要构成。2006年至2017年，100GRT及以上吨位的希腊商船从1986只下降至1855只，跌幅达6.6%，年均下跌0.1%。100GRT及以上吨位的希腊商船主要分为三大类，即干货船、油轮和客船及其他。从这三大类商船的船只数量分布和吨位分布来看，客船等部门的船只数量最多，2006 年至 2017 年基本维持在 900 只以上，干货船和油轮的船只数基本相当。油轮的吨位最大，且 2006 年至 2017 年呈显著增势，其次是干货船，客船等吨位最小（图 I－5－24）。

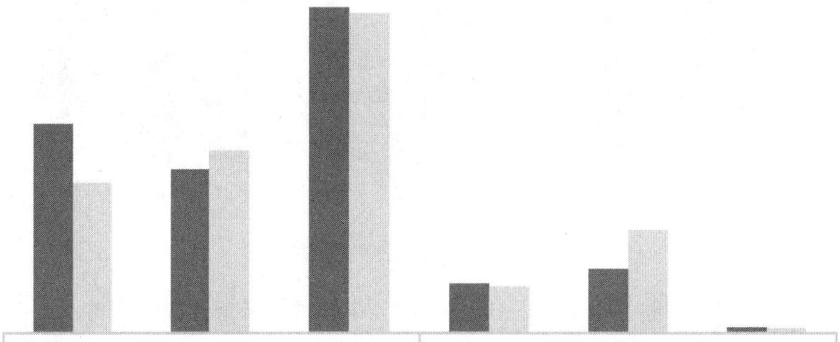

	船只数（只）			吨位（十万GRT）		
	干货船	油轮	客船和其他	干货船	油轮	客船和其他
2006	595	465	926	141.41	183.82	16.62
2017	428	518	909	133.49	291.75	14.60

图 I－5－24　2006 年和 2017 年 100GRT 及以上吨位希腊商船的主要种类变化

资料来源：根据希腊统计局数据绘制。

（四）空运

空运是希腊旅游业重要支持产业。希腊自主权债务危机以来，空运业一直呈下滑趋势，无论是各大机场的航班数，还是乘客数和货运量，都处于减少趋势之中，直至 2013 年才开始逐渐回升，至 2016 年一直处于稳定增长的态势中。从 2007 年至 2016 年空运行业的发展来看，尽管希腊航空业在 2010 年出现显著下滑，如航班数 2010 年显著减少 6.3%，货运量减少 6.1%，乘客人数减少 3.4%，此后两年也连续减少，但是 2014 年这三个主要的空运发展指标均有较为显著的回升，如航班数增加 10.6%，乘客数增加 16.0%，货运量增加 11.1%，因而，总体上空运行业近年来的波动不大，这三个主要指标年均增速分别为 0.5%、3.0% 和 0.7%（图 I－5－25）。

雅典机场是希腊最重要的机场。2016 年，雅典机场在希腊航班总数占比

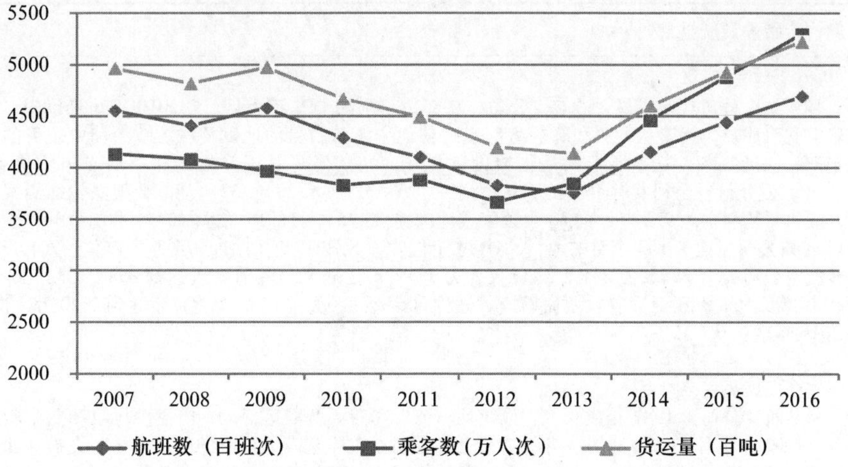

图Ⅰ-5-25　2007—2016年希腊国内和国际空运流量主要指标

资料来源：根据希腊统计局数据绘制。

达38.7%，在乘客总数中占比达37.7%。位居第二的机场在航班数指标和乘客数指标上有所分化，航班班次最多的机场是塞萨洛尼基机场，占比达10.4%；乘客人次最多的机场是伊拉克利翁机场，占比达12.7%。航班班次第三的机场是伊拉克利翁机场，乘客数排名第三的机场是塞萨洛尼基机场（图Ⅰ-5-26）。

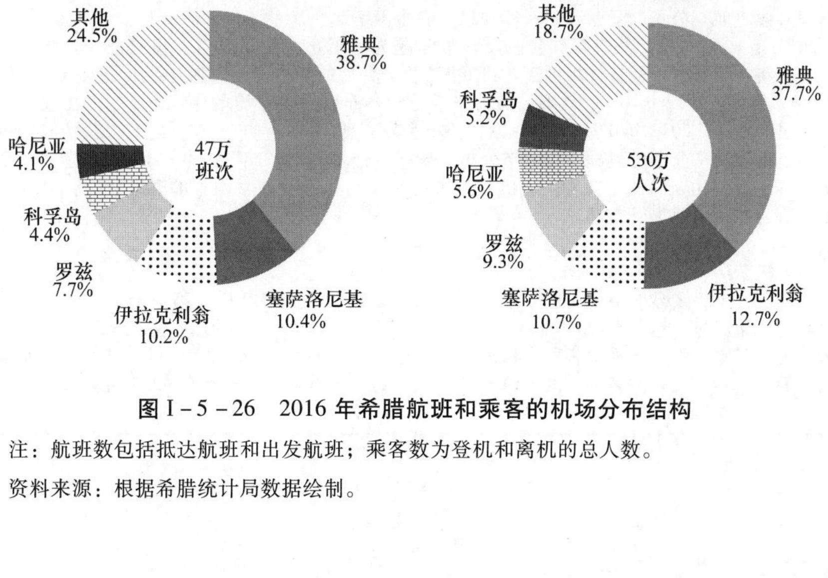

图Ⅰ-5-26　2016年希腊航班和乘客的机场分布结构

注：航班数包括抵达航班和出发航班；乘客数为登机和离机的总人数。

资料来源：根据希腊统计局数据绘制。

案例：希腊爱琴航空公司

爱琴航空公司是希腊最大的航空公司，总部位于阿提卡基菲西亚。自 2010 年 6 月以来，作为星空联盟成员，运营从雅典和塞萨洛尼基到其他主要希腊目的地以及许多欧洲和中东目的地的定期和包机服务。其主要枢纽是雅典国际机场、塞萨洛尼基国际机场和拉纳卡国际机场。2017 年，爱琴航空公司共有 46 架 A320 系列飞机（A319，A320，A321）和 12 架涡轮螺旋桨飞机，飞机平均年龄为 9.2 年，向 40 个国家或地区提供 145 个目的地（国内 33 个和国外 112 个）。2018 年该公司覆盖了 153 个目的地，共计 44 个国家，比 2017 年增加了 70 万个座位。2017 年，爱琴航空公司共有 2285 名员工，综合收入为 11.276 亿欧元，税前收入达到 8580 万欧元，比 2016 年增长 66%，税后净收益增加 87%，达到 6064 万欧元。同年，总客流量达到 1320 万人次，比 2016 年增长 6%。

主要发展历程

爱琴航空公司于 1987 年成立。它最初是一个贵宾商务航空运营，专门提供行政和空中救护服务。1992 年 2 月 17 日，它成为第一家获得希腊独立航空运营人执照的航空公司。在被瓦西拉基斯集团于 1994 年收购后，爱琴航空公司开始使用全资的 Learjet 飞机经营从雅典飞往世界各地的贵宾航班。爱琴航空公司的名称是在 1999 年 5 月底启动定期客运服务时采用的。

爱琴海的第一次商业飞行于 1999 年 5 月从雅典到伊拉克利翁，克里特岛和塞萨洛尼基，拥有 2 架全新的全资英国航空 Avro RJ100。1999 年 12 月，爱琴海还收购了希腊航空。在 2001 年 3 月与爱琴海和克罗诺斯航空公司达成协议后，该公司作为“爱琴海克罗诺斯航空公司”运营了一段时间，直到完全整合。自 2005 年以来，该航空公司一直与汉莎航空合作，提供参与 Miles&More 计划，其航班除了 A3 代码外还有汉莎航空 LH 代码。2006 年 3 月和 2008 年 12 月，爱琴航空公司分别与葡萄牙航空公司和布鲁塞尔航空公司签订了合作协议。

2009 年，爱琴航空公司与 BMI，布鲁塞尔航空公司，汉莎航空公司和葡萄牙航空公司签署了代码共享协议。2009 年 5 月 26 日，爱琴航空公司的会员申请获得星空联盟首席执行委员会的批准，于 2010 年 6 月 30 日正式加入该联盟。2010 年 2 月 22 日，奥林匹克航空公司和爱琴航空公司宣布合并。在两个航空公司品牌并行使用的过渡期过后，新合并的航空公司将携带奥运品牌和标识。

爱琴海于 2010 年 6 月底加入星空联盟。尽管奥林匹克航空公司在合并前与天合联盟建立了联系，但其意图是让合并后的航空公司成为星空联盟成员。星空联盟对拟议的合并表示欢迎，发表声明称“双方的整合团队将很快召开会议，评估必要的步骤，以确保合并后的爱琴航空公司和奥林匹克航空公司的运营顺利过渡到星空联盟网络”。

2011 年 1 月 26 日，欧盟委员会以反竞争问题为由阻止了两家航空公司的合并。欧委会表示，合并将在希腊航空运输市场创造“准垄断”，合并后的航空公司控制着希腊国内航空运输市场的 90% 以上。2012 年 10 月 21 日，爱琴航空公司宣布已达成收购奥林匹克航空的协议，等待欧盟委员会批准。2013 年 4 月 23 日，欧盟委员会发布新闻稿，宣布正在开始对拟议的收购进行深入调查爱琴航空公司的奥林匹克航空公司。最终，合并于 2013 年 10 月 9 日获得欧盟委员会的批准，理由是“由于希腊正在发生危机并且考虑到奥运会本身非常困难的财务状况，奥运会无论如何都将被迫迅速离开市场”。

主要机队

在其历史上，爱琴航空公司迄今已对其机队采取了两项战略举措。第一个是从舰队撤出所有涡轮螺旋桨飞机，这是在 2004 年 5 月完成的。随后，爱琴航空公司为空客 A320 和 A321 飞机订购了大量订单，近年来通过各种类型的飞机大幅更新了这些机队。2010 年 8 月，爱琴航空公司成为第一家承诺通过空客提供的 FANS－B＋数据链系统升级其空中客车 A320 系列机队的航空

续表

案例：希腊爱琴航空公司
公司。截至2014年3月，整个机队的所有客舱都在改装全新的斜倚 Aviointeriors Colombus Two① 座椅。爱琴航空公司完成购买7架全新的空中客车 A320ceo（“首席执行官”——目前的发动机选项），作为其机队的新增产品。所有飞机交付均已于2016年初完成。爱琴航空公司计划将其机队增加到70架。扩建后的新机队将使爱琴航空公司每年能够运载18万—19万名乘客。 爱琴航空公司运营着许多 A320 飞机，与主要旅游运营商合作并提供包机服务。包机航班将希腊的热门度假目的地连接到意大利、法国、英国、波兰、以色列、罗马尼亚、俄罗斯、瑞典、匈牙利、乌克兰和其他国家。近年来，他们还为足球比赛运营包机，例如希腊国家足球队在国外比赛时。除了包机航班外，爱琴航空公司拥有一支全空客机队，截至2018年6月，目前由以下飞机组成：空客 A320－200、A319－100、A321－200、A320neo、A321neo。 （1）空客 A320 系列 空客 A320 系列由空中客车公司生产的中短程窄体商用双引擎喷气式客机组成。该系列包括 A318，A319，A320 和 A321 以及 ACJ 公务机。该系列率先在商用飞机中使用数字电传飞行控制系统以及侧杆控制。根据2005年至2007年的记录，它被评为世界上销售最快的喷气客机系列，并且是最畅销的单代飞机计划。 空客 A320－200　A320 系列有两种型号，A320－100 和 A320－200。这些飞机是首批制造的飞机，由于英国航空公司收购之前订购的英国航空公司的订单，后来交付给法国航空公司和英国航空公司。A320－200 相较于 A320－100 的主要变化是翼尖围栏和增加燃料容量以增加射程。 空客 A319－100　A319 是 A320 的缩短版，最小变化版。也被称为 A320M－7，它比 A320 短3.73米（12英尺3英寸）；机翼前方四个框架和机翼尾部三个框架被移除。减少的座位将紧急出口减少到六个。与 A320－200 几乎相同的燃油容量和更少的乘客，两级配置的124名乘客的航程延伸至6650千米。 空客 A321－200　随着 A320 于1988年开始运营，A321 作为其第一衍生产品推出。A321 机身伸展6.93米，A321－100 的最大起飞重量增加了9600千克，达到83000千克。为了保持性能，除了将机翼面积增加4平方米至128平方米外，还包括双槽襟翼。随着 A321－100 系列与 A320 相比减少，更重、更长距离的 A321－200 系列于1995年推出。这是通过更高推力的发动机（V2533－A5 或 CFM56－5B3），轻微的结构强化和通过在后地板下安装一个或两个可选的2990升油箱来增加燃油容量。其燃料容量增加到30030升，最大起飞重量达到93000千克，于1996年12月首飞。 （2）空客 A320neo 系列 空中客车 A320neo 系列（neo 用于新发动机选项）是由空中客车公司生产的 A320 系列窄体客机的开发。它于2010年12月1日发布，于2014年9月25日首飞，由汉莎航空于2016年1月25日推出。有三种型号是基于之前的 A319，A320 和 A321。 A320neo 汉莎航空是这一标准型号的发射运营商。第一架 A320neo 于2014年7月1日在图卢兹的空中客车工厂推出。2015年11月24日收到欧洲航空安全局和联邦航空管理局的联合型认证。飞机的调度可靠性达到99.7%，最多可容纳180个座位，并减少噪音和二氧化碳排放量。 营收状况 2009年，爱琴航空公司首次载客660万人次，超过其竞争对手奥林匹克航空公司（520万人次）。2012年，在希腊旅游业和整体经济的危机中，损失仍在继续；虽然爱琴海的载客率增加到74.3%，但乘客量仍下降至610万。该集团于2013年恢复盈利，并从此持续增长。2017年，爱琴海的综合收入首次超过10亿欧元。该公司最近的业务如表Ⅰ－5－7所示：

① Aviointeriors S. P. A. 是一家意大利航空座椅制造商。

续表

案例：希腊爱琴航空公司

表 I-5-7 爱琴航空公司财务指数趋势

年份	收入（百万欧元）	承载游客数（百万人）	游客占载重百分比（%）	飞机个数
2006	401.1	4.5	>70.0	21
2007	482.7	5.2	70.0	23
2008	611.7	6.0	70.0	29
2009	622.7	6.6	65.8	33
2010	591.0	6.2	68.1	26
2011	668.2	6.5	68.9	29
2012	653.4	6.0		
2013	682.7	6.9	79.0	30
2014	911.8	10.1	78.3	50
2015	983.0	11.6	76.9	58
2016	1020.3	12.5	77.4	62
2017	1127.6	13.2	83.2	58

资料来源：2017 年爱琴航空公司年度报告。

爱琴海 2017 财年的财务业绩显示，综合收入增长 11%，达到 11.276 亿欧元。国际航线的表现使综合 EBITDA 增加 1.2 亿欧元，比上年增加 56%。税前收入达到 8580 万欧元，比 2016 年增长 66%，而税后净收益增加 87%，达到 6040 万欧元。总客流量达到 1320 万人次，比 2016 年增长 6%。国际网络继续成为主要增长动力，交通量达到 730 万人次，比 2016 年增长 9%。值得强调的是，2013 年收购奥林匹克后，爱琴海和奥林匹克航空的国际交通总量仅为 430 万人次。

在过去十年中，希腊经济一度下滑。然而，对经济最敏感的航空业，经历着一种无引力的增长。爱琴航空公司在最初前五年内航空客运量下降了 10% 的情况下，利润和员工人数骤减。2012 年后客运量增长了 57%，2012 年到 2013 年利润迅速上升。希腊对入境旅游仍具有吸引力，这推动了航空增长。更高的流量和更高的运营盈利能力主要是有效网络管理的结果，因为整体飞行活动没有增加。具体而言，需求旺盛导致载客率从 77.4% 上升至 83.2%。相应地，对于爱琴海公司而言，经营现金流从 2016 年的 5970 万欧元翻了一倍，达到 1.2 亿欧元。

爱琴航空集团是唯一一家重要的本土运营商，但希腊市场吸引了外国航空公司，特别是 LCC 的激烈竞争。瑞安航空和 EasyJet 是希腊接下来两家最大的运营商。Wizz Air 以前在希腊只有很小的一部分而且没有离开雅典，于 2018 年 3 月在首都推出了七条新航线，到 2018 年 5 月增至 9 条。尽管希腊经济疲软和 LCC 竞争激烈，但爱琴海近年来仍保持了良好的盈利能力。爱琴海最近的 A320neo 系列订单表明了对未来的信心。

（五）发展规划

2016年5月，希腊经济政策委员会批准了第一批42项投资计划，总投资额达53.93亿欧元。这42个项目涉及6个经济领域，包括能源、交通、基础设施、信息技术、研发、旅游和私营产业。其中，20个能源项目总投资额19.72亿欧元，包括利用可再生能源发电、海底电网建设和公共煤气网建设等；5项交通基础设施项目总投资额14.45亿欧元，包括连接岛屿和陆地的海上机场建设、雅典大区城际公交车站，连接港口的公路和铁路连线，连接岛屿之间的海底隧道建设等；3项提升旅游基础设施的项目总投资额1.12亿欧元；5项信息技术产业项目总投资额9.2亿欧元；4项研发和创新项目总投资额5.94亿欧元；5项对私营产业投资项目总投资额3.49亿欧元。以上项目的资金全部来自“欧洲投资计划”，即“容克计划”。

2018年5月齐普拉斯政府提出了“后救助”时代希腊经济增长计划，目标是扭转希腊去工业化趋势，恢复生产力和竞争力，促进初创企业和中小企业发展；通过建立希腊研究与创新基金会（HFRI）支持高等教育机构和研究组织开展高质量研究，同时还设想为创新型企业提供具体的融资工具；培养熟练的人力资源，更新基础设施（运输、数字技术和能源），利用比较优势，促进出口和吸引外国直接投资；建立增长的结构条件，改变工业生产模式，加强数字经济对经济转型的作用。增长计划确定了7个可以支持生产力和竞争力的关键部门：运输、基础设施和物流、能源、农业食品、制造业、航运、制药、可持续旅游业等。

2019年7月上台执政的米佐塔基斯政府提出了一系列新政措施以促进工业和新经济产业的发展。

第六章　政党与政治生态研究

1974—2010 年，希腊政治体制的基本特征是由中右的新民主党和中左的泛希腊社会主义运动党轮番执政。从政治制度上看，希腊自 1986 年宪法修订后，行政权基本上集中在总理和政府手中，总统权力缩小。尽管希腊是一个民主制国家，但其政治文化常以分裂和竞争为主，各派系较难达成妥协或共识。美国政治学学者提出，在希腊，比党派和意识形态分裂更加严重、也更为根本的问题，是对立的家族、宗族和“部落”之间的分裂。家族、宗族和“部落”在社会政治生活中仍然保持着基础地位。①希腊的保守主义传统政治文化根深蒂固，而自由主义的现代政治文化则以城市和青年群体为支撑。

2010 年债务危机爆发后，希腊政党体系发生巨大变化，极端主义政党崛起，激进左翼联盟于 2015 年上台执政。2019 年，由于激进左翼联盟连接在欧洲议会大选和地方选举中失利，希腊提前举行大选，激进左翼联盟再度失利，新民主党重新赢得大选，单独组阁执政。在实施多年紧缩政策后，希腊大致走出了主权债务危机的阴影，政治生态总体上保持稳定。

第一节　政治结构

一　希腊的宪法

自 19 世纪 30 年代初成为独立的民族国家以来，希腊大体上经历了五个发展阶段：一是独立革命和君主民主制时期（1821—1864），建立了第

---

①　霍华德·威亚尔达主编：《全球化时代的欧洲政治》，北京大学出版社 2010 年版，第 290 页。

一共和国，经历了君主专制和君主立宪制等发展阶段；二是君主民主制第一阶段（1864—1922）；三是第二共和国时期（1924—1935）；四是君主民主制第二阶段（1952—1967）；五是第三共和国时期（1974 年至今）[①]。在这五个历史发展阶段中，希腊前后共产生了 9 部宪法，分别是 1822 年“希腊临时宪法”、1823 年《埃皮达罗斯法》、1827 年《希腊政治宪法》、1844 年宪法（欧洲历史上第一部实行普选制的宪法）、1864 年宪法、1911 年宪法、1927 年宪法、1952 年宪法、1975 年宪法（1986 年、2001 年、2008 年三次修订）。

历史上，希腊第一部实行普选制的“现代”宪法诞生于 1844 年。因奥托加冕希腊国王时只有 17 岁，1832 年由英、法、俄三国和巴伐利亚主导的伦敦会议同意，在其成年前，希腊决策大权由巴伐利亚摄政团掌握。为了防止希腊地方贵族和军事首领重回政坛，巴伐利亚摄政团拒绝制订宪法，并试图将德国的强硬等级制政府强加给希腊人。希腊的贵族和军阀心生不满，因为巴伐利亚摄政团极大削弱了希腊贵族和军阀对其庇护者的控制。1843 年 9 月 3 日，希腊人发动起义，奥托国王被迫接受了授予希腊人宪法权利的要求，并于同年 11 月召集了国民议会。1844 年，在《希腊宪法》之下，希腊建立了一个两院制议会，由议会（“沃利”）和参议院（“格罗西亚”）组成。之后，真正的权力移交给了希腊政治家，其中大多数是在反对奥斯曼帝国独立战争中的指挥官。可以说，1844 年《希腊宪法》为今天的现代希腊奠定了法律基础。

希腊现行宪法为 1975 年宪法。1974 年军政府垮台后，康斯坦丁·卡拉曼利斯（Konstantin Karamanlis）出任总理，重建了希腊民主制度。同年 11 月、12 月，希腊分别举行了第一次自由的议会选举和全民公投，废除了君主制。1975 年，希腊第五届修宪议会通过 1975 年宪法，同年 6 月 11 日生效。这部宪法以 1927 年宪法和 1952 年宪法为基础，参考了 1949 年联邦德国宪法和 1958 年法国宪法。1975 年宪法“根据当时重建民主制的需要，对个人和社会的权利作了具体的规定。宪法规定的政体是议会共和制，国家元首拥有干预政治生活的权力。该宪法还对国际组织的参加做了

① 宋晓敏编著：《列国志·希腊》，社会科学文献出版社 2008 年版，第 108—116 页。

特别说明，为后来加入欧洲经济共同体铺垫了法律基石。”①

从内容上看，希腊宪法主要分为 4 个部分 120 条，分别是基本条款（Basic Provisions），个人和社会的权利（Individual and Social Right），国家的组织和职能（Organization and Functions of the State），特别、最后和过渡性条款（Special Final and Transitory Provisions）。“基本条款”规定了希腊政体为议会制共和国，一切权力来自人民和民族，尊重人的价值是国家首要职责，希腊主要宗教是东正教，教会独立主持内部事务，等等。“个人和社会的权利”一章强调，尊重和保护人的自由和价值是国家义务的主要组成部分，规定了公民的各项权利，如人身自由、言论自由、信息自由、新闻自由、宗教信仰自由，等等。“国家的组织和职能”一章规定了国家基本政治制度、组织构成和功能。希腊国家机构由总统、议会、政府和法院组成，实行三权分立的政治制度。立法权由议会和总统构成、行政权由政府和总统构成、司法权由法院执行。“特别、最后和过渡性条款”主要说明了修正宪法的条件和程序。例如，至少有 50 名议员联合提案修宪，议会才能进行表决。经过议会 1 个月内的 2 次表决，必须以五分之三多数才能通过。每次修宪时间不能短于 5 年。

1986 年、2001 年和 2008 年，希腊宪法经历了 3 次修订。

1986 年修改宪法的主要目的是限制总统权力，如，“总统不再能够解散政府”，“只有在政府的建议下，并经议会绝大多数成员的同意，总统才能就国家的重要事项举行全民公决”。② 某种程度上说，此次修宪使希腊从总统议会制逐渐过渡为议会民主制，总统成了礼仪的象征，没有过多实际权力。

2001 年，希腊宪法进行了大幅度修订，共修改了 89 项条款。如，增加了一些新的个人权利；扩充了有关政治生活透明化的内容；调整了议会工作程序，避免议会委员会权力过大。

2006 年初，时任希腊总理科斯塔斯·卡拉曼利斯（Costas Karamanlis）

---

① 宋晓敏编著：《列国志·希腊》，社会科学文献出版社 2008 年版，第 116 页。希腊宪法的希腊文参见 https：//www. hellenicparliament. gr/UserFiles/8c3e9046 - 78fb - 48f4 - bd82 - bbba28ca1ef5/SYNTAGMA. pdf。英文参见 https：//www. hellenicparliament. gr/UserFiles/f3c70a23 - 7696 - 49db - 9148 - f24dce6a27c8/001 - 156%20aggliko. pdf；http：//www. hri. org/docs/syntagma/。

② 宋晓敏编著：《列国志·希腊》，社会科学文献出版社 2008 年版，第 118 页。

领导的新民主党提出了新的宪法修正案，主要内容包括，允许建立和发展私立大学、建立最高宪法法院、阐释有关保护生态环境的条款、提出大众媒体应当服从欧洲法律，等等。乔治·帕潘德里欧（George Papandreou）领导的泛希腊社会主义运动党，与卡拉曼利斯的新民主党在公民社会、宗教、教育和总统选举等多方面展开了辩论。最终，2008 年 5 月，新民主党提出的 38 项修宪建议仅通过了 3 项，分别是，取消希腊议员专业化的绝对要求；议会有权利修正国家预算，监督其实施；特别重视希腊岛屿和山区的所有权。

2019 年 11 月 25 日，希腊议会投票通过对希腊宪法作出重要修改：①

第一，希腊议会对希腊总统的选举投票程序变更。此前希腊宪法规定，如果议会在三轮选举后都不能批准政府提名的总统候选人，就要解散议会进行大选。此次希腊宪法修改后，即使总统候选人未获得议会至少五分之三即 180 票支持，也无须解散议会提前大选。

第二，居住或正在国外的希腊公民享有投票权，可以在本国大选或者欧洲议会选举时投票。

第三，保证希腊家庭的最低收入，确保所有希腊公民有尊严地生活。

第四，希腊议会议员不再享有不被刑事起诉的豁免权。

第五，每名希腊公民最多可以提交两份提案到议会进行讨论，但前提是提案必须获得至少 50 万人的联署，而且议题与国家财政、外交政策或国防事务无关。

第六，部长级官员如果遭到 30 名或以上议员联署要求进行调查，则须由议会特别委员会对其进行调查，然后提交报告到议会全体会议进行审议，并以绝对多数投票决定是否起诉有关官员。

二　总统

希腊总统为国家元首，由议会选举产生，任期 5 年，可连任 1 次。总统候选人至少享有 5 年公民权、具有希腊血统、年满 40 岁、依法享有选举权，等等。

根据希腊宪法规定，总统选举必须在现任总统任期结束前 1 个月内举

① 转引自希华时讯，2019 年 11 月 26 日，https：//china. greekreporter. com/.

行，由议长召集议会以秘密投票的方式选出。在选举中获得三分之二多数票即可当选总统。如未能当选，则需要进行第二轮选举，如还未能获得多数票，则进行第三次选举。三次选举后还未能产生新总统，则必须解散议会，并选举新议会再选举新总统。在这种情况下，如果进行两轮投票后还未能选出新总统，那么就在最后一次选举中得票最多的两位候选人之间再进行投票，得票多者为新总统。

希腊宪法规定，总统职能包括：任命总理和政府各部长，如在总理辞职或议会通过对内阁不信任案时，总统有权解散内阁；在政党没有取得议会多数的情况下，委派相对多数政党的领袖以组阁权；将通过的法案或提案送还议会；有权颁布紧急法令；主持召开每年一次的议会常委会或非常会议，等等。

总统办公机构包括：总统私人办公室；法律事务局；外交事务局；军事局；经济事务局；行政事务局；等等。

三　立法权

目前，希腊实行一院制议会制度，有 300 名议员。共和国议会是希腊最高立法机构。

希腊议员可以由个人或政党提名。个人提名需要 12 位以上的选民支持，并缴纳保证金。此外，还有 12 名议员作为“国家代表”由最有实力的政党提名。议员候选人必须年满 25 岁，是希腊公民，拥有选举权，任期为 4 年。

议会议长由新议会的议员秘密投票选举产生，获得绝对多数票当选，如未能达到法定票数，则在 2 名相对多数票的候选人中投票产生。议长任期 4 年，可以在总统缺位时代行总统职责。

自 1974 年以来，希腊通过了 5 部选举法，1974 年实行“加强比例代表制”，1989 年实行“单一比例代表制”，1990 年恢复“加强比例代表制”，2004 年和 2007 年均强调实行“加强比例代表制”。依据 2007 年选举法规定，在议会中获得绝对多数席位需要全国选票的 39% 以上，进入议会门槛为全国选票的 3% 。

希腊的“加强比例代表制”是一种半比例代表制，赢得议会选举的政党，可以额外获得 50 个席位。小党派需要达到 3% 的选举门槛才能在议会中有代表。这有助于赢得选举的一方获得绝对多数（300个议会席位中的151个），从而确保政府稳定。现行选举法在2012年5月的议会选举中首次实施，为赢得选举的政党保留了50个议会席位。其余250个席位按各方有效得票比例分配。

根据宪法规定，通过简单议会多数可以修改选举法，但新选举法要在下一次选举中生效，就必须获得三分之二的议会绝对多数（200票以上）。一个典型的例子就是现行的选举法。该法于2007年通过，但未能获得绝对多数，因此未用于2009年选举。

希腊议会组织包括常务委员会和特别委员会，议会一般在10月的第一个星期召开常务委员会。常务委员会包括经济事务、国防和外交事务、社会事务、公共管理公共秩序和司法事务、生产和贸易事务、文化和教育事务等委员会。特别委员会一般因立法工作需要或政府提议设立，任务完成就自动解散。

依据宪法规定，希腊议会的主要职能是投票表决议案和法案，以制衡政府。新总理和新内阁成立后，必须在15天内获得议会信任投票。50名议员同意，即可通过对政府的不信任案。议员和政府均可提出议案和法案，需获五分之二议员选票才能通过，并在一个月内公布。

四 行政权

宪法规定，行政权属于总统和政府，主要由政府执行。政府包括总理、各部部长和国务部长等。政府是希腊行政权力的核心，在某种程度上，政府也享有很大的立法权，因为执政党一般在议会中有多数席位。

希腊总理由议会选举中获得绝对多数席位的政党或竞选联盟的领袖担任。如没有政党获得多数票，则由总统先赋予获得相对多数议席的政党领袖组阁权，看其是否能够成功组阁并获得议会信任。如行不通，则再赋予获得第二多数和第三多数议席的政党领袖组阁权。如都未能获得信任，则总统将会召集所有党派领袖组成临时政府，如还未能成功组阁，那么总统将解散议会，举行新一轮议会选举。

总理的办事机构是总理办公室，由4个部门组成，分别是战略计划办公室、经济和外交事务办公室、生活质量办公室、社会对话和对外联络办公室。

政府一般由总理和各部部长组成，通过内阁会议行使集体权力、就国家重要事务进行决策。内阁会议由总理召集，两周举行一次。

表 I-6-1　　　希腊历任总理及任期（1974 年以来）

执政时间	执政党	总理
1974 年 7 月—1974 年 11 月	联合政府	康斯坦丁·卡拉曼利斯
1974 年 11 月—1980 年 5 月	新民主党	康斯坦丁·卡拉曼利斯
1980 年 5 月—1981 年 10 月	新民主党	乔治·拉利斯
1981 年 10 月—1989 年 6 月	泛希腊社会主义运动党	安德烈斯·帕潘德里欧
1989 年 6 月—1989 年 10 月	联合政府（新民主党、左翼与进步力量联盟）	扎尼斯·察奈塔基斯
1989 年 10 月—1989 年 11 月	无	约安尼斯·格里瓦斯
1989 年 11 月—1990 年 4 月	大联盟政府（新民主党、泛希腊社会主义运动党、左翼与进步力量联盟）	克赛诺丰·佐洛塔斯
1990 年 4 月—1993 年 9 月	新民主党	康斯坦丁·米佐塔基斯
1993 年 9 月—1996 年 1 月	泛希腊社会主义运动党	安德烈斯·帕潘德里欧
1996 年 1 月—2004 年 3 月	泛希腊社会主义运动党	康斯坦丁·西米蒂斯
2004 年 3 月—2009 年 10 月	新民主党	科斯塔斯·卡拉曼利斯
2009 年 10 月—2011 年 11 月	泛希腊社会主义运动党	乔治·帕潘德里欧
2011 年 11 月—2012 年 5 月	联合政府	卢卡斯·帕帕季莫斯
2012 年 5 月—2012 年 6 月	无	帕纳吉奥提斯·皮克拉默诺斯
2012 年 6 月—2015 年 1 月	新民主党	安东尼斯·萨马拉斯
2015 年 1 月—2015 年 8 月	激进左翼联盟	阿莱克斯·齐普拉斯
2015 年 8 月—2015 年 9 月	无	塔奴

续表

执政时间	执政党	总理
2015 年 9 月—2019 年 7 月	激进左翼联盟	阿莱克斯·齐普拉斯
2019 年 7 月至今	新民主党	基里阿科斯·米佐塔基斯

资料来源：笔者自制。

五　司法权

宪法规定，法院独立行使司法权。希腊主要有三类法院：普通法院、行政法院和特别最高法院。

普通法院分为民事、刑事和行政三个类别。民事与刑事法院分初级、上诉和最高法院三个级别，行政法院系统分为行政法院和国务委员会（最高行政法院）两级。

希腊没有宪法法院，特别最高法院是最高裁决机构，由普通法院最高法院院长、行政法院最高法院院长、审计法院院长以及 4 名普通法院最高法院法官和 4 名行政法院最高法院法官组成。1981 年，希腊加入欧共体后，后者的法律在希腊享有最高效力和直接适用性。

希腊没有独立的稽查机构，初级、上诉和最高法院设有检察官，初级法院设有公诉人。

第二节　议会选举

1986 年宪法的修订，使行政权基本上集中在总理和政府手中，总统权力缩小。因此，根据希腊政治制度发展的历史变迁，对希腊议会选举情况的介绍主要集中于 1986 年宪法修订之后。自 1986 年以来，希腊总共进行了 11 次议会选举。

1. 1989 年 6 月和 11 月的议会选举①

1989 年 6 月，希腊举行议会选举，保守党新民主党的康斯坦丁·米索塔基斯（Constantine Mitsotakis）击败了泛希腊社会主义运动党的安德列

① 参见 http：//www. nsd. uib. no/european_ election_ database/country/greece/.

斯・帕潘德里欧（Andreas Papandreou），但无法获得议会多数组建政府。同年11月，希腊再次举行议会选举，米索塔基斯再次击败帕潘德里欧，但还是未能获得议会多数组建政府。

表I-6-2　　1989年6月议会选举结果

政党	得票数	得票率（%）	席位
新民主党	2887488	44.3	145
泛希腊社会主义运动党	2551518	39.1	125
左翼和进步联盟	855944	13.1	28
民主革新	65914	1.0	1

资料来源：欧洲选举数据库，参见 http://www.nsd.uib.no/european_election_database/country/greece/.

表I-6-3　　1989年11月议会选举结果

政党	得票数	得票率（%）	席位
新民主党	3093479	46.2	148
泛希腊社会主义运动党	2724334	40.7	128
左翼和进步联盟（Left and Progress）	734611	11.0	21
民主革新（Democratic Renewal）	39158	0.6	1
信任（Trust）	24623	0.4	1

资料来源：欧洲选举数据库，参见 http://www.nsd.uib.no/european_election_database/country/greece/.

2. 1990年议会选举①

由于1989年两次议会选举都未能组建政府。1990年4月8日，希腊举行了第三次议会选举，米索塔基斯第三次击败帕潘德里欧，与民主革新党联合，获得议会多数席位组建政府，米索塔基斯出任政府总理。

① 参见 http://www.nsd.uib.no/european_election_database/country/greece/.

表 I-6-4　　1990 年议会选举结果

政党	得票数	得票率（%）	席位
新民主党	3088137	46.9	150
泛希腊社会主义运动党	2543042	38.6	123
左翼和进步联盟	677059	10.3	19
替代生态主义者	50868	0.8	1
民主革新	44077	0.6	1
信任	29547	0.4	1

资料来源：欧洲选举数据库，参见 http://www.nsd.uib.no/european_election_database/country/greece/.

3. 1993 年议会选举①

1993 年 10 月 10 日，希腊举行议会选举，泛希腊社会主义运动党赢得了 300 个议会席位中的 170 个，成为执政党组建新一届希腊政府，帕潘德里欧击败米索塔基斯出任政府总理。

表 I-6-5　　1993 年议会选举结果

政党	得票数	得票率（%）	席位
泛希腊社会主义运动党	3235017	46.9	170
新民主党	2711737	39.3	111
政治春天	336460	4.9	10
希腊共产党（KKE）	313001	4.5	9

资料来源：欧洲选举数据库，参见 http://www.nsd.uib.no/european_election_database/country/greece/.

4. 1996 年议会选举②

1996 年 9 月 22 日，希腊举行议会选举，执政党泛希腊社会主义运动

① 参见 http://www.nsd.uib.no/european_election_database/country/greece/.
② 参见 http://www.nsd.uib.no/european_election_database/country/greece/.

党再次击败新民主党，获得162个议会席位，成功组建政府。泛希腊社会主义运动党的康斯坦丁诺斯·西米蒂斯（Costas Simitis）击败新民主党的米尔蒂阿迪斯·埃弗特（Miltiadis Evert）出任政府总理。

表Ⅰ-6-6　　1996年议会选举结果

政党	得票数	得票率（%）	席位
泛希腊社会主义运动党	2814779	41.5	162
新民主党	2586089	38.1	108
希腊共产党	380046	5.6	11
左翼和进步联盟	347236	5.1	10
民主社会运动	300954	4.4	9

资料来源：欧洲选举数据库，参见 http://www.nsd.uib.no/european_election_database/country/greece/.

5.2000年议会选举①

2000年4月9日，希腊举行议会选举，与4年前的结果一致，泛希腊社会主义运动党再次击败新民主党成为执政党，西米蒂斯出任政府总理，组建了他的第三个内阁。

表Ⅰ-6-7　　2000年议会选举结果

政党	得票数	得票率（%）	席位
泛希腊社会主义运动党	3007596	43.9	158
新民主党	2935196	42.7	125
希腊共产党	379454	5.5	11
左翼和进步联盟	219880	3.2	6

资料来源：欧洲选举数据库，参见 http://www.nsd.uib.no/european_election_database/country/greece/.

① 参见 http://www.nsd.uib.no/european_election_database/country/greece/.

6. 2004 年议会选举①

2004 年 3 月 7 日，希腊举行议会选举，在执政 11 年后，泛希腊社会主义运动党被新民主党击败，后者获得议会多数成为执政党。有趣的是，在此次选举中，泛希腊社会主义运动党的领导人是接替西米蒂斯的乔治·帕潘德里欧，即该党创始人安德列斯·帕潘德里欧的儿子。新民主党的领导人是科斯塔斯·卡拉曼利斯，其叔叔是康斯坦蒂诺·卡拉曼利斯，曾 6 次出任希腊总理，两次担任希腊总统。与安德列斯·帕潘德里欧是泛希腊社会主义运动党的创始人一样，康斯坦蒂诺·卡拉曼利斯同样也是新民主党的创始人。在两人的第一次政治交锋中，卡拉曼利斯首先取胜。

值得一提的是，此次议会选举也是激进左翼联盟初次登上政治舞台，取得议会席位。

表 I－6－8　　2004 年议会选举结果

政党	得票数	得票率（%）	席位
新民主党	3360424	45. 4	165
泛希腊社会主义运动党	3003988	40. 5	117
希腊共产党	436818	5. 9	12
激进左翼联盟	241714	3. 3	6

资料来源：参见 http：//www1. ypes. gr/el/Elections/NationalElections/Results/nationallectures 2004.

7. 2007 年议会选举②

2007 年 9 月 16 日，希腊举行议会选举，卡拉曼利斯率领的新民主党再次击败帕潘德里欧的泛希腊社会主义运动党，获得 152 个议会席位，将将取得议会多数，组建新一届政府。

① 参见 http：//www1. ypes. gr/el/Elections/NationalElections/Results/nationallectures2004.

② Patrikios Stratos and Georgios Karyotis，“The Greek Parliamentary Election of 2007”，*Electoral Studies* 27，2008，pp. 356 –390.

表 I－6－9　　　　2007 年议会选举结果

政党	得票数	得票率（%）	席位
新民主党	2994979	41.8	152
泛希腊社会主义运动党	2727279	38.1	102
希腊共产党	583750	8.2	22
激进左翼联盟	361101	5.0	14
人民东正教阵线	271809	3.8	10

资料来源：Patrikios Stratos and Georgios Karyotis，"The Greek Parliamentary Election of 2007"，Electoral Studies 27，2008，pp. 356－390。

8. 2009 年议会选举①

2009 年 9 月 2 日，卡拉曼利斯向希腊总统卡罗洛斯·帕普利亚斯（Karolos Papoulias）请求解散议会，提前举行议会选举，9 日，议会解散，10 月 4 日，希腊举行了全球金融危机爆发以来的第一次选举。泛希腊社会主义运动党取得议会多数，帕潘德里欧击败卡拉曼利斯成为政府总理。

表 I－6－10　　　　2009 年议会选举结果

政党	得票数	得票率（%）	席位
泛希腊社会主义运动党	3012542	43.9	160
新民主党	2295719	33.4	91
希腊共产党	517249	7.5	21
人民东正教阵线	386205	5.6	15
激进左翼联盟	315665	4.6	13

资料来源：欧洲选举数据库，参见 http：//www. nsd. uib. no/european_ election_ database/country/greece/.

9. 2012 年 5 月和 6 月议会选举②

在泛希腊社会主义运动党成为执政党，帕潘德里欧出任总理不久，希

① 参见 http：//www. nsd. uib. no/european_ election_ database/country/greece/.

② 参见 http：//www. nsd. uib. no/european_ election_ database/country/greece/.

腊就陷入经济危机。此后，欧洲主权债务危机和希腊自身的危机愈演愈烈，逐渐演变为政治危机。2010 年 2 月 2 日，政府公布措施应对经济危机，关键问题在于退出还是留在欧元区，以及紧缩政策能否应对经济危机。2010 年 5 月 5 日，希腊民众爆发大规模抗议活动反对紧缩政策。2011 年 11 月 10 日，帕潘德里欧辞职，以期让反对派进入联合政府，实现政治团结，通过欧盟援助方案。2011 年 11 月 11 日，新总理卢卡斯·帕帕季莫斯（Lucas Papademos）宣誓就职并组建联合政府，努力推行欧元区国家领导人达成的救援协议。

2012 年 5 月 6 日，希腊举行议会选举，新民主党、激进左翼联盟和泛希腊社会主义运动党等政党都未能取得多数席位、成功组阁。2012 年 6 月 17 日，希腊举行第二轮议会选举，在议会选举中获胜的新民主党与泛希腊社会主义运动党和民主左翼联盟就组建联合政府达成原则协议。新民主党领导人安东尼斯·萨马拉斯出任政府总理。值得一提的是，希腊极右翼政党金色黎明党（Popular Association-Golden Dawn）也进入了议会。

表 I-6-11　　**2012 年 5 月议会选举结果**

政党	得票数	得票率（%）	席位
新民主党	1192103	18.85	108
激进左翼联盟	1061928	16.79	53
泛希腊社会主义运动党	833452	13.18	41
独立希腊人	671324	10.62	33
希腊共产党	536105	8.48	26
金色黎明党	440966	6.97	21
民主左翼	386384	6.11	19

资料来源：欧洲选举数据库，参见 http：//www.nsd.uib.no/european_election_database/country/greece/.

表Ⅰ-6-12　　2012年6月议会选举结果

政党	得票数	得票率（%）	席位
新民主党	1825497	29.66	129
激进左翼联盟	1655022	26.89	71
泛希腊社会主义运动党	756024	12.28	33
独立希腊人	462406	7.51	20
金色黎明党	426025	6.92	18
民主左翼	384986	2.25	17
希腊共产党	277227	4.50	12

资料来源：欧洲选举数据库，参见 http：//www.nsd.uib.no/european_election_database/country/greece/.

10. 2015年1月和9月议会选举[①]

2015年1月25日，因总统大选失败，希腊不得不提前举行议会选举。激进左翼联盟取得36.34%的得票率和149个议席，但因2席之差未能单独组阁。执政的新民主党以27.81%的得票率和76个议席位列第二。金色黎明党紧随其后，取得6.28%的得票率和17个议席。希腊共产党的支持率较前次选举略有上升，得票率为5.47%，获15个议席。右翼政党独立希腊人取得4.75%的得票率和13个议席。联合执政的泛希腊社会主义运动党的支持率一落千丈，仅取得4.68%的得票率和13个议席。

1月26日，激进左翼联盟与独立希腊人联合组阁，成立了欧洲“重债”国家中第一个反对欧盟紧缩政策的政府。激进左翼联盟领导人阿莱克斯·齐普拉斯成为希腊独立以来最年轻的总理。2015年7月，阿莱克斯·齐普拉斯接受欧洲稳定机制（ESM）的救助计划，即为期3年，860亿欧元的贷款。但由于其中包含大量紧缩政策，使激进左翼联盟内部出现意见分歧，149名激进左翼联盟议员中有43名议员反对，25名成员创建新党。齐普拉斯政府因党内强硬派叛离而失去议会多数党地位。最终，阿莱克斯·齐普拉斯于8月20日晚发表电视讲话，宣布辞职。

① 参见 http：//www.nsd.uib.no/european_election_database/country/greece/；http：//ekloges.ypes.gr/current/v/public/index.html？lang=en#.

2015 年 9 月 20 日，希腊举行第二轮议会选举，出人意料的是，阿莱克斯·齐普拉斯率领的激进左翼联盟再次大获全胜，与独立希腊人组成联合政府。在获胜宣言中，阿莱克斯·齐普拉斯宣告，他有了一个完整任期，可以并且保证推行援助计划，同时也会保护在该计划中利益可能受损的群体。

表 I－6－13　　2015 年 1 月议会选举结果

政党	得票数	得票率（%）	席位
激进左翼联盟	2245978	36. 34	129
新民主党	1718694	27. 81	76
金色黎明党	388387	6. 28	17
大河党	373924	6. 05	17
希腊共产党	338188	5. 74	15
独立希腊人	293683	4. 75	13
泛希腊社会主义运动党与民主同盟	289469	4. 68	13

资料来源：欧洲选举数据库，参见 http：//www. nsd. uib. no/european_ election_ database/country/greece/；http：//ekloges. ypes. gr/current/v/public/index. html？lang = en#.

表 I－6－14　　2015 年 9 月议会选举结果

政党	得票数	得票率（%）	席位
激进左翼联盟	1926526	35. 46	145
新民主党	1526205	28. 09	75
金色黎明党	379722	6. 99	18
民主联盟（泛希腊社会主义运动党与民主左翼）	341732	6. 29	17
希腊共产党	301684	5. 55	15
大河党	222349	4. 09	11
独立希腊人与民族爱国主义联盟	200532	3. 69	10
中间派主义联盟	186644	3. 44	9

资料来源：欧洲选举数据库，参见 http：//www. nsd. uib. no/european_ election_ database/country/greece/；http：//ekloges. ypes. gr/current/v/public/index. html？lang = en#.

11. 2019 年议会选举

2019 年 5 月 26 日，在 2019 年欧洲议会选举和与此同时举行的地方选举失败后，时任希腊总理阿列克西斯·齐普拉斯宣布，在第二轮地方政府选举之后，将提前举行议会选举。7 月 7 日，希腊举行议会选举。这是自投票年龄降至 17 岁，议会选区从 56 个增加到 59 个以来，希腊举行的第一次议会选举，并选出了全部 300 个议会席位。

最终，由基里亚科斯·米佐塔基斯领导的中右翼新民主党赢得绝对多数，获得 158 个席位和近 40% 的选票。基里亚科斯·米佐塔基斯出任希腊新一任总理。

表 I-6-15　　2019 年议会选举结果

政党	得票率（%）	席位
新民主党	39.8%	158
激进左翼联盟	31.5%	86
改革联盟	8.1%	22
希腊共产党	5.3%	15
希腊方案（Greek Solution）	3.7%	10
欧洲现实不服从阵线（MeRA25）	3.4%	9
金色黎明党	2.9%	

资料来源：希腊内政部官网，参见 https：//ekloges. ypes. gr/current/v/home/en/parties/.

第三节　主要政党

一　新民主党

新民主党成立于 1974 年 10 月 4 日，创始人是康斯坦蒂诺·卡拉曼利斯。1974 年军政府倒台后，曾担任总理的康斯坦蒂诺·卡拉曼利斯应召回国出任希腊政府总理，并将全国激进联盟这一右翼政党改组为新民主党。在 1974 年 11 月的大选中，新民主党以 54.4% 的选票赢得了议会中的 220 个席位，组成了希腊第三共和国的第一届内阁。

作为希腊政坛上的主流政党之一，新民主党历史上曾经四次主导或参加希腊政府，该党发展的历史阶段大致可分为：领导第一届政府（1974—

1981）时期；反对党与康斯坦丁·米佐塔基斯担任党主席（1981—1989）时期；第二次执政时期（1989—1993）；第二次成为反对党时期（1993—2004）；第三次执政时期（2004—2009）；第三次成为反对党时期（2009—2011）；参与政府时期（2012—2015）；第四次单独组阁执政（2019年至今）。

从历年党纲上看，新民主党的主要政策主张如下，第一，加入欧洲共同体和支持欧洲一体化。这一直是新民主党政治纲领的优先选项，也正是根据这一纲领，新民主党一直是希腊政坛历史上的重要政党之一。第二，信奉“自由市场经济”，主张削减政府开支、国营企业私有化、进行公共行政改革、开放市场，等等。第三，维护希腊的独立和主权，主张希腊属于西方，重视与美国、欧盟的经济、政治关系①。

2019年7月之前，新民主党处于反对党地位，安东尼斯·萨马拉斯（Antonis Samaras）始终反对激进左翼联盟的政策主张。围绕债务危机，他在公开场合曾多次谈道，“逐步降低企业和家庭的税负，建立向弱势群体倾斜的社会保障体制，继续进行结构改革，提升国家竞争力”，“而激进左翼联盟党的‘危险’政策将使希腊财政赤字和债务水平回升，该党与债权人的潜在冲突使希腊面临退出欧元区的风险”。②

在2019年5月26日举行的欧洲议会选举中，希腊总理齐普拉斯领导的激进左翼联盟在希腊国内获得24%的支持率，反对党新民主党的支持率则超过32%。在6月的地方选举中，新民主党赢得了全国13个大区中的12个。

鉴于激进左翼联盟在欧洲议会选举以及希腊地方政府选举中失败，齐普拉斯向总统帕夫洛普洛斯正式提出解散议会、提前进行大选的要求，理由是在欧洲议会选举结果公布后，希腊就进入了一个漫长的“大选前期”，这可能“使希腊经济陷入危险”和长期政治不稳定。根据希腊传统，如果总理希望提前大选，通常会以国家安全或经济问题为理由，要求总统解散议会并决定下一次全国大选的日期。帕夫洛普洛斯则引用《希腊

① 宋晓敏编著：《列国志·希腊》，社会科学文献出版社2008年版，第145—146页。

② 《希腊总理表示希望新民主党以“改革和增长”赢得大选》，新华网，http://www.xinhuanet.com//ttgg/2015-01/11/c_1113948916.htm.

宪法》第41条第2款接受了齐普拉斯的这一请求。

在2019年7月7日举行的希腊大选中，新民主党击败激进左翼联盟获得了39.8%的选票，赢得议会300个席位中的158席，得以单独组阁，重掌执政大权，结束了希腊约十年的多党联合执政局面。7月8日，出生于1968年的来自政治世家的新民主党党魁基里亚科斯·米佐塔基斯就任希腊总理。米佐塔基斯毕业于哈佛大学和斯坦福大学，专业包括企业管理和国际关系，曾任麦肯锡公司顾问。米佐塔基斯于2004年成为希腊议会议员，2013—2015年担任希腊行政与改革部长，2016年出任新民主党主席。

新民主党历来秉持市场自由主义的中间偏右的立场，上台执政后加速私有化进程，重新启动被搁置的项目并推出更多私有化项目。米佐塔基斯选举纲领主张振兴中产阶级，减税以缓解民众的经济负担，提高政府行政效率，吸引投资，改善就业，改变希腊在国际资本市场上的形象。米佐塔基斯被认为是与商界亲近的“改革者”，《纽约时报》将米佐塔基斯描述为“领导着保守党的自由主义”。因此，自米佐塔基斯在5月26日欧洲议会选举中获胜后，雅典证券交易所综合指数大幅上涨，10年期债券的收益率下跌。因新政府的改革意愿和举措提升了国际投资者对希腊经济未来的信心。2019年7月，穆迪将阿尔法银行、欧洲银行和希腊国家银行的存款评级展望从“稳定”上调为“积极”。

2019年7月12日，希腊新当选总理米佐塔基斯发表了其政府行动计划并提出12项关键优先事项，以及采用新的治理模式。这些事项包括：吸引更多的投资、加强房地产的价值、创造更好的就业机会、更新劳资关系、实现强劲的经济增长、提高安全、促进社会团结、提高健康和教育标准、保护环境、振兴希腊中产阶级以及通过数字技术改进官僚作风等。米佐塔基斯上任面临棘手任务，一方面必须确保国际债权人愿意支持希腊，另一方面则通过降低税负和重新协商财政目标减轻国内民众负担。国际评论指出，米佐塔基斯政府面临着满足一个疲惫的希腊社会和欧盟主要国家的经济保守派期望之间的艰难平衡。

新民主党政府将进行立法，允许身处国外的希腊公民在国家选举中投票。这也是希腊总理米佐塔基斯在竞选时对选民许下的承诺。旅居国外的希腊人较多，尤其在希腊债务危机爆发后，大约有50万希腊公民离开祖国。此次修改法例除了可以让他们受惠外，还将覆盖所有在海外的希腊公民，让这部分人在旅居国外或者在国外旅行时，也可以与所有公民一样行使投票权利。此前，激进左翼政府反对国外希腊公民的投票资格。

米佐塔基斯支持深化欧洲一体化，并表示希腊要在欧洲舞台上发出更重要的声音。新民主党在移民问题上持较强硬立场。在对外政策方面，新民主党将面临北马其顿更名、东地中海能源资源纠纷以及与土耳其关系等问题的考验。

新民主党一直持对华友好政策，欢迎中国投资希腊。米佐塔基斯曾于2016年以新民主党党魁身份表示，“新民主党坚持从战略高度看待两国（中国与希腊——引者注）关系，重视加强与中国共产党的交往，欢迎更多中国企业来希投资兴业，支持两国在文化、旅游、教育、科技等领域加强交流合作”。①

2019年11月，希腊总理米佐塔基斯出席第二届中国国际进口博览会开幕式，在希腊商业论坛发表了主旨演说，访问了中远集团总部。其间，中国国家主席习近平会见米佐塔基斯，双方充分肯定了两国传统友好，彼此相互理解、相互尊重，政治互信稳固，合作基础良好。

二　激进左翼联盟

（一）历史沿革

希腊激进左翼联盟（The Coalition of the Radical Left），简称左联，2015—2019年为希腊执政党。

左联的前身可以追溯到希腊共产党。第二次世界大战后，希共由于发动反对英国扶植的保王政府的武装斗争失败，领导人及大批党员流亡国外，党组织进入地下活动状态。1968年，希共举行第12次中央委员会全体会议，由于国内和国外成员在党的政治发展方向和组织战略等问题上存有分歧而发生分裂。1969年，希共部分成员另建希共（国内派）（KKE-es），余下成员仍沿用希腊共产党。希共（国内派）的思想立场成为“激进左翼联盟”的意识形态的最初来源。

1974年，希腊军人独裁政权倒台后，希腊共产党和希共（国内派）

---

①《驻希腊大使邹肖力会见希腊主要反对党新民主党主席》，https://www.fmprc.gov.cn/web/zwbd_673032/wshd_673034/t1346164.shtml.

获得合法地位。1986 年，希共（国内派）改称“希腊左翼”。1989 年，“希腊左翼”与希腊共产党及其他左翼力量组建了一个选举联盟——左翼与进步力量联盟（SYN）参加竞选，尼科斯·康斯坦托普洛斯（Nikos Konstantopoulos）与玛丽亚·达马纳基（Maria Damanaki）参与创建了该联盟。在 1989—1990 年举行的三次议会选举中，该联盟获得 10% 以上的选票，并两度参与组建希腊临时政府。

1992 年 6 月，在东欧剧变、苏联解体的背景下，希腊共产党再次发生分裂，主张全面否定马列主义的“革新派”试图把希腊共产党改为一个“统一、自主、多派”的政党。在未果的情况下，近一半的希共中央委员和五分之二党员脱党加入左翼与进步力量联盟，并将该联盟组建为一个统一的政党，仍沿用“左翼与进步力量联盟”的名称。玛丽亚·达马纳基当选为该联盟主席。

1993 年，由于左翼与进步力量联盟内部存在激烈的意识形态冲突，以独立政党身份参与议会选举的该联盟未能进入国民议会。玛丽亚·达马纳基引咎辞职，尼科斯·康斯坦托普洛斯继任为该联盟主席。

2001 年，鉴于希腊各左派政党的得票率均有不同程度的下滑，一些左翼政治力量提出了“重建左翼”的倡议，开始建立一个新的左翼联合组织——“左翼对话与共同行动空间”（Space for Dialogue for the Unity and Common Action of the Left），并很快吸纳了左翼与进步力量联盟、民主统一左派运动、捍卫社会和政治权利网、绿色政治（生态派）等各色左翼力量参与其中。

2003 年，左翼与进步力量联盟改称为左翼运动与生态联盟（Coalition of Left Movements andEcology）。2004 年希腊议会选举前，包括左翼运动与生态联盟在内的“左翼对话与共同行动空间”决定组建一个新的选举联盟参加大选，最终于 2004 年 1 月建立了以左翼运动与生态联盟为主的激进左翼联盟。但此时的激进左翼联盟仅是一个由希腊一些激进左翼政党组成的竞选联盟，还不是一个完整独立的政党。

2004 年希腊议会大选后，激进左翼联盟获得了 3.3% 的选票和 6 个席位，而所有这些议席完全被左翼运动与生态联盟独占，这导致了左翼运动与生态联盟和激进左翼联盟内的其他党派和组织的紧张关系。同年 12 月，左翼运动与生态联盟召开第四次代表大会，确定了重整和复兴激进左翼联盟的政策，并选举阿列克斯·阿拉瓦诺斯（Alekos Alavanos）为左翼运动与生态联盟主席。

2007年，激进左翼联盟有所扩大，希腊共产党、民主社会运动（The Democratic Social Movement，DIKKI）等其他政治组织加入该联盟。9月，该联盟在希腊议会选举中获得5%的选票，开始在希腊政坛崭露头角。

2008年2月，左翼运动与生态联盟召开第五次代表大会，选举阿莱克斯·齐普拉斯（Alexis Tsipras）为联盟主席。2009年，阿莱克斯·齐普拉斯正式当选激进左翼联盟主席。

2012年6月，在希腊议会选举中，激进左翼联盟成为希腊议会第二大党和最大反对党。2013年5月，激进左翼联盟改组为政党。7月，激进左翼联盟召开首届党代会，正式完成从竞选联盟到政党的转变，同时左翼运动与生态联盟解散，其组织彻底融入激进左翼联盟。

2015年1月，希腊因总统大选失败引发议会提前举行大选，激进左翼联盟胜出，与右翼小党独立希腊人共同组成联合政府，齐普拉斯任总理。同年9月，希腊再次举行议会选举，阿莱克斯·齐普拉斯领导的激进左翼联盟再次蝉联议会第一大党。2016年10月，激进左翼联盟召开第二次党代会，分析了该党面临的困境、未来几年的政策取向及吸收更多的党员，尤其是青年党员的加入。

（二）政治主张

根据希腊激进左翼联盟2016年公布的二大决议①，可以将其政治主张大致概括为以下四方面。

1. 政治领域：（1）赞同民主社会主义、生态运动、女权运动的思想和价值观，主张多元民主、保护人权；（2）结束希腊的人道主义危机，改革国家经济，承担政治责任；（3）进行宪法改革，以确保政教分离、受教育权、卫生保健及环境保护；（4）与欧盟的条约、协议由公民投票决定；（5）打击猖獗的逃税行为，扭转警察的军事化，打击腐败；（6）保护希腊的移民社区，为希腊边缘人群提供更好的条件；（7）支持同性婚姻；（8）加强各层选举中的比例代表制；（9）通过思想文化教育

① 参见 http：//syriza. gr/article/id/67313/Politikh-Apofash-2oy-Synedrioy-toy-SYRIZA. html #. WdYRrBOCxE5.

扩大党的影响力，传播现代马克思主义和一般左派思想。

2. 经济领域：(1) 审计公共债务，与欧盟重启有关希腊债务的谈判，放弃紧缩政策，勾销部分国际债务；(2) 要求欧盟改变欧洲中央银行的作用，以便为各国和公共投资计划提供资金；(3) 将大公司的税收提高到欧洲平均水平，对金融交易和奢侈品征收特别税；(4) 禁止投机性金融衍生品，打击银行秘密交易及国外资产流失，实行银行国有化；(5) 废除教会和造船产业的财政特权；(6) 大幅削减军费；(7) 优先考虑可再生能源及环境保护；(8) 为保证铁路、机场、邮政、水域等国家基础设施的改善，对部分大型公司实行国有化。

3. 社会领域：(1) 将最低月工资恢复到紧缩前的751欧元；(2) 为无家可归者提供住房，为失业人员、无家可归者及低收入人群提供免费医疗；(3) 为不能支付款项的贫困家庭提供高达30%的抵押贷款，为贫困家庭提供20亿欧元的资助；(4) 增加失业人员补贴，为单亲家庭、老年人、残疾人及无收入家庭提供社会保障；(5) 男女工资平等，禁止大规模裁员，创造30万个工作岗位；(6) 开放公立学校的餐厅为儿童提供免费的早餐和午餐；(7) 扩大公共和免费教育，让更多的人接受高等教育，维护青年的政治和社会权利。

4. 外交领域优先议题：(1) 遵守日内瓦难民公约，与欧盟各国协作处理难民问题，巩固欧洲地区的和平稳定；(2) 汇集南欧国家中的左翼力量，展开与欧盟的谈判，使其关注欧洲地区的不平等问题；(3) 抑制原教旨恐怖主义的崛起，和平解决中东地区的分歧；(4) 与土耳其达成稳定的谈判协议；(5) 反对资本主义的新自由主义政策和霸权势力，拒绝跨大西洋贸易及投资伙伴协议（TTIP）与欧盟—加拿大全面经济与贸易协议（CETA），认为这些协议威胁到消费者权利、劳动权利，破坏了国家主权。

（三）现有规模和影响

希腊激进左翼联盟党员人数在过去十年间稳定在16000名左右，约占国民总人数的0.15%。根据希腊内政部公布的历届议会选举，可以看出希腊激进左翼联盟的规模变化。

在1996年的议会选举中，当时的左翼与进步力量联盟获得总席位300席中的10席，得票率为5.1%。在2000年的议会选举中，左翼与进步力量联盟获得6席，得票率为3.2%。在2004年的议会选举中，激进左翼联盟获得3.3%的选票和6个席位。在2007年的议会选举中，激进左翼联盟获得的议席数开始大幅度增加，达到了14席，得票率为5%，在希腊政坛开始崭露头角。

在2009年的议会选举中，激进左翼联盟获得13席，得票率为4.5%。在2012年5月的议会选举中，激进左翼联盟成为选举中的黑马，选票增加了4倍，达到52席，得票率为16.8%，一举跃升为议会第二大党，完全颠覆了希腊传统的政党政治格局。

由于2012年5月议会选举无法形成联合政府，遂按照宪法于6月再次举行议会选举，激进左翼联盟获得71席，得票率为26.9%。希腊议会未能于2014年12月选出新总统，只好提前于2015年1月改选议会。在此次议会改选中，激进左翼联盟获得149席，得票率为36.3%，但仍未达到国会过半标准，因此与获得13席的独立希腊人组成联合政府。2015年8月，希腊总理齐普拉斯突然提出辞职，并要求提前举行大选，希腊官方于是决定于9月举行新一届议会选举。在此次大选中，激进左翼联盟获得145席，得票率为35.5%，与独立希腊人再次组成联合政府，齐普拉斯也再次当选希腊总理。

表Ⅰ-6-16　　**希腊激进左翼联盟选举成绩**

大选年份	赢得议席	得票率（%）
1996	10（300）	5.1
2000	6（300）	3.2
2004	6（300）	3.3
2007	14（300）	5.0
2009	13（300）	4.5
2012.05	52（300）	16.8
2012.06	71（300）	26.9
2015.01	149（300）	36.3
2015.09	145（300）	35.5
2019.07	86（300）	31.5

注：括号内为当年议会的总席位；得票率是指以有效的选票计算的百分比。

资料来源：参见希腊内政部，Greek Ministry of Interior，www.ypes.gr.

（四）未来走向

希腊激进左翼联盟在政治光谱上属于典型的左翼政党，主张社会主义，反对资本主义的新自由主义政策，但其自身定位为既非共产党也非社会民主党的民主社会主义。该党支持混合经济，尤其强调女权主义、民主权利和环境保护等。该党上台的背景是2009年希腊债务危机，主张采取紧缩措施的执政党大多选举失利或被迫辞职，而持坚定反紧缩立场的左联正契合了民众需求，导致其迅速上台执政。再就是希腊的老牌政党，如新民主党、泛希腊社会主义运动都是具有长期执政经验的政党，与它们相比，左联的整体力量还比较弱。

激进左翼在2019年大选中失利，但获得了议会第二大党的地位，其社会基础仍然广泛。齐普拉斯在发表离职演说时表示，他将会是一个负责任的反对派领袖并暗示将转向中左立场。希腊媒体评论认为，齐普拉斯选举失利的十大原因：没有兑现选举承诺，如摆脱紧缩协议、取消财产税、提高工资和养老金、增加就业、降低中产阶级负担、打击腐败、降低希腊人所欠国家和银行的债务等。①

三 泛希腊社会主义运动党（泛希社运党）

泛希社运党成立于1974年9月3日，主张社会民主主义，其领导人小帕潘德里欧长期担任社会民主主义国际性组织——社会党国际的主席。

泛希社运党的创始人是安德列斯·帕潘德里欧，该党最初由一个民主的社会主义政党和左翼民族主义政党组成。该党主要主张，通过民主程序，在议会制基础上对国家施行改良性质的社会主义政策，如建立混合经济所有制，鼓励私人企业发展；对外强调独立自主和多元外交政策，主张退出北约，反对美国在希腊建立军事基地。在20世纪90年代，该党在对外政策上有所转变，强调和北约与美国建立合作关系②。

---

① https：//greece. greekreporter. com/2019/07/03/10-reasons-why-tsipras-will-lose-the-greek-election/.

② 宋晓敏编著：《列国志·希腊》，社会科学文献出版社2008年版，第146页。

2009年赢得选举后，作为执政党的泛希社运党未能较好应对国际金融危机以及希腊主权债务危机，根据希腊一项民意调查显示，2011年10月有92%的人对政府感到失望，而只有5%的人认为，泛希社运党政府对国家最有利，在同一项调查中，当被问及人们对希腊各政党的看法是正面还是负面时，泛希社运党得分最低，76%的人回答为“负面”①。

2017年，泛希社运党新领导人福菲·根尼马塔（Fofi Gennimata）倡导成立新的中左翼政党联盟。2018年3月，在泛希社运党的领导下，“改变运动党”（Movement for Change）成立。该党意识形态复杂，主要由社会民主主义、社会自由主义和民主的社会主义等思想构成，反对希腊脱离欧盟。虽然在政治光谱上同为左翼，但与激进左翼联盟具有的反全球化、反资本主义和民族主义等特征不同。在2019年大选中，“改变运动”仅得到了8.1%的选票，获得22个议会席位。“改变运动”旨在增加新鲜血液，更新老的民主社会主义信条。

四 希腊共产党

1918年11月，希腊社会主义工人党成立，1924年改名为希腊共产党。第二次世界大战期间，希腊共产党倡导成立了“民族解放阵线”和“希腊人民解放军”，积极开展了反对意大利、德国法西斯侵占希腊的武装斗争，为希腊的民族解放做出了重大贡献。1951年6月，在希腊共产党倡导下，在国内成立统一战线组织“统一民主左翼党”。在1989年6月、11月和1990年4月的全国大选中，以希腊共产党为主的“左翼与进步力量联盟”均获得12%的选票，并两度参政。

进入21世纪后，希腊共产党继续坚持同国内外资产阶级做斗争。在工会方面，希腊共产党比激进左翼联盟有更多的优势和影响力，如劳工团结联盟工会（PAME）便由共产党所控制。在对外政策方面，希腊共产党反对北约在希腊设立军事基地和《美国—希腊防卫合作协议》。

过去30年，希腊共产党在议会选举中一直保持5%—6%的较稳定的得票率，表明其在希腊社会仍然有稳定的选民基础。

---

① 参见 http：//www. skai. gr/files/1/PDF/varometroskaitVoktober. pdf.

第四节　近年来希腊政治生态的主要特征

自2009年以来，债务危机导致希腊经济严重衰退，极端政治力量崛起。并对希腊政治生态产生了较大影响。但另一方面，2019年希腊大选又出现了新的政治态势，选民的政治倾向发生了变化，极端政治势力影响下降，民粹主义政治力量有所退潮，精英政治逐渐回归。从中不难看到，经济议题在希腊政治生态变化中始终是关键因素。

一　激进左翼联盟的兴起、诉求和对希腊政治的影响

（一）激进左翼联盟成为执政党的主要原因

希腊体制产生了众多有利于小政党选举成功的因素，包括制度推动因素，例如进入议会的最低要求降低，议席比例增加以及权力下放等；[①] 社会需求因素的变化，如价值观变化、[②] 针对某个政党的反对情绪、[③] 公众对移民态度发生变化、失业率上升等[④]。除了正式的"游戏规则"和需求之外，一些研究也指出了策略的重要性，[⑤] 小党派采取的策略对竞选成功也很重要，例如，在解决问题的能力（即经济，安全等）上与主要政党竞争，声称他们会做得更好；可能会放大主要政党的错误，希腊激进左翼联盟正是最好的例子之一。

在2012年6月的全国大选中，激进左翼联盟获得了26.6%的选票，成为主要反对党。在2015年1月举行的全国大选中，激进左翼联盟获得了36.3%的选票，成为执政党。激进左翼联盟执政导致了希腊政党体制

---

① E. Massetti and A. Schakel, "Ideology Matters: Why Decentralisation Has a Dierentiated Eect on Regionalist Parties Fortunes in Western Democracies", *European Journal of Political Research*, Vol. 52, 2013.

② H. kitschelt, "Left-libertarian Parties: Explaining Innovation in Competitive Party Systems", *World Politics*, Vol. 40, 1988.

③ E. Belanger, "Antipartyism and Third-party Vote Choice: A Comparison of Canada, Britain and Australia", *Comparative Political Studies*, Vol. 37, 2004.

④ L. March and C. Rommerskirchen, "Out of Left Feld? Explaining the Variable Electoral Success of European Radical Left Parties", *Party Politics*, Vol. 21, 2015.

⑤ B. M. Meguid, "Competition between Unequals: The Role of Mainstream Party Strategy in Niche Party Success", *American Political Science Review*, Vol. 99, 2015.

的改革。2010年5月至2015年9月，激进左翼联盟从一个单一选举议题的政党，走向采取抗议的联合战略，旨在动员具有不满心态的民众，赢得大多数人的选票。这种战略包含了社会民粹主义话语，支持反紧缩社会运动，将左翼描述为比之前更可信的政治参与者。

希腊的两党制以中左翼泛希腊社会主义运动党和中右翼新民主党为主导，延续了近乎40年。[①] 自2007年以来，希腊的两党制一直在衰退，然而，只有在希腊议会批准2010年5月的救助协议后，才触发了“多米诺骨牌”效应，其后果是2010年至2015年希腊政党体系的重塑。

激进左翼联盟的选举战略分为两步。一是在2010年5月和2012年5月、6月的“双胞胎”选举之间，成为最大反对派；二是在2012年至2015年，赢得欧洲议会选举（2014年）和两次全国大选（2015年1月和9月），成为执政党。大体上看，激进左翼联盟的崛起主要有三个因素。

1. 战略转变：从抗议到承担政府责任

2011年6月至2012年6月，激进左翼联盟重新调整战略，旨在广泛动员不满的社会阶层，后者受到了与紧缩措施相关的负面影响。激进左翼联盟支持罢工、街头示威和抗议运动，[②] 其党员也全心全意地参与了危机中出现的罢工、反紧缩抗议和社会运动。

此外，激进左翼联盟支持在地方建立团结网络和倡议，特别是在2010年至2012年，通过其由国会议员资助的非政府组织支持议会外动员。这些网络和倡议涉及粮食分配、公共教育服务和就业等议题，占用了公园等公共场所[③]。然而，从社会动员方法的角度来看，2015年8月是激进左翼联盟抗议战略的转折点。一旦成为执政党实施不受欢迎的紧缩措施，就难以保持其作为反紧缩社会运动的对话者和发声者的形象。

2011年7月，激进左翼联盟举行了一次关于中央委员会的重要会议，将党的选举战略从抗议战略转变为参与政府的战略：

---

① Takis Pappas, “Why Greece Failed”, *Journal of Democracy*, Vol. 24, 2013.

② M. Tsakatika and C. Eleftheriou, “The Radical Left’s Turn towards Civil Society in Greece: One Strategy, Two Paths”, *South European Society and Politics*, Vol. 18, 2013.

③ D. Vaiou and A. Kalandides, “Practices of Collective Action and Solidarity: Reconfgurations of the Public Space in Crisis-ridden Athens, Greece”, *Journal of Housing and the Built Environment*, Vol. 31, 2016.

“毁灭太过势不可挡，我们不能只进行运动，运动无法取胜，我们必须进入下一阶段。每个人都同意，在我们熟悉的运动似乎不起作用的阶段，如果不改变，就是逃避。因为社会在2011年爆发了两次大的运动。每个城镇、每个村庄的人们都在街头……整个国家处于疯狂状态。就抗议而言，再没有什么可以做的，我们必须进入第二阶段。”①

这是激进左翼联盟提出“左翼政府”概念的背景。当它向前迈进，并在2012年5月全国大选之前宣称自己将承担的职责时，② 如果没有“左翼政府”表达的政府责任主张，就很难取得选举成功：

“在第一次选举（2012年）时，我们的目标是两位数的得票率，十，十一，十三……我相信左派似乎有一种力量，能够对民众说：早上好，我们在这里，我们可以接管国家政府。如果没有这一点，在我看来，我们可能会获得10%的得票率，但我认为我们不会有一个飞跃。”③

激进左翼联盟将政府责任与其抗议战略相结合，主要目的是加强激进左翼联盟作为执政党的可信度，因为它在此前没有参加政府的实质经验。激进左翼联盟试图证明它有最好的计划能使国家走出危机，同时有最好的人才能推动这一计划。

2009年，激进左翼联盟提出了“21世纪左翼”计划，提出了“需求经济”并宣布国有化战略，将资源重新分配到农业、教育、科研和环境等生产部门④。2014年9月，在塞萨洛尼基国际博览会中，阿莱克斯·齐普拉斯提出了所谓的“塞萨洛尼基计划”，旨在进一步说明激进左翼联盟在获胜后会做些什么。例如，在内部，将采取紧急措施来解决人道主义危机，促进税收公正，创造就业岗位并采取措施深化民主。在外部，将要求欧洲央行实施“量化宽松”政策⑤。从中也可以看出，激进左翼联盟的计

① Myrto Tsakatika, “SYRIZA's Electoral Rise in Greece: Protest, Trust and the Art of Political Manipulation”, *South European Society and Politics*, No. 4, 2016.

② Myrto Tsakatika, “SYRIZA's Electoral Rise in Greece: Protest, Trust and the Art of Political Manipulation”, *South European Society and Politics*, No. 4, 2016.

③ Myrto Tsakatika, “SYRIZA's Electoral Rise in Greece: Protest, Trust and the Art of Political Manipulation”, *South European Society and Politics*, No. 4, 2016.

④ 参见 http://www.syn.gr.

⑤ 参见 http://www.syriza.gr/article/id/59907/SYRIZA ThE-ThESSALoNIkI-PRoGRAMME.html#.VsysVPmLSuk.

划充满矛盾。

此外，激进左翼联盟还强调了干部的技术能力和道德水平。在2012年竞选活动前后，一些在党内担任重要职务的经济学家承担了在大众传媒中提出和阐释党的经济战略的责任。他们不仅是技术专家，大多还是经验丰富的政治活动家。通过他们的技术知识，激进左翼联盟旨在赢得选民的支持和信任，使“左翼政府”主张具有合法性。

不过，多数激进左翼联盟的党员缺乏执政经验，这是一把双刃剑。一方面，激进左翼联盟可以声称，没有执政经验意味着没有腐败；[①] 另一方面，这些干部也不容易被选民所认可，激进左翼联盟的反对者可以指责他们没有管理国家的经验。

2. 话语转变：反资本主义与“以人民为中心”的结合

在公共话语层面，激进左翼联盟的抗议策略是批判国际资本主义，通过采用疑欧论的形式反对任何与泛希腊社会主义运动党合作的可能。

激进左翼联盟话语的新颖性在于转向民粹主义，[②] 通过区别“纯粹的人民”和“腐败的精英”来争夺政治空间。[③] 在此基础上，激进左翼联盟将自身塑造为人民的一部分。在2012年5月的竞选活动中有一个突出的例子，一个非常受欢迎的系列海报的核心标语之一是“我们或他们”。同时，激进左翼联盟还通过扩大福利来解决影响三分之一人口的“人道主义危机”，通过运动支持直接民主参与，并经常提到“尊严”，反对与外国精英（特别是德国）勾结的腐败的国内精英[④]。激进左翼联盟对“人民”的吸引力是广泛的，中产阶级、工业家甚至每个人都受到危机的打击，因而“人民”具有非常广泛的意义[⑤]。

3. 需求重塑：客观环境有利于激进左翼联盟

一是左翼的历史遗产。希腊的左翼历史可以追溯到20世纪40年代。

---

① Takis Pappas, “Why Greece Failed”, *Journal of Democracy*, Vol. 24, 2013.

② Y. Stavrakakis and G. Katsambekis, “Left-wing Populism in the European Periphery: The Case of SYRIZA”, *Journal of Political Ideologies*, Vol. 19, 2014.

③ C. Mudde, “The Populist Zeitgeist”, *Government and Opposition*, Vol. 39, 2004.

④ Myrto Tsakatika, “SYRIZA’s Electoral Rise in Greece: Protest, Trust and the Art of Political Manipulation”, *South European Society and Politics*, No. 4, 2016.

⑤ Myrto Tsakatika, “SYRIZA’s Electoral Rise in Greece: Protest, Trust and the Art of Political Manipulation”, *South European Society and Politics*, No. 4, 2016.

左翼和中左政党可能会吸引老选民。激进左翼联盟作为左翼最团结一致的代表，不仅是左翼团体和独立团体的联盟，[①] 还是反对紧缩措施的领袖。与其竞争对手相比，激进左翼联盟的抗议策略对左翼选民更有说服力。激进左翼联盟可以使自己成为一个统一的，而不是宗派的政治团体。

二是疑欧态度可以为小型抗议党提供肥沃的土壤。实际上，激进左翼联盟对欧洲持软怀疑态度，它批评欧元区的架构、欧盟民主以及欧盟“宪法化”的紧缩政治，同时也提出改革建议。尽管如此，激进左翼联盟也支持希腊继续留在欧盟和欧元区。

三是经济危机造成经济急剧下滑、失业和贫困的增加等，都有利于任何小型抗议党派，尤其是左翼。[②] 一个新的选民结构被认为已经发挥作用，受经济危机影响最严重的对社会不满的群体汇集在一起，即大城市中心的居民、受薪雇员和年轻人群体[③]。与其他左翼相比，激进左翼联盟的抗议和能力似乎对受经济危机影响的阶层更具吸引力，因为它既提供了表达愤慨的方式，也提供了直接的替代计划。

四是民众反对腐败和平庸官员的情绪。激进左翼联盟的能力和战略最终更多地依赖于诚实而非经验，这似乎更符合民众需求，至少在危机时期内如此。

（二）主要诉求：重塑希腊的国家制度与国家民主化[④]

对此，激进左翼联盟主要有四点主张：

1. 基于以下两个标准选拔人才：一是相关政策领域的专家；二是价值观和思想。激进左翼联盟认为腐败是希腊“复制”资本主义的特有现象，必须使官员葆有诚实等品德，并服务于执政党的战略。

2. 完善党内民主。内部的民主组织是激进左翼联盟作为执政党提出、制订和实施大部分决策的中介。激进左翼联盟的党内民主比希腊传统左翼要好得多，但还需要进一步发展和深化。

---

① M. Tsakatika and C. Eleftheriou, “The Radical Left’s Turn towards Civil Society in Greece: One Strategy, Two Paths”, *South European Society and Politics*, Vol. 18, 2013.

② H. Kriesi, “The Populist Challenge”, *West European Politics*, Vol. 37, 2014.

③ Y. Mavris, “Greece’s Austerity Election”, *New Left Review*, Vol. 76, 2014.

④ 四点主张参见 Gray and Paul Christopher, “The Rise and Retreat of Syriza: An Interview with Michalis Spourdalakis”, *Studies in Political Economy*, No. 3, 2017.

3. 坚持以工人阶级为基础的战略。激进左翼联盟优先考虑左翼的团结，并且在相互竞争的观点和倡议中保持宽容。例如，2013 年夏天，政府突然关闭了国家广播公司。在激进左翼联盟议员和公众的大力支持下，大多数工人占领了这座建筑 5—6 个月，按照自我管理的方式进行广播。这是他们的组织基础。运动产生了知识，提出了新的生产方式。激进左翼联盟将利用国家工具能力将权力转移到下层阶级，并将人民带到舞台中央。

4. 不断巩固执政联盟。在多年抗议活动中，激进左翼联盟吸引了广泛的社会联盟，包括工薪阶层、公共和私营企业的工人阶级、非熟练工人、临时工、失业者以及新老小资产阶级，等等。当然还包括其他阶层的部分群体，如商人、手工艺人、店主和受过教育的专业人士（建筑师、工程师、律师和医生）。正如一些学者所论证的那样，这不是一个想象中的联盟。2012 年至 2013 年，这个联盟出现在街头，积极参与反紧缩运动。左翼政府应该考虑如何通过回应各种苛刻的要求，维护整个联盟或联盟的一部分利益，表达联盟的广泛利益。到目前为止，激进左翼联盟还没有做到这一点。

希腊有一大批小店主，每家店都有 3—10 人。他们的生存非常困难。处理这个问题的办法有很多，一种是新自由主义的方式。另一种更具创新性的方式是，如果他们组织成协会和合作社，就能采取重大的税收减免。在政治层面，激进左翼联盟可以做的事情要多得多，但它还没有成功地控制国家。

（三）激进左翼联盟兴起对希腊政治的影响

覆盖 55 个国家、跨度 50 多年（1960—2012）的研究表明，经济危机对执政党的选举表现会产生负面影响[①]。自 2008 年国际金融危机爆发以来，南欧的执政党在选举方面受到了很大影响[②]，大部分原有政党都失去了权力，被其他具有执政经验的传统政党取代。此外，截至 2014 年 10 月，有研究表明，30 个欧洲国家，经济“苦难”的增加与现有企业的业

---

① F. Vasselai and U. Mignozzetti, “The Impacts of International Economic Crises on the Succession of Incumbents in 55 Countries”, http://papers.ssrn.com/sol3/papers.cfm?abstract_id=2108034.

② A. Bosco and S. Verney, “Electoral Epidemic: The Political Cost of Economic Crisis in Southern Europe, 2010 - 2011”, *South European Society and Politics*, Vol. 17, 2012.

绩恶化有关，原先执政党在遭受危机重创的国家和金融危机后的选举中，选票下降幅度更大。[①] 在2015年1月希腊选举中，上述背景不可忽视。但必须指出的是，在2015年1月，希腊的情况有所不同，因为由一个从未赢得选举的激进左翼政党成为执政党。

总而言之，希腊2015年1月的选举并不完全符合“经济投票模式”。同时，一个以前从未治理过国家的政党赢得大选的事实，表明了民意的改变。通过确认2012年选举中确定的年龄、社会和地理差距可以证实这一需求，激进左翼联盟在所有有活力的阶层中处于领先地位，希腊政党制度的流动性也被证实，例如，泛希腊社会主义运动几乎崩溃、大河党的出现等。此外，必须指出的是，激进左翼联盟呈现出强烈群众性的形象。

在2012年冲击发生三年之后，希腊政治似乎处于一个不稳定的新过程形态。然而，仍有争议的是，左右摇摆将在政党制度类型方面消解某种形式的多元化，无论是两极化还是中间政党的兴起。然而，两大因素可能会影响激进左翼联盟执政的稳定局面：一是严峻的经济形势；二是希腊政治体系中存在的实质性的反民主和反政府力量。

二 极右翼的兴衰

政治参与往往指的是公民旨在影响政府人员及其行为选择的活动。在20世纪后期，有观点认为，人们对政治行为和代议制民主特别失望，因此疏远了政治参与，对其较为冷漠[②]。但另一些研究人员认为，社会参与形式有所增加[③]。

希腊也不例外。社会运动和非政府组织成为有组织的公民社会的主要代表，推动激进主义活动的很大一部分动力也在他们身上。自2010年以来，希腊民间社会格局以及“来自下方”的非政府组织倡议的作用，由于民众对经济危机的焦虑和对政府能力的不信任等各种因素叠加而变得相当强大。这往往是民粹主义党派崛起的重要原因之一，他们能够利用移

---

① 参见 http：//www. eui. eu/Projects/POLCON/Documents/hernandezandKriesi2014. pdf.

② M. Henn and M. Weinstein and D. Wring，“A Generation Apart? Youth and Political Participation in Britain”，*The British Journal of Politics and International Relations*，No. 2，2002.

③ Y. Theocharis，“Young People，Political Participation and Online Postmaterialism in Greece”，*New Media & Society*，No. 2，2011.

民、经济危机等“安全”议题引发公众焦虑，作为自身生存和发展的动力。

当社会处于变革、危机和不确定状态中，进行根本和迅速的转变会引发许多人的抗议、愤怒和挫折，进而导致民众投票支持民粹主义极右翼政党。因此，2008年以来，希腊右翼政党的崛起不仅是金融危机和政治祛魅导致的，这种情绪使公众疏远国家，而且也表明公众对移民问题等核心议题产生了焦虑。此外，希腊媒体曝光的腐败丑闻，也成为希腊右翼政党崛起的原因之一。

上述原因都成为极右翼党派金色黎明党在政治上立足的沃土，2010年希腊选举中，金色黎明党表现出了相对较强的代表性（5.29%），到2015年9月，其得票率已上升至7%。

从形式上看，金色黎明党是一个民族主义政党，支持民族文化同质化，其甚至以“种族，血统”来定义国籍，正如该党中一名国会议员在2014年7月采访中所述：“金色黎明的支持者了解并尊重希腊语和希腊的起源、历史。我们是民族主义者和真正的爱国者。希腊的血液已被污染，我们的土地必须清理干净并清除污垢。”[①] 2012年，由于对失业、紧缩以及移民问题的担忧，金色黎明党在全国选举中开展了一场运动。他们主动组建了一个名为“Medicines Avec Frontiers”的组织，呼吁希腊医生只为希腊人（父母都是希腊人）提供服务、只为希腊人捐献血液，拯救希腊的灵魂。

在宣扬仇恨言论和煽动暴力等方面，极右翼政党具有威胁人权的主张[②]。从表面上看，暴力是极右翼战略中具有双重效用的工具，它被视为与敌人对抗的手段和权力的象征。

金色黎明党最广为人知的活动是向希腊贫困家庭分发免费食物，在证明他们确实是希腊人之后，以“将他们的钱归还给希腊人民”的口号进行

---

① Gabriella Lazaridis, Mariangela Veikou, “The Rise of the Far Right in Greece and Opposition to ‘Othering’, Hate Speech, and Crime by Civil and Civic Organizations”, *Journal of Civil Society*, No. 1, 2017.

② Gabriella Lazaridis, Mariangela Veikou, “The Rise of the Far Right in Greece and Opposition to ‘Othering’, Hate Speech, and Crime by Civil and Civic Organizations”, *Journal of Civil Society*, No. 1, 2017.

宣传。在这一活动中，他们将自己作为希腊唯一的政治代理人，将从国家收到的钱返还给人民，并且宣称自己是唯一一个“干净”、无腐败的政治组织①。

这种类型的行动主义提倡极右翼意识形态和民粹主义言论，将社会分成两半，一方面设想存在“腐败的精英”，另一方面设想存在“纯粹的普通人”，后者被视为党的“成员”和支持者。事实上，极右翼民粹主义者认为精英背叛了人民，因此他们是反精英而不是反制度。在危机时期，金色黎明党的行动采用了一种左翼言论（即团结、关注下层工人阶级，食物捐赠，帮助穷人等），与希腊传统上政治左派和民间社会活动家采用的话语相似。

在极右翼话语中，国家被视为一个“身体”，移民被视为“传染病”或身体负担②。因此，移民被描述为社会的威胁，是生物和社会意义上的弊病。有实证研究表明，“清洁和卫生”的话语是一种偏见的排他性种族主义言论，可以被视为一种种族清洗的委婉说法，将“他者”描述为一种污染物，并且使话语和陈规定型观念中的歧视合法化。越来越多的新同化主义者和越来越仇外的公共话语政策，成为移民的对立面③。

金色黎明党曾是欧洲极端右翼运动中最活跃的，然而，在 2019 年 7 月的大选中，金色黎明党被选民抛弃，只获得了 2.93% 的选票而被排除在议会之外。2019 年 9 月，金色黎明党相继关闭了设在雅典的总部办公室和塞萨洛尼基办公室，这也标志着这个带有纳粹主义色彩的政党正逐渐离开公众视野。金色黎明党崛起于主权债务危机造成的希腊经济深陷衰退，以及民众对国际债权人强行施加经济紧缩政策的强烈不满。然而，随着希腊经济复苏，极端民粹主义的社会基础越来越薄弱。另外，2013 年 9 月，反法西斯嘻哈歌手费萨斯（Pavlos Fyssas）遭金色黎明党党员杀害，之后该党的部分元老级党员离党。2019 年 9 月，金色黎明党网站因为缺乏资金而停止运作。

---

① A. Koronaiou and A. Sakellariou，“Reflections on ‘Golden Dawn’, Community Organizing and Nationalist Solidarity：Helping（only）Greeks”，*Community Development Journal*，No. 2，2013.

② J. D. Scisneros，“The Metaphore of ‘Immigrant Pollutant’ in Media Representations of Migration”，*Rhetoric of Public Affaires*，No. 4，2008.

③ D. Dalakoglou，“The Crisis Before ‘The Crisis’：Violence and Urban Neoliberalization in Athens”，*Social Justice*，No. 1，2013.

三　金融危机爆发前后希腊政党与利益集团的关系

希腊社会存在的危机，显然与2008年爆发的国际金融危机的影响有关，主要可以归咎于国内经济问题和政府管理不善。新民主党执政期间(2004—2009)，所有宏观经济和财政指标都在恶化。在经济衰退的背景下，泛希腊社会主义运动党于2009年10月重新掌权，但很快就面临主权债务违约的前景。欧盟最初不愿意迅速做出反应，导致希腊局势恶化。2010年5月，国际货币基金组织、欧洲委员会和欧洲中央银行组成了“三驾马车”，与希腊签署了谅解备忘录，为希腊提供了财政支持，实施了一系列紧缩措施。

自2010年5月以来，工会组织了定期罢工和集会，来自各政界的工会成员也参与其中，其他利益集团同样被动员起来。在2010年秋季，卡车所有者抵制政府决定为卡车提供的新许可证，他们将车辆停在国家高速公路上，造成严重的交通拥堵。

激进左翼联盟指出，政府耗尽了剩余的公共资金，导致希腊陷入主权债务违约的险境。它甚至在2015年7月发起了全民公投，呼吁人民支持扭转紧缩政策。然而，激进左翼联盟在这之后改变了方向，并在国际债权人的压力下接受了新的紧缩政策。2015年9月，希腊举行了新的选举，激进左翼联盟连续第二次赢得选举。大多数选民认为阿莱克斯·齐普拉斯应该获得第二次机会，而不是让已经失去民众信任的新民主党和泛希腊社会主义运动党重新掌权。

工会等利益集团感到被激进左翼联盟的改变所背叛，但由于一个重要原因无法动摇激进左翼联盟，即在2009—2014年，他们使用了自己的政治资本。工会认为激进左翼过度透支了人民对工会的信任。有迹象表明，1980年至2006年，欧盟15国发生的所有71次总罢工中，有33次发生在希腊（约占所有罢工的50%，71次总罢工中有11次发生在意大利）[1]。债务危机爆发后，罢工数量迅速增加。2010年到2014年，希腊共发生了42次总罢工[2]。

---

① K. Hamann and A. Johnston and J. Kelly, “Unions against Governments: Explaining General Strikes in Western Europe, 1980 - 2006”, *Comparative Political Studies*, No. 9, 2013.

② Dimitri A. Sotiropoulos, “Political Party-interest Group Linkages in Greece, before and after the Onset of the Economic Crisis”, *Mediterranean Politics*, No. 2, 2018.

经济危机的深化加剧了工会变革的长期趋势及其与政党的关系。随着工会信用下降、利益集团脱离了政党，在危机期间，某种程度上，工会在动员工薪阶层方面失去了优势。在2010年至2012年的雅典大规模集会中，公民社会动员和政党渗透之间的类似纠葛也很明显。研究表明，在24个月内至少发生了31次抗议事件。在31起抗议活动中，有24起是由工会和社会运动组织的，以抗议政府的紧缩措施。其余7个抗议活动是在重大定期活动期间组织的示威活动。①

表I-6-17 **希腊经济危机的社会经济影响**

指数/年份	2008	2015
失业率	8%	24%
青年失业率（13—24）	22%	50%
社会贫困风险百分比	28%	36%
20—24岁年龄组未受雇、教育或培训	11%	17%

资料来源：欧盟统计局。

希腊的政党和利益集团之间往往存在三种关系变化②。

一是组织关系，尽管利益集团和历届执政党在许多改革中发生冲突，但工会等利益集团的代表仍然在自己的利益集团内争夺权力，并以他们自身的政党身份为基础。他们往往依赖于自身所属政党的政治身份和组织资源。

二是政策关系。2015年夏末，在激进左翼联盟政府转向紧缩政策后，激进左翼联盟反紧缩阵营的意识形态霸权在利益集团中的影响开始迅速减弱。同时，随着时间的推移，希腊民众对政党的信任程度不断下降。2004年，17%的希腊人信任政党，而2011年只有5%。

三是利益关系。利益集团也通过党派精英与党派联系在一起。例如，

---

① Dimitri A. Sotiropoulos，"Political Party-interest Group Linkages in Greece，before and after the Onset of the Economic Crisis"，*Mediterranean Politics*，No. 2，2018.

② 三点变化可参见 Dimitri A. Sotiropoulos，"Political Party-interest Group Linkages in Greece，before and after the Onset of the Economic Crisis"，*Mediterranean Politics*，No. 2，2018.

如果没有与党派精英建立关系，在参加议会选举之前，利益集团代表根本不能成为议员候选人。另外，大型商业利益集团与政党没有组织或领导关系，政党在工业家或船东协会的组织中没有代表，这些协会的重要成员也没有参加议会选举。然而，政党在小商人协会中有更明显的影响力。毋庸置疑，政党与企业代表有政策关系。工业家联合会（SEV）一直是政府、企业和劳工之间所有工资谈判的主角。在金融危机爆发前，工业家联合会希望防止与工会发生冲突，即使在金融危机爆发后，雇主仍然支持工资监管等议题。

但是，随着时间的推移，政党和利益集团之间的关系变得越来越弱，就像其他欧洲民主国家一样。20 世纪 90 年代初，这种“脱链”情况才发生，并在 21 世纪前 10 年蔓延，在新的十年开始加剧。“脱链”的解释可以追溯到组织事务和党内制度的变化。希腊各党派和利益集团之间的联系减弱主要有三个原因：联盟的无代表性，仅限于代表希腊劳动力市场的内部人士；工会领导人与新民主党和泛希腊社会主义运动党之间的密切关系，危机前，这两个政党被认为对希腊的经济脱轨负有责任；工会罢工（过多和过于频繁的罢工）以及在危机爆发前后，倾向于彻底拒绝几乎所有类型的改革。

在这种背景下，利益集团经历了危机。首先，代表工薪阶层的利益集团不能或不愿意跨越劳动力市场内部和外部的界线。其次，利益集团越来越多地成为未来政治家的孵化器，因为利益集团代表经常交换其地位，例如，作为工会会员以获得议会席位。同时，另一种关系得到加强，例如，激进左翼联盟加强了与众多抗议运动的关系。不能忽视的是，2000—2019 年，政党和利益集团之间的组织关系，利益集团代表与党领导人的关系仍然紧张。根据这些代表和领导人战略的未来演变，各方和利益集团之间之前强有力的联系可能会在未来的议会选举中恢复。

第七章　民族与宗教研究

尽管存在其他少数民族，但希腊本质上是一个单一民族国家，奉行单一民族政策，这与历史上的希腊民族构建息息相关。数个世纪外族统治的记忆和独立战争的经历，对现代希腊民族的形成产生了深刻影响。语言、考古与博物馆、强烈的反土耳其奥斯曼情绪、东正教等，都是希腊民族构建的重要途径。希腊实行宗教信仰自由政策。东正教是希腊身份认同的关键要素。东正教徒占全国人口的九成。希腊的东正教与文化、社会和国家认同联系在一起。东正教教会在现代希腊民族国家建立的过程中发挥了重要作用。至今，教会在希腊国家政治生活中仍然保持一定的影响力。

第一节　宗教

根据1975年《希腊宪法》的规定，东正教是希腊的主要宗教，同时宪法也保障所有人的宗教信仰自由。希腊政府未对宗教团体进行具体的数据统计，人口普查也从不涉及宗教信仰状况。根据皮尤研究中心2015年的报告，希腊东正教徒的人数占全国总人口的90%。境内其他宗教有天主教、新教、犹太教、伊斯兰教、佛教、锡克教、印度教以及希腊民族宗教。对绝大多数希腊人来说，宗教信仰是其身份认同中的关键要素。

一　基督宗教

按照皮尤研究中心2015年的报告，包括东正教、天主教和其他新教派别在内的基督宗教信徒的人数，约占希腊全国人口总数的93%。

（一）东正教

希腊是目前国际上唯一一个由宪法确认东正教具有国教性质的国家。

希腊正教会（Greek Orthodox Church）更多的是一个历史和文化范畴的概念，其影响范围超出了今天地理意义上的希腊共和国。而在希腊本土的东正教会，被称为“希腊国教会”（Church of Greece），1833 年宣布自主，1850 年君士坦丁堡普世牧首予以承认，其治权范围为 1912 年至 1913 年巴尔干战争期间的希腊疆域，而其余包括新领地（New Lands）、克里特岛（Crete）、十二群岛（Dodecanese）等地的东正教会则处在君士坦丁堡普世牧首区的治权之下。国教会的信徒人数占希腊总人口的比例由 88% 不断上升至 98%。而截至皮尤研究中心 2015 年的报告，东正教信徒人数占比为 90%。①

早在 1822 年，处在独立战争中的希腊就颁布了《埃庇道鲁斯法》（Epidaurus Law，被视为近现代希腊的第一部根本大法），确认了东正教是希腊民族身份的标志。此后，希腊陆续颁布的若干部宪法都在开篇宣告："以神圣、同质和不可分割的三一真神的名义制定”，而东正教作为希腊的“主要宗教”在宪法层面上得到保障。

希腊国教会神职人员的收入和养老保险都由国家比照教师待遇支付。作为补贴，国家每年向教会征税，占教会收益的 35%。但 2004 年，希腊颁布第 3220 号法《发展与社会政策手段》，废止了这一税收。希腊政府也承认教会法在教会管理事务上的适用。教会的婚姻与洗礼具有和民事法律等同的效力，相关证书由教会神职人员颁发。所有东正教家庭的孩子在中小学阶段都要接受宗教教育，但如果父母双方要求豁免，可以免除孩子接受这一教育。希腊设有国家教育和宗教事务部，处理国家与宗教相关的事务。国家教育和宗教事务部作为希腊政府历史最为悠久的部门之一，早在 1833 年就已设立，专门负责国家的教育事务，并监督希腊各宗教。

2018 年 11 月 6 日，希腊激进左翼政府与教会达成协议。根据协议内容，希腊神职人员不再是公务员身份，也不再领取公务员工资，而由教会与政府共设的专门基金支付薪水，政府每年向该基金补助约 1.89 亿欧元。作为交换，希腊教会将不再反对执政党提议修宪中的“国家保持宗教中立”的原则。然而，该协议在希腊教会高层仍存在争议。

---

① The Future of World Religions: Population Growth Projections, 2010 – 2050, Pew Research Center, www.pewforum.org/files/2015/03/PF_ 15.04.02_ ProjectionsFullReport.pdf, 2015.

希腊国教会实行圣统制。希腊国教会神圣主教会议（Holy Synod of the Church of Greece）是其最高权力机构，由全体领有教区的主教组成，其领袖为雅典和全希腊的总主教（Archbishop of Athens and All Greece）。主教会议处理教会的一般事务。具体事务则由常设主教会议处理，常设主教会议由总主教和12位主教组成。

希腊国教会的管理区域划分为81处教区，实行双轨制。其中位于希腊北部和爱琴海北部以及东北的几个大岛屿上的36处教区，名义上处在君士坦丁堡普世牧首区的治权之下。君士坦丁堡普世牧首区对这几处教区享有若干特权。例如，这些教区的主教必须承认君士坦丁堡普世牧首的首席地位。这36处教区所处的地域被称为“新领地”，原因是这些地方是在巴尔干战争结束后才并入现代希腊国家的版图之中的。常设主教会议的12位主教中，一半的席位由这36处教区的主教轮流担任。新领地教区内晋牧的主教必须得到君士坦丁堡普世牧首的认可，方可履行职责。出于实用考虑，这36处教区实际上由希腊国教会代为管辖，这一点由希腊国教会和君士坦丁堡普世牧首区以协议的形式加以确认。但若发生争议，教区主教仍可上诉至普世牧首处。

克里特岛和十二群岛上的教区以及阿索斯山修道院共和国（Monastic Republic of Holy Mount Athos）则处在普世牧首区的直接管辖之下，他们不隶属于希腊国教会。特别是克里特岛总教区，享有半自治的地位，新任主教由当地主教会议选举产生，而克里特岛总主教则由希腊国家教育和宗教事务部从岛上主教中拟出三位候选人，交由普世牧首选定。

从国教会神学院（由政府资助）毕业的学生可以领受圣秩成为执事，进而晋升为司铎。他们在领受圣秩之前可以与他人缔结婚姻，但在领受圣秩之后则被禁止。在希腊国教会中，堂区内的神职人员绝大部分已婚。此外，神学生还可以发愿修道。晋铎并拥有大学神学学位的修士则有资格在教区或修道院担任职务。女性可以发愿成为修女，但不得领受圣秩。与希腊国教会教区治权双轨制一样，修道院也分为隶属于教区和普世牧首区两类。

1924年，希腊国教会发生了分裂。当时，主教会议决定以修订版儒略历取代此前一直使用的旧儒略历。新的历法一方面保留并改良了儒略历计算复活节的方法，另一方面又采纳了儒略历中固定瞻礼的日期。教会中的一部分人士拒绝接受新历法，仍旧遵循着旧历法。他们被称为旧历法派（Old Calendarists）。此后旧历法派内部又发生几次分裂，各自为政。目前其中最大的派别得到了希腊政府的承认，是合法的东正教会。不过，旧历法派与希腊国教会并不共融。

希腊在古代就是基督宗教的中心。自君士坦丁堡普世牧首区建立后，这一地区的教会就一直处在普世牧首区的管辖之下。在奥斯曼帝国统治时期，穆斯林们也无法控制教会。然而，随着希腊王国的建立，政府决定掌控教会，切断与君士坦丁堡的联系。1833 年，希腊政府在决定由巴伐利亚摄政王替代未成年的国王奥托一世行使政权时，宣布了希腊教会独立。此后数十年里，世俗政权对教会的控制日益紧密，最终普世牧首区于 1850 年对这一状况予以承认。

1833 年，希腊国会解散了 400 多座人数少于 5 人的修道院。神职人员没有收入，在某些郊野地区，他们甚至还要依靠务农和堂区教民的奉献过活。神职人员的职责仅限于履行圣事、管理葬仪、降福农事、驱魔等方面。很少有人能进入神学院学习。到 19 世纪中叶前夕，希腊全国范围内出现了宗教复兴的趋势。政府逮捕了数名煽动者，企图压制势头，但无济于事。到了 19 世纪 80 年代，希腊掀起了“重生运动”（Anaplasis Movement），旨在抵抗源于西欧世俗国家的理性主义与唯物主义。该运动促进了希腊国教会中教理班与圣经研习的兴起。[①]

1911 年，希腊又掀起了“生命运动”（Zoé Movement）。其根据地位于雅典，而活动分散于希腊全国各地，许多平信徒与神职人员都加入了这一运动。其主要活动包括印刷出版和在全国范围内的 7800 座教堂内开展主日学，学生总数达到了 15 万。“生命运动”还资助了许多附属机构和团体，包括青年、父母和年轻女护士等在内的各类组织。“生命运动”在圣经传播、宣传画册和其他相关材料方面做了大量工作，鼓励平信徒更多地关注和重视圣体圣事，并建立神学院开展教育工作。1920 年时，4500 名司铎里只有 800 人拥有小学以上学历的文化水平。但到了 1959 年时，

---

① Kenneth Scott Latourette, *Christianity in a Revolutionary Age, II: The Nineteenth Century in Europe*, 1959, pp. 479 – 483.

7000 名司铎中最多有 5% 的人已经完成了大学或神学院的教育。[①]

（二）天主教

希腊的天主教会可以分为拉丁礼天主教会和拜占庭礼天主教会（Greek Byzantine Catholic Church），两者皆属罗马天主教会，以罗马教皇为教会元首。希腊本地的拉丁礼天主教会信徒人数在 5 万—7 万，他们大多是 13 世纪初至 18 世纪末威尼斯和热那亚占据爱琴海和爱奥尼亚海域诸岛的遗民，也有 19 世纪 30 年代数以千计前来希腊的巴伐利亚军人的后代。希腊人用一个非常古老的词语称呼这些信仰天主教的人群——法兰克人（Φράγκοι），这一用语的历史可以追溯到拜占庭帝国时期。20 世纪末以来，长期生活在希腊的天主教信徒人数大大增长，至少超过 20 万人，他们之中有许多来自波兰等东欧国家，也有菲律宾和西欧等地。今天，大多数天主教徒生活在雅典，但在希腊各地也可以找到他们的踪迹。大部分希腊本地天主教徒生活在希腊诸岛上，尤其是基克拉迪群岛（Cyclades），其中的锡罗斯岛（Syros）和蒂诺斯岛（Tinos）上甚至有一些天主教村庄聚落。在科孚岛（Corfu）、纳克索斯岛（Naxos）、圣托里尼岛（Santorini）、凯法利尼亚岛（Kefalonia）、扎金索斯岛（Zakynthos），罗得岛（Rhodes）、科斯岛（Kos）、克里特岛、萨摩斯岛（Samos）和希俄斯岛（Chios）上也有天主教徒。而在希腊大陆上，帕特雷（Patras）、塞萨洛尼基（Thessaloniki）、卡瓦拉（Kavala）和沃洛斯（Volos）等地也有较小规模的天主教群体存在。[②]

除了拉丁礼天主教会外，希腊国内还存在拜占庭礼天主教会。希腊拜占庭礼天主教会是罗马天主教的一部分，是东仪天主教会的 22 个成员之一，其礼仪采用传统的拜占庭礼，使用共通希腊语和现代希腊语。希腊拜占庭礼天主教会的根源可以追溯到中世纪。罗马天主教会于 1274 年召开的里昂会议和 1439 年召开的佛罗伦萨会议，旨在促进东西方教会的修和，当时许多希腊基督徒受此影响，回到了和圣座的共融。而严格意义上的希腊拜占庭礼天主教会则诞生在 19 世纪 80 年代色雷斯（Thrace）的马尔加

① Kenneth Scott Latourette, *Christianity in a Revolutionary Age, II: The Nineteenth Century in Europe*, 1959, pp. 523 - 527.

② Religious Freedom in Greece, Greek Helsinki Monitor Minority Rights Group, www. greekhelsinki. gr/bhr/english/organizations/ghm_ mrgg_ religious_ freedom_ 2002. rtf, 2002.

拉村（Malgara）。如今，希腊有拜占庭礼天主教会信徒约 6000 人。

（三）新教

希腊的新教派别林立，主要有希腊福音教会（Greek Evangelical Church）、自由福音教会（Free Evangelical Church），以及一些灵恩派教会。

希腊福音教会属长老会教派，是希腊最早成立的新教派别。其历史可追溯至 1858 年首位希腊福音派人士米哈伊尔·卡拉波萨基斯（MichailKa-lapothakis）始创《东方之星》杂志（Astir tis Anatolis）。卡拉波萨基斯聚集了一批追随者，建立了希腊首个福音派群体，还为儿童们组建了主日学校。1871 年，第一座希腊福音教会的教堂在雅典建成，后被拆除，但由于信徒人数增长，又于 1956 年重建。此外，希腊福音教会人士还致力于向外传教。如今，希腊福音教会在希腊本土有 30 座教堂，在塞浦路斯有 3 座教堂，而在海外的希腊侨民还建立了 5 座教堂。希腊福音教会在神学思想上属加尔文宗，其核心信仰和其他大部分传统新教教派相同，强调唯独圣经，只认可圣洗和圣餐两件圣事。希腊福音教会还是世界改革宗（WCRC）和世界基督教会联合会（WCC）的成员。

自由福音教会实际上是希腊 60 多个地方自由福音派的联合。这些教派绝大多数都以自由福音教会命名，其渊源可以追溯至浸信会和普利茅斯弟兄会。1886 年，两位驻克里特岛干尼亚（Chania）的英国领事馆女性工作人员建立了最初的自由福音派。与此同时，爱尔兰商人亨利·德文（Henry Devine）在雅典建立了名为“基督弟兄会”（Church of Christian Brethren）的教会。此后，西奥法尼斯·扎费罗普罗斯（Theofanis Zaferopoulos）在瑞士开放弟兄会（Swiss Open Brethren）的帮助下在帕特雷建立了第二个弟兄会教会。1911 年，亚他那修·卡特萨尔卡斯（Athanasios Katsarkas）在科莫蒂尼（Komotini）和安德里亚波利斯（Andrianoupolis）建立了教会，1914 年又搬往塞萨洛尼基。在雅典，最重要的自由福音教会人士是科斯塔斯·梅塔里诺斯（Kostas Metallinos），自由福音教会的联合要归功于他。目前，希腊福音教会和自由福音教会两派信徒人数共计约有 3 万。①

希腊的灵恩派教会包括五旬节自由使徒教会（Free Apostolic Church of

---

① International Religious Freedom Report 2007：Greece，US Dept. of State/Bureau of Democracy，Human Rights，and Labor，www. state. gov，2007.

Pentecost)、神召会(Assemblies of God)、国际四方福音教会(International Church of the Foursquare Gospel)等。其中，五旬节自由使徒教会是希腊最大的灵恩派教会，由莱奥尼达斯·费格斯博士(Dr. Leonidas Feggos)于1965年创立。该教派现有教堂超过140座，拥有信徒人数6000多人。五旬节自由使徒教会在国内积极传教的同时，也致力于向海外拓展影响，在塞浦路斯、阿尔巴尼亚、保加利亚、德国、比利时、斯洛文尼亚、英国、美国、澳洲、非洲都建立了教堂或传教会。目前，希腊所有的灵恩派教会信徒人数合计有12000多人。①

(四) 亚美尼亚教会

亚美尼亚教会(Armenian Church)是一个独立的基督教会，信奉基督一性论。希腊的亚美尼亚教会信徒由亚美尼亚裔基督徒组成，其历史可追溯至拜占庭时代，当时的亚美尼亚人出于躲避战乱或商业贸易之故，背井离乡客居于塞萨利亚、马其顿、色雷斯、克里特岛和科孚岛等地。20世纪初，为躲避土耳其对亚美尼亚人基督徒的种族屠杀，超过7万名亚美尼亚人逃至希腊，并在当地逐渐建立起了亚美尼亚人社区。如今，随着部分希腊亚美尼亚裔移民至美国，这一民族的人数逐渐降至20000—35000人。②

二 犹太教

希腊的犹太人社区目前约有7500人，主要集中在雅典、塞萨洛尼基、拉里萨(Larissa)、沃洛斯、卡尔基斯(Chalkis)、约阿尼纳(Ioannina)、特里卡拉(Trikala)和科孚岛，此外在卡瓦拉和罗得岛还有极少数犹太人社区。希腊的犹太人主要由两个群体组成——罗马系犹太人(Romaniotes)和西班牙系犹太人(Sephardim)。罗马系犹太人是希腊最古老的犹太人群体，其历史可以追溯至古典时代。西班牙系犹太人则系奥斯曼帝国时代从西班牙前来希腊定居，主要生活在塞萨洛尼基。

历史上罗马系犹太人使用的语言为尼汪语(Yevanic)，这是一种希腊

① Synod of Apostolic Church of Christ, www. pentecost. gr/English/history. htm, 2004.

② Christina Bratt Paulston and Donald Peckham, eds., *Linguistic Minorities in Central and Eastern Europe*, Multilingual Matters, Ltd., 1998, p. 72.

方言，但如今已无人使用，被希腊语取而代之。罗马系犹太人在约阿尼纳、底比斯（Thebes）、卡尔基斯、科孚岛、阿尔塔（Arta）、哥林多（Corinth）等地都建有大型社群。大部分罗马系犹太人都死于第二次世界大战的屠刀之下。如今希腊的绝大多数犹太人都属于西班牙系犹太人，历史上他们使用的语言为犹太西班牙语。在希腊经年累月的生活中，这一群体在保留原有西班牙特征的基础之上，又打上了奥斯曼和巴尔干的烙印。[①]

第二次世界大战期间，纳粹德国占领希腊，被杀害的希腊犹太人人数多达6万—7万。塞萨洛尼基、约阿尼纳、科孚岛、罗得岛等地的情况最为糟糕，犹太人被屠戮殆尽。而在雅典、拉里萨、沃洛斯等地，许多犹太人在希腊人的帮助下逃过一劫。当时的达马斯基诺斯主教（Archbishop Damaskinos）通过伪造身份证的手段，拯救了雅典约1200名犹太人。许多幸存下来的犹太人后来都移民去了以色列和美国。今天，希腊的犹太人基本上都能与希腊的基督徒和睦相处，并且同世界各地的犹太人合作，共同抗击希腊国内兴起的排犹势力。在希腊犹太人的努力下，一座大屠杀纪念馆矗立在希腊的土地之上。

三 伊斯兰教

希腊的伊斯兰教信徒主要由两个群体组成。第一支是从奥斯曼帝国时代以来就居住在希腊领域之内的穆斯林；另一支是20世纪末以来的穆斯林移民群体，这一群体主要定居在雅典和塞萨洛尼基。

希腊的穆斯林群体具有民族多样性的特点。他们由操不同语言、具有不同社会背景的民族组成，伊斯兰教是这些当前生活在希腊境内的民族们的共同信仰。这些穆斯林群体主要有保加利亚人、土耳其人、罗姆人（吉卜赛人）以及17、18世纪在克里特、伊庇鲁斯等地皈依伊斯兰教的希腊族。随着1923年希腊和土耳其两国签署人口交换协议，希腊境内的穆斯林人口数量急剧下降，希腊北部、马其顿等地区的穆斯林被移送至土耳其，而色雷斯西部地区的保加利亚人、土耳其人穆斯林不受人口交换协议

---

① Misha Glenny, *The Balkans: Nationalism, War and the Great Powers 1804 - 1999*, New York, 2000, p. 512.

的约束，得以留在希腊境内。此后，希腊政府正式承认这些人为希腊少数民族穆斯林。这一政策被认为旨在避免土耳其以此为借口主张色雷斯西部地区的主权。[①] 对于色雷斯地区少数民族穆斯林人口数量的统计，一般认为在9.8万人至12万人之间。[②]

而在穆斯林移民群体中，最早移居至希腊境内的主要是埃及人。这一族群自20世纪50年代起进入希腊，主要居住在雅典和塞萨洛尼基两大城市。20世纪90年代起，穆斯林移民的人数呈增长趋势，这些人主要来自中东、北非、阿富汗、巴基斯坦、印度、孟加拉国、索马里、东南亚等地。此外，还有很大一部分来自巴尔干半岛，特别是阿尔巴尼亚和前南斯拉夫。自从东欧的共产主义走向衰落，阿尔巴尼亚劳工们开始举家涌向希腊，谋求工作机会。

现如今，大部分的穆斯林移民都居住在雅典。为此，希腊政府于2006年7月批准在雅典建造了一座清真寺。此外，希腊国教会还捐献了一块面积为2.8万平方米、市值约为2000万美元的土地，用于穆斯林移民的丧葬。随着穆斯林移民人数的增加，希腊国内也出现了反伊斯兰的极右翼势力。2010年，克里特岛上的一座非官方清真寺在夜间遇袭，索幸无人员伤亡。

在穆斯林群体中，也有人改变信仰，皈依了东正教。其中一部分人是十二群岛上的土耳其人。尽管这部分人被视为奥斯曼帝国遗孤，在文化上更接近于土耳其，但他们自身并不热衷伊斯兰信仰，为了免遭歧视，他们选择皈依东正教。另一部分人是一些想要尽快融入希腊文化的阿尔巴尼亚移民。虽然阿尔巴尼亚人是目前希腊移民中人口最多的族群，但他们之中的许多人不愿被视作外国人。于是，他们一方面改用希腊化的名字，另一方面放弃了伊斯兰教信仰，选择皈依东正教。更有甚者，在阿尔巴尼亚南部，越来越多的人改名和改宗，以图能够换来希腊的签证。

---

① Hugh Poulton, "The Muslim Experience in the Balkan States: 1919 - 1991", *Nationalities Papers*, 2000, 28 (1), p.46.

② International Religious Freedom Report 2006: Greece, US Dept. of State/Bureau of Democracy, Human Rights, and Labor, www.state.gov, 2006.

四 佛教、印度教与锡克教

佛教进入希腊文化的历史或可追溯至前4世纪至5世纪，随着亚历山大大帝对东方的远征，两种文明相遇，并诞生出被称为“希腊式佛教”（Greco-Buddhism）的产物。不过，现代希腊境内的佛教与历史上的希腊式佛教并无传承关系，主要是随着东亚、东南亚、斯里兰卡等地移民的进入而带来的，而其信仰团体也集中在这几个民族之中，其活动中心主要位于雅典、塞萨洛尼基和哥林多。由于佛教主张火葬，而希腊政府又对此加以禁止，故而这些移民们去世后不得不将遗体运送回祖国进行火化。不过，这一情况自2006年3月1日希腊政府对火葬的批准而得以改变。

希腊境内也存在一个极小规模的印度教团体，位于首都雅典。截至2006年，这一团体由25名“非居住印度人”（即移民外国的印度公民，印度承认其双重国籍，简称NRI）和12名“源自印度人士”（即上溯四代内从印度移居外国的非印度公民，简称PIO）构成。

伴随印度教进入希腊的是印度文化的兴起。近年来瑜伽修行在希腊广受欢迎，尤其是萨特亚南达瑜伽（Satyananda Yoga）和霎哈嘉瑜伽（Sahaja Yoga）两种。萨特亚南达瑜伽由斯瓦米·萨特亚南达（Swami Satyananda）创立，他派遣斯瓦米·斯瓦穆尔蒂（Swami Sivamurti）前来希腊传授瑜伽。斯瓦米·斯瓦穆尔蒂于1978年在卡拉马塔（Kalamata）注册了希腊萨特亚南达瑜伽修行处（Satyanandashram Hellas），后又扩展至雅典、塞萨洛尼基等地。在塞萨洛尼基，还有一家成立于2007年、名为希腊加鲁达（Garuda Hellas）的出版社。该出版社规模较小，主要出版一些有关瑜伽修订方面的书籍。除了瑜伽修行外，国际奎师那知觉协会（ISKCON）也在雅典设有分支机构，并建有一处祈祷所。

锡克教大约于两次世界大战期间传入希腊。当时大批的锡克教徒从军于英属印度军队。今天在萨洛尼卡仍然有一处阵亡锡克教士兵的墓地。而希腊第一个真正意义上的锡克教团体，则要到20世纪50年代才由一批锡克教移民建立。截至20世纪70年代时，这一团体的人数大概不足200人。但到了90年代，锡克教移民的人数开始增加，雅典的锡克教团体建立了一支小规模的组织，以满足信徒的宗教需求。后来这一组织租借了一个大工厂，改建为雅典古鲁·那纳克锡克庙（Sikh Temple Shri Guru Nanak

Darbar, Athens)。此后，奥伊诺菲塔（Oinofita），奥罗波斯（Oropos）、克拉尼迪（Kranidi）和底比斯等地的锡克教移民也陆续在当地建立了锡克庙。

目前居住在希腊的锡克教徒人数约在2万人，主要集中在雅典、迈加拉（Megara）、哈尔基达（Chalkida）、普萨赫纳（Psachna）等地。这是一个非常年轻的移民群体，主要由移民者和其子女两代人组成。由于锡克教徒佩戴头巾的习俗，他们时常被误认为是穆斯林。随着希腊国内极右翼势力的兴起，对锡克教徒和锡克庙的袭击也时有发生。雅典的锡克庙就屡次被酒瓶所砸。在斯基马塔利（Schimatari），当地居民举行示威抗议兴建锡克庙，锡克教徒向警方求助，但警方却以无证施工为由逮捕了数名建筑工人。因此一些希腊境内的锡克教徒不得不选择再次移民至英国、加拿大等国家。①

五　希腊民族宗教

20世纪90年代以来，希腊境内兴起了复原古代宗教的势头，由于其旨在宣扬古代希腊的多神教信仰和生活方式，因而被称为“希腊民族宗教”（Hellenic Ethnic Religion）。希腊民族宗教信仰的对象主要是古希腊众神，例如奥林匹亚十二主神、自然界的神灵、冥府的神灵还有神话英雄。其本质上是一种许愿式宗教，即通过奉献以交换来自神的保佑。现代希腊的民族宗教将其道德理念建立在古代希腊世界的诸多美德之上，例如互利、好客、自制、谦卑等。德尔菲的神谕、《梭伦信条》、毕达哥拉斯的《黄金诗选》，乃至亚里士多德的《伦理学》都可以是希腊民族宗教所要遵循的经典。希腊民族宗教道德体系的核心是“恩惠”（kharis），通过恩惠可以建立人类与众神之间、个人与个人之间、群体成员之间的互利关系。该道德体系的另一核心是“虔敬”（eusebeia），意味着有义务敬拜希腊众神。希腊民族宗教并没有自己的教会或是成体系的神职人员制度。其信仰者往往自行举行仪式，通过古代希腊的经典文献和个人的宗教体验来理解这一信仰。

---

① International Religious Freedom Report 2006: Greece, US Dept. of State/Bureau of Democracy, Human Rights, and Labor, www. state. gov, 2006.

现代研究希腊史的学者基本上都认可古希腊宗教最迟消亡于9世纪的观点，并且没有证据表明中世纪时还有人在信仰这种宗教。而绝大多数的希腊民族宗教组织视自己为传统宗教的复兴主义者或重建主义者。复兴主义者将希腊民族宗教看作一种不断变化的活生生的宗教，他们认为应当对历史上的宗教实践加以改造以适应现代社会生活。而重建主义者则强调现代的宗教实践应该基于真实而准确的历史。重建主义者与复兴主义者的不同之处在于，前者以文化为导向，试图在现代语境中重建宗教的历史形态。大多数希腊民族宗教团体都明确指出，重建主义并不是实践古希腊宗教信仰的唯一手段，但它在信奉古希腊的人文价值和伦理道德方面，以及在尊崇希腊众神等方面，的确是带有鲜明的希腊烙印的。①

希腊民族宗教最初复兴之际，信徒们往往作为独立的个人进行实践，直到20世纪最后十年才开始形成组织。如今这一宗教并无统一的教会，而是分为多个独立的组织，也没有体系化的神职人员制度。希腊民族宗教的信徒人数并无官方统计数据，但据某组织于2005年的宣称，希腊民族宗教的信徒有2000余人，此外还有10万名“对此感兴趣”的人士。②

希腊民族宗教最早也是影响力最大的组织是“希腊民族最高理事会”（Supreme Council of Ethnic Hellenes）。这一非营利组织成立于1997年，其首要目标就是在现代希腊社会保护和复兴希腊民族宗教，它在美国、加拿大、澳大利亚等地都设有分支。希腊民族最高理事会是世界民族宗教大会（如今的欧洲民族宗教大会）的发起者。此外，它还是欧盟反歧视行动计划的成员。希腊民族最高理事会频频现身公众视野，积极投身社会活动，堪称希腊民族宗教的领袖组织。③

2006年5月，雅典某法院正式认可对古希腊众神的崇拜活动。翌年1月22日，希腊民族宗教组织“希腊古代宗教信徒神圣协会”（Ellinais）旋即在雅典的奥林匹亚宙斯神庙举行了仪式。这是自4世纪晚期罗马帝国宣布古希腊宗教为非法后的首次仪式。仪式的参加者都打扮成古希腊战士

---

① Frequently Asked Questions about the Hellenic Ethnic Religion and Tradition, www. ysee. gr/faq-eng. html, 2019.

② International Religious Freedom Report 2005: Greece, US Dept. of State/Bureau of Democracy, Human Rights, and Labor, www. state. gov, 2005.

③ About YSEE, www. ysee. gr/about-eng. html, 2019.

的形象。英国广播公司在报道中称该仪式为一场刻意的公开秀。这一事件也引起了希腊国教会的关注，新闻舆论认为可能会招致国教会对希腊民族宗教合法化的强烈反对。国教会亦有人士指出，这是一群希望恢复已亡宗教的可怜人想要重新回到骇人而黑暗的过去。而希腊文体部无视 2006 年雅典某法院的判决，禁止在任何考古现场举行仪式，这招致民族宗教组织的极大不满，此后他们的宗教仪式往往化为抗议活动的形式。2008 年 8 月希腊古代宗教信徒神圣协会的成员聚集在雅典卫城，向雅典娜女神献祭，并抗议将神庙考古挖掘的遗物转移至新建的博物馆。①

第二节　民族

虽然希腊境内除了主体民族希腊族以外，还有其他少数民族的存在，但本质上还是一个单一民族国家。由于希腊奉行单一民族政策，真正得到政府承认的少数民族只有境内色雷斯地区的穆斯林。根据以往的普查和估计，这一人口数量在 98000 人至 120000 人之间波动。而希腊境内其他的一些民族诸如阿尔巴尼亚人、犹太人、马其顿人等，则不受希腊政府的承认。

一　希腊的民族构建与去奥斯曼化

希腊奉行单一民族政策与其历史上的民族构建进程息息相关。希腊在 1821 年宣布独立之前，已被奥斯曼土耳其人统治了将近 400 年。被统治时期的记忆与独立战争时的经历，对现代希腊民族的形成造成了很大影响。同时，作为奥斯曼帝国内人数最多的非穆斯林群体，希腊人对奥斯曼帝国的建设和发展也曾做出了不小的贡献。而由于奥斯曼帝国独特的“米勒特”制度（millet），被穆斯林所统治的希腊人得以在继续保持自己的东正教信仰的同时，获得相对安稳的生活。但在民族主义从西欧传来后，希腊人最终走上了通过战争争取独立的道路。

希腊人谋求独立的原因，从根本上来说还是文化差异与社会地位的问

---

① A. Carassava, Protesters Beseech the Gods at the Acropolis, The New York Times, www.nytimes.com/2008/09/01/arts/design/01arts-PROTESTERSBE_ BRF. html August 31, 2008.

题。由于作为奥斯曼帝国文化主流的穆斯林文化与希腊人所属的东正教文化差异巨大，奥斯曼帝国的民族歧视也客观存在，独立后的希腊同奥斯曼帝国以及后来的土耳其共和国也长期处在不友善甚至敌对的状态。从开始谋划希腊独立起，希腊民族主义者就通过政治、文化等多种途径去奥斯曼化。去奥斯曼化也成为希腊民族构建过程中的重要手段之一。

民族的构建不是一蹴而就的，而是一个需要持续推动的历史任务。所在地区政治环境多变、国内民族成分复杂的希腊，其民族构建所需的时间就更加漫长。尽管希腊正式宣布独立之前，已经有许多民族主义者开始了现代希腊的民族构建，但对希腊人来说，其民族构建的基础，即建立一个民族国家的目标仍未真正实现。

1821 年 3 月 25 日，伯罗奔尼撒半岛名人会议在卡拉夫里塔宣布召开。会议结束后，当地主教格尔曼诺斯（Bishop Germanos of Patra）宣布起义开始。1821 年 3 月 28 日，起义军首领佩特罗斯·马夫罗密哈利斯（Petros Mavromichalis）发表独立声明，轰轰烈烈的希腊独立战争打响了。相较于孤军作战的塞尔维亚人，希腊人拥有一项巨大的优势，那就是古希腊的文化和哲学。处在秩序重构阶段的欧洲，迫切需要一种具有雄厚基础和独特价值观的文化认同，从而为欧洲的社会发展提供合理性并指明方向，古希腊文化正好符合他们的这一需求。自 13 世纪末兴起的文艺复兴运动及其后的启蒙运动，使得古希腊的文化和思想在几个世纪里传遍了西欧，许多欧洲知识分子以能够熟稔掌握古希腊的经典为荣。古代希腊的美好愿景，更凸显出希腊现状的不堪，许多知识分子认为，作为光荣的古希腊先进文明的“直接继承者”，希腊人应该从穆斯林的统治下独立出来。基于对希腊浪漫主义的幻想，在 1821 年希腊革命开始时，有许多欧洲人前往希腊，试图为希腊独立出一份力。

经历了数次失败之后，在外国的干涉下，希腊的独立事业最终得以完成。1832 年 5 月 7 日，希腊正式脱离奥斯曼帝国，取得独立。不过此时的希腊并没有完全摆脱他国的控制，外国的影响仍然笼罩在这片土地上。作为独立元勋之一的约安尼斯·卡波蒂斯特里亚（Ioannis Kapodistrias）在 1827 年返回祖国，准备担任新成立的希腊共和国的总统。但就在希腊正式取得独立的前一年的 10 月，卡波蒂斯特里亚在自己的办公室里被人暗杀。出于自身利益的考虑，在 1832 年 5 月的伦敦和会上，英法俄三国决定，让希腊成为独立的君主国，并派遣巴伐利亚 17 岁的小王子奥托作为希腊国王。①

民族国家的建立，为民族构建提供了最重要的条件。历时 11 年的希腊独立战争最终以希腊王国的建立画上句号，但希腊的独立并不代表着现代希腊民族构建的最终完成，而仅仅是大幅推进了这项事业的进程。希腊独立后，希腊人仍然通过各种方式来去奥斯曼化，以完成其民族构建。

希腊的独立确实使得希腊的民族构建事业有了一个最重要的基础，但此时的希腊仍然存在相当多的问题。希腊的国家元首国王奥托一世是由英法俄三国指定的，可想而知外国势力对于希腊的干涉以及希腊对外国的依赖到了何种地步。此外，在独立初期，希腊王国所辖的希腊人居民还不如奥斯曼帝国所辖的三分之一。19 世纪，除希腊人外，这个新生国家的大部分地区还混居着其他民族，例如保加利亚人、阿尔巴尼亚人、土耳其人等。独立后的希腊并没有像早期的民族主义者所想的那样，成为一个单一民族成分的国家。

显然，希腊这个新生的国家无法在短期内解决民族构成的问题。而且在独立战争后，国家内部仍然存在许多不稳定的因素。从势力上来说，希腊王国内部存在着工商业资本家势力、军队势力、亲西欧势力，此外还有平民，他们占据希腊人口的大多数。另外，直接参与希腊独立战争的不同势力之间也存在着深刻的分歧。由于希腊独立战争过程中，许多原先旅居海外的希腊知识分子也回到希腊，参与了对奥斯曼帝国的抗争。在希腊获得独立后，他们凭借海归背景，大多在政府任职。这就引起了原本生活在奥斯曼帝国内的革命者们的不满，他们认为直接面对奥斯曼帝国军队的自己才是独立战争中出力最多的群体，理应在独立后获得更多的回报。海归派和本土派两股不同的势力纷争，不仅是希腊独立战争时期希腊人内讧的延续，更是希腊此时所面对的民族构建问题的缩影。②

所以，为了一劳永逸地从民族层面上解决这些问题，希腊民族主义者提出了一个关于国家发展和民族构建的宏伟计划——伟大理想（Great Ide-

---

① 刘增泉：《希腊史——欧洲文明的源头》，三民书局 2016 年版，第 119 页。

② Richard Clogg, *A Concise History of Greece*, Cambridge: Cambridge University Press, 1992, p. 47.

a)，它由约安尼斯·科勒提斯（Ioannis Kolettis）首先提出。他在希腊独立之后一度成为希腊政坛中非常有影响力的人。当希腊人在1844年还在为如何修改宪法而开展新一轮的辩论之前，科勒提斯提出了自己的意见。他设想了一个强大的希腊国家，其领土甚至包括伊斯坦布尔和小亚细亚，足以容纳所有的希腊人民。雅典和君士坦丁堡将成为国家的两大中心，它是“所有希腊人的梦想和希望”。①

“伟大理想”为希腊人画下了宏伟的蓝图，但并不是一个容易实现的目标。因为它将民族再解放的矛头指向了相对希腊而言实力强大的奥斯曼帝国。而且同时代周边地区的民族，比如保加利亚人和阿尔巴尼亚人都有类似的梦想。即便如此，希腊人也不愿放弃这一伟大的规划。早在独立战争之前就开始的民族身份的界定工作在此时起到了作用，有许多希腊人，特别是知识分子，已经认为自己是古代希腊人的真正后裔，是马其顿人、罗马人、奥斯曼土耳其人的破坏造成了希腊后来的衰败。

尽管国内仍存在势力冲突，奥斯曼帝国的军事实力仍然强大，巴尔干半岛其他民族也在谋划着类似的民族构想，普通希腊人的民族意识也没有真正确立，但“伟大理想”的吸引力仍然使得希腊民族主义者为之奋斗。时任希腊国王的奥托一世也想通过扩张来转移希腊国内的注意力，以保证自己的统治。同时，就像一直以来的希腊独立运动参与者一样，从奥托一世到普通的希腊知识分子，都认为外国势力将一如既往地帮助希腊的革命事业。

于是希腊人掀起了一系列针对奥斯曼帝国的扩张行动。1839年，克里特岛的居民趁埃及军阀进攻与奥斯曼帝国作战之机发动起义，要求将克里特岛并入希腊，希腊民族主义者也借机潜入奥斯曼帝国境内，企图煽动当地的希腊人造反。1853年7月，克里米亚战争打响，同年10月16日，奥斯曼帝国正式向俄罗斯帝国宣战。希腊人认为这是一次好机会，于是在1854年，奥托一世将原来的游击队和学生编成一支军队，进入奥斯曼帝国境内的伊庇鲁斯和马其顿，企图趁奥斯曼帝国疲于应对俄罗斯之际从中渔利。这支临时编成的军队自然无法与奥斯曼帝国的正规军相抗衡，被打得大败。远征的失败也间接导致了奥托一世的下台。1862年，雅典卫戍

① Richard Clogg, *A Concise History of Greece*, p. 48.

部队发动了针对奥托一世的军事政变，奥托一世被迫退位。英法俄的对策则是为希腊人再次选择一位国王，1864 年，丹麦格吕克斯堡王朝的威廉亲王被选为新的希腊国王，即后来的乔治一世。与乔治一世同时到来的，还有爱奥尼亚岛的归属权，英国人的这项决定使得希腊人口增加了 25 万人。对希腊人来说，这次意外的收获使得"伟大理想"的计划有了长足进步。

希腊在独立后所面对的是仍然强大的奥斯曼帝国，还有持有类似想法的周边民族和对希腊仅有利用态度的欧洲列强。其中希腊人首先要应对的就是奥斯曼帝国，因为"伟大理想"计划中的大部分土地在当时仍然处于奥斯曼帝国的统治下。政治现状决定了民族主义政策的走向。独立后的希腊在处理民族构建问题上，依旧将奥斯曼帝国作为主要反面对象来处理。

与此同时，希腊在文化领域中也把去奥斯曼化作为实现民族构建的重要工具。希腊独立后，出现了许多关于奥斯曼帝国的小说作品。在这些小说作品中，奥斯曼土耳其人的角色形象往往是消极的，其作用是反衬希腊民族。一代又一代的"希腊人"和"奥斯曼土耳其人"的冲突被描述为希腊民族所有灾难的源头。在希腊小说中，这种通过对"希腊人"和"奥斯曼土耳其人"共处的历史的批判，来达到贬低他人褒扬自己的情形比比皆是。对希腊作家来说，两个群体所相处的几百年间，"奥斯曼土耳其人"所带来的痛苦回忆才是最重要的，许多小说一而再再而三地描述了这种痛苦。充满痛苦回忆的过去恰恰证明了希腊人在独立过程中的反抗，并以此表明希腊作为一个主权国家的正义性，以及在过去为建立国家而做出的牺牲。与其他有过被压迫历史的民族一样，希腊人也用英勇反抗的形象来帮助建立民族认同。许多希腊作家认为，正是因为希腊人是希波战争中英勇的斯巴达人的后裔，希腊独立革命才能最终取得成功。

希腊民间自发产生的民族主义运动不仅仅在文学方面。希腊民间学者所收集的方言变体、口述史实、谚语、谜语和音乐，提供了诸多启示。语言学家参与语言的学术研究，将语言政治工具化作为民族标记。同时，文学和政治之间的边界其实是很模糊的，许多诗人和学者同时也是重要的政治人物，这也促进了希腊官方和知识分子推动希腊的民族构建工作。

此外语言的统一也反映出了同样的情况。奥托一世在位时期，一种被称为“纯正希腊语”（Katharevusa）的新语言被创造出来并被强行推广。这是一种以雅典方言为蓝本，将通用希腊语与书面希腊语相结合，特别是剔除了不少土耳其语词汇之后的新语言。奥托一世不仅创办了大学，还将希腊语学校开设到了小亚细亚地区，经过希腊政府培训的教师在那里教授纯正希腊语。通过推行新的语言，希腊政府力图在“伟大理想”所规划的广大区域内实现希腊的民族认同。①

在政府和学界的共同影响下，希腊国内的高级知识分子将希腊的民族构建工作进行了系统的总结和进一步的推动。其中，他们将主要的注意力放在了创办博物馆上，而博物馆正是最直观地展示民族的历史与特性的文化场所。例如希腊学者和政客亚历山德罗斯·里佐斯·朗加维斯（Alexandros Rizos Rangavis），不仅长期致力于希腊文学史和考古，还发表了若干与希腊民族主义有关的诗歌、戏剧和历史小说。1845 年，他被任命为雅典大学的考古学教授，在此期间，朗加维斯与其他学者共同创立了雅典考古学会，在希腊境内创建了数座博物馆。

最后在宗教层面，希腊独立之后，农民占希腊人口的多数。在他们的心目中，他们对于希腊的认同感本质上是出于他们对东正教的信念。对许多希腊人来说，他们的特殊性在于他们的宗教，因为在他们看来东正教使他们独立于伊斯兰世界以及与提倡世俗主义的西方世界。希腊人从独立战争的史实出发，认为希腊民族取得独立的经过就像耶稣基督从死亡到复活。为革命和随后战争牺牲的战士被视为民族烈士。以君士坦丁堡的普世牧首格里高利五世为例，他曾谴责和反对 1821 年的希腊革命者，但土耳其苏丹仍然把他挂在了城墙上，用以警示那些无法控制的“羊群”，但希腊人却将他定义为“希腊的烈士”。这种历史观使得所有的希腊人都参与到反抗奥斯曼帝国的统治之中，希腊人将希腊东正教变成了民族宗教，希腊东正教徒的身份也统一在了“希腊人”这个广泛的定义当中。

希腊自独立来，希腊政府无论持有何种政治立场，都承认东正教是国家身份的主要组成部分。虽然有几个政府，如 20 世纪 80 年代的卡安德烈亚斯·帕潘德里欧（Andreas Papandreou）政府，先是在选举活动中主张政教分离的改革，但是后来没有敢于进行该项改革。实际上，时至今日，

---

① Richard Clogg, *A Concise History of Greece*, p. 50.

对大部分希腊人而言，一个真正的希腊人必须信东正教。这就说明了为何移民希腊的阿尔巴尼亚人一般都会改信东正教，这也就是说他们在学习东正教的教仪并同时选择希腊化名字的时候，就是在操演希腊身份以便表示他们对希腊人民的认同。对比之下，本土的希腊人也会信仰作为操演他们国家身份的重要方式。举例来说，随着希腊最高法院于2001年宣布在身份证上显示个人的宗教信仰违反宪法，政府随后便颁布了新法令，禁止在身份证上标明信仰。其实，这个问题在1986年至2001年引起了激烈的争论，抗议最高法院和政府的人最后组织了大规模的示威运动。他们声称将身份证中的宗教内容去掉就意味着希腊政府屈从于欧盟的压力，而且必定是实施政教分离的第一步。这些人提出的关键论证就是这个政策会对国家身份构成威胁。总而言之，虽然大部分的希腊人都信仰东正教，但是他们还是认为在身份证上必须有宗教内容。基于这种惶恐不安的态度，我们就会发现，许多人将如此简单的变化视为对他们国家身份的威胁，这种现象表明希腊民众认为表达个人信仰至关重要，而且他们的宗教特殊性基本上取决于这种表达的存在。

二　希腊人对土耳其民族的态度

在获得独立之前，希腊人与奥斯曼土耳其人曾长期在一个国家内共同生活，这种客观存在的经历曾深刻地改变了希腊民族。在取得独立之前，希腊人曾有过土耳其化的倾向。有许多希腊人将自己的名字改为土耳其语名字，希腊人居住的社区街道甚至地名以土耳其语命名，希腊人还戴上了土耳其风格的费兹帽，希腊语中出现了大量的土耳其语词汇。其实，早在奥斯曼土耳其军队刚刚攻陷君士坦丁堡不久，希腊大公卢卡斯·诺塔拉斯（Loukas Notaras）就说："我觉得流行土耳其头巾的城市比有主教的城市好多了。"①

然而，在现代希腊的民族构建过程中，这些两个民族共同生活过的痕迹被系统地抹去了。希腊境内有上千个地名更名为希腊语地名，土耳其人这个外来者曾在现代希腊土地上存在过的痕迹，诸如清真寺、墓地和纪念碑等事物被刻意荒废甚至拆除。同样，希腊的历史教科书对奥斯曼帝国及

① Richard Clogg, *A Concise History of Greece*, p. 7.

土耳其人大加贬低，奥斯曼土耳其人被有意塑造成野蛮、贪婪、残忍、嗜血的丑恶形象。

另外，就文化而言，许多文化特征并不是“民族”的，而是地方的。尤其在食物这种具有强烈地方特征的事物上，一个地区内的不同群体可能往往长期共享着同一种食品，这本来是与风土人情密切相关的东西。但是，出于民族构建的目的，食品也往往会被作为构建民族认同的工具之一。在很长一段时间内，希腊人对土耳其烤肉和土耳其卷饼进行过抵制。虽然这只是一个作为笑谈的故事，但从一个侧面表现了在长期去奥斯曼化并对土耳其人的形象加以丑化之后，希腊人对土耳其人的看法——土耳其人是希腊人的死敌。

在第一次世界大战结束之后，奥斯曼帝国的实力又一次遭到了重大削弱，《色佛尔条约》使得奥斯曼帝国成为一个全国兵力不得超过 45000 人，且不得有重型武器及空军、海军，亦不可以有大型商船的国家。希腊人认为，收复君士坦丁堡，彻底实现“伟大理想”的时机到了。于是在 1921 年 3 月 23 日，希腊人集结了 20 万军队，向当时作为土耳其民族主义大本营的安卡拉发起进攻。不过，由凯末尔所率领的青年土耳其党下辖的军队顽强地抵挡住了希腊人的进攻。久攻不下的希腊人只好在 1922 年 7 月转而直接进攻伊斯坦布尔，然而这一次进攻却使得希腊人回撤的路线暴露在土耳其军队的火力下。1922 年 8 月 26 日，凯末尔集结 14 个师的兵力包围了希腊人并发起猛攻，溃不成军的希腊人企图在士麦那乘船撤回国内，土耳其军队随即攻下士麦那并发起一场针对希腊人和亚美尼亚人的屠杀，共有约 30000 人死于这场灾难中。①

这次远征的失败标志着希腊人“伟大理想”战略的破产。面对成功地实现了民族革命的土耳其，希腊再也无力发动对小亚细亚的军事行动，收复君士坦丁堡更是无从谈起。作为这场民族战略灾难的结果，1923 年，希腊人与土耳其人签订了交换人口的协定，让希腊境内的土耳其人和土耳其境内的希腊人各自迁往土耳其和希腊。这是现代史上少有的，由国家主导并出于民族构建目的的人口迁徙。据统计，在这次迁徙中，大约有 110 万名希腊东正教徒从小亚细亚等地前往希腊，有 38 万名土耳其穆斯林被

---

① Richard Clogg, *A Concise History of Greece*, p. 97.

转移至土耳其。[1]

从认同的角度看，对本土希腊人而言，这些迁入的“希腊人”除了跟他们信仰相同的宗教，拥有相近的血缘之外，在语言和生活习惯等方面与他们格格不入，这些迁来的希腊人也鄙夷居住在远不如繁华的土耳其城市里的希腊人。大规模的人口迁移引发了不少社会问题，也加深了希腊人对这次失败的社会痛感。这种矛盾在官方史学和日常宣传中被有意引导到了土耳其人身上。希腊人进一步认为，还是这群野蛮、贪婪、残忍、嗜血的土耳其人造成了希腊的又一次民族灾难。

即便是在希腊政府承认生活在色雷斯的土耳其人为少数民族穆斯林的今天，希腊人对土耳其人的固有印象仍有影响力。在1989年由希腊和土耳其共同发起的一项民意调查中，有81%的希腊人表示土耳其人是不可信任的，91%的希腊人认为土耳其仍是希腊的威胁之一。在1999年的土耳其大地震之后，希土关系逐步走向正常，希腊人对土耳其人的印象也有所好转。可是在2004年的一份民意调查中，仍旧只有18%的希腊人认为希腊应当支持土耳其加入欧盟。

简言之，自独立以来，在大部分希腊人的心中，奥斯曼帝国乃至土耳其人就变成了压迫与魔鬼的代名词。长期全面而系统地有意引导，使得大部分希腊人形成了对奥斯曼帝国和土耳其人的刻板印象，即奥斯曼帝国曾长期迫害过希腊人，土耳其人是希腊人的敌人。这是希腊人利用去奥斯曼化来完成民族构建的必然产物。

三 不受希腊官方认可的少数民族——以马其顿人为例

如前所述，除了生活在色雷斯地区的穆斯林少数民族获得了希腊政府认可之外，其余的民族至今仍未获得官方正式的认同，其中尤以马其顿人为代表。在希腊民族主义者看来，亚历山大大帝及古代马其顿人成长于希腊文化中，都是希腊人，并不存在马其顿民族。所以，现代希腊自独立以来，为实现民族认同的统一，希腊政府就努力致力于重塑希腊民族，通过国家政策和政府权力的介入来构造现代希腊的民族历史神话，强调古代希腊和现代希腊在种族和文化上的连续性。在此过程中，希腊北部的马其顿

---

① Richard Clogg, *A Concise History of Greece*, p. 101.

人作为一个少数民族团体，其权利和利益不可避免地受到了同化和压制。

在现代希腊国家建设的同化过程中，马其顿人大多都讲希腊语，使用希腊文字，和希腊人的文化大致相同，但希腊的单一民族政策则把他们排除在希腊认同的大门之外，不承认希腊有马其顿民族的存在。因此马其顿人在认同过程中存在着纠结和冲突。希腊马其顿人的少数民族地位在大的希腊民族认同中遭到了身份的丧失，出现尴尬。

奥斯曼土耳其帝国在1912年至1913年的巴尔干战争中覆灭，从而导致马其顿从土耳其帝国中分裂为塞尔维亚（瓦尔达尔马其顿）、保加利亚（皮林马其顿）和希腊（爱琴马其顿）。第一次世界大战后，《凡尔赛和约》重新划分了马其顿的领土，塞尔维亚、保加利亚和希腊三个国家分别开始了对马其顿人的强制性同化过程。他们所采取的方法类似，不过相对而言，希腊政府在主导国家建设进程中对马其顿人的同化最为有效，主要采用了强制性方式。

马其顿人口版图在1919年希腊和保加利亚签署条约相互交换人口后发生了重大的变化，导致大约6万马其顿人不得不离开希腊而移居保加利亚。不久，1923年希腊和土耳其签订的以宗教而非族群为名义的人口交换条约，致使大概4万马其顿人被迫离开了希腊。这种人口的转移对希腊马其顿人来说是灾难性的，在巴尔干战争之前他们在希腊北部整个区域内人口还是处于优势地位的，此时他们则变成这一地区的少数民族。

在第一次世界大战和第二次世界大战之间，马其顿人不是被同化就是被压制。其间，希腊称马其顿人为说斯拉夫语的希腊人。这样做的目的是使其希腊化，通过抹去从马其顿那里继承的文化，迫使他们融入希腊文化中。1926年，所有城镇和村庄的马其顿名字被改为希腊化地名，1927年所有教堂的斯拉夫语印刷品被销毁，马其顿语也被严格限制使用。希腊政府这种政策在梅塔克萨斯君主主义和法西斯主义专政时期达到了顶峰，甚至个人私下里使用马其顿语也是禁止的。而马其顿人对这种政策的反抗导致了更严苛的政治对待，许多反抗者被定罪，流放到荒凉的希腊孤岛。1936年希腊政府还通过法令强制马其顿人改用希腊名字。

南斯拉夫马其顿社会主义共和国的建立对爱琴马其顿产生了极大的影响。第二次世界大战结束后，爱琴马其顿为了抵御法西斯的占领，形成了斯拉夫民族解放阵线，成为希腊共产党的一支力量。在1946年到1949年的希腊内战时期，大多数的马其顿人加入了民主主义共产党的阵营。希腊共产党为了吸引马其顿人为他们而战，保证了马其顿人的少数民族地位并承诺在希腊共产党统治下爱琴马其顿有很大的自治权。然而1949年内战结束后，希腊的君主派获得了对国内共产主义的胜利，意味着马其顿人的少数民族地位在希腊不会继续被承认。

内战结束后不久，希腊政府试图同化那些战后仍留在希腊的马其顿人。20世纪50年代，政府在马其顿人的聚居地弗洛里纳地区创办了许多幼儿园，用希腊语而非马其顿语来教化当地孩子们。1959年，希腊政府在狭隘地对待马其顿民族的道路上越走越远，迫使马其顿人公开表示在公共集会中不再使用马其顿语。1967年至1974年希腊军事专制独裁时期，马其顿人居住的边界地区被视为限制区域，人们进出该地区的活动受到政府的严格控制。更有甚者，1969年的一项法案规定希腊居民可以占有逃离的马其顿人留下来的财产，爱琴马其顿人民在接下来的几年一直受到来自各方面的压迫。所有这些事实显示，现代希腊政府对马其顿人一直以来都实施的是狭隘的民族政策，对他们的同化和压制严重损害了他们的基本权利和利益。因为马其顿人在希腊得不到官方承认，他们的各项基本人权也都受到限制，这种情况迫使许多马其顿人移民到别的国家。

总之，希腊政府并不承认希腊马其顿人作为少数民族的存在。希腊官方对它本国所有的少数民族的态度可以简单地总结为一句话——在希腊只有一个少数民族可以得到国际的认可，那便是色雷斯地区的穆斯林少数民族。对希腊政府而言，马其顿人是不存在的。现今在希腊仍有数个马其顿人的组织在为得到希腊官方承认、维护其民族权益，以及保留和传承其民族文化而奋斗。这些组织从未提出如自治或脱离等敏感的话题，然而希腊政府不仅没有同意这些运动组织的请求，反而还对他们的活动进行打压。

毫无疑问，希腊政府对爱琴马其顿少数民族的压制剥夺了其基本的民族权利，并在此基础上损害了他们的其他权利，如建立文化组织机构的权利、少数民族语言教学的权利等。希腊政府除了承认希腊人以外不承认其他少数民族的存在，不仅不允许马其顿少数民族的发展，还坚持对他们的同化，只要有人挑战希腊民族认同的神话，严苛的民族政策便会针对他们。这对于被誉为“民主的诞生地”的希腊而言无疑是一场悲剧。现代希腊民族认同的构建和希腊官方爱琴马其顿地区马其顿少数民族的态度可以为其他现代民族国家处理民族问题提供一定的借鉴意义。

第八章　对外关系研究

“地缘和环境是一个地区的人群的生活方式、文化传统、群体性格、体质形态的种族或民族异质性指数的根源。”① 一国对外关系的发展变化与对外政策制定是多种因素综合作用的结果，既受到该国国内政治体制与经济的制约，也受到时代、国际大环境的影响。对于希腊而言，其独特地缘环境尤为重要，在很大程度上决定了希腊对外关系、外交战略和所优先关注的问题。

自1821年独立以来，希腊长期处于多方力量角逐的动荡状态，加之位居帝国扩张的拉锯地带和在地中海与巴尔干半岛的关键地位，形成了其独特的外交文化与对外战略。希腊是世界地缘政治争夺中的热点国家和维护区域和平与稳定的重要角色。希腊支持欧洲一体化和欧盟共同外交与安全政策，依托欧盟维护民族独立和国家安全是希腊外交政策的根本出发点。保持同美国、欧盟及北约的密切关系、改善和发展同巴尔干邻国的关系是希腊外交的重点。希腊越来越重视发展与包括中国和印度在内的亚太国家的经贸和政治关系。

第一节　总体外交和安全战略

一　希腊的地缘重要性

希腊位于巴尔干半岛最南端，毗邻欧洲腹地和北非中东，北同保加利亚、马其顿、阿尔巴尼亚相邻，东北与土耳其的欧洲部分接壤，西南濒临爱奥尼亚海，东临爱琴海，南隔地中海与非洲大陆相望。作为巴尔干半岛

---

① 彭树智：《文明交往论》，陕西人民出版社2002年版，第23页。

的门户，希腊控制着地中海东部和东南欧，是联结欧亚非的战略要地，一直以来都作为各大国竞相争夺的目标。巴尔干半岛在奥斯曼帝国崛起之初，作为帝国向欧洲扩张的基地，后随哈布斯堡和俄罗斯帝国的崛起，成为三大帝国博弈与扩张的拉锯地带、大国夹缝中地缘与政治的“中间地带”[①]。

地缘政治学家麦金德在讨论希腊的地缘位置时曾说，希腊处于欧亚大陆心脏地带边缘，与海权极为接近。一旦被俄国这样的心脏地带国家以某种形式控制，就有可能以此为基础控制世界岛。

希腊也是巴尔干国家中唯一有多条海岸线通往地中海的国家，因而成为东西两个欧洲世界的连接点。在地理上希腊与布鲁塞尔和莫斯科等距离，在文化上因拜占庭留下的东正教传统与俄罗斯和欧洲一样亲近。在政治与宗教文化上与两者都有千丝万缕的联系。[②] 希腊占据着东地中海的海上十字路口，是欧洲与亚洲商业和文明交流最古老的桥梁。此外，希腊还是中东北非石油天然气输往欧洲的关键过境国，对欧洲能源供应安全起着不可或缺的作用。

二　总体外交战略

维护民族独立和国家安全是希腊外交政策的基本原则，保持同美国和欧盟的密切关系、改善和发展同巴尔干邻国的关系是希腊外交的重点。作为成员国，希腊积极推动欧盟共同外交与安全政策，鼓励和促进本地区国家融入欧洲，反对科索沃独立，支持土耳其加入欧盟，但前提与塞浦路斯问题的全面解决挂钩。

希腊重视国际组织在维护世界和平与稳定方面发挥的作用，主张联合国在维护国际和地区的和平稳定方面发挥核心作用。希腊通过参与联合国多国部队的维和行动，先后参与了阿尔巴尼亚、波斯尼亚、科索沃、阿富汗等国家和地区的维和行动。作为北约和欧盟的长期成员，希腊在某些方面要符合大西洋体系的国际安全需要，鉴于自身的国家利益，希腊更容易

① 王鸣野：《“中间地带”的博弈与困境》，科学出版社 2017 年版，第 10—20 页。

② 罗伯特·D. 卡普兰：《即将到来的地缘战争》，涵朴译，广东人民出版社 2013 年版，第 164 页。

受到它所感知的外部威胁的影响，而将目光锁定在包括西巴尔干、中东、地中海、北非和南高加索等邻近地区。[①]

三　国防政策

捍卫主权、国家独立和领土完整是希腊国防政策的基石。在国防体制上，希腊总统是名义上的武装部队最高统帅，总理负责国防政策和部队建设，任最高国防委员会主席，国防部部长在总理领导下实施国防政策并管理武装部队，总参谋长主管作战指挥机构。希腊军事理念是防御性的，国防政策聚焦于爱琴海及希腊东北部与土耳其的陆地边界，追求加强在东地中海的海军和空军影响力。希腊国家安全战略由三大要素构成，即防御的充分性、灵活反应及增强覆盖“希腊—塞浦路斯共同防御区”的能力。希腊军事战略的中枢是威慑土耳其，国防战略的重要目标是加强希腊在东地中海的空军和海军力量，保持希、土军事力量基本平衡。

希腊国家安全战略另外一个重要目标是保障塞浦路斯希腊人的安全，关注海外希腊族人的安全。希腊国防还需要解决来自中东北非的诸多非传统安全威胁，如非法移民、难民、毒品、恐怖主义、跨国犯罪等问题。这些传统的和非传统的安全威胁直接或间接地耗费希腊本应用于国内经济和社会发展所需的大量资金。为了应对各类威胁，希腊极其重视发展防务工业和武器现代化。

在2010年债务危机发生之前的10年，希腊平均每年的军费开支占GDP高达4%，20世纪80年代，因与土耳其关系紧张，希腊国防开支一度占GDP的6.2%。2000年，大多数西欧国家都削减了防务预算，而希腊国防预算高达3.6%。2013年就业于国防军事部门的人员占希腊劳动力的2.7%。2016年希腊防务预算占GDP的2.4%，高于欧盟其他成员国。[②] 不过，因受制于债务危机，从2011年起，希腊先后关闭了一些军事设施，撤销了5个师、1个团的部队编制，将基础训练中心由35个减至12个，甚至将空军的F－16独立联队降格为塞萨利空军基地部队，并取

① 希腊外交部网站，https：//www. mfa. gr/en/foreign-policy/regional-policy/.

② Economides S.，“Greece”，in Biehl H.，Giegerich B.，Jonas A. eds.，*Strategic Cultures in Europe*，*Schriftenreihe des Zentrums für Militärgeschichte und Sozialwissenschaften der Bundeswehr*，Vol. 13，Springer VS，Wiesbaden，2013，p. 154，DOI：10. 1007/978－3－658－01168－0.

消了一半的训练。

由于安全环境险恶且势单力薄，希腊通过签署多边和双边防务军事合作协定，以及积极参与多边安全组织，来维护国家安全与地区稳定。希腊加入了北约、欧盟及欧安组织，通过北约和欧盟维护国家的安全利益及地区和平，积极支持并参与欧洲共同防务建设。

四　地区角色定位

希腊将自身定位为巴尔干和东地中海国家。作为巴尔干和东地中海地区唯一同时拥有北约和欧盟身份的国家，希腊认为自己在维护东地中海和巴尔干地区稳定、安全和繁荣方面发挥重要的建设作用。在地区政策上，希腊主张睦邻友好，倡导建立地区合作机制化。希腊对外政策致力于地区合作，将邻国融入欧洲以及大西洋体系作为基本战略目标，希望通过欧洲一体化和加入欧盟来促使巴尔干国家实施改革，建立民主法治，最终实现经济繁荣。

20 世纪 80 年代，帕潘德里欧政府积极推行多边主义，主张地区无核化，倡导各种形式的地区合作。1988 年巴尔干六国外长会议在贝尔格莱德召开，商讨建立互信与安全机制以及少数民族问题。1989 年 1 月 18—20 日，巴尔干外长会议在地拉那再次召开，商讨处理巴尔干邻国关系的指导方针，1989 年 5 月，又在巴加勒斯特召开专家会议，讨论建立互信安全措施。[①] 前南斯拉夫危机爆发后，希腊一直支持维持南联盟以保证其所辖居民的权益，避免地区冲突。希腊凭借与塞尔维亚的联系，多次尝试在塞尔维亚与欧盟之间充当中间人并寻求保持公开对话。

出于自身安全利益考量，20 世纪末 21 世纪初，在欧盟框架下，希腊对周边国家和地区实施经济援助。在阿尔巴尼亚、波斯尼亚、科索沃爆发危机时，希腊提供了医药、修建学校和医院等人道主义援助和地区维和。2002 年，希腊启动了一项名为“巴尔干经济重建的希腊计划”的五年发展援助协议，用于阿尔巴尼亚、科索沃、保加利亚、罗马尼亚和前南斯拉夫地区的经济建设，旨在促进邻国经济发展和地区和平。2003 年，在担

---

① 约翰·科里奥普罗斯、萨诺斯·维莱米斯：《希腊的现代进程——1821 年至今》，郭云艳译，上海人民出版社 2008 年版，第 316 页。

任欧盟轮值国主席期间，希腊积极推动西巴尔干国家加入欧盟，并制定了一个长期地区政策计划：将巴尔干区域国家纳入欧盟和北约；促进地区经济发展和投资；增进区域安全合作。①

希腊是巴尔干半岛的门户，尽管近年东南欧、中东和北非地区地缘政治形式动荡，但希腊一直维持稳定，成为最不稳定地区的稳定之锚。虽然希腊经济份额在欧元区经济中不足2%，但希腊是巴尔干地区最大的经济体，2008年，希腊国内生产总值达到354.46亿美元。债务危机导致GDP下降且持续多年。近年来，希腊进行艰难的经济结构改革，重视长期、可持续发展的经济增长模式，推出一系列旨在吸引外资、鼓励创新创业的新法案，力图为战略投资创造一个良好环境。为了加速偿还拖欠国际债权人的借债，同时也为了兑现借债时的承诺，希腊着力推动国有资产私有化改革。

第二节 大西洋体系中的希腊

一 希腊与欧盟的关系

作为欧洲文明的起源，希腊是欧盟文化上不可缺少的国家。作为欧洲的南大门，希腊也被欧盟所重视，欧盟支持希腊在西巴尔干地区发挥稳定作用。正如罗伯特·卡普兰所说，从地理角度看，欧盟一方面由于吸收了苏联集团的东欧国家而向东移动；另一方面因解决了北非地中海的政治经济稳定问题过程而向南移动。而在所有地区的重组过程中，希腊最适合为欧盟的健康状况提供一份深刻的报告表。②

希腊与欧盟的关系经历了曲折的发展过程。希腊加入欧盟是出于经济发展与和平保障的需要。1955年上台执政的康斯坦丁·卡拉曼利斯政府开辟了希腊通往欧共体的道路。卡拉曼利斯总理深信欧洲联合进程发生的结构性变化，将为希腊的经济和政治带来重要影响，但卡拉曼利斯政府融入欧洲一体化的政策目标受到希腊国内政治的抵制，直到1959年希腊才

---

① Alexandros P. Mallias, "Greece and the Balkans", *The Washington Times* (Washington, DC), https://www.questia.com/article/1G1-148058795/greece-and-the-balkans.

② 罗伯特·D. 卡普兰：《即将到来的地缘战争》，涵朴译，广东人民出版社2013年版，第166页。

开始正式申请加入欧共体。[①] 1967 年希腊发生军事政变建立了军人独裁政权，希腊与欧共体关系急转直下，希腊加入欧洲一体化的进程中断。1974 年希腊军政权垮台后，卡拉曼利斯临危受命，回国担任总理，随后于 1975 年 6 月希腊提交加入欧共体的正式申请。此后希腊与欧共体积极互动，希腊按照欧共体经济社会标准调整政策，对外则与土耳其达成妥协，最终希腊于 1981 年 1 月 1 日成为欧共体正式成员。此时希腊与欧共体国家经济差距巨大，希腊 GDP 不到欧共体平均 GDP 水平的一半。然而处于对苏联军事威胁及希腊作为战略要冲的考虑，欧共体最终接纳了希腊。

希腊加入欧共体获得大量经济援助。希腊属于欧盟中经济欠发达国家，经济基础比较薄弱，2004 年之前，希腊是欧盟各项基金援助的最大受益者。20 世纪 80 年代，希腊受益于欧共体的共同农业政策，获得了大量的农业补贴，欧共体基金用于帮助希腊农业收入和发展落后的农业地区，农业的机械化水平和生产力得到进一步提高。希腊的基础设施建设也得到了欧盟基金大力援助，在欧盟财政转移支持下，希腊国内基础设施有了显著改善。到 20 世纪 90 年代末，欧盟对希腊的转移支付超过希腊国内生产总值的 3%。希腊跻身于高收入国家行列，并成为巴尔干地区最发达的国家。

20 世纪 90 年代，希腊的欧洲政策转向积极支持欧洲一体化。1992 年，希腊议会通过了《马斯特里赫特条约》（马约），希腊政府开始致力于使本国经济向欧洲经济货币联盟的标准趋同并成为政府施政的重点内容。2000 年 6 月，希腊正式被批准成为欧元区成员，2002 年 1 月 1 日起，欧元在希腊正式流通。曾担任希腊外交部长的约安基米迪斯认为，欧元对希腊具有政治意义，因为接受单一货币能够确保希腊在欧盟政治体系中的基本地位，也使得希腊外部安全得到增强；接受欧元还使得希腊可以参与到国际经济和财政体系中，并且提高希腊在巴尔干地区的影响力。[②]

加入欧盟和欧元区吸引了外资进入，促进了希腊经济增长，但竞争力弱的本土企业无法与发达的西欧企业相抗衡，更重要的是希腊经济结构改

---

① 宋晓敏编著：《列国志 · 希腊》，社会科学文献出版社 2008 年版，第 368 页。

② 约翰 · 科里奥普罗斯、萨诺斯 · 维莱米斯：《希腊的现代进程——1821 年至今》，郭云艳译，上海人民出版社 2008 年版，第 334—335 页。

革没有跟上加入欧盟和欧元区的步伐，企业生产效率低下，政府政策刺激进口满足不断上涨的消费需求，供需关系严重失衡。2010 年希腊爆发大规模债务危机，希腊濒临国家财政破产和退出欧元区的边缘。债务危机不仅动摇欧盟的货币体系，也导致南北欧国家间关系紧张，希腊与欧盟的矛盾加深。对此，卡普兰直言，“希腊是继南斯拉夫分裂以来对欧洲统一的最大挑战”。[①]

希腊坚持认为债务危机的根源是欧元区南北地区发展不平衡的结果，即欧元区各国竞争力的差异。尽管欧盟内部矛盾重重，但也尽可能寻求加强合作，如深化货币联盟、加强监管力度等，并帮助希腊走出困境。历时八年债务危机，希腊共接受 2887 亿欧元的救助，其中以欧元区国家为主的国际债权人向希腊提供 2566 亿欧元贷款，国际货币基金组织（IMF）向希腊提供 321 亿欧元贷款。[②] 与大规模援助相对应的是希腊接受欧洲债权人严苛的结构性改革要求，包括立法处理银行不良贷款，压缩公共部门等。希腊与欧盟及德国关于债务危机解决的冲突，折射出欧盟统一市场内部的不平等、不均衡、强者越强弱者越弱的结构性矛盾。

然而，作为世界最大的经济体之一，欧盟拥有统一的货币和市场，能够为希腊提供最现实的发展动力，给予经济上的大力支持。财政援助、补贴和投资有助于希腊完善国内经济结构，促进经济发展和改善就业，同时创造一个稳定的法制环境和更有效的市场。希腊是获得欧盟容克计划投资（2014 年启动）最多的国家。截至 2018 年 5 月，希腊已获得欧洲战略投资基金中的 24 亿欧元贷款，共撬动约 92 亿欧元的投资，涉及天然气终端、海底电缆、风电和光伏等能源项目，交通基础设施和旅游基础设施项目，信息技术产业及研发创新项目等。

欧盟不仅仅是一个经济主体，也是一个具有世界影响力的行为体，对加强希腊政治稳定和安全保障具有促进作用。依托欧盟维护民族独立和国家安全是希腊外交政策的出发点，因而希腊不仅支持欧盟共同外交与安全政策，而且支持欧盟组建欧洲多国快速反应部队，积极参与了欧盟于

---

① 罗伯特·D. 卡普兰：《即将到来的地缘战争》，涵朴译，广东人民出版社 2013 年版，第 167 页。

② 来自欧洲中央银行（European Central Bank），https：//www. ecb. europa. eu/stats/financial_corporations/list_ of_ financial_ institutions/html/index. en. html.

2017 年 12 月启动的防务领域“永久结构性合作”机制（PESCO）框架下确定的项目清单，这些项目涵盖了军事培训、泛欧医疗指挥、物流中心、网络安全、港口与海上侦察，救助、战略指挥与控制系统及军事机动性等领域。希腊领导了其中的两个项目：海上监视体系、网络威胁与突发反应信息共享平台。到 2018 年 6 月，希腊参加了欧盟共同安全与防务政策 15 项任务中的 7 项。

从申请加入欧共体开始，希腊努力整合和深化与欧洲一体化的关系，积极参与欧盟机构的活动，但希腊在行动和实践中不时会出现一些所谓的非“欧洲”行动而招致西欧的批评。1994 年 9 月《经济学家》杂志评论文章曾批评指出，希腊加入欧盟已有 13 年且每年享受 6 亿美元的经济援助，希腊看上去却如同一个不稳定的巴尔干国家而非西欧的一分子。

相对于其他成员国，希腊与欧盟的关系一直处于较为紧张的状态。尽管希腊是欧洲文明的摇篮，但其长期处于欧洲核心的边缘。从西欧的角度看，地中海欧洲落在了新教改革、启蒙运动、工业革命和科学革命，以及加速的社会变迁和民主化进程等所有创造现代世界的伟大“革命”的后头。在北方欧洲大踏步前进时，南欧很多地区仍然处在封建制度的统治下和欠发达状态。

美国政治学学者霍华德・威亚尔达指出，尽管数个世纪以来，希腊等南欧国家在经济、社会和政治各方面都明显落后于北方欧洲，但他们坚持认为自己的文化比北方先进，无论如何也不想成为像盎格鲁－撒克逊那样的国家。对于地中海欧洲国家来说，如何加入并融入欧洲，既是一个地理和经济问题，也是一个政治和心理问题。一个整合的欧洲是世界上最大、最富足的市场，但这并不意味着希腊可以忽视其他市场的存在。当流向南欧的补贴减少，当效率低下的小公司无法在扩大后的欧洲市场和全球市场展开竞争时，南欧一定会发生经济动荡，以及由此而导致的社会和政治动荡。[①]

二　希腊与北约的关系

第二次世界大战结束前夕的 1944 年，丘吉尔执政的英国与苏联达成

---

① 霍华德・威亚尔达主编：《全球化时代的欧洲政治》，第 338—339、342 页。

默契，英国军队占领雅典，英国在战后的巴尔干占得一席之地，希腊也由此进入了欧洲大西洋体系。1949 年结束内战的希腊，社会经济千疮百孔，又面对国土安全挑战。希腊与保加利亚之间一直存在有关马其顿统治权的冲突，而此时保加利亚对希腊提出领土要求，而且保加利亚驻有苏联军队，所以希腊将保加利亚看作是主要的安全威胁。在希腊看来，自己急需的经济援助和安全保障只有西欧和美国才能提供。在国家安全与北约的问题上，希腊政坛的保守派和自由派没有本质上的分歧，都基本同意希腊主要安全问题是北部边界，北约将是希腊国防不可忽视的力量。自由派联合政府认为，北约不仅仅可以帮助希腊抵制巴尔干共产主义，还打开了通往欧洲民主国家的大门。[①] 希腊于 1952 年正式加入北约。随着冷战局势越发紧张，希腊成为抵制共产主义扩张的堡垒。对北约而言，控制希腊可以加强它从欧洲南翼包围和遏制苏联的态势。

塞浦路斯问题曾经是希腊与北约合作面临的最大障碍。[②] 1960 年，塞浦路斯摆脱英国殖民统治宣布独立，并确定由英国、希腊和土耳其三国保证塞浦路斯的独立与安全。然而塞浦路斯国内的希土两族矛盾不断以致发生流血冲突。土耳其陆军派出特遣部队，控制塞浦路斯首府尼科西亚到海港凯里尼亚的战略要道，这条通道在历史上被称为塞浦路斯的“生命线”。

1974 年 7 月，塞浦路斯国民警卫队中的希腊族军官策动军事政变，强行推进塞浦路斯和希腊合并进程。土耳其以保护当地居民为由出兵干预，并控制了北部约占全岛三分之一的区域。美国担心苏联介入塞浦路斯问题的解决，主张在北约框架下解决危机。由于土耳其在塞浦路斯采取军事行动后，北约对希腊的抗议不表态，希腊政府坚决反对北约介入，而致力于通过联合国解决塞浦路斯问题，帕潘德里欧总理甚至把拒绝北约介入塞浦路斯问题作为泛希社运党的基本政策。

希腊不仅拒绝北约介入塞浦路斯问题，而且从布鲁塞尔和北约的其他地区的司令部召回希腊军官，停止和土耳其在北约联合通信计划方面的合

---

① 约翰·科里奥普罗斯、萨诺斯·维莱米斯：《希腊的现代进程——1821 年至今》，郭云艳译，上海人民出版社 2008 年版，第 318 页。

② T. A. Couloumbis, *Greek Political Reaction to American and NATO Influence*, New Haven: Yale University Press, 1966, p. 201.

作，并宣布退出北约军事一体化组织。希腊政府的决定令其他的北约成员国十分震惊，决定不向希腊政府施加任何压力，认为希腊是否退出北约与塞浦路斯局势变化密切相关。希腊这一举动对北约防务产生严重影响，使得北约面临严重危机。同时，希腊退出北约的行动也对希腊的外交政策和国防产生重大影响。从北约和美国在塞浦路斯问题上与希腊利益的分歧中，希腊认识到联盟的利益并不总是和本国相一致。希腊政府开始改变以往依附于美国和北约的外交政策，寻求独立自主，申请加入欧洲经济共同体，寻求来自欧洲更多的经济和政治支持，同时积极改善同苏联和第三世界国家的关系。

塞浦路斯危机严重影响了西方同盟内部关系，对北约军事政治集团内在结构形成了强烈冲击。虽然以美国为首的北约成功地阻止了希、土之间可能爆发的战争，但是这三方关系遭到严重损害。由于希腊仍然处于联盟的政治框架内，在国内事务正常化后，希腊表达了重新加入北约的愿望，但是却遭到土耳其的阻挠。最终希腊在经过漫长艰难的谈判后于1980年重新加入北约。

尽管希腊被锚定在大西洋体系内，但是在帕潘德里欧执政的1981—1989年，希腊与北约关系仍然十分冷淡。1987年，希腊与土耳其围绕爱琴海石油开采问题大有酿成全面武装冲突之势，希腊公开指责北约与美国应该对这次危机事件负责。希腊为表达不满并向美国和北约施压，以关闭军事基地相要挟。面对一触即发的严峻形势，美国和北约加紧调停，敦促双方做出让步，避免冲突进一步升级。1995年，围绕伊米亚岛问题，希腊与土耳其争端升级，濒临战争边缘，北约积极介入，并提出双方建立互信的方案。希、土之间的危机通过北约斡旋起到了积极效果，紧张局势得以缓和，但北约并未根本上解决希腊和土耳其之间的领土争端。

冷战时期，中欧地区是美苏争霸的中心地带，北约军事力量大都集中于此地。冷战结束后，形势发生了变化，由于苏联和华约的解体，前南斯拉夫危机和分裂及由此衍生的新民族主义和种族宗教冲突对地区稳定构成挑战。地中海地区危机四伏，安全威胁的形式从传统的国土威胁变成了非传统威胁，如地方冲突、内战和难民潮、恐怖组织、非法移民、毒品、武器走私等问题从中东北非穿过地中海进入希腊等南欧国家。希腊特别容易受到这种威胁的影响，必须寻求北约的安全保障。希腊认识到北约成员资格对于确保本国安全和领土完整尤为重要。① 北约战略重心向南欧转移，希腊积极承担北约成员国义务，但 1999 年北约决定轰炸南斯拉夫联邦共和国时，希腊公开表示反对北约的军事行动。出于自身安全需要，希腊防务开支占其 GDP 比重较高，尽管仍然没有摆脱债务危机，但希腊国防开支占 GDP 的 2.4%，是北约欧洲成员中仅有的 4 个防务开支达到北约要求的国家，即国防预算需要占 GDP 的 2% 以上。

第三节 与大国的外交关系

一 希腊与美国的关系

第二次世界大战结束后，美国通过马歇尔计划等对希腊的援助行动与希腊建立密切的关系。希腊与美国的双边关系建立在安全与经济合作的基础上，防务合作是两国关系的基石。北约构成了希腊与美国战略合作的最重要平台。随着世界局势的变化、地区的动荡以及希腊内部政局的变化，希腊与美国之间的关系也经历着起伏变化。

回溯历史，1837 年，美国承认希腊独立并签订《通商航海条约》。1868 年，美国与希腊正式建立外交关系。在第二次世界大战中，美国为希腊对抗纳粹提供经济军事援助。战后，英国与苏联谈判角逐，最终将希腊划分在西方世界的阵营中。随着战后英国内外危机的加深，美国从英国手中接过希腊事务。冷战期间，希腊在美国的欧洲战略中占据十分重要的地位，美国需要希腊作为遏制苏联势力向地中海扩张的一个基地，并把这看作是自己在近东和中东地区军事战略体系中有特殊价值的部分。希腊则在政治、经济、军事上依赖美国。1947 年 6 月马歇尔计划出台，美国向希腊提供 17 亿美元的贷款和援助。从 1947 年至 1960 年，美国每年向希腊额外提供 13 亿美元的军事援助。②

希腊出于三方面原因允许美国对其外交政策制定施加影响：苏联和巴尔干威胁的战略考量；国家重建急需的经济援助；以及 20 世纪 50 年代美

---

① Artur Adamczyk, "Greece in NATO: Evolution of Interests in the Context of Changes in the International Environment", *Yearbook of the Institute of East-Central Europe*, Vol. 15, 2017, p. 127.

② 约翰·科里奥普罗斯、萨诺斯·维莱米斯：《希腊的现代进程——1821 年至今》，郭云艳译，上海人民出版社 2008 年版，第 316 页。

国支持的政治力量。[①] 1952 年，亚历山大·帕帕戈斯在美国珀里弗伊大使的帮助下赢得大选，开始了希美关系的十年黄金时期。1953 年双方签订了长期的双边防务协议，美国得到授权可以在希腊建立军事基地并进行补给，还可以使用希腊领空，从而加强美国在希腊的驻军权力，确立了美国军队在希腊的合法地位。从那时开始，美国正式使用在希腊的军事基地及其设施，它们担负着加油转运、搜集情报、巡逻、通信等任务。这些基地直接为美国第六舰队的空中侦查和反潜活动服务，具有把控黑海出口，控制东地中海，作为欧洲南翼屏障的作用，同时也被列入北约在南欧军事设施的重要组成部分。

美国的援助并未使希腊独立自主，反而更加依赖美国。美国将希腊纳入自由主义国际经济体系，便利了西方发达国家打开希腊市场，加重希腊对外资的依赖程度。希腊政局不稳定也影响了美国资金援助的规模，美国对希腊的经济援助随之大幅度削减：从 1951—1952 年的 1.8 亿美元削减到 1952—1953 年的 0.8 亿美元，再到 1953—1954 年的 0.22 亿美元。[②] 而该援助在希腊的经济恢复和现代化建设中起着重要作用。

1967 年，希腊政局发生剧变，军人独裁政权上台，美国支持希腊独裁政府，令许多希腊亲美议员大感失望。美国从政变初期的短暂禁运重型武器到后期部分恢复，再到尼克松总统时期全部恢复对希腊的军事援助。这个时期，美国对希腊的政策是在美国冷战总体战略指导下进行的。1969 年秋，当美国国家安全委员会在亨利·基辛格的主持下建议恢复对军政府的全面武装援助，希腊社会对美国的信任度大幅降低。1974 年夏天，希腊军人策动塞浦路斯政变，引起土耳其出兵塞浦路斯，希腊因美国没有完全站在自己这一边愤然退出北约，并对美国使用军事基地这一问题提出异议，迫使美国于 1975 年就军事基地问题同希腊举行谈判。美国在 1976 年同土耳其签订了新的防务条约，并于 1978 年恢复对土耳其的武器供应。这两件事遭到希腊的强烈抗议，美国被迫先后关闭 3 个军事基地、取消美军的治外法权、增加对希腊的军事援助。然而美国有限的让步并未解决军

① 约翰·科里奥普罗斯、萨诺斯·维莱米斯：《希腊的现代进程——1821 年至今》，郭云艳译，上海人民出版社 2008 年版，第 316 页。

② 刘云：《美国援助与希腊的经济改造（1947—1950）》，《南京社会科学》2008 年第 6 期。

事基地的矛盾，双方之间的紧张关系也由此发展。

冷战结束后，希腊与美国的友好关系开始恢复。1990 年，希腊总理米佐塔基斯访问美国，两国签署了新的双边防务和经济合作协定。按照协定，希腊允许美国使用克里特岛上的防御设施以及希腊的通信网络等，美国继续缩减在希腊的军事设施。在 1991 年海湾战争中，希腊海军支持北约盟友，并向科威特海湾派出了一艘护卫舰。1992 年美军撤出希腊。1994 年、1996 年希腊总理、总统先后访美，寻求美国对塞浦路斯和希土关系等问题的解决方案。1999 年 11 月美国总统克林顿访问希腊。

在 2001 年“9·11”恐怖袭击之后，美国认为希腊的地缘战略地位能够使其成为与伊斯兰世界接触和对话的重要盟友，原因在于希腊是来自中东、北部和撒哈拉以南非洲以及西南亚的移民进入申根签证区的主要入境点。美国将希腊视为许多政策优先事项上的重要合作伙伴。2001 年，美希两国签署了《全面技术协定》，进一步巩固了双边防务关系。自冷战结束后，希腊一直对美国在东南欧的安全政策予以支持。然而，由于希腊石油消费依赖从中东北非进口，因而往往奉行亲近阿拉伯、疏远以色列的政策，因而常常与美国的中东政策产生分歧。

希美双方虽然在国际事务上有分歧，但出于彼此的需要一直都保持着密切的关系。美国在克里特岛苏达湾的深水港和机场设立海军支援设施，美国对希腊的经济军事援助对希腊的经济发展和军事强大是不可或缺的力量。此外，在美国国内约有 300 万居民为希腊血统①，该群体与希腊有着密切的政治文化联系。2005 年，希腊总理卡拉曼利斯访问美国，美国国务卿赖斯于 2006 年 4 月访问希腊，之后，两国副外长伯恩斯和瓦里纳基斯于 2007 年 7 月和 10 月互访。两国在加强经贸、军事和反恐合作等方面达成一致，并就马其顿国名问题、塞浦路斯问题、希土关系、巴尔干局势等问题交换意见。

希腊与美国的贸易关系受美国与欧盟之间的法律框架管辖，并处于世贸组织多边条例的范围内。1993 年的欧盟—美国协议为希腊企业提供了获得美国公共合同的额外机会。近年来两国一直开展密切的经济合作。在

---

① U. S. Department of State：“U. S. Relations with Greece”，https：//www. state. gov/r/pa/ei/bgn/3395. htm.

政府间层面，成立了希腊美国高级经济合作委员会（ECCC），成为双方加强双边经济合作和贸易流动的战略工具，促进希腊和美国公司（合资企业或分包合同）之间的合作，及促进美国企业进入东南欧、黑海/高加索地区和中东的更广泛市场。同时，希腊工业产品完全可以进入美国市场，而某些农产品（新鲜和加工）有一些例外。希腊传统上出口到美国的主要产品包括食品和农产品、烟草、剃须刀、石油产品/副产品、水泥、服装、毛皮制品、大理石、钢制品和管道。美国对希腊的出口主要包括电信设备、电气设备、计算机和电子设备、医疗和药品、机械和零件，木材和木浆以及农产品。在欧债危机爆发之后，美国一直强烈支持希腊恢复财政稳定、实施结构改革和重启经济增长。

2016 年美国总统奥巴马出访希腊，就塞浦路斯问题、债务危机、难民、国防问题与希腊总理齐普拉斯交换了看法。奥巴马主要关注点在于债务问题和由于叙利亚内战导致的难民问题。从奥巴马的言论中可以看出美国在国防与难民问题上支持希腊的现有政策，而在塞浦路斯问题和债务问题上双方存在分歧。齐普拉斯反对奥巴马对塞浦路斯问题的看法，并且认为紧缩计划将给希腊带来困境。①

2017 年，希腊总理齐普拉斯访问美国并与美国总统特朗普举行会晤，两国商讨国防和经贸合作项目，包括一项价值 24 亿美元的 F－16 战机升级计划，以及扩大美军使用希腊索达湾海军基地。特朗普也表示支持美国企业投资希腊。不过有评论认为，希腊尽管作为美国的盟友之一，且在地中海具有重要地位，但由于华盛顿高级官员的频繁变动使得希腊与美国难以在特定领域制定长期政策。②

2019 年 6 月，美国国务院欧洲与欧亚事务局高官访问希腊，表示美国要重塑东地中海战略，并加强与希腊的战略对话与合作。在希腊和土耳其冲突上升的背景下，2019 年 7 月 17 日，希腊新任外长访问美国，双方举行战略对话，希腊期望美国帮助解决土耳其与塞浦路斯之间的领土权益

---

① Angelika Papamiltiadou：“US Obama Shows Reserved Optimism On Cyprus，Will Push Greece”，https：//mninews. marketnews. com/content/us-obama-shows-reserved-optimism-cyprus-will-push-greece.

② Jim Mattis：“Greece and the Many Changes in the Trump Administration”，http：//www. ekathimerini. com/233659/opinion/ekathimerini/comment/greece-and-the-many-changes-in-the-trump-administration.

争端问题。

2019 年 10 月 7 日，美国国务卿蓬佩奥访问希腊，并与希腊外长邓迪亚斯共同签署了《希美共同防御合作协议》修订本，拟将双方的防务合作提高到一个新水平。双方重申希望进一步加强战略防御与安全伙伴关系。美国强化与希腊的同盟关系，准备在希腊增加军事基地建设和军事存在，如扩建美军第六舰队在克里特岛的基地，并在希腊中部地区建立无人机基地和直升机训练设施。美国未来还可能在希腊亚历山德罗波利斯建立新的海空军基地，以便向北约盟国保加利亚和罗马尼亚提供支援。希腊防务网站分析人士称，亚历山德罗波利斯是一项战略资产，由于其离巴尔干半岛非常近，可比其他港口更快地支援巴尔干半岛的军事行动；对希腊来说，通过加强与美国的防务关系，也可获得更多的美方军事投资和安全保障。

然而，在蓬佩奥到访希腊的当天，希腊国内就有大批示威者游行到美国大使馆前，高呼反美、反北约的口号，甚至发生了警民冲突。示威是由希共和其他左翼政党发起，宣称《协议》修订本的签署只会给希腊人民带来更强的不安全感，导致希腊更大程度地卷入海外纷争和军事行动。

尽管如此，在《希美国土防御合作协议》修订后，2019 年 11 月初，美国 B－52 轰炸机首次登陆希腊苏达湾海军基地，希腊北部的亚历山大港接待了首艘美国军舰，11 月下旬，希美两军在基尔基斯举行了联合军演。

二　希腊与俄罗斯的关系

因扼守黑海出入地中海的咽喉位置，希腊同样受到俄罗斯的极大重视，巴尔干是俄罗斯打开水、陆两条通向欧洲腹地的通道。冷战时期，巴尔干半岛作为苏联与美国斗争的热点地区，让苏联对巴尔干地区更加重视，黑海海峡问题是苏联巴尔干政策的核心议题。

1944 年，斯大林与丘吉尔达成共识，由英国主导希腊事务。1947 年美国按照马歇尔计划对希腊进行经济军事援助，使地中海和巴尔干地区的局势发生巨大变化。苏联领导人将此看作是对苏联及其支持下的人民民主阵营的潜在威胁。这一时期，苏联的战略利益在于尽可能地反对西方在巴尔干半岛建立反苏军事政治集团。在冷战的最初阶段，俄罗斯并不愿意采取极端的武力形式同美国直接对抗，苏联对希腊政策目标是利用希腊国内舆论就塞浦路斯问题对西方盟友的不满情绪，尽力将希腊拉拢至自己阵营。

希腊方面没有拒绝改善同苏联的关系。1955 年底，苏联在外交政策方面加强了对希腊的关注，其目的在于加深北约内部的矛盾，并借助土耳其在国内实行的反希腊大屠杀，激化土耳其与希腊之间的矛盾。希腊国内舆论也盛行中立主义的观点，主张不仅要同西方，同东方也应当保持友好关系。① 苏联对希腊局势也抱有乐观态度，继续推行对希腊的和平外交战略。尽管苏联为改善与希腊关系所做出的努力最终没有取得重大成果，然而苏联领导人并没有停止这种努力，他们关注的是如何使这个地中海国家脱离北约。

冷战结束后，希腊开始重视发展同俄罗斯的传统友好关系，注重与俄发展能源和军事合作关系。2007 年，两国关系在业已良好的基础上继续发展，双方高层互访频繁，成果显著。俄罗斯总统普京于 2007 年 3 月访问希腊，双方签订了共同建造黑海至地中海石油管道项目的协议。6 月希腊总统帕普利亚斯访俄，分别会见俄总统、俄大主教、总理及其他政要，就进一步加强双边政治、经贸、宗教及文化关系达成一致。12 月，希腊总理卡拉曼利斯访俄，就加强双边政治、经贸、文化，特别是能源领域的合作及建立希俄部际混合委员会达成共识。

希腊爆发债务危机时期，由于欧盟及欧洲大国的施压，希腊出现了“反欧洲”情绪，进一步与俄罗斯接近。自 2013 年起俄罗斯对希腊的天然气、铁路等领域的私有化项目感兴趣，然而希腊受到来自欧美的压力。俄罗斯外长拉夫罗夫于 2013 年 10 月、国防部长绍伊古于 12 月，以及外交部副部长梅什科夫于 2014 年 11 月，先后访问希腊。希腊社会对俄罗斯的好感上升。2014 年希腊舆论调查显示，61% 的被调查者对俄持积极认知。希俄关系升温引起美欧的警惕。2015 年希腊左翼激进联盟上台执政，总理齐普拉斯一度因债务问题与欧盟闹僵，反对欧盟进一步加强制裁俄罗斯。2015 年 4 月，齐普拉斯访俄，欧盟担心俄介入希腊债务问题，欧洲议会议长舒尔茨警告希腊要恪守欧盟对俄制裁底线。

---

① A. 乌鲁尼亚：《美国外交中关于苏联希腊政策的情报分析》，《冷战国际史研究》，世界知识出版社 2010 年版，第 74 页。

在国际金融危机、希腊因债务危机经济衰退和政治不确定性的时期，希腊与俄罗斯经贸关系发生了较大调整，希腊与俄罗斯的双方贸易显著恢复，尤其是希腊对俄出口大幅增加，希腊则成为俄罗斯游客的主要目的地。希腊有意参与俄罗斯“南溪”天然气管道项目。2016 年 2 月俄罗斯、意大利、希腊三国的天然气公司签署一项合作协议：俄罗斯天然气经第三国进入希腊，再由希腊经黑海海底管道输往意大利。[①]

希腊与俄罗斯之间的联系不仅仅限于能源与经济，也基于东正教和文化价值观的强大历史联系。俄罗斯有大量带希腊血统的俄罗斯公民，主要居住在黑海的俄罗斯南部边缘地区。俄罗斯一些大学教授希腊语，包括莫斯科国立大学洛莫索诺夫的拜占庭和现代希腊哲学系，莫斯科国立师范大学现代希腊语系，库班州立大学希腊文学系，以及彼得罗扎沃茨克州立大学语言学系。[②]

尽管希俄两国关系密切，但希腊统治精英始终将希腊锚定于欧盟和北约，在俄罗斯与西方关系恶化的时期，希俄两国关系也会受到限制。如在 2018 年因俄罗斯与西方交恶而驱逐俄罗斯外交官，希腊政府于 7 月 11 日以“危害国家安全”“干涉希腊内政”为由驱逐两名俄罗斯外交官。作为回应，俄方也驱逐两名希腊外交官。该事件导致希腊与俄罗斯关系蒙上阴影，俄政府指责希腊将自己绑在北约的战车上。“北马其顿共和国”更名也造成希俄关系不睦，因为如果希腊与北方邻国就更名问题达成妥协，北约将进一步推进巴尔干。考虑到希腊在大西洋机构中地位的限制以及希腊政治机构的不确定性，双方总体关系呈现暂时零星的深化，内容和范围都有限。

三　希腊与欧洲大国的关系

历史上，希腊与欧洲列强的关系错综复杂。1827 年，俄法英三国击败了土耳其奥斯曼并成为希腊的保护国，同时也为希腊的独立开辟了道路。1831 年希腊首任总统卡帕蒂斯特里阿斯被一个希腊地主家族暗杀。

---

① George N. Tzogopoulos，“Greece：Perspective On Eurasian Integration”，ECRF Report，June 2016.

② 希腊外交部网站，https：//www. mfa. gr/en/blog/greece-bilateral-relations/russia/.

1832 年 5 月，巴伐利亚与希腊的保护国（俄英法）在伦敦举行会议，决定让希腊拥有自己的国王。为了保证希腊不与三个保护国中任何一方结盟，来自巴伐利亚的奥托（Otto）加冕为希腊国王。

（一）希腊与英国的关系

作为两个在地中海具有特殊地缘战略利益的海军力量，自希腊独立战争以来，希腊和英国的关系具有重要的历史渊源。19 世纪 20 年代，英国在反对奥斯曼帝国的希腊独立战争中支持希腊，为希腊提供军事和财政支持，并在 1832 年的伦敦会议上批准了希腊独立的君士坦丁堡条约。希腊独立后，英国一直将其视为自己的势力范围。在第一次世界大战和第二次世界大战期间，希腊和英国是盟国关系。第二次世界大战结束后，希腊的国际地位由 1944 年英国与苏联达成的“百分比协议”予以确定，希腊仍然属于英国的势力范围。自 1946 年起，由于英国战后衰落无力继续承担希腊事务，美国开始接手希腊。

20 世纪 50 年代之后，希腊和英国的盟友关系以北约、欧盟等机构为基础，双边关系仍然较为密切。希腊航运业在英国的经济生活中占据重要地位，尽管希腊逐步将航运总部转移到比雷埃夫斯，过去在伦敦有超过 150 个希腊航运办事处，目前大约剩下一半。在社会安全方面，2000 年英国军事专员史蒂芬桑德斯被 N17 革命组织（Revolutionary Organization 17 November）成员的摩托车枪手谋杀，接下来的调查促使希腊和英国警方之间达成了前所未有的合作水平。经过长时间调查，N17 成员最终被捕并接受审判。在经济方面，希腊地处欧盟外围，国土面积狭小，资源匮乏，国内市场有限，经济严重依赖进出口且容易受到世界经济波动的影响。尽管国际金融危机导致英国的进出口下降，但英国仍然是希腊在欧洲的主要贸易国。2015 年，英国向希腊出口高达 22 亿英镑，主要包括医药、手工、服饰、石油等。[①] 英国也是希腊的重要投资国之一。

希腊和英国之间的社会联系较为广泛。在希腊大约居住着 35000 名英国人，而英国也居住着约 45000 名希腊人，希腊东正教教堂在英国的大主教管区中占据重要地位。希腊学生在英国接受高等教育，如在剑桥大学、

---

① 资料来自英国政府网站，https：//www. gov. uk/government/publications/exporting-to-greece/doing-business-in-greece-greece-trade-and-export-guide#uk-and-greece-trade.

牛津大学、东安格利亚大学、皇家霍洛威大学、伯明翰大学、国王学院和伦敦经济学院等。英国有两所希腊研究中心，在布里斯托尔大学和雷丁大学共有七门希腊和拜占庭研究课程。英国有大约 20 个希腊文化、慈善和专业组织。

大英博物馆的额尔金石雕的所有权是希腊与英国之间紧张关系的根源。额尔金石雕是一系列古典希腊大理石雕塑、铭文和建筑作品，最初是帕特农神庙和雅典卫城其他建筑的一部分。额尔金的第 7 位伯爵托马斯·布鲁斯获得当时希腊政府的书面许可，在 1801 年至 1812 年之间拆除大理石，并通过海运将其运往英国。在英国，许多人都支持收藏这些收藏品，而其他人则将额尔金的行为看作破坏行为。

额尔金大理石雕是希腊帕特农神庙雕塑中最精华的部分，目前被收藏在大英博物馆中。1832 年独立后的希腊开始了恢复该国纪念碑的重大项目，并表示不赞成额尔金从雅典卫城和帕特农神庙中移除大理石的行动，这些被认为是世界上最伟大的文化古迹，对英国政府随后购买“额尔金大理石”提出异议，并敦促其将大理石归还希腊。2014 年，联合国教科文组织同意在希腊和英国之间进行调解，以解决埃尔金大理石的争议。

2019 年 1 月，大英博物馆馆长哈特维格·费舍尔排除了归还额尔金大理石雕的可能性。2019 年 4 月 16 日，希腊总统帕夫洛普洛斯在雅典卫城博物馆发表演讲，对长期以来和英国之间围绕在额尔金大理石雕的归属问题表达了鲜明的愤怒立场，他说：“让大英博物馆的人来这里看看，他们就会知道，相较于这里的光芒万丈，那里到底有多么黑暗。大英博物馆就是一座监狱，而额尔金大理石雕就是监狱里的战利品。”2019 年 9 月，帕夫洛普洛斯又一次在公开讲话中要求英国立即将帕特农神庙雕塑归还雅典和雅典卫城博物馆，他指出大英博物馆坚持拒绝归还它们是对文化构成冒犯。

（二）债务危机与希德关系

2010 年，希腊爆发主权债务危机，成为欧元区第一个要求其他成员国提供双边财政援助的成员国。德国是希腊最大的债权国，德国以双边和多边方式为希腊提供贷款。作为最大的债权人和欧盟最具经济实力的国家，德国无疑是解决希腊债务危机的关键，但德国一直坚持将希腊开展结构改革及偿还债务作为实施救助的前提条件。德国批评希腊管理体制陈旧，税收制度落后，结构改革不力，德国媒体指责希腊人“好吃懒做”。德国是希腊最主要的国际债权人之一，经历过两轮失败的救助行动，给病入膏肓的希腊继续提供资金援助的做法在德国十分不受欢迎。2015 年在启动对希腊的第三轮救助计划前，默克尔受到德国议会的巨大压力，部分德国议员坚持只有希腊还债才能启动第三轮对希腊的救助计划。

在德国的压力下，2016 年 5 月，希腊政府最终通过了养老金改革计划，德国表示可以减免希腊债务。欧盟条约第 125 条的“禁止救助条款”是一个禁止拯救欧元区成员国的财政援助机制，德国向希腊提供财政援助打破了这一规则。德国历来主张通过市场方式防止私人权力和公共权力干扰市场力量。在希腊主权债务违约的情况下，德国的主要目标是要防止国内金融动荡。① 德国在希腊危机管理中的重要性主要来自两个事实。首先，德国在欧元作为单一货币区的生存方面具有重要经济和金融利益。其次，德国人口众多，经济相当健康，2008 年危机后的公共财政加上其对欧洲一体化的传统承诺，包括欧洲货币联盟的治理，能够使其成为欧元区的霸主。②

因德国对希腊结构改革施加的巨大压力，希腊国内反德情绪高涨，一些希腊媒体甚至把德国总理默克尔描述成希特勒。2015 年希腊大选期间，激进左翼联盟领袖齐普拉斯甚至要求将德国第二次世界大战赔款纳入债务计划，希腊司法部长则公开表示，如果两国在第二次世界大战赔偿问题上不能达成一致，考虑将德国公民在希腊的房产作为抵押。2016 年希腊议会报告提出，德国应该为其入侵希腊至少赔偿 2920 亿欧元。希腊外交部则称，德国赔偿在道德和物质上对希腊人民都具有特殊意义。2019 年 1 月德国总理默克尔访问希腊，表示德国人深知自己的历史责任，决心致力于与希腊建立良好关系。

2019 年 4 月 17 日，在选举背景下，希腊议会投票正式授权总理齐普

---

① Darius Hell, “International Relations Theory and Germany’s Approach to the Greek Crisis: Realist Power Maximisation or Liberalist Cooperation for Mutual Benefits?” *Final Thesis Master of Science*, Erasmus University Rotterdam, 27, July, 2017, p. 7.

② Darius Hell, “International Relations Theory and Germany’s Approach to the Greek Crisis: Realist Power Maximisation or Liberalist Cooperation for Mutual Benefits?” *Final Thesis Master of Science*, Erasmus University Rotterdam, 27, July, 2017, p. 14.

拉斯向德国追讨第二次世界大战赔款，称政府可以采取一切恰当的法律和外交手段来满足这一要求。德国官方回应称，赔款问题已经在法律和政治层面最终解决。实际上，1990 年，包括希腊在内的欧洲国家签订了《建设新欧洲的巴黎宪章》，《宪章》宣布欧洲各国搁置历史、放弃对抗。然而，在 2000 年申请加入欧元区时，作为威胁手段，希腊政府没收了德国在雅典的财产——歌德学院以及德国考古学院，德国同意希腊加入欧元区后，希腊财长收回了该决定。

希腊与德国的关系包括更广泛的领域。根据 2015 年 5 月英国《简式防务评论》，希腊 31% 的外购军品来自德国，并且是德军库存或退役武器的第二大买家。2015 年之后的难民危机使希腊与德国的关系得以恢复。希腊坚决支持由德国推动的北约在爱琴海上的使命，支持德国提议的有关欧盟与土耳其达成难民阻挡协议。2019 年新民主党赢得大选，米佐塔基斯出任希腊总理，德国总理默克尔立即邀请米氏于 8 月访问德国。

德国也是希腊私有化计划的最大买家。2015 年德国最大的机场集团法兰克福机场集团（Fraport AG）以协议价 12.3 亿欧元收购了 14 个希腊机场租赁权。2017 年 3 月欧委会批准了该投资计划。其他德国公司也瞄准了希腊的港口及能源企业。

（三）希腊与法国的关系

希法两国关系同样有着深刻的历史根源。法国的启蒙运动和法国大革命思想影响了现代希腊启蒙运动，为希腊独立战争奠定了思想基础。早在 1833 年，希腊就与法国建立了外交关系。1963 年法国总统戴高乐访问希腊时曾说过：希腊和法国可能做出的最大贡献将是保持独立的国家地位，而不是做卫星国。目前希腊和法国不仅同为欧盟和北约的成员国，双方还共同推动法国倡议的《地中海联盟》计划。

希法两国军事合作密切，两国与意大利、埃及和以色列等国家，建立了年度东地中海军事演习机制。此外，法国海军和希腊海军就更广泛的地中海地区的安全问题合作。法国海军的航空母舰戴高乐号访问希腊的苏达湾海军基地。2018 年 4 月希腊与法国达成协议，希腊租用法国两艘 FREMM 护卫舰，为期 5 年。

在希腊债务危机问题上，与德国的强硬姿态相比，法国更着眼于欧洲整体，主张希腊留在欧元区，支持希腊实施较宽松的财政政策。2015 年希腊公投否决了国际救助计划所要求的希腊紧缩财政和结构改革的方案，法国总统奥朗德仍然主张恢复与希腊谈判，还派遣专业团队与希腊新财长讨论新的援助计划。2017 年 9 月，法国新任总统马克龙将外交首访定为希腊，支持希腊应对债务危机所进行的改革，倡议设立欧元区拯救基金。马克龙通过首访希腊传递了“振兴欧洲”“重振欧洲”的信号。2019 年 8 月 22 日新上任的希腊总理米佐塔基斯访问法国，与法国总统马克龙会晤，解释希腊经济计划，游说法国支持希腊放松财政紧缩来实施改革，吸引外资投资，加快经济增长。

第四节 与邻国的关系

一 希腊与塞浦路斯的关系

希腊通过武装反抗奥斯曼帝国而建国，它所选择的国名决定着其对外政策的未来走向，即继承对伟大文化遗产的义务。[①] 希腊对古希腊文明拥有强烈的自豪感，极其关切散居在周边国家的希腊人及希腊民族共同体。

作为东地中海具有重要战略地位的岛屿，塞浦路斯成为强国争夺的焦点。1571 年至 1878 年，塞浦路斯由奥斯曼土耳其帝国统治，1878 年土将塞租让给英国。1925 年塞浦路斯成为英国“直辖殖民地”。1950 年，塞浦路斯举行公投活动，当时人口中 80% 是希腊人，18% 是土耳其人，这次公投只有希族居民参加。塞浦路斯的希腊族人将传统的领土收复主义和当地反殖民主义结合起来，要求实现民族自决，超过 95% 的参与者支持塞浦路斯与希腊合并。

由于英国人不愿意放弃在东地中海的地位致使公投失败，希腊政府则小心避免与英国产生纠纷。然而，随着美国开始主导希腊事务，希腊对英国也不再继续保持克制。在希腊的极力争取下，1959 年 2 月英国初步同意塞浦路斯独立，英国、希腊、土耳其三方签订《苏黎世—伦敦协定》，确定了独立后塞浦路斯国家的基本结构和内部两族权力分配。英、希、土三国确保塞浦路斯的独立，英国保留其完整的军事基地。1960 年 8 月 16

① 约翰·科里奥普罗斯、萨诺斯·维莱米斯：《希腊的现代进程——1821 年至今》，郭云艳译，上海人民出版社 2008 年版，第 297 页。

日，塞浦路斯宣布成立共和国，组成希、土两族联合政府，在关键问题上，希腊裔的塞浦路斯总统和土耳其裔的副总统将有权行使否决权。自独立以来，在一切重大问题上，塞浦路斯均与希腊进行沟通并保持立场基本一致。

塞浦路斯在国防和安全方面依赖希腊。为了威慑土耳其的威胁，1993年希腊与塞浦路斯签署共同防务协议。根据协议，土耳其对希、塞任何一国的侵犯都被视为对两国的侵犯，希腊将在塞浦路斯遭遇土耳其进攻时向塞提供海陆空军事支援。在经济方面，希腊凭借地缘优势一直保持塞浦路斯第一大贸易国的地位。希腊积极推进塞浦路斯加入欧盟。

自20世纪90年代后期开始，希塞两国相对独立地实施各自的国家政策。希腊既着手改善同土耳其的关系，又认为其他欧盟国家在塞浦路斯问题上的让步，会削弱希腊在其他重要问题上讨价还价的能力。为此，希塞两国政策有时出现分歧。例如，2004年，塞浦路斯政府反对希腊支持的联合国安南统一方案；2005年，塞浦路斯不顾希腊强烈反对坚持大规模军事演习；希腊希望通过支持土耳其加入欧盟换取其在爱琴海的权益，而塞浦路斯将否决土耳其入盟作为对抗土耳其的有力武器，等等。①

塞浦路斯于2004年正式加入欧盟后，将自己视为独立的欧盟成员国，从政治与经济上做出了向欧盟倾斜的调整，在政治上退出不结盟运动，实施欧盟共同外交政策，高度关注欧盟议题并积极参与欧盟的活动，在经济上加入欧元区，欧盟成为塞浦路斯主要贸易伙伴。虽然在文化与历史方面与希腊相似，塞浦路斯也始终将发展和加强同希腊的关系置于其对外关系的首位，但两国的战略目标和利益诉求仍有所差异，在决策上尽量保持自主性。

二　希腊与土耳其的关系

由于宗教问题、历史上的占领与奥斯曼残酷统治、边界与领土主权争端、塞浦路斯问题等诸多纠纷，希腊和土耳其之间存在着难以消解的怨恨，希腊社会抱有强烈的反土耳其情绪。尽管希、土两国都是北约成员国，但这对于改善双方关系并无大的助益。

---

① 何志龙：《塞浦路斯加入欧盟的影响》，《中东问题研究》2016年第2期。

奥斯曼土耳其帝国从15世纪开始占领希腊，土耳其人统治希腊近400年，直到1821年希腊爆发民族解放战争，之后又经过7年艰苦斗争，最终于1832年获得独立。长期以来，希土双方基本上保持着敌对状态，并且因领土归属问题数次交战。1919年至1922年希土战争加剧了双方之间的仇恨。第二次世界大战结束后，希腊与土耳其同时受到苏联威胁，因此双方关系恢复友好。两国同为“马歇尔计划”的受益方并在1952年加入北约。1955年9月6日，在伊斯坦布尔发生了土耳其人袭击希腊族人的流血事件。1964年土耳其政府开始大规模驱赶居住在其境内的希腊人。在塞浦路斯问题上双方关系走向恶化。1974年土耳其出兵塞浦路斯，造成塞浦路斯南北彻底分裂，希土两国一度走向战争边缘。

塞浦路斯是地中海第三大岛，靠近土耳其重要的石油港口杰伊汉和土叙边境的重镇伊斯坎德伦，土耳其不能容忍希腊控制塞浦路斯，为此土耳其一直在塞浦路斯维持着一定数量的驻军。土耳其和塞浦路斯的土耳其族担心，塞浦路斯统一后希族会推进全岛的希腊化并最终推动塞浦路斯并入希腊。

爱琴海岛屿归属和大陆架划分几度使希腊和土耳其走到战争边缘。根据1923年7月24日在瑞士签订的《洛桑条约》，爱琴海上2000多个岛屿几乎全部划归希腊。之后很长一段时间双方并没有发生严重争端。20世纪80年代初，土耳其军人政府提出了有关爱琴海领海、领空划分问题，以及希腊不得在爱琴海岛屿上部署武装力量等要求。希腊控制了爱琴海上绝大多数岛屿并根据国际条约力争权益。爱琴海对双方而言，均具有高度的战略、政治、经济价值。希腊大部分岛屿在爱琴海，关乎到领土主权问题，对土耳其而言，爱琴海是其西部与北部出入地中海的通道，具有高度的战略意义。

1987年3月，希腊与土耳其就爱琴海大陆架石油开采发生争执，几乎酿成战争。1996年两国又发生了伊米亚岛危机。岛屿领土主权、爱琴海石油勘探权争端与塞浦路斯问题纠结在一起，导致希腊与土耳其两国关系长期处于敌对紧张的状态下。此外，双方在土耳其加入欧盟问题、少数民族问题上也相互纠结，无法得到妥善解决，让双方矛盾越积越深，关系难以得到根本改善。

21世纪初，希土两国关系出现了缓和的一面。1999年土耳其与希腊都遭遇强烈地震，两国互相施以援手，双方关系才逐渐解冻。在1999年12月欧盟峰会上，希腊支持土耳其加入欧盟的候选资格，为改善两国关系迈出关键一步。2000年希腊外长帕潘德里奥访问土耳其，土耳其外长杰姆回访，签署了一系列合作协议，并在同年参加北约的军事演习。2004年，土耳其总理埃尔多安访问希腊，双方同意进一步推进和解进程。2008年希腊总理卡拉曼利斯访问土耳其，这是希腊总理50年来的首访，之后双方实现了贸易额的逐年增长。2017年12月7日，土耳其总统埃尔多安访问希腊，这是自1952年以来土耳其国家元首第一次访问希腊，旨在协商解决争端，两国达成了爱琴海应是"和平之海"及在联合国框架下解决塞浦路斯问题的共识。

希土关系的改善无法消除两国的根本分歧，在领土与主权这一核心问题上双方均未做出让步。希腊旨在通过同意土耳其加入欧盟来换取在爱琴海的权利和主张，但土耳其却未必让步。土耳其总理埃杰维特曾经表示的："土耳其和希腊之间已经开始的对话能够处理经济和文化问题，却不能够处理爱琴海争端。"①

2019年2月和5月，土耳其方面在大批军舰掩护下，对土耳其军队控制下的塞浦路斯北部地区进行油气钻探。土耳其还在地中海海域启动了大规模的海军演习"海狼—2019"。塞浦路斯指责土方的开采侵犯塞专属经济区，同时表示塞方有意加速对该海域油气的开采进度。土耳其行为加剧了其与塞浦路斯、希腊的紧张关系，也使南北塞浦路斯分裂、专属经济区归属及爱琴海领土争端等多个敏感议题再度浮现。希腊海军导弹巡逻艇跟踪并主动撞击土耳其护舰队，双方持续对峙一个多月。美国和欧盟支持塞浦路斯、希腊反对土耳其的勘探。在塞浦路斯的专属经济区，法国、意大利、美国、荷兰、以色列等国的大能源公司都有相关合作业务。

2019年11月，因土耳其与利比亚民族团结政府签署涉及领海边界的谅解备忘录而令地中海局势十分紧张。希腊总理米佐塔基斯在12月3—4日伦敦北约峰会上要求北约谴责土耳其。米佐塔基斯称，北约在战略上保持与希腊及土耳其的对等距离，事实上是对希腊的不公平，因为希腊从未

① Heinz-Jurgen Axt, "Relations with Turkey and Their Impact on the European Union", *Southeast European and Black Sea Studies*, Vol. 5, No. 3, September 2005, p. 374.

试图在地中海地区制造紧张局势，但希腊知道该如何自信、冷静和有效地捍卫自己的权利。[①] 与此同时，希腊联合埃及加快两国之间关于专属经济区（EEZ）和划界的谈判。

三 希腊与北马其顿共和国的关系

冷战结束以来，希腊与前南斯拉夫马其顿共和国之间围绕“马其顿共和国”名称发生纠纷。1991 年 11 月，前南联盟共和国马其顿宣布独立，定国名为“马其顿共和国”，对此，希腊表示强烈反对，认为该名称争夺了希腊马其顿帝国的荣耀，窃取属于希腊人的古马其顿文化，理由是马其顿共和国使用的“弗吉纳之星”图案是希腊人珍视的马其顿王朝的象征。更重要的是，马其顿共和国的宪法序言号召世界各地的马其顿人在马其顿旗帜下联合起来，对希腊北部的马其顿地区抱有野心。[②] 希腊坚持该国只能用“马其顿”以外的国名独立，而马其顿认为无论从国家主权还是民族历史来看，“马其顿共和国”国名都十分合适，所以拒绝更改。

为阻止欧洲国家承认“马其顿共和国”，希腊外长承认斯洛文尼亚和克罗地亚，并按照欧共体的共同宣言规定希腊承认它的条件，其中包括禁止“对邻国提出领土要求，进行敌意宣传以及使用暗含领土要求的名称”。[③] 由于马其顿首先要争取欧盟国家的承认，希腊要求欧盟各国和自己保持一致，在马其顿更名以前不能承认它的独立，并在 1992 年欧盟里斯本会议上获得通过，希腊将此看作一场外交胜利。

1993 年 4 月马其顿以“前南斯拉夫马其顿共和国”临时国名加入联合国。希腊政府考虑到欧美各国难以再继续支持自己的要求，立场上开始松动，表示对方在国内可以使用，但在外交场合不可以用马其顿作为国名。此时，马其顿也迎来建交高潮。1993 年底，德国、英国、法国等国家相继承认马其顿，美国也于 1994 年宣布承认。希腊争取欧美各国压制马其顿共和国外交政策受挫。为表示抗议，希腊于 1994 年对马其顿共和国实行经济封锁包括实行贸易禁运。

---

① 转引自希华时讯，2019 年 12 月 2 日，https：//china. greekreporter. com/。

② 宋晓敏编著：《列国志 · 希腊》，社会科学文献出版社 2008 年版，第 390 页。

③ 约翰 · 科里奥普罗斯、萨诺斯 · 维莱米斯：《希腊的现代进程——1821 年至今》，郭云艳译，上海人民出版社 2008 年版，第 333 页。

欧美国家对希腊这一强硬做法十分不满，因为马其顿独立后奉行西方化的政治经济制度以及价值观，被西方国家视为潜在盟友和巴尔干战略的重要一员，更担心巴尔干地区冲突蔓延。欧盟委员会要求欧洲法院发布命令，指责希腊贸易禁运违反欧盟法。1995 年 9 月，在欧美国家的斡旋下，希腊和马其顿两国外长签署了相互谅解与合作协议：希、马两国相互承认对方为独立国家；马其顿宪法中有关条款不能也不会成为向希腊提出领土要求的依据，并取消其国旗上的古马其顿徽记；希腊取消对马其顿的经济制裁，不再反对马其顿以“前南斯拉夫马其顿共和国”的名称加入国际组织。在马其顿于 2006 年底将斯科普里机场改名为亚历山大大帝国际机场后，希腊决定中断两国首都之间的直航。

希腊和马其顿两国关系从对抗到关系正常化走过了一段曲折的道路。在多年的争执后，双方于 2018 年 6 月 17 日在靠近马其顿的希腊北部城市普雷斯帕达成协议。按照《普雷斯帕协议》，马其顿改名为“北马其顿共和国”，协议需得到两国国会的批准。希腊总理齐普拉斯和马其顿总理扎埃夫出席了当天的签字仪式。此外，欧盟外交和安全政策高级代表莫盖里尼、欧盟委员会负责扩大与睦邻政策的委员约翰内斯·哈恩、联合国秘书长代表迪卡洛等国际组织官员也出席了签字仪式，表达了支持这份协议的立场。2018 年 11 月 1 日希腊首都雅典和马其顿首都斯科普里之间恢复了中断近 12 年的直航。在两国关系改善的推力下，双方贸易投资关系取得了明显增长。2018 年两国双边贸易比 2017 年增长了 15.8%，希腊对北马其顿的出口上升了 19.1%；同时希腊已经成为北马其顿共和国第二大投资国。[①] 2019 年 4 月 2 日希腊总理齐普拉斯访问北马其顿，打破双方几十年的僵局。两国领导人签署了多项友好协议，包括在双方首都设立大使馆、放宽贸易壁垒等。

2019 年 7 月新民主党上台执政，北马其顿问题是其外交挑战之一，希腊民意主流仍然对北马其顿共和国国名中继续保存“马其顿”的字样表示反对。

---

① Greek Reporter，https：//greece. greekrepoter. com/category/greek-news/economy/.

四　希腊与地中海国家的关系

希腊是地中海地区固有组成部分，自古以来就与该地区的人民和国家保持着强大而不间断的联系。作为东地中海国家，希腊将地中海视为交流、贸易和合作的海洋，希腊希望在更广泛的地区发挥积极作用，促进地中海国家之间建立实质性协调合作。因此，希腊不仅支持地中海联盟，也是地中海论坛的创始成员。地中海地区论坛的创始国包括希腊、葡萄牙、西班牙、法国、意大利和马耳他，以及地中海南岸国家摩洛哥、阿尔及利亚、突尼斯、埃及和土耳其。从2003年起，希腊一直是管理地区水资源的“地中海欧盟水倡议（MED EUWI)”的主要国家。

希腊倡议的“罗得岛安全与稳定会议”是一个汇集地区国家的对话论坛，论坛于2016年创建，旨在构建地区合作之桥。地中海沿岸国家面临多重冲突和危机，为此，来自东南欧、地中海和海湾地区的国家在希腊罗得岛定期举行会议，讨论如何有效应对这些日益严峻的挑战，特别是促进东地中海地区的安全和稳定，发展旨在建设更安全和更繁荣的地区协同发展。①

希腊在东地中海有着重要的利益，希腊的地区雄心不仅建立在其北约和欧盟成员国身份，还在于其海上力量的发展。虽然以海上力量为基础的方法不能取代希腊作为欧盟不可分割的一部分的战略，但它可以改善希腊在巴尔干地区停滞不前的政策状况，最重要的是，它可以帮助希腊应对来自南方和东方的大规模移民浪潮的挑战。②

自20世纪90年代中期以来，希腊一直在与以色列的务实合作关系及其与阿拉伯国家的传统伙伴关系之间摇摆不定。希腊与以色列双边贸易大幅增长，到21世纪初，以色列成为希腊在中东北非地区最大的贸易伙伴，虽然在2007—2008年度有所下降，但整体贸易关系仍处于非常显著的水平。在这一时期，由于欧盟基于共识的阿以政策改变了希腊偏重阿拉伯国家的政策立场，希腊外交政策的欧洲化，使其在以色列和阿拉伯国家的关

---

① 希腊外交部网站资料，https：//www. mfa. gr/en/foreign-policy/regional-policy/mediterranean. html.

② Spyridon N. Litsas, Aristotle Tziampiris, “Foreign Policy Under Austerity Greece’s Return to Normality?” *Springer Nature*, 2017, DOI：10. 1057/978 – 1 – 137 – 57582 – 1, p. 108.

系之间取得平衡。2014 年希腊和以色列在爱琴海和克里特岛举行了联合军演。

希腊这种转变的第一个纲领性表述可称为发展与以色列关系战略，它的基础是希腊和以色列联合可以阻止土耳其使用武力或武力威胁，以便在划定大陆架、陆地水域和国家空域方面，促进希腊在爱琴海以及塞浦路斯的利益。对土耳其的恐惧使希腊无法行使其扩大领海的权利并划定其专属经济区，希腊和以色列的联盟将成功地平衡土耳其。①

希腊的中东和地中海政策依然将土耳其视为最大威胁，其政策很大程度上以解决与土耳其之间的争端作为基础。东地中海地区陆续创建了希腊—塞浦路斯—以色列及希腊—塞浦路斯—埃及两组三方首脑会议机制，两组三国首脑峰会都是半年举行一次，会谈涉及政治、安全、外交、经贸等领域。2009 年后东地中海海域陆续发现大型天然气田是东地中海国家加强合作的另一个直接原因。

2018 年 5 月，希塞以三国举行了第四次首脑会议，三方签署了空间技术、卫星运行及应用合作谅解备忘录、电信与信息通信技术合作谅解备忘录，以及次区域海洋石油污染应急计划执行协议。希塞以还建立了三国防长定期会晤机制，深化军事关系，旨在共同应对共同威胁，加强在网络安全、联合军演、东地中海联合搜救等领域的合作。2018 年 12 月，希塞以三国政府宣布，将共同推动名为 EastMed 新的天然气管道建设。该管道一旦建成，可以在目前经土耳其天然气管道之外，开辟另外一条将来自地中海东岸地区的天然气运输到欧洲。EastMed 新管道得到美国和欧盟的支持，土耳其极力反对。希腊的目标是成为地区能源管道枢纽。

2014 年 11 月 8 日，希腊、塞浦路斯和埃及三国领导人在开罗举行了首次会谈，希腊总理萨马拉斯、塞浦路斯总统阿纳斯塔西亚迪斯以及埃及总统塞西共同签署了《开罗宣言》，确定 3 国将在多个领域展开合作，包括打击恐怖主义和充分开发地中海东部油气资源。2015 年 12 月三国首脑会议签署了《雅典宣言》，宣言称三国将建立永久合作机制，并谋求塞浦路斯问题、巴以冲突以及叙利亚、利比亚和也门危机的公平解决。三国支

---

① Spyridon N. Litsas, Aristotle Tziampiris, "Foreign Policy Under Austerity Greece's Return to Normality?" *Springer Nature*, 2017, DOI: 10.1057/978 – 1 – 137 – 57582 – 1, pp. 104 – 105.

持通过国际合作应对难民危机和恐怖主义威胁；在开采地中海天然气问题上加快谈判进程。

小结

希腊对外关系与外交政策随着世界与国内的动荡而起伏不定。希腊的对外关系和外交政策既立足于西方（欧盟和北约）又着眼于东方（土耳其和中东）。第二次世界大战后，希腊全方位地融入欧洲—大西洋体系，先后加入北约和欧盟，在政治、经济、军事及安全方面，与美国和欧洲国家建立密切关系。同时，希腊寻求在北约框架下的相对自主性，增强自己在巴尔干和地中海地区的影响力，积极促进东地中海区域合作，增强平衡土耳其的能力。

与美国和欧盟的关系是希腊对外关系中的主要方面，主张北约与欧盟在维护地区和平与安全上共同发挥作用。随着非西方大国在国际体系中的崛起，希腊对外政策开启了全球视角，逐步认识到全球市场和全球性问题对希腊的重要性，亚洲大国在希腊外交关系中的地位上升。

第二篇

重大专题研究

第一章　古希腊文明及其贡献*

古希腊文明是西方文明最重要和直接的来源。前5—前4世纪是希腊文明最为辉煌的时代，无论是商品经济还是民主政治，都发展到了一个巅峰。古希腊地区高度繁荣的经济生活产生了光辉灿烂的希腊文化，对后世产生深远影响。古希腊人在哲学、思想、诗歌、建筑、科学、文学、戏剧、神话等诸多方面有很深的造诣。城邦制度的确立，既是古代希腊历史演变的结果，也是希腊古典文明得以展开、繁荣并且有别于其他古代诸文明的关键所在。

第一节　文明概况

一　地理环境

希腊是欧洲最早进入文明的地区，是欧洲文明的发源地。但是，我们这里所要讲述的古代希腊，并不是一个现代意义的国家概念，事实上，古代希腊人并没有关于一个统一国家的概念，古代的希腊更多的是一个文化地理的概念，便如同今天的阿拉伯一样。古希腊的范围要比今天的希腊国家广阔得多，它位于欧洲巴尔干半岛南端的欧、亚、非三洲交汇处，三面临海。东临爱琴海，与西亚的波斯帝国相对；西濒爱奥尼亚海；南隔地中海与北非的埃及相望。主要包括巴尔干半岛南部、小亚细亚半岛西部、意大利半岛南部、西西里岛及爱琴海诸岛屿等地区。

地处欧、亚、非三洲交汇，三面临海的环境，而且爱琴海、地中海以及爱奥尼亚海中岛屿密布，许多小岛相距不远，可以隔海相望，不会使人

* 本章的主要内容节选自吴晓群《希腊思想与文化》一书中的相关章节。

产生太大的畏惧感。这里的居民从旧石器时代晚期就开始了航海活动，进入文明以后更见兴盛。铜器时代以后，爱琴海已变成希腊与东方先进文明建立联系的主要通道，他们向东航行经叙利亚而接触巴比伦文明，从爱琴海南边最大的岛屿克里特往南往东，也很容易到达埃及。通海的便利的确使得希腊与外部有着更多的交流，而大海在为他们提供了生活多种可能性的同时，也提供了思想的多重可能性，在海上贸易的过程中、在与异邦民族的交往中，他们得到多种多样的刺激，并尝试着将学来的东西按照自己的方式加以理解、发展，最终创造出自己独特而辉煌的思想与文化成就。

希腊本土分为北希腊、中希腊和南希腊三部分，北希腊是多山的地区，文明发展的脚步相对较晚，不过后起的马其顿却最终成就了希腊的帝国之梦。中希腊的雅典从古到今始终是希腊最大的政治、经济、文化中心。南希腊在地理上又被称作伯罗奔尼撒半岛，其东北端的迈锡尼是爱琴文明后期的重镇，地位非常重要。而半岛南端的拉科尼亚平原上的斯巴达则是城邦时代与雅典齐名的另一个重要的希腊城邦。总的说来，希腊本土虽有一些肥沃的山谷，但大部分是荒瘠不毛之地，而且彼此间的陆地交通为群山所阻隔。在这些山谷里，小小的各自分立的区域社会成长起来，它们以农业为生，除了北部希腊以外通常都有一个靠近海边的城市。在这些狭小的生存空间里，当任何区域因人口增加使得国内资源出现匮乏时，在陆地上无法谋生的人们就会出海去谋求新发展。于是，希腊人在地中海沿岸建立了许多殖民城邦，而且往往比本国更为富饶。

这种多山、临海以及多岛屿的地理环境与阳光灿烂、冬无严寒夏无酷暑的地中海气候对希腊人的精神特性产生了深刻的影响。在他们被群山所阻隔的狭小的生活空间里，土地并不十分富裕，主要只能种植葡萄和橄榄，还有少量的粮食作物。但是也无须终日面朝黄土、背朝天地辛苦耕耘。陆地上的交通因为山脉的阻隔而显得不便，但他们的国土通向广阔的大海。

二 历史分期

从远古时代走向城邦文明及至衰落，古代希腊的历史大致经历了五个阶段：（1）爱琴文明或克里特—迈锡尼文明时代（前 20 世纪—前 12 世纪），（2）荷马时代（前 11 世纪—前 9 世纪），（3）古风时代（前 8 世纪

—前 6 世纪)，(4) 古典时代 (前 5 世纪—前 4 世纪中期)，(5) 希腊化时代 (前 4 世纪晚期—前 2 世纪)。

经由考古发掘所再现的克里特—迈锡尼时期辉煌的青铜文明，证实了当时的希腊已进入了早期国家的阶段，其王权统治的形式与古代巴比伦、古代埃及的统治形式相似。我们从克索诺斯王宫遗址、迈锡尼的竖井墓、圆顶墓以及泥板文书的记载中可以看到，当时的国王、贵族们为自己建造大型宫殿及陵墓，占有大片土地，拥有数量不等的奴隶，他们生前享尽荣华，死后还有数不清的金、银等器皿陪葬。这些考古发掘与神话中所描述的克里特的强大及迈锡尼的富有大致吻合。

有学者认为，由于处在军事民主制阶段的多利亚人南下，最终毁灭了迈锡尼各国。但是他们并未建立自己的国家，且因为他们没有文字，又缺乏艺术、手工艺方面的才能，从而未能给后世留下解读他们文明的文字、绘画及实物材料。故此在历史上，前 1200 年至前 800 年这段时间被称为“黑暗时代”(the Dark Age)。然而，荷马的两部史诗为我们提供了这一时期希腊人的许多风俗习惯、政治制度以及思想观念的丰富资料。这是希腊最早的文学作品，也是西方历史上最伟大的英雄史诗。它是我们解读这个时代的最重要依据，因此，我们更趋向于将“黑暗时代”称作“荷马时代”(the Age of Homer)。同时因为史诗描述的是“英雄”的故事，所以也被称作“英雄时代”。

从前 8 世纪开始，希腊世界逐渐走出“荷马时代”。一批从北部南下的、属印欧语系的民族在希腊半岛及其周边地区定居下来，创造了自己的文明、形成了自己的风格，也就成了我们今天所说的“希腊人”。当时，从希腊本土到爱琴海诸岛屿、从小亚细亚到黑海沿岸纷纷涌现出许多自治自给的蕞尔小邦。自此，古代希腊进入了城邦时代。一般说来，前 8 世纪至前 6 世纪，是城邦兴起直至最终确立的时期，史称古风时代 (the Archaic period)。从许多方面看，古风时代都是希腊文明发展中的一个高潮。这是一个探索与创新的时代，在许多方面都创造出了新的观念以及与之相应的时代精神。

前 5 世纪至前 4 世纪上半期是希腊城邦兴旺发达的时期，史称古典时代 (the Classical period)。这是一个文明高度发展、伟大人物和伟大作品层出不穷的时代，希腊人遗留给后世的许多思想与文化精品都产生于这一时期。同时，这也是一个动荡不安的时代，两次给希腊世界带来重大影响的战争都发生在这一时期。这是希腊古典文明最成熟的时代，城邦文明中各种被后人称赞不已的成就得以充分展示，同时其弱点和不足之处也开始暴露出来。总之，这是一个辉煌的时代，也是一个光荣背后隐含着危机的时代。

前 8 世纪至前 4 世纪，古代希腊历史的显著特点是希腊本土、爱琴诸岛以及小亚细亚沿岸、意大利半岛等地区先后并存着数以百计的城邦小国。其中著名的城邦有雅典、斯巴达、麦加拉、底比斯、科林斯、以弗所、米利都等。城邦的政体形式主要有贵族政治、民主政治、寡头政治、僭主政治等。古代希腊的城邦一般都设有由职业官吏组成的官僚机构和向公民征收直接税的常设财政机构。大体说来，每个城邦都有三种政治机构：由成年男子构成的公民大会、议事会（如斯巴达的长老会议、雅典的五百人会议）和经选举产生的（或至少需得到公民大会确认的）公职人员，首先是负责军事指挥的公职人员等。这三种政治机构的权力大小要视不同城邦的不同政体而定，但这三重机构总是存在的。在希腊城邦的历史上曾有过君主制，也有过具有个人独裁色彩的僭主政治，但在城邦制度发达时期，还是以贵族政治和民主政治居多。这种形式上小国寡民的城邦最本质的特征就是公民的参政获得了较充分的发展。

古典时代后期，连绵不断的长期战争，使希腊各城邦困顿不堪。而这一混乱阶段的存在使外来强国得以征服希腊并用暴力统一希腊。前 338 年，马其顿国王腓力二世在喀罗尼亚大败底比斯与雅典联军，并进而剥夺了希腊各城邦的大部分自治权。前 324 年，亚历山大大帝东征以后建立起一个地跨欧亚非三洲的帝国。前 323 年亚历山大大帝死后，往昔繁荣昌盛的希腊古典文明便宣告彻底结束，一种混合着希腊和东方因素的新文明诞生了，希腊历史进入希腊化时代（the Hellenistic period）。

前 168 年罗马征服马其顿王国，前 30 年，罗马灭亡了最后一个希腊化国家——统治埃及的托勒密王朝，古代希腊的历史随之结束。

三　城邦政体

从前 8 世纪开始，从希腊本土到爱琴海诸岛屿、从小亚细亚到黑海沿岸纷纷涌现出许多自治自给的蕞尔小邦。这是一种完全不同于爱琴文明的发展模式。自此，古代希腊进入了城邦时代。当时，古代希腊历史的显著特点是各地区经济、政治、文化发展不平衡，数百个城邦并存。一般情况下，一个城邦包括城市和乡村两部分。所有希腊城邦都是小国寡民。其中著名的城邦有雅典、斯巴达、麦加拉、底比斯、科林斯、以弗所、米利都等。

城邦制度的确立，固然是古代希腊历史演变的结果，也是希腊古典文明得以展开、繁荣并且有别于其他古代诸文明的关键所在。通观古代希腊史，城邦的建立及其特征正是希腊古典文明得以产生、兴盛，又终至衰落的根源所在。

希腊城邦的居民按照政治地位可以分为三大类：一是拥有公民权因而能够参加政治活动的自由人；二是没有公民权的自由人，他们或是来自外邦的移民（又称“异邦人”），或是由于特定的历史原因而与当权的公民集体处于不平等地位者，或是因贫困而失去公民资格者，或是因违法而被剥夺了公民权者，或是被释放了的奴隶；三是处于被剥削、被奴役地位的奴隶。奴隶大多是非希腊人，但也有部分是希腊人。每个城邦的公民作为一个整体构成统治集团，与没有公民权的自由人和奴隶相对立。这是城邦这种早期国家的特点之一。

所有城邦在形成时期，农业都是最主要的生产部门，作为主要生产资料的土地只有公民才有权占有。在城邦的繁盛时期，工商业虽然有了很大发展，但仍然是小规模的和局部的，商业活动“总是土地所有者的副业”。因此，发展工业性产品的利润很少或几乎没有。不存在谋取最大利润或技术进步的观念，国家的经济政策目标是保证公民集团的消费，而不是发展生产或创造有利于工商业发展的环境，因而工商业在古代并不是占优势的产业。

城邦的重要任务是保卫国家的独立和内部安全。在城邦中，全体成年男性公民组成一个军人团体，每个公民都有随时应征参战的义务，而且在一般情况下由应征者自己负担军需和武器装备。除僭主当政时期外，一般城邦内部没有脱离公民集体、凌驾于公民集体之上的常备军。城邦后期，公民兵制的瓦解和雇佣兵制的发展正是城邦衰落的重要标志之一。

“城邦”（polis）一词就其字面意义来说，原先指的是“堡垒或卫城”，与“乡郊”相对。堡垒周围的市区称为“阿斯托”。后来人们把卫城、市区、乡郊统称为一个“波里”。

尽管政治、经济、军事的功能，不同类型的人们所组成的集体，一定的领土范围等，都是构成城邦的必要条件，然而所有这些还不能形成一个真正意义上的城邦。“城邦”内在所蕴含的精神要素才是其存在的最终合法性及其神圣性。这种精神要素，在古代希腊，即是宗教的理念、神的允诺，而这些又是通过各种在公共空间里举行的活动得以具体表达的。所谓“公共空间”，就是指公民共同生活得以展开的一个“场所”。这不仅仅是一个几何学意义上的空间，更重要的是一种理念上的空间。所谓的“共同生活”，正如法国学者韦尔南所认为的，是指“社会生活中最重要的活动都被赋予了完全的公开性”。

希腊文的“公民”（Polites）一词就是由城邦一词衍生而来的，意即“属于城邦的人”。也就是说，获得公民资格，就意味着成为城邦的一分子，而没有公民资格的居民虽然生活于城邦中，但并不属于城邦，只有公民才是属于城邦的。当古代希腊人称呼“雅典人”“斯巴达人”时，他们指的仅仅是雅典的公民或斯巴达的公民，而不包含其他居民。换言之，希腊人的公民身份只是少数人的一种特权，在与其他无公民权居民的对照中，公民的身份和地位才鲜明地凸显出来。而在古代希腊，“公民”这一概念是不包括侨民与奴隶的，亚里士多德认为甚至老年人和儿童也不是完全意义上的公民。

公民集团的狭小及其封闭性和排外性，带来了城邦内部紧密的生活，无疑又强化了公民内部的一体化心态。他们把城邦视为一个有机整体，自己是其中的组成部分。个人没有独立的价值，他的价值依赖于整体。他的财产、家庭、利益、荣誉、希望，乃至他的肉体生命与精神生命、他整个的生活都是属于城邦，系之于城邦的。在城邦中，有他的一切，失去城邦，便失去一切。所以公民要誓死维护城邦的独立和自主，与城邦共存亡。

这与近代的公民观念有很大的不同，西方近代的公民观念源于社会契约理论。根据这种理论，国家是平等独立的个人的集合，公民权是受法律保障的个人权利。然而希腊公民却是“属于城邦的人”，他们从来就没有与城邦分离的意识和要求。在他们的心目中，“公民资格不是拥有什么，而是分享什么”。[1] 在希腊，所谓的公民权，只是指公民资格或身份而言，并不是一种个人权利。

四　战争与城邦的兴衰

前5世纪至前4世纪上半期是希腊城邦兴旺发达的时期，在这一时期，发生过两次与希腊世界盛衰攸关的战争，即希波战争（The Persian Wars）与伯罗奔尼撒战争（The Peloponnesian War）。这两场战争，不仅对希腊的政治、经济产生了巨大的影响，同时也对希腊人的思想观念、精神面貌产生了极为深远的影响。

前6世纪末，希腊世界在地中海东部地区的发展已颇具规模。与此同时，在西亚兴起的波斯帝国也统治着小亚细亚、叙利亚、巴勒斯坦至埃及的广大地区，并进军多瑙河，控制色雷斯，直接逼近希腊，呈锐不可当之势。最终爆发了一场以雅典、斯巴达为核心的希腊城邦和波斯帝国之间的战争，史称希波战争。它在希腊史中占着前5世纪的整个上半叶，直到前449年，雅典使节在波斯国都苏萨与之缔结《卡利亚斯和约》，希波战争遂正式结束。希波战争终于以希腊的胜利而告终，这在世界历史上影响深远。此后，世界文明发展的格局便逐渐形成东西方并立共存之势，一直延续至今，而它最初的分水岭可以说就是希波战争。

然而，由于雅典战后的恣意妄为与横行霸道，引起了斯巴达人的不安乃至恐惧，前431年—前404年，一场以雅典为首的海上同盟和以斯巴达为首的伯罗奔尼撒同盟这两大城邦集团之间的战争终于爆发。这场战争中一方是海上强国，另一方是陆上强国，因此也可以说是当时欧洲最强大的海军和最强大的陆军之间的一场战争，战争连绵27年之久，史称伯罗奔尼撒战争，修昔底德称：“这是希腊人历史中最大的一次骚动。”其间，雅典经历了三年瘟疫的重大打击和西西里远征的军事失败，再加上内部的党争、奴隶的逃亡以及盟邦的叛离，这一连串的事件使雅典元气大伤，最后只得宣布投降，内战终于结束了。对于整个希腊世界来说，这场战争是一场重大的灾难。无论是战胜者或是战败者，都遭受到不可弥补的损失，希腊各城邦原有的矛盾不仅没有解决，反而更加尖锐了，再加上新出现的

---

① G. 萨拜因：《政治学说史》，盛葵阳、崔妙因译，商务印书馆1986年版，第25页。

种种矛盾，致使希腊全盛时期的繁荣从此一去不复返。

如果说希波战争是使希腊世界走向繁盛的一个重要转折点的话，那么伯罗奔尼撒战争则是使希腊由盛而衰的另一个重要转折点。虽然战后希腊在文化方面还没有立即从繁荣昌盛的顶峰衰落下来，但在政治、经济以及精神面貌方面已经日薄西山，呈现出一派衰败的颓势。这种混乱局面的存在给予外敌以可乘之机，使外来强国得以用武力征服并统一希腊。前338年，马其顿国王腓力二世在喀罗尼亚大败底比斯与雅典的联军，他随即剥夺了希腊各城邦的大部分自治权。自此，希腊古典时代结束，希腊化时代即将开始。

五　宗教与仪式

古代希腊宗教和我们今天习惯上所联想到的“宗教”这个词有很大的区别。古人的宗教不是书本上的教义，而是与当时的整个社会乃至个人的生活密切相关的一种“相信”。希腊宗教也不是由祭司、先知，或是圣人以及任何其他离普通的现实生活很遥远、具有特别神性的人创造发展起来的。希腊人没有权威性的圣经宝典，没有教规、教条，甚至可以说，他们根本不知道正统教义是什么。他们更没有神学家来为“永恒”和“无限”下一个神圣不可侵犯的定义。他们从来没有试图去定义什么是他们所以为的宗教，他们只是不断地在表达或暗示它。对于古人而言，不可见的东西必须借助可见的东西才能得到理解。在这其中荷马和赫西奥德功不可没，他们的诗篇为希腊人提供了有关诸神的完整谱系、神与神以及神与人之间的故事，这些形象而生动的神话传说成为希腊人认识神、理解神的最好蓝本，由此形成希腊人对神灵的共同认识。这种认识实际上不仅代表了希腊人对他们所不了解的事物的敬畏和崇拜，也是他们对自身有限力量的认识。

多神教最大的特点便是缺乏一个至高的唯一神，因而也就没有一种唯我独尊的官方宗教。希腊宗教正是如此，在整个希腊历史上基本不存在严格意义上的官方宗教，但有由各个城邦或地区所认可并出面组织的正统仪式。这是因为从荷马时代开始，随着希腊世界政治、经济、文化的发展变化，在统一的希腊民族的观念开始形成的过程中，希腊各地的远古宗教的各种成分渐渐融合，发展为新的宗教形式，居住在奥林波斯山上的诸神逐渐成为人们崇拜的主要对象。

于是，一方面，在希腊本土以及地中海沿岸各个城邦中均流行着各种不同的民间信仰；另一方面，对奥林波斯诸神的崇拜则构成了希腊宗教及其祭祀活动的主要内容。特别是到了城邦时代，祭祀奥林波斯诸神的仪式多由城邦主办，或由一个地区来组织。由此，这些仪式就具有了城邦正统仪式的身份，而奥林波斯宗教也就成了希腊世界的正统宗教，它为城邦的全体公民所共同信奉。需要提请大家注意的是，这种宗教与后世的高级宗教很不相同，它并不是一个与社会其他领域相割裂而相对独立的范畴，它是与社会所有领域融合在一起的。

这种宗教的一大特点就是，各个城邦都将所属的公共权力看成是本邦守护神（基本上都出自奥林波斯神系）的恩赐，由此，宗教便成了一种把某一地方的居民联结成一个大团体的黏合剂。正统宗教和神化了的公共权力在完善希腊城邦制度与推动社会进步方面起到了积极的作用，有助于社会的一体化。当然，由于泛神的世界观，使得希腊城邦中具有官方性质或为城邦所认可的宗教机构及人员不可能包罗万象，城邦中还存在诸多民间宗教社团。城邦宗教对大众的制约主要表现在圣法祖制等方面，却不存在真正具有约束力的、权威的教条。公民在共同敬奉本城邦的守护神外，只要不与官方的律法相抵触，还可以选择其他崇拜对象，也可以组织民间宗教社团。

第二节　主要贡献

一　荷马及其史诗

荷马史诗包括《伊利亚特》（*Iliad*，又译作《伊利昂纪》）和《奥德赛》（*Odyssey*，又译作《奥德修纪》）两部。相传是盲诗人荷马（Homer）所著，两部史诗经数代游吟诗人（aoidos）口耳相传，在从希腊世界的一个地区到另一个地区的漫游途中反复吟唱、加工润色，最后在前 6 世纪庇西特拉图僭主政治时期汇编成册，并规定游吟诗人必须从头至尾地演唱史诗，这对荷马史诗的定型起到了重要的作用。从前 5 世纪起，每逢雅典 4 年一次的泛雅典娜节上，都有朗诵荷马史诗的节目。从这制度实行之后，史诗的内容和形式基本上就固定下来了。

荷马史诗是一种韵律诗，采用六音步扬抑抑格诗体写成，具有很强的节奏感。这种诗体是为朗诵或歌吟而创造出来的，在歌吟时，还伴有七弦竖琴的弹奏，以加强其节奏效果。史诗通常是在贵族宴会或公众宗教集会上吟唱。

《伊利亚特》和《奥德赛》每一部的诗句都长达万行以上，后人都将它们分为24卷。其中《伊利亚特》有15693行，《奥德赛》也有12110行。两部史诗的题材都与特洛伊战争有关。事实上，古代关于攻打特洛伊城的战争和英雄返乡的神话传说很多，今天仍散见于古代希腊作家的著作里。希腊有一个漫长而丰富的英雄史诗的传统，而荷马史诗则是这一史诗诗系（epic cycle）中的顶峰作品。据考证，荷马史诗出现时，至少还同时有8部吟唱特洛伊战争的史诗，但只有这两部史诗比较完整地保留下来了。这也许是历史的偶然，也可能是因为它们更加感人、更具艺术性、主题更加鲜明。

不过，这两部史诗都没有完整地讲述战争的经过，《伊利亚特》只选择了特洛伊城战争第10年中的51天，集中叙述了阿喀琉斯的愤怒及其由此带来的一系列结果。《奥德赛》则描述了奥德修斯在海上漂游10年之后终于回到故乡的曲折经历。两部史诗都没有流水账式的平铺直叙，也摒弃了一盘散沙的整体布局，而是用几十天的文字描绘了十年的战争全貌，用精微的细节描写反映了整个社会时代的风貌，这样的处理显然是独具匠心的。

荷马史诗作为集古希腊口述文学之大成的作品，是公认的文学楷模，两千多年来，西方人一直认为它是古代欧洲最伟大的史诗，在西方古典文学中享有最高的地位。而且，更重要的是，史诗集中地反映与保存了古代希腊人的原初宗教、艺术、神话与传说以及文明的其他原初成果，充分体现了古人的聪明与智慧，对该民族以后的发展产生了极为深刻与广泛的影响。

可以说，历史上没有哪一位诗人能像荷马那样，对一个民族的心理及其文化产生那么深远的影响。《伊利亚特》和《奥德赛》作为希腊人的“圣经”，在数百年的时间里都是希腊教育的基础，无论是正规的公民教育还是普通人的文化生活都离不开荷马史诗。无论是对受过教育还是未受教育的希腊人来说，荷马也都是一个耳熟能详的名字，以至于他们只是简单而满怀敬意地称他为“诗人”。

对于后世西方而言，自古以来，荷马史诗都是思想家、作家和艺术家们进行创作的重要借鉴和源头之一，马克思曾经指出，荷马史诗“就某方面说还是一种规范和高不可及的范本”。它是整个欧洲文学的源头，它不可能被重新创造，也不可能被遗忘。对历史学家而言，是研究和认识古希腊必不可少的重要参考书，我们可以大胆地援引荷马史诗中的诗句，以此作为反映古希腊人信念的重要依据。而对于普通人来说，通晓荷马史诗则是知识和素养的标志之一。总之，荷马史诗有着很强的审美价值和认识价值，阅读史诗得到的不仅是审美上的愉悦，还能从中对古代希腊人有一个更好的理解。因为，“荷马”已不再只是某一个人的名字，它已成为一个文化的象征。

二　哲人及其思想

希腊文化中有一个方面，在当时并没有直接触及大部分公民的生活，却对后世的西方世界乃至整个人类产生了巨大的影响——这就是哲学。

古希腊人求知探索的思辨活动，其成就主要集中体现在哲学思想的发展中，希腊哲学是整个西方哲学传统的源头，哲学（philosophy）这个概念就是来自古希腊文，它由 philo（爱）和 sophy（智慧）两个词所组成，意思就是“爱智者的学问”。希腊哲学最初的命题是探究世界的本质。

在希腊，科学与哲学的开端都与爱奥尼亚的米利都学派（Miletus）联系在一起，他们开始研究自然，解释自然现象，追问万事万物的根源是什么。其代表人物是米利都的泰勒斯（Thales，大约前 624 年—前 546 年），在西方，人们把他称为“哲学之父”。他被认为是历史上第一个用自然本身来解释自然的人，也就是说他没有借用神或任何超自然的力量来解释自然。他说：“万物是由水组成的。”这句看似十分平常的话成了西方哲学和科学的开端，因为它打破了神创造世界的宗教性创世传统，代之以建立在观察之上的理性思想，这在当时是一种思想上的创新。

希波战争以后，希腊的社会及政治状况开始发生变化，伯里克利时代的雅典，所有公民都有参加政治活动的同等机会。在城邦这个小社团中，言语逐渐成为一种真正的权力工具，它不再只限于少数特权者的范围，而是扩展到人数更多的公民团体之中。由此产生了一批自称“智者”（sophists）的人，他们教授的是在公共场合下演说的艺术以及辩论的技艺。他们所教授的科目，主要是政治学、辩论术、修辞学，此外还涉及其他的学科。智者们在思想上各持己见，各说各的道理，没有明显一致的立场和观点。不过，他们之间还是有一些共同之处，如轻理论重实际、对神的存在表示公开的怀疑、反对传统的伦理和政治观念、主张个人的道德等。可以说，他们并不是真正意义上的某一学派的哲学家，但都是反传统的个人主义者、怀疑主义者和实利主义者。

对于希腊哲学来说，苏格拉底的思想像一个历史的枢纽，因为它终结了一个时代，开启了另一个时代。从所处的地位和重要性上来说，全部的希腊哲学史，都围绕着一个名字——苏格拉底。他是希腊思想史上最伟大的人物，其后西方哲学上所有的流派，都直接或间接地从他那里发展出来。

然而，苏格拉底不是一个以书本传世的哲人，实际上他没有亲笔写下过任何作品。他是一个对话的哲学家，这种方式在苏格拉底那里更变成了他进行哲学思维的一种手段。因为，用对话来表达思想，不仅仅是一个形式，在苏格拉底看来，思想是在流动的言语中的。在苏格拉底的对话（由柏拉图和色诺芬所转述的对话）中，其内容多是关于伦理问题的，而方式就是问答式，即启发式教学，他将这一方法称作“助产术”。

前399年，苏格拉底被人以“引入新神”和“毒害青年”之罪提起公诉。在当时的人看来，苏格拉底的思想与城邦的宗教信仰和政治体制相冲突，他犯了个人主义和反社会的罪，他就是罪犯。对他提起公诉没有丝毫不正确之处。这是城邦为自卫而攻击一个公众敌人所采取的正确手段。

柏拉图（Plato）则是苏格拉底最有才华的弟子，如果说苏格拉底是希腊哲学史上的开风气之先者，那么，柏拉图就是那个当之无愧的集大成者。与研究苏格拉底时的情况恰好相反，当我们面对柏拉图时，缺少的不是作品，而是作品太多。古典作家所提及的柏拉图的任何一部著作，我们今天都能看到完整的版本，可以说，他的全部著作都被保存下来了。

柏拉图所有的作品描写的几乎都是苏格拉底的言行，他就像一个忠实的学生在记录老师的话语。因为，“柏拉图的哲学思想源自苏格拉底在他年轻的心灵里引起的震撼”。[①] 然而，我们也可以说，在其著作中，柏拉

---

① 卡尔·雅斯贝尔斯：《大哲学家》，社会科学文献出版社2010年版，第212页。

图是以苏格拉底与他人对话的形式发展了他自己的哲学。“他在描绘哲学家的过程中展示哲学。”① 两种说法都没错，事实上，我们不能在苏格拉底的思想和柏拉图的思想之间划一条绝对客观的界线。

不过，与苏格拉底那似乎是即兴而为的哲学活动相比，柏拉图的哲学实践则是借助于创办学校、教授学生等手段来实现的。他在雅典授徒讲学达 40 年之久。应该说，学园的建立是柏拉图生命史上的转折点，对他来说，这意味着在长期等待和寻找之后，终于找到了他一生真正的工作。然而，柏拉图在学园中讲授的都是一些“不成文的学说”，至今不得而知，故也无法评说。因此，那些对话集仍是我们了解柏拉图哲学观点的唯一来源。

苏格拉底去世 40 年后，另一位伟大的希腊哲学家亚里士多德（Aristotle，大约前 384 年—前 322 年）出生了。作为柏拉图的学生，亚里士多德是第一位对柏拉图思想进行哲学史整理的人。事实上，在亚里士多德的著作中，有一种一成不变的程序，即在着手进行他自己的研究之前，先要把过去关于这个问题的理论全部陈述一遍，他总是先陈述前人的观点，然后再陈述自己的观点。这样一来，他为我们保存了许多哲学家言论的片段，而这些哲学家本人的著作却未能流传至今，这使亚里士多德成了历史上第一位哲学史家。他所做的工作有些类似于我们今天的学术综述。由此，亚里士多德的著作不再是对话录，而是逻辑清晰的论证文字。

据说亚里士多德年轻时与柏拉图的师生关系很好，但后来产生了分歧。以致亚里士多德说出了那句后世常被人们引用的话：“吾爱吾师，吾更爱真理。”的确，亚里士多德与柏拉图有着十分不同的精神气质与思维方式。亚里士多德具有一种科学严谨性，他的文笔以及他的思维，都是清晰、科学的，没有雕琢和空洞的幻想，甚至有点枯燥。与苏格拉底和柏拉图相比，他没有他们二位学说中浓重的神学和神秘主义的因素。然而，尽管亚里士多德总是以人们习见的方式从经验着手进行论证，但是也正如黑格尔所说的：“就是当他这样做的时候，他是始终极为深刻地思辨的。”② 因此，在这个意义上，亚里士多德又是柏拉图真正的继承者。

从苏格拉底对城邦生活的直接参与，自比为雅典城邦的牛虻，到最后

---

① 卡尔·雅斯贝尔斯：《大哲学家》，社会科学文献出版社 2010 年版，第 212 页。

② 黑格尔：《哲学史讲演录》卷二，商务印书馆 1978 年版，第 282 页。

甘愿受死，他的身体力行表明了政治活动与哲学活动的不可分离性。但是到柏拉图，开始出现了一点转变，因其师被处死，加上他自己的经历，促使他逐渐放弃实践的政治生涯，而最后选择以哲学教育作为其真正的“政治生活”。当然，柏拉图的学园仍可视作他将哲学作为一种生活方式在实践着。然而，到了亚里士多德，他将多种智慧的学问学科化了。这种从苏格拉底的身体力行到柏拉图的学园生活，再到亚里士多德哲学的学科化的过程，在希腊哲学史上具有很重要的意义。

三　古典史学的兴起

希腊最早的史迹，是靠荷马史诗流传下来的。史诗虽然不是历史著作，但它所讲述的神话具有保持和延续民族记忆、文化传统的意义。

到了前6世纪后半期，爱奥尼亚地区开始出现一些用散文来写作的“纪事家”或称“纪事散文家”（logographer），其中最著名的代表是米利都人赫卡泰乌斯（Hecataeus，大约前550年—前478年）。纪事散文家不再用诗体，而是用散文体写作，没有了格律的束缚，思想的表达便更加自由了。他们力图用批判的态度，以简单的形式，不讲求文辞修饰地写出一种与历史真实相符合的作品，不同于以往的神话或史诗。他们几乎是有闻必录，说不上有什么严格的史学方法。然而，他们似乎也有某种确定的倾向，那就是竭力要使记载与事实相符。后来，这种求真的精神得到进一步的发展，成为希腊史学中最宝贵的传统。

希罗多德（Herodotus，大约前484年—前425年）被认为是西方的“历史之父”，他所著的《历史》（*The Histories*）是西方最早的一部历史著作，故事的精彩和丰富性可以和司马迁的《史记》相媲美。《历史》内容丰富，非常生动地叙述了西亚、北非以及希腊等地区的地理环境、民族分布、经济生活、政治制度、历史往事、风土人情、宗教信仰、名胜古迹等，为我们展示了古代近20个国家和地区的民族生活图景，宛如古代社会一部小型的百科全书。全书按内容基本上可分为两大部分。从第一卷至第五卷第27节为前半部分，叙述了黑海北岸的西徐亚人、希腊城邦及波斯帝国的历史、地理、民族和风俗习惯等，并记述了希波战争爆发的原因。第五卷第28节是个转折点，其后的篇章主要记述希波战争的经过和结果，从小亚细亚各希腊城邦举行反对波斯的起义，一直到前478年希腊人占领塞斯托斯城为止。

最为重要的是，《历史》作为西方史学史上的第一座丰碑，希罗多德所创立的叙述体史学体裁成为后来西方传统史学的正统体裁。所谓历史叙述体，基本上与我国古代史学中的纪事本末体相仿。其特点是：以历史事件为中心，纪事系统连贯，叙事生动有趣，具有较大的灵活性等。直到现在，历史叙述体仍被西方史学家奉为正宗，成为编纂历史的通用体裁。

修昔底德（Thucydides，大约前 460 年—前 395 年）是继希罗多德之后的第二位希腊史家，《伯罗奔尼撒战争史》（*History of The Peloponnesian War*）是他用 30 余年撰写的一部未完成之作，记述的事件止于前 411 年。全书共 8 卷，书名和分卷也均出自希腊化时代的学者之手。按修昔底德自己的计划，他的历史著作应该一直写到前 404 年雅典长城被拆毁和比雷埃夫斯港被占领为止。但是他的著作只写到前 411 年冬天，就突然中断了，连最后一句话也是不完整的，这说明他的著作尚未完成。之后，色诺芬曾编写过续篇，但无法与修昔底德的著作相提并论。

作为一部当代史，修昔底德的《伯罗奔尼撒战争史》是既无前人的著作可资参考，又没有足够的档案可供利用，但是他却能把延续二十七年、中经议和间歇，又分散在几个相距遥远的地区进行的战争，视为一次首尾相连，性质同一的历史事件，严格按照年代顺序加以记述，这表明他具有深刻而敏锐的历史眼光。当修昔底德所记述的那个历史事件尚未结束之时，作者就从整体上考察它的进程，既不为它的表面现象所迷惑，也不为它的迂回曲折所惊愕，这的确是极其难能可贵的。修昔底德考察历史进程和探索事物因果关系的卓越才干，在今天看来，亦为人们所叹服。

应该说，希罗多德和修昔底德的著作作为西方史学的最早模式，他们都普遍具有求真的精神、写实的态度和分析的眼光。《剑桥古代希腊史》的作者写道："我们现代人所持的'历史'概念，是指对过去的一些重大史实所提出的批判性的、无偏无私的询问，是对史实所进行的理性的、客观的诠释，因此现代历史的概念，是希罗多德与修昔底德留下的遗产，经文艺复兴和欧洲的启蒙运动传给了我们。"① 事实上，他们对西方史学发

① 保罗·卡特里奇主编：《剑桥插图古希腊史》，郭小凌等译，山东画报出版社 2005 年版，第 17 页。

展所做出的贡献的确是难分轩轾的。就如同意大利那不勒斯博物馆里的那尊双面雕像的方碑一样，希罗多德和修昔底德两人背靠背靠在一起，他们靠得这么近，然而却注视着相反的方向。这或许具有某种象征性的意义：两人的观点如此迥异，思考历史的方式如此不同，以至于无法对视，但却又被永远地连在了一起。

继希罗多德、修昔底德之后，色诺芬（Xenophon，大约前 430 年—前 354 年）被称作希腊的第三大历史学家。色诺芬一生著述很多，内容涉及哲学、教育、传记、技术、军事等各个方面，流传至今的著作有十余部，其中最有代表性的，也就是真正使他声名远播的著作《长征记》（*Anabasis*，又译作《远征记》），这是作者根据自己行军中的记录整理而成的。客观地说，我们不应过分夸大色诺芬作为史学家的素质。总的说来，无论是在治学态度，还是取得的成就方面，色诺芬都难以与希罗多德和修昔底德相比。

希腊化时代杰出的历史学家波里比阿（Polybius，又译作波里比乌斯，大约前 200 年—前 118 年），他在历史著作的数量、质量以及对后世的影响上都超过以往的历史学家，其中影响最大的是《通史》（*Histories*，也译作《历史》）。据说，《通史》一书共有 40 卷，从前 264 年开始，以罗马在地中海世界的发展过程为主题，主要叙述了前 220 年—前 146 年的史实，是一部以政治军事为中心的史书。现在只有前 5 卷完整地保存下来，尽管如此，他的这部著作仍被后人认为是古典史学著作中最符合科学方法和要求的，故将他称作是“历史学家中的历史学家”。

波里比阿对古代希腊及至整个西方史学的贡献还不仅仅在于他所写的《通史》，更重要的是，他有一套比较完整的史学理论和史学方法，在古代史家中，这是很突出的。他总结古代希腊的史学成就，论述了历史研究和著述的目的、内容及方法。总之，波里比阿作为最后一位伟大的希腊史学家，他像一个界标一样，标志着希腊时代的最终结束，罗马时代的到来。

四　诗歌

前 7 世纪前后，荷马史诗的传统已经衰落，在希腊文学史上，在悲剧和喜剧兴盛之前出现了一个抒情诗繁荣的时代，但早期的希腊抒情诗只有很少被完整地保留下来。尽管如此，古希腊抒情诗歌还是对后世欧洲诗歌产生过重要影响，许多欧洲诗歌的格律形式基本上都继承了古希腊抒情诗歌的传统。

史诗时代，诗人往往以平静宏大的叙述方式描述往昔的英雄业绩，作者的个性则较多地隐藏在作品的背后。而抒情诗则是诗人在自身激情的促使下，用诗歌倾诉自己纯粹个人的感受，借此表达对神灵、对世界和对人生的看法，这使得抒情诗在情感的世界获得了新的突出地位。抒情诗作为诗歌中最具个性的一种，它使得西方个人主义精神在诗歌中得到了最早的表现。其中主要有三个著名的诗人。

赫西俄德（Hesiod）是继荷马之后古希腊最早的诗人。因为荷马的身份存疑，因此也可以说赫西俄德是希腊文学史中第一个有真名实姓的人物，第一位有社会、历史背景可考的个人作家。人们时常将赫西俄德与荷马并称，但实际上，赫西俄德的诗歌在内容上与荷马式的史诗已有了很大的不同。赫西俄德以后，以历史或传说为题材的史诗不再流行，取而代之的是一种短小的诗歌，其主题一般是作者本人对现实生活的感受，个人的生活经历或男女之间的感情。我们在赫西俄德那里发现了表达个人情感和思想的最初的、仍然怯生生的企图。

赫西俄德有三部完整的诗篇传世，但其中的《赫拉克勒斯之盾》后来被认为是伪作，其余两部诗篇是《工作与时日》和《神谱》，此外还有一些残篇。

《工作与时日》（*Erga Kai Hemerai*）是关于生产技术的指导和对世人的简朴劝导，全诗共828行。相对于荷马史诗描写过去英雄时代的那种浪漫气氛，《工作与时日》则是一部现实主义的作品，反映的是作者对自己生活的关注以及对自己权利的自觉意识，诗中谴责了贵族的不公正，对他人权利的肆意践踏。《工作与时日》的另一个特点是，作为第一部个人作品，它使用的虽然仍是史诗风格的语言，但实际上已突破了史诗的局限，而成为一种新的文学体裁——训谕诗，即在叙述中有教导，并以训导为主，如在训导中广泛使用了各种祈使语式，等等。

赫西俄德的另一首长诗《神谱》（*Theogonia*），共1020行，以述说缪斯女神的特点开始，随后，诗人的叙述有两条线索：一是众神的谱系，二是王权更替的神话。作为最早一部比较系统地叙述宇宙起源和诸神谱系的作品，它对希腊人的宗教信仰及其实践产生了直接的影响。它继承了荷马史诗的传统，进一步确立了宙斯对诸神及人类的统治地位，安排了诸神的排列顺序，并使人间的贵族及英雄与众神拉上了关系，这使得对奥林波斯诸神的崇拜在希腊成为占主导地位的公民宗教。《神谱》对希腊哲学的影响也非常深远，希腊哲学一开始便以寻求世界的本原为其主旨，这与《神谱》中追述诸神起源的方式有着明显的联系。只是神话的思维方式被一种哲学的思维方式所取代，而以抽象的概念来论述宇宙的本原，从而完成了从神话到理性阐释的过渡。

作为古代世界为数极少的女诗人之一，关于萨福（Sappho）的生平过去有许多传说。当然，萨福名垂青史的最主要原因还是在于她那些柔美婉约的情诗。相传，萨福在她的家乡累斯博斯岛教授未婚少女诗歌的艺术、爱的艺术，甚至美容化妆之类的技艺，许多女孩子慕名而来。她们在累斯博斯岛吟唱诗歌，弹奏竖琴，互相亲爱，宁静祥和。萨福与女弟子们情深意笃，不仅教授给她们各种艺术，还为她们写下了许多柔美的诗句。当那些年轻美貌的女孩子学成离岛，即将嫁为人妇时，萨福写诗赠予她们。

由于萨福的诗歌是女性对自身的描写，所反映的完全是女性的世界，因此从 19 世纪末开始，随着欧洲女权主义运动的兴起，她被追认为女同性恋的远祖，因为那些跟从萨福学艺的女子被时人称作“累斯博斯人”（Lesbian），这也成为后来女同性恋者的名称，而“女同性恋的”（sapphic）一词，也正源自萨福的名字。然而，我们想提醒读者的是，尽管在今天，人们对萨福的理解带有强烈的女权主义色彩，但实际上，萨福在诗歌方面的成就更主要在于，她与同时代的其他希腊诗人一起，在风格上把咏唱的对象从神转移到了人的身上，并且用第一人称来抒发个人的喜怒哀乐，这在当时具有相当的革新意义。更有文艺评论家认为，萨福在诗歌中给予世界的，如同米开朗基罗在雕刻中、达·芬奇在绘画中给予世界的一样——尽善尽美。她被公认为世界文学史上女性诗歌的第一人。因此，后世也常以“萨福”一词来褒称各个时代在诗歌中有出色表现的女诗人。

希腊的琴歌有两种，一种是独唱琴歌，另一种为合唱琴歌。因为独唱琴歌主要是抒发个人的情感，因此也主要流行于狭隘的贵族圈子里。而与舞蹈相配的合唱琴歌，虽然结构复杂而严谨，庄严而华美，但比较来说，它表达的是多数人的情感，因此更能为广大民众所喜爱。希腊合唱琴歌的最著名的代表诗人是品达（Pindar，大约前 518 年—前 438 年）。

后人将品达的诗歌集成17卷，包括各种合唱琴歌，其中有日神颂、酒神颂、少女合唱歌、赛会合唱歌、悼亡歌、赞美歌、胜利歌等。尤以描写竞技胜利者的颂歌见长，保存至今的四卷（共45首）竞技胜利者颂，是品达最著名的作品。当时，希腊盛行体育竞技，而竞技活动又和敬神的节日结合在一起，各城邦再以诗歌和音乐欢迎运动会上的获胜者归来。作为当时最伟大的诗人，品达常常应邀为奥林匹克运动会及其他泛希腊运动会上的竞技胜利者以及他们的城邦写作颂歌。在他所写的颂歌中有14首歌颂奥林匹克运动会，12首歌颂德尔菲的阿波罗神庙女先知运动会，11首歌颂阿尔戈斯的尼米亚运动会，8首歌颂地峡运动会。这些诗歌在四大运动会期间和获胜者凯旋归国时被万人歌唱。现存的品达的诗歌几乎都是为某个贵族在这些运动会上取得胜利而写的颂歌。

这些描写竞技胜利者的颂歌通常总是先说明演唱的缘由，然后对胜利者进行评论，叙述他家族的故事，引用与胜利者的故乡或者传说中的祖先有关的神话传说，其中心思想是歌颂贵族的品德。总的说来，品达的诗歌风格庄重，辞藻华丽，意义深奥，形式完美，且喜欢使用典故，对欧洲17世纪的古典主义文学产生了较大影响，他的诗歌被认为是“崇高颂歌”的典范，弥尔顿、歌德等人都曾模仿他的风格。

五　悲喜剧

从歌唱英雄的宏大史诗到抒发个人情感的短篇抒情诗以及为大众所喜爱的合唱琴歌，再到希腊的戏剧，这是希腊文学留给后世的最辉煌的三大遗产。应该说希腊文学的最高成就体现在戏剧方面。希腊人对戏剧有着近乎痴迷的热爱，在希腊半岛，古剧场随处可见，“看戏”在希腊人的生活中有着非常重要的地位。希腊人在戏剧方面的成就，在整个古典世界，乃至之后相当长的一段时间，直至近代戏剧产生之前，都堪称无以匹敌。更加令人惊叹的是，那些将近三千年前的古老剧目，至今还有着旺盛的生命力，一年一度的“国际古希腊戏剧节”就是明证。如今它不仅是希腊人的盛会，还吸引了世界各地的艺术家们前去参加。

所谓“希腊戏剧”，实际上就是指雅典的戏剧，因为其他的希腊城邦基本上没有产生或留下什么杰出的戏剧作品。希腊戏剧的中心在雅典，这与雅典本身政治、经济、文化的高度发展密不可分。

“悲剧”（tragoidia）一词在古希腊文中是“山羊之歌”的意思，而山羊既是祭祀酒神的牺牲，也是酒神狄奥尼索斯的象征。实际上，希腊的悲剧正是起源于酒神祭仪中的歌舞，酒神祭仪中反映出的“死亡—复活”主题是一切古老宗教崇拜的主题。事实上，反映生命的存在与延续，这也是一切文明最本质与最核心的东西。这一主题从悲剧主人公身上所体现出来的就是承担牺牲的勇气和决心，如普罗米修斯、俄狄浦斯、安提戈涅等。悲剧诗人通过神话和英雄传说来反映他们时代的社会现实和民众的思想观念，多方面的主题在悲剧中得到表现，如命运观念、宗教信仰、民主制度、社会关系、战争与和平、家庭问题等。

自亚里士多德的《诗学》始，西方学者对希腊戏剧的研究著作可谓汗牛充栋，不胜枚举。历代的思想大师们对于希腊戏剧也情有独钟，从柏拉图、亚里士多德到黑格尔、尼采、马克思、弗洛伊德等人，他们从哲学、美学、心理学等方方面面深入地研究了希腊的悲剧，为我们留下了许多精彩的论述。

亚里士多德说：“悲剧是对于一个严肃、完整、有一定长度的行动的模仿。……借引起怜悯与恐惧来使这种情感得到陶冶。”（《诗学》1449b）所谓完整，是指事情有头有尾；需要一定长度，是因为悲剧上演的时间限于白天，一般要在六七个小时内上演三出悲剧和一出滑稽剧，这就决定了每出悲剧平均仅有一千五百行；所谓严肃，是因为悲剧的内容是关于神与人或人在神意下的所作所为，悲剧的目的是使人的情感得到陶冶并使人受到教益。

从整个古希腊文学史来看，悲剧在艺术上继承了史诗和抒情诗的传统，是史诗和抒情诗发展的结果。戏剧的成分和抒情的成分是悲剧中两个不可缺少的组成部分，而悲剧的内容和主要情节多是取自神话传说，悲剧的主角则多是英雄。合唱抒情歌大多是颂神的诗歌，它们构成希腊悲剧的重要组成部分——合唱歌的先驱，而且悲剧作家就是用诗歌来创作悲剧的，悲剧中的许多段落同时也是优秀的抒情诗。不过，作为悲剧另外两个重要组成部分的舞蹈和音乐则是从酒神祭典中演化而来的。

由于悲剧在公民公共生活中的重要地位，使得古希腊悲剧能够影响其公民气质的形成。又由于戏剧表演更具世俗性，因此能够很好地起到寓教于乐的作用，比起单纯的说教更具效力。这也说明了剧场作为古希腊一种重要的公共场所，悲剧的演出作为对公民进行义务教育的重要手段，其对塑造公民气质的价值是私人领域所不可替代的。

有西方学者认为，在西方能称得上悲剧大师的人共有四位，除莎士比亚外，其他三位都是希腊人。西方文学史上也只有两个时代是产生伟大悲剧的时代，除伊丽莎白时代的英格兰以外，便是伯里克利时代的雅典了。的确，在希腊古典时代产生了三位伟大的悲剧诗人：埃斯库罗斯、索福克勒斯和欧里庇得斯，他们都是雅典公民，他们的剧作也都多次在雅典演出并获奖。

“喜剧”一词在古希腊文（komoidia）中的意思是“狂欢歌舞剧”，与悲剧一样，它也是起源于祭祀酒神的庆典，但风格却完全不同。人们在丰收的节日里举行狂欢游行，除了演唱酒神的事迹外，还即兴表演根据时事或笑闻编成的歌舞，这种表演是一种欢乐喧闹的场面，舞台动作较为剧烈、频繁，演员们不穿厚底靴，以便能够灵活地表演。演员们互相嘲弄、戏谑，有时语言甚至达到猥亵的程度，所以希腊妇女是不允许观看喜剧的。也正是由于喜剧表演常常会带有一些下流的成分，因此在早期被人们认为是一种低级表演，只能作为舞台上的一种点缀与陪衬，这也是喜剧剧本传世较少的原因之一。

古希腊喜剧的雏形大约产生于前 5 世纪下半叶，直到前 487 年雅典政府才将喜剧纳入城市的狄奥尼索斯节中，给予如悲剧同样的支持，并且举行喜剧竞赛。这是喜剧正式受到的肯定，也是喜剧有历史记录的开始。希腊喜剧的形式主要分为两种：一种是西西里喜剧，以厄庇卡耳摩斯的剧作为代表，可能没有歌队，无完整的剧作流传下来。另一种是阿提卡喜剧，配有由 24 人组成的歌队。阿提卡喜剧的发展，经历了旧喜剧、中喜剧和新喜剧三个阶段。我们今天所说的希腊喜剧主要就是指阿提卡喜剧。

阿里斯托芬（Aristophanes，大约前 446 年—前 385 年）是希腊古典时代最杰出的喜剧诗人，也是唯一有完整作品传世的旧喜剧诗人，他被称为“喜剧之父”。他的喜剧主要取材于现实生活，以诙谐的笔调触及严肃的政治与社会问题，嬉笑怒骂皆成文章，奠定了喜剧寓庄严于诙谐之中的基本风格。时逢战乱与衰落之际，阿里斯托芬喜剧的主题大多是反对内战、抨击各种不良的社会现象、讽刺当时过激的民主派。阿里斯托芬一生写过 44 部喜剧，流传下来的有 11 部。

中喜剧是指旧喜剧和新喜剧之间的雅典喜剧，按罗念生先生的说法，时间大约是从前404年到前322年。中期喜剧主要谈论哲学、文学和社会问题，只偶尔涉及一点政治。这一时期，喜剧的情节逐渐趋于复杂化，有更多的现实社会描写。在形式方面，与剧情无关紧要的评议不复存在，歌队也被取消了；在内容方面，对社会现象的讽刺代替了政治讽刺。古希腊中期喜剧作家的作品都没有被保留下来，我们仅能从其他古典作家的作品中看到零星的片段。

到了希腊化时代，喜剧创作进入了一个新的时期，即新喜剧阶段（大约前322年到前120年）。新喜剧延续了中喜剧的发展思路，同时也有着一些自己独特的风格。在这一阶段，合唱队不再起作用，夸张、怪诞的服饰被放弃，仅保留了面具，演员上场时多穿着雅典人的日常服装。喜剧的中心仍然是在雅典，但剧作家有很多来自其他城邦，作品也不再具有强烈的地方色彩。从题材方面看，过去常见的政治讽刺基本上不复存在，而代之以日常生活内容，以现实生活中形形色色的人物为主角。其中许多作品描述了富有浪漫主义色彩、充满惊险的爱情故事。这种不谈政治，以描写爱情故事和家庭关系为主要内容的喜剧又被称作“世态喜剧”。新喜剧的著名作家以米南德（Menander，前342年—前292年）最为著名。

六　雕塑与瓶画

真正意义上的欧洲艺术应该是从古希腊开始的。雕刻是希腊艺术中最重要的部分，它集中地体现了希腊人对美的想象，以及他们非凡的艺术才华和对人体的精深研究。千百年来无数雕刻家、画家都曾受到它的启示和影响，它所独具的内在生命力和艺术魅力，至今仍闪耀着灿烂的光辉。不过，令人惋惜的是，希腊艺术品的原作有很大部分或被战乱和灾变所破坏，或消失在历史变迁的漫长岁月中，目前世界各地博物馆中保存的古希腊雕像大多不是原作，我们所能见到的都只不过是一些残存的极不完整的遗迹和后人所做的复制品而已。但从这些遗迹和仿制品中，我们仍能看到古代希腊艺术的大致面貌和它们所达到的水平高度。

希腊人用于神像雕刻的材料主要是石头、青铜、陶土、黄金和象牙等。在这些大量的雕刻作品中，随着岁月的流逝，木制作品因希腊湿润的气候早已腐朽，黄金与象牙制品因价值不菲而不知去向，青铜作品则多遭熔铸的厄运，唯有石制雕像得以幸存下来。

希腊雕刻的整个发展时期长达1000年左右，与希腊主要的历史分期相符合，可划分为古风时代、古典时代和希腊化时代三个阶段。古代希腊人在雕刻方面，先是模仿埃及人，经过一两百年的自我探索之后，有了非常大的改变，不再像古埃及雕塑那样呆板，而是有了极大的生气，并逐渐地形成了希腊雕刻中所独有的那种庄严沉静、优雅健美的风格，这种风格被18世纪的艺术史家温克尔曼（Johann Joachim Winckelmann）概括为"高贵的单纯，静穆的伟大"。古典时代，希腊著名的雕刻家有三位：米隆（Myron，活跃于前475年—前450年），波吕克利特（Polyclitus，前5世纪后半期）和菲狄亚斯（Pheidias，大约前490年—前430年）。

除了个体雕塑以外，希腊雕塑中的建筑雕塑也是值得人们注意的。古风时代，希腊雕塑最突出的成就在于建筑雕塑，尤其是神庙山墙上的群体雕塑。在古代希腊神庙正面的上方，一般都有一堵被称为"山墙"的三角形墙面，它是整个神庙外部最引人注目的地方，往往以人物雕像为装饰。这里成为艺术家充分表现自己个人风格的地方，也是在这里，人物的动感和活力表现得最为突出。神话故事是建筑雕塑中自然的主题。神庙建筑东西两面上方的三角形山墙，上边通常有一组以神灵为主题的雕塑（高浮雕或圆雕）。建筑雕塑的另一重要形式是壁带浮雕，这种壁带的位置一般是在神庙周围柱廊内墙的上边，也有是在外墙上的。

在古希腊，陶瓶艺术的历史比建筑、雕刻更为久远。由于希腊陶瓶上涂有一种特殊的黑漆，不仅富有光泽，而且耐寒耐热，不易变色干裂，经过几千年的风吹雨打，依然鲜亮如初。古代希腊的陶瓶以其别致的器形、优美的装饰纹样和多彩多姿的绘画，在世人面前呈现出一种璀璨夺目的光华。而且，陶瓶上的图案装饰还成为后世了解希腊绘画的重要载体，因为希腊人几乎没有为我们留下其他形式的绘画资料。而通过这种绘在陶制器皿上被称为希腊瓶画（vase painting）的大量的陶瓶绘画，我们可以对希腊绘画有一个生动的印象。

然而，与雕塑不同，在古代希腊人的眼中，那些烧制精美的彩陶并不是什么艺术品，无论多么精美，它们都是实用物品。希腊人用这些陶器来存放食物、美酒、油、水或者香料。当时陶瓶主要有三大用途：（1）若是巨大的双耳或三耳陶罐，多用于储藏食物或葡萄酒、橄榄油和水。（2）祭祀用品，种类很多，因祭祀的场合及对象不同而有所不同。（3）酒会上的酒具，有调酒的阔口酒缸，长柄的陶瓶是酒壶，还有各式各样的酒杯。此外，还有一些小型陶瓶，主要是用来装药膏或香水、香油等供妇女化妆时所用的小瓶子。可见，希腊的陶器具有纯粹实用的功能，附带的才是作为装饰，由此，陶瓶的形状与它们的实际用途也相当一致。也正因为是实用品，其生产规模也就比较大，价格也较为低廉。又因为生产规模大，使用广泛，因而保存下来的也就特别多。

前6世纪至前5世纪是希腊彩陶艺术的繁荣时期，逐渐摆脱了外来的影响，形成了自己的风格。内容除了神话故事以外，还有宴饮、竞技、歌舞等场面，以及神像或人像造型。陶瓶上除了有画家或陶工的署名外，还有一些题词，如“向您致敬”，或注有“某某人很美”等字样，可见爱美的希腊人自古就有公开赞扬他人的习惯。有不少器物由于埋藏在地下而完整地保存了下来，为今天鉴赏和研究当时的绘画和工艺、了解当时的社会风貌提供了丰富的资料。到前4世纪以后，由于金属制品的增多和其他有待考查的原因，彩陶艺术渐趋衰落，出土的遗物也就很少了。

七　体育竞技

希腊人也许是世界上最早对体育表现出热爱的民族，具有一副强壮而矫健的身体，对于希腊人来说是莫大的光荣。对人的自然形体的热爱和赞美使希腊的贵族青年把大量的时间都耗费在练身场和运动场上。房龙曾说：“希腊人是最早懂得欣赏人体美的人。”[①] 但实际上，这种对人体的欣赏并不等同于现代意义上的“审美”，古代希腊的体育竞技也并非现代意义上的体育运动，它更主要的是一种宗教活动，参与者也非大众而主要是贵族。

由于希腊人相信神人同形同性，故希腊的神都尚未脱离形体，而只是拥有比人更优美、更完善的形体。于是，为了在形体上最大限度地接近神，希腊人以一种极大的热情投入体育锻炼之中。在他们的心目中，体育锻炼、比赛夺冠并非是一种游戏，也不是为了创造纪录，而是一件庄严神圣的事情，是一种为了接近神并成为神所喜爱的人而从事的活动。法国著名艺术史家丹纳（Taine）说得好：“群众和艺术家，除了对于受过锻炼的

① 房龙：《人类的艺术》，衣成信译，中国文联出版公司1989年版，第102页。

肉体的完美，感觉特别深刻之外，还有一种特殊的宗教情绪，一种现在已经泯灭无存的世界观，一种设想，尊敬、崇拜自然力与神力的特殊方式。”① 的确，只有明白了古代希腊人对于神祇的这种独特的情绪与感受方式，我们才能理解体育竞技在希腊人生活中的重要性。

根据现有的资料来看，葬礼运动会是希腊最早的体育赛会，希腊人在为死者（特别是当死者是位英雄时）举行完葬礼后，便开始赛跑、摔跤、掷铁饼、拳击、马拉战车比赛等各种体育运动，并授予优胜者丰厚的奖品。此外，在像欢迎贵宾等重大场合，人们也会举行竞技比赛，以表达对当事人的崇敬之情。

进入城邦时代后，一些定期的运动赛会逐渐取代了非定期的葬礼运动会和竞技比赛。始于前776年的奥林匹克运动会（Olympic Games）就是有文字记载的最早的定期运动会，这一年也成为希腊纪年的开始。除了奥林匹克运动会以外，希腊世界还有三大运动会：创于前582年的庇底亚运动会（Pythian Games），在圣地德尔斐举办，也是四年一次，它是献给阿波罗神的。而在科林斯举办的地峡运动会（Isthmian Games）和在尼米亚举办的尼米亚运动会（Nemean Games）则分别创始于前581年和前573年，均为两年一届，是分别为祭祀波塞冬和宙斯而举办的。这样，每年都有一次泛希腊的重大赛会，希腊人对体育竞技热爱的程度恐怕连今人都难以企及。由于每个赛会还都与某一个泛希腊的神祇崇拜中心联系在一起，因此它们的影响遍及全希腊。除了泛希腊的运动会以外，各城邦还有自己的运动会，其中一些如雅典城邦的泛雅典娜节运动会同样十分有名。

因为所有的赛会都是为了祭祀某位神灵而举办的，因此赛会的第一天多举行庄严的祭神仪式，第二天才开始竞赛活动。而运动会上的许多竞技项目最初也只是祭神活动中的一种仪式，如火炬赛跑原先就是传递圣火的一种仪式，之后希腊人将它保留下来，在一些祭神的场合里举行。实际上，从泛义上讲，所有的竞技都是为了争获神的宠爱而进行的活动。诗人品达说：“神明都喜爱竞技。”因此，对于希腊人而言，敬神最好的方式之一就是请众神观看体育竞技。

从人们对优胜者的态度中，我们还可以进一步感受到在希腊人心目中

---

① 丹纳：《艺术哲学》，傅雷译，人民文学出版社1963年版，第320页。

体育竞技的神圣性和崇高感。特别是在城邦时代，体育运动给优胜者带来更多的则是荣誉和自豪。因为各项比赛冠军获得的奖品都是象征性的，多是由橄榄树枝等枝条编成的冠冕。如奥运会冠军的奖品就是橄榄枝编成的冠冕，庇底亚运动会冠军头戴桂树枝编成的桂冠，地峡运动会的奖品是松树枝编织而成的冠冕，尼米亚运动会冠军则有野生芹科植物编成的花冠。因为在古代希腊，一些树木被视作圣地的标志，是神圣的象征，而能获得这些圣树枝条编织而成的桂冠，是得到神喜爱的体现，获此荣誉者，在其城邦中将受到英雄凯旋式的欢迎，成为诗人赞美、吟唱的对象，还会被塑像纪念并立于城邦的中心广场之上。我们知道，希腊独立雕像的两大题材，一是诸神，另一类就是运动员。正是由于希腊人对于神圣的感觉是建立在不朽的美丽和不衰的强壮基础之上的，完美的肉体被视作神明的特性，因此才会给那些比例匀称、身手矫捷、结实健美的运动员以如此崇高的荣誉。

比如奥运会，就是献给宙斯的一次盛大赛会，因此在希腊人的心目中，获得奥运会冠军称号的人就是宙斯最喜爱的人，是全希腊最优秀的公民，古代奥运会的颁奖台设在天神宙斯像前。优胜者站在用黄金和象牙制成的颁奖台上，被授予用野橄榄叶编成的桂冠，裁判员则头戴月桂花环、身着绛红色礼服、手持棕榈树枝，用高亢而庄严的声调向公众宣布优胜者的姓名、个人阅历、父母姓名、所属城邦国家的名称，以及他们在本届运动会上获胜的项目。随后，冠军被观众簇拥着参加各种庆祝活动，把奥林匹克竞技优胜者的英名和功绩传报四方。返回家乡的优胜者会受到隆重的欢迎，城邦政府还要给优胜者以丰厚的待遇，比如免除一切赋税，终身由国家供养，在剧场为其保留最好的位置等。因此，所有参加奥运会的竞技者都认为比赛的目的就是获得冠军。为了永久纪念优胜者，奥运会还决定在奥林匹亚给获得过三次冠军的优胜者塑像。

第三节　何谓“希腊精神”

今天，西方文明尽管随着岁月迁流，制度变异，其面貌已发生了很大的改变，但是，好像只要谈到西方文化的某一方面，回溯到希腊总是不可避免的，古代希腊的思想与文化早已成为后世西方世界的精神支柱。几千年来，欧洲人一直努力地从伟大的古典作品中感悟何谓“美好的东西”，从伟大的古典哲人那里学习何谓“高贵的美德”。雪莱充满诗意地说“我们都是希腊人”，黑格尔则表示“一提到希腊这个名字，在有教养的欧洲人心中，自然会引起一种家园之感”。他们的话不仅代表了后世西方人对于古代希腊文明所怀有的浪漫情怀与向往，更表明了一种精神上的认同。

那么，究竟何谓“希腊精神”？它是古代希腊文明的真正核心还是后人的臆想和溢美？对此，我们恐怕也很难给出一个令人信服的答案。因为什么是“希腊精神”？——这既是一个关于希腊文明的关键性问题，同时也是一个讨论很多，仁者见仁、智者见智的问题。简单地说，作为一种时代精神或一个民族的精神面貌，希腊精神应该主要是指前8世纪到前4世纪希腊人所体现出来的共同的价值取向和精神要素。其实，从严格意义上讲，那些为数众多、大小不等的希腊城邦所具有的社会面貌并非同等划一的，其中差别肯定是存在的。而今天一般所说的作为西方文明传统的“希腊精神”则主要是以雅典为代表，这种希腊精神被理想化地总结为：理性、民主和人本主义。这三点也成为后世西方人引以为自豪的根本理念，并成为西方价值的核心所在。有关这方面的论述举不胜举，但凡有些人文知识的人都能说出一些来。

然而，我们却不能不说，这种“希腊精神”其中虽保留了古代希腊原初的许多精神元素，但更带有后人在不同境况下对它的想象、溢美、附会和误解。也就是说，这种“希腊精神”已不仅仅是古代希腊人所创造的了，它是西方经过了千百年、数十代文人、学者、思想家们的共同“创作”而产生的，并最终成为一种典范。

只是，那种由古代希腊人与后世西方的精英分子共同创造、并为大众所普遍接受且已成为一种典范的“希腊精神”，在我们想要将其还原到古代希腊的历史语境中时，却发现并不完全适宜。而且仅仅将希腊精神概括为理性、民主与人本主义，也并非完全无懈可击。

具体到希腊文明、希腊思想，对绝大多数中国人，也包括相当一部分受过教育的西方人来说，所谓的古代希腊，实际上只是指古典时代巴尔干半岛上以雅典和斯巴达为首的少数城邦而已。而对希腊本土地区的如科林斯、亚哥斯等其他城邦的文化成就则缺少基本了解，更不用说小亚细亚、意大利、北非地区的希腊人的成就了。从时间范围和内容上来说，大多数人认为的希腊思想和文化主要局限在希腊古典时代的雕刻、建筑与各种文学和哲学作品，偶尔会涉及希腊化时代的一些成就，对于较早时代的文明状况则多一带而过。然而，实际上古代希腊人的历史长达几千年，古典时代不过前后二百年左右，即使加上希腊化时代，也不过五百年。从全面认识历史发展进程来说，这样的认识不免失之片面。因为，从历史发展连续性的角度考虑，古典时代的文化不过是古风和荷马时代的延续与发展，绝不只是希腊人突发灵感凭空创造出来的。从文化发展的基础来说，流传至今的那些著作主要涉及的是精英层次的文化与思想，而对于广大希腊民众的心灵和思想状态，不免付之阙如。

总之，尽管希腊精神与近代西方文化确有思想上的渊源，但是，却不能高估它对西方文明的实际影响。应该说，希腊的思想与文化只是为近代西方提供了理论思考的角度，却不可能主导西方文明的形成和发展方向，近代的西方文化是在其自身的历史中不断演化和调整而形成的。希腊古典文明和现代西方并不是同一民族和同一文化的一脉相承的关系。西方文明之所以宣称自己是建筑在希腊古典文明基础之上的，除了希腊在地理上归属欧洲，而它又是欧洲最早出现文明形式的地区以外，更主要是由于欧洲文艺复兴运动以来，西方人在文化上主动认亲、主动选择的结果。希腊思想成为西方文明的一条主线也只是近代以后的事情，当最初欧洲的人文主义者、启蒙思想家，准备书写自己时代的精神时，他们惊喜地发现，可以直接从希腊哲人们的思想中汲取大量的养料。近代西方文明之所以把古典文明作为自己的基础，是因为古典文明中的某些特质符合了西方人的需要，并成为西方最重要的文化原动力之一。

事实上，现代有关民主法治、理性人本的思想虽然并非直接来自古希腊，但是古代希腊人那些闪光的智慧和深刻的洞见，仍给后世的西方人以灵感和启发。古希腊的艺术风格和样式，也早已成为一种最高的典范。更为重要的是，希腊的文化风格和精神气质的确为后来整个西方文明的发展奠定了基调，并在事实中成为西方文明一次次由颓唐迷失中觉醒、振作起来的根本的精神源泉。

可见，希腊之所以成为理想的原型，一方面固然与它所取得的成就分不开，另一方面则是因为现实对于过去的需要。由于现实是从过去脱胎而来的，与过去始终存在着紧密继承和变异的联系，因此，某种程度的误读是不可避免的，也是可以允许和理解的。更何况，一个民族的理想是其自身特性的一个重要的组成部分。随着希腊文化与思想的一再被弘扬与重建，希腊文明的价值和意义也一次又一次地被追寻与再创造。也正是在这种意义上，认识希腊古典文明才具有了一个现实的意义，即它能为我们深刻认识现代西方文明提供一个思想的基础。可以这样说，倘若我们不了解希腊文化与思想，就在很大程度上失去了认识现代西方文明的机缘。

第二章　主权债务危机及前景

自 2009 年债务危机爆发后，希腊这个古老的小国一直受到国际社会的极大关注，因为它不时地影响着国际金融危机后脆弱的国际金融市场，原因主要在于希腊的欧元区成员国身份。如果希腊退出欧元区将导致欧元区的崩溃，这对于国际货币体系和国际金融市场都是灾难性的。因此，希腊的问题不仅仅是自身的问题，而希腊主权债务危机的爆发、演进、救助、改革及前景，都离不开欧元区政治经济的背景。

希腊爆发主权债务危机有多方面的原因。希腊前总理西米蒂斯在总结希腊债务危机时指出了三方面的原因：一是欧元区边缘与核心之间竞争的结构性鸿沟；二是希腊政府的低效与不负责任的惯性如高财政支出、高债务、高利率以及腐败、逃税、恶治等；三是有缺陷的欧元结构和成员国之间低水平的团结。[①] 在三轮救助下，希腊政府同国际债权人及同欧元区主要国家之间的博弈引起了广泛关注。在以德国为首的欧元区主要国家的要求下，希腊展开了痛苦的紧缩式改革，为危机后希腊经济的复苏与增长奠定了基础。虽然希腊于 2018 年 8 月退出救助标志着其主权债务危机的结束，但希腊的经济增长仍然脆弱，其债务和银行风险依然高企。

第一节　主权债务危机的成因

希腊主权债务危机的导火索是新政府对外公布了真实但令市场惊愕的经济数据。2009 年 10 月，新上任的希腊政府向外界公布，希腊当年财政

---

① Simitis, *The European Debt Crisis: The Greek Case*, Manchester University Press, 2014.

赤字会达到 GDP 的 12.7%，大幅超过欧元区规定的 3% 上限，而公共债务将达到 GDP 的 113%，同样超过规定的 60% 上限。这一做法虽然纠正了前几届政府的错报瞒报，但同时也引起了市场关于希腊偿债能力的担忧。三大国际信用评级机构于 12 月相继下调希腊的主权信用评级，希腊债券收益率大幅上升，借新债还旧债模式难以为继，违约风险大增，希腊陷入主权债务危机。2010 年 4 月 23 日，希腊正式向欧盟和国际货币基金组织申请救助。

自希腊爆发主权债务危机以来，各界讨论最多的就是其成因，现有观点主要可以归纳为以下几种成因。从本质原因来看，债务超过偿债能力是爆发主权债务危机的直接原因，而其作为欧元区成员国的身份则使得危机在国际金融危机爆发后迅速恶化，并呈传染之势，无法得到迅速解决。其他如美国金融机构的推波助澜、政党机会主义导致的困境等原因则在一定程度上促成了希腊主权债务危机的爆发。

一　历史上的债务违约国家

主权债务危机是指主权债务违约风险高企的情形，后者指主权国家在到期日（或给定的宽限期内）未能支付本金或利息，也包括消极债务重组，即新债务条款与原条款相比明显不利于债权人（Reinhart and Rogoff, 2009）。债务违约的一般原因是，债务水平过高且超过了自身的偿债能力，而对于一个国家而言，这种情形的出现往往具有一定的历史习惯性。

大多数国家都曾经历过主权债务危机，甚至债务违约。数据显示，1800 年至 2009 年世界各国发生过至少 250 次主权外债违约[①]，以及 68 次内债违约。美国发生过两次内债违约，分别是 1779 年接近 200% 的恶性通货膨胀和 1933 年废除黄金条款导致几乎所有内债重组。根据 Reinhart 和 Rogoff 的研究，在占世界 GDP 近 90% 的共 66 个国家中，没有发生过任何直接的外债违约或重组的国家只有 15 个。

历史上最早的外债违约就发生在古希腊城邦。大部分的欧洲国家都曾有过违约史（见表 II－2－1）。从违约年份的持续时间来看，希腊在 1821

---

① 主权债务根据债权人的国籍属性分为对内债务和对外债务。

年宣布独立（1829 年获得完全独立）至第二次世界大战后将近一个世纪的时间里一直处于违约状态。从违约次数来看，西班牙自 1300 年来共 13 次的外债违约记录居欧洲之最，同时也是世界之最。希腊发生债务违约的次数至 2009 年为 5 次，在表 II－2－1 欧洲国家的违约记录中属于次数较高者，葡萄牙在希腊之后也迅速陷入主权债务危机，其历史违约记录同样较高，因此，这些国家先后陷入主权债务危机具有一定的必然性。

表 II－2－1　**欧洲国家 1300 年起（或独立起）至 2008 年外债违约史**

欧洲国家	违约（包括重组）发生年份	违约次数
奥地利（奥匈帝国）	1796，1802，1805，1811，1816，1868，1938，1940	8（5）
比利时		0
丹麦		0
芬兰		0
法国	1558，1624，1648，1661，1701，1715，1770，1788，1812	9
德国（普鲁士、黑森州、威斯特伐利亚等）	1683，1807，1812，1813，1814，1850，1932，1939	8（5）
希腊 1821	1826，1843，1860，1893，1932	5
匈牙利 1918（奥匈帝国）	1802，1805，1811，1816，1868，1932，1941	7（5）
意大利	不详	1
荷兰	1814	1
挪威		0
波兰 1918	1936，1940，1981	3
葡萄牙	1560，1828，1837，1841，1845，1852，1890	7
罗马尼亚	1933，1981，1986	3
俄国	1839，1885，1918，1991，1998	5

续表

欧洲国家	违约（包括重组）发生年份	违约次数
西班牙	1557，1575，1596，1607，1627，1647，1809，1820，1831，1834，1851，1867，1872，1882	13
瑞典	1812	1
土耳其	1876，1915，1931，1940，1978，1982	6
英国（英格兰）	1340，1472	2

注：左1栏内国家名后的数字为独立年份，括号内为历史上曾经经历的主权名，右1栏内括号内的数字为该国称其他主权名时的违约次数。

资料来源：姜云飞（2015）。

二　作为欧元区成员国的特殊成因

除了希腊外，2008年国际金融危机后陷入主权债务危机的还有冰岛和迪拜，二者的债务危机并未引起持续关注，持续时间也比希腊要短得多。希腊主权债务危机影响如此之大、持续时间如此之长的原因在于其欧元区成员国身份。

根据欧元区的制度设计，其成员国在加入欧元区后采用共同货币（即欧元），而欧元的供给及利率的水平皆由独立于19个成员国的欧洲中央银行确定，也就是说，加入欧元区意味着货币政策的丧失。同时为了确保成员国不会为了刺激经济而超发债务，欧元区制度还对成员国的财政政策进行了明确的规定，即危机后为世人熟知的“财政赤字占GDP比重不得超过3%；政府债务占GDP比重不得超过60%”。这一规定的最终目的是避免某个成员国因陷入债务危机而导致经济困难，是欧元区成立之初为《马斯特里赫特条约》签订的补充条款，即《稳定与增长公约》的主要内容。

也正因为如此，当2009年希腊政府公布其财政赤字和政府债务将大幅超过约定水平之时，市场的反应会那般剧烈。一般国家在陷入债务危机后往往由中央银行出面，在市场上买进债务的同时本币大幅贬值，使得政府债务收益率稳定、经济迅速恢复。但作为欧元区成员国的希腊则不同：一方面，欧洲中央银行在成立之初就被严格禁止为经济陷入困难的成员国提供流动性，因此希腊只能向欧盟和国际货币基金组织申请救助；另一方面，希腊使用的货币欧元虽然因为希腊债务危机的爆发略有贬值，但它代表的是欧元区十几个国家共同的经济水平，因此贬值幅度远远低于希腊经济恢复所需的幅度，因此希腊的经济恢复受阻，且长期陷入低迷。市场基于以上两个判断，加上一开始欧盟并不重视希腊主权债务危机，使得希腊危机的恶化速度加快，并逐步蔓延至欧元区其他几个成员国。

随着希腊的评级被不断下调，葡萄牙、西班牙、爱尔兰和塞浦路斯相继遭到国际评级机构的降级，这些国家在市场上的融资成本进一步上升，发端于希腊的主权债务危机迅速演变为欧元区主权债务危机：爱尔兰和葡萄牙分别于 2010 年 11 月及 2011 年 4 月向欧盟和国际货币基金组织申请救助。至此，欧盟才逐渐意识到问题的严重性。

但制度的掣肘使得欧盟的救助不但迟缓而且僵化。欧盟的救助首先需要欧盟委员会设立提案，由欧洲理事会通过，再由欧洲议会通过才可成为真正决定。而从决定到实施还需要一定数量的成员国国内法通过才可生效，各国国内法做出相应调整后才可实施。所以，欧盟的政策一般需要 1—2 年才能实施，这对快速蔓延的欧元区主权债务危机而言非常不利。同时，欧盟成员国都受到《稳定与增长公约》的财政限制，在危机期间基本都采取了不同程度的紧缩，再要拿出财政资金用以救助希腊不但没有可能，在国内舆论和法律的阻碍下都无法实行。

直到欧洲中央银行在 2012 年推出 OMT（直接货币交易），并在新任欧洲中央银行行长德拉吉的积极推动下，欧洲中央银行逐步突破原有的限制，在二级市场上开始直接购买危机国家的政府债券，欧元区主权债务危机才逐步得以缓解。直到 2015 年 1 月，欧洲中央银行才以持续的通货紧缩为由开始推出量化宽松货币政策，这与美联储在美国发生次贷危机后迅速推出量化宽松货币政策的反应时间形成鲜明对比。随着欧洲央行量化宽松货币政策的推行，及希腊内部痛苦的紧缩政策与经济改革的推进，2016 年底希腊经济逐渐恢复增长。2018 年 8 月 20 日，希腊政府宣布退出历时 8 年的救助计划，希腊债务危机正式结束。

三　高盛的幕后交易及 CDs 投机

在希腊债务危机的爆发和演进中，美国的金融机构扮演了重要角色，除了数次下调希腊主权信用评级引领市场对希腊债务风险定价的三大评级机构外，高盛的幕后交易及金融衍生品债务违约互换（Credit Default swaps，CDs）给市场留下了深刻的印象。

希腊于2001年1月1日加入欧元区，彼时欧元问世仅两年，且在主要经济体经济下行的影响下遭遇了严重的下行压力。可以说，希腊的加入在一定程度上提振了市场对于欧元的信心，当时的欧元区需要希腊的加入，对于希腊在经济数据上的造假则有意或无意地有所忽视。为了满足财政赤字和债务上限的要求，高盛公司为希腊设计了一套货币掉期交易，帮其掩饰了一笔高达10亿欧元的债务。大致做法是，希腊首先发行美元债务，高盛公司则负责将其发债所得的美元以特殊汇率兑换成欧元，比按照市场汇率计算多给予希腊10亿欧元，双方约定等债券10—15年后到期时再为希腊用欧元兑换美元偿还债务。所以表面上是二者进行的货币掉期业务，实质上是高盛为希腊提供了10亿欧元的贷款，但这笔贷款不会出现在希腊和高盛的资产负债表上。这一交易的直接结果是希腊2002年的账面财政赤字占GDP比重从后来核实的5.2%降至当时的1.2%，高盛从中赚取3亿欧元的佣金。

高盛实际上进行的幕后交易远不止如此。这笔交易的关键在于，债券到期后希腊能否履约偿还欧元给高盛，如若不然，高盛则会承担10亿欧元的损失。为了避免这种情形出现，高盛进行了第二笔交易。首先，高盛要求希腊签订保密协议，只要高盛和希腊不主动说明，外界无从得知这笔交易的存在。加上掉期合约是正常的融资手段，欧盟统计局也没有仔细核查。在这种于高盛有利的信息不对称下，高盛在完成第一笔交易后就向德国一家银行购买了20年期价值10亿欧元的CDs，完成了风险转嫁。

主权CDs是一种金融衍生产品，标的资产为主权债券的支付义务。合约购买者支付一定的费用，标的资产发生违约时，合约出售者需向购买者补偿其在标的资产上的损失，也就是说，10—15年后，货币掉期交易到期，如果希腊能够按时归还10亿欧元给高盛，那么高盛损失购买主权CDs合约的费用；如果希腊未能按时归还，那么这家向高盛出售CDs合约的德国银行将为高盛补偿损失。所以，至此，持有CDs合约的高盛最多损失的是购买合约的费用。当然，还有一种可能，如果德国这家银行最终无法按照合约为高盛提供补偿（如该银行破产等情形），那么高盛的资产仍面临高额损失的风险。

所以，高盛的第三笔交易是将掉期合约转出。2005 年，希腊经济快速增长，高盛顺利将这些货币掉期合约卖给了希腊一家银行。至此，高盛这家国际金融市场上的老练玩家，对于希腊的债务风险及两家欧洲银行的资产风险了如指掌，自身的风险也已全部转嫁，那么等到掉期交易到期时稍加炒作，则大笔收益可期。事实上，虽然希腊的经济快速增长，但次贷危机的爆发使得欧元的利率大幅高于美元，使得希腊的利息成本增加，而欧元对美元汇率的升值则使得希腊的汇率成本大幅上升，随着希腊偿债期限的临近，债务危机不可避免。

高盛的第四个步骤是在金融市场上做空希腊，从而在 CDs 买卖上大赚一笔。导致高盛做空希腊的导火索是 2009 年 11 月希腊新当选的总理帕潘德里欧拒绝了高盛总裁柯恩关于以机场收费权等为代价的购债建议。高盛在率领其他金融机构唱衰希腊的同时，积极参与了 CDs 合约的中介。主权债务违约风险越高，购买主权 CDs 合约的需求就越大，合同价格就越高，所以主权 CDs 可以看做主权债务风险的价格。高盛等国际金融巨头在唱衰希腊的同时，鼓励投资者购买 CDs 并乘机抬高价格，进而引起羊群效应。这种投机在希腊后的几个重债国身上都有所表现。2011 年欧盟宣布禁止 CDs 裸交易①行为，金融机构的相应投机才有所收敛。

四 政党机会主义导致的福利困境

长期以来，欧洲国家以其高福利的社会保障而闻名，希腊等国加入欧元区后，福利水平也很快得到大幅提高，福利支出的规模占 GDP 的比重已从 1980 年的 15.6% 上升到 2007 年的 19.2%。高福利固然可以提高民众的幸福感，但对于经济的长期增长而言意味着国际竞争力的下降。然而，希腊等国政府陷入福利困境，并逐步推动政府债务不断攀升，原因在于政党的机会主义。作为民主国家，希腊等国政党为了赢得选民支持不断增加各种承诺，不愿削减已经过高的福利开支，导致政府

---

① 指投资者在未拥有相关债券的情况下购买 CDs 合约的行为。

财政赤字逐年增加。①

高福利的代价是结构性失业，尤其是年轻人的失业，而较高的失业救济金使人们可以接受甚至宁愿主动选择失业，而这不利于经济的长期增长，且加重了政府的债务负担。高福利的一大结果是人口老龄化。一方面，老龄化长期来看会引起人口规模和劳动力结构的变化，在劳动生产率不变的前提下，会导致实际 GDP 的增长率下降，经济下降意味着政府收入的减少。另一方面，不断增加的老年人口意味着养老金支出不断增大。老龄化的结果可能是养老金支出占 GDP 比重不断上升，或者至少养老金支出增加的速度超过 GDP 增长的速度。欧元区大多数国家的养老金支出在 30 年间翻了一番，危机国家尤其如此。

表 II-2-2　　**希腊社会保障支出占 GDP 比重 2007—2015**　　(%)

年份	2007	2008	2009	2010	2011	2012	2013	2014	2015
欧元区	24.71	25.34	27.97	27.90	27.66	28.06	28.43	28.39	28.12
希腊	20.83	22.38	24.36	25.43	26.78	27.43	25.70	25.50	26.05

说明：欧盟的数据只更新至 2015 年（访问时间：2018 年 11 月 1 日）。

资料来源：欧盟统计局。

由表 II-2-2 可以看出，希腊乃至整个欧元区的社会保障支出，在即使发生主权债务危机的情况下，也仍然继续增加。当然，希腊在陷入债务危机后，失业率高企，导致社会保障成本上升也是其重要原因之一，另一个重要原因则是希腊在债务危机后长达数年的 GDP 收缩。

更准确地说，一国用于社会保障的政府支出占 GDP 的比重衡量了高福利对于政府财政负担的加剧。表 II-2-2 中的社会保障可能还包括企业及个人负担的部分支出，而这部分并不构成政府支出的增加以及政府债务的膨胀。图 II-2-1 揭示了政府支出中用于社会保障的部分占 GDP 的比重，希腊政府用于社会保障的支出占 GDP 比重自 2001 年开始一直不断

① 宿玉海：《欧猪五国主权债务危机：原因、影响与启示》，《宏观经济研究》2011 年第 12 期。

上升，一直到2010年债务危机爆发时才停止增长，随后与欧元区的水平基本一致。2016年希腊的相关数据出现增长的原因在于，希腊左翼政党于2015年开始执政且社会保障改革一度停滞。[①] 不过在随后的第三轮救助后，希腊政府重启相应改革措施。

希腊政府社会保障支出的逐年增加为政府带来不断累积的财政压力，事实证明希腊是通过增加政府债务同时为了满足欧盟财政要求而在做假账的基础上完成。支出增加导致政府债务不断膨胀，在外部冲击下，其做假账的方法终会难以为继，债务危机便会不可避免。

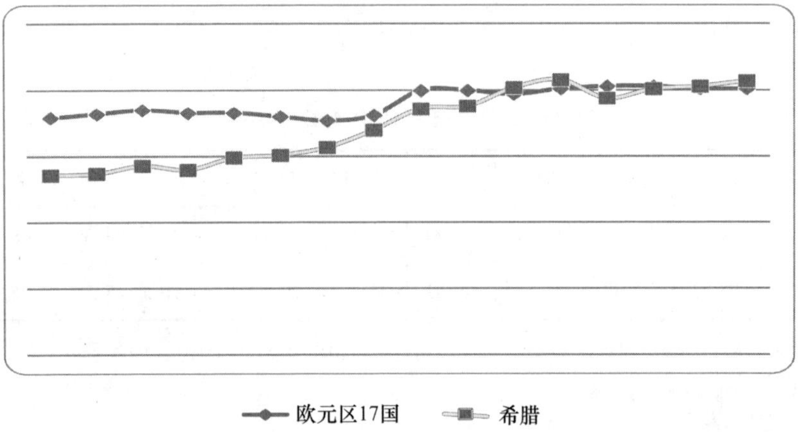

图Ⅱ-2-1　希腊与欧元区的政府支出中社会保障部分占GDP比重

说明：债务危机爆发时欧元区有17个成员国，因此图中选取欧元区17国指标，而非现在的19国指标。

资料来源：欧盟统计局。

第二节　三轮救助：希腊政府同欧盟的博弈

2010年4月23日，希腊政府正式向国际货币基金组织及欧盟提出救助申请，开启了由欧盟、国际货币基金组织及欧洲中央银行组成的

---

① 宋晓敏：《试析20世纪90年代以来希腊养老金制度的改革》，《经济社会体制比较》2017年第6期。

“三驾马车”对希腊长达8年共计三轮的救助①。截至2018年8月希腊正式退出救助之时，三轮救助总额高达2887亿欧元②，这还不包括国际债权人对债务的减记和重组。三轮救助耗时如此之长，希腊在危机爆发后整整过了8年才退出救助，主要原因在于希腊政府同欧盟的多次博弈：欧盟的救助附加了严格的紧缩条件，而希腊的紧缩政策遭遇了国内前所未有的阻力。

一　第一轮救助：迟缓的救助与紧缩的开始

希腊于2009年底就表现出明显的债务危机特征：财政赤字和政府债务高企、三大评级机构纷纷多次调低希腊主权信用评级、希腊债券收益率大幅上升。2009年10月，新上任的希腊政府向外界公布，希腊当年财政赤字会达到GDP的12.7%，而非此前政府向外公布的6%，大幅超过欧元区规定的3%上限，而公共债务将达到GDP的113%，同样超过规定的60%上限。2010年1月，希腊政府宣布2009年的实际财政赤字占GDP比重达到13.6%，甚至超过上年底向外界披露的12.7%的水平。情况之严重引发了市场的普遍担忧，如表II-2-3所示，三大评级机构在12月相继下调希腊主权信用评级，而这只是其后三大评级机构屡次下调希腊评级的前奏。

表II-2-3　“三驾马车”对希腊第一轮金融救助的经过

时间	事件
2009年10月20日	希腊政府宣布当年财政赤字将达到GDP的12.7%，远高于欧元区规定的3%上限
2009年12月8日	惠誉将希腊信贷评级由A-下调至BBB+，前景为负面
2009年12月16日	标普将希腊的长期主权信用评级由A-下调为BBB+
2009年12月22日	穆迪将希腊主权信用评级由A1下调到A2，前景为负面
2010年2月11日	欧盟特别峰会讨论希腊债务危机，但未出台具体措施

① 国际货币基金组织未参与第三轮救助，后文会详细说明。

② 新华社：《希腊正式退出救助计划》，2018年8月20日，http://www.xinhuanet.com/world/2018-08/20/c_1123299261.htm.

续表

时间	事件
2010年3月25日	欧盟峰会达成欧元区与IMF在必要时共同救助希腊的共识
2010年4月23日	希腊政府向欧盟和国际货币基金组织申请救助
2010年4月27日	标普把希腊信用评级从BBB下调为BB+，并下调葡萄牙和西班牙评级
2010年5月2日	欧元区和IMF计划三年内向希腊提供总额为1100亿欧元的贷款，希腊宣布大规模紧缩计划
2010年5月5日	希腊爆发全国性大罢工，10万人举行示威活动，抗议紧缩
2010年5月10日	欧盟决定设立7500亿欧元的稳定机制EFSF，防止危机蔓延
2010年5月18日	欧元区决定向希腊拨付首笔援助贷款，金额为200亿欧元
2010年9月7日	欧元区批准向希腊提供第二笔贷款，总额65亿欧元
2010年10月6日	欧洲央行宣布金融扶持计划
2010年10月	欧盟领导人决定强化财政纪律，建立永久性救助机制，但涉及条约修改
2010年11月21日	爱尔兰政府向欧盟和国际货币基金组织申请救助
2010年11月28日	欧盟通过爱尔兰援助方案，总额850亿欧元
2010年12月2日	欧洲央行决定维持欧元区利率1%的低位，同时注入流动性
2011年1月1日	爱沙尼亚加入欧元区，成为第17个成员国
2011年1月14日	惠誉将希腊主权信用评级从BBB-降为BB+
2011年3月7—15日	穆迪将希腊评级由Ba1降至B1，将葡萄牙从A1下调至A3
2011年3月21日	欧盟讨论欧元区永久性救助机制ESM的细节并达成一致
2011年3月29日	标普将希腊评级由BB+降至BB-
2011年4月7日	欧洲央行宣布上调利率至1.25%，2008年7月以来首次上调
2011年4月7日	葡萄牙正式向欧盟申请救助
2011年5月3日	葡萄牙与国际货币基金组织、欧盟和欧洲央行达成援助协议，葡萄牙将在三年内获得780亿欧元的金融援助

希腊主权信用评级的下调直接导致市场对希腊国债的悲观情绪，表现为希腊长期国债价格的下跌及收益率的上升，这就意味着希腊融资成本的上升。如图Ⅱ-2-2所示，希腊长期国债收益率自2009年11月起迅速攀升，至2012年2月达到29.2%及2012年6月达到27.8%高位后，逐渐下降，2015年初出现反复，但收益率水平上升幅度不及2012年的高位，其轨迹揭示了希腊主权债务危机的演进过程。

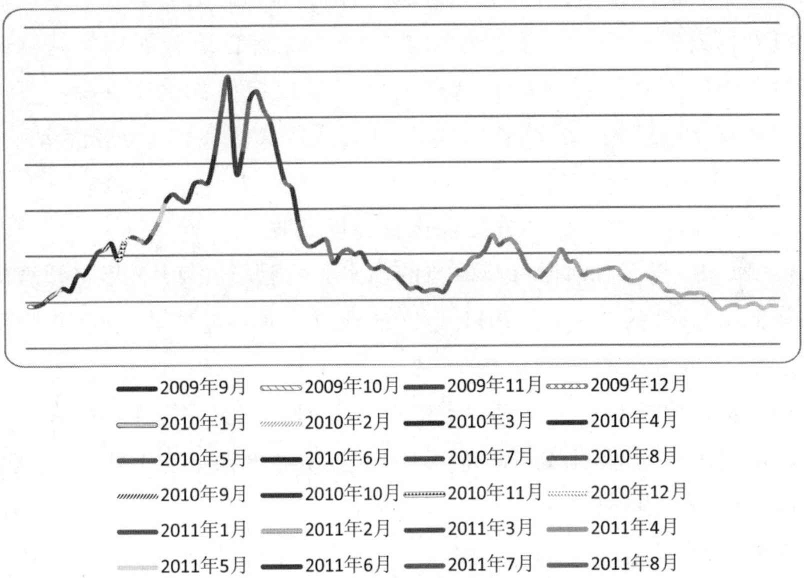

图Ⅱ-2-2 希腊长期国债收益率2009—2018（%）

说明：图中数据为欧洲货币联盟趋同指标系列中的政府长期债券收益率数据，该收益率为二级市场上到期时间为10年左右的政府债券收益率。2015年7月数据缺失，图中以上月数据水平代替。

资料来源：欧盟统计局。

当时的情形对于希腊这种以“借新债还旧债”模式为继的国家而言相当致命，无法按期筹集到款项的希腊政府对于即将到期的债务只能违约。2010年5月19日是当时希腊的大笔国债到期日，也就是在该日期之前，希腊需要偿还大约90亿欧元的到期债务，否则便会违约。在提出救助申请之前，希腊政府也试图通过削减公共开支等途径增加盈余同时降低国债收益率，但收效甚微。而欧盟方面也分别于2010年2月和3月讨论希腊债务危机，并与国际货币基金组织达成必要时救助希腊的共识。于是，2010 年 4 月，希腊正式向欧盟和国际货币基金组织提出申请。

或许是因为欧盟在希腊之前并未遇到过成员国陷入债务危机需要救助的情形，欧盟在对于希腊的救助决定和救助实施上都表现得非常迟缓。2010 年 5 月 2 日三驾马车宣布计划三年内向希腊提供总额为 1100 亿欧元的贷款，此时已距希腊出现债务危机特征半年之久。在后期的救助中，三驾马车对于其他几个重债国家的救助显然迅速很多，多半是吸取了希腊的经验教训。当然，三驾马车的救助条件是，希腊必须开展切实的财政紧缩，后者引起了希腊民众旷日持久的游行和反抗，如表 II－2－3 所示，紧缩政策发布后三天，希腊就出现了 10 万人的大规模罢工示威活动。

二 第二轮救助：救助方案变化及公投风波

根据 2010 年 5 月对国际贷款方的承诺，希腊要在 2015 年将预算赤字水平降低至 GDP 的 1.1%。2011 年，希腊预算赤字需要从 2009 年的历史最高水平 15.4%降低至 GDP 的 7.4%。财政赤字缩减、国有资产私有化、及经济结构性改革是三驾马车对希腊经济援助项目的重要评估内容。

2011 年初，希腊财政部宣布 2010 年全年财政赤字为 194.54 亿欧元，同比减少 37%，顺利完成减赤 33.2%的目标。基本完成了 2010 年 5 月欧盟、欧洲央行和国际货币基金组织为其制订的经济政策目标。但到了 2011 年 5 月 3 日，希腊统计局将 2010 年希腊财政赤字从原先预测的占国内生产总值（GDP）的 9.4%上调到 10.5%，显然已经超出承诺的赤字目标。市场上对希腊危机的担忧表现为其国债收益率飙升至 17%的高位。

希腊需要偿还的 1400 多亿欧元的债务，这些债务在 2011—2020 年到期，但问题在于三驾马车给希腊的第一轮救助是短期贷款，相当于紧急流动性拨付，三年后需要逐期归还。2010 年希腊政府的债务总量高达 3286 亿欧元，第一轮的贷款显然不足，况且随着爱尔兰和葡萄牙相继陷入危机，欧元区成员国中经济状况较为严峻的国家相继退出希腊救助计划，第一轮救助资金的 1100 亿欧元规模最后有 27 亿未能实现①。所以，欧盟意

---

① 根据欧盟委员会的数据，第一轮救助中斯洛伐克首先退出救助希腊的计划，而后爱尔兰和葡萄牙自身陷入危机，最终导致 27 亿欧元援助贷款并未实现。

识到仅仅提供紧急援助不但不能解决问题，而且还有可能使得欧元区问题恶化，因为欧元区其他成员国也逐渐面临紧缩的财政压力。

（一）拉入私人部门，初步形成全面方案，设立专项行动组

救助希腊的方案需要修改，新方案则参照了2009年救助匈牙利、罗马尼亚、拉脱维亚等国时的“维也纳倡议”。在这一模式下，债权银行以自愿的方式选择继续持有和买入负债国债券，延长偿债日期，但不要求额外的风险溢价。2011年6月欧元区峰会期间，欧盟讨论私人部门自愿加入救助计划，一方面保护了欧元区其他成员国的纳税人，另一方面为希腊债务重组打下了基础。这一私人部门参与方案（PSI，private sector involvement），提出了四种框架，主要涉及通过债券兑换达到希腊债务的偿还期限延长和债务总额减免。这实质上是一种有序违约，正如经济学家所言[①]，希腊的问题是偿付能力的问题，而非流动性不足的问题，不涉及债务重组则无法得到根本解决。

当然，私人部门的债务减免意味着银行业（希腊政府债务主要为希腊及欧元区其他成员国银行持有）的巨额损失，为后来2015年的欧元区银行业危机埋下了隐患；而欧元区成员国、欧洲稳定基金及IMF的债务减记则意味着实际上的财政纾困（bail out），最终由纳税人承担，持有希腊债务最多的欧元区成员国分别是德国、法国、意大利和西班牙。也正是因为这个原因，德国在对希腊援助的财政紧缩要求上一直坚持严格的标准。2012年2月，希腊国际投资者不得不将每100欧元的希腊旧债券置换为31.5欧元11—30年期的希腊新债券，以及15欧元期限不超过两年的欧洲金融稳定基金（EFSF）债券，本金减值幅度高达53.5%，意味着1100亿欧元的债务被一笔勾销。

2011年7月21日，欧元区财政会议正式决定第二轮希腊救助方案，为希腊提供总额1090亿欧元的中长期救助贷款，与此同时，提出私人贷款部门会通过债务延期或债务回购操作两种途径做出贡献。此外，会议还对欧洲金融稳定基金（EFSF）和欧洲稳定机制（ESM）的灵活性和有效性进行了改进，使得二者在遇到金融动荡时能够更快行动，效率更高。可以说，这次会议在财政救助层面达到了较好的成果，对第一轮救助的弊端有所改

---

① 德意志银行首席经济学家Thomas Mayer曾指出，一个不能还债的国家必须重组。

进，同时适用性也有所增加，第一次形成了一种较为全面协调的救助方案。当然，这与当时多个成员国主权债务危机风险上升的趋势密切相关。

此轮救助的第三个重要变化是成立了专项行动小组（Special Task Force）。欧盟委员会在 2011 年 7 月的欧盟峰会上决定设立希腊专项行动小组，以帮助希腊识别并提供实现三驾马车援助项目所需的技术支持，同时加强希腊对于结构基金的吸收。行动小组 2011 年 9 月 1 日正式开始工作，每个季度向欧盟委员会（包括主席和财经事务专员）及希腊政府汇报工作进展，目的在于提高希腊技术支持的效率并改善整体影响，实际上就是提高援助的整体效率。因为三驾马车的援助是分批拨付的，而拨付的条件是希腊满足三驾马车相应的援助评估，原则上每个季度展开一次评估。三驾马车的专家评估小组按期赴希腊进行评估，其中需要希腊方面的技术支持与配合，包括统计口径区别等方面，希腊的更好配合会使得评估更有效率且更为客观。这个行动小组就是为了促进希腊方面的配合与支持，但不涉及相应评估工作，评估工作仍由专门的专家组负责评估。专项行动小组配合希腊当局需要提供的技术支持以优先事项为主，如 2011 年成立初期的优先事项包括提振希腊经济、提高竞争力及促进就业。专项行动小组总部位于布鲁塞尔，分部位于希腊。

（二）公投风波虽结束但影响深远

于 2011 年 7 月在欧元区内达成共识的第二轮救助直到 2012 年 2 月才正式通过，而希腊在 2012 年 3 月 20 日就有 145 亿欧元的债务到期。其中具有重要影响的就是 2011 年 10 月底的希腊公投风波。2011 年 8 月底的第五次专家评估未达标使得三驾马车推迟发放原定于 9 月拨付的第六笔（第一轮援助）贷款。况且新一轮救助方案在敲定救助金额的同时，也形成了对希腊严格的财政紧缩要求，当时的希腊当局面临前所未有的政治阻力。2011 年 10 月 31 日，希腊时任总理帕潘德里欧宣布，将就欧盟最新援助方案举行全民公决。希腊总理的全民公决计划很快在 11 月 2 日就获得了希腊内阁的一致通过。这一决定在欧洲乃至全球都引起了强烈的震动，全球金融市场遭遇下挫，因为全民公决的否定结果将意味着希腊不接受援助，那么希腊债务违约不可避免，因此而陷入经济混乱的希腊很有可能宣布退出欧元区，发行本国货币来应对混乱。

债务危机爆发初期，著名经济学家克鲁格曼就曾指出希腊退出欧元区的可能性，而2011年的这场希腊全民公决风波显然强化了市场的担忧。此前，对希腊退出欧元区的说法仅限于推测，而此后关于希腊退出欧元区的讨论不时会被提及。希腊退出欧元区的影响超出了希腊债务问题本身，而且关乎欧元区的存亡，后者是全球发达市场中的第二大经济体，同时其货币欧元是仅次于美元的国际货币。欧元区成立时就被设计成了不可撤销的单一货币区，欧元区并没有退出方案。一国的退出意味着不可撤销约定的解除，那么市场会认为其他陷入危机的国家也会退出欧元区，即使这些国家的危机并没有糟糕到非离开欧元区不可，市场的投机力量也会使其自我实现，就如1992年欧洲货币体系风波下英国和意大利不得不放弃固定汇率一样。希腊的退出会引致其他危机国家的退出，进而外围国家退出，最后导致欧元区崩溃。

在法国、德国、欧盟、国际货币基金组织领导人决定暂停向希腊提供救援款项后，希腊于11月4日决定取消全民公决。但后来的事实证明，此次公投虽未成功，但开启了希腊2015年公投及英国2016年公投的序曲，如表Ⅱ-2-4所示，2013年初，英国首相承诺于2016年举行公投。

表Ⅱ-2-4　　**三驾马车对希腊第二轮金融救助的经过**

时间	事件
2011年 4月15日—5月3日	市场对希腊酝酿债务重组的预期大幅升温
2011年 5月3日	希腊统计局将2010年希腊财政赤字从原先预测的占国内生产总值（GDP）的9.4%上调到10.5%
2011年 5月12日	欧元区各国财长公开承认，希腊可能需要欧盟或其他国际机构提供额外资金
2011年 7月21日	欧元区就希腊的新一轮救助方案达成一致，金额1090亿欧元
2011年 7月25—27日	穆迪将希腊评级直降三级，从Caa1降至Ca，标普将希腊评级下调一级，由CCC降至CC
2011年 8月15日	欧洲央行宣布已购入重债国国债总额220亿欧元，包括希腊等国的国债。欧洲央行2010年5月开始购买欧元区国债，以稳定债券市场
2011年 10月27日	欧盟扩容金融稳定工具的放贷能力至1万亿欧元，银行业同意对希腊国债进行50%的减记

续表

时间	事件
2011 年 10 月 31 日	希腊总理宣布将对欧盟最新的援助贷款进行全民公决，议案很快获得内阁一致通过
2011 年 11 月 4 日	希腊撤销全民公决计划，后帕潘德里欧总理辞职
2011 年 11 月 10 日	希腊组建联合政府，帕帕季莫斯出任希腊新联合政府总理。新政府通过援助方案，并将原定于 2013 年 10 月的大选提前至 2012 年 2 月 19 日
2011 年 11 月 25 日	希腊三大政党签订支持紧缩政策的书面承诺，为援助款项的拨付和新一轮救助方案铺平道路
2011 年 12 月 9 日	欧盟峰会达成财政契约计划，重申财政纪律
2011 年 12 月	欧洲中央银行第一轮长期再融资计划，注资 4890 亿欧元
2012 年 1 月 30 日	欧盟峰会通过财政契约草案，约定各国财政赤字和债务上限及对违反者的处罚规定
2012 年 2 月	惠誉下调希腊主权至最垃圾级
2012 年 2 月 21 日	欧元区财长决定，达成第二轮 1300 亿欧元救助，2014 年前发放；将希腊债务的账面减记幅度进一步调高至 53.5%，私人债权人的实际损失达 75%
2012 年 2 月 29 日	欧洲中央银行进行第二轮长期再融资操作，注资 5295 亿欧元
2012 年 3 月 2 日	欧盟 25 国正式签署财政契约，英国和捷克未签署
2012 年 5 月 6—13 日	希腊大选，萨马拉斯领导的新民主党成为第一大党，但无法单独组阁，反紧缩的希腊左翼联盟党（齐普拉斯领导）成为第二大党
2012 年 5 月 12 日	标普与大公国际提高希腊信用评级
2012 年 5 月 16 日	三大政党组阁均告失败，希腊宣布进行第二次大选。次日起，银行发生挤兑潮，三驾马车暂停对希腊援助，希腊债券跌至垃圾级
2012 年 6 月 17—20 日	由于三党均组阁失败，希腊举行第二次大选，支持紧缩的新民主党和泛希腊社会主义行动党赢得议会选举，与民主左翼联盟党组成联合政府，新民主党萨马拉斯出任总理
2012 年 6 月 25 日	西班牙和塞浦路斯先后正式向欧盟申请救助
2012 年 9 月 6 日	欧洲央行决定执行直接货币交易（OMT）计划，从欧元区二级市场购买债券
2012 年 10 月 8 日	欧洲永久性救助机制——欧洲稳定机制生效
2013 年 1 月 23 日	英国首相承诺将在 2017 年进行全民公投决定是否退出欧盟

公投风波的另一个影响则是希腊陷入了长达8个月的政治困局，希腊于2012年5月和6月先后进行了两次议会选举。在支持紧缩的政党最终顺利组阁之前，希腊反对紧缩的声音达到高潮，各界对希腊退出欧元区的担忧也引发了欧元区债务危机的迅速传染，2012年6月，西班牙和塞浦路斯也先后正式提出救助申请。国际金融市场则经历了严重的动荡。此外，希腊两次选举后，极右翼政党金色黎明党进入议会，该党主张赶走所有在希腊的外国人，要在希腊与土耳其的边境埋地雷防止非法移民，具有强烈的民粹主义特征，对于后期在难民危机中极右翼政党的广泛崛起起到示范作用。

三　第三轮救助：危机2.0及全民公投

欧洲央行于2012年9月开启的OMT（直接货币交易）措施，使得希腊债务危机基本得以缓解。2013—2014年，虽然希腊的债务水平并未取得大幅降低，但债务危机也并未恶化，且希腊经济渐有起色。2014年4月，希腊甚至在私人市场成功发行了25亿欧元的5年期债券，其10年期国债收益率大幅下降。于是，希腊国内呼吁提前退出救助、结束紧缩的声音越来越大。

（一）希腊陷入政治困局，第二轮救助协议延长

2014年11月，希腊政府向议会提交了2015年预算案，并表示不希望延长救助计划的期限。按照救助协议，欧盟对希腊的援助于2014年底结束，IMF则到2016年一季度结束。然而，国际救援方对该预算案的财政赤字规模以及如何筹措资金填补财政缺口方面都存在异议。12月7日，希腊议会艰难通过该预算案，反对党批评预算过于严苛，而救援方认为预算需要更为严格。12月9日，欧元区集团决定将对希腊金融救助计划延长2个月，至2015年2月。预算的两难使得希腊总理萨马拉斯决定，将希腊总统选举提前2个月至2014年12月进行。按照任期，时任希腊总统帕普利亚斯2015年2月到任。随后，希腊在2014年12月进行了三次总统选举均未通过总理提名人选，萨马拉斯不得不宣布提前进行议会选举。实际上，萨马拉斯自2012年6月当选总理后，其任期到2016年中才结束。但按照希腊宪法，总统由议会投票选出，前两轮需获300张议会选票的三分之二，或第三轮需获五分之三多数才能当选；如果经三轮投票仍无

法选出新总统，议会自动解散，重新举行大选。可以说此次总统大选开启了希腊危机的2.0版。

2014年10月底，美联储宣布退出危机时采用的量化宽松货币政策，引发全球金融市场震动。而希腊国内的政治困局则使得国际市场再次关注希腊的风险，导致希腊国债收益率上升。而希腊政局的动荡则使得国内股市出现暴跌。虽然2012年3月的债务重组和希腊有序违约使得希腊避免了一次全面债务违约（145亿欧元到期债务），但希腊的债务规模仍然居高不下。按照其2015年预算，希腊2015年的债务仍高达3000多亿欧元。对于希腊的政局动荡，欧盟决定暂停发放最后一笔援助贷款。实际上，希腊2014年3月获得的援助贷款发放就经历了非常艰难长达数月的与国际债权人的谈判。此次萨马拉斯提前总统选举也是为了更好地统一国内意愿，更好地与国际债权人谈判，但显然，他对国内民意和国际形势均作出了误判。

2015年初，希腊进行了议会选举，反对紧缩的激进左翼联盟党赢得大选，成功组阁，其领袖齐普拉斯主张撕毁同债权人达成的紧缩备忘录，立即暂停偿还所有债务并就大幅削减剩余债务进行谈判。但在进行执政后，左翼联盟党的政策主张根本没有实现的经济政治基础：没有援助方的金融援助，希腊濒临破产边缘，遑论提高民主福利；其他欧元区成员国在经历了2012年3月的债务重组后，根本不愿再次进行债务减免，齐普拉斯接任后赴多国出访的债务减免计划以失败告终。不得不面对现实的齐普拉斯在2月19日向欧元区集团提出延期申请救助计划，欧元区集团随后在2月20日同意对希腊援助计划延期4个月，至2015年6月底。

（二）虽然公投拒绝援助方案，但政府最终不得不接受第三轮国际救助

2015年6月，援助计划即将到期，希腊是否再次以改革换救助再次成为各方的关注焦点。6月5日，希腊提出把应该于6月分批支付给IMF的四笔款项合成总计为16亿欧元的一笔，在6月30日偿还。这是五年危机以来，希腊首次推迟偿还一笔救助款项，实际上构成其第二次债务违约。同时希腊为了获得新的贷款与IMF展开关于新一轮援助所附紧缩措施的债务谈判，但双方分歧明显，IMF于6月11日宣布退出与希腊的债务谈判。

其实，希腊与IMF之间的债务偿还问题自4月就出现端倪，4月16日国际货币基金组织宣布拒绝希腊延迟支付欠款的请求，5月17日，希腊总理齐普拉斯威胁称，可能不会向IMF偿还原本在5月到期的7.5亿欧元债券，不过后来希腊还是归还了该笔贷款。对于拖欠IMF欠款的原因在于，IMF要求希腊进一步财政紧缩，包括消减养老金、上调电力税、推进国内劳动力市场改革等，均遭到希腊拒绝。

希腊的资金需求显然紧迫，6月30日前需要偿还IMF 16亿欧元债务，7—8月还需要偿还欧洲央行30亿欧元债务。希腊同国际债权人在新的金融援助的条款上迟迟无法达成一致。6月27日，希腊总理宣布将就国际债权人提出的新的纾困贷款条件进行全民公决，6月28日，希腊议会通过进行有关与国际债权人签署的协议的全民公投，以此增加希腊与债权人谈判的筹码。随后，欧元区财长直接拒绝了希腊提出的延长救助申请和债务重组申请。同时，欧洲央行表示，将冻结其为保持希腊银行体系运转而提供的紧急贷款。6月29日，为了防止挤兑潮，希腊关闭了该国的银行，并实行了资本管制，对于自动提款机也限制本国银行发行的银行卡每日取款不可超过60欧元。7月1日，欧元区财长拒绝希腊的紧急援助请求，希腊未能向国际货币基金组织偿还到期的16亿欧元债务。这是IMF在70年历史中首次遭遇发达经济体违约的情况，以及单一违约规模最大的事件。

7月5日，希腊如期举行公投，结果否决了国际债权人的新一轮救助提议。此次公投与2011年底未成行的公投如出一辙，均是执政者以改革换救助的方案在国内政府内部无法通过，公投结果如支持救助协议，则打击了国内反对党的声势，使得方案在议会通过，公投结果如反对救助协议，则政府同国际救助机构再次进行讨价还价。当然，这取决于国际救助机构的态度，由于此次欧元区态度强硬，7月9日，希腊政府债权人提交了为期3年的解决希腊债务问题协议草案，就紧缩开支作出大幅让步。一些分析家称，新草案与近日全民公决中被拒绝的债权人协议草案很接近[①]。此次公投与上一次公投不同的是，威胁到欧元区的主权债务危机已经基本过去，其他重债国都已经退出救助，欧元区集团在处理希腊问题上

① 吴正龙：《齐普拉斯立场缘何大逆转》，《解放日报》2015年7月11日第4版。

也更有经验，因此，双方博弈的结果可想而知。

随着欧元区集团7月16日“原则上”同意支持对希腊提供三年期欧洲稳定机制（ESM）项目，希腊债务危机的第三轮救助正式启动。欧洲央行当天宣布提高对希腊银行紧急流动性援助上限①。希腊议会16日凌晨通过一揽子“以改革换救助”法案，其中包括希腊政府13日与债权人达成的协议以及相关改革措施，为希腊获取第三轮救助贷款创造了条件。在停业三周后，希腊各银行于20日恢复营业，金融管制逐渐放松。7月25日，希腊政府向IMF正式提出了第三轮救助的申请。

在德国、荷兰、奥地利等国国会批准后，欧洲稳定机制委员会8月19日表示，第三轮救助正式启动，向希腊提供860亿欧元的财政援助，为期三年、分批发放。首批贷款为260亿欧元，分别用于希腊银行资本重组以及清偿债务，其中包括偿还在8月20日到期的欧洲央行的32亿欧元贷款。

虽然希腊议会8月14日通过了新的救助协议，但齐普拉斯党内43名议员仍投了反对票，为了巩固自己的执政地位，齐普拉斯在首批援助款到位后的当晚宣布辞职，并要求提前进行大选。8月21日，左翼激进联盟中的25名极左翼议员由于不满齐普拉斯对救助协议的妥协，选择退出该党并成立新政党“人民联盟”，瞬间成为希腊议会内第三大党。齐普拉斯此举很大程度上被理解为意在确保顺利实施第三轮救助计划而“以退为进”。9月21日，齐普拉斯领导的左翼激进联盟党赢得了这场危机6年来的第四次议会选举，齐普拉斯本人因此获得了新的四年任期。

不过，在第三轮救助中欧盟和IMF产生了严重的分歧，IMF要求希腊债务重组，意味着欧盟和欧元区成员国持有的希腊债务缩水，因为IMF认为希腊的债务不可持续，但欧盟方面尤其德国拒绝减免希腊的债务。因此，第三轮救助协议的860亿欧元资金均出自欧盟的永久性救助机制ESM，IMF并未参与②。实际上，自2013年以来，IMF就不再对希腊新增贷款，但仍参与对希腊履行改革和紧缩义务情况的评估，而截至2017年2月，IMF持有的希腊债务占希腊总债务的比例为4%。2017年初出现的

---

① 赵小娜：《希腊危机第三轮救助启动》，《北京日报》2015年7月18日第4版。

② 陈新：《希腊债务稳定的“双簧”剧》，《人民日报》2017年4月17日第22版。

希腊债务风险，并不是希腊没有遵守改革承诺导致，本质上是欧盟同IMF在希腊债务减免问题上出现分歧所致，最终，IMF并未加入第三轮救助，而希腊的债务也没有减免，希腊继续完成之前的财政紧缩承诺，并在欧元区经济恢复增长的同时逐步实现经济增长。

第三节　紧缩改革及其效果

在以三驾马车组成的国际救援方的要求下，希腊自2010年展开了长期的经济紧缩，至今已有8年时间。不过，退出救助并不意味着紧缩政策的结束，按照承诺，希腊需要将初级预算盈余（不包括偿债支出）占GDP的比重保持在3.5%以上，直到2022年，2023年到2060年则需保持在2.2%。政府还是得继续控制财政支出，按期偿还巨额债务。

一　紧缩政策的目标要求

债务危机爆发初期，希腊的债务总额高达3000多亿欧元，虽然2012年的债务重组使其一次性减少了1100亿欧元的债务，但剩下的2000多亿欧元债务仍需要希腊偿还。危机期间，三驾马车借给希腊的贷款虽然利息较低，且偿还期限较长，但最终仍需要归还。为了保障希腊具有偿付能力，保证自己的贷款可以回收，国际借款方必然要求严格的财政紧缩和经济改革，实现路径是减少公共开支、增加财政收入，具体通过巩固财政、经济改革和私有化展开。这一方案是IMF、欧盟委员会和欧元区集团共同决定的，IMF每次对外提供援助贷款都附加以苛刻的改革条件，而欧盟委员会和欧元区集团主要涉及德国、法国、荷兰、奥地利等债权国，他们同样希望以严格的财政紧缩为条件来提供救助，以便得到国内的政治支持。

在前后三轮的救助协议中，出资方都明确提出了紧缩目标，希腊只有同意这些紧缩目标并承诺在后期逐项完成，才能获得救助款项。具体的实施手段包括提高退休年龄、取消提前退休、减少退休金、公务员降薪（2011年规定总统和总理等选举产生的官员减少一个月的工资）、减少国有医院、邮政乃至银行等机构的支出，同时提高各种名目的税率（如2011年和2012年新征每年每平方米最高4欧元的房产税等）并推进国有资产私有化。

在财政巩固方面，八年债务危机期间，希腊按照债权人要求采取大量减少退休金和修改税率的财政措施，共涉及780亿欧元财政资金，其中2010—2014年630亿欧元，2015—2018年110亿欧元，2019—2020年还将有40亿欧元。在私有化方面，截至2018年4月底，雅典证券交易上市企业总市值为478.2亿欧元，月交易额为11.1亿欧元。其中，外国投资者拥有股份占雅交所上市企业总值的67.5%，其当月交易额占总额的57%。

二　紧缩政策的实施过程

主权债务危机爆发以后，欧盟从三个层面加强了成员国的财政纪律。一是欧元区的大部分国家都进行了长短不同的紧缩政策，这是对成员国财政赤字和债务占比普遍超过规定标准之状况采取的应急性政策，为的是巩固财政，避免主权债务危机快速传染。二是欧盟层面推出了监督各成员国财政的政策。2010年9月7日，欧元区成员国财政部长同意，从2011年起引入“欧洲学期”的宏观经济政策协调机制，此后，欧盟成员国的预算方案和改革计划需要提交欧盟委员会审议。这一机制有效避免个别成员国为了取悦选民而增加财政赤字，陷入不可持续之债务状况，如希腊等重债国家。三是欧盟层面积极推动财政纪律的立法，于2012年签订了《财政契约》，规定各成员国需要将财政赤字和债务水平控制在规定的水平之下，还做出违反规定后的处罚规定。该契约于2013年正式生效，被普遍认为是已经失去效力的《稳定与增长公约》的修订版。希腊在这三个层面都参与了主动的财政紧缩。

从第一轮国际救助开始，希腊不得不接受来自债权人的紧缩要求，不过三轮方案的紧缩要求略有不同。第一轮救助可以说决定迟缓，但救助仓促，事后IMF内部的独立评估机构就是如此评价第一轮救助的。这一轮救助协议只是提出了大致要求，比如开支减少或者财政收入增加的总数，但对于具体的实行手段则没有明确规定。其保障机制是三驾马车派遣的专家组每个季度赴希腊展开专家评估，只有评估通过后才可以获得下一笔援助款，第一轮1100亿欧元的援助款分笔拨付。可以说，这一机制较为有效，也在三轮中一直得以保留。但第一轮救助还是出现了问题，2011年5月希腊的实际财政赤字超过10%，超过了承诺的水平。到2011年8月底，赴希腊进行第五轮评估的专家以 2011 年财政赤字可能无法达标为由未予通过评估，第六笔贷款拨付也因此被暂停，条件是希腊需要进行具体的财政改革，提高税收并进行减薪和私有化，这引起希腊政府内部的反对与民众的反感，并最终导致了 2011 年的公投风波。

国际救援方在第二轮救助协议时进行了方案改进：一是设立专门账户，把救助资金打入专门账户以确保援助资金优先偿还政府债务，而非用于国内薪资福利等开支；二是将财政改革、经济改革等具体化，虽然在后续的操作中更具有可操作性和有效性，但同时也引发希腊民众的反对声浪。第二轮救助协议从 2011 年 5 月开始讨论，直到 2012 年 3 月才批准，其间还引发了希腊国内的政局动荡。

相对前两轮来说，第三轮紧缩方案略有放松。IMF 没有加入第三轮救助，原因是欧盟不同意 IMF 提出的债务减免，IMF 的紧缩要求非常苛刻和严格。而欧盟则相对较松，但经过前两轮后，欧盟的决策也更为直接和迅速，要求希腊提出可行的三年债务降低之可行清单。在经过政治动荡、全民公投后，大部分的财政紧缩还是得到了执行。

三　紧缩政策遇到的阻碍

紧缩政策一经提出，就遭到来自希腊民众的普遍反对。2010 年 5 月，在希腊政府同三驾马车达成第一轮救助协议的第二天，希腊就爆发了大规模示威游行。在随后的 8 年中，这只是希腊民众展开旷日持久的示威抗议的序曲而已。民众对紧缩政策的反对除了示威游行外，主要通过选票来反映。

现在看来，第一轮紧缩政策算是受到最小阻力的一次，虽然发生了大规模示威游行，但并没有发生政局动荡。当时，不仅救助方对于希腊危机的长期性存在误判，希腊民众同样存在危机短期性的错觉。等到他们真正意识到危机可能长期持续，紧缩政策短期不会结束，自己的生活受到了严重影响时，民众的反对才会表现得更为激烈。

后两轮救助协议的达成都伴随着剧烈的政治动荡。第二轮协议方案提出后，时任希腊帕潘德里欧政府遇到前所未有的阻力，政府内部无法通过紧缩方案，于是帕潘德里欧铤而走险，提出公投决定是否接受第二轮救助协议，在欧盟的施压下，公投最终被取消，帕潘德里欧本人也只能辞职。

虽然2012年3月救助方同看守政府达成了第二轮救助协议，但第二轮救助的款项发放则直到2012年5月才开始进行，彼时，希腊进行了第一轮议会选举，结果选出的三个政党均无法完成组阁，一个月后，希腊进行了第二次大选，获胜的新民主党完成组阁，这次政治危机才宣告结束。而与上一届执政的泛希腊社会主义政党相比，新民主党是上届政府的反对党，主张接受救助，但需要就紧缩政策谈判。这是三驾马车的紧缩政策在希腊遇到第一次的政治障碍，反映的是民众的诉求。此次选举使得泛希腊社会主义政党由2009年当选时的第一大党沦为第三大党，第二大党则是日后执政的反紧缩的激进左翼联盟党。同时，此次选举的结果是进入议会的党派林立，出现了几个极端政党，尤其是极右翼的金色黎明党正式进入议会。

第三轮紧缩政策同样导致希腊政治陷入困局。在2014年底与国际救援方的谈判中处于劣势的萨马拉斯政府，为了寻求更广泛的国内政治支持，提前进行了总统大选，却因其提名总统在三轮投票中均未达到有效票数而导致议会自动解散，并于一个月后即2015年初进行大选。此轮选举使得反对紧缩的激进左翼联盟党上台，紧缩政策一度陷入停滞，但执政后的齐普拉斯政府不得不面对现实，最终向国际救助方妥协。

四 紧缩政策的效果评价

关于紧缩政策众说纷纭：IMF和欧盟都对紧缩计划赞赏有加，尤其在前两轮救助协议中，而希腊国内对于紧缩计划则怨声载道。从第三方评价来看，一般认为紧缩计划确实有必要，而且取得了显著的效果：经过8年的紧缩式改革，政府的财政开支大幅减少，财政收入则有明显增收，这为偿还债务打下了必要的基础。所以说，基于希腊债务可持续性而言，紧缩政策十分必要。债务危机爆发的2010年，希腊公务人员占全国就业人口的四分之一，不仅行政效率低下，而且造成政府财政负担过重。在实施紧缩政策后，希腊裁减了40万公务人员，并对公务员减薪40%，同时对政府部门进行合并，以提高效率并减少开支。这种改变只有在债权方要求的财政紧缩下才能完成，但对经济的长远发展而言十分必要，代价同样巨大。

表 II－2－5 希腊财政赤字及债务占比情况（2008—2017） （%）

希腊财政情况	2008	2009	2010	2011	2012	2013	2014	2015	2016	2017
财政余额占比	－10.2	－15.1	－11.2	－10.3	－8.9	－13.2	－3.6	－5.6	0.5	0.8
政府债务占比	109.4	126.7	146.2	172.1	159.6	177.4	178.9	175.9	178.5	176.1

说明：由于统计口径不同及事后数据调整，个别年度数据与当年希腊当局公布数据略有不同。

资料来源：欧盟统计局。

紧缩政策的直接效果可以通过表 II－2－5 观察，表中希腊财政收支余额占 GDP 的比重变化明显，除了 2013 年外，赤字大幅降低，在 2016 年开始出现财政盈余。在 2018 年 11 月提交的财政预算中，希腊预计 2019 年将取得 3.6% 的财政盈余，可谓进步明显。政府债务占 GDP 比重一直处于高位，并且自 2008 年的 109.4% 一直增长至 2014 年的 178.9%，2012 年出现显著下降是因为 3 月的债务重组使得希腊被免去了 1100 亿欧元的债务。2015 年后，债务占比才略有下降，但下降不明显，主要原因在于，一方面除了债务重组外，希腊的债务总额并没有出现明显下降，所有的救助只是用新债还旧债而已，希腊持续多年的财政赤字又使得债务进一步加剧；另一方面，希腊自危机爆发后出现严重的经济衰退，GDP 的缩水使得债务即使不增加，其占 GDP 的比重也会不断增大。

对于希腊的紧缩政策也不乏批评的声音。IMF 的独立评估办公室的内部报告曾批评 IMF 错误地介入了希腊救助，却让希腊人民承受痛苦后果。莫迪批评 IMF 一开始就不应该介入希腊救助，是德国领导人为了获得选民支持及时任 IMF 领导人不希望被边缘化的共同决定，使得 IMF 成为欧盟尤其是德国在希腊的工具①。对希腊的第一轮救助应首先进行债务重组，而实际上，救助贷款大量用来偿还私人债权人，希腊的债务总额并没有发生变化，只是结构上从对私人的债务转变成对三驾马车的债务，最终全部由希腊人民通过紧缩政策长年累月地偿还。对希腊民众的过度紧缩也饱为诟病，既不利于经济的增长，也在长期内不利于债务的可持续性。

---

① Ashoka Mody, "The IMF should Get Out of Greece", Bloomberg, 2017－2－3, https://www.bloomberg.com/opinion/articles/2017-02-03/the-imf-should-get-out-of-greece.

第四节　前景展望

根据2018年6月22日欧元区财长会议上达成的协议，希腊获得的966亿欧元贷款延期十年并附带十年免息还款期和分期还款安排。希腊于2018年8月20日正式退出国际救助。为帮助希腊顺利退出救助计划，欧盟额外为希腊拨款150亿欧元。欧盟委员会启动了“强化监督”（Enhanced Surveillance）程序，对希腊经济、财政和财务状况以及政策承诺进行更密切的监测。根据计划，欧委会对希腊实施的加强版监管措施将会持续到2022年，该机制每6个月更新一次。欧盟称“强化监管”框架机制是预期中的一个正常进程，将有助于确保继续支持希腊的结构性改革，改革对希腊进一步经济复苏至关重要。

自2017年起，经过实施艰难的紧缩政策和结构性改革，希腊经济开始增长，宏观经济基本稳定。2018年5月，在向欧盟提交的退出救助计划后的经济增长战略文件中，希腊政府预测，在退出救助计划后，2020—2022年年均经济增长将达2.1%，其中私人消费年均增长1.2%，就业率年均提高0.4%，投资年均增长7.6%。2018年7月，德国贝伦贝格银行发布分析报告指出，希腊经济在退出救助计划后有六大利好因素，一是希腊政府将实施促增长的改革，二是实现财政和经常账户赤字的再平衡，三是竞争力水平有望提高，四是将完成劳动力市场的大改革，五是国债收益率有望下降，六是有望获得欧盟更多的投资支持。而在2018年11月8日公布的欧洲区域经济展望报告中，IMF认为希腊的经济前景比欧盟委员会预测的更为乐观，2019年和2020年希腊经济增长都将超过2%。

2019年7月，新民主党赢得大选上台执政。新民主党政府继续推行已实施的结构性改革计划，而且还推出了更多的私有化项目。新民主党政府的自由主义经济政策受到商业阶层和投资者的欢迎。国际市场普遍看好希腊经济前景。据2019年8月1日的希腊经济新闻，消费者对希腊未来经济信心上升到12年来的最高峰。

2019年8月，希腊总理米佐塔基斯开启了其上任后的首次且重要的欧洲之旅，分别了访问法国、德国及欧盟，介绍了希腊宏观经济指标积极的一面，希望争取更大的财政空间，降低2021年希腊主要的财政盈余目标，以便促进经济增长。

希腊财政部于2019年9月16日正式向欧洲稳定机制和欧洲金融稳定工具提出申请，要求提前偿还国际货币基金组织向该国提供的部分救助贷款。财政部长赫里斯托斯·斯泰库拉斯致信上述两大欧洲救助机构，表示希腊计划提前偿还29亿欧元的贷款。希腊财政部认为，此举有助于增强希腊信誉，提振民众对希腊经济的信心，并将节省上千万欧元的利息支出。此外，提前还贷还能改善政府债务可持续性，并对希腊信用评级产生积极影响。

针对希腊要求债权人降低2020年的基本盈余目标，2019年12月4日，欧元区集团会议批准了向希腊返还7.67亿欧元的希腊债券利润，并取消了第二次纾困期间欧洲稳定机制向希腊贷款的部分加息措施。[①] 希腊已要求利用这些资金来提高其增长政策。欧元区集团总裁马里奥·森特诺（Mario Senteno）表示，欧盟委员会关于希腊改革实施情况的报告相当积极。

不过，希腊的经济风险依然存在。由于希腊应对外部冲击的能力较弱，国际政治局势和经济形势可能的动态仍对希腊构成重大风险。从长期看，希腊债务问题仍有不确定性。希腊阿尔法银行于2019年初发布报告指出，在2008—2018年，因为国际金融危机和债务危机的冲击，希腊家庭平均损失了27.9%的资产，这种状况不利于经济持续增长。2019年2月，欧盟在第二份《强化监管希腊改革承诺报告》中指出，希腊改革进展迟缓，问题主要涉及结构性财政挑战如政府欠账清算、基本医疗体系与集中化的医疗采购，银行部门建立解决不良贷款的法律框架不力、商业和投资环境需要改善，等等。[②]

出于选举需要，左翼政府曾于2019年初起宣布了一系列减税惠民措施，包括把食品、餐饮业增值税由24%降至13%；电力、天然气增值税由13%降至6%，同时又增加退休人员福利等。对此，由欧洲央行、欧盟委员会、欧洲稳定机制、国际货币基金组织代表组成的国际债权人小组均

---

① Eurogroup Agrees to Return 767 Million in Bond Profits to Greece, https://greece.greekreporter.com/2019/12/04/eurogroup-agrees-to-return-e767-million-in-bond-profits-to-greece.

② European Commission, Communication from the Commission: Enhanced Surveillance-Greece, Brussels, COM (2019) final, April 2019.

感到不满。欧盟委员会于 2019 年 6 月 5 日发表报告称，希腊政府的财政政策存在许多严重问题，改革势头有所放缓，警告希腊经济发展可能面临再次脱轨的风险。欧委会还批评希腊政府实施多项减税惠民措施，这可能使希腊经济“走上了另外一条道路”，因为这套财政方案成本高昂，不符合正确的财政政策方向，对实现既定的预算盈余目标构成风险。欧盟委员会于 2019 年 7 月 26 日宣布，对“加强监督”希腊改革的框架机制延长 6 个月。

新民主党上台后优先处理的重要问题包括：第一，稳定的财政。国际债权人希望向 2019 年 7 月上台执政的新民主党政府发出一个明确的信息，即必须坚持承诺，在 2022 年之前每年实现 3.5% 的初级盈余；第二，不良贷款问题。新政府需要解决约 800 亿欧元的不良贷款遗留问题，这也是希腊目前面临的最大挑战；第三，改善投资环境，吸引更多的投资。经济强劲增长目标需要重拾投资者的信心。第四，电力行业市场化。希腊公共电力公司（PPC）运营持续恶化的问题。

国际货币基金组织高官于 2019 年 9 月访问希腊后指出，尽管希腊经济恢复增长，但实际人均收入还需 15 年才可回到危机前的水平，并且强调降低财政目标才能支持经济复苏和社会发展。

第三章　养老金制度及其改革研究*

2008 年爆发的国际金融危机对欧洲福利国家产生了新一轮的冲击。迫于内外压力，不少国家对收支失衡的养老金制度进行了较大规模的改革或调整。而希腊面临的挑战格外严峻。其养老金制度属于典型的南欧福利国家模式，是极端“碎片化”的典型代表，长期以来在财政可持续性、社会公平等方面存在严重的问题。自 20 世纪 90 年代以来，希腊政府陆陆续续进行了多项养老金改革，但进展缓慢。

2009 年主权债务危机爆发后，在欧盟等“三驾马车”（欧盟委员会、欧洲中央银行和国际货币基金组织）的外力推动下，希腊养老金制度改革迈出了转型的第一步。虽然，反紧缩改革的激进左翼联盟于 2015 年 1 月上台后，希腊的结构改革基本处于停滞状态。但当欧盟开始第三轮救助后，激进左翼联盟政府在救助条件的约束下，重启养老金改革。总体而言，危机后的八年改革，延长了退休年龄、增加了缴费，削减了养老金支出，既改善了养老金体系的可持续性，又减少了养老金制度的不平等性，被学界称为自 19 世纪 30 年代①以来最重要的改革。但由于工会等利益集团和特权群体的阻挠，加之历史上形成的福利制度的结构性缺陷，希腊养老金改革仍然面临诸多挑战。在可见的未来，其改革进程依然是曲折和漫长的。本章尝试从希腊养老金制度的特点入手、剖析其福利体制困境以及改革面临的挑战，以加深对主权债务危机背景下希腊进行的结构改革的认识。

---

* 本章节在《试析 20 世纪 90 年代以来希腊养老金制度的改革》一文（发表于《经济社会体制比较》2017 年第 6 期）基础上修改而成。

① 希腊社会保障制度始于 19 世纪 30 年代。相关内容参见宋晓敏编著《列国志・希腊》，社会科学文献出版社 2008 年版。

第一节　养老金制度的特点

一　养老金制度的发展

自1836年建立第一个社会保险基金（海员保险基金）开始，希腊逐渐形成了以行业为主的社会保险制度，其基金种类繁多，保险内容相互交叉，碎片化特点显著。近一个世纪以来，希腊按照行业类别建立了200余家保险基金（机构）。不同的基本保险基金覆盖不同职业类别的人群。例如，私企雇员的社会保险由最大的“社会保险机构”（IKA）提供，主要保险内容有养老、医疗等；农村人口的社会保险由“农民保险机构”（OGA）负责；商业和工业行业的自雇者，都加入了“自雇者保险机构”（OAEE）。这三大基本保险基金覆盖的人口约占基本养老金保险人数的85%。此外，医生、律师等自由职业者都拥有自己的保险基金。公务员和公共部门雇员的养老金则由专门的基金负责，无需个人缴费，直接由政府预算拨付。①

希腊养老金制度的核心内容是基于现收现付制的养老保险，后来逐渐扩大到医疗保险等项目。第二次世界大战结束后，尤其在1974年希腊恢复民主政体之后，在福利国家理念的影响下，对社会保险制度作了进一步的扩充，由此形成了一个相当复杂的社会保障制度，主要由三个部分组成：为劳动者设立的社会保险；为未参加保险但收入不足又有需求的人群提供的社会救助以及全民健康医疗计划。其中，社会救助体系为收入不足的人群提供了最后的社会安全网。它主要由分门别类的最低收入计划组成，覆盖不同的人群，如老人、残疾人、单亲家庭和孩子。这些计划于20世纪60年代引入，在80年代获得较快的发展。而全民健康医疗体系建立于1983年，主要为所有的希腊居民提供免费的医疗。②

养老金体系是希腊社会保障制度的基石，也是其核心组成部分。养老

---

① 2008年3月，希腊议会通过第3655号法令，将133个社会保险基金（机构）合并为13个。2010年的改革又将13个减少为3个。Ministry of Labour and Social Security，“The Greek Social Security System”，http：//www. ggka. gr/english/SSS_ en. doc.

② Ministry of Labour and Social Security，“The Greek Social Security System”，http：//www. ggka. gr/english/SSS_ en. doc.

金支出是希腊社会开支中最大的一项，占家庭平均可支配收入的24.1%。其他社会转移支付，如家庭津贴、疾病津贴、失业津贴和社会救助等是微乎其微，大约仅占3.2%。[①] 从覆盖面、津贴水平以及制度的系统和全面性来说，希腊的养老金制度都处于较低水平。但是，公务员和公共部门雇员及其他特权群体的养老金又极为丰厚，这也是希腊社会保障资源一直存在的分配不公和失衡的体现。

二　养老金形式

从形式上来看，希腊养老金体系具有三根支柱：

第一支柱：公共养老金。这是希腊养老金中最重要、规模最大的一类。公共养老金计划起始于20世纪30年代，从80年代开始成为强制性的保险计划，其特点是缴费与收入挂钩、固定收益。从纵向来看，公共养老金分为三个层次：第一层，与收入挂钩的基本养老金（Earnings-related primary pension），覆盖私人部门雇员和某些自雇者，资金来源为“现收现付”。缴费由雇员和雇主承担。缴费率取决于雇员的行业标准。2010年之前，雇员缴纳6.67%，雇主缴纳13.33%。其替代率不得超过80%。第二层，与收入挂钩的增补型养老金（Earnings-related supplementary pension），以行业为基础提供增补型的养老金，覆盖所有的雇员和少量的自雇者，其替代率不得超过20%。第三层，最低保障的养老金津贴（Minimum pension benefits）。这是2010年改革后添加的部分，资金来源于税收转移支付，确保所有的公民得到最低养老金，包括没有受保或者未满足资格条件的人群。从横向来看，公共养老金由各个行业的基金负责。比如，私人部门的雇员公共养老金由国内最大的“社会保险机构”（IKA）负责，农民养老金由“农民保险机构”（OGA）负责，自雇者由“自雇者保险机构”（OAEE）负责等。

第二支柱：职业养老金。该支柱建立于20世纪80年代，起步较晚。它分为两类：其一，通过公司的养老基金投保；其二，通过集体养老保险计划投保。

---

① Manos Matsaganis, “The Greek Crisis: Social Impact and Policy Responses”, *The Friedrich-Ebert-Stiftung (FES)*, November 2013, p. 18.

第三支柱：个人养老金。个人通过人寿保险公司投保，获得一次性养老金，很少以年金的形式出现，而且参与个人养老金计划的人数非常少。

在希腊，正因为第二支柱和第三支柱发展缓慢，导致第一支柱一家独大，其规模占整个养老金体系的99%以上。公共养老金的特点是强制性、覆盖面广,[①] 其资金来源于现收现付，也就是说拿就业人口的养老金缴费支付退休人员的退休金。缴费由三方负担，即雇主和雇员按照工资水平按一定比例缴纳；而由于负责基本养老金运转的行业基金基本上都有较大的财政赤字，因此，从20世纪90年代初开始，公共养老基金收入与支出的差额一般由政府兜底，即政府成为公共养老金缴费的第三方。可见，相比于欧盟其他成员国，其养老金结构单一等缺陷更为严重；在资金来源上采用的现收现付制，使其在应对金融危机和债务危机上腾挪空间小，在应对老龄化上风险又大。

三　养老金制度模式及特点

总体来看，希腊养老金制度属于典型的地中海福利国家模式，相对于北欧模式和盎格鲁—撒克逊模式而言，其“碎片化”特点更为显著,[②] 缴费水平不高而劳动参与率低下；长期以来在财政可持续性、社会公平等方面存在严重的问题。

具体而言，希腊养老金制度“碎片化”的第一种表现是行业性。[③] 因为整个体系是依托行业养老基金发展起来的，其资格条件、给付水平包括管理都是按照行业（职业）来划分的，可谓五花八门、各行其是。从历史上看，希腊从未拥有过覆盖所有公民的统一的公共养老金体系。一直以来，该体系是通过不同的专业团体建立以行业为基础的养老金计划发展至今，在20世纪80年代相继出现支付危机后，其财政得到政府的支持。而

---

① 其覆盖对象包括私企雇员、自雇者和自由职业者。

② Marina Angelaki, “A Leopard Never Changes Its Spots: Explaining Greek Pension Reform”, http://www.lse.ac.uk/europeanInstitute/research/hellenicObservatory/pdf/3rd _ Symposium/PAPERS/ANGELAKI_ MARINA.pdf.

③ 关于“碎片化”的表现，参见Anjan Gupta, “Greek Pension Reforms: The Struggle to Build a Sustainable Bridge to Retirement”, https://martindale.cc.lehigh.edu/sites/martindale.cc.lehigh.edu/files/Pension.pdf; Kevin Featherstone, “‘Soft’ Co-ordination Meets ‘Hard’ Politics: The European Union and Pension Reform in Greece”, *Journal of European Public Policy*, Vol. 12, No. 4, 2005.

且，政府与这些基金的关系相当模糊。名义上，这些基金是私营机构，但依照公共法进行管理，由政府不同的部门进行监管。实际上，这些养老金基金暗中都受到政府支持，并阶段性接受政府的补贴。每一个基金都有自己独特的管理架构，都制定了自己的养老金资格条件和领取标准。

"碎片化"的第二种表现是，社会保障形式的纷繁复杂。在2010年改革之前，养老金的基金基本上镶嵌在范围更广的社会保险基金中。每一个保险基金提供不同层次、不同领域的社会保险。例如，每个保险基金都为养老金设立了自己的发放标准，与此同时为同一位保险对象发放医疗保险金，甚至遗属津贴。有的基金机构除了基本养老金之外，还发放增补型养老金。

"碎片化"的第三种表现是，相同的养老金基金针对不同时段参加工作的人员，其资格条件和给付标准都不同。原因是，每次改革养老金制度时，政府为了减少当前就业人群的反对和阻挠，往往将收紧的改革措施适用于后进入的劳动力。

制度的"碎片化"导致养老金资格条件和津贴水平出现显著差别。这也可以解释在希腊出现公共养老金支出水平很高、老年贫困率也很高的悖论。正如希腊经济学家提纽斯所言，在养老金"供给不足的海洋中漂浮着特权的群岛"。[①] 希腊养老金体制存在高度极化、保障人群分层化（segregation）的特点。马察加尼斯（Manos Matsaganis）认为，希腊社会保障对象分为三层，这同样适用于养老金领取者。（1）过度保护的特权群体（也称为体制内人员，insider），包括近100万的公务员、公共部门与国有银行的职员等，他们享有丰厚的养老金和医疗待遇。（2）中间层。私人部门的正式雇员，人数在150万左右。与体制内的人相比，享受有限的就业保障、并不慷慨的收入和津贴。但与体制外的人相比，拥有法律上的保障。（3）缺乏保护的外部人员（outsider）。包括200万没有稳定工作的人群，如临时工、非全日制工作、移民、妇女、初次进入劳动力市场或重新进入劳动力市场者、长期失业者，以及无法获得稳定工作、相应保障的

① Platon Tinios, "Pensions in Greece: The Economics of the Politics of 'Reform by Instalments'", LSE Conference "Pension Reform in Europe", December 2003, p. 4.

人群。[①]

上述“分层化”既是制度的遗产，也受现实因素的影响。历史形成的以行业为区隔的社会保险制度，其内部的不平等性与生俱来；而现实中大量“地下经济”的存在和非正式就业，使外部群体在保障覆盖率和待遇水平上与内部群体存在难以逾越的差距。

“碎片化”“极化”和“庇护主义”（侍从主义）的政治文化以及对家庭的非正式保障的依赖，导致希腊社会保障包括养老金资源分配的不公平，同时也表明政府缺乏满足社会需求的能力。

第二节　养老金体制的困境

从20世纪90年代开始，日益增长的老龄化压力和社会经济变化迫使欧洲国家进行养老金制度的深层改革，一方面提升财政的可持续性，另一方面增强抑制老年人贫困风险、减轻性别和代际不平等的政府治理能力。

毫无疑问，希腊当时也面临了其他欧洲国家所遭遇的养老金体系改革的压力，而且相比多数欧盟国家有过之而无不及。

第一，希腊老龄化趋势快于欧盟多数国家。

1971年人口普查显示，希腊65岁以上老龄人口已占10.9%，1991年的调查发现已上升为13.7%。[②] 有学者通过最新的跟踪调查认为，2011年希腊的老龄人口占19.4%，仅次于意大利（20.3%）和德国（20.6%），成为欧盟老龄化程度最高的国家之一。[③]

根据联合国的数据，希腊自第二次世界大战以来生育率呈下降趋势，1950—1955年为2.29，1995—2000年为1.30，2005—2010年为1.46；预期寿命一路走高，1950—1955年，预期寿命为65.8岁，1995—2000年上升为78.0岁，2005—2010年预期寿命是79.8岁，2045—2050年将达

---

① 关于分层化的观点，参见Manos Matsaganis，“The Welfare State and the Crisis：The Case of Greece”，*Journal of European Social Policy*，Vol. 21，No. 5，2011.

② http：//www. ilo. org/dyn/normlex/en/f? p = NORMLEXPUB：13100：0：：NO：：P13100_ COMMENT_ ID：2699205.

③ “Greece Holds One of the Highest Aging Rates in Europe”，*Greek Reporter*，http：//greece. greekreporter. com/2014/03/12/greece-holds-one-of-the-highest-aging-rates-in-europe/.

到85.3岁。因此老年抚养比率节节上升，1950年为10.5，1970年达到17.4，1990年达到20.4%，2000年达到24.8%，2010年达到28.6，预计2050年将达到59.7。这意味着5个劳动适龄人口将负担3个65岁以上老人的养老。[①] 而且，从目前来看，流入希腊的移民人数不能充分弥补劳动力的不足。2005—2010年，希腊的移民率为千分之一。预计到2050年，也不过上升为千分之二。[②]

第二，提前退休现象普遍。

虽然法律规定退休年龄为60岁，但由于不同行业的养老金由不同的基金（机构）管理，加上政府部门监管的"不到位"，造成了很多特殊的规则和例外。因此，在希腊工作满35年、年满58岁领取全额退休金比较普遍；如果工作满37年，则没有任何退休年龄的限制。据统计，希腊退出劳动力市场的年龄男性平均为59.6岁，女性为57.7岁，低于欧盟国家的平均值（欧盟的平均值分别为59.9岁和59.1岁）。[③]

第三，希腊养老金支出远远高于欧盟平均水平，是本国财政赤字的重要来源。

希腊现代社保制度起步于20世纪70年代（推翻独裁政权、建立民主政体之后），快速发展于80、90年代，从这一时期开始社保开支急剧扩张。1980年，希腊社会开支占GDP的比例为11.5%，1990年近乎增加一倍，这种跨越式的增长在OECD国家中绝无仅有。[④] 1990年，公共养老金开支占GDP的9.9%，2000年达到10.7，2007年接近12%，远远超出OECD国家7%的平均值。世界银行、OECD等国际组织一直警告希腊养老金开支过高，政府将无法负担日益庞大的财政开支。欧盟委员会也在报告中指出，2007年希腊的养老金开支已达到GDP的11.7%，在欧盟27国中位居前列，如果不及时采取措施，预计2060年将接近GDP的25%，

① http：//esa. un. org/wpp/documentation/pdf/WPP2012_ Volume-II-Demographic-Profiles. pdf.

② United Nations，"World Population Prospects：The 2012 Revision"，http：//esa. un. org/wpp/documentation/pdf/WPP2012_ Volume-II-Demographic-Profiles. pdf.

③ Kevin Featherstone and Dimitris Papadimitriou，*The Europeanization：Reform Capacity and Policy Conflict in Greece*，Palgrave Macmillan，2008，p. 83.

④ Francis G. Castles，"The Growth of the Post-war Public Expenditure State：Long-term Trajectories and Recent Trends"，TranState Working Papers，No. 35，2006，http：//hdl. handle. net/10419/24948.

跃居欧盟第一。[①] 可以说，20 年来，希腊的养老金体系始终面临沉重的财政压力。一旦政府在债券市场上无法正常融资，以周转财政的现金支付，其养老金体系顷刻之间就会瓦解。这也是 2009 年主权债务危机发生后希腊养老金面临的困境。

为了改善养老金体系的财政可持续性，所有的欧洲国家或多或少都在考虑建立多支柱的养老体系。例如，缩小现收现付制的公共养老金支柱规模，辅之以基金制的职业养老金和个人养老金两大支柱；强化缴费原则；在缴费支出和养老金收入之间建立严格的关系；将男性和女性的退休年龄逐渐拉平，降低提前退休的待遇；改变养老金指数和预期寿命调整机制；等等。1995—2004 年，三分之一的欧盟成员国开始逐步推行养老金体系改革，从一个支柱变为多个支柱，削减公共养老金水平，扩展职业养老金计划，鼓励发展个人养老金计划。[②] 但希腊的改革仍然停留在削减公共养老金的水平上，并没有从体系上进行彻底的结构改革，从而真正建立多支柱多层次的养老体系。

第四，老年贫困率高。

尽管养老金开支高，但希腊的养老金收入分布不均衡，不少退休人员领取的养老金微薄，不足以抵抗贫困的风险。经济合作与发展组织数据显示，20 世纪 90 年代中期，希腊 65 岁以上老人有 22% 处于贫困风险，远远高于 OECD 的平均值。[③]

第五，不平等性突出。

希腊养老金制度的“碎片化”导致其资格条件和津贴水平上缺乏统一的标准，从而加剧了养老福利供应上的不平等。而且以行业为基础、以

---

① “OECD Factbook 2011：Economic，Environmental and Social Statistics” OECD，2011；“Pension Schemes and Pension Projections in the EU – 27 Member States — 2008—2060（Volume I — Report）”，European Commission，Economic Policy Committee（AWG） and Directorate-General for Economic and Financial Affairs，2009.

② Martin Hering，“The Politics of Structural Pension Reform in Western Europe：Does the EU Matter?” Paper to be Presented at the Fifteenth International Conference of the Council for European Studies，March 29 – April 2，2006，Chicago，IL.

③ “FBOs and Social Exclusion in European Cities（FACIT）：Greece，Portugal，and France Country Report”，https：//www. academia. edu/2280224/FBOs_ and_ Social_ Exclusion_ in_ European_ Cities_ FACIT_ . _ Greece_ Portugal_ and_ France_ Country_ Report. _ With_ Jacques_ Barou_ Andres _ Walliser_ and_ Sara_ Villanueva，p. 21.

收入为基准的固定待遇的养老金模式偏好长期工作的群体和特殊被保护的行业（如公务员），而不利于“体制外”人员，包括没有进入或短暂进入劳动力市场的妇女。而且，严重依赖于现收现付制的养老体系天然具有代际的不平等。其致命的弱点是资金积累能力差，受老龄化因素影响大，政府的财政负担重。如果发生财政危机，若没有第二和第三支柱的有力支撑，希腊养老制度应对的余地就非常狭小。

由于上述问题的存在，希腊养老金体制面临严峻的挑战和沉重的压力，从20世纪90年代开始，希腊政府陆陆续续进行了多项改革，但进展缓慢。

第三节　养老金制度的改革历程

一　主权债务危机前的改革

希腊政府从1990年初开始调整养老金体系，一直到2009年主权债务危机爆发之前共经历了四次较大的改革。[①]

（一）1990—1992年改革

1990年，希腊政府的借款需求达到GDP的19%，单就养老金开支一项即已达到GDP的15%。面对日益恶化的财政状况，希腊政府决定分两个阶段推行养老金改革。1990年，议会通过1902/90法令规定：（1）缴费逐步增加3%；（2）提高退休年龄，男性提高到60岁，女性提高到58岁；（3）收紧领取残疾养老金的资格；（4）取消公共部门雇员部分养老金特殊待遇。1992年，希腊政府继续推动改革，9月通过的2084/92法令规定：（1）缴费再增加3.65%；（2）退休年龄无论男性和女性一律提高到65岁（针对1993年1月1日之后就业的人员）。[②] 其他改革内容还包括削减养老金，如基本养老金的替代率不得超过最后工作五年中平均工资

---

① 有关四次改革的阶段划分及其主要内容，参见 Kevin Featherstone and Dimitris Papadimitriou, *The Europeanization: Reform Capacity and Policy Conflict in Greece*; “Pension Schemes and Pension Projections in the EU-27 Member States — 2008—2060 (Volume I — Report)”; Anjan Gupta, “Greek Pension Reforms: The Struggle to Build a Sustainable Bridge to Retirement”, pp. 69-72.

② Kevin Featherstone and Dimitris Papadimitriou, *The Europeanization: Reform Capacity and Policy Conflict in Greece*, p. 116.

的80%，补充型养老金替代率不得超过20%等。这次改革在两个方面取得了积极成果：其一是缴费收入显著增加；其二是残疾养老金人数大为减少。而消极的影响来自三个方面：（1）1990年退休人员剧增。为赶在改革措施落实之前享受原来的制度好处，一大批人员提前退休；（2）缴费率提高，导致希腊跻身于经济与合作组织中非工资劳动力成本高水平行列；（3）基本养老金的实际价值下降，迫使政府进行干预，将最低养老金与消费物价指数（CPI）挂钩，并开始提供家计调查的补充型养老金，从而又增加了政府的财政负担。①

（二）1998年改革

1990—1992年的改革并未触及养老金体系的根本缺陷（如“碎片化”等）问题，并受制于工会罢工的压力，仍然保留了一些势力强大的行业团体的养老金的特权待遇。20世纪90年代后期，泛希社运党的西米蒂斯出任总理后，养老金—劳动力市场改革成为新政府现代化目标中的最优先的议程。政府授意成立了斯普鲁斯委员会（Spraos committee），发布了系列报告，建议进行社保和养老金制度的改革，改变“碎片化”的状态，将其拉回到可持续的轨道，使希腊经济健康发展。但上述建议遭到不少利益集团和民众的反对，最终未被政府所采纳，仅在1998年通过了一项养老金法令，聚焦于小型的改革，即提升原有的养老金体系的管理水平，通过取消、合并养老金基金等手段减少管理的成本，提高管理的效率。显然，1998年的改革并没有从核心层面上触动养老金体系的痼疾，与上轮改革相比，堪称“迷你型”改革。

（三）2002年改革

有了前车之鉴，希腊政府在启动新一轮养老金改革之前与工会（希腊劳工总联合会）等组织进行了“社会对话”。通过艰难的谈判，双方达成一定的共识后，希腊于2002年6月通过了3029/2002养老金改革法令，主要内容有：（1）将退休年龄一律提高到65岁，取消针对1993年进入劳动力市场的限制；（2）将所有雇员基本养老金纳入IKA统一管理；（3）扩大三方缴费，保障政府对IKA等主要基金机构的财政资助；（4）为接受政

---

① Anjan Gupta, “Greek Pension Reforms: The Struggle to Build a Sustainable Bridge to Retirement”, p. 70.

府资助的补充型养老基金建立监管框架，等等。此外，为了削减成本，将公共部门人员的养老金的最高替代率降低，使其与私人部门的比率相一致。尽管这场改革的意图是帮助政府完成提高养老金体系公平性的目的，但却增加了开支过度膨胀的风险。而且，2002 年改革中大部分削减成本的措施计划于 2008 年之后生效。因此，此轮改革基本上没有达到减轻政府财政负担的目的。

为了修补不堪负荷的养老金体系，新民主党卡拉曼利斯政府在 2008 年重启改革，旨在削减养老金的巨额开支。为减少管理成本，希腊议会于 2008 年 3 月通过第 3655 号法令，将 133 个社会保险基金（机构）合并为 13 个。虽然合并遗留了很多问题，一些基金会仍然保留了自治地位以及各自的缴费标准和资格条件，但它加强了政府对养老金体系的管理。此外，2008 年的改革首次引入社会保障号来提高统一性，并且建立了代际的团结基金来保障未来的养老金开支。[①] 虽然，法定退休年龄不变，但政府通过调整提前退休的待遇，有效地提高了平均退休年龄。相比于前三次改革，2008 年的目标显然更大、涉及的范围也更广。但 2009 年匆匆而至的主权债务危机中断了这轮改革的进程。

总体而言，上述四次改革取得了一定的进展，但成果有限，并没有在根本上解决未来养老金体系的可持续问题。其主要原因在于选举政治的掣肘、工会等利益集团的阻挠，以及制度的惯性使改革举步维艰。

在选举政治的制约下，希腊政党以追逐选票为首要目标，倾向于逃避责任使改革成本最小化。而工会出于保护特定利益集团或特权阶层（如公务员）的目的，向来对削减养老金水平、整合制度资源持反对态度，往往通过集体战略（罢工、向国际劳工组织和欧洲法院提起上诉等）来获得对养老福利的垄断和优先选择，同时将成本转移到下一代。而希腊的养老金制度主要依托现收现付制的公共养老金，缺少职业养老金和个人养老金计划的有益补充，也使其丧失了改革的弹性空间。

此外，希腊福利国家的传统理念是基于个人特殊的需要更甚于普遍的福祉。因此，其养老金融资更偏好于缴费模式而非税收模式。这也是希腊

---

① “Pension Schemes and Pension Projections in the EU - 27 Member States — 2008—2060 (Volume I — Report)”, pp. 122 - 123.

的养老金制度主要集中于现金津贴，其社会服务（社会照顾等）极为落后的原因。当然，这也与希腊传统的家庭观念有关。

20 年来，希腊在养老金制度上错失了许多深层改革的机会，根本原因是希腊政治制度呈现出高度的路径依赖性。在国内轮流执政的新民主党（中右翼）和泛希社运党（中左翼），虽然都意识到养老金改革的必要性和迫切性，但出于选举政治的考量，既没有充分的意愿也没有足够的能力进行改革。在希腊社保制度中，业已形成特殊的社会群体，固守特定的社会阶层利益，与执政的政府保持政治上的密切关系，以维持在养老金等社会保障中的特权地位。另一个原因是政府与民众之间始终没有取得改革的共识。在每一轮的养老金改革中，专家、技术官僚和公众在认知上都出现巨大的鸿沟。

因此，主权债务危机爆发前的 20 年间，希腊推行的养老金改革基本上都属于“参数式改革”。[①] 2010 年，主权债务危机爆发后，在欧盟等“三驾马车”的外力压迫下希腊推行的养老金改革可以称为转型或“范式改革”。

二　主权债务危机后的改革

（一）2010 年改革

2009 年底，主权债务危机爆发后，希腊在“三驾马车”的外力施压下进行了“倒逼式”的养老金制度改革。

2010 年 5 月，欧盟等“三驾马车”向希腊提供 1100 亿欧元为期三年的援助，但前提是必须满足备忘录中提出的一系列紧缩改革的要求，其中最为重要的就是养老金改革。为解决财政濒临崩溃的危机，希腊政府同意实施一系列财政紧缩计划：目标是三年内紧缩开支 300 亿欧元，相当于 GDP 的 10%；将财政赤字从 2009 年的 13.6% 的 GDP 降至 2014

---

① 参见罗伯特·奥尔茨曼（Robert Holzmann）等人对“参数式改革”的定义。“参数式改革”是指通过增加收入、削减支出等更为零碎的方式使养老金制度变得更为合理。与此相对应的是“范式改革”，是指养老金供给的基本原则发生深层变化，一般是通过引入强制性的养老金支柱，改变“现收现付”的方式，扩大自愿的退休储蓄的方式。转引自 Athina Vlachantoni，“Greek Pension Reform and the Change ‘from within’”，http：//www.lse.ac.uk/europeanInstitute/research/hellenicObservatory/pdf/2nd_Symposium/Athina_Vlachantoni_paper.pdf.

年的3%以下。紧缩计划的核心内容就是削减社会开支，首当其冲的是养老金制度改革。因为OECD和欧盟的研究报告都认为，正是希腊政府在养老金方面的巨额支出大大增加了债券的发行，导致政府债务增长迅猛。

2010年7月12日，议会以微弱多数通过第3863号法令（针对私人部门）和第3865号法令（针对公共部门），这是近20年来第一项具有重大意义的养老金立法。① 大部分条款于2015年1月生效，其中像提前退休的资格条件规定等在2013年就付诸实施。但是，特别重大的条款，如养老金体系结构变化、实行新的替代率等原本于2015年1月生效的，因为激进左翼联盟的上台被延迟至2016年通过第4387号法令加以落实。

第3863号法令围绕私人部门养老金水平的削减和财政的可持续性，确立了如下举措。

（1）延长退休年龄。2011年，实行法定退休年龄为65岁，这意味着女性退休年龄从60岁提高到65岁；从2021年开始，退休年龄将与预期寿命挂钩。②

（2）延长缴费年限。将养老金缴费年限从37年延长至40年；从2011年开始缴满40年可领取全额养老金，如果在60—65岁提前退休的话，每年减少6%的养老金。

（3）引入新的基本养老金计算公式，降低养老金水平。

养老金计算基率，从最后五年最高收入或工资级别改为工作期间的平均工资；冻结养老金的涨幅；调低养老金的上限等；取消第13、14个月的养老金；引入团结税，每月超过3500欧元的按比率累加到7%。

通过这次改革，希腊私人部门养老金水平大大下降，每月800欧元的

---

① 关于2010—2013年希腊养老金改革内容，参见Georgios Symeonidis，“The Greek Pension Reform Strategy 2010—2013：Steering Away from the Tip or the Iceberg?”；Maria Petmesidou，“Annual National Report 2011，Pensions，Health Care and Long-term Care，Greece”，May 2011，European Commission，DG Employment，Social Affairs and Inclusion.

② 2012年11月12日，希腊议会通过了4093/2012号法令，规定：最低退休年龄为67岁，如果工作满40年，可于62岁退休。62岁至67岁，如果缴费年限未满40年，每年养老金减少6%，直到67岁可领取全额养老金。

养老金减少了7%，每月3500欧元的养老金减少23%左右。

（4）建立统一的养老金体系，弥补高度碎片化的缺陷。统一公共养老金的资格条件和待遇水平；将现有的养老金基金合并为三个；推出重要的管理措施，如建立统一的养老金支付机制和缴费监管机制等，打击缴费脱逃等行为。

作为3863号法令的附录，希腊对劳动力市场的改革进行了相关规定。其目的是增加劳动力市场的弹性，降低劳动力成本，增加就业机会，使国内经济更有竞争力。主要内容为：放松集体解雇的限制，削减离职金，仲裁的规则向雇主方倾斜。年轻就业者的初次工资允许低于法定最低工资。劳资关系的立法将优先权授予工厂和企业，从而更有利于雇主向雇员施加压力，迫使他们接受工资的削减。

第3865号法令的宗旨是降低公共部门的养老金水平，规定：从2011年1月1日开始，新进入公共部门的雇员包括公务员，其养老金计划并入私人部门养老基金。其根本目标是在削减财政赤字的基础上，缩小公共部门和私人部门的养老金待遇的差距，减少保障制度的不平等性。

继2010年的里程碑式的改革后，希腊政府相继引入了第4024/2011号法令、第4051/2012号法令、第4052/2012号法令及第4336/2015号法令予以跟进、落实。

在财政紧缩计划的设计下，通过2010年及其后五年的改革，希腊养老保障的格局发生了重要的变化。

首先，在公共养老金计划中的基本养老金中引入新的福利理念和逻辑。在提高福利的公平性上，政府承担了更大的责任。比如，基本养老金被分为两个部分：一是基础部分为最低保障的养老金，由政府从税收中支付，带有家计调查，承担社会保障安全网的功能，可以有效降低老年贫困风险。二是按比例发放的部分，与工资挂钩，按工资增长的比例计算。也就是说，在保障退休人员的最低生活水平上，政府加强了自己的保障责任和作用。

其次，对养老金制度实施大幅度的“削减性”改革，在福利供给上减少政府的责任，逐步增加个人的责任。例如，缴费年限从以前的满35年提高到40年；原来计算养老金待遇的工资是按照最后5年或10年的工资，现在是按照职业生涯全部年限的平均收入来计算；公共部门的职员，从2010年之后雇佣的则通过私人部门的养老金基金加入保险计划；不论男性和女性，退休年龄都延长到65岁，并且将随着预期寿命的增长而逐步增长；收紧残疾人养老金的资格条件，政府将通过专门的委员会严格审查其资格等。

再次，通过养老金管理体系的改革，提高管理的效率。继2008年改革将133个社保基金减少为13个后，希腊于2010年7月再次颁布法令，将13个养老金基金合并为3个，以减少管理成本。2012年中，“三驾马车”要求希腊政府明晰养老金领取者的数量和金额，在此压力下，劳动部启用了社会保障号（SSN）。这项工作持续了好几个月，终于在2013年6月完成。正是得益于社会保障号的启用，希腊首次完成了全面的公共养老金统计报告，内容包括计算养老金的平均收入、养老金的类别、养老金的地域分布以及领取人的国籍分析等。这份报告每月更新一次，并发布于网站。

2013年9月，为防止逃避缴费，希腊政府又推行了一项新的计划，通过计算机建立了所有的雇员的资料档案，发送给雇主进行核对，如有脱逃缴费，将面临高额罚款；此外，在资料档案中建立统一的工资花名册和保险缴费等。

2014年希腊专门成立了社保缴费中心，直接与税收系统关联，即到期缴纳的社保费用通过税收部门征收，从而有效防止偷税漏税。事实证明，这项举措成效显著，一年缴纳的社保费就达到养老金发放总额的一半。

综上而言，希腊2010年及其后五年改革取得了五大方面的成效。

第一，长期来看，2010年及其后的改革在很大程度上削减了公共养老金支出，使2060年的预计值明显下降，在欧盟和欧元区的排名有所回落，参见表Ⅱ-3-1。

第二，从2010年和2012年的数值比较来看，养老金替代率大幅下降。但年老贫困的低收入者缩减幅度相对较小。参见表Ⅱ-3-2、表Ⅱ-3-3。

表Ⅱ-3-1　　　公共养老金占GDP的支出变化/十年　　　（单位：%）

支出	2007/2010/2013年	2020年（预计）	2040年（预计）	2060年（预计）	变化
希腊2007年	11.7	13.2	21.4	24.1	12.4
希腊2010年	13.6	13.7	14.9	14.6	1.0
希腊2013年	16.2	15.5	14.1	14.3	-1.9
欧盟2010年	11.3	11.3	12.6	12.9	1.5
欧元区2010年	12.2	12.3	13.9	14.1	2.0

资料来源：Georgios Symeonidis，"The Greek Pension Reform Strategy 2010-2016"，World Bank Group，Social Protection & Labor，Discussion Paper，No. 1601，p. 18.

表Ⅱ-3-2　　希腊养老金替代率（2010年）与欧洲国家的比较

	希腊	丹麦	爱尔兰	德国	葡萄牙	西班牙	经合组织
低收入者	95.7	120.6	57.9	42.0	53.1	81.2	72.1
平均收入者	95.7	79.7	29.0	42.0	54.4	81.2	57.3
高收入者	95.7	66.1	19.3	42.0	63.3	81.2	52.0

资料来源：Georgios Symeonidis，"The Greek Pension Reform Strategy 2010-2016"，World Bank Group，Social Protection & Labor，Discussion Paper，No. 1601，p. 19.

表Ⅱ-3-3　　希腊养老金替代率（2012年）与欧洲国家的比较

	希腊	丹麦	爱尔兰	德国	葡萄牙	西班牙	经合组织
低收入者	75.4	120.7	73.4	42.0	67.5	73.9	71.0
平均收入者	53.9	78.5	36.7	42.0	54.7	73.9	54.4
高收入者	46.7	64.4	24.5	42.0	54.1	73.9	48.4

资料来源：Georgios Symeonidis，"The Greek Pension Reform Strategy 2010-2016"，World Bank Group，Social Protection & Labor，Discussion Paper，No. 1601，p. 19.

第三，后进入劳动力市场的养老金待遇低于改革之前的劳动者。

第四，法定的退休年龄与寿命预期相关联（2021年之后）。

第五，缴费年限拉长，到2060年大致达到36年。

（二）2016 年改革

在第三轮救助计划备忘录的要求下，打着“反对紧缩政策和削减福利改革”旗号上台的激进左翼联盟被迫同意继续社保改革。2016 年 5 月，希腊政府通过了 4387/16 法令，引入新的养老金改革，实质上是对 2010 年改革的落实和推进。其背后的理念是改善社会保障治理，取消历史上的不平等，保障社保制度在财政上的长期可持续发展。

第一，养老金机构整合。将所有的公共养老金基金合并为一个“统一社会保险机构”（EFKA），所有的公共增补型养老金和一次性津贴都合并为一个“增补型养老金和一次性津贴”综合基金（ETEAEP）。

EFKA 涵盖了所有的养老金领取者，2017 年 8 月统计显示，共有 260 万人。而同期参加养老保险的人员有 359 万人，占劳动年龄（15—64 岁）人口的 52%。ETEAEP 主要为 124 万人发放增补型养老金，同期参加增补型养老金保险的人员为 250 万人，占劳动年龄人口的 36.3%。2017 年 8 月，希腊每月平均养老金总收入（包括补助）为 895 欧元。[①]

第二，养老金制度结构的调整，明确将法定的基本养老金分为两个部分：第一部分是由政府出资的国家养老金，非缴费型，每人每月 384 欧元（2016 年标准）。第二部分为强制型的缴费型养老金，金额与薪水相挂钩，以雇员整个职业生涯的平均工资、自雇者每月应纳税的平均收入为基础，替代率差距为 0.77%—2% 不等，实际数值取决于缴费的年限。新的措施于 2017 年 1 月 1 日生效，适用于 2016 年 5 月 12 日的退休人员。预计从 2019 年 1 月 1 日开始推广到所有的养老金领取者。而位于公共养老金第二层的增补型养老金明确为名义缴费确定型制（NDC），位于第三层的一次性养老金津贴同属此类。

养老金结构的调整，无疑是开创性的改革。它放弃了传统的俾斯麦的社会保险原则，与收入相挂钩，从而向多层养老金制度迈出了重要一步。缴费型的养老金与终身收入、缴费年限相关联，而且每年增长率随着就业年限的增长而增加。非缴费型的国家养老金（2010 年参照物价，定为每

① “The 2018 Pension Adequacy Report: Current and Future Income Adequacy in Old Age in the EU”, Country Profiles, Volume II, Joint Report Prepared by the Social Protection Committee (SPC) and the European Commission (DG EMPL), 2018, p. 76.

月360欧元）也需要满足缴费条件，或者提供低收入的证据（个人年收入低于5400欧元、家庭年收入低于10800欧元）。

第三，为未投保的老人设立了每月360欧元的社会团结津贴。

第四，基本养老金上限从2773欧元降至2000欧元，综合养老金从3680欧元降至3000欧元。

第五，养老金缴费率统一为20%。

第六，重新计算现有的增补型养老金标准，以每年替代率的0.45%为基础。但计算后的总体养老金（基本养老金和增补型养老金）不得低于每月1300欧元。

第七，收紧遗属养老金和养老金领取者家庭津贴的资格条件。就前者而言，首次引入遗属领取的年龄条件，如配偶去世时，遗属至少年满55岁。就后者而言，引入收入标准作为领取家庭津贴的资格条件。

第八，至2019年底，逐步取消需要家计调查的社会团结津贴（EK-AS），取消20%高收入收益人群的津贴。

第九，取消政府对所有社会保险基金的补贴以及相关的费用补贴。

第十，临时增加增补型养老金的缴费率，至2018年增加1%，至2021年增加0.5%。[①]

第十一，将经济表现与国民和缴费型养老金金额调整挂钩。养老金每年的增长基于GDP增长率的50%和消费者物价指数变化的50%。

总体而言，2016年的改革旨在解决长期以来碎片化和混乱无序的状态，尝试限制没有约束的提前退休、统一收益和缴费规则，适用统一替代率；在缴费和收益上建立更为紧密的相关性，最大限度地缩减养老金待遇的“慷慨性”。增加缴费收入，减少提前退休数量，延长缴费期限等。反过来，尽量缩短养老金领取时间。此外，取消社会团结津贴和降低替代率，降低养老金收入的上限等，以最终达到养老金支出的缩减。

2016年养老金改革的意义是实现了法定养老金的结构性调整，使希腊历史上首次拥有统一的基本养老金、增补型养老金和一次性津贴的养老

---

① Dimitris Ziomas and Menelaos Theodoroulakis, “The New Greek Pension Reform: Improving Governance and Ensuring Sustainability”, ESPN Flash Report 2016/63, July 2016.

金保险机构。这些新的机构将为所有受保人员（雇员和自雇者）带来统一的缴费和收益标准。这正是希腊期待已久的发展。[①]

第四节　养老金制度改革的评价

主权债务危机爆发后，养老金改革再次成为希腊核心的政治议程。这是外在压力和内在需求相互作用所致。一方面，因为养老金的公共支出高水平被认为是财政赤字超标导致危机爆发的“罪魁祸首”，欧盟等“三驾马车”强烈要求希腊政府进行改革，并以此作为救助的先决条件；另一方面，国内人口结构发生重大变化，老龄化形势严峻，亟须政府加以积极应对，否则将面临“破产”的险境。危机期间，恰好是第二次世界大战后希腊“婴儿潮”出生的人口步入退休阶段。而相关数据表明，到 2060 年，希腊总人口和就业人数将分别下降 20% 和 36%，与此相对应的是，领取养老金人数则会增长 30%。如果不对养老金体系进行改革，公共养老金的支出是不可持续的，到 2060 年，其开支将占据 GDP 的 24%。[②]

相较而言，希腊的老龄化趋势在欧盟国家中发展最快，其现收现付制的公共养老金制度在抵御老龄化危机上能力又最弱，加上多年的改革进展缓慢，导致其养老金体制承受了欧盟国家中最为沉重的财政负担。这种负累为 2009 年的债务危机所放大，使之需要通过彻底改变养老制度的结构才能保障其长期可行性和公平性。在欧盟等“三驾马车”外力逼迫下的 2010 年改革，向希腊养老金体系转型迈出了第一步。其出台的第 3863 号法令和第 3865 号法令，通过延长退休年龄、增加缴费年限、降低养老金水平等举措来提升养老金的财政可持续性；通过统一养老金资格条件和待遇，建立单一的养老金支付机制和缴费监管机制来克服碎片化的制度缺陷，提升政府的治理能力。此外，在第一支柱中，增加了政府的责任，引入了转移支付的最低养老金，以减少养老金制度的不平等；对增补性养老

① “The 2018 Pension Adequacy Report: Current and Future Income Adequacy in Old Age in the EU”, Country Profiles, Volume II, European Commission, Directorate-General for Employement, Social Affairs and Inclusion, 2018.

② Georgios Symeonidis, “The Greek Pension Reform Strategy 2010 – 2016”, World Bank Group, Social Protection & Labor, Discussion Paper, No. 1601.

金计划进行改造，引入统一的保险原则，政府退出补贴，以减少财政负担等。2016 年的改革主要落实了 2010 年法案未生效的内容，如进行养老金体系的结构调整，将非缴费型和缴费型养老金区分的体系分层化，被视为打破传统的俾斯麦保险原则的范式改革，因此被称为自建立现代社保制度以来最为重要的转型。

学界有观点认为，以上种种改革措施，基本上是在“补课”，在追赶欧洲主要福利国家 20 年来已经陆续完成的养老金制度改革的目标。2010—2018 年，希腊实施的“削减式改革”实际上重复了欧洲主要福利国家的改革路径：削减养老金待遇；严格养老金领取资格；延长缴费年限和退休年龄；调整养老保险结构；鼓励“工作”与“福利”相结合，使养老金的待遇与工作年限和薪金水平相挂钩；为增加劳动力市场的弹性，降低劳动力成本，劳资关系立法向雇主倾斜，使其在解雇工人、工资定价上拥有更大的权力，等等。除了在抵御贫困风险上，政府明确自己的责任、支付最低养老金、筑牢“社会安全网”之外，其他在缴费型养老金、增补型养老金和一次性补贴上，政府职能开始向后撤退，不仅停止了财政补贴，而且鼓励市场进入。正因为如此，危机后希腊的养老金改革也被国内舆论贴上了“新自由主义”的标签。

相比于德国、荷兰等改革先锋，希腊养老改革的理念、制度设计、实践方式仍然比较落后，还远远不能应对全球化、人口结构、劳动力市场变化、就业等带来的挑战和变化。例如在多支柱、多层次养老体系的建设上，政府改革的目标仍以第一支柱的公共养老金为主，在职业养老金和私人养老金计划上鲜少涉及。据最新数据统计，希腊目前仅有 15 个职业养老金基金，个人养老计划发展也相当缓慢，第二支柱和第三支柱的养老金仅占全国养老金总额的 1%，职业养老金覆盖的就业人口仅有 1.3%，可谓微乎其微。而在荷兰已有 90% 以上的职工参加了各类职业养老金计划。德国也开始要求企业建立灵活性和便携性更好的年金，[①] 从而缩小现收现付的养老金比例，加大财政的可持续性。

客观而言，希腊养老金的多层化改革并不具备德国和荷兰的优势条件。自主权债务危机发生后，希腊的就业率呈断崖式下滑，就业人口的萎

① 周弘：《如何认识欧洲社会保障制度的转型?》，《社会保障评论》2017 年第 1 期。

缩使职业养老金的发展难上加难。此外，债务危机的爆发导致希腊在国际和国内市场上融资困难，推动市场在发展个人养老金、建立多元养老金体系中的作用仍未提上核心议程。

但是，公共养老金“一支（柱）独大”的体系在财政上依然是不可持续的。从荷兰和德国的经验来看，希腊养老金制度改革的出路仍然在于削减第一支柱，发展职业年金的第二支柱，并培育个人养老计划的第三支柱，鼓励更多的居民购买商业性养老保险以及建立个人账户等。

同样，危机后希腊的养老金改革通过统一资格条件、缴费比例、缴费年限加上统一管理等举措，在很大程度上缓解了不平等问题，但并未使养老金成为一种真正公平的制度。例如，2010 年改革的规定不适用于新闻从业人员、希腊央行雇员和自由职业者（如医生、律师和工程师）等。而且，1983 年之前入职的公用事业单位雇员、银行雇员和新闻从业人员的原有的养老金权益受到全面保护。而警察、军人无论从业年限长短均不受 2010 年法令的约束。由此看来，2010 年改革并未在完全平等的基础上重塑养老金体系。危机后开展的养老金改革在降低养老金水平、削减其“慷慨性”的同时，也未为弱势群体（失业人员、妇女等）应对危机提供额外的保障。

与此同时，我们应该看到，虽然希腊的养老金制度在危机期间有效发挥了抵御老年贫困风险的功能。65 岁以上处于贫困或社会排斥风险（AR-OP）的老人比例从 2008 年的 28.1% 降至 2016 年的 22.0%，足足下降了 6 个百分点。2016 年，处于贫困风险的 65 岁以上老人占 12.4%，远低于 65 岁以下人群的比例（占 23.5%）。但同样经历了八年的改革后，外界对于希腊的养老金制度的可持续性的疑虑并未消除。面对经济衰退、失业率高、非正式就业和未登记就业的现象日益普遍以及缴费偷逃等新旧挑战，希腊养老金如何保障其充足性？

第五节　余论：社会保障模式的未来走向

希腊自建立现代福利国家以来，其模式存在发展滞后、制度不平等及碎片化等缺陷，养老金一支（柱）独大、现收现付制应对经济危机的能力弱，而长期以来对失业和最低收入的保障的忽视使其抵御社会风险的能力低下。[①] 一直以来存在的就业率低、贫困率高等问题，未能通过福利国家的建设加以解决。当希腊主权债务危机发生时，一些舆论指责希腊因为高福利导致财政赤字高企、债台高筑；而实际情况恰恰是希腊的社会保障在欧洲国家中处于较低水平，资源分配极不均衡；公务员和公共部门雇员及其他特权群体的养老金的丰厚给外界以“高福利”的错觉。虽然，危机后的改革通过统一养老金资格条件和待遇、建立单一的养老金支付机制和缴费监管机制来解决不平等的问题，但养老金和其他福利待遇的充足性仍然要依靠经济的发展及劳动力市场参与的提高。

早在20世纪90年代，欧美学界即已开始讨论“社会投资”福利国家的理念，认为第二次世界大战之后建立的再分配型和80年代的新自由主义福利模式均存在不足，应在两者之上建立“社会投资”模式来保障福利的可持续发展，其核心特征是社会福利和经济发展相互支持。首先，从经济角度来分析，强劲的经济发展需要强有力的福利国家的支持。尤其在经济危机发生时，社会保障支出仍然是经济和社会活动的稳定器；其次，从福利国家的发展来看，经济发展的成果将为社会福利提供支持，包括纳税者的数量和质量为福利国家的财政带来可持续性。进入21世纪后，“社会投资”逐渐从理念变为政策范式。2013年，欧盟委员会发布《社会投资一揽子计划》，将它作为成员国社会政策改革的目标。

“社会投资型”的社会政策目标之一是“预分配”，即通过增强人们在初次分配中的竞争力来提升积累财富的能力，其重要途径是提高人力资本水平、消除进入劳动力市场的障碍，继而实现预防社会风险的目的。它不是通过再分配来对社会风险进行事后补偿。

目标之二，是从“生命周期”理论出发，在不同的生命阶段提供不同的福利，如幼年的儿童照顾、上学的教育、失业后寻找工作、有子女后的托儿服务、生病时的医疗服务、老年时的养老救助等。赫梅尔赖克认为，“社会投资”将为欧洲福利制度带来一场静悄悄的范式革命。[②] 因为

---

① 当欧盟/欧共体仅有15个成员国时，希腊是唯一一个没有建立维持最低生活水平、拥有最低收入保障计划的国家。

② 有关“社会投资”内容，参见李姿姿《社会投资：欧洲福利国家改革的新趋势》，《国外理论动态》2016年第12期；郭灵凤《欧盟社会保障政策的社会投资转向：理念发展与政策评估》，《欧洲研究》2014年第6期。

这意味着社会支出结构发生重大变化，其重点领域从养老金和社会保险转向积极劳动力市场、教育和最低收入保障等。

就希腊而言，其社会政策的官方文件未正式出现过“社会投资”的字眼，近年来，也未曾立足于“社会投资”进行社保政策的调整。自债务危机发生以来，在欧盟等“三驾马车”的要求下，以财政紧缩为主的社保改革未在预算上为“社会投资”转型留下充足的空间。简而言之，社保支出在很大程度上仍被决策者视为“纯粹的成本”，而不是“投资”本身。但危机爆发后，希腊采取的一些经济社会政策仍然可归为“社会投资”一类。如与欧盟共同出资设立“家庭和职业生活的调和”计划，推出儿童教育和照顾服务等。在欧盟结构基金的资助下，希腊增设了儿童照顾中心、托儿所和幼儿园。2011 年数据显示，0—3 岁进入托儿所的婴童的比例为 19%，而 2006 年仅有 10%。2011 年，3 岁以上儿童的入学率达到 75%，而 2006 年仅有 60%。

此外，“家庭和职业生活的调和”计划还提供了老人照顾等社会服务，如设立老人日间看护中心、开展“家庭帮助”计划等。凡此种种，均体现了从“社会投资”角度支持养育子女的女性包括男性回归劳动力市场。2012 年，希腊共建有 68 家老人日间看护中心，拥有 340 名员工，受到照顾的老人达到 1521 位。而“家庭帮助计划”资助了 1009 家机构为低收入的 80600 位独居老人提供家庭照顾服务。

“社会投资”的核心是为社会排斥和退出劳动力市场的群体提供积极的融入战略，如积极的劳动力市场政策、充足的最低收入、失业津贴及社会服务（公共健康医疗和社会护理）等。虽然在这一领域，希腊缺乏一个统一的政策框架，但在积极劳动力市场政策和保障最低收入上仍然取得了显著的进展。

自危机发生后，希腊人力就业机构（积极劳动力市场政策的执行部门）尝试开展多项促进就业的计划，提供就业培训，为雇主雇佣初入劳动力市场的人员提供物质激励。绝大部分项目采取了允许雇主使用低于最低工资的标准支付薪酬或者接受薪酬补贴的方式（社保缴费减免）。此外，为年轻人和残疾者创业或成为自雇者提供资金支持。按其内容来分，人力就业机构实施的项目共有三类：第一，维持劳动力需求的项目，如为加入该项目的企业减免为雇员支付的社会保险缴费，至多可达 30 位新雇员。

第二，为失业人员提供就业补助的项目。第三，创业激励项目。[①] 2008—2011 年，希腊在积极劳动力政策上的公共支出从占 GDP 的 0.1% 上升到 0.2%。[②]

自 2017 年 2 月起，希腊首次实施最低收入计划，为处于极度贫困的家庭提供需要家计调查的最低收入和相应的福利服务，如收入支持、提供实物和社会服务，以及为重新进入劳动力市场提供支持等。[③]

显然，自 2010 年开始的养老金制度的转型是在欧盟等“三驾马车”的压力下进行的。随着希腊债务状况的好转，并于 2018 年 8 月退出救助计划后，欧盟等债权人的要求与条件将逐步减少。当改革的外在压力逐步减轻之时，希腊的养老金改革是否会继续推进和深化？实际情况是，经过八年的艰难改革，在整体经济衰退、失业率高企的背景下，希腊民众的福利水平急剧下降，削减待遇水平的社保改革受到越来越多的民众的抵制。那么在经济复苏的背景下，希腊政府在社保政策的趋向上将更倾向于增加对最低收入者、失业者的投入，加大积极劳动力市场政策的支持，通过增加就业来促进经济的发展、社会的稳定。这实际上是结合“社会投资”的理念，寻找一种新的更为有效的复合型的社会政策，助力于经济的繁荣，从而实现社会福利与经济发展的相互支持，为希腊社会保障制度找到适合本国国情的发展道路。

---

① Thomas Moutos, “Labour Market Measures in Greece 2008 - 13: The Crisis and Beyond”; International Labour Office, Research Department, Geneva: ILO, 2015.

② D. Ziomas, I. Sakellis, N. Bouzas and N. Spyropoulou, “ESPN Thematic Report on Social Investment: Greece”, European Commission, 2015.

③ “Reforming the Social Welfare System in Greece”, ESPN Flash Report 2018/59.

第四章　投资营商环境研究

希腊优越的地理位置使其成为国际投资者进入欧洲和地中海市场的门户。自2009年爆发主权债务危机以来，希腊经济饱受困扰，高失业率、高债务使希腊经济严重受损，国民生产总值（GDP）持续下降。经过三轮国际救助，希腊正逐渐从长期经济困难和财政紧缩中恢复，并最终于2018年8月退出国际救助机制。与此同时，在国际救助计划条件的压力下，希腊不得不进行了一系列重要的结构性改革，包括公共财政支出削减、劳动与社保税率的显著提升，这些措施在很大程度上改善了因收入下降所削弱的劳动力竞争力。[①] 希腊公共财政状况得到了较大的改善。

2019年7月，新民主党竞选成功并单独执政，总理米佐塔基斯提出了吸引投资、改善劳资关系、提高生产率、建设数字化国家等多项旨在促进经济增长的措施。为了加快希腊经济复苏的速度，希腊新政府加大实施吸引投资的举措，议会通过了新税法，由此企业和家庭的税收大幅下降，为希腊未来经济复兴奠定了基础，希腊的消费者和投资者信心指数因此大幅上升。

虽然目前希腊的债务危机得以一定程度的缓解，经济出现连续增长，但经济复苏动力依然有限。由于十年债务危机和经济衰退的困扰，投资营商环境差强人意。对外资在希腊投资营商而言，腐败、僵化的官僚体系、劳资关系仍将是严峻挑战。未来希腊宏观经济增长仍存在众多不确定因素和风险，其中包括公共财政结构问题、银行和私人部门的资产负债问题、人口下降，历史悠久的避税心态等。

---

① Bureau of Economic and Business Affairs, Investment Climate Statements for 2017, https://www.state.gov/e/eb/rls/othr/ics/investmentclimatestatements/index.htm#wrapper.

第一节 宏观经济状况与外来投资

一 宏观经济状况

2017 年希腊经济首次出现债务危机以来的正向增长，到 2018 年上半年，希腊已成为欧元区经济增长最快的经济体之一，2018 年经济增长率为 2.0%。根据 2019 年 11 月经合组织（OECD）报告，2019 年希腊经济实现了 1.8% 的增长，预计 2020 年为 2.1%，2021 年为 2.0%。国债收益率降至新低水平。而希腊财政部发布的 2020 年财政预算更为乐观，预测 2020 年希腊主要预算盈余将占 GDP 比重 3.56%，债务占 GDP 的比重将从 2019 年的 173.3% 降至 167.0%，经济增长率为 2.8%，失业率将降低到 15.4%。

根据希腊《海运报》2018 年 12 月 10 日报道，2017 年希腊 500 强企业总营业额达 910.2 亿欧元，同比增加 9.5%，税前利润为 72 亿欧元，同比大幅增加 25.8%。按利润计，希腊最大的五家企业分别为希腊国家石油公司、Motor 石油公司、Papastratos 烟草公司、Mytilineos 集团（金属制造）和 ElvalHalcor 公司（金属制造）。

国际评估机构提高了对希腊经济的预期。2018 年底，国际著名的主权信用评级机构调升了希腊的信用评级。惠誉将希腊的主权信用评级由“B -”上调至“B”，展望为“正面”。标普则将希腊的长期主权信用评级由“B”提升至“B +”。2019 年初穆迪将希腊主权信用评级从 B3 提升至 B1，随后希腊发行 10 年期国债。鉴于希腊新政府的改革意愿和举措，2019 年 7 月，穆迪将阿尔法银行、欧洲银行和希腊国家银行的存款评级展望从“稳定”上调为“积极”，将欧洲银行和希腊国家银行的 CRA 从 B2 升级到 B1。

自 2019 年 9 月 1 日起，希腊完全取消自 2015 年 6 月起实行的资本管制措施，这为希腊出口商提供了动力，有助于恢复国际市场对希腊前景的信心。2019 年 8 月希腊的经济情绪指数（ESI）达 108.4。

希腊在创新方面有所改善。据欧委会“2019 欧洲创新评分”的最新调查，希腊创新指数得分 81.6，在欧盟 28 个成员国中排第 20 位，创新得分提高了 15%。欧委会创新评分是对成员国 8 个领域 25 个创新指标进行评估并得出分数，主要涉及人力资源、科研系统、资金支持企业投资、创新网络和创业精神、智力资产、创新人员及经济效应等。

根据2019年12月希腊民意调查公司MRB最新数据显示，新民主党政府政策受到普遍支持，总理米佐塔基斯的支持率保持较高水平。希腊人最关注的5大问题包括：52.0%的受访者最关注失业率，40.5%的人重视移民问题，关注医疗、税收、经济增长的受访者分别为33.6%、33.4%和30.0%。[①] 由此看来，经济民生问题依然占据希腊政治的首位。

希腊经济增长的脆弱性依然存在。国际货币基金组织（IMF）2019年3月出版的《后救助时期希腊监管报告》指出，希腊经济恢复增长，失业率下降，但仍然存在风险，债务危机遗留问题突出，需要保持公共部门开支可控状态，更严峻的是，希腊银行不良贷款率高，私人部门债务水平高。希腊GDP与投资之间的比率是欧盟国家中最低的。希腊经济社会问题积重难返，如公共部门的官僚主义、低效率及裙带关系、税收漏洞、人才流失、高公共赤字等。2019年11月15日，IMF在其发布的最新的《世界经济展望》中，上调了希腊的一些短期指数，但同时粉碎了希腊政府对未来几年持续和强劲增长的希望。IMF未来几年预测的增长率与希腊政府预测的增长率完全不同。IMF预测2021年希腊的增长率为1.4%，而2023年至2024年的增长率仅为0.9%。IMF报告指出，希腊应继续遵循其精心安排的改革道路。

希腊在竞争力表现方面依然不容乐观。根据2019年瑞士洛桑国际管理学院全球竞争力指数排名（IMD），希腊在所有参加国和地区中排名第58位，较2018年下降一位，其中税收政策排名第60位，体制排名第57位，就业、通货膨胀和贸易排名倒数第二，而治理效率与社会政策和商业秩序的排名比较理想，分别排名第51、52位。希腊需要解决的问题主要包括：采取有利于经济增长的税收政策、改善商业环境、消除拖延投资实施的障碍、促进私营部门现金流，通过友好的工业政策增加就业，以及改革社会保障体制。

而根据世界经济论坛最新发布的《2019年全球竞争力报告》，在参与排名的141个经济体中，希腊的竞争力指数排第59位，比上一年下降2位。据世界银行最新发布的《2020年营商环境报告》，在参与排名的190个经济体中，希腊的营商环境便利度排第79位，比2018年下降7位。

---

① 希华时讯，2019年12月14日，https：//china. greekreporter. com/.

表 II－4－1 2005—2017 年希腊部分经济指标

	2005	2006	2007	2008	2009	2010	2011	2012	2013	2014	2015	2016	2017
（变化：%，除非另有说明）													
国内经济													
GDP，参考 2010 年价格	0.6	5.7	3.3	-0.3	-4.3	-5.5	-9.1	-7.3	-3.2	0.7	-0.4	-0.2	1.5
国内总需求（贡献）	0.2	8.5	5.9	-0.7	-7.3	-7.4	-12.0	-11.0	-4.4	0.9	-1.3	0.5	1.7
私人消费	3.2	2.8	4.1	3.6	-1.7	-6.5	-9.7	-8.0	-2.6	0.6	-0.2	0	0.9
公共消费	4.1	6.8	5.4	-2.3	2.0	-4.2	-7.0	-6.0	-6.4	-1.4	1.6	-0.7	-0.4
固定资本总额	-11.9	19.4	15.9	-7.2	-14.0	-19.0	-21.0	23.5	-8.4	-4.7	0.7	4.7	9.1
商品和服务出口	3.3	5.2	10.6	3.5	-19	4.9	0	1.2	1.5	7.7	3.1	-1.8	6.8
商品和服务进口	0.9	13.3	15.5	1.3	-20.0	-3.4	-9.4	-9.1	-2.4	7.7	0.4	0.3	7.1
GDP 平减指数	2.2	3.5	3.4	4.3	2.6	0.7	0.8	-0.4	-2.4	-1.8	-0.3	-0.2	0.6
GDP，按现价计算（十亿欧元）	199	218	233	242	238	226	207	191	181	179	177	177	180
GDP 增长率，按现价计算	2.9	9.3	6.8	4.0	-1.8	-4.8	-8.4	-7.6	-5.5	-1.1	-0.8	-0.4	2.1
全国 CPI[(1)]（年均）	3.5	3.2	2.9	4.2	1.2	4.7	3.3	1.5	-0.9	-1.3	-1.7	-0.8	1.1
CPI[(2)]（年均）	3.5	3.3	3.0	4.2	1.3	4.7	3.1	1.0	-0.9	-1.4	-1.1	0	1.1
通胀率[(3)]（年均）	3.3	2.2	2.7	2.9	2.4	2.7	1.0	-0.3	-2.8	-1.4	-1.3	-0.4	0
失业率（年均）	10.0	9.0	8.4	7.8	9.6	12.7	17.9	24.4	27.5	26.5	24.9	23.5	21.5

续表

	2005	2006	2007	2008	2009	2010	2011	2012	2013	2014	2015	2016	2017
（占 GDP 百分比,%）													
公共财政（一般政府）													
总收入		39.2	40.4	40.7	38.9	41.3	43.8	46.9	49.1	46.6	47.9	49.5	48.1
总支出		45.1	47.1	50.8	54.1	52.5	54.1	55.7	62.3	50.2	53.5	48.9	47.3
主要支出		40.7	42.6	46.0	49.0	46.6	46.8	50.6	58.3	46.3	50.0	45.7	44.2
一般政府余额		-5.9	-6.7	-10.0	-15.0	-11.0	-10.0	-8.9	-13.0	-3.6	-5.6	0.5	0.8
主要余额		-1.5	-2.2	-5.4	-10.0	-5.3	-3.0	-3.8	-9.1	0.3	-2.1	3.7	3.9
一般政府债务（马斯特里赫特）[4]		104	103	109	127	146	172	160[10]	177	179	176	179	176
国际收支差额[5][6][7]													
经常账户余额	-8.9	-12.0	-15.0	-15.0	-12.0	-11.0	-10.0	-3.8	-2.0	-1.6	-0.2	-1.2	-1.0
商品和服务的平衡	-7.6	-9.7	-12.0	-12.0	-9.1	-8.1	6.1	-3.8	-2.8	-2.2	-0.2	-0.7	-0.5
商品和服务出口	21.3	21.2	22.4	23.2	18.9	21.9	25.3	28.6	30.4	32.4	29.7	28.0	31.2
商品和服务进口	28.9	30.9	34.2	35.0	28.0	30.0	31.5	32.4	33.2	34.6	29.9	28.8	31.7
二次收入余额	0	0.2	-0.5	-0.1	-0.4	-0.8	-0.7	-0.5	1.0	-0.2	-0.3	-0.3	-0.3
初次收入的平衡	-1.3	-1.9	-2.8	-3.1	-2.8	-2.5	-3.2	0.4	-0.3	0.8	0.2	-0.2	-0.2
国际投资净额	-76	-83	-94	-76	-88	-99	-89	-116	-130	-132	-135	-138	-141

续表

	2005	2006	2007	2008	2009	2010	2011	2012	2013	2014	2015	2016	2017
（变化：%，除非另有说明）													
利率与融资[5]													
贷款利率[8]	5.9	6.7	7.2	7.2	5.7	6.5	7.6	7.2	6.9	6.1	5.8	5.4	5.1
私营部门信贷[9]	21.2	21.1	21.5	15.9	4.1	0	-3.1	-4.0	-3.9	-3.1	-2.0	-1.5	-0.9
汇率[5]													
名义加权汇率	-1	0	1.3	2.4	1.2	-2.8	0.5	-2.0	2.0	0.7	-2.7	1.3	1.4
实际加权汇率（基于 CPI）	-0.1	0.8	1.6	2.4	1.5	-0.4	0.3	-3.5	-0.7	-1.8	-4.5	0.6	0.6

（1）CPI：消费者价格指数（国家）。

（2）HICP：消费者价格协调指数。

（3）核心通胀率：CPI，非食品、饮料、香烟和能源。

（4）《马斯特里赫特条约》规定的债务。

（5）来源：希腊银行。

（6）基于新的国际收支平衡汇编方法（BPM6）。

（7）从 2009 年 1 月，商品的进出口统计均基于 ELSTAT 的贸易统计数据，来替代以前的统计数据。

（8）公司贷款，最多 1 年。12 月底的百分比，不包括手续费。

（9）家庭和企业的国内信贷增长。

（10）包括私营机构参与计划（PSI）下的债务削减。

资料来源：希腊统计局（ELSTAT），除非另有说明。

表Ⅱ-4-2　　2013年以来希腊宏观经济指数变化状况（2013—2017）

	2013年	2014年	2015年	2016年	2017年
人口（百万）	11.0	10.9	10.9	10.8	10.8
人均GDP（欧元）	16417	16350	16238	16154	16506
GDP（10亿欧元）	181	179	176	174	178
年经济增长率（%）	-3.2	0.7	-0.3	-0.2	1.4
国内需求年变化（%）	-4.1	-0.4	-0.1	-0.2	0.9
消费年变化（%）	-2.6	0.6	-0.5	0	0.1
投资年变化（%）	-8.4	-4.7	-0.3	1.6	9.6
出口年变化（%）	1.5	7.7	3.1	-1.8	6.8
进口年变化（%）	-2.4	7.7	0.4	0.3	7.2
工业生产年变化（%）	-3.2	-1.9	1.0	2.5	4.5
零售年变化（%）	-8.1	-0.4	-1.5	-0.6	1.3
失业率（%）	27.5	26.6	25.0	23.6	21.5
财政平衡（占GDP比重,%）	-13.2	-3.6	-5.7	0.6	0.8
公共债务（占GDP比重,%）	177	179	177	181	179
通胀PPI年变化（%）	-0.9	-1.2	-7.2	-5.7	5.3
政策利率（%）	0.25	0.05	0.05	0	0
股市年变化（%）	28.1	-28.9	-23.6	2.0	24.7
汇率（兑美元）	1.38	1.21	1.09	1.05	1.20
账户平衡（占GDP比重,%）	-2.0	-1.6	-0.2	-1.1	-0.8
账户平衡（10亿欧元）	-3.7	-2.9	-0.4	-1.9	-1.4
贸易平衡（10亿欧元）	-15.2	-17	-14.3	-16.2	-18.2

资料来源：Economist Focus。

表Ⅱ-4-3　　**储蓄-投资，2012—2017**[1]　　（单位：百万欧元）

	2012	2013	2014	2015	2016	2017
GDP	191204	180654	178656	177258	176488	180218
储蓄率（储蓄总额/可支配收入）	0.09	0.09	0.10	0.10	0.10	0.11
储蓄/投资总额[2]	0.68	0.77	0.85	0.86	0.85	0.89
储蓄—投资平衡						
投资	24140	21963	20624	20490	21284	23243
私营部门（Ip）	19353	15772	14090	13612	15176	15135
一般政府（Ig）	4787	6191	6534	6878	6108	8108
储蓄	16385	16979	17568	17636	18188	20604
私营部门（Sp）	25028	17504	19831	18099	13390	15123
一般政府（Sg）	-8643	-525	-2263	-463	4798	5481
使用外国储蓄（Sp-Ip）+（Sg-Ig）[3]	-7755	-4984	-3056	-2854	-3096	-2639
私营部门（Sp-Ip）+（Sg-Ig）	5675	1732	5740	4487	-1786	-12
一般政府（Sp-Ip）+（Sg-Ig）[4]	-13430	-6716	-8797	-7341	-1310	-2627
（占GDP比重，%）						
GDP	100	100	100	100	100	100
投资	12.6	12.2	11.5	11.6	12.1	12.9
私营部门（Ip）	10.1	8.7	7.9	7.7	8.6	8.4
一般政府（Ig）	2.5	3.4	3.7	3.9	3.5	4.5
储蓄	8.6	9.4	9.8	9.9	10.3	11.4
私营部门（Sp）	13.1	9.7	11.1	10.2	7.6	8.4
一般政府（Sg）	-4.5	-0.3	-1.3	-0.3	2.7	3.0
使用外国储蓄（Sp-Ip）+（Sg-Ig）[3]	-4.1	-2.8	-1.7	-1.6	-1.8	-1.5

续表

	2012	2013	2014	2015	2016	2017
（占 GDP 比重，%）						
私营部门（Sp - Ip）＋（Sg - Ig）	3.0	1.0	3.2	2.5	-1.0	0
一般政府（Sp - Ip）＋（Sg - Ig）(4)	-7.0	-3.7	-4.9	-4.1	-0.7	-1.5

（1）2012—2017：临时数据。

（2）投资：固定资本形成总额。

（3）＝－【当前世界其他地区的外部均衡】。国民账户的概念类似于 BOP 的经常账户余额。

（4）＝一般政府总结余减去净资本转移（收入减去支出）加上对非金融性非生产性资产的并购非出售。

资料来源：希腊统计局国民核算司。

表Ⅱ-4-4　　一般政府债务：2007—2018　　（单位：百万欧元）

	2007	2008	2009	2010	2011	2012	2013	2014	2015	2016	2017	2018Q2
年末未清偿债务名义价值	239915	264775	301062	330570	356235	305085	320498	319629	311725	315011	317414	323378
货币与存款	751	844	1663	1203	1106	1055	1088	6374	5546	5987	5950	5959
股票意外的证券，不包括金融衍生产品	201108	225449	262773	262555	251622	93432	79194	69466	61084	57163	54944	56908
短期（不超过 1 年）	1625	5496	10024	8273	10850	15309	10874	12201	10934	10134	14322	13395
长期（超过 1 年）	199483	219953	252749	254282	240772	78123	68320	57265	50150	47029	40622	43513
贷款	38056	38482	36626	66812	103507	210598	240216	243789	245095	251861	256520	260511

续表

	2007	2008	2009	2010	2011	2012	2013	2014	2015	2016	2017	2018Q2
短期	674	852	800	1004	662	359	183	352	293	278	377	724
长期	37382	37630	35826	65808	102845	210239	240033	243437	244802	251583	256143	259787
债务占比（%）												
货币与存款	0.3	0.3	0.6	0.4	0.3	0.3	0.3	2.0	1.8	1.9	1.9	1.8
股票以外的证券，不包括金融衍生产品	83.8	85.1	87.3	79.4	70.6	30.6	24.7	21.7	19.6	18.1	17.3	17.6
短期	0.7	2.1	3.3	2.5	3.0	5.0	3.4	3.8	3.5	3.2	4.5	4.1
长期	83.1	83.1	84.0	76.9	67.6	25.6	21.3	17.9	16.1	14.9	12.8	13.5
贷款	15.9	14.5	12.2	20.2	29.1	69.0	75.0	76.3	78.6	80.0	80.8	80.6
短期	0.3	0.3	0.3	0.3	0.2	0.1	0.1	0.1	0.1	0.1	0.1	0.2
长期	15.6	14.2	11.9	19.9	28.9	68.9	74.9	76.2	78.5	79.9	80.7	80.3

（1）包括私营机构参与计划下的债务削减。

资料来源：希腊统计局国民核算司。

表Ⅱ-4-5　**进口—入境，出口—派遣　按产地/目的地划分，包括成品油，2005，2010，2017**[1]

（单位：10亿欧元）

国家	2005		2010		2017	
	金额	占比（%）	金额	占比（%）	金额	占比（%）
进口—入境						
德国	6.68	14.4	6.03	11.6	5.28	10.5
意大利	6.05	13.0	5.21	10.0	4.09	8.1
俄罗斯	3.44	7.4	4.83	9.3	3.43	6.8

续表

国家	2005		2010		2017	
	金额	占比（%）	金额	占比（%）	金额	占比（%）
进口—入境						
中国	1.70	3.7	2.86	5.5	2.72	5.4
荷兰	2.66	5.7	2.66	5.1	2.67	5.3
法国	2.88	6.2	2.59	5.0	2.14	4.3
韩国	1.18	2.5	1.83	3.5	3.16	6.3
比利时	1.65	3.6	1.70	3.3	1.77	3.5
美国	1.14	2.5	1.64	3.2	0.75	1.5
西班牙	1.83	4.0	1.64	3.1	1.78	3.5
其他国家	17.22	37.1	21.18	40.6	22.55	44.8
出口—派遣						
德国	1.86	12.5	1.96	9.2	2.06	7.1
意大利	1.66	11.2	1.95	9.2	3.08	10.7
塞浦路斯	0.93	6.2	1.45	6.8	1.86	6.4
土耳其	0.74	5.0	1.26	5.9	1.95	6.8
比利时	0.82	5.5	1.15	5.4	1.40	4.8
英国	1.02	6.9	1.02	4.8	1.13	3.9
美国	0.78	5.2	1.02	4.8	1.12	3.9
法国	0.65	4.4	0.66	3.1	0.78	2.7
罗马尼亚	0.41	2.8	0.64	3.0	0.88	3.0
直布罗陀	0.04	0.3	0.63	3.0	0.64	2.2
其他国家	5.96	40.1	9.55	44.8	14.00	48.5

总注：如有需要，已将数据四舍五入，因此，数字的总和与其总数之间可能会有一定差别。

（1）2017：临时数据。

（2）国家的顺序分别根据2010年的进口、出口数据，按降序排列。

（3）2002年至2014年的货物的国际贸易数据已修订。有关数据系列的修订是由于合并了近期由政府部门提供的其他数据。

资料来源：希腊统计局贸易和服务统计处。

表Ⅱ-4-6 国民核算——工资、生产率与劳动成本，2012—2017[1]

（同比变化，%）

	2012	2013	2014	2015	2016	2017
人均薪酬	-3.0	-7.5	-2.0	-2.4	-0.9	0.5
劳动生产率	-0.8	-2.6	-2.4	-1.5	-2.1	0.7
单位劳动成本	-2.0	-6.9	-1.8	-1.3	-0.3	0.6
GDP平减指数	-0.4	-2.4	-1.8	-0.3	-0.2	0.6

（1）2012—2017：临时数据。

（2）包括经济活动的所有部门。

（3）单位劳动成本（ULC）衡量每单位产出的平均劳动力成本，计算方法为劳动报酬与实际国内生产总值（GDP）之比。

资料来源：希腊统计局国民核算司。

表Ⅱ-4-7 希腊与欧元区其他国家失业率对比，2013—2017 （单位：%）

国家		2013	2014	2015	2016	2017
奥地利		5.4	5.6	5.7	6.0	5.5
比利时		8.4	8.5	8.5	7.8	7.1
法国		9.9	10.3	10.4	10.1	9.4
德国		5.2	5.0	4.6	4.1	3.8
希腊		27.5	26.5	24.9	23.5	21.5
爱沙尼亚		8.6	7.4	6.2	6.8	5.9
爱尔兰		13.8	11.9	9.9	8.4	6.7
西班牙		26.1	24.5	22.1	19.6	17.2
意大利		12.2	12.7	11.9	11.7	11.2
塞浦路斯		15.9	16.1	15.0	13.0	11.1
拉脱维亚		11.9	10.8	9.9	9.6	8.7
立陶宛		11.8	10.7	9.1	7.9	7.1
卢森堡		5.9	5.9	6.7	6.3	5.5
马耳他		6.4	5.8	5.4	4.7	4.0

续表

国家		2013	2014	2015	2016	2017
荷兰		7.3	7.4	6.9	6.0	4.9
葡萄牙		16.4	14.1	12.6	11.2	9.0
斯洛伐克		14.2	13.2	11.5	9.7	8.1
斯洛文尼亚		10.1	9.7	9.0	8.0	6.6
芬兰		8.2	8.7	9.4	8.8	8.6

资料来源：欧盟统计局，2018 年。

二 外来投资现状

根据联合国的《世界投资报告》的数据显示，过去几年受债务危机影响，希腊吸引外资情况不理想。2008 年，希腊吸引外资达 45 亿美元，到 2015 年，吸收外资大幅下跌至仅 12.7 亿美元。但自 2016 年以来，希腊吸引外资正逐步从债务危机的阴影中走出来。伴随希腊经济增长恢复，投资希腊的预期收益也在不断增长，基础设施投资正成为新关注。

希腊吸收外国直接的投资主要来自德国、卢森堡、荷兰、法国、瑞士等西欧国家，主要集中在服务业、制造业。2016 年，美国在希腊投资为 6.28 亿美元，2015 年为 6.05 亿美元。[①] 2016 年，希腊吸收外资为 30.7 亿美元，存量达 273.6 亿美元，2017 年，希腊的外国直接投资达 40.46 亿美元，较 2016 年度大涨 31%。外商直接投资对尚处在恢复中的希腊经济有重要意义。2017 年四个季度外商直接投资占国内生产总值同比增长分别为 2.66%、2.34%、1.81%、1.34%。[②]

2018 年，希腊吸收外资主要集中在服务业领域（27.46 亿欧元，占比 76.2%）。具体而言，金融和保险活动（8.96 亿欧元，24.8%）、房地产活动（7.52 亿欧元，20.9%）、交通运输和仓储（7.46 亿欧元，20.7%）、信息和通信（2.3 亿欧元，6.4%）以及电力、燃气、蒸汽和空

① U. S. Department of Commerce Bureau of Economic Analysis, Greece International Trade And Investment Country Facts, https://www.bea.gov/international/factsheet/factsheet.cfm? Area = 310.

② 参见 CEIC 官网，https://www.ceicdata.com/zh-hans/indicator/greece/foreign-direct-investment--of-nominal-gdp.

调供应（1.67 亿欧元，4.6%）为外资在希腊投入的主要行业。2018 年，希腊对外投资主要集中在批发和零售贸易（4.44 亿欧元）、金融和保险活动（1.97 亿欧元）以及房地产活动（1.03 亿欧元）。[①]

根据 2019 年 4 月希腊统计局资料，希腊投资依然偏低，2018 年，希腊投资量为 204 亿欧元，2017 年为 232 亿欧元，2018 年投资量占 GDP 的比率为 11.1%，而欧盟的平均值是 20.8%，希腊是欧盟国家中最低的。希腊 2018 年的年投资量只有 2007 年的 1/3。因此，经济的复苏和增长必须吸引更多投资。

表Ⅱ-4-8　　2016 年在希腊的主要外国投资来源占比情况

国家	占比（%）
塞浦路斯	37.9
荷兰	7.5
英国	7.3
德国	6.6
美国	5.9
其他	34.8

资料来源：希腊统计局，2018 年 12 月。

表Ⅱ-4-9　　2016 年外资企业与希腊本土企业的行业数据占比（%）

	外资	本土
企业数量	0.3	99.7
雇佣	5.7	94.3
营业额	15.1	84.9
产值	14.7	85.3

① 中华人民共和国驻希腊共和国大使馆经济商务处，2019 年 11 月 2 日，http://gr.mofcom.gov.cn/article/.

续表

	外资	本土
要素成本附加值	16.3	83.7
商品服务总采购	15.0	85.0
总个人成本	15.5	84.5
有形货物总投资	17.7	82.5

资料来源：希腊统计局，2018 年 12 月。

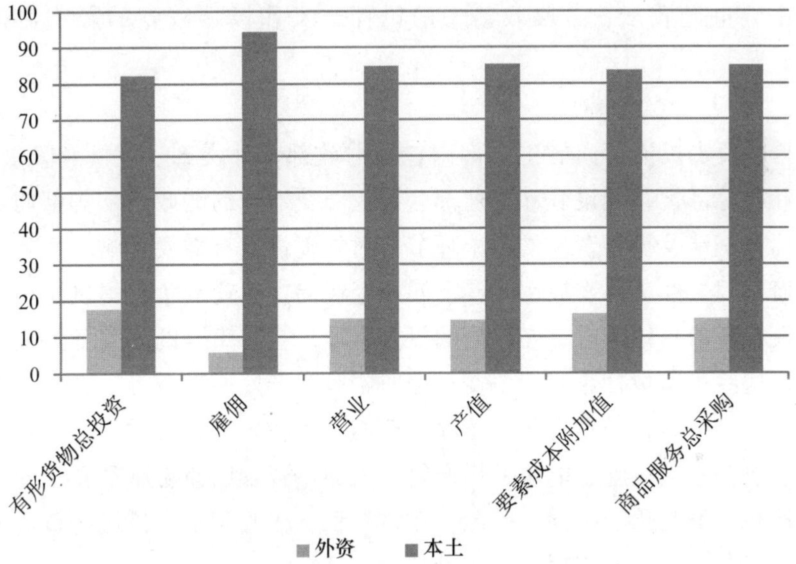

图 II－4－1　2018 年外资企业与本土企业投资状况对比

资料来源：希腊统计局，2018 年。

第二节　营商环境

一　制度环境

对一国的投资营商环境而言，制度环境不仅影响部门效率，还影响着生产企业的投资决策。制度环境包括政治制度、政府机构、法制环境、行政效率以及可能存在的政治风险。

（一）政治制度

自 1974 年改为“总统议会共和制”以来，新民主党和泛希腊社会主义运动两大中间派轮流执政。受债务危机的影响，希腊政府在国际救助机构的压力下，实现紧缩的财政政策，使国内民众生活受到巨大影响，极左翼势力迅速上升，2015 年激进左翼联盟获得大选胜利，成为执政党。左翼上台后与欧盟及相关债权国在救助问题上讨价还价，但并未取得任何成功，欧元区对救助希腊提出更严苛的条件，这些条件包括：严控开支，包括国防等关键部门的预算都一再被要求削减。由于极左翼政府没有完全履行选举承诺，结果在 2019 年 7 月大选中被选民抛弃，传统的中右翼政党新民主党重返政坛，希腊政治中的民粹主义和极端政党的影响力逐步退却。

（二）投资监管部门

希腊负责投资营商的主要部门包括财政部、外交部、经济和发展部、环境和能源部、基础设施和交通部、海运、交通和岛屿政策部等部门。这些部门分别涉及投资营商的各个环节，对外资进入有重要影响。主管投资的政府部门是经济与发展部及其下属的企业局，企业局负责提供咨询、信息以及投资等具体事务，在不同的投资领域，会有不同的相关部门或机构负责，这些机构包括希腊竞争委员会、希腊资产发展基金等。希腊资产发展基金是专门为希腊私有化改革项目而成立的新机构，其主要目的在于为希腊吸引在基础设施、能源、房产等方面的投资，以使希腊私有化的相关项目能获得最大化的收益，因此，在整个私有化改革中，该机构负责大部分相关事务，包括资产项目的招投标、筛选等。

希腊国家私有化计划规划出售的重大项目包括公共电力公司（PPC）、希腊石油和公共燃气公司的国家能源股权以及雅典和萨洛尼卡自来水公司（EYDAP 和 EYATH）的少数股特许经营权，以及雅典机场项目、萨洛尼卡港务局、天然气电网运营商 DESFA 和罗德岛 Afandou 地块的交易、米克诺斯和萨洛尼卡在内的一系列地区性港口和码头的特许经营权的交易。

（三）行政效率

在希腊，政府在经济生活中发挥着头等重要的作用，政府部门庞大，雇佣大量劳动力。希腊政府机构一方面是良好的法律、宪法和各种正式制度，另一方面，在现实生活中又存在着庇护关系、腐败和幕后活动。

希腊政府的行政效率较低。世界银行《2018年营商环境报告》[①] 囊括了有关投资营商环境的11个主要方面的评估，包括开办企业、跨境贸易、产权登记、信贷、电力获得、合同执行、办理施工许可证、解决破产、少数投资者保护、税收、劳动力市场法规等。投资审批等相关环节非常繁杂。相关职能分散在各个部门，缺乏负责专门的外资投资服务的机构和机制。

世界银行报告指出，希腊在产权登记、信贷、电力获得、合同执行、办理施工许可证等方面严重落后。产权登记共需10道程序，花费约20天的时间和4.5%的投资成本，远远落后于世界大多数国家，此外，电力获得需花费55天，施工许可证办理需要耗费124天，历经18道程序。比如，在投资办厂中的土地征用就非常困难，希腊没有全国性的土地使用规划，新的土地开发均需中央和地方两级审批，所需环节众多，手续繁杂，过程漫长。

希腊只是在开办企业、跨境贸易等领域有较高的得分，如开办企业仅需4道程序和12.5天左右的时间。

希腊行政效率低及僵化的官僚作风广受外资所诟病，新民主党上台后决心加大政策力度，解决长期存在的行政效率低的问题。

（四）强势工会

希腊劳动用工制度严格，工会组织力量较为强大，企业雇佣成本较高，对外资在希腊的投资影响较大。外资进入希腊势必需要和工会打交道，因此，工会成为外资投资希腊的重要考量之一。

希腊全国共有近4000个工会组织，几乎囊括四分之一的希腊工人。希腊最主要的工会组织包括希腊全国劳工总会（GSEE）和全国公职协会（ADEDY）。其中，希腊全国劳工总会是希腊最大的劳工组织，负责与雇主代表——希腊工业联盟进行全国劳工集体协议谈判，确定最低工资标准、工作环境、劳工健康等事宜。希腊工会组织对希腊社会经济发展有重要影响。

工会对工人阶层有重要的影响力，这种影响力是建立在工会对工人权

---

① World Bank, Doing Business 2018: Reforming To Create Jobs, http://www.doingbusiness.org/~/media/WBG/DoingBusiness/Documents/Annual-Reports/English/DB2018-Full-Report.pdf.

益的保障和倡导上的。工会通过集体劳工谈判在一定程度上充当了劳工和雇主之间的桥梁，在薪资谈判等矛盾上能够起到平衡和稳定的作用。由全国劳工总会发起的集体劳工谈判为劳资双方提供了对话的平台，对改善劳资关系、促进社会福祉起到一定的积极作用。基于此，工会对工人有非常强大的号召力，工会能够轻易号召其成员参与到任何罢工行动中来，对希腊社会经济的发展有重要影响。像全国公职协会号召起来的罢工，则往往可以直接导致政府部门陷入停顿。2018 年，全国公职协会就已经发起过多次罢工行动，包括 11 月各公共服务部门关于工资和养老金改革的罢工等。此外，希腊各工会之间也常常合作，一道发起全国总罢工，产生的影响不言而喻。2018 年 5 月 30 日，全国劳工总会和全国公职协会一道发起抵制政府相关公共部门员工援助计划的罢工，就导致整个希腊陷入瘫痪，众多公共系统和部门都陷入停滞，带来严重的经济社会影响。

工会组织对政府政策有重要的影响力。政府的许多政策往往会因工会的抵制而难以推行，乃至被迫取消甚至反转。左翼联盟政府为应对债务而进行的多次改革，均受工会的抵制而被迫取消。工会往往还会发起许多与政府政策相抵触的罢工行动，特别是在涉及外资进入的相关政策方面。2018 年，由全国公职协会所发起的公共服务部门的大罢工就要求政府终止国营企业私有化，增加公共部门的雇员数量。国有资产私有化是希腊在债务危机背景下吸引外资进入的重要途径，全国公职协会提出这样与政府政策相悖的诉求，无疑会阻碍外资投资希腊。

（五）环保政策

根据希腊《环境保护法》，经营主体投资新项目必须事先经过希腊环境和能源部以及经济、发展及文化旅游部等部门的环境评估，这是经营主体取得开工许可的先决条件之一。外资企业在希腊开展投资或承包工程，必须向环境和能源部的主管部门或项目所在地政府部门提交有关申请并附带必需的法律文件，以便批准环境条款。同时根据投资和承包项目的不同，还须向相关机构提交申请，如经济和发展部、教育、科研、宗教事务部等。由于没有统一规定，涉及部门较多，在希腊申请环保评估手续烦琐，耗时较长。

希腊政府越来越重视环保，逐步减少化石能源资源，增加利用可再生能源资源。2019 年 10 月，新民主党政府环境和能源部提出了保护环境的新能源政策计划：以西马其顿和阿卡迪亚地区为重点的褐煤逐步淘汰；将目前 17% 的绿色能源份额增至 2030 年的 35%；希腊诸岛的电力互联；鼓励发展电动汽车和使用电动巴士；节约能源；废物综合管理；禁止使用一次性塑料；保护生物多样性以及保护森林等。

二　经济环境

经济环境包括经济规模、增长速度、贸易开放度、资本账户开放度等，是衡量投资营商环境的基础。希腊的经济发展水平较高，主要经济行业包括旅游、航运、工业产品、食品和烟草的加工、纺织、化工、金属制品、煤矿和石油业等，其中，旅游业收入占了希腊 GDP 很大的比例。希腊的航运业非常发达，是传统的海运强国，希腊船东所拥有的船队规模也名列世界前茅。

受债务危机的影响，希腊经济陷入较长时间的低迷，在接受了欧盟、欧洲央行和国际货币基金组织等国际债权人的三轮救助之后，希腊通过多项经济改革举措，经济得以复苏，到 2018 年，希腊已成为欧元区经济增长最快的成员国之一。2018 年，希腊国内生产总值为 1847.13 亿欧元，人均 GDP 为 1.7 万欧元。

（一）希腊经济处于复苏之中。GDP 的增长率在 2017 年转正后，最近两年持续增长，失业率也不断下降，2019 年的失业率为 18%。国际评级机构标普 2019 年 10 月 25 日宣布，将希腊长期主权信用评级从“B +”上调一级至“BB -”，前景展望乐观。标普还表示，2020 年可能再次调升希腊的主权信用评级。另外两大国际评级机构穆迪对希腊评级为“B1”，前景展望“稳定”；惠誉将希腊评级定为“BB -”，前景展望“稳定”。在未来，希腊主权信用评级的调升取决于新民主党政府是否能继续实施经济改革，以及希腊银行业的不良贷款巨大敞口是否能有所改善。

（二）解除资本管制。受债务危机影响，希腊在 2015 年 7 月实施了资本管制，以阻止银行资金外逃。近几年来，随着经济数据不断好转，希腊政府不断放松了资产管制措施，以增强外资对本国经济的信任和信心，仅 2018 年已经连续三次放松资本管制措施了。其中最新的资本管制放宽措施包括完全取消每月现金提现额限制、希腊国内银行的储户在国外的取现额放宽至 5000 欧元/每月、希腊公民出境可携带现金额从 3000 欧元提高到 10000 欧元、企业单日向海外直接转账的限额从 4 万欧元提升到 10 万欧元、外资的利润所得汇出，也不再设限等。自 2019 年 9 月 1 日起希腊全面取消资本管制。

（三）除了旅游业和海运业带动经济增长外，房地产成为经济复苏的引领者。在后债务危机时代，希腊的房地产市场不断被看好，特别是首都雅典尤为突出。在普华永道最新的有关最具投资吸引力欧洲城市 2019 年度调查报告中，雅典居第 14 位，较前一年大幅提升 15 个名次。对房地产市场的看好，主要源自国际市场对希腊经济复苏的看好，预计在欧洲援助计划结束之后，希腊已经具备重返国际金融市场的可能性。

（四）经济发展的潜力仍有限。一方面，希腊的经济规模不大，经济基础相对单一、薄弱，技术也相对落后。作为希腊经济的支柱产业之一，旅游业在后债务危机时代的迅速恢复与发展，被认为是拉动希腊经济复苏的最重要的马车之一，包括航运业、农业等产业的复苏也是希腊经济逐步增长的重要推动力；另一方面，高额的债务问题仍难以解决，依然是经济发展的首要压力。虽然近一两年来希腊经济增长表现较好，但国际货币基金组织认为，在未来希腊的经济活力将呈逐渐减弱趋势。

三　市场环境

（一）税收体系及特点

希腊的税种大致可分为收入所得税、房产/资产所得税、消费税三大类。

希腊的个人所得税采取累进税制，对在希腊境内所获得收入的人而言，收入低于 20000 欧元需缴纳 4400 欧元的所得税，税率约为 22%，在 20001—30000 欧元、30001—40000 欧元及 40001 欧元以上，其缴纳的税率分别为 29%、37% 及 45%，另外再加上 10% 的团结税[①]，希腊的中高收入人群需要缴纳高达 55% 的所得税。

在企业方面，根据希腊的税收制度，除常规的所得税缴纳外，企业需按当年税收额的一定比例提前预交下一年度的预缴税。希腊的整体税率较

① 团结税也是按收入水平来确定税率，10% 是最高水平，其基准是年收入 22 万欧元，该税率还分为 0、2.2%、5.0%、6.5%、7.5%、9.0% 等不同等级。

高，企业的税率以利润为基准。2014 年以前，企业所得税税率为分红前利润的 20% 或分红后利润的 25%。外国公司向总部的利润转移也视为分红保留。受债务影响，2014 年希腊大幅提升了企业所得税率，达到 29%，此外，每年还需要缴纳经营税。

希腊的整体税收水平较高，税率远高于欧盟平均水平，无论是个人所得税还是企业营业税均高于欧盟平均值。希腊的公司税率为 29%，相对比，罗马尼亚和塞尔维亚的企业税率仅为 16% 和 15%；罗马尼亚对小企业甚至有特殊税率，仅为 3%，对新成立的小企业经营头几年仅为 1%。希腊高税率还体现在税收占 GDP 百分比非常高，且在不断增长中。税收占 GDP 百分比在危机之初还不足 20%，但到 2017 年，这一占比已增长至 26. 7%。

希腊的税收还包括增值税、印花税、消费税、不动产交易税以及不动产税等。虽然希腊有较好的房地产投资政策，但相关的税收也高得惊人。根据希腊经济与工业研究基金会（IOBE）的报告显示，希腊的房地产税收在所有欧盟国家中名列第四位。不动产交易税同样也是惊人，希腊的不动产交易税以最高合同金额或其价值为征税基准，税率最高可达 11%，再加上其他的增值税等，总税费可高达缴税基准的两成多。

2019 年国际税收竞争力指数（ITCI）信息显示，希腊的税收太高而弱化了其竞争力。该指数通过计算一个国家 5 个子行业税收包括公司税、个人所得税、消费税、房产税和国外产生的利得税，来评估国家的税收体系的竞争力。自 2014—2019 年，希腊在经合组织（OECD）36 个国家中的排名居第 27—32 位的位置。

希腊的税法过于复杂并经常修改，导致税收体制混乱，缺乏强有力和一以贯之的税收执行制度。税收体系中的间接税所占比重过大，逃税、避税现象较普遍，影子经济规模大。税收制度相对缺乏公平公正。

（二）金融环境

长期以来，希腊的外汇管理政策比较宽松，外资企业可以自由汇入汇出，但债务危机之后，外汇大量流出，流动性严重短缺，导致希腊政府开始采取资本管制措施。对资金汇出有严格的审批程序，金额较大的情况下还需财政部、央行等相关政府机构批准。直至 2019 年新民主党执政后完全取消了资本管制。

希腊的银行体系以比雷埃夫斯银行、国民银行、阿尔法银行和欧元银行四大银行为主，这四大银行占希腊整个信贷市场超过95%的份额，除此之外的其他金融机构占据非常少的市场份额，受债务危机的影响，希腊国内信贷机构的数量大幅减少，从35个下降到17个。由于市场过于集中在四大银行手中，这也导致银行业遭遇债务危机重创。2015年底，希腊银行业进行了危机以来的第二次资本重组，通过在公开的资本市场和从希腊金融稳定基金融资等方式，希腊四大银行的平均资本充足率达到了16.5%。欧洲央行2018年5月公布的结果显示，希腊四大银行通过欧洲央行最新压力测试。测试结果显示，在不利经济状况下，希腊国民银行、比雷埃夫斯银行、阿尔法银行和欧洲银行的一级普通资本充足率预计分别降至6.92%、5.90%、9.69%和6.75%，但均高于欧元区设定的下限。

债务危机重创希腊金融体系。在2015年，惠誉国际评级机构将希腊四个主要银行违约评级为限制性违约（RD），这一等级表示其银行虽还未破产，但已经难以履行债务支付的业务。直至2018年8月，欧洲国际债权人结束救助前夕，这些银行才通过欧洲央行的压力测试，显示它们能在模拟的楼市崩盘、经济衰退等危机情形下经受考验，这也意味着希腊银行业在8年债务危机后，重新步入正轨。2018年2月，评级机构穆迪开始上调了希腊主要银行的信用评级，其中希腊最大的银行比雷埃夫斯银行以及国民银行的长期存款评级从Caa3上调至Caa2,① 虽然这一评级也并不是非常好，但足以体现希腊银行业的复苏。

进入2018年下半年以来，虽然希腊经济复苏劲头十足，但银行业所面临的困境依然严峻。银行业指数的持续下跌，引发国际投资者对希腊银行业可持续性的担忧。数据显示，2018年上半年希腊银行业的不良贷款率和不良敞口率均未达预期，到2018年底，希腊四大系统性银行的不良贷款已减少到818亿欧元，占希腊延期贷款总额的45%。从更长远的目标来看，想要达到欧洲央行为其划定的标准还有很长的距离。以比雷埃夫斯银行为例，其不良贷款率高达54.7%，而欧洲央行和相关

① 穆迪公司关于银行的信用评级体系，按银行的支付能力共分为Aaa、Aa、A、Baa、Ba、B、Caa、Ca、C共九个级别，此外还设有修正系数，如Caa2，其中Aaa1为最高，C则是最低级别，Baa3以上为投资级别。

监管机构的目标是要求在2021年底将这一数据削减至21%。降低银行业不良贷款率较困难，这一问题也将在较长时间内成为希腊银行需要面对的首要挑战。

希腊银行是希腊银行业的主要监管部门。作为欧元区的成员，希腊金融行业的监管在很大程度上须取决于欧盟的立法。欧盟的相关法规和希腊银行的相关政策共同构成了希腊的银行业的监督框架。欧盟2013/36/EC号法令规定了希腊银行业、信贷机构的建立、运作和监管的相关事宜。此外，希腊银行相关法规对金融准入有特定的规定，如想要在希腊开展银行业务，须在希腊设立分行，拥有至少超过900万欧元的基础资金量。①

在欧盟和希腊法律框架范围内，外国企业可与普通希腊企业一样，在希腊当地银行进行融资，对外国企业的融资并无特殊要求。

（三）债务问题

虽然债务已下降到危机前水平，但受制于经济发展，债务压力仍然巨大。希腊主权债务危机受2008年国际金融危机的冲击，2009年末希腊的国家债务高达3000亿欧元，占其国内生产总值（GDP）的113%。由于希腊的主权债务偿还能力遭受质疑，2010年4月，希腊国债被国际评估机构降级至垃圾级，债务危机彻底爆发。希腊外债不断飙升，在2011年达到最高点，为2.98万亿美元。

债务危机爆发以来，欧盟先后向希腊提供了三轮共计近3000亿欧元的救助贷款。2010年5月，欧元区国家和IMF同意向希腊提供1100亿欧元的贷款救助；2011年10月，提供了第二轮1300亿欧元的贷款救助；2015年7月，国际债权人再次为希腊提供860亿欧元的贷款。在欧盟救助与希腊紧缩政策下，外债不断降低，到2017年底，希腊外债已降至债务危机之前的水平，为1.24万亿美元。② 近两年来，希腊外债占国内生产总值的比重逐步下降。

2018年8月20日，欧盟了结束对希腊的债务救助，这也意味着希腊主权债务危机基本结束。外部债务救助停止后，希腊经济发展仍将面临考

---

① 《对外投资合作国别（地区）指南·希腊（2018年版）》，https://www.yidaiyilu.gov.cn/wcm.files/upload/CMSYdy/gw/201902/201902010338028.pdf.

② CEIC官网，https://www.ceicdata.com/zh-hans/indicator/greece/external-debt-short-term.

验。一方面，还款压力仍然存在。虽然在结束救助后，欧元区会减免小部分债务，同时将大部分贷款还款期限延长 10 年，但希腊的还债压力仍旧较大。一边还贷一边发展经济，同时重返国际金融市场，希腊需要面临巨大挑战。另一方面，债务基数大或将对经济发展带来进一步挑战。根据希腊统计局的数据，虽然 2018 年希腊经济得到较大增长，其国内生产总值或达到 1850 亿欧元，但却仅有所肩负的债务额的一半左右，希腊债务占 GDP 之比约为 178%。

三　基础设施条件

基础设施是保障国家社会经济活动正常运行的基本条件，更是外资投资营商的重要考量因素。良好的交通可确保投资者的产品与服务能准确、及时地流向市场。一般说来，基础设施涵盖了交通运输、通信、电力、供水等在内的多个领域。具体而言，则包括了基础设施的可用性和质量、基础设施服务的可用性和质量。

在世界经济论坛《2016 全球贸易促进指数》中，希腊在交通运输基础设施、交通运输服务均列第 50 多位[①]。具体而言，在交通运输基础设施上，希腊的海洋运输较为发达，而铁路运输则相对落后。依托优越的地理位置，希腊在海洋运输上发展较好，拥有世界上最大的商船队，是全球航运最重要的国家之一。希腊的优良港口众多，使其成为世界航运的重要枢纽。

希腊的公路运输网络较为发达。希腊公路总里程达 29 万千米。不仅国内公路网络较为完善，与周边国家的公路网路互联互通，特别是与马其顿、塞尔维亚的公路联通也较为发达。其中希腊与马其顿之间的欧洲 E75 公路可途经马其顿、塞尔维亚、匈牙利、斯洛伐克、捷克、波兰直达波罗的海沿岸，是欧洲一条重要的南北干道。

在高速公路、铁路等陆路交通运输方面，希腊则落后于欧盟其他国家。希腊铁路运输有限，铁路总里程仅 2200 多千米，同时铁路的运营效率也不高，如铁路运行速度非常低，时速超过 160 千米/小时的线路里程

---

① World Economic Forum, The Global Enabling Trade Report 2016, http://www3.weforum.org/docs/WEF_GETR_2016_report.pdf.

不到总里程的两成。在地区的互联互通上，也仅有南北干线与欧洲主体铁路网络连接。更为重要的问题是，铁路运输的落后导致希腊交通运输的海陆联通缺乏。现阶段，希腊仍难以将其在海洋运输上的优势与陆路运输结合起来，为本国经济发展提供推动力，这也为外资投资营商提供了新空间。

四 人力资本条件

从投资营商的角度来讲，一国的人力资本条件涵盖了其人才培养、就业政策、人才流动、教育与经济发展的融合程度等方面，充分体现了一国的人才竞争力、就业人口结构与劳动力成本等投资营商要素。在这一层面上，希腊的人力资本条件呈现出以下几个特点：

（一）人才培养与人才竞争力低于欧盟平均水平

人才培养如大学教育、企业培训等是衡量一国劳动力素质的重要标准，也被外商投资所看重。总体讲，希腊的高等教育水平不高，在OECD的国际学生能力评估计划（PISA）统计中，希腊学生在阅读、数学、科学三个领域的得分均大幅落后于OECD平均水平。[①]

在2018年Adecco的《全球人才竞争力指数》中，希腊以48.21的得分名列第42位，远低于高收入国家60.92的平均得分。《全球人才竞争力指数》通过衡量一国在人才赋能、吸引、培养、留存、职业技能以及全球知识技能等方面的表现，来评估全球各国的人才竞争力。该指数以投入—产出模型为基础，标列4项投入、2项产出共计6项要素，通过全球各国6项指标得分，综合衡量其人才竞争力指数。在6项指标中，希腊在人才留存和全球知识技能方面的得分较高，但在人才赋能、人才吸引等方面得分较低。具体而言，在人才赋能指标下，希腊在企业与政府关系、人才集群发展、商业与劳动力发展前景等方面的排名靠后。

在人才吸引指标下，外国直接投资与技术转移、社会流动性、人才引进等方面希腊得分较低。对投资营商者而言，人才竞争力是其投资营商考量的重要方面。世界经济论坛《全球人力资本指数2017》中，希腊以

① OECD, PISA 2015 Results in Focus, https: //www.oecd.org/pisa/pisa-2015-results-in-focus.pdf.

64.66 的得分在 130 个统计国家中名列第 48 位。[①] 该报告以人力资本能力、人力资本配置、人力资本开发、专业技能水平四个方面衡量各国的人力资本利用状况。世界知识产权组织《2016 全球创新指数》，希腊以 39.75 的得分名列第 40 位，中国名列第 25 位。[②] 到 2017 年，希腊得分下降到 38.85，名次也下降到第 44 位。[③]

在希腊的高等教育体系中，综合性教育和技术教育是高等教育的两大支柱，其所占比重也比较接近。32 所高等教育机构中 18 所是综合性大学，14 所是技术教育学校，希腊的技术教育强调实用性和技术性，更能为社会经济发展培育更合适的专业技术人才。

表 II－4－10　　希腊 2009—2014 年度高等教育状况　　（单位：人）

	2009/2010	2010/2011	2011/2012	2012/2013	2013/2014
教师	13299	12626	11531	11076	10801
大学生	165443	168478	168804	168637	174039
本科毕业生	31602	31711	31516	32430	32982
硕士研究生	31071	32247	32255	33687	36572
硕士毕业生	8127	8366	9695	8900	9231
博士研究生	22636	22563	23371	22931	23795
博士毕业生	1892	1685	1727	1522	1596

资料来源：希腊统计局，2018 年 12 月。

（二）劳动力短缺

首先，受债务危机影响，希腊的人才流失较为严重。危机以来，希腊的人口外流现象非常严重，其间有超过 40 万人移居国外，其中大多数是

① World Economic Forum, The Global Human Capital Report 2017, http://www3.weforum.org/docs/WEF_Global_Human_Capital_Report_2017.pdf.

② 世界知识产权组织：《2016 年全球创新指数：全球创新，致胜之道》，http://www.wipo.int/edocs/pubdocs/zh/wipo_pub_gii_2016.pdf.

③ WIPO, The Global Innovation Index 2017: Innovation Feeding The World, http://www.wipo.int/edocs/pubdocs/en/wipo_pub_gii_2017.pdf.

专业人才。据 IMF 的估计，希腊 2016 年的结构性失业达到 15%，而这一问题的解决需要 20 年的时间。

其次，希腊对外来就业人口流入有严格的限制。根据希腊政府的规定，只有经政府相关部门确认本国公民难以胜任的特殊岗位才会被允许招聘外籍雇员。对于一般企业而言，只有高级管理人员职位才允许使用外籍雇员。一般普通劳务或技术工作人员很难获得希腊颁发的工作准证，整体而言，外籍劳务规模较小。

（三）高失业率与老龄化并存

债务危机以来，希腊的失业率一直高居 20% 以上，处于欧洲国家最高水平。近几年来略有下降，到 2018 年底，希腊失业率首次低于 20%，未来或将进一步降低。这一数据是发达经济体平均水平的 4—5 倍。

与欧盟其他国家相比，希腊的劳动力成本相对较为低廉。特别是经济低迷的大环境下，2013 年政府为刺激就业，将最低工资标准下调了 32%，仅为 500 欧元左右，这一政策不仅导致了年轻人失业率飙升，还导致大量就业人口外流。现阶段的薪资水平远低于危机前，2017 年的薪资较危机前的高点大降三成。另外，希腊正面临严重的老龄化危机。预计 2020—2060 年，希腊劳动适龄人口会下降三成左右，对希腊经济的长期发展而言有重要影响。①

希腊人每年的工作时间远高于欧洲其他国家，甚至比许多东亚国家高。根据 OECD 的一项统计，希腊人的年工作时间达到 2035 小时，平均每周约 39 小时，这一数据仅次于韩国、中国台湾、印度等亚洲国家和地区，位列世界第九。

劳资矛盾一直是希腊经济发展的重要困扰。工会与劳工长期对薪资增长的诉求，希腊劳动保障法规非常严格，对劳工的工时、工资等都有严格规定，这给企业带来较重的负担，会直接影响到外商的投资意愿。

总之，综合来看，希腊的营商环境存在诸多需要改进和完善的地方。《全球贸易促进指数》通过对包括国内市场准入、边境管理、交通与数字化基础设施、运输服务及商业运营环境等 7 项具体的指数评估，

---

① OECD, 2018 OECD Economic Survey Overview, https://www.oecd.org/eco/surveys/Greece-2018-OECD-economic-survey-overview.pdf.

来衡量一国的投资贸易环境。在整体排名中，希腊在136个国家和地区中列第52位。其中的商业运营环境仅排名第91位，在其下设的7个选项中，希腊在公共机构的效率与职责、金融许可等方面均表现极差，位列末端，其他诸如财产保护、物权、知识产权保护等方面也均表现一般。

世界银行《2018年营商环境报告》中，希腊的前沿距离分数（DTF）为68.02，在所有190个国家中排名第67位。[①] 较经合组织高收入国家的平均水平77.46分有较大差距。而在最新的《2019年营商环境报告》中，希腊的投资营商排名再度下滑，名列第72位，远低于中国（第46位），是欧洲最不利于企业投资经营的国家之一。

第三节　经济法规与经济激励政策

一　政策法规

（一）贸易政策法规[②]

目前希腊对外贸易事务主要由经济和发展部及外交部负责。经济和发展部是2015年新政府上台以后，合并相关部门而新成立的，主要负责国家战略规划与外贸事务的管理。外交部则主要负责对外经济合作。

希腊是欧盟成员国，其对外贸易政策与欧盟保持一致。在欧盟内，货物服务自由流动，在欧盟外，与其他国家的贸易以欧盟统一的贸易政策——《共同关税税则》与《欧洲共同体综合税则》——为准。《共同关税税则》规定了欧盟成员国与非欧盟国家贸易的关税税则；《欧洲共同体综合税则》是欧盟的贸易措施，包括关税配额、反倾销举措等。此外，希腊的进出口管理，包括进出口的限制、检验检疫、技术管控、质量标准等也均与欧盟保持一致。

按照欧盟的有关规定，希腊现对89项农产品实施关税配额制度。进口配额主要按照以下3种方式分配：将进口商划分为传统进口商和新

---

① 世界银行《营商环境报告》，自2003年起，每年发布一次。前沿距离分数显示每个经济体与“前沿水平”的距离，100代表前沿水平，0代表最差表现，得分越高表示其投资营商环境越好。

② 该节参见《对外投资合作国别（地区）指南·希腊（2018年版）》。

进口商两部分，在配额分配时，优先考虑传统进口商；按申请先后次序分配，先来先领；按比例分配。以上3种分配方式由欧盟视具体情况选用。如以上方法均不适用，欧盟还可按规定程序采取特殊的管理措施。

希腊实行欧盟《关于实施共同出口原则的第（EEC）2603/1969号规则》《关于文化产品出口的第（EEC）3911/1992号规则》《关于文化产品出口的第（EEC）3911/1992号规则》等，对少数产品实施出口管理措施。此外，希腊还根据欧盟对部分涉及核扩散和大规模杀伤性武器等领域的产品和技术的规定执行出口许可制度和最终用户监督制度。

希腊海关管理制度与欧盟保持统一，执行《共同体海关通则》（Community Customs Code，Council Regulation 2913/92）及其实施条例（Council Regulation 2454/93）。WTO数据显示，欧盟对盟外进口商品征收关税的平均税率为5.2%，其中非农产品平均税率为3.9%，农产品平均税率为13.8%。农产品关税整体较高，且多为非从价税（如产品价格超过一定金额则关税降低），还包括季节性关税及进入价格系统。

（二）外资市场准入法规

在外资准入的相关规定上，希腊允许外国投资者以多种形式在希腊进行投资，主要的投资形式包括合资、合作、独资、并购等。过去几年里，希腊通过简化投资登记程序，便利外资投资营商，包括税务登记、社会保障登记、许可等。此外，希腊开始构建一个统一的社会保障制度，以促进营商。①

首先，国有资产私有化成为外资进入的主要途径之一。希腊政府在接受债务救助的背景下，采取了一系列的改革举措，其中最重要的一条就是国有资产私有化。近年来，包括中远海运收购比雷埃夫斯港务局股份、法兰克福机场集团收购希腊14个地区机场40年经营权、中国国家电网公司收购希腊独立输电网络公司24%股权，以及意大利铁路运营服务商Trainose以2200万欧元的价格收购了希腊铁路运输维护公司Rosco100%的股份（Trainose是意大利Ferrovie dello Stato公司的子公司），都是私有化进程的重要成果。

---

① World Bank，Doing Business 2018：Reforming To Create Jobs，http：//www. doingbusiness. org/~/media/WBG/DoingBusiness/Documents/Annual-Reports/English/DB2018-Full-Report. pdf，p35.

2015年上台的左翼联盟政府一度叫停了国有资产私有化项目，其中包括部分中资企业参与的项目，但随后在欧盟等债权人的谈判下，希腊私有化进程再度重启。希腊国有资产私有化进程涉及了众多项目，包括比雷埃夫斯港、塞萨洛尼基港以及其他10个地区港口项目，以及雅典国际机场、雅典自来水供应及污水处理公司、希腊石油公司、希腊邮政公司、希腊公共天然气公司、希腊公共电力公司、小型港口和码头等基础设施项目，以及各类土地开发项目。这些项目有些已经完成私有化，有的仍在私有化进程中，有的还未正式开始。

希腊法规也规定了外国投资不适用范围：非欧盟公民不得拥有边境地区的房地产，甚至也不能持有在这些地区投资房地产的公司股份。在包括电台、电视台、航空等领域希腊对非欧盟公民也有严格限制。

表Ⅱ-4-11　　　　**希腊国有资产私有化项目列表**

序号	项目类型	具体项目
1	土地开发	Agia Triada、Asprovalta、Astir Vouliagmenis、Nea Iraklitsa 、Castello Bibelli、Possidi、Attiki高速公路周边区域、伊拉克利翁前美国基地、以及超过80000宗属于希腊各政府部门的土地和房产等许多土地开发的项目
2	土地开发	包括位于Xenia的精选酒店，位于Vytina的Sanitariums“Mana”，位于罗德岛的“St. Eleoussa”和Villa de Vecchi，以及分别位于Xiradaki，Mousli和Evangelinak的三座大楼
3	土地开发	和平与友谊体育场、奥运会资产，包括Schinias奥运会赛艇中心、Markopoulo马术运动中心和Gatatsi奥运会中心三项奥运会资产
4	土地开发	位于罗马、卢布尔雅那和比勒陀利亚的海外资产
5	基础设施	保存着所有必要的历史和技术纪录的两辆空客A340-300
6	基础设施	雅典国际机场项目、雅典自来水及污水处理公司、希腊铁路车辆维护公司、南卡瓦拉天然气仓储、萨洛尼卡自来水供应和污水处理公司、希腊铁路运营公司
7	基础设施	比雷埃夫斯港、萨洛尼卡港和10个地区港口，包括比港和萨港74%的股份（这两个港口都在雅交所上市）和其他10个地区港口（包括沃罗斯、拉菲纳、伊古迈尼察、帕特雷、亚历山德鲁波里、伊拉克利翁、埃来夫西纳、拉夫里奥、科孚和卡瓦拉）100%的股份

续表

序号	项目类型	具体项目
8	基础设施	小型码头和港口项目，涉及多个小型码头的经营权转让事宜，包括Pylos码头等
9	基础设施	Egnatia高速公路
10	公司项目	希腊石油公司、希腊邮政公司、公共天然气公司、公共电力公司

资料来源：中华人民共和国驻希腊共和国大使馆经济商务处。

（三）鼓励投资的政策法规

2016年6月，希腊通过的新《发展法》旨在鼓励投资、刺激经济发展，希望能在2023年前吸收到至少110亿欧元的私人投资，借此助力希腊经济复苏。该法案旨在通过吸引投资刺激外向型经济发展和创新，创造更多的就业岗位，并且充分利用希腊本国的人力资本，鼓励改进技术水平和提升企业竞争力，重振希腊工业。

其中，《创建战略性和私人投资的友好商业环境》（4146/2013号法案）是希腊最重要的投资促进法案，旨在完善私人投资制度、提高资本流动性、简化投资程序、促进投资透明度。此外，该法案还为外商投资提供一定的税收减免和补贴政策，并允许非欧盟成员国的投资者通过购买价值超过25万欧元的固定资产以获得自己其亲属5年可续签的居留权，这对于许多中小投资者而言，是极具诱惑的条件。《战略发展法》通过设立快速通道、简化审批程序，推动外资落地。而3959/2011号法案则主要是关于保护自由竞争，以确保有效竞争的存在。

2019年10月，希腊议会通过“投资希腊”经济发展法案。根据新的投资法案企业所得税从28%减至24%，股息税由10%降至5%，其他激励措施包括，以鼓励企业家精神、吸引希腊高技能工人、鼓励投资，以进一步促进经济增长。

除了税率变化和要求纳税人进行更多在线交易（这已成为人们关注的焦点）外，法案还包含一系列针对投资者的措施。这些措施包括单独征收15%股票期权税，主要针对一项高管从公司购买股票的权利，这是针对公司高管的一项常见激励。目前，股票期权主要是按照收入征税，最高征税达45%。该条款对雇主和雇员都有所激励，将为新技术公司吸引技术工人、进一步发展提供了动力。

表Ⅱ-4-12　　希腊有关外资投资法规一览

序号	法案	内容
1	《创建战略性和私人投资的友好商业环境》（4146/2013 号法案）	完善私人投资制度、提高资本流动性、简化投资程序、促进投资透明度
2	4242/2014 法案及其修改案	非欧盟公民通过购买价值 25 万欧元及以上的固定资产，可获得五年可续签的居留权
3	《加快及透明实施战略投资的规定》（3894/2010 法案）	企业在工业、能源、旅游、运输、点、健康、科技等领域的投资可简化手续
4	2246/94、2289/95 法案	允许外国投资者投资希腊电信、石油行业
5	3427/2005 法案	为鼓励外国投资者的投资，给予一定程度的税收优惠
6	新《发展法》（4399/2016 法案）	旨在刺激外向经济和创新、创造新的就业岗位、改进技术水平和企业竞争力、重振希腊工业……进而提出一系列促进投资的政策法规，包括相关的免税和资金资助方案，资助包括现金资助、工资资助和租赁资助等
7	2019 年 10 月希腊议会通过“投资希腊”经济发展法案	该开发法案简化了投资者的流程，特别是有关环境、城市规划和土地使用规划的法规，旨在减少烦琐的手续并加快建设和投资程序，为企业减税

资料来源：希腊经济和发展部网站。

（四）在外商投资程序上，为鼓励外商投资，希腊政府沿用了投资项目审批快速通道“FAST TRACK”政策

该项政策规定，外商投资达到一亿欧元的项目，可直接进入快速通道，可降低审批门槛，快速审批。除在投资金额上的限定，外资投资所带来的就业岗位增加到一定数量且投资符合希腊政府鼓励的投资领域与地区时，也会为之提供投资项目审批快速通道。希腊政府鼓励的投资领域包括：新能源、网络通信等新技术、旅游产业、农业加工、节能环保、物流、生命科学、房地产等。

二　外资税收优惠政策

希腊的外资投资优惠政策以《投资促进法》为主。该法案对不同地区、

不同行业设定了相关的外商投资优惠政策，这些优惠政策包括投资补助、租赁补助、工资补助和税收优惠等。希腊将本国按经济发达程度分为三类地区，根据地区的不同为投资者提供不同的优惠政策。此外，希腊还将鼓励类行业分为两大类，并依据其在不同地区的投资享受不同优惠待遇。该法案还规定了特殊补贴，适用于创新型和独立型的中小企业（即 SME）、对信息通信技术或农业进行投资的企业，以及将在“特殊区域”① 实行投资计划。

表 II - 4 - 13　　希腊鼓励外商投资的税收优惠政策一览　　（单位:%）②

优惠措施	地区	行业类别	
		一	二
投资补贴	A	20	15
	B	30	25
	C	40	35
税收减免	A	60	50
	B	100	100
	C	100	100

注：行业类别一包括（1）网络、通信、软件开发、高科技服务、实验室；（2）停车场等交通基础设施建设、岛屿与边远地区的交通；（3）二星以上酒店、会议中心、滑雪场、高尔夫球场、疗养中心、运动中心和游艇等旅游设施建设；（4）物流服务、合资商业中心和物流中心；（5）清洁能源发电、新能源开发与利用、环保和节能项目；（6）从阿提卡、萨洛尼卡和哈尼亚地区迁到工业园区的皮革制造业；（7）为提高产品品质而引进的技术和设备；（8）一些投资周期长达 2—5 年的产业，如为提升国际竞争力、推动和生产名牌产品以及将生产和研发移至希腊等的投资。行业类别二包括（1）工业初级品加工；（2）农产品加工、农业机械采购和发展现代农业；（3）采矿和大理石加工；（4）热能开发、生物燃料、液体燃料和液化气的储运；（5）扩建 3 星级以上酒店、投资主题公园、为发展旅游业而建设的高速路、艺术品和手工艺品中心等。A 地区包括了阿提卡大区、萨洛尼卡地区；B 地区包括塞萨利大区、南部爱琴海大区、伊奥尼亚海大区、克里特大区、中部马其顿大区、西部马其顿大区和 Sterea Ellada 大区；C 地区包括东马其顿及色雷斯大区、伊庇鲁斯大区、北部爱琴海岛屿、伯罗奔尼撒大区和希腊西部地区。

资料来源：中华人民共和国驻希腊共和国大使馆经济商务处。

---

① 特殊地区是指山区，边境地区，岛屿地区和人口下降地区。该特殊补贴同样适用对于难民和移民流入特别多的地区。

② 投资补贴中，符合欧盟规定的中型企业可再增加 10%，小型和超小型企业则可再增加 20% 的补贴；税收减免主要是所得税减免，减免期为投资完成后 10 年。

此外，为了吸引外资进入，希腊还出台了相关投资移民政策。2014 年以来，在欧洲投资移民潮中，希腊也进一步放宽其投资移民的相关政策即“黄金签证”，对投资房产达到 25 万欧元以上的外国公民授予永久居留权，并开放入籍通道。相较于南欧其他国家而言，希腊的门槛更低，不仅投资门槛低，其他设限条件也很少。放宽投资标准，吸引更多外国投资者，以推动国内经济复苏，正成为希腊等南欧国家缓解经济危机的重要举措。

三 基础设施发展规划

受到债务危机的影响，希腊的整个基础设施建设行业历经近十年的停滞。基础设施建设基本上停留在 2004 年奥运会时的状态。进入 2016 年以来，希腊经济政策委员会批准了一系列的投资建设计划，着眼于强化希腊基础设施建设，改善希腊投资营商环境，推动希腊经济的发展。

这些计划包括可再生能源发电、海底电网建设、公共煤气网建设等的能源建设；海上机场建设、连接港口的公路和铁路、连接岛屿的海底隧道建设等交通基础设施建设；重启 5 条停工数年的高速公路、兴建塞萨洛尼基地铁、爱奥尼亚旅游岛水上飞机、雅典智能公交等交通运输项目。在铁路方面，希腊政府推动铁路的升级改造，通过改善铁路基床、更换新轨等方式提升铁路运输的效率，采取措施改善雅典城市智能公交系统、公路电子收费系统及智能交通系统。

希腊政府不断加强国内的交通基础设施建设，并且通过强化海陆空多模式、立体化的互联互通，促进希腊和中欧、东欧乃至西欧之间的互联互通，并为希腊在亚欧陆海快线扮演重要角色奠定坚实的基础。因此，希腊加强了和周边其他国家多模式联运交通运输网络建设。2017 年希腊和保加利亚加强港口、公路、海运、铁路等多种模式联运交通合作建设，包括统一的建设标准、通关安检一站式等举措。这些大规模的基础设施建设规划，将有助于完善希腊的基础设施情况，提升经济发展活力，推动经济的全面复苏与长期增长。

四 加强优化投资环境改革

为了改善投资环境，希腊推进了多项改革措施，包括进一步成立跨部门协调委员会，改革行政管理体制，推出新的鼓励投资法案，放松资本管制等，积极推动外国投资者对希腊投资。

第一，体制改革。为应对债务危机及其带来的经济困境，希腊政府对国内经济体制进行改革，如养老金制度、医疗制度、税收体制、劳动力市场等，推动希腊市场开放，促进其投资营商环境的改善。在财政金融领域，希腊不断调整结构，推动银行业的健康发展。米佐塔基斯总理执政伊始就提出新民主党政府的政策目标：提高房地产的价值、创造更好的就业机会、更新劳资关系、实现强劲的经济增长、提高安全、促进社会团结、提高健康和教育标准、保护环境、振兴希腊中产阶级，以及通过数字技术改进官僚作风等优先事项。

第二，加快私有化进程，吸引外来投资。希腊政府已经推出了不少简化程序的举措，极大地提升了外资进入的效率。在开办企业上，根据世界银行《营商环境报告》，虽然希腊仍是商业资产交易方面程序烦琐的国家之一，但其开办企业的效率已有了极大提升。

近年来，希腊相继出台了一系列旨在吸引外资的政策法规，推动海外投资。包括《新投资法》《商业中心/集团内部服务中心法》《第三国居民居留许可法》等。2013 年新投资法（第 4146/2013 号法）旨在为战略投资创建良好的投资营商环境。通过优先事项安排和鼓励政策，使投资更快捷、简化、透明。

2016 年的新投资法（第 4399/2016 号法）为外资投资提供了更加优惠的政策条件，如外资在投资规模、领域、区域、就业机会提供等方面达到一定规模，将会得到更优惠的条件。在吸引外资政策上，希腊政府一直持续发力，希望通过更多更友善、优惠的政策吸引外资投资，如对战略投资项目，简化审批流程、加快进度。

然而，在激进左翼联盟执政时期，由于联盟内部反资本主义意识形态的原因，一些政府机构对私有化改革实行战略性的拖延政策，导致希腊反对外资投资的问题再次受到关注，包括雅典老国际机场埃里尼科项目、罗德岛地块交易项目、科孚岛上的地产项目、克里特岛的高尔夫度假地项目等多个大型开发项目多次受阻。

2019 年新民主党上台执政后，实施了一系列措施以吸引国际投资。为了重拾投资者对希腊的信心，新民主党政府加快了私有化进程，例如推进希腊天然气公司（DEPA）、希腊石油公司、雅典国际机场、公共电力公司

（PPC）等多个大型基础设施项目改革和私有化。2019 年 7 月，希腊新政府计划将国家电力公司部分与配电网相关资产转移至国家配电公司，以提升配电公司资产吸引力，并参照国家输电公司的模式，启动配电公司部分国有股权的私有化。

为了促进投资，新民主党政府计划取消对包括雅典在内的阿提卡省新建工业及制造业工厂的限制，以增加工业园区和商业园区的数量，为企业提供更多便利和设施。相关措施被包括在发展综合法案草案中，旨在将目前分布在西阿提卡以及美索基亚、艾利奥纳斯的工业企业聚集到有组织的工业区中，以便在许可、扩张和融资等方面为企业提供更有利的条件。

第三，降税减负。2019 年初，由于选举需要，激进左翼政府出台一系列减税计划，如“120 - 贷款按揭偿还计划”，即那些欠税的希腊人可以延缓补税；降低特殊税率，取消或降低免税门槛。新民主党米佐塔基斯政府上台伊始就计划立法，从 2020 年开始实施减税政策以刺激经济活动，两年内企业税负从 28% 减至 20%，股息税从 10% 削减至 5%，“单一物业说”将减少 30%。希腊政府关于降低不动产税以振兴中产阶级的建议，为大约 400 万希腊公民获得房地产税减免。

米佐塔基斯政府具体的减税措施计划包括：

（1）对于年薪不超过 1 万欧元的纳税人，个人收入所得税税率将从 22% 降至 9%。

（2）购买新农用车时需要缴纳的税率将降至 10%。

（3）将公司税率从目前的 28% 降至 24%，股息税从 10% 降至 5%。

（4）对新建房屋免征三年增值税，对房屋翻新改造支出给予 40% 的优惠。

（5）推迟对房地产征收资本税。

（6）将在中期内取消对专业人员和个体经营者的团结捐款税和额外收费。

（7）为每名新生儿提供 2000 欧元津贴（高收入群体除外）。

（8）购买所有婴儿用品、儿童座椅和摩托车头盔时将按 13% 的较低增值税税率征税。每名儿童将额外享受每年 1000 欧元的免税额度，同时给予幼儿园每月每名儿童 180 欧元的补助。

最终，希腊议会于 2019 年 12 月 7 日通过了新税法。新税法将为企业和家庭减税共计12亿欧元，工薪阶层、退休人士、农民、自由职业者普遍受益。

作为新税法的关键部分，“非本地化”计划为非居住籍人士提供具有吸引力的税务优惠政策，其中包括对符合资格并选择将其税务地址迁往希腊的境外人士，提供每人每年10万欧元的全球收入统一税。在这个基础上，每名家庭成员固定税率为2万欧元。另外，税法还对希腊境外资产免征遗产税。有意享受上述税务优惠政策的申请人，其中一项资格要求是每年至少在希腊居住183天，并且在3年内至少向希腊投资50万欧元，投资项目可以是房地产、股票或者债券。希腊政府希望通过税务激励政策，吸引包括航运巨头在内的富豪级投资者把资产转移到希腊，从而促进投资。

第四，强化治理，转变官僚作风，提高政府效率。米佐塔基斯提出希腊将在参考德国总理府和英国内阁办公室的管理办法基础上，提出了一种新的治理模式，用于监测和评估政府的效率和效力。这种新模式需要建立一个中央信息系统，以便使政府、部长和部长秘书长的联系更加顺畅。这一系统可以供总理办公室和部长办公室随时使用，系统中包括与政府计划有关的所有行动、目标和时间表。

第四节　潜在的投资风险

一　经济风险

尽管希腊经济正在经历复苏，股票市场上涨，但希腊依旧面临着严峻的经济压力。米佐塔基斯上台后必须确保希腊能够吸引该国急需的投资，并创造更多的就业机会。希腊经济中存在风险包括：

第一，过高的不良贷款是希腊经济增长的最大挑战。银行坏账问题将严重影响其信贷以及促进经济复苏的能力。2018年中，不良贷款占银行总贷款额比例高达47.6%。目前希腊政府正在致力于制定相关的资产保护计划，以帮助银行剥离不良贷款，希望能在2019年底，将银行的坏账率降至35.2%。[①] 另外，希腊银行的融资能力有限，融资成本较高。受债

① George Georgiopoulos, UPDATE 2 - Greece Working on Bank Bad-loan Asset Protection Scheme-Bankers, Reuters, Oct. 4, 2018, https://www.reuters.com/article/greece-banks-loans/update-2-greece-working-on-bank-bad-loan-asset-protection-scheme-bankers-idUSL8N1WK3YQ.

务危机影响，希腊银行业的信用评级均较低，其融资能力非常有限，仍高度依赖央行的资金支持。新民主党政府需要解决约800亿欧元的不良贷款遗留问题。

第二，希腊政府减税计划需要得到国际债权人和欧盟的认可。10年债务危机导致希腊人财产大幅缩水，政府需要采取激励政策刺激经济增长。然而，希腊政府的减税政策需要通过债权人这一关。2019年6月初，欧盟委员会发布成员国经济形势报告，其中对希腊的关注主要在两个方面：一是自2019年初以来希腊政府宣布的政策和计划可能导致财政不稳定。报告指出，希腊公共财政中的“漏洞”可能高达6亿欧元；二是担心私人税负推延和减免，将加重下一届政府的财政负担。

尽管按照2017年生效的《社会保险修正条例》，希腊政府养老金支出从占GDP的11%下降到9%，但与欧盟2.25%的平均水平相比，希腊社会福利支出仍然高昂。

第三，融资渠道较单一阻碍投资。希腊经济增长必须吸引更多投资，创造更多的就业机会。如果投资不足，经济再陷入停滞的可能性增大。

第四，希腊“黄金签证”购房也暴露出风险。据2019年11月18日的希腊《每日报》消息，希腊的一些房地产公司资金来源和偿付能力有问题，不仅缺乏基本的资金流，而且不少交易还涉嫌逃税和洗钱，无法向卖家支付房款，因此房产无法交付新买家。

欧洲经济和社会委员会（EESC）已经呼吁，欧盟所有国家都应该取消“黄金签证”计划，因为它不透明、管理不善，已经成为犯罪分子和腐败分子洗钱和外逃的“保护伞”，应逐步取消。

二　政治风险

政治风险是投资营商首要考虑的因素。一国政府的稳定性、政府的腐败程度、国内冲突乃至外部冲突对投资营商的收益回报率均有直接影响。希腊经济社会问题积重难返，如公共部门的官僚主义、低效率及裙带关系、司法系统迟缓等。

（一）选举政治对希腊政府实施结构性改革有较大牵制

2019年初，由于选举政治的需要，希腊不少重大私有化改革项目受阻，新民主党政府上台虽然加快了私有化进程，但希腊依然存在较为广泛的反全球化、反资本主义的社会基础。

（二）行政效率低下的问题

希腊政府部门之间的协调性较低，对投资者而言最直接的体现便是投资所需的手续和时间。此外，监管效率也成为阻碍外资进入的重要因素。尽管新民主党政府推动多项政府改革措施，但监管效率和监管体系的问题积重难返，非短期内能够解决。

（三）希腊在清廉指数、经济自由度指数等方面均排名靠后，腐败问题严重

《清廉感知指数》（Corruption Perceptions Index）是透明国际发布的世界各国民众对于当地腐败状况的感知的评估。与主要欧洲国家名列前茅相比，希腊的清廉指数低。在 2017 年的全球清廉感知指数中，希腊以 48 分排名第 59 位。①

（四）政府政策的反复性也给外资投资营商带来疑虑，影响外商投资的信心

例如，在可再生能源发展上，希腊政府早年曾出台相关法案，大幅提升光伏电价，但后来不仅下调价格，还对其征收高税收，严重影响相关企业的投资发展。前一届政府实施的进一步放开电力行业的措施，如拆分和私有化国家公共电力公司（PPC），而下一届政府上台伊始便停止该项举措，并重新将其置于国有。政策的倒退与逆转，对外资在希腊的投资营商造成严重的负面效应。

（五）长期的紧缩政策对希腊社会和政治稳定构成严峻考验

希腊经济衰退持续了多年，希腊人节衣缩食经历非常艰难的岁月，对政治家耐心有限。债务危机导致希腊民众普遍对政治家、政府和国际机构的信任危机。

三 区域地缘政治经济风险

地区和周边国家的政治经济形势对希腊经济长期增长构成挑战。土耳其与希腊、塞浦路斯的矛盾不断激化，土经济有持续恶化的风险，会给希

① Transparency International, Corruption Perceptions Index 2017, https://www.transparency.org/news/feature/corruption_perceptions_index_2017.

腊带来冲击；意大利同样面临严重的债务危机，其外债占 GDP 比高达 131%。此外，作为欧盟成员国，欧盟的相关规定也会给在希腊的投资营商带来重要影响。

外资在希腊还将面临地区安全风险。由于位于地中海东部和巴尔干半岛，希腊的地理位置决定了其身处各种冲突包围之中。希腊处于一个暴力和冲突现象极其严重的危险地带。非传统安全威胁如难民、非法移民、恐怖主义、石油供应安全问题、海上环境污染、毒品等，从北非和中东穿过地中海进入希腊等南欧国家。地中海地区被认为“是第三世界与第一世界的交汇地，贫困国家和欠发达国家面临的所有问题和矛盾，都与富裕国家和发达国家在此发生猛烈的正面碰撞”。①

希腊与土耳其之间存在着包括岛屿领土主权争端、历史纠葛、塞浦路斯问题等复杂难题。2019 年，在海上能源资源开发和海洋管辖区问题上，希腊与土耳其之间的争端处于一触即发的状态。为此，希腊外长强调，希腊准备捍卫自己国家主权和领土完整。利比亚民族团结政府于 2019 年 12 月 8 日宣布，利比亚与土耳其之间就海洋管辖区以及军事合作达成的协议已经生效。希腊则宣布驱逐利比亚大使予以回应。

最近几年，中东乱局和叙利亚战争造成大量非法移民涌向欧洲，其中很大一部分是从土耳其经海路非法进入希腊。希腊等南欧地中海国家成为难民进入欧洲的第一站。经由希腊等巴尔干地区国家抵达德国直至北欧国家已成为难民迁移的一条主要路线。2015 年初以来，涌入希腊的 100 多万难民中，超过半数是从靠近土耳其的莱斯沃斯登陆，并滞留在希腊 5 座爱琴海岛屿上，难民营人满为患，给希腊社会治安造成越来越大的安全隐患。

科索沃局势对巴尔干地区稳定形成潜在冲击。2008 年科索沃宣布独立，未得到塞尔维亚、希腊、俄罗斯等国的承认。在科索沃北部地区，九成人口是塞族，他们不希望成为独立的科索沃的一部分。塞尔维亚与科索沃两方在有关划界等一系列问题上的谈判进程艰难，美欧俄对此也各自持不同政策立场。2018 年塞科之间冲突不断。科索沃当局于 2018 年 7 月发

① 霍华德·威亚尔达主编：《全球化时代的欧洲政治》，陈玉刚等译，北京大学出版社 2010 年版，第 331 页。

表声明，强烈要求美国直接参与塞科之间的谈判，塞尔维亚政府回应表示，如果美国参与谈判，那么俄罗斯等国家也必须拥有参与对话的权利。对此，欧盟对外行动署反对改变谈判形式，认为如果美国参与，必将导致俄介入。10 月，科索沃当地立法机构通过三项立法草案，旨在把轻型武装的“科索沃安全部队”改造升级为正规军，此举引发塞尔维亚的强烈抗议。

2019 年 5 月 28 日，因为科索沃警方拘留了包括一名俄罗斯公民在内共 23 人，大部分是塞尔维亚人和波斯尼亚人，塞尔维亚总统武契奇为此宣布塞武装部队进入最高戒备状态。而北约科索沃维和部队的新闻发言人维臣措·格拉索表示，科索沃地方特种部队的此次行动并不是针对当地的塞族民众，而是为了打击犯罪。国际社会担心科索沃未来局势引发地区民族、宗教矛盾激化，进而打开巴尔干的潘多拉魔盒。巴尔干地缘政治局势变化必将影响希腊的投资环境。

第五章　重要城市及其影响力

希腊是一个发达的资本主义国家，是巴尔干地区最大的经济体，海运业、旅游、侨汇并列为国民收入三大支柱。希腊农业发达，工业以食品加工和轻工业为主。首都雅典是希腊最大的城市，聚集了全国三分之一以上的人口，是希腊的经济、金融、服务业和文化中心，也是众多国际国内大公司的所在地。塞萨洛尼基是希腊第二大经济、文化中心，以及东南欧主要的交通枢纽，其商港（塞萨洛尼基港）对于希腊和东南欧腹地有重要影响。

第一节　重点城市

一　希腊城市化发展历史与趋势

希腊地处欧洲东南部的巴尔干半岛南端，为连接欧亚非的战略要地。北部与保加利亚、马其顿、阿尔巴尼亚接壤，东北与土耳其的欧洲部分接壤，西南濒爱奥尼亚海，东临爱琴海，南隔地中海与非洲大陆相望①。希腊全国总面积为 131957 平方千米，其中 15% 为岛屿，约有 1500 多个岛屿，岛屿总面积约为 2.5 万平方千米。海岸线长约 15021 千米，领海宽度约为 6 海里。

希腊大陆部分三面临海，河流短急，海岸多曲折港湾，多半岛、岛屿。最大半岛是伯罗奔尼撒半岛，最大岛屿为克里特岛。境内多山，四分之三均为山地，沿海有低地平原。奥林匹斯山在希腊神话中被认为是诸神寓居之所，其海拔 2917 米，是希腊最高峰。希腊最低点海平面为 0 米。品都斯山脉纵贯希腊西部，中部为色萨利盆地。

希腊属于东 2 区，冬季比北京时间晚 6 个小时。每年 3 月至 10 月实

---

① 《希腊国家概况》，中华人民共和国外交部，http：//www. fmprc. gov. cn/web/.

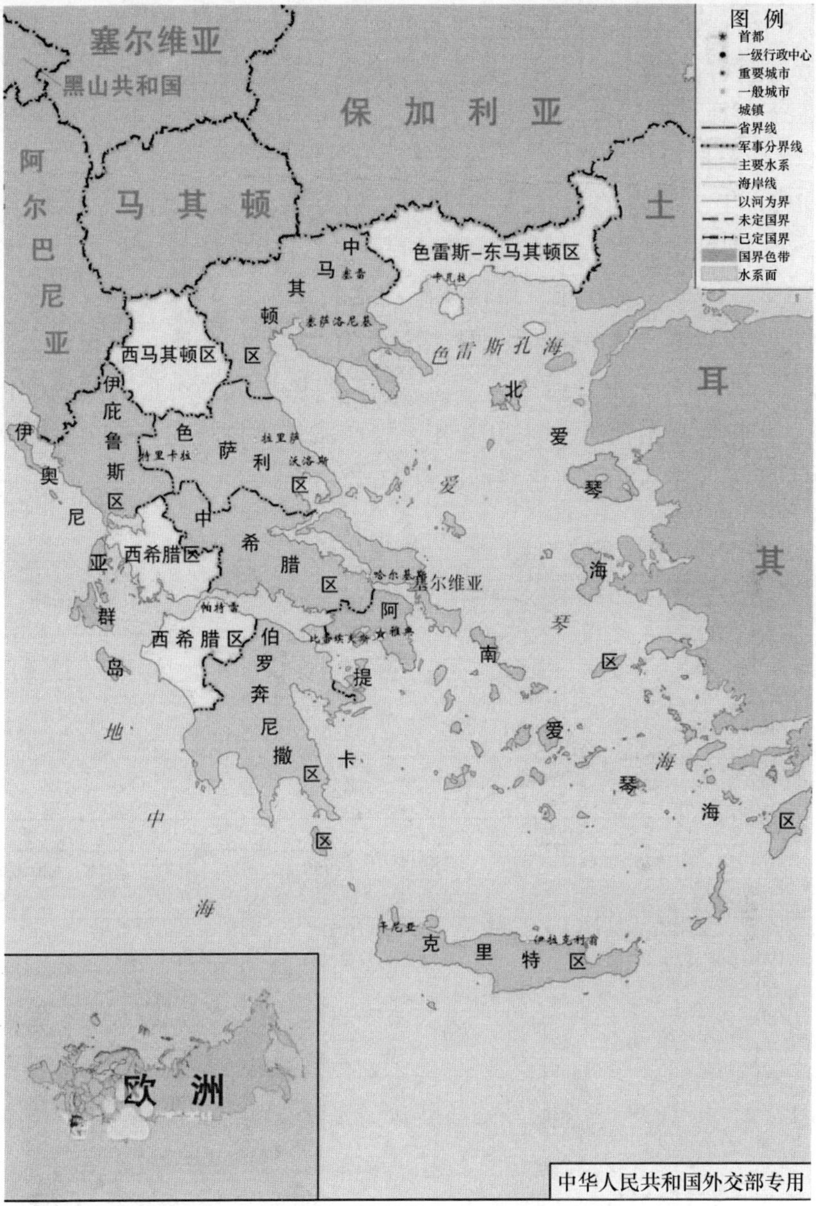

图 II－5－1　希腊行政区划

资料来源：中华人民共和国外交部。

行夏令时，其间比北京时间晚5个小时。希腊属亚热带地中海式气候，冬季阴冷潮湿，气温0—13℃，夏季干燥炎热，气温23—41℃。

（一）高度城市化

1. 希腊城市化水平较高，处于平稳发展阶段

1950年，希腊的城市人口为399.9万人，占全国总人口比例为52.2%，即城市化率为52.2%。1950—1960年，希腊城市化年均增长率为0.3%；1960—1980年，城市化年均增长率为0.4%。1980—1995年，城市化进程放慢，城市化年均增长率降为0.2%；1983年，城市化率达到70.1%，2018年，上升到79.1%。现在希腊已经成为一个高度城市化的国家。根据联合国预测，到2050年，希腊城市人口将在平稳中下降并稳定在875万人左右，城市化率可达到87.7%。

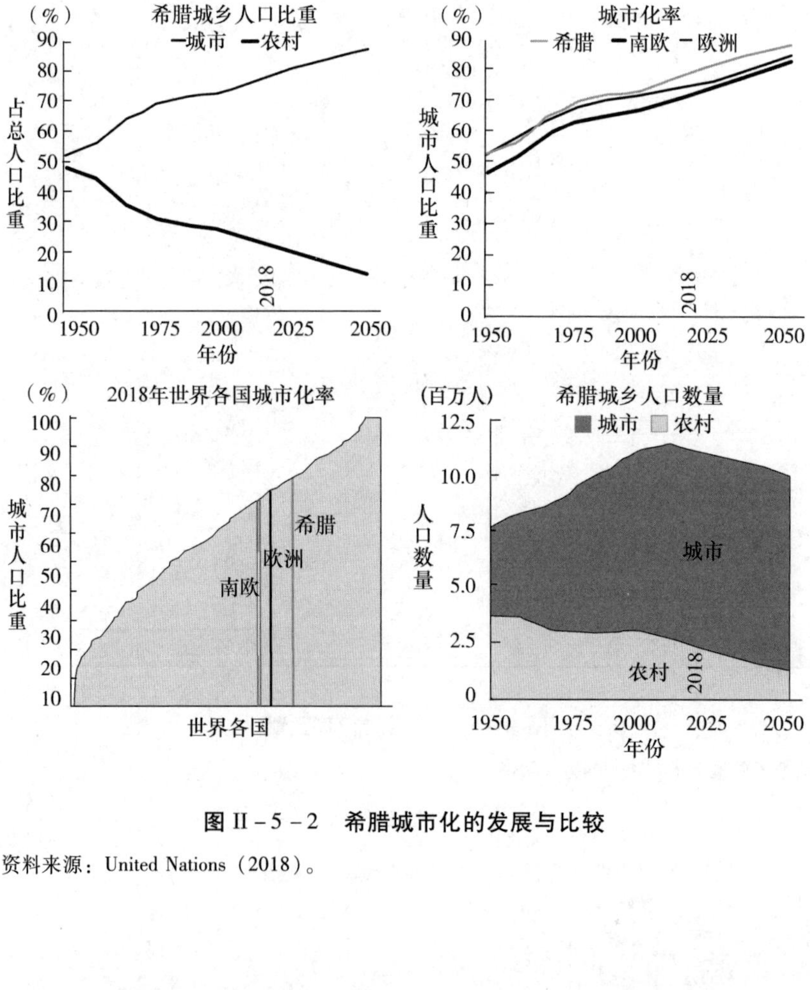

图Ⅱ－5－2　希腊城市化的发展与比较

资料来源：United Nations（2018）。

2. 希腊城市化率与本地区主要国家相比处于较高水平

1950 年，希腊的城市化水平为 52.2%，欧洲国家平均为 51.7%，南欧为 46.2%，当时希腊城市化水平在欧洲和南欧之上；1954—1966 年，欧洲的城市化进程迅速推进，年均增长率达 0.5%；该时期，希腊城市化水平介于欧洲和南欧之间。1967 年，希腊（61.7%）再次赶超欧洲（61.5%），而后一直高于欧洲平均城市化水平。南欧的城市化水平发展曲线与希腊基本平行。2018 年的数据显示，希腊城市化水平为 79.1%，欧洲和南欧分别为 74.5% 和 71.5%。预计到 2050 年，希腊的城市化水平将达到 87.7%，彼时欧洲和南欧分别为 83.7% 和 82.1%。简而言之，希腊的城市化水平略高于欧洲，明显高于南欧（三者均处于世界较高水平）。

（二）城市化发展速度

1950—1980 年，希腊城市人口总量逐年增加，年均增长率为 1.7%，特别是在 1975—1980 年，其城市化年均增长率达 2.0%。同一时期，欧洲与南欧的城市化年均增长率却是逐年减小，一直持续到 2000 年。1980—1985 年，希腊城市人口总量继续增加，但城市化速度放缓，其年均增长率降到 1%，并在 1990 年继续降到 0.8%。1990—1995 年，希腊的城市化速度回升，年均增长率为 1.21%，远高于同时期的欧洲（0.34%）与南欧（0.41%）。1995 年至今，希腊的城市化速度又逐年放缓，2015—2020 年预计仅为 0.22%，并且 2035 年后，城市人口总量将迎来拐点，不升反降，2050 年城市化增长率预计为 -0.27%。

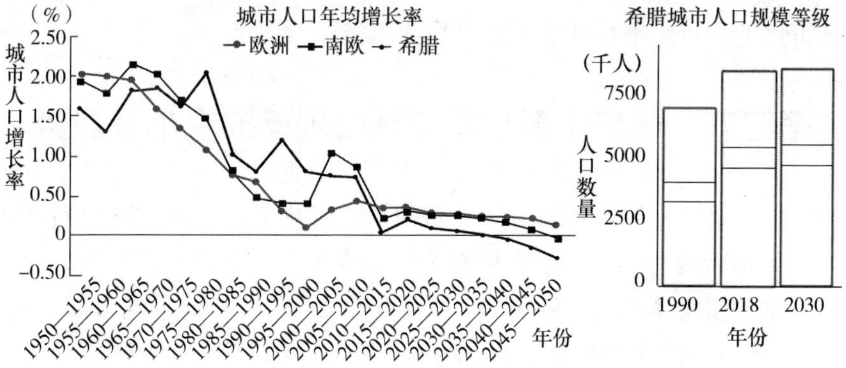

图 II-5-3 希腊城市人口增长速度

资料来源：United Nations（2018）。

（三）城市化率的发展速度

1950 年至今，希腊的城市化年均增长率均大于 0。1950—1960 年，城市化年均增长率维持在 0.7%，与欧洲和南欧的城市化年均增长率曲线走向基本趋同；1960—1970 年，希腊城市化年均增长率上升到 1.38%，其曲线与南欧相同，异于欧洲；1970—1975 年，希腊城市化均增长率下降到 0.83%；1975—2000 年，希腊城市化年均增长率与欧洲和南欧相似，逐年下降至 0.3%；在 2000—2005 年间，城市化增长率突然跃升至 0.45%，然后又缓降；预计城市化年均增长率会保持在 0.3% 的水平并延续到 2050 年。

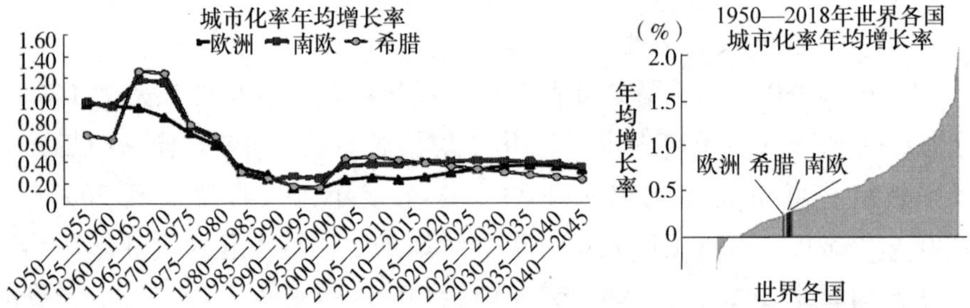

图 II-5-4　希腊城市化率发展情况

资料来源：United Nations（2018）。

1950—2018 年，希腊城市化年均增长率（0.62%）介于欧洲（0.55%）与南欧（0.65%）之间。与世界水平比较，欧洲、南欧与希腊的城市化年均增长率都处于较低水平。

第二节　城市体系与重点城市规模的变化及趋势

希腊全国分为 7 个大区、13 个行政省（又称为州）和 325 个行政市。13 个行政省及首府名称如下：阿提卡（雅典）、中希腊（拉米亚）、中马其顿（塞萨洛尼基）、克里特（伊拉克利翁）、东马其顿 - 色雷斯（科莫蒂尼）、伊庇鲁斯（约阿尼纳）、伊奥尼亚群岛（科孚）、北爱琴（米蒂利尼）、伯罗奔尼撒（特里波利斯）、南爱琴（埃尔穆波利斯）、色萨利（拉里萨）、西希腊（帕特雷）、西马其顿（科扎尼）（见图 II-5-5）。

图 II－5－5　希腊各州地图

资料来源：https：//d-maps. com/carte. php？ num_ car＝99986&lang＝zh.

一　希腊的城市体系发展

（一）人口变化

除了首都雅典所在的阿提卡州人口数量最多、人口密度最高（高达 990. 9 人/km^2）外，其他各州人口数量和人口密度相对均衡（见表 II－5－1）。2000 年以来，希腊各大区的主要城市的人口规模基本稳定。2012—2017 年，除了克里特、南爱琴和北爱琴这三个大区外，其余十个大区的城市人口均有所减少。

表Ⅱ-5-1　　希腊各州人口规模　　（单位：万人）

州名	首府	面积（km^2）	密度（人/km^2）	变化率（%）	2002	2007	2012	2017
东马其顿-色雷斯	科莫蒂尼	14156	42.6	-0.30	58.9	60.3	61.2	60.3
阿提卡	雅典（1）①	3808	990.9	-0.98	389.4	398.3	396.4	377.4
西希腊	帕特雷（3）	11350	58.5	-0.71	70.6	69.5	68.8	66.4
西马其顿	科扎尼	9451	28.7	-0.90	28.8	28.7	28.4	27.1
伊奥尼亚群岛	科孚	2307	89.1	-0.36	20.8	20.7	20.9	20.5
伊庇鲁斯	约阿尼纳（9）	9203	36.4	-0.60	34.2	34.4	34.5	33.5
中马其顿	塞萨洛尼基（2）	18810	100.0	-0.46	185.2	189.9	192.3	188.0
克里特	伊拉克利翁（4）	8336	75.9	0.10	59.0	60.9	63.0	63.3
南爱琴	埃尔穆波利斯	5286	64.0	0.21	31.6	32.7	33.5	33.8
伯罗奔尼撒	特里波利斯	15491	37.4	-0.34	59.5	58.5	58.9	57.9
中希腊	拉米亚	15549	35.7	-0.21	56.3	55.5	56.2	55.6
色萨利	拉里萨（5）	14036	51.7	-0.54	74.5	74.3	74.6	72.6
北爱琴	米蒂利尼	3836	53.1	0.31	19.9	19.8	20.1	20.4

注：为便于观察和统计，此表在原数据统计方式的基础上有些许调整。此表中，阿提卡州的总人口数量包含了其领土范围内的首府雅典的人口数，其余各州也都是按照领土范围统计人口数量，并没有将具有州的权利的城市的人口单独剔出。

资料来源：http：//www. citypopulation. de/php/greece-nuts. php.

1. 人口数量。阿提卡州人口数量最多，高达377.4万人；其次是中马其顿，拥有188万人。其余各州人口数量介于20万—73万人之间，各大区之间相差最大不到4倍。希腊全国人口大部分聚集在首都雅典（320万人）和第二大城市塞萨洛尼基（81万人），二者合计约400万人，占据全国总人口数量（880万人左右）的45%，远高于中国长江三角洲城市群人口数量占全国人口总数的比例（11%）。

① 括号内数字代表重点城市排序。

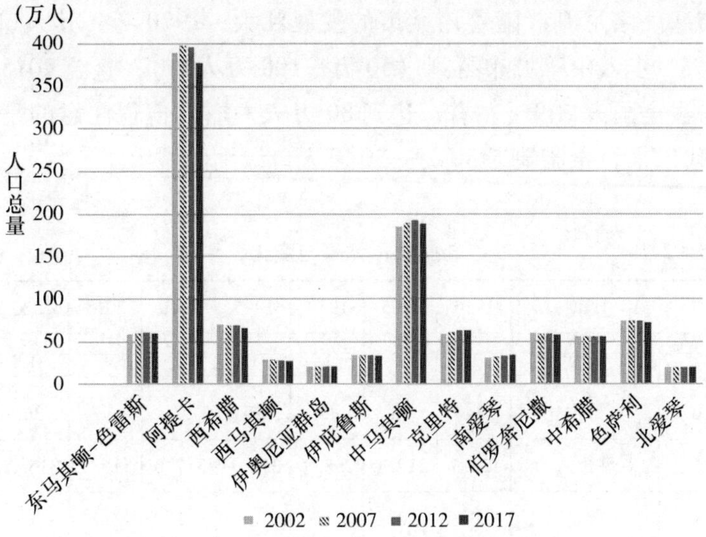

图 II－5－6 希腊各大区城市人口规模变化

资料来源：United Nations（2015）.

2. 从人口密度来看，同样是阿提卡州的人口密度最高，达到 990.9 人/km²，其次是中马其顿和伊奥尼亚群岛，人口密度分别为 100.0 人/km² 和 89.1 人/km²，其余 10 个大区的人口密度介于 28—76 人/km²，各大区之间相差最大不超过 3 倍。各大区的占地面积及其人口数量之间不存在线性关系，各州镇/乡数量与其占地面积、人口数量和人口密度均无明显关系。

（二）希腊：拥有 1 个大城市和 1 个中等城市

1950 年，希腊仅有一个大城市（100 万—500 万人口等级），即首都雅典，占全国人口总量的 34%。其余人口分布在若干个 30 万以下人口城市里；1950—1980 年，雅典持续吸纳人口，占全国人口总量比重逐年增加，于 1980 年达到峰值 45%；1980 年至今，雅典占全国人口总量的比重逐步回落，到 2015 年占比约为 36%，预计这一现状将维持稳定。2015 年，雅典城市人口为 316 万人，而实际上的人口要比这个数字高，因为每十年一次人口普查时，很多雅典的居民回到自己的出生地，在当地注册。并且雅典还有很多没有注册的移民，他们大多来自阿尔巴尼亚和其他东欧国家。1955 年后，希腊出现一个新的 30 万—50 万人口等级的城市，即第二大城市塞萨洛尼基。随着该城市的发展壮大，1970 年，其人口数量达到 50 万人，步入中等城市行列（50 万—100 万人口）；直至 2015 年，该城市人口占全国人口 9% 左右，达到 80 万人左右。值得注意的是，20 世纪 80 年代以来，希腊缺乏 30 万—50 万人口级别的城市。

表 II－5－2　　希腊城市体系与变化　　（单位：%，万人）

等级	类型	1950	1965	1980	1995	2010	2015	2020	2030
100 万—500 万	数量	1	1	1	1	1	1	1	1
	人口占比	34	42	45	40	36	36	36	35
	总城市人口	134. 7	212. 1	298. 7	312. 1	317. 0	316. 1	315. 3	316. 3
50 万—100 万	数量	0	0	1	1	1	1	1	1
	人口占比	0	0	10	10	9	9	9	9
	总城市人口	0	0	69. 4	77. 1	80. 6	80. 9	81. 2	81. 8
30 万—50 万	数量	0	1	0	0	0	0	0	0
	人口占比	0	9	0	0	0	0	0	0
	总城市人口	0	447	0	0	0	0	0	0
30 万以下	人口占比	66	49	45	50	54	55	55	55
	总城市人口	265. 2	250. 0	300. 0	388. 9	475. 6	478. 5	488. 5	494. 5

资料来源：United Nations（2018）．

总体而言，希腊的城市人口趋于稳定在三类人口等级城市：以首都雅典 100 万—500 万人的大城市为依托，吸纳了全国 36% 的人口；1 个 50 万—100 万人的中等城市塞萨洛尼基，生活了全国 9% 的人口；以及若干个 30 万以下人口城市，容纳剩下的全国 55% 的人口。预计这一城市人口规模等级现状将会保持稳定状态。

希腊的主要城市排序与其人口数量完全正相关，排序越靠前的城市其人口数量越多；同时，主要城市的人口数量占其所属州总人口数的比例相对较高。但是，主要城市各自所处州的位置在地理上并无明显临近性，而是散乱分布于全国各地。在图 II－5－8 中，州内部的小黑点代表重点城市。

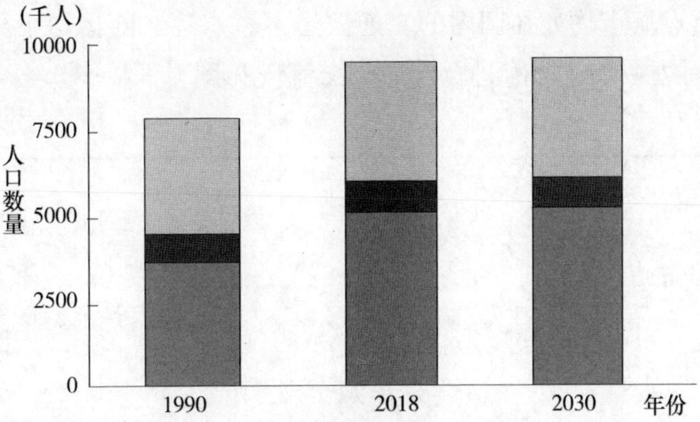

图 II－5－7　希腊城市规模等级

资料来源：United Nations（2018）.

图 II－5－8　希腊重点城市分布

资料来源：https：//d-maps. com/carte. php？ num_ car＝99986&lang＝zh.

9 个重点城市均处在国内的交通要道上，水运、陆运均十分便捷，可以有效与周边城市或国家进行沟通、交流（见图 II－5－9）。

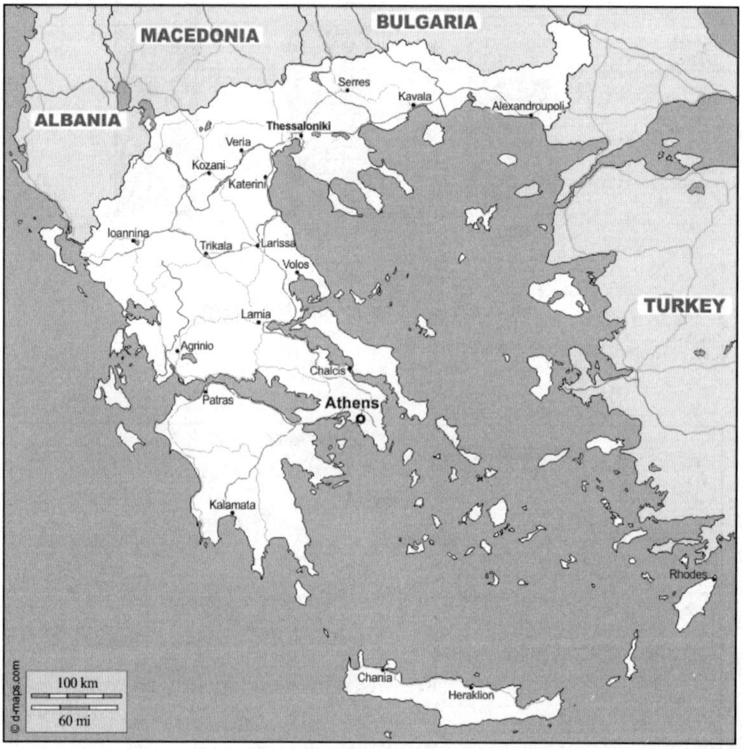

图 II－5－9 希腊重点城市分布与交通干线

资料来源：https：//d-maps. com/carte. php？ num_ car＝99986&lang＝zh.

第三节 首都雅典的经济发展与区域影响

一 城市概况

雅典是希腊的首都和最大的城市，位于巴尔干半岛南端，属亚热带地中海气候。雅典中心城区面积为 39 平方千米，加上郊区面积为 412 平方千米，常住人口约为 400 万人，约占全国人口的三分之一，是欧洲第八大城市。雅典是希腊的经济、财政、工业、政治和文化中心，集中了全国 53% 的工业，也是欧盟商业中心之一。

（一）雅典行政划分

1832 年希腊独立战争结束后，雅典一直是希腊的首都，同时也是阿提卡大区及雅典州的首府。阿提卡地区是希腊人口最密集的地区，下设四个州，包括雅典州、东阿提卡州、比雷埃夫斯州和西阿提卡州。总面积为 3808 平方千米。雅典州的主要城市有雅典、比雷埃夫斯、珀里斯特拉和卡利地亚。每个城市都有自己独立的议会和选举产生的市长。

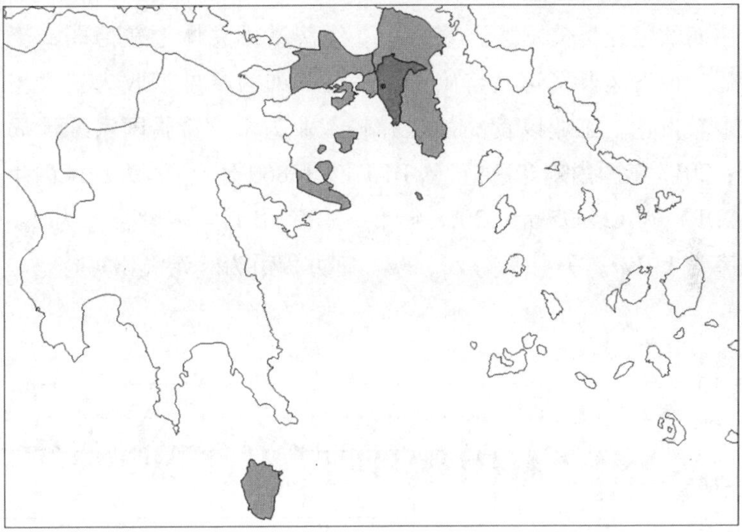

图 II－5－10　雅典地图

注：图中深灰色为雅典州，浅灰色为阿提卡大区。

资料来源：维基百科（2018）。

为了行政管理上的方便，雅典市分为 7 个区。此外雅典人还喜欢用自己独特的方式来划分/称呼“区”，每个区有自己不同的历史和特征。这些传统的区包括帕格拉提、阿木比劳克比、伊哈瑞亚、上/下帕提塞亚、丽塞亚、上/下佩特拉洛纳、佩特拉洛纳、梅茨、科隆纳其和科普瑟里。

（二）人口

2005 年雅典城市人口的官方数据为 745514 人，整个大都会区为 380 万人（包括郊区）。而实际上的人口要比这个数字高，因为每十年一次人口普查时，很多雅典的居民回到自己的出生地，在当地注册。并且雅典还有很多没有注册的移民，他们大多来自阿尔巴尼亚和其他东欧国家①。

城市建成区最早建址在雅典卫城所在的山上，当时比雷埃夫斯港还是一个独立的城市，如今已经和雅典连成一片。建成区在20世纪50年代和60年代扩张很快，在这个时期希腊从一个农业国变成了工业国。

二　城市经济总量发展

（一）地区生产总值

希腊属欧盟经济欠发达国家之一。经济基础总体上较薄弱，工业制造业较落后，而海运业发达，与旅游、侨汇并列为希外汇收入三大支柱。此外，农业较发达，工业以食品加工和轻工业为主。希腊国家统计局最新数据显示：2017年国内生产总值（GDP）为13860亿元②、人均国内生产总值（人均GDP）为124395元；2018年第一季度GDP实际增长率为2.3%；通货膨胀率为1.0%；失业率为20.2%。官方货币为欧元（Euro）。

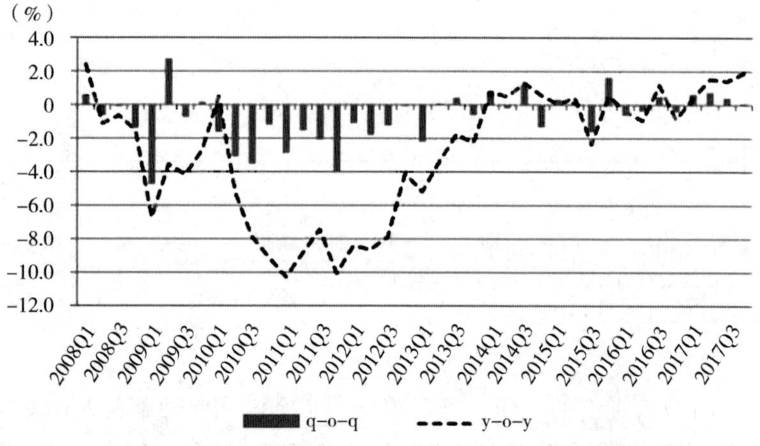

图Ⅱ-5-11　希腊GDP变化（参考年份：2010年）

注：q-o-q：相对于上一季度的变化比例。y-o-y：相对于上一年度的变化比例。

资料来源：希腊国家统计局。

---

① 《2005年希腊经济报告》。

② 原始数据为欧元，按2017年12月31日7.82的汇率转换为人民币，以下如未特殊说明，均按此换算。

根据希腊统计局（ELSTAT）发布的地区一级国民经济核算结果：2015年的GDP较上年（2014年）下降了1.4%。其中西马其顿和北爱琴海地区降幅最大。2015年希腊GDP为13752亿元，阿提卡大区GDP为6581亿元，占全国GDP的47.9%。

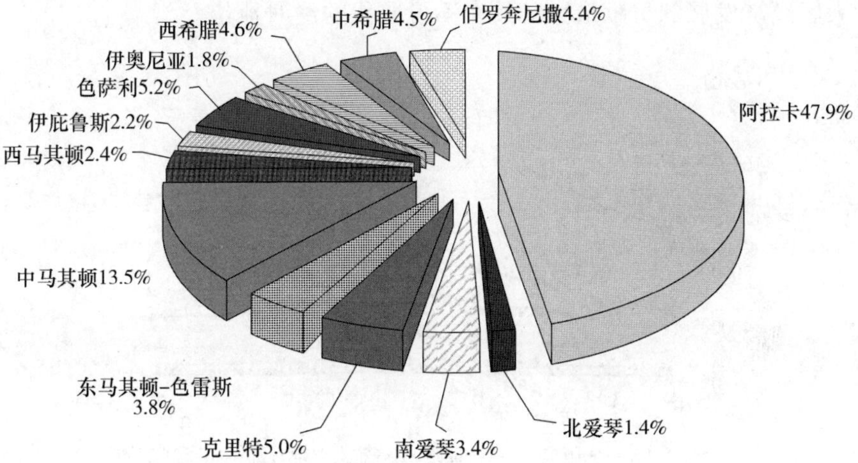

图 II-5-12 希腊各地区生产总值占比（2015年）

表 II-5-3 阿提卡各地区 GDP ［单位：亿元（人民币）］

地区	2000	2002	2004	2006	2008	2010	2012*	2014*	2015*
希腊	11017	12750	15110	16993	18875	17630	14914	13935	13752
阿提卡	5003	5883	7084	8138	9104	8616	7228	6712	6581
雅典	3644	4288	5051	5758	6515	6181	5189	4794	4706
雅典北部分部	771	938	1104	1310	1520	1506	1287	1183	1158
雅典西部	378	443	516	579	618	566	464	430	426
中央雅典分部	1879	2196	2584	2923	3311	3104	2603	2406	2362
雅典南部分部	616	711	848	946	1066	1004	835	775	759
东阿提卡	233	299	387	473	482	422	347	328	325
西阿提卡	686	738	899	1000	1082	985	812	751	733

* 预估数据。

资料来源：希腊国家统计局。

从阿提卡各地区 GDP 的变化曲线（图 II－5－13）来看，各地区变化趋势基本趋同，变化曲线基本趋向平行。2000—2008 年，阿提卡各地区与希腊全国一样，GDP 逐年增加，直至 2008 年达到峰值，随后由于债务危机等因素的影响出现 GDP 的负增长，并且这一趋势持续到现在，2012 年至今，下降的趋势逐渐趋向平缓。雅典作为阿提卡大区的首府，对阿提卡大区经济发展的贡献最大，具有不可取代的绝对地位。

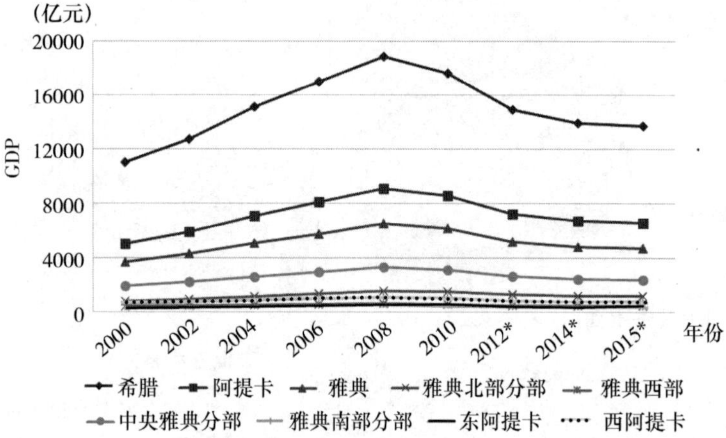

图 II－5－13 希腊阿提卡各地区 GDP 比较

（二）人均地区生产总值

雅典的人均 GDP 2012—2015 年逐年缓速下跌，直至 2015 年人均 GDP 为 16.8 万元，其中中央雅典分部的人均 GDP 最高，高达 24.8 万元，远高于阿提卡各地区与希腊的人均 GDP。

表 II－5－4 **希腊阿提卡各地区人均 GDP** ［单位：万元（人民币）］

地区	2000	2002	2004	2006	2008	2010	2012*	2014*	2015*
希腊	10.2	11.7	13.8	15.4	17.0	15.9	13.5	12.8	12.7
阿提卡	12.9	15.1	18.0	20.5	22.8	21.6	18.4	17.5	17.3
雅典	—	—	—	—	—	—	17.7	16.9	16.8
雅典北部分部	—	—	—	—	—	—	21.0	19.7	19.5
雅典西部	—	—	—	—	—	—	9.2	8.8	8.8

续表

地区	2000	2002	2004	2006	2008	2010	2012*	2014*	2015*
中央雅典分部	—	—	—	—	—	—	25.2	24.7	24.8
雅典南部分部	—	—	—	—	—	—	15.3	14.4	14.3
东阿提卡	—	—	—	—	—	—	16.4	15.3	14.8
西阿提卡	—	—	—	—	—	—	20.3	18.8	18.5
比雷埃夫斯群岛	—	—	—	—	—	—	15.1	14.4	14.3

* 预估数据。

资料来源：希腊国家统计局。

21 世纪以来，阿提卡各地区人均 GDP 变化曲线相互平行，表明发展趋势一致。2000—2008 年，阿提卡各地区与希腊一样，人均 GDP 逐年增加，直至 2008 年达到峰值，随后出现人均 GDP 的负增长，并且这一趋势持续到现在，2012 年至今，下降的趋势逐渐趋向平缓。

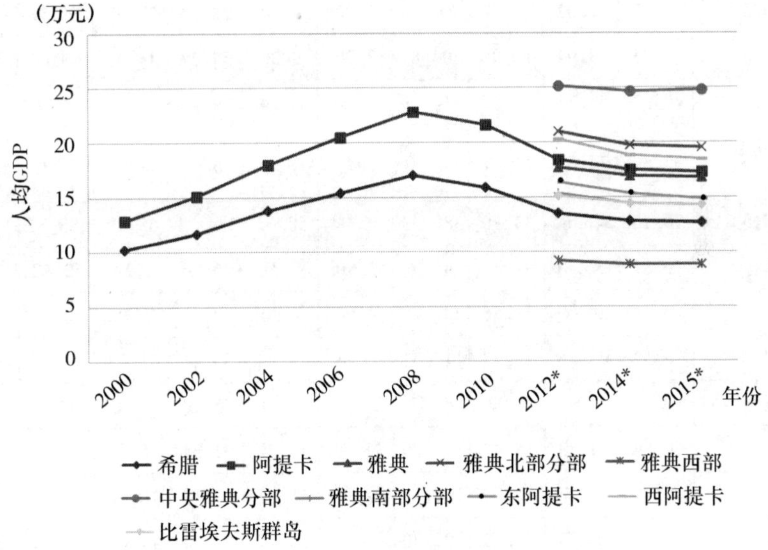

图 II-5-14 希腊阿提卡各地区人均 GDP 比较

资料来源：希腊国家统计局。

（三）城市经济结构发展

1. 产业结构变化

雅典是希腊的银行和金融、房地产、零售、贸易、运输、旅游、新媒体以及传统媒体、广告、法律服务、会计、保险、时尚和艺术等行业的主要中心。作为全国大部分政府机构的所在地，雅典还是诸多国际国内公司的所在地。

表Ⅱ-5-5列出了2015年按行业划分的各地区国民生产总值。从表中可以发现希腊第一、二、三产业所占比重分别为4.2%、39.5%和56.3%。阿提卡州第一、二、三产业所占比重分别为0.3%、34.9%和64.8%。首都雅典的三次产业结构与阿提卡州基本水平相同。

表Ⅱ-5-5　　希腊各行业和地区的生产总值（2015年）［单位：亿元（人民币）］

地区	A	B，C，D，E	F	G，H，I	J	K	L	M，N	O，P，Q	R，S，T，U
阿提卡	22.46	599.66	96.02	1331.38	307.24	382.04	1281.15	430.48	1132.33	229.32
北爱琴海	9.67	12.32	5.23	41.34	3.20	5.77	28.24	4.52	54.52	6.08
南爱琴海	11.23	28.94	12.95	204.83	3.90	9.28	54.29	14.43	62.48	16.22
克里特岛	47.97	57.33	14.27	214.19	11.31	19.66	79.40	22.78	109.28	29.09
东马其顿-色雷斯	35.80	74.65	11.47	98.20	7.72	13.73	58.42	11.23	137.67	16.93
中马其顿	99.76	245.62	33.70	386.33	36.04	58.03	234.31	63.49	393.82	82.52
西马其顿	19.81	135.49	6.40	30.26	2.96	6.71	26.36	8.27	52.42	7.80
伊庇鲁斯	23.48	29.09	11.86	60.22	4.06	7.80	42.28	7.18	70.59	11.15
色萨利	76.52	93.76	16.77	117.31	6.94	15.44	85.41	13.73	167.78	30.81
伊奥尼亚群岛	9.05	9.59	5.07	97.19	2.26	4.99	35.10	7.88	30.97	11.86
西希腊	60.84	65.83	14.43	119.89	13.81	15.52	91.34	15.76	131.66	29.95
中希腊	46.49	178.54	12.01	101.79	6.01	11.31	69.19	10.92	86.74	18.49
伯罗奔尼撒	52.34	110.84	15.52	105.30	8.27	14.27	92.35	11.00	98.12	27.61
希腊	515.42	1641.67	255.61	2908.23	413.71	564.56	2177.84	621.74	2528.60	517.69

* 有关A10分类，请参阅表Ⅱ-5-6。

资料来源：希腊国家统计局。

表Ⅱ-5-6　A10 分类行业

A	A	农业，林业和渔业
B，C，D，E	B	采矿和采石
	C	制造业
	D	电力，燃气，蒸汽和空调供应
	E	供水，污水处理，废物管理和补救活动
F	F	施工
G，H，I	G	批发和零售贸易，汽车和摩托车维修
	H	运输和储存
	I	住宿和食品
J	J	信息和通信
K	K	金融和保险活动
L	L	房地产活动
M，N	M	专业，科学和技术活动
	N	行政和支助服务活动
O，P，Q	O	公共行政和国防，强制性社会保障
	P	教育
	Q	人类健康和社会工作活动
R，S，T，U	R	艺术，娱乐和娱乐
	S	其他服务活动
	T	家庭作为雇主，无差别商品和服务的活动—生产自用户的活动
	U	活动域外组织和机构

2. 农业发展

根据希腊国家统计局数据显示，雅典的初级产业（农业，林业和渔业）的 GDP 一直未超过 700 亿元，2015 年雅典农林渔 GDP 为 429 百万元，占阿提卡大区 GDP（2246 百万元）的比重为 19%，占比不高。而阿提卡大区在全国农林渔产量占比仅为4%，所占比重很低。2006年至今，雅典初级产业的产值逐年降低，其变化曲线与阿提卡大区基本平行，说明阿提卡大区农业发展受首府雅典的影响很大。

表Ⅱ-5-7　**希腊阿提卡各地区农业，林业和渔业国民生产总值**

［单位：百万元（人民币）］

地区	2000	2002	2004	2006	2008	2010	2012*	2014*	2015*
希腊	59881	63586	64600	54397	52985	50848	48290	47346	51542
阿提卡	2566	2558	2395	2870	2909	2941	2652	2418	2246
雅典	647	624	554	632	608	577	507	460	429
雅典北部分部	164	164	140	156	148	133	117	101	94
雅典西部	78	78	70	86	86	86	78	70	62
中央雅典分部	296	289	257	289	281	265	234	211	195
雅典南部分部	101	101	86	101	94	94	78	70	70
东阿提卡	1030	1045	1030	1287	1365	1435	1318	1209	1115
西阿提卡	429	429	398	484	491	499	445	406	382
比雷埃夫斯群岛	468	460	406	468	452	429	374	343	320

资料来源：希腊国家统计局。

3. 工业发展

2005年至2011年，希腊的工业产出增幅最高，是欧盟2005年增幅最高的成员，增幅为6%。欧盟统计局的数据显示，受金融危机的冲击，2010年希腊国内产出下降5.8%，工业生产下降13.4%。雅典在2008—2010年间，工业国民生产总值从500.45亿元下降到367.84亿元，降幅达到25%。1999—2008年，希腊的零售贸易量每年平均增长4.4%（总增长44%），而2009年则减少11.3%。2009年唯一没有出现负增长的部门是行政和服务业，其增长率为2.0%。2009年，希腊的劳动生产率是欧盟平均水平的98%，但其每小时工作效率是欧元区平均水平的74%。该国最大的工业雇主是制造业（407000人），其次是建筑业（305000人）和采矿业（14000人）。希腊拥有重要的造船业和船舶维修行业。比雷埃夫斯港周围的六个造船厂是欧洲最大的造船厂之一。近年来，希腊已成为豪华游艇建造和维护行业的领导者。

根据希腊国家统计局数据显示，2015 年雅典工业国民生产总值为 349.05 亿元，占阿提卡大区工业总产值 599.66 亿元的比重为 58%，占比很高。阿提卡大区在全国农林渔产量占比为 37%，贡献很大。2000—2008 年，雅典工业的产值逐年增加，到 2009 年大幅度下降，并一直保持负增长的状态，其变化曲线与阿提卡大区及希腊基本平行，说明其变化趋势基本趋同。

表 II－5－8　　希腊阿提卡各地区工业国民生产总值比较

［单位：百万元（人民币）］

地区	2000	2002	2004	2006	2008	2010	2012*	2014*	2015*
希腊	137600	167489	182153	198580	211973	174470	168254	167645	164167
阿提卡	49717	61924	70005	77431	83897	63313	60910	60512	59966
雅典	32323	39827	43898	47463	50045	37175	35201	35178	34905
雅典北部分部	6224	7808	8954	10031	11029	8494	8229	8190	8104
雅典西部	5795	7043	7566	7987	8346	6022	5694	5624	5546
中央雅典分部	14968	18408	20163	21661	22378	16442	15343	15444	15421
雅典南部分部	5335	6560	7207	7784	8291	6217	5936	5912	5842
东阿提卡	6279	8128	9867	11599	13447	10811	10756	10639	10491
西阿提卡	4508	5858	7262	8642	10101	7901	7894	7738	7652
比雷埃夫斯群岛	6607	8112	8978	9727	10312	7426	7059	6958	6911

资料来源：希腊国家统计局（2017）。

4. 服务业发展

（1）海运业

现代希腊海运业的基础是在第二次世界大战后，美国政府通过 20 世纪 40 年代的“船舶销售法”向希腊商人出售剩余船只而形成的。希腊拥有世界上最大的商船队，占世界总载重吨位的 15% 以上。希腊商船队的总载重量为 2.24 亿吨，仅次于日本的 2.45 亿吨，排名世界第二。此外，希腊占欧盟所有载重量的 39.52%。就船舶数量（3695）而言，希腊在世界排名第四，仅次于中国（5313），日本（3991）和德国（3833）。

由于所处的地理位置，雅典自古以来就依赖小麦进口。因此迫使雅典从事海上贸易。2010 年通过希腊运输的货物总量达到了 1.24 亿吨，与 2007 年通过该国运输了 1.64 亿吨的数量相比大幅下降。近年来，由于中国物流巨头的大量投资，比雷埃夫斯港已发展成为地中海第三大港口。2010 年，比雷埃夫斯处理了 513319 标准箱，其次是塞萨洛尼基，处理了 273282 标准箱。2013 年，比雷埃夫斯创下了 316 万标准箱的纪录（成为世界上增长最快的港口），其中 252 万通过中远集团拥有的二号码头运输。

（2）电信业

1949—1980 年，希腊的电信业是由希腊电信组织 OTE 实行的国家垄断。尽管 20 世纪 80 年代雅典电信实现自由化，但 OTE 仍然主导着希腊市场并已成为东南欧最大的电信公司之一，其总部设立在首府雅典。雅典的电信产出由于电信业的发展从 2000 年（206 亿元）迅速发展，到 2008 年达到峰值（365 亿元）。随后便逐年下降，直至 2015 年，电信业产值为 253 亿元。

表Ⅱ-5-9　　**希腊阿提卡各地区电信业国民生产总值**　［单位：百万元（人民币）］

地区	2000	2002	2004	2006	2008	2010	2012*	2014*	2015*
希腊	38392	47018	51761	60801	62876	59927	43040	43040	41371
阿提卡	28618	35045	38407	44944	46043	43352	31567	31918	30724
雅典	20623	25615	28868	34710	36504	35272	26005	26294	25311
雅典北部分部	4228	5819	7784	10764	12714	13564	10460	10577	10179
雅典西部	2200	2551	2473	2519	2200	1708	1115	1123	1084
中央雅典分部	10078	12324	13463	15709	16045	15062	10951	11068	10655
雅典南部分部	4118	4930	5140	5717	5546	4930	3487	3526	3393
东阿提卡	2480	3159	3721	4664	5086	5086	3806	3853	3705
西阿提卡	1240	1396	1279	1193	913	569	312	312	304
比雷埃夫斯群岛	4274	4867	4540	4384	3533	2426	1443	1459	1404

注：雅典的电信产出变化趋势与希腊和阿提卡大区基本趋同。

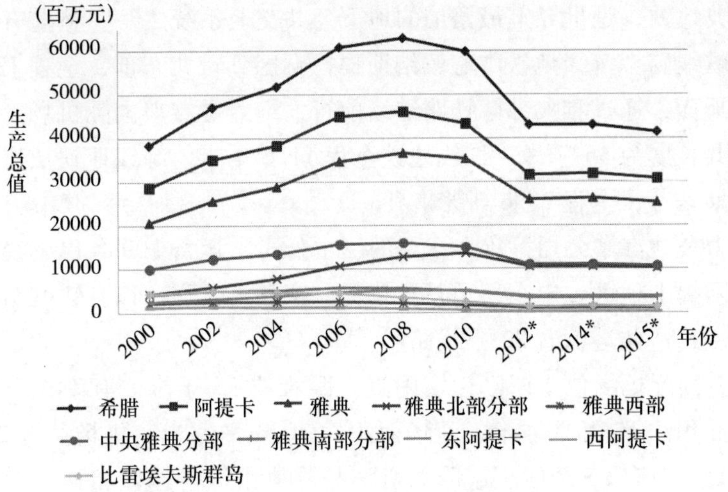

图 II－5－15　希腊阿提卡各地区电信国民生产总值比较

（3）旅游业

雅典位于巴尔干半岛南端，三面环山，一面傍海，西南距爱琴海法利龙湾 8 千米，属亚热带地中海气候。基菲索斯河和伊利索斯河穿城而过，市内多小山。雅典是世界上最古老的城市之一，有记载的历史就长达 3000 多年，被誉为“西方文明的摇篮”。雅典是希腊的古文物中心，至今仍保留了很多历史遗迹和大量的艺术作品，其中最著名的是雅典卫城的帕特农神庙，被视为西方文化的象征。前 5 世纪和 4 世纪在文化和政治上的成就对欧洲及世界文化产生重大影响①。雅典是现代奥运会起源的地方。1896 年曾举办过第一届夏季奥运会。2004 年举办了第二十八届夏季奥运会。

（4）交通运输业

雅典是希腊的铁路和航空枢纽，火车可直达中欧和西欧。雅典市内交通发达，每天有约 80 万辆汽车行驶。雅典是世界上拥有地铁较早的城市之一，地铁于 1925 年通车，长 25. 7 千米。雅典拥有希腊的重要港口比雷埃夫斯港，并有铁路与其相连。比雷埃夫斯港可停泊各种海轮，拥有数千只注册商船。

---

① 维基百科（2018），https：//zh. wikipedia. org/.

雅典地铁，是世界上最繁忙的地下公共交通系统之一，目前有红蓝绿三条地铁线路：蓝线地铁中心蒙纳斯提拉奇区到雅典东部，全程 12 千米，然后出地面，通过雅典郊区铁路继续前行，终点是雅典国际机场，加上延伸段总共长度为 35 千米。红线地铁全程 11.6 千米。绿线地铁从比雷埃夫斯到圣斯蒂芬，全程 25.6 千米。

热力公共汽车公司是雅典主要的巴士公司，运营 300 条巴士线路，覆盖整个阿提卡地区。电车公司是雅典另一家巴士公司，以有轨电车和无轨电车为主，一共运营着 22 条线路①。

雅典国际机场位于斯巴达镇附近，距雅典 35 千米。有 144 个服务柜台，总面积约 15 万平方米，商场面积约 7000 平方米。机场共有 24 个登机口，每小时有 65 个航班起降。机场与雅典市区有地铁相连，并且有两条巴士线路分别到雅典城区和比雷埃夫斯港②。

希腊有高速公路连接西面伯罗奔尼撒区的帕特雷（欧洲 E94 公路）和北面的希腊第二大城市塞萨洛尼基（欧洲 E75 公路）。2001—2004 年，环绕全城的雅典公路建设完成。从比雷埃夫斯港有航班开往爱琴海的希腊各个岛屿。

（四）城市的企业发展

希腊是巴尔干半岛最大的经济体。而作为经济中心的雅典，其优势产业主要集中在四方面，即（1）金融业，（2）制造业，（3）文化、体育和娱乐业，（4）信息传输、软件和信息技术服务业。表 II－5－10 是雅典重点大企业名单。

表 II－5－10　　　　**雅典重点大企业名单**

序号	公司名	英文名	产业类别	部门	成立时间	备注
1	希腊邮报	Hellenic Post	工业	送货服务	1828	国有企业，邮政服务，快递
2	希腊国家银行	National Bank of Greece	金融	银行	1841	银行

① 《雅典公共交通网络——事实和数字》。

② 雅典国际机场官方网站：《雅典国际机场的事实和数据》。

续表

序号	公司名	英文名	产业类别	部门	成立时间	备注
3	修复啤酒厂	Fix Brewery	消费品	酿酒	1864	希腊啤酒
4	雅典地铁	Athens Metro	消费服务	旅行	1869	国有企业，地铁
5	布列塔尼大酒店	Hotel Grande Bret-agne	消费服务	酒店	1874	旅馆
6	希腊火药与弹药公司	Pyrkal	工业	防御	1874	武器制造商，EAS 的一部分
7	阿尔法银行	Alpha Bank	金融	银行	1879	银行
8	Chropei	Chropei	工业	防御	1883	武器，已解散
9	Metaxa	Metaxa	消费品	蒸馏酒和葡萄酒商	1888	酒厂
10	泰坦水泥	Titan Cement	工业	建筑材料和固定装置	1902	水泥
11	赫拉克勒斯将军水泥	Heracles General Ce-ment	工业	建筑材料和固定装置	1911	水泥
12	Lavipharm	Lavipharm	卫生保健	制药	1911	制药
13	比雷埃夫斯银行	Piraeus Bank	金融	银行	1916	银行
14	阿提卡集团	Attica Group	工业	海运	1918	渡轮服务 Panago-poulos 创立
15	Saracakis	Saracakis	消费品	汽车	1922	汽车
16	致 Vima	To Vima	消费服务	出版	1922	报纸
17	阿提卡银行	Attica Bank	金融	银行	1925	银行
18	德玛斯	Temax	工业	商用车辆和卡车	1925	消防车辆
19	MISKO	Misko	消费品	食物产品	1927	意大利面
20	希腊银行	Bank of Greece	金融	银行	1928	中央银行 Stour-naras 管理
21	离子	Ion	消费品	食物产品	1930	糕饼
22	帕帕多普洛斯	Papadopoulos	消费品	食物产品	1930	饼干
23	Ta Nea	Ta Nea	消费服务	出版	1931	报纸

续表

序号	公司名	英文名	产业类别	部门	成立时间	备注
24	Evga S. A.	Evga S. A.	消费品	食物产品	1934	乳业
25	Softex	Softex	消费品	非耐用家用产品	1936	纸巾，已解散
26	Halyvourgiki 希腊钢铁工业 S. A.	Halyvourgiki Hellenic Steel Industry S. A.	基本材料	钢铁	1937	钢铁
27	希腊广播公司	Hellenic Broadcasting Corporation	消费服务	广播和娱乐	1938	国有企业，公共广播
28	Alfa-Beta Vassilopoulos	Alfa-Beta Vassilopoulos	消费服务	食品零售商和批发商	1939	超级市场
29	Kotsovolos	Kotsovolos	消费服务	专业零售商	1950	电子产品零售商
30	公共电力公司	Public Power Corporation	公用事业	常规电力	1950	电力
31	Apogevmatini	Apogevmatini	消费服务	出版	1952	报纸，已不复存在
32	KTEL	KTEL	消费服务	旅游观光	1952	国有企业，公共交通
33	Biamax	Biamax	工业	商用车和卡车	1956	车辆，1986 年废弃
34	奥运航空	Olympic Airlines	消费服务	航空公司	1957	重新命名为奥林匹克航空，最终于2013 年被爱琴航空公司收购
35	Sfakianakis	Sfakianakis	消费品	汽车	1957	汽车
36	希腊石油	Hellenic Petroleum	石油和天然气	勘探和生产	1958	炼油
37	OPAP	OPAP	消费服务	赌博	1958	奖券
38	Metka	Metka	工业	重型建筑	1962	制造和建筑 Mytilineos Holdings 的一部分
39	本多中心	Hondos Center	消费服务	专业零售商	1967	服装和个人用品零售商
40	Kioleides	Kioleides	工业	商用车辆和卡车	1968	拖车，卡车
41	Vivartia	Vivartia	消费品	食物产品	1968	食品与饮品

续表

序号	公司名	英文名	产业类别	部门	成立时间	备注
42	GEK Terna	GEK Terna	工业	重型建筑	1969	建筑，能源
43	机油 Hellas	Motor Oil Hellas	石油和天然气	勘探和生产	1970	石油公司 Vardino-giannis 创立
44	ETEM	ETEM	基本材料	铝	1971	铝
45	Vianex S. A.	Vianex S. A.	卫生保健	制药	1971	制药
46	Veropoulos	Veropoulos	消费服务	食品零售商和批发商	1973	超级市场
47	Eleftherotypia	Eleftherotypia	消费服务	出版	1975	报纸，已不复存在
48	Pelargos	Pelargos	消费品	食物产品	1975	番茄酱
49	INTRACOM	Intracom	技术	软件	1977	开发商
50	大西洋	Atlantic	消费服务	食品零售商和批发商	1980	超级市场，已不复存在
51	Germanos	Germanos Group	工业	电气元件和设备	1980	电池
52	Pouliadis Associates Corporation	Pouliadis Associates Corporation	技术	软件	1980	技术
53	Compupress	Compupress	消费服务	出版	1982	杂志和图书出版
54	Folli Follie	Folli Follie	消费品	服装与饰品	1982	珠宝，手表，配饰
55	Galaxias	Galaxias	消费服务	食品零售商和批发商	1982	超级市场
56	Eleftheros	Eleftheros Typos	消费服务	出版	1983	报纸，已不复存在
57	Berios	Berios	工业	重型建筑	1984	土木工程，建筑
58	Jumbo S. A.	Jumbo S. A.	消费品	玩具	1986	玩具
59	爱琴航空	Aegean Airlines	消费服务	航空公司	1987	航空公司
60	DEPA	DEPA	石油和天然气	勘探和生产	1988	天然气
61	ANT1 集团	ANT1 Group	消费服务	广播和娱乐	1989	媒体公司

续表

序号	公司名	英文名	产业类别	部门	成立时间	备注
62	ANT1	ANT1	消费服务	广播和娱乐	1989	ANT1 集团的电视部分
63	巨型频道	Mega Channel	消费服务	广播和娱乐	1989	电视网络
64	Eurobank Ergasias	Eurobank Ergasias	金融	银行	1990	银行
65	配置文件系统和软件	Profile Systems and Software	技术	软件	1990	财务和商业软件
66	普罗米修斯气体	Prometheus Gas	石油和天然气	勘探和生产	1991	天然气
67	Aeolian Investment Fund S. A.	Aeolian Investment Fund S. A.	金融	投资服务	1992	资本市场，投资
68	Intralot	Intralot	消费服务	赌博	1992	博彩公司
69	WIND Hellas	WIND Hellas	电信	固定电话	1992	电信
70	雅典大众运输系统	Athens Mass Transit System	消费服务	旅游观光	1993	国有企业，轨道交通
71	海拉斯在线	Hellas Online	电信	固定电话	1993	电信
72	星空频道	Star Channel	消费服务	广播和娱乐	1993	电视网络
73	超高速渡轮	Superfast Ferries	工业	海运	1993	渡轮
74	Forthnet	Forthnet	电信	固定电话	1995	ISP
75	Marinopoulos	Marinopoulos Market	消费服务	食品零售商和批发商	1995	超级市场
76	Attiki Odos	Attiki Odos	工业	运输服务	1996	监督雅典的环形路
77	Korres 工程	Korres Engineering	工业	业务支持服务	1996	建筑物搬迁，汽车（Korres P4）
78	珂诺诗	Korres	卫生保健	制药	1996	制药
79	海洋钻机	Ocean Rig	石油和天然气	勘探和生产	1996	钻井
80	ATCOM	Atcom	技术	软件	1997	软件和编程，内容管理，门户
81	Terna 能源	Terna Energy	公用事业	常规电力	1997	能源，建筑

续表

序号	公司名	英文名	产业类别	部门	成立时间	备注
82	Cosmote	Cosmote	电信	移动通信	1998	移动电话运营商
83	苍鹭 S. A.	Heron S. A.	公用事业	常规电力	2000	能源
84	Q－电信	Q-Telecom	电信	移动通信	2002	已解散，现在是 WIND Hellas 的一部分
85	Atlas Maritime	Atlas Maritime	工业	海运	2004	运输和石油运输
86	DryShips 公司	DryShips Inc	工业	海运	2004	船运公司
87	EAS 希腊国防系统	EAS	工业	防御	2004	防御
88	希腊共和国资产发展基金	Hellenic Republic Asset Development Fund	金融	房地产控股与发展	2011	发展
89	TT HellenicPostbank	New TT Hellenic Postbank	金融	银行	2013	银行

注：S. A. 用作后缀来表示公共有限公司，如 Plc。

资料来源：https：//en. wikipedia. org/wiki/List_ of_ companies_ of_ Greece.

表 II－5－11　　塞萨洛尼基重点大企业名单

序号	公司名	英文名	产业类别	部门	成立时间	备注
1	马其顿	Makedonia	消费服务	出版	1911	报纸
2	Pyramis	Pyramis	消费品	耐用的家用产品	1959	厨房用品
3	菲尔克拉姆约翰逊	Philkeram Johnson	消费服务	建筑材料和固定装置	1961	制造商，2011 年已解散
4	ELVO	ELVO	消费品	汽车	1972	国有企业，车辆制造商
5	希腊车辆工业	Hellenic Vehicle Industry	工业	商用车辆和卡车	1972	汽车工业
6	Masoutis	Masoutis	消费服务	食品零售商和批发商	1976	超级市场
7	MLS（简化生活）S. A.	MLS（Making Life Simple）S. A.	技术	软件	1989	技术

续表

序号	公司名	英文名	产业类别	部门	成立时间	备注
8	阿斯特拉航空公司	Astra Airlines	消费服务	航空公司	2008	航空公司
9	Ellinair	Ellinair	消费服务	航空公司	2013	航空公司

注：S. A. 用作后缀来表示公共有限公司，如 Plc。

资料来源：https：//en. wikipedia. org/wiki/List_ of_ companies_ of_ Greece.

（五）城市的区域影响

1. 雅典的城市定位变化

《雅典2030》确定雅典城市发展概念的目标有四：（1）开放之城（An Open city）；（2）绿色之城（A Green city）；（3）积极之城（A Proactive city）；（4）活力之都（A Vibrant city）。

2. 雅典的城市排名及连通状况

2000 年以来，雅典在 GaWC（Globalization and World Cities，全球化与世界城市研究网络）的排名不断上升，由 2000 年的 Beta 队列第 10 位上升至2004 年的 Beta 队列第 5 位，随后，在 2008 年实现飞跃，排名上升至 Alpha-队列第 18 位，成为将主要经济区域和国家与世界经济联系起来的重要城市。在 2012 年排名有所下降，在 Beta + 队列排名第 11 位。最近的 2016 年数据中，雅典排名有所上升，居于 Beta + 队列的第 6 位（见表 II – 5 – 12）。

在城市生活质量排名中，雅典近年来名次保持稳定，基本维持在全球第 86 名左右。将雅典的数据与同期中国北京和上海的排名相比较，可以发现，在 GaWC 和全球城市指数排名上，雅典远远落后于北京和上海，但是在城市生活质量排名上，雅典 2018 年名列第 86 位，超过了分别名列第 119 位和第 103 位的北京和上海①。

① https：//mobilityexchange. mercer. com/Content/Rankings/rankings/index. html.

表 II-5-12　全球视野下的雅典

指标	城市	2000	2004	2008	2012	2016
GaWC	雅典	Beta①（10）	Beta②（5）	Alpha-③（18）	Beta+④（11）	Beta+⑤（6）
	北京	—	Alpha-	Alpha+	Alpha+	Alpha+
	上海	—	Alpha-	Alpha+	Alpha+	Alpha+

注：Alpha+级表示高度整合的城市，主要满足亚太地区的先进服务需求，Alpha 和 Alpha-级表示将主要经济区域和国家与世界经济联系起来的重要城市，所有 Beta 级城市都是重要的世界城市，有助于将其地区或国家与世界经济联系起来。

3. 雅典的区域影响力

（1）经济影响力

雅典是希腊及阿提卡州的首府，是希腊的经济、财政、工业、政治和文化中心。雅典也是欧盟商业中心之一。根据希腊国家统计局公布的数据如下：2015 年希腊 GDP 为 13752 亿元，雅典 GDP 为 4704 亿元，占全国的 34.2%。

希腊是欧盟和欧元区成员国之一，接受欧盟的多边和区域经济合作安排。2016 年，希腊对外贸易额为 7937 亿元，其中出口 3835 亿元，进口 4102 亿元。主要出口商品为矿物燃料、机电产品、铝制品等。主要进口商品为原油、机电产品、药品、船舶、纺织品等。根据联合国贸发会议统计数据，2015 年希腊实现服务贸易出口 2009 亿元，进口 793 亿元，顺差 1216 亿元。

2016 年，希腊进口的货物主要类别是：矿物燃料、矿物油及其产品；锅炉、机械器具及零件（227.5 亿元）；药品（195 亿元）；电机、电气、音像设备及其零附件（182 亿元）；船舶及浮动结构体（143 亿元）。希腊的进口对象主要是欧盟国家、周边邻国和中国、俄罗斯等国家，2016 年，希腊分别自德国、意大利、中国和俄罗斯进口商品 3517 亿元、2802 亿

① http://www.lboro.ac.uk/gawc/world2000t.html.
② http://www.lboro.ac.uk/gawc/world2004t.html.
③ http://www.lboro.ac.uk/gawc/world2008t.html.
④ http://www.lboro.ac.uk/gawc/world2012t.html.
⑤ http://www.lboro.ac.uk/gawc/world2016t.html.

元、2080 亿元和 2009 亿元。

希腊主要的外资来源国为德国、法国、英国、比利时、卢森堡和荷兰。外商投资领域集中在服务业，如通信、金融、贸易、房地产、旅游业等。制造业，如化工、机械等行业，也吸引了较多外资。据联合国贸发会议发布的 2017 年《世界投资报告》显示，2016 年，希腊吸收外资流量为 204 亿元；截至 2016 年底，希腊吸收外资存量为 1779 亿元。根据希腊央行数据，截至 2016 年底，希腊吸收外国直接投资存量为 1677 亿元，同比增长了 293 亿元，增幅 21.12%，其中吸收德国、卢森堡、荷兰、法国和瑞士的直接投资存量分别为 384 亿元、348 亿元、348 亿元、148 亿元和 95 亿元。

世界 500 强总部在希腊的主要投资基本均设址于首都雅典。其中，零售类行业在希腊有多家分店，但基本上均位于雅典各区；银行、保险类行业选址向来位于一国经济最为繁荣的地段，故而基本均位于雅典是毋庸置疑的。

（2）交通影响力

雅典是希腊的铁路和航空枢纽。火车可直达中欧和西欧。雅典市内交通发达，每天有约 80 万辆汽车行驶。雅典是世界上拥有地铁较早的城市之一，地铁于 1925 年通车，长 25.7 千米。雅典拥有希腊的重要港口比雷埃夫斯港，并有铁路与其相连。比雷埃夫斯港可停泊各种海轮，拥有数千只注册商船。

希腊有高速公路连接西面伯罗奔尼撒区的帕特雷（欧洲 E94 公路）和北面的希腊第二大城市塞萨洛尼基（欧洲 E75 公路）。2001—2004 年，环绕全城的雅典公路建设完成，雅典也是希腊铁路系统中心。从比雷埃夫斯港有航班开往爱琴海的各个希腊岛屿。

（3）文化影响力

雅典拥有诸多历史悠久的高等院校。雅典大学成立于 1837 年，是地中海东部地区最古老的大学之一。现在雅典大学是希腊第二大高等院校（第一为亚里士多德大学），共有 5 万名学生。国立雅典理工大学成立于 1836 年，是雅典最著名的科技类院校。另外还有雅典科技大学、雅典经济和商业大学、雅典农业大学等。雅典至今仍保留了很多历史遗迹和大量的艺术作品，其中最著名的是雅典卫城的帕特农神庙，是西方文化的象征。雅典是现代奥运会起源的地方。1896 年曾举办过第一届夏季奥运会。2004 年，第二十八届夏季奥运会在雅典举行。

第四节　重点城市塞萨洛尼基的经济发展与区域影响

一　城市概况

塞萨洛尼基是希腊北部最大港市及第二大城市，中马其顿州的首府。在哈尔基迪基半岛西部，濒塞萨洛尼基湾。城市人口 80 万，包括郊区在内人口为 100 万人。地中海型气候，冬温夏热。塞萨洛尼基是希腊第二大经济、文化中心，以及东南欧主要的交通枢纽，其商港（塞萨洛尼基港）对于希腊和东南欧腹地都非常重要。

塞萨洛尼基这座城市以其节日活动和充满活力的文化生活而闻名，被认为是希腊的文化之都①。塞萨洛尼基国际贸易博览会和塞萨洛尼基国际电影节等活动每年举办一次。塞萨洛尼基拥有众多著名的拜占庭古迹，也是希腊的热门旅游目的地。2013 年，国家地理杂志将塞萨洛尼基列入其全球顶级旅游目的地，而 2014 年“金融时报”外国直接投资杂志宣布塞萨洛尼基是人类资本和生活方式未来的最佳欧洲中型城市②。在街头摄影师中，塞萨洛尼基的中心也被认为是希腊最受欢迎的街头摄影目的地。

二　城市经济总量发展

（一）地区生产总值

根据希腊国家统计局公布的数据如下：2015 年希腊 GDP 为 13752 亿元，中马其顿大区 GDP 为 1849 亿元，占全国比重为 13%，首府塞萨洛尼基 GDP 为 1186 亿元，占中马其顿大区比重为 64%，占全国比重为 9%。

2011 年，塞萨洛尼基的 GDP 为 1427 亿元（在该国的区域单位中排名第二），与巴林或塞浦路斯相当，人均为 124020 元（排名第 16）。与欧盟平均水平的比较而言，塞萨洛尼基的人均 GDP 指标为欧盟平均水平的

---

① “Introducing Thessaloniki”, Lonely Planet Travel Guides.

② “European Cities and Regions of the Future 2014/15”, 17 February 2014.

63%和购买力平价的69%，这与德国的勃兰登堡州相当。总体而言，塞萨洛尼基占希腊经济总量的8.9%。1995—2008年，塞萨洛尼基的GDP平均增长率为每年4.1%（从1996年的14.5%到2005年的-11.1%），而2011年经济萎缩了-7.8%①。

表Ⅱ-5-13　　希腊中马其顿各地区国内生产总值

［单位：亿元（人民币）］

地区	2000	2002	2004	2006	2008	2010	2012*	2014*	2015*
希腊	11017	12750	15110	16993	18875	17630	14914	13935	13752
阿提卡	5003	5883	7084	8138	9104	8616	7228	6712	6581
中马其顿	1547	1763	2082	2305	2598	2367	2013	1854	1850
伊马希亚	113	126	141	155	168	151	136	124	122
塞萨洛尼基	985	1137	1361	1528	1717	1555	1297	1179	1184
基尔基斯	59	69	80	82	97	86	74	75	71
佩拉	100	118	131	137	166	149	132	126	121
皮埃里亚	86	94	111	123	144	135	118	110	110
塞雷斯	116	122	144	147	162	156	137	128	130
哈尔基迪基	87	97	116	133	145	135	119	112	112

注：* 预估数据。

资料来源：希腊国家统计局。

从希腊中马其顿各地区国内生产总值的变化曲线（图Ⅱ-5-16）来看，2000—2008年，中马其顿各地区与希腊一样，GDP逐年增加，直至2008年达到峰值，随后由于债务危机等影响因素，出现GDP的负增长，并且这一趋势持续到现在。2012年后，GDP下降的趋势逐渐趋向平缓。

① "Gross Domestic Product (GDP) at Current Market Prices at NUTS Level 3", Eurostat, 2010.

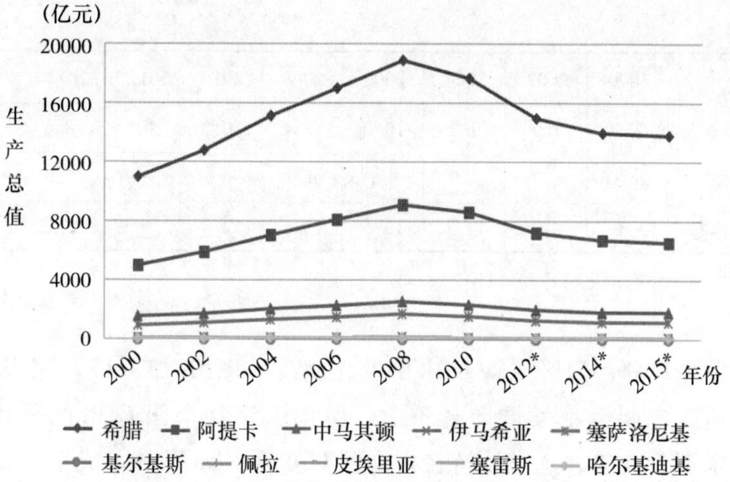

图 II－5－16　希腊中马其顿大区各地区 GDP 比较

（二）人均地区生产总值

根据希腊国家统计局的数据，可以发现塞萨洛尼基经济发展态势似乎面临瓶颈，人均 GDP 2008—2015 年逐年缓速下跌，直至 2015 年人均 GDP 为 10.6 万元，高于中马其顿大区 9.8 万元水平，低于希腊全国 12.7 万元和阿提卡大区 17.3 万元水平。说明塞萨洛尼基与雅典其相比还有一定差距。

表 II－5－14　希腊中马其顿各地区人均 GDP　［单位：万元（人民币）］

地区	2000	2002	2004	2006	2008	2010	2012*	2014*	2015*
希腊	10.2	11.7	13.8	15.4	17.0	15.9	13.5	12.8	12.7
阿提卡	12.9	15.1	18.0	20.5	22.8	21.6	18.4	17.5	17.3
中马其顿	8.4	9.5	11.1	12.2	13.6	12.3	10.5	9.8	9.8
伊马希亚	8.2	9.1	10.1	11.0	11.8	10.6	9.5	8.7	8.6
塞萨洛尼基	9.1	10.4	12.3	13.6	15.2	13.7	11.4	10.5	10.6
基尔基斯	7.6	8.5	9.9	10.2	12.0	10.5	9.1	9.3	8.9
佩拉	7.1	8.4	9.3	9.7	11.7	10.5	9.3	9.0	8.7

续表

地区	2000	2002	2004	2006	2008	2010	2012 *	2014 *	2015 *
皮埃里亚	7.3	7.9	9.2	10.0	11.4	10.5	9.0	8.4	8.4
塞雷斯	6.3	6.7	7.9	8.1	8.9	8.7	7.7	7.4	7.6
哈尔基迪基	8.6	9.3	11.1	12.6	13.5	12.4	10.9	10.2	10.1

资料来源：希腊国家统计局（2017）。

从中马其顿各地区人均 GDP 的变化曲线（图 II－5－17）来看，中马其顿各地区之间经济发展差异不大。但均未达到全国 GDP 的平均水平，且历年来不断波动，基本维持在占全国 GDP 平均水平的六成至七成。

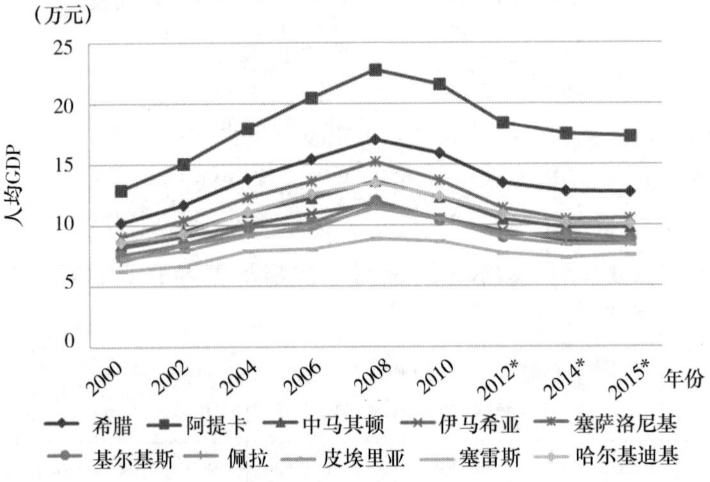

图 II－5－17 希腊中马其顿各地区人均 GDP 比较

资料来源：希腊国家统计局（2017）。

三 城市经济结构发展

（一）产业结构变化

通过表 II－5－5 中 2015 年按行业划分的各地区国民生产总值，可以发现希腊第一、二、三产业所占比重分别为 4.2%、39.5% 和 56.3%。中马其顿州第一、二、三产业所占比重分别为 6.0%、40.7% 和 53.3%。塞萨洛尼基的三次产业结构与中马其顿州基本水平趋同。

（二）农业发展

根据希腊国家统计局数据显示，2015 年塞萨洛尼基农林渔国民生产总值为 2129 百万元，占中马其顿大区总产量 9976 百万元的比重为 21%，占比较高。中马其顿大区在全国农林渔产量占比为 19%，贡献较大。2000—2005 年，塞萨洛尼基在初级产业的产值逐年增加，到 2006 年大幅度下降，并一直保持负增长的状态，其变化曲线与中马其顿大区基本平行，说明其变化趋势基本趋同。

表 II－5－15　**希腊中马其顿各地区农业，林业和渔业国民生产总值**

［单位：百万元（人民币）］

地区	2000	2002	2004	2006	2008	2010	2012	2014	2015
希腊	59881	63586	64600	54397	52985	50848	48290	47346	51542
阿提卡	2566	2558	2395	2870	2909	2941	2652	2418	2246
中马其顿	12043	12722	13182	10374	10951	9727	9641	9516	9976
塞萨洛尼基	2480	2566	2894	2231	2215	1919	1864	1895	2129
基尔基斯	1045	1053	1147	788	866	671	608	546	585
佩拉	2215	2691	2379	2270	2605	2090	2145	2090	2137
皮埃里亚	975	1061	1084	827	733	850	796	733	772
塞雷斯	2348	2176	2239	1466	1576	1529	1459	1435	1560
哈尔基迪基	889	842	1162	733	624	679	749	718	749

资料来源：希腊国家统计局（2017）。

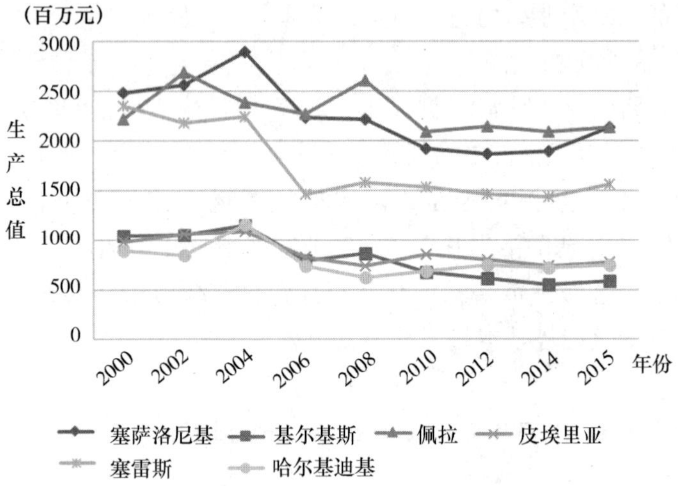

图Ⅱ-5-18　希腊中马其顿各地区农业，林业和渔业国民生产总值

资料来源：希腊国家统计局（2017）。

（三）工业发展

根据希腊国家统计局数据显示，2015 年塞萨洛尼基工业国民生产总值为 165.4 亿元，占中马其顿大区总产量 245.6 亿元的比重为 67%，占比很高。中马其顿大区在全国农林渔产量占比为 15%，贡献较大。2000—2008 年，塞萨洛尼基工业的产值逐年增加，到 2009 年大幅度下降，并一直保持负增长的状态，其变化曲线与中马其顿大区基本平行，说明其变化趋势基本趋同。

表Ⅱ-5-16　**希腊中马其顿各地区工业国民生产总值**

［单位：亿元（人民币）］

地区	2000	2002	2004	2006	2008	2010	2012*	2014*	2015*
希腊	1376.0	1674.9	1821.5	1985.8	2119.7	1744.7	1682.5	1676.5	1641.7
阿提卡	497.2	619.2	700.1	774.3	839.0	633.1	609.1	605.1	599.7
中马其顿	234.3	258.7	279.4	288.9	337.9	276.3	256.9	248.4	245.6
伊马希亚	18.3	21.3	20.4	22.8	19.9	20.3	17.9	17.5	19.8

续表

地区	2000	2002	2004	2006	2008	2010	2012*	2014*	2015*
塞萨洛尼基	161.5	182.1	196.3	202.5	235.7	188.6	176.3	168.2	165.4
基尔基斯	10.1	11.8	12.6	13.1	19.1	15.4	14.1	14.3	13.5
佩拉	13.5	14.7	16.5	15.6	23.0	18.6	17.6	16.9	16.5
皮埃里亚	9.3	7.9	10.0	9.8	11.5	10.0	9.4	10.0	9.5
塞雷斯	13.3	13.7	15.1	15.4	17.6	14.6	13.8	14.0	13.5
哈尔基迪基	8.3	7.3	8.6	9.7	11.0	8.8	7.9	7.5	7.3

资料来源：希腊国家统计局（2017）。

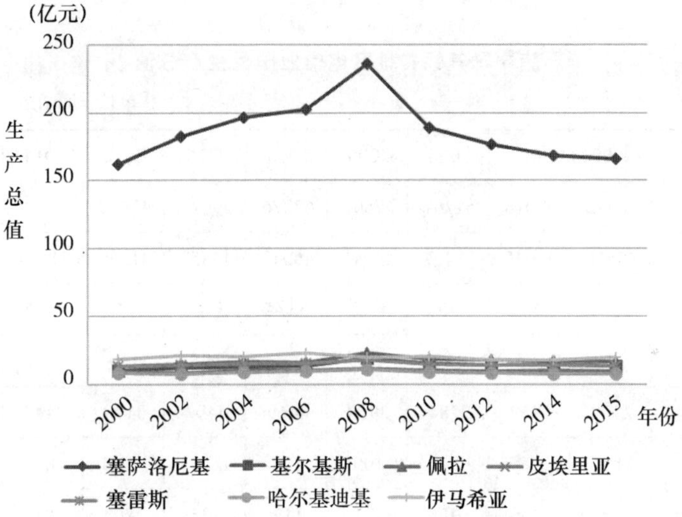

图Ⅱ－5－19　希腊中马其顿各地区工业国民生产总值

资料来源：希腊国家统计局（2017）。

（四）服务业发展

服务业就业数占塞萨洛尼基劳动力就业总数的近三分之二。在从事服务业的人中，20.0%从事贸易，13.0%从事教育和医疗保健，7.1%从事房地产业，6.3%从事交通、通信和储存，6.1%从事金融业和服务提供组织，5.7%从事公共行政和保险服务以及5.4%的酒店和餐馆①。

1. 海运业

根据欧洲统计局的数据，2010年塞萨洛尼基港口货运量排名希腊第二，为1580万吨。2010年后，由于中国物流巨头的大量投资，比雷埃夫斯港得到快速发展，2013年，比雷埃夫斯港创下了316万标准箱的纪录（其中252万标准箱通过中远集团拥有的二号码头运输），成为当年世界增长最快的港口，并一跃成为地中海第三大港口。

2. 电信业

塞萨洛尼基的电信产出由于电信业的发展从2000年（2379百万元）迅速发展，到2008年达到峰值（4469百万元）。随后便逐年下降，直至2015年，电信业国民生产总值为2980百万元。

表Ⅱ-5-17　　希腊中马其顿各地区电信业国民生产总值

［单位：百万元（人民币）］

地区	2000	2002	2004	2006	2008	2010	2012	2014	2015
希腊	38392	47018	51761	60801	62876	59927	43040	43040	41371
阿提卡	28618	35045	38407	44944	46043	43352	31567	31918	30724
中马其顿	2894	3549	3900	4727	5374	5343	3869	3775	3604
伊马希亚	101	125	117	148	226	195	140	140	140
塞萨洛尼基	2379	2917	3284	3978	4469	4407	3190	3143	2980
基尔基斯	86	78	94	109	133	140	101	86	86
佩拉	86	78	109	117	117	125	86	86	86
皮埃里亚	109	117	94	125	140	148	109	101	94
塞雷斯	86	140	133	164	203	211	156	156	148
哈尔基迪基	55	78	78	86	86	109	78	78	78

资料来源：希腊国家统计局（2017）。

① Globalisation, Migration and Socio-Economic Change in Contemporary Greece: Processes of Social Incorporation of Balkan Immigrants in Thessaloniki, Amsterdam University Press.

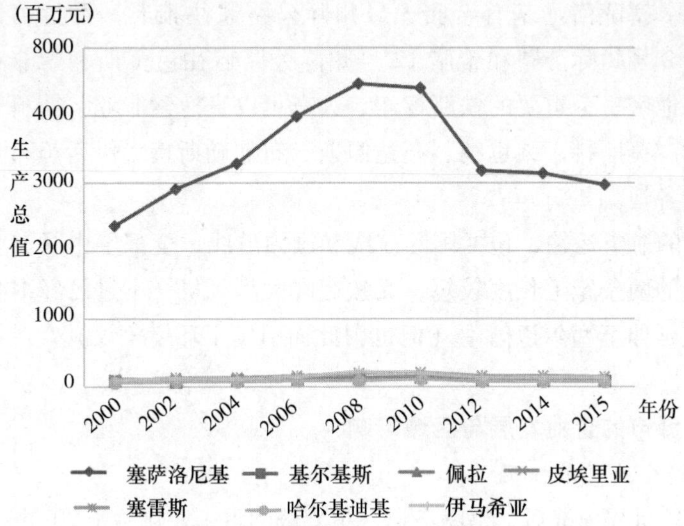

图 II－5－20　希腊中马其顿各地区电信业国民生产总值比较

资料来源：希腊国家统计局（2017）。

3. 旅游业

作为文化中心，塞萨洛尼基以拥有大量的拜占庭建筑杰作以及一些重要的奥斯曼帝国、犹太人建筑而知名。该市以每年 9 月初在此举行的国际贸易博览会享誉世界，吸引着世界各地游客的造访，此外，还以东南欧最重要的文化活动——塞萨洛尼基国际电影节而知名，吸引了许多国际名人。该城市的名胜古迹众多，包括塞萨洛尼基白塔、伽列里乌斯拱门及墓室、圣底马翠斯教堂、罗马广场、小宫、亚里士多德广场、罗马宫殿与竞技场等。

塞萨洛尼基拥有为数众多的博物馆，其中包括塞萨洛尼基犹太博物馆、马其顿当代艺术博物馆、塞萨洛尼基国立当代艺术博物馆、马其顿－色雷斯民间传说与人种学博物馆、拜占庭文化博物馆、塞萨洛尼基考古学博物馆、塞萨洛尼基电影博物馆等。

塞萨洛尼基的著名景点有水滨码头地区、伽列里乌斯拱门及墓室、圣底马翠斯教堂、罗马教堂等。

4. 交通运输

直到 20 世纪 70 年代，希腊 1 号州际公路全部完成，塞萨洛尼基才通高速公路。塞萨洛尼基有希腊1号州际公路通往雅典，希腊4号州际公路、希腊2号州际公路和希腊12号州际公路通往色雷斯和索非亚。该市是巴尔干地区一个重要的铁路枢纽，火车可以直达索非亚、斯科普里、贝尔格莱德、莫斯科、维也纳、布达佩斯、布加勒斯特、伊斯坦布尔、雅典以及希腊各地。

该市的航空运输，包括国际航线和国内航线，全都经由马其顿国际机场。机场的两条跑道长度较短，无法起降大型飞机，不过已经准备将其中一条跑道延伸至塞尔迈湾中（但也因此而引发了环境争议）。

四　城市的企业发展与区域影响

（一）企业发展情况

第二次世界大战后，塞萨洛尼基市郊区的重工业化始于20世纪50年代后期。近年来，随着公司利用更便宜的劳动力市场和其他领域更加宽松的监管，发生一连串的工厂停工关闭事件，包括固特异，AVEZ（希腊北部第一家工厂，建于1926年），Philkeram Johnson和VIAMIL等大公司在内。尽管如此，塞萨洛尼基仍然是巴尔干地区的主要商业中心，总部设在该市的一些重要的希腊公司，如希腊车辆工业（ELVO），Namco（汽车），Astra航空公司，Pyramis和MLS多媒体（2012年第一款希腊制造的智能手机）。

表Ⅱ-5-18　　塞萨洛尼基重点大企业名单

序号	公司名	英文名	产业类别	部门	成立时间	备注
1	马其顿	Makedonia	消费服务	出版	1911	报纸
2	Pyramis	Pyramis	消费品	耐用的家用产品	1959	厨房用品
3	菲尔克拉姆约翰逊	Philkeram Johnson	消费服务	建筑材料和固定装置	1961	制造商，2011年已解散
4	ELVO	ELVO	消费品	汽车	1972	国有企业，车辆制造商
5	希腊车辆工业	Hellenic Vehicle Industry	工业	商用车辆和卡车	1972	汽车工业
6	Masoutis	Masoutis	消费服务	食品零售商和批发商	1976	超级市场
7	MLS（简化生活）S. A.	MLS（Making Life Simple）S. A.	技术	软件	1989	技术

续表

序号	公司名	英文名	产业类别	部门	成立时间	备注
8	阿斯特拉航空公司	Astra Airlines	消费服务	航空公司	2008	航空公司
9	Ellinair	Ellinair	消费服务	航空公司	2013	航空公司

注：S. A. 用作后缀来表示公共有限公司，如 Plc。

资料来源：https：//en. wikipedia. org/wiki/List_ of_ companies_ of_ Greece.

（二）城市的区域影响

根据前述数据可以发现，希腊的人口、经济、金融、交通等资源基本上倾斜式集中于首都雅典及其周围的大都市圈，塞萨洛尼基作为全国第二大城市，其人口数量与首都雅典相差一个数量级，经济总量与首都雅典也相差一个数量级。放眼希腊，视线均主要集中在雅典一处，但是，塞萨洛尼基作为希腊第二大经济、文化中心，以及东南欧主要的交通枢纽，其商港对于希腊和东南欧腹地都非常重要。作为文化中心，塞萨洛尼基以拥有大量的拜占庭建筑杰作及一些重要的奥斯曼帝国、犹太人建筑而知名，并且希腊第一大高等院校亚里士多德大学也位于塞萨洛尼基市中心，在文化方面具有举足轻重的影响力。塞萨洛尼基也是许多国际公司的所在地，如 ELVO 汽车制造商，阿斯特拉航空公司等。

第六章　旅游业及发展新战略

旅游业是希腊人创造的智慧产业，既是古老的也是朝阳的。自1914年希腊第一个国家旅游组织诞生以来，希腊旅游美名传遍世界各地。近年来，希腊旅游业收入持续增长。2019年3月，世界旅游业理事会（WT-TC）发布数据，2018年希腊旅游业实现6.9%的增长，旅游业增速为全年经济增速的3.5倍。2018年前往希腊的国际游客为3300万人次，收入超过160亿欧元；旅游业总收入达375亿欧元，占国内生产总值的20.6%，远高于10.4%的全球平均水平。希腊中央银行资料显示，2019年前6个月，旅游收益达55亿欧元，较去年同期的47.7亿欧元上升了15.3%。旅游业的兴旺对贸易、建筑、房地产等生产部门产生了有利影响。旅游业带来了游客的同时，每年也为希腊带来大约23%的工作机会。

债务危机期间，旅游业肩负着挽救希腊经济衰退的重任，成为灰暗的经济面貌中的一片亮色。然而由于该行业存在的缺陷，致使其潜力难以全部发挥出来，因此希腊政府考虑制定全面、具有前瞻性的政策，使希腊旅游业成为多元、稳定和可持续的产业。2019年7月，米佐塔基斯总理上任伊始就指出，旅游业是希腊最大的部门，具有相对优势，承诺为希腊旅游业制定10年战略规划，规划将专注于行业的竞争力、创新与可持续性。

第一节　旅游资源与旅游业的发展

一　丰富的旅游资源

（一）自然和文化资源

希腊位于欧洲东南部、地中海北侧，主要由巴尔干半岛南部的伯罗奔尼撒半岛和大量岛屿组成，岛屿占希腊国土的15%。按照岛屿所处的海域位置又泛称为伊奥尼亚海诸岛、萨罗尼克湾诸岛和爱琴海诸岛。伊奥尼亚海海域有号称“小伊甸园”之称的科孚岛，有充满威尼斯风情和白色沙滩的扎金索斯岛等。萨罗尼克湾诸岛则是连接希腊阿提卡地区与伯罗奔尼撒半岛的纽带。爱琴海诸岛历来就是希腊与亚、非地区的海上通道，其中，希腊文明发祥地和第一大岛克里特岛就位于该海域。希腊是典型的地中海气候，冬季温和多雨，夏季炎热干燥。1—2 月平均气温为 13℃，7—8 月平均气温为 33℃。除冬季外，其他季节光照非常充足，平均每年日照超过 2000 小时。

因而，希腊旅游业拥有得天独厚的自然资源，如温暖的地中海气候、蜿蜒的海岸线、瑰丽多彩而星罗棋布的岛屿、洁净的沙滩及明媚的阳光。希腊温暖湿润的气候适合农作物生长，盛产蜂蜜、葡萄、柑橘、桃子、香蕉以及各种蔬菜和橄榄油，为游客提供了丰富的美食选择。

在人文历史方面，希腊是世界上历史最悠久的国家之一。希腊曾孕育出爱琴海文明，诞生了荷马史诗。西方哲学、神话、奥林匹克竞技运动、数学原理、民主制度等也都发源于此，其文化曾一度被传播到印度河流域，“西方文明的摇篮”之称当之无愧。希腊拥有丰富的纪念碑、神庙、考古遗址、竞技场、修道院等，大约有 25000 个已登记的古迹和考古遗址、博物馆和另外 500 个传统定居点，丰富的历史地标和文物无不吸引游客前往观光访胜。

希腊的旅游业和酒店业有着悠久的传统，外地人来到这里能感受到被尊重和受欢迎。对很多游客来说，小商户是希腊人热情好客的代言人，这是旅行社所不能提供的。由于不受政府部门监管的影响，中小型旅游企业对其业务有直接控制权，而这为提供满足游客需求的产品和服务增加了灵活性。当地居民通常是通过中小型旅游企业与游客直接接触，提供针对性服务，由此可以吸引更多游客的到来。

“众神装扮成陌生人来拜访我们”。在古希腊，游客就被认为是神圣的。希腊神话中至高无上的天神、闪电之神宙斯也是好客之神，他保护游客，鼓励当地人照顾他们。几个世纪以来，得天独厚的自然资源、神秘而著名的历史、热情好客的风俗，使希腊成为吸引着世界各地游客到来的旅游胜地。从拜伦的优美诗歌到大热的电影《牛仔裤的夏天》，从爱琴海梦幻般的群岛到璀璨的沙滩，都使世界各地游客心驰神往。

（二）游客来源

希腊旅游业的历史源远流长，可上溯至古希腊罗马时期。两种文明的碰撞与交流，以及罗马帝国的兴起，促使大量罗马人访问著名的希腊文化，而现代希腊有组织的旅游业在20世纪60年代末70年代初开始蓬勃发展。

自20世纪70年代起，原本对西班牙度假胜地情有独钟的游客转向对包括希腊在内的地中海地区的旅游胜地表现出极大的热情。因为相对于欧洲其他地区的较高消费水平，希腊成为低收入游客相对可以负担得起的度假胜地，因而在20世纪60年代和70年代初，希腊游客数量迅速增加。从1950年到1990年，来到希腊的国际游客人数每十年翻一番。[①] 人们致力于探索新的文化和去新的地方旅游，这种情况主要集中在地中海国家，阳光和海滩成为主要旅游产品，被称为“阳光和海滩”模式，表现为旅行休闲和享受沙滩、阳光，这个模式简称为“3S”，即指海洋、太阳、沙滩。

每年6—9月，到希腊来的游客占全年总数的近70%，阳光明媚的天气和温暖干净的海滩是吸引游客的重要因素。航空运输占入境旅游方式总量的75%，主要是由旅行社经营包机。国际游客绝大多数来自欧洲如英国、德国、北马其顿共和国、法国和俄罗斯。之后是来自亚洲和美洲的游客。以希腊北部最大港口城市塞萨洛尼基2016年数据为例，希腊游客占留宿人数的53%，外国游客占47%。外国游客主要来自塞浦路斯（13%）、土耳其（8%）、美国（7%）、德国（6%），之后是俄罗斯、罗马尼亚、保加利亚、塞尔维亚和黑山、意大利和英国。

2018年，来自欧盟的游客收入增长了11.9%，达110亿欧元，非欧盟游客收入增长7.3%，达47亿欧元。从国别上看，来自28个欧盟成员国的游客数量为2140万人，比2017年增长了15.1%，非欧盟国家的游客数量为870万人，增长了1.3%。来自德国的游客数量增长了18.2%，达440万人，法国的游客数量增长7.3%，达150万人，美国游客增长了26.9%，增加至110万人。来自英国的游客为290万人，同比下降2%，俄罗斯的游客

① Dittmer, Paul R. and Gerald G. Griffin, *The Dimensions of the Hospitality Industry*, John Wiley & Sons, 1993, p. 305.

人数下降了11.6%至52万人。由于美元的强势以及希腊在美国的旅游促销活动，促成了来自美国市场的收入增长。相比之下，来自俄罗斯的游客和收入下降。俄罗斯市场的低迷是由于俄罗斯游客的购买力急剧下降等因素，他们越来越多地将注意力转移到土耳其等便宜得多的目的地。①

二 希腊旅游业的发展概况

（一）第二次世界大战后日趋发达的旅游业

希腊的旅游业正式起步于第二次世界大战结束之后。20世纪60年代和70年代，前往希腊的旅游人数急剧增加，这主要得益于大量的岛屿、沙滩、古迹等自然环境资源、文化资源、机场等基础设施的修建，以及与欧洲大多数国家相比的较低的生活成本。20世纪80年代是希腊旅游发展的关键时期，新的旅游模式兴起，文化旅行被大众旅游代替，每年游客人数都超过800万，这是希腊旅游业至关重要的阶段。

在大众旅游模式的基础上，希腊开发了沿海地区和海岛的旅游业，从而促使大众旅游在希腊大部分地区迅速兴起。旅游业为希腊带来了外汇上的重要经济收益，增加了旅游区的收入。旅游业改变希腊的社会经济状况，旅游产业促进新经济结构和不同社会结构的产生，从事农业和手工业的人员减少，社会层级流动性加快。从农业经济到“旅游化”的生产结构的过渡阶段是在20世纪70年代初确定的，在之后的几年里逐渐得到巩固。从事2—3种不同职业的人很多，而其中的一种职业必定与旅游业有关，旅游业直接或间接地促进了希腊经济结构的转变和服务业的主导地位。

20世纪80年代中期到90年代初，希腊旅游业增长出现了疲软，一方面是由于旅游业国际竞争激烈，另一方面是因为国家对旅游业投资不足。旅游业突出的季节性也给当地经济发展带来不少挑战。大多数游客（35%—40%）在7月或8月到达希腊，旅游的季节性导致基础设施利用不充分，投资难以实现全面的回报。地区内部或地区之间的一些产品在一段生命周期后失去竞争优势，经济效益逐渐下降，出现了收入停滞或减少

---

① Tasos Kokinidis，“Increase in U.S.，German Visitors Boosts Greek Tourism Revenues”，https：//greece.greekreporter.com/2018/08/22/increase-in-us-german-visitors-boost-geek-tourism-revenues/. August 22，2018.

的现象。

从20世纪90年代中期开始，希腊政府出台了新的鼓励旅游业的政策，目标是发展高质量和多样化的旅游服务，发展重心从单纯增加游客数量向提高游客人均消费转变。政府加大了旅游业投资力度，充分利用欧共体框架的资助计划，促进地方旅游业的发展，同时推行软旅游发展方案，以保护当地的环境和文化资源。因此，文化旅游、乡村与山地旅游、海洋旅游、会议旅游、高尔夫旅游、健康旅游、农业旅游、探险旅游、生态旅游、体育旅游等特定兴趣的旅游活动发展起来。同时，在管理方式上，中央政府将旅游管理权下放到地方，地方政府的管理作用得到提高。

1981年希腊加入欧共体后，欧盟为希腊旅游业和中小旅游企业的发展提供了许多机会，也提出了不少倡议、资助计划和发展方案，主要针对地方旅游业的发展，促进小众旅游的基础设施和活动，体现在生态旅游、农业旅游和文化旅游上。另外，欧盟还资助了雅典新机场及其外围高速公路等的建成。

经过一段时间的政策推动，20世纪90年代中后期起，希腊旅游业快速增长。自1999年开始，希腊每年接待的游客近1300万人，超过了本国人口数量，旅游业的容纳能力不断提高。

（二）雅典奥运会前后的希腊旅游业

2004年雅典奥运会的成功举办对希腊来说是一项特别重要的活动，酒店、路网等项目的开发，直接或间接地发展和完善了旅游基础设施，不仅有助于树立国家品牌，而且具有经济和社会的多方面的影响。

在经济层面上，奥运会创造了新的就业机会，创造经济增长，尤其是在吸引投资和基础设施建设等项目上，增加了希腊经济领域的活动。在社会层面，公共交通、道路、电信和安全系统、卫生设施的建设和完善，为年轻人提供了更多的选择，为当地居民提供了优质的休闲活动。而现代体育设施的建设，则成为奥运会后的一项重要遗产。

奥运会为希腊提供了资源和资金，大大改善了城市的交通和文化遗产的状况。希腊政府进行了地铁的建设、扩建和完善，建设由城市到海洋的有轨电车网络，提高并改善公路和街道环境，以方便游客来往雅典国际机场；为统一考古遗址而建立网络，同时也为一些可能推迟完成的基础设施项目亮出了最后期限。此外，城市和乡村的复兴为增加旅游业的吸引力和竞争力提供更多的机会。这些措施都有助于提升城市形象，使高收入游客和新到游客更愿意来访，为开发当地经济提供重要机会，也为来自世界各地的数百万名游客带来新感受。

2004 年之后，来自美国、英国、西班牙、德国和法国的游客认为希腊是安全的旅行目的地。大多数受访者认为雅典奥运会是成功的。据受访者表示，雅典奥运会的举办及成功让美国和其他欧盟国家的公民对希腊产生了更为积极的看法。雅典奥运会被 90% 的美国人和 93% 的欧洲人认可，40% 的被调查者认为雅典奥运会是现代奥运会历史上最好的比赛之一。从 2000 年到 2004 年，希腊成功地从旅游业中增加了大约 90 亿欧元的 GDP，但是没有实现增加到 1900 万人次到 2000 万人次游客的预期目标。奥运会结束后，国际旅游人数在 2007 年达到 1620 万人次，在 2009 年，略微下降到 1490 万人次，2010 年又略微增长到了 1500 万人次。①

在 2007 年国家品牌指数（Nation Brand Index）中，希腊在 50 个受欢迎的地区中排名第 17 位，这表明在奥运会后希腊政府和旅游部门曾采取过一系列措施利用其影响维持国家的积极形象。但是 2004 年建造的奥运遗产很快瓦解，随着希腊经济迅速恶化以及国际媒体造成的负面形象，摧毁了旅游繁荣。希腊的政策未能以一种有组织的、连贯的、熟练的方式创造出一个品牌体系。② 到 2009 年底，奥运会遗产的不充分利用和有关希腊的负面宣传降低了希腊旅游效益。因此，实行连贯性的旅游政策是十分必要的。希腊需重新树立自己的品牌，实施长远的旅游政策，展现希腊悠久的历史和独特的旅游资源，这对重塑品牌至关重要。

（三）债务危机以来的旅游业

受 2009 年金融和债务危机的影响，希腊经济衰退，失业率上升，国民收入下降。经济危机不仅造成社会治安恶化，偷窃情况增多，国内罢工、游行增加等极大地损害了游客前往的积极性，巨额债务和较高的失业率使希腊国家形象大打折扣。

经济活动的收缩对旅游市场产生了明显的影响，旅游业的需求也随之

① Mike Weed, "The Games of the XXVIII Olympiad in Athens (2004)", *Olympic Tourism*, 2008, p. 168.

② Mike Weed, "The Games of the XXVIII Olympiad in Athens (2004)", *Olympic Tourism*, pp. 153 – 168.

波动。根据世界银行的数据，国际金融危机影响了国际游客入境希腊的人数，危机爆发后的头几年，国际游客人数有所下降。随着游客数量的下降，希腊作为热门旅游地从 2008 年的第 16 位降至 2011 年的第 17 位，并逐渐被泰国和沙特阿拉伯等其他旅游目的地取代。

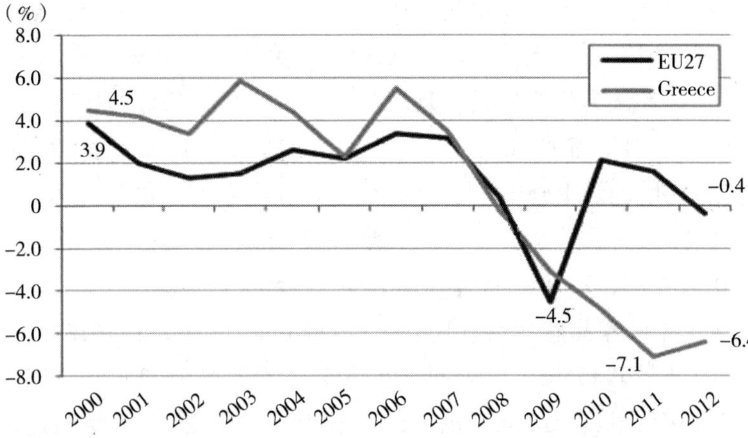

图 II-6-1　2000—2012 年，欧盟 27 国和希腊的实际 GDP 增长情况

资料来源：欧洲统计局，按市场价格计算的国内总产值，2013 年。

根据世界旅游理事会数据，在就业方面，2009 年旅游业对希腊就业的直接贡献是 39.7 万个就业岗位，2012 年减至 35.6 万个就业岗位，从 2009 年到 2012 年，共减少了约 4 万个工作岗位，而希腊的国际游客收入从 2008 年的第 15 位下降到 2012 年的第 23 位。数据还表明，希腊旅游业对各项指标的贡献率均有所下降。在危机的压力下，旅游业通过协助其他部门吸引投资，支持其他经济部门和促进就业等方式，为之后几年希腊经济的复苏和增长做出贡献，使旅游业在 2013 年之后有所改善，出现了稳定且小幅复苏的趋势。根据世界经济论坛（WEF）提供的数据，2013 年希腊的旅游竞争力指数在 140 个国家中排名第 32 位。

2010 年至 2016 年，希腊政府对经济出口政策进行了调整，这一举措使其价格优势和成本方面的国际竞争力得到显著提高。2011 年希腊实施新的旅游业激励法，旅游部门更新了码头设备，开发了不同形式的旅游项目，打造并升级冬季旅游业所需的基础设施，鼓励私人投资旅游业并予以补贴。尽管2010年至2016年，经济环境非常不利，但是希腊企业营业额的出口增长速度快于同为南欧的意大利和西班牙，这一成绩主要是由旅游业带动的。与其他经济部门相比，旅游业是一个非常灵活和充满活力的部门，即使在经济危机时期也是如此。在这五年间，希腊旅游业的收入同比增长了38%。在竞争激烈的国际环境中，希腊超过90%的游客是来自国外。与2009年相比，2017年希腊食品部门和住宿部门的就业人数增长了12.7%，显示了困难时期旅游业对经济社会的贡献。

希腊债务危机以来，与旅游业的繁荣成正相关的是度假地产投资的增长，其主要因素是希腊旅游业的迅猛发展刺激了希腊房地产市场的回温。希腊为国际投资者提供了极具吸引力的房地产机会，希腊房地产市场包括以下特点：

（1）希腊是欧盟最后一个仍处于资本渴求的房地产市场之一，自2008年以来房地产市场一直没有复苏，雅典的房地产价格比危机前水平低42%。

（2）希腊的房产比其大多数邻国便宜。根据欧盟统计局的数据，它比西班牙和德国便宜一倍半，比荷兰和瑞典低两倍，比意大利和奥地利便宜近三倍。

（3）希腊资产价值的大幅下跌，使其对外国投资者更具吸引力。根据希腊经济部新闻，2017年外国直接投资达到40亿欧元，比2016年增加42%。

（4）希腊的“黄金签证”于2013年启动，吸引私人投资者进入该国的住宅和商业房地产市场。

三 旅游业在希腊经济中的地位

（一）旅游管理机构

希腊国家旅游组织是负责旅游业的最主要机构之一。该机构早在1927年便成立雏形，希腊国家旅游组织曾归属几个不同的部门，直到1950年才重新建立，主要通过广告、政策和参与国际展览及其他活动来宣传希腊旅游业，以促进希腊旅游业的发展。随着旅游业的繁荣，具有了授权和监督的职能，对下辖的14个区域办事处进行质量控制、监管方分类和对旅游业务实施行政制裁等。地方一级当局（区域和直辖市）拟订和执行在其地区发展和促进旅游业的方案和活动，必须事先取得希腊国家旅游组织的批准才可进行宣传，以配合国家整体的旅游推广策略。

2004 年成立的文化和旅游部是负责维护、保护和支持希腊艺术和文化的政府机构，该机构与希腊国家旅游组织共同协调公共和私营部门以及区域和国家的规划、实施和推广宣传工作。

希腊旅游企业协会是非政府非营利组织，成立于 1992 年，致力于为希腊旅游机构中最具活力的企业服务，其成员企业涵盖了与旅游活动直接和间接相关的各个领域，这些跨部门和跨地区代表确保了对旅游问题观点的综合性和建设性。这些企业致力于提供优质的服务，保护环境和推广希腊文化。希腊旅游企业协会的主要目标是不断提高希腊旅游业的服务质量，提高希腊旅游业在国际上的竞争力；其作为媒介在支持和推广其成员的经营理念的同时，不断地予以干预——针对有关当地旅游业的经济、社会和环境重要性等有关的问题进行研究，然后向政府、公共和私营部门分别提出可立即执行的解决办法。

希腊旅游企业协会的成员可以参与制定旅游政策的提案和表达立场，及时掌握旅游业的发展动态，在希腊和外国的媒体中获得宣传，可以充分利用协会的档案和数据库信息，享受订阅、参加交易会等优惠。协会成员通过参与和代表参加委员会、会议和大会，向高级别的国家官员宣传他们的观点，从而影响关键的旅游政策决策。

在过去的二十多年里，希腊旅游企业协会已经成为一个有效率、有信誉的实体机构，作为世界旅游组织和欧盟经济社会委员会等组织的成员发挥积极的作用。

（二）旅游业对希腊经济的贡献

根据希腊旅游企业协会和希腊银行每年发布的数据可知，旅游业是希腊经济的主要贡献部门，也是促使希腊不断提升其全球竞争力的重要产业。早在 1993 年，英国《经济学人》就将旅游业定位为希腊所能获得竞争优势的为数不多的选择之一。希腊未能发展强大的工业产业经济，未能为出口农业建立合适的分销渠道，旅游业的发展经常被认为是其主要原因。旅游业是希腊减少国际收支赤字、促进就业、创造收入和带动区域发展的重要动力。

旅游业将多种行业联系在一起，在国民经济中广泛分配经济效益。希腊旅游企业协会报告显示，2013 年，旅游业直接为希腊经济贡献了 85 亿欧元，相当于 GDP 的 5.3%。2014 年，约有 2200 万国际游客访问希腊，产生了 134 亿欧元的收入。而在 2016 年“旅游业对经济的贡献”的统计中，希腊在 185 个国家中排名第 29 位。旅游业对希腊 GDP 的直接贡献为 132 亿欧元，占 2016 年 GDP 的 7.5%。与旅游业相关产业对 GDP 贡献总额为 328 亿欧元，占 GDP 总额的 18.6%。旅游业的资本投资份额为 15.7%，相当于 32 亿欧元。2015 年希腊吸引了 2650 万游客，2016 年希腊入境旅游人数同比增加了 5.1%（包括邮轮游客的增幅则为 7.5%），成为欧洲和世界游客最多的国家之一。2017 年希腊旅游业收入为 146 亿欧元，比 2016 年增长了 10.8%。2018 年旅游业收入继续增长，超过 160 亿欧元。

根据希腊银行公布的数据，2018 年国际游客对希腊的贡献超过 160 亿欧元。2019 年上半年访问希腊的游客平均花费的金额比 2018 年同期增加了 15.9%。其中，德国游客人均花费 943 欧元，英国游客人均花费 752 欧元，法国游客人均花费 358 欧元。2019 年上半年美国游客在希腊平均花费 389 欧元。①

希腊就业也高度依赖旅游业。据世界旅游协会（WTTC）数据，2013 年希腊旅游业直接雇用约 32 万人，占总就业人数的 9.1%。2016 年旅游业的直接贡献为 42.3 万个就业岗位（占总就业岗位的 11.5%），估计 2016 年旅游业总共贡献 86.05 万个就业岗位，占总就业岗位的 23.4%，包括酒店、旅行社、航空公司和其他客运服务（不包括通勤服务）等行业的就业。

第二节　旅游业对经济社会的影响

一　旅游业改变了希腊传统的生活方式

旅游业在希腊的重要地位不言而喻。虽然旅游业不是改变风俗习惯和

---

① Tasos Kokkinidis, “Increase in U. S., German Visitors Boosts Greek Tourism Revenues”, https: //greece. greekreporter. com/2018/08/22/increase-in-u-s-german-visitors-boosts-greek-tourism-revenues/.

文化的唯一因素，但是却是不容忽视的因素之一，其快速发展不仅为当地的社会经济和文化带来了诸多改变，而且对传统的风土民情也产生诸多影响。旅游业改变了希腊当地的社会结构和经济关系，新的城市类型取代了传统的封闭的农业结构。但随着旅游业带来各种红利的同时，其负面影响也悄然发生。

（一）社会结构和文化的变化

旅游业在某种程度上使男性的地位下降。家庭作为小型的经济单位，在旅游发展中获得的收入改变了家庭中父亲的主导地位，妇女和年轻人则在旅游目的地发挥越来越重要的作用，年轻人或受教育程度高的人在家庭中的角色得到提升，新的家庭类型慢慢取代传统的家庭结构。

与此同时，地中海典型的“封闭”农业结构、传统的庆祝活动等也逐渐被城市化的消费模式和娱乐方式取代，旅游业的发展带来了新的消遣方式，比如餐馆、酒吧等场所深受年轻人喜爱，他们更希望快速发展旅游业，认为这是进入现代化的“门票”。年轻人往往积极参与到所在地区旅游业所带来的社会和经济变化的所有进程中，一种新的“城市化”的社会结构形成。

另外，由于财富和权力长期集中在相对较小的社会群体中，希腊社会的流动性非常有限，而旅游业提供了更多的就业机会和更充足的收入，使社会财富向更广泛的人群转移。一方面，财富扩散扩大了中产阶级的范围，使社会的评价标准由传统的教育、家庭、职业等标准，向着收入水平转移；另一方面，财富扩散降低了教育作为社会流动的主要手段之一，加速了社会流动。

旅游业也带来了一些负面影响。社会学学者研究表明，“道德问题”“对年轻人的不良影响”“风俗习惯被改变”“家庭被破坏”“年轻人的自由问题”以及“纠纷”和“酗酒”等问题，经常出现在旅游目的地的登记簿上，而社会关系也由游客的来去而深受影响，这在两性关系和年轻人对追求自由与传统家庭之间的关系上表现尤为突出。

（二）促使新的经济结构产生

20 世纪 70—80 年代，迅猛发展的旅游业对经济结构的影响较为明显。从农业经济到“旅游化”的生产结构的过渡阶段是在 20 世纪 70 年代初确定的，但在随后的几年里逐渐得到巩固。旅游业直接或间接地为社会中几乎所有的阶层提供了主要收入来源，提供了丰富的就业岗位。随着旅游业的昌盛，全职农民或体力劳动者的人数正在减少，而兼职农民和受雇于小型旅游企业的人数逐步增加。[①] 一个所谓的农民通常可以耕种自己的土地，同时销售农产品和从事酒店服务，也出租房屋或者是船，而他的妻子既可以照看出租的房子，也可以是酒店的清洁女工，还可以将自己的手工艺品卖到商店。他的孩子可以在餐厅做服务员，也可以帮忙租船、钓鱼等。[②] 由此，旅游业以不同的方式促进了当地经济的转变和第三产业的主导地位。[③]

二　旅游业中存在的问题

（一）长期发展规划的缺失

业界评论认为，希腊旅游规划部门对旅游活动没有长远的战略眼光，这是后续出现很多问题的根本性原因，如旅游业规划进程的导向性明确，政府方案前后不一致，政策几乎完全缺乏可控性，基础设施缺失无法满足日益扩大的需求等。由于缺乏对希腊旅游业及其影响的科学评估，当局无法制定可量化和可衡量的旅游政策，因此，他们的政策是基于主观和个人的判断，很少遵守反馈做法。此外，界定不清的旅游政策、目标、规章和标准的执行往往倾向于适应游说和政治压力。

希腊政府旅游机构的不稳定性是其旅游业缺乏长期发展规划的主要原因之一。自1966年以来，希腊国家旅游组织的领导层发生了数十次变动，每位秘书长平均留任13.8个月。1992—2010年，希腊旅游企业协会有48位不同的领导人，平均任期不到5个月。政府机构的不稳定及部长的不断变动，在主要政策和条例制定方面造成很大的影响。过多的政治干预导致希腊旅游政策发展的严重不一致性，阻碍了长期政策的制定或改革的发展。发展部和国家旅游组织的大多数政策侧重于吸引更多的游客，而没有

---

① A. S. Kalliga and A. N. Papageorgiou (eds.), *Mykonos-Dilos-Rinia*, *Land-planning Study*, Athens: Governmental Policy Ministry, 1972.

② Bidgianis, K., The Effects of the Carras Company Intervention in South Sithonia, *Economy and Society*, 1979, pp. 25 – 35.

③ Tsartas, "Tourism Development in Greek Insular and Coastal Areas: Sociocultural Changes and Crucial Policy Issues", *Journal of Sustainable Tourism*, Vol. 11, No. 2&3, 2003.

制定针对特定的社会经济群体的项目。因此，迫切需要在一个折中的战略总体规划的指导下，对专业管理的公共部门进行“去政治化”。

（二）基础设施配置不当

面对增长的旅游需求，希腊政府为20世纪90年代迅速兴起的酒店和公路建设、海滩环境改善，文化节庆发展等旅游项目提供低息贷款。所有的地方政府和沿海地区的州府都提供了大量的基础设施、服务以及与特殊兴趣和另类旅游相关的有组织的活动。希腊每年举办的两届旅游博览会主要针对国内旅游市场。这些项目在短期内是充分的，但基础设施服务跟不上游客日益增长的需求。1995年对希腊酒店质量的研究显示，70%参与调查的酒店没有“质量测量或质量实现系统”，而全部的酒店都没有咨询服务，而且不熟悉国际ISO－9004－2系统。没有质量标准或者服务精神，这使希腊的旅游业很难吸引高端游客。①

据欧盟统计局统计，1993年希腊在营业的餐厅约有2万家，同时还有很多的餐饮和娱乐场所在营业。此外，全国约有7000家旅行社、1500家长途汽车租赁公司和4000家汽车租赁公司。截至2013年12月，希腊在运营的有26500家餐厅、3855家旅行社和长途汽车租赁公司，以及4560家汽车租赁公司，正式住宿场所有9670个，总床位77.1万张。游轮提供了1.6万张床位，游艇提供了1.32万张床位。从20世纪90年代到2000年之后酒店床位增幅达40%，然而，增加的床位大多是B级和C级。

在分布上，2000年，希腊中部、克里特岛和多德卡尼斯岛三个地区的酒店床位占总供应量的约53%。由于雅典阿提卡作为旅游目的地的吸引力降低，这一数据持续下降。而与此相反，克里特岛和多德卡尼斯岛继续增加床位数量。总体而言，酒店床位区域分布的数量进展并没有在一定程度上促进区域发展，其主要原因是缺乏对旅游发展的长期规划。

低效的规划还可以从酒店房间的供求失调中看出。在2000年，供过于求的比例相当于全国总容量的15%。2009年，供过于求的情况占到了总容量的30%。旅游活动已经集中在四个主要的地理区域，这不利于平衡各地区的经济利益，特别是对曾受过严重经济危机的地区来说。

① Pirounakis, Nicholas G., *The Greek Economy*, New York: St. Martin's Press, 1997, p. 233.

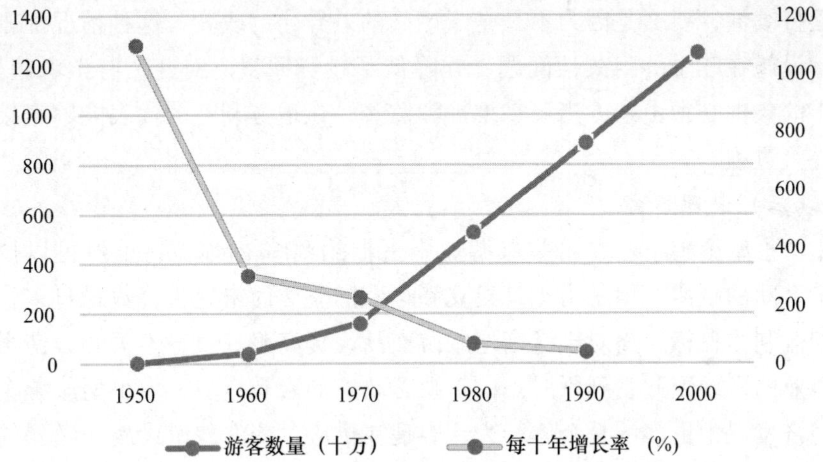

图 II－6－2 1950—2000 年，希腊入境旅客增长情况

资料来源：SETE，GNTO。

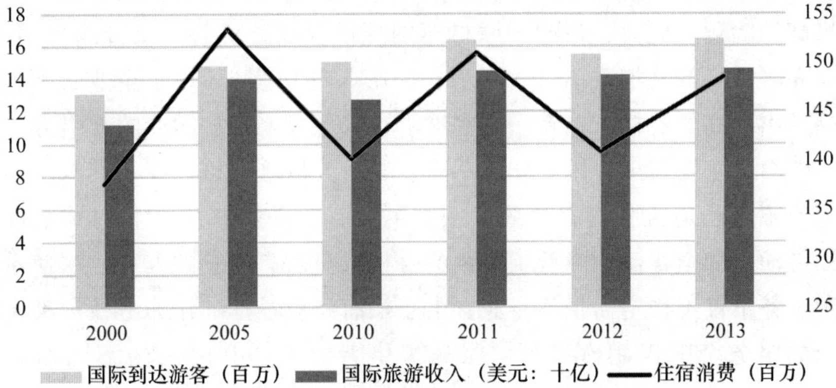

图 II－6－3 希腊入境旅客、收入及留宿情况

资料来源：希腊统计局（HSA），2014。

通过图 II－6－3 可知，希腊旅游业面临较高的需求。然而希腊的一般基础设施在过去几十年里一直无法支持旅游上层建筑的增长，旅游旺季的交通、供水、污水处理，以及警务和医疗服务上的压力让希腊的基础设施服务捉襟见肘。每年在 7 月、8 月和 9 月三个月里，有超过 50% 的人在这段时间里陆续抵达希腊。任何缓和季节性的努力都没有效果，要么是因为缺乏持续性，要么是因为不是基于产品的差异化的改变，这种情况加剧了基础设施在旺季的耐久性问题，并降低了投资回报。对此，有学者建议，城市的条件必须由地方当局来维护和监督，让地方利益的代表能够直接参与决策过程。

（三）管理不力

中小型旅游企业在希腊旅游业中占据约80%的地位，虽然可以拉近与游客间的距离，但是由于其建立和运营的立法尚未完善，数量过多，以短期盈利为目标，而对丰富当地旅游产品、提高服务质量不关心，使当地旅游业的发展因此受到掣肘。由于缺乏政府的宏观指引，中小型旅游企业在经济发展中更多的是个体行为，表现在供应过剩的旅游设施，激烈的价格竞争，缺乏敬业精神，缺乏与旅游地之间的合作，从而导致了各个领域的问题如体验质量下降、游客满意度不高、推广和分销不当等。

大多数度假村位置偏远，供应商难以到达，因此，这些地区的物资需要从其他地方进口必要的原材料，因而中小企业经常面临运输、采购等成本过高的问题。同时，在购买原材料的规模上缺乏优势，议价能力不强，缺乏先进设施等又加重了这一问题。这在本质上意味着中小企业必须为其产品开出更高的价格，这在一定程度上也降低了当地旅游业的吸引力。

中小企业规模小、任务分工不清、专业人员培训机会少，其暴露出的人力资源匮乏是希腊旅游业的又一大弱点。由于希腊旅游业的季节性特点，劳动力的全年流动降低了可用的合格人员和有经验的人员，这使希腊旅游服务不仅不稳定而且不专业。由于没有将质量标准作为考核标准，旅游业的服务会随占用率高低、服务提供者的不同和时间的不同而有所不同。

希腊的旅游产品很大程度上依靠旅游运营商将其分销到国际市场。欧洲旅游运营组织总揽多种旅游产品，其中包括有针对性的度假胜地，约有800家旅行社负责经销希腊的旅游产品，7000多家入境旅行社作为经销商为游客们提供各种各样的旅游服务如组织短途旅行、货币兑换、预订酒店等。他们通常一边在游客和酒店之间充当谈判家，一边与运营商在旅游目的地的代表进行合作。20世纪80年代之后，“太阳和海洋”的旅游模式深受游客追捧，游客们的喜好使希腊旅游业成为一种深受季节影响的产品，这也使希腊当局被迫依靠旅游运营商来提供销售渠道为他们推广和分销产品。

无论是中小型旅游企业还是旅游目的地本身过度依赖运营商，旅行社在分销渠道内拥有巨大的权力，他们不仅能够决定希腊旅游产品的种类、营销、分销，甚至定价组合等。希腊旅游业的销售活动没有明确的政策目标作为指导，是因为缺少有效的旅游信息反馈和游客评估，其本质是缺少长期营销战略作为指导。

（四）单一的产品分配

希腊旅游运营商倡导的“太阳和海洋”的旅游模式强化了希腊旅游业的季节性，将盈利季节相对严格地限制在具有关键性季节性的三个月。

季节性是希腊旅游业发展显而易见的瓶颈之一，这透露出希腊旅游业现有的发展潜力。随着希腊旅游业的发展、“太阳和海洋”旅游模式的推广，希腊吸引了一些倾向于经济型的游客，对低成本和低质量项目选择的游客也在增加，而希腊当下基础设施的设计也是迎合了这一需求。旅游人口没有发生变化，但人均旅游支出下降。

尽管西欧市场仍然对“阳光和海洋”的旅游模式感兴趣，但他们对希腊提供的旅游产品并不感到满意。这一情况使希腊旅游业面临必须改变当前产品类型或者寻求新市场的问题。希腊政府最初的目标是，通过提高基础设施水平，增加高尔夫、海洋疗法和游艇码头等项目来延长旅游季节。在支持性的旅游基础设施层面，会议中心、游艇码头、高尔夫球场、疗养中心等的增加确实有助于减少旅游的季节性差异，提高回报率，但目标市场的不明确却使之难以适应旅游项目成本增加的现实。

（五）环境问题突出

旅游产业的特殊性决定保证其产品品质最重要的因素之一是环境，包括自然环境和人文环境。环境质量是希腊吸引游客的关键因素，而环境降级会影响游客的到访，使旅游业的经济增长受到损害。大多数希腊旅游目的地由于规划不足而遭受前所未有的开发，沿海污染、水资源短缺、污水处理、废物处理、交通堵塞、噪音污染、过度建设和美学退化等问题，对旅游业的可持续性造成严重的负面影响。

另外，旅游地理位置集中对旅游热点地区的环境和文化遗产造成了破坏。以雅典为例，城市建筑和居住环境过于密集，建筑随意建设而不受管制；对体育设施、历史文化古迹等维修不足；交通问题严重，停车位缺乏；

绿化太少，污染随处可见；海洋污染和动植物正受到废物处理的影响。许多旅游目的地不仅出现环境污染的问题，而且审美退化等问题也十分突出。

旅游业作为推动希腊经济发展的杠杆，有义务在保护自然和文化环境的框架内，最大限度地提高收入和就业水平。从 20 世纪 90 年代开始，希腊旅游业政策的关键问题是努力促进旨在实现旅游业可持续发展的政策和行动。在环境保护方面，希腊政府和地方政府已做出很大努力。在希腊各地的旅游区，处理环境保护或保护文化遗产的机构数目大大增加，使用质量管理标准的企业数量有所增加。一个典型的例子是 Grecotel 连锁酒店使用了结构化的环境管理和保护项目。除此之外，该连锁店还增加对员工和游客的培训，增加对当地文化遗产的推广。①

环境保护是可持续发展的前提，可持续发展模式的生存能力构成当地旅游产品的基本要素。希腊沿海和岛屿地区在建造废物处理网络方面已经大量投资，生态旅游品种不断增多，例如徒步旅行、观鸟、生态旅游信息中心、环境培训研讨会等替代传统大众旅游活动的项目正在兴起；负责保护动植物及文化遗产的超本地机构，如世界自然基金会等机构在环境敏感区也在发挥作用。

第三节　旅游业发展新战略

一　旅游业发展新战略规划

由于希腊旅游业完全由市场支配而无序发展，没有宏观调控作为指导，产生了严重的结构性问题。② 私营部门缺乏足够的管理技能，难以承担责任，在缺乏政府部门的发展计划为指导的背景下，几乎完全依靠旅游运营商来推销其产品和服务，这必然导致希腊旅游业的竞争力下降。为此，希腊旅游业需要多元整合，所有相关机构都参与到旅游项目设计、资源分配中。部门之间通过提高其管理和营销能力密切合作以实现协同效益和规模经济，更好地促进旅游业的繁荣，而这从根本上需要具有一贯性的

---

① Middleton and Hawkins, *Sustainable Tourism: A Marketing Perspective*, London: Butterworth-Heinemann, 1998, p. 155 – 160.

② Tsartas, "Tourism Development in Greek Insular and Coastal Areas: Sociocultural Changes and Crucial Policy Issues", *Journal of Sustainable Tourism*, Vol. 11, No. 2&3, 2003.

长期发展战略作为指导，以增强希腊旅游的竞争力。

因此，关键的一步是确定一个明确的竞争性战略，旨在为希腊旅游业在全球旅游市场建立一个具有营利性和可持续性的地位。2017 年希腊旅游协会提出了“旅游战略计划路线图”，争取到 2021 年实现游客达到 2200 万—2400 万人次，直接收入达 190 亿欧元；规划了六大优先发展的旅游产品：阳光与海滩、城市休闲、海上旅游、医疗旅游、会展旅游及文化与宗教。重点城市是雅典和塞萨洛尼基。同时加强文化与农业、文化遗产与风俗的联动。①

“可持续性”成为希腊旅游业发展新战略最突出的关键词，可持续性也是希腊旅游业发展新战略的总目标。政府通过投资、监测、协调、管制，以及评价公共和私营部门的行动和做法，以适当的管理方式和全面的旅游管理系统为手段，确保促进和执行旅游战略的实施。该战略秉持以下原则：（1）提高游客的满意度，吸引游客到访；（2）加强希腊旅游业的持续盈利能力和竞争力；（3）希腊成为可持续发展的旅游目的地，确保希腊本土人口的繁荣。

希腊旅游企业协会认为，首先需要适当的政策指导和制度手段，这是应对挑战和解决问题的先决条件。希腊旅游业需要建立适当的结构，并为之提供适当的人力和财力支持。政府必须在旅游目的地进行宏观管理，加强各部门协作。在营销领域协调不同经营者，开展制度安排和行政层面的旅游政策和活动指导。

其次，每个旅游目的地，包括独立的旅游空间，城市、岛屿、行政区域等，都需要制定适应当地特点的总体战略，即差异化战略，定义自己的市场并有针对性地服务于此；明确一系列旅游产业的战略方向、目标和任务，通过差异化实现目标定位，以提高消费者满意度，并实现相关利益最大化。具体来讲，旅游目的地在建设旅游品牌的前提下，开发具有特色的旅游产品，实现独特的“旅游产品效益”，吸引愿意支付旅游服务价格更高的旅游者，评估其资产和优势，划分目标市场，提升旅游目的地的竞争优势。

---

① SETE Announces Renewed Strategy for Greek Tourism，http：//news. gtp. gr/2017/09/20/sete-announces-renewed-strategy-for-greek-tourrism.

最后，制定有效的市场营销策略，延长旅游时间，冲淡季节性效应。加强旅游企业协会的专业性，利用其规模小，灵活性高的特点，减少社会文化和环境损害，改善环境，而对于过度开发的目的地，最终目标应该是恢复区域资源，恢复和重新定位目的地。旅游目的地充分利用信息通信技术在旅游领域提供的机会，发挥潜力并和媒体合作开展在线营销活动，发展城市旅游，开展特色旅游，开发新市场，吸引外资投资等。

二　新战略规划的政策措施

（一）发展城市旅游

城市旅游是一种新型的旅游形式，是旅游业国际化和新趋势的产物。根据欧盟的一项调查显示，20%的旅行者首选城市旅游。根据这项调查，城市旅游业在2010年和2011年分别增长了12%和16%。这种旅游具有巨大的经济效益和社会效益，这也是中央政府和地方政府大力推广的原因。①

希腊各旅游目的地提供新的旅游产品并分析每个地区或城市的优势分布，这对于发展城市旅游，特别是树立城市品牌和发展城市营销具有特别重要的意义。根据不同产品在城市旅游中的决定性地位，将之进行划分，这有助于了解游客对不同城市的不同产品的满意度。旅游产品区可分为初级产品、二级产品和附加产品。初级产品可能是最能使一个城市成为值得游览的地方。二级产品可能是不会促使游客前往一所城市的产品，但它们对塑造游客的整体体验有不可或缺的作用，比如购物。附加产品则主要是指游客在进行游览活动时所使用的基础设施，如公共交通和旅游信息服务等。

城市营销中最重要的一项是最大限度地提高品牌知名度。需要传统媒体和新媒体传播相结合，线上线下宣传相结合。制作不同语言的手册并且定期更新；出版旅游指南；在塞萨洛尼基港、马其顿机场、城际公交车站、火车站候车室等处张贴广告；在报纸、杂志和旅游网站上发表文章；制作纪录片和广告，利用国内外媒体，比如旅游频道、国家地理等，开展

---

① Krassimira, A., Paskaleva-Shapira, New Paradigms in City Tourism Management: Redefining Destination Promotion, *Journal of Travel Research*, Vol. 46, Issue 1, 2007.

旅游宣传活动；利用社交媒体的网页如 Facebook、Twitter 等进行宣传；参加博览会或旅游沙龙，等等。

一个有力的监督组织机构在城市营销中是不可或缺的，其既负责协调旅游目的地所有的旅游行业参与者，又通过实施、监测和评估当地的旅游战略营销计划，为特定细分市场创造以利基旅游形式的新旅游产品来提高城市的竞争力。希腊中小旅游企业曾对希腊旅游业进行了全面研究，为希腊旅游业可持续发展制定一项计划，该计划的一个思路是建立一个为政府部门管理旅游业的新组织，设立一个独立的旅游部，由至少任职 5 年的旅游秘书长负责管理，并在所有“共同主管部门”设立旅游秘书处。每个地区都可以关注最适合其资源的特定类型的旅游，由专家组成的旅游地管理组织（DMO）促进区域工会与公共和私营部门之间的有效沟通，以确保在每个区域进行有效的监督和质量控制。①

根据游客信息细分旅游市场，这对营销非常重要。对于城市/周末旅游，专家建议可以采用成本领先战略，将高促销与低价格产品相结合。对于国会旅游模式，建议采用差异化的策略，将中档促销与低价相结合。在健康和宗教/朝圣旅游方面，则建议采用成本领先战略，注重提供低价和高价值的产品。②

塞萨洛尼基市是希腊第一个推出城市标志的城市，“Many stories, one heart”（一个中心、纷呈的故事）是其 2012 年的宣传语。经过数据分析得出，对塞萨洛尼基市特别感兴趣的游客主要来自土耳其、俄罗斯、以色列、塞尔维亚和保加利亚等国。

另外，在基础设施上，加强保护城市文化遗产，增加公共空间的绿化面积；改善所有码头、铁路、城际巴士和航线的服务和条件，以及市内交通服务状况；创造符合高标准的新的住宿场所，使现有的住宿基础设施现代化，并充分利用所有的古典建筑，以突出当地特色和城市特色。

（二）开发新市场吸引新客源

希腊旅游企业协会认为，虽然欧洲的中产阶级正在萎缩，但是亚洲的

---

① SETE Announces Renewed Strategy for Greek Tourism, September 20, 2017.

② Efstathios Velissariou and Theoharis Gkougkoulitsas, Tourism Marketing Strategy for the City of Thessaloniki, Greece, Tourism, Hospitality & Events: Border Crossings and Inter-connections, 2017.

中产阶级预计将会大幅增长，因此，将根据亚洲游客偏好观光和购物等活动，挖掘亚洲市场的巨大潜力。

2010 年，希腊文化和旅游部宣布，在雅典奥运会和北京奥运会之后，希腊与中国市场建立更为紧密的联系。希腊是最受中国人欢迎的旅游目的地之一，中国是希腊旅游庞大的潜在市场。希腊将大使馆作为纽带，为中国游客提供路易邮轮①的信息，开辟新的旅游机会。挖掘中国市场潜力，吸引更多中国游客的到访，这对于推动希腊海洋旅游业发展具有重要意义。基于此，希腊最大港口比雷埃夫斯港致力于吸引更多中国游客。

俄罗斯市场是希腊旅游业的另一个目标。2010 年希腊旅游部与俄罗斯旅游部讨论促进俄罗斯人前往希腊旅游的计划，该计划包括：在俄罗斯主要城市开设更多签证中心；支持从俄罗斯提供更多包机，以便将希腊确定为俄罗斯公民的年度独家旅游胜地。据估计，这些措施可以将俄罗斯旅客人数从 30 万人次增加到 100 万人次。俄罗斯游客将会受到体育、宗教、会议和农业旅游项目的吸引，这可能会降低希腊旅游业的季节性。经过这些努力，俄罗斯市场已经卓见成效，2018 年俄罗斯抵达人数比 2010 年增加 20%。

印度也是希腊未来旅游业的新兴市场之一。印度有庞大数量的中上阶层，他们倾向于选择希腊作为度假胜地。尤其是圣托里尼，独特而优美的自然环境和热情的当地人民，使得很多印度人在此举办婚礼。近年印度访问希腊的人数从 2 万增加到 3 万。没有更多增长的主要原因是两国间没有直航。

2018 年，希腊为来自土耳其的游客签发一周的群岛入境签证。欧盟对希腊旅游予以大力支持。欧盟委员会同意继续为来自土耳其游客和来自第三国的游客签发为期一周的希腊群岛访问签证，该方案对岛屿经济发展具有重要意义。

（三）吸引外国投资

希腊旅游业具有突出的季节性特点，但也表明在必要的投资和提高竞争力的假设下，希腊旅游业具有很高的增长潜力，可以采取激励类型的投资的进入，引进新的旅游产品如医疗旅游、农业旅游、葡萄酒旅游、宗教

① 这是一种地中海邮轮，专为亚洲游客设计的邮轮。

旅游、海洋旅游、公寓酒店、青年旅馆，综合开发旅游领域，丰富旅游目的地的旅游项目。在某些情况下，这有必要为某些旅游产品的立法提供支持。例如2014年，一项对农业旅游制定标准的法律确定，为适当的投资提供了法律依据。为了增加经济份额和国民收入，希腊必须改善投资政策，旅游业的投资范围除了一般的、专门的基础设施如酒店、床位和专业旅游基础设施等领域外，还应扩大到与旅游有关的新技能和新教育方面。

希腊旅游业受到外资的青睐。2019年新民主党政府执政后决定加快旅游业私有化进程。2019年8月，希腊发展与投资部决定对雅典旧机场Hellinikon赌场进行国际竞标。该赌场被誉为欧洲首个综合赌场度假村，度假村含有游戏综合酒店、会议设施、娱乐节目、主题公园、奢侈品零售购物和美食等设施和活动内容。位于雅典市外的Hellinikon赌场占地面积约15000平方米。

这个项目包括基础设施建设以及为期30年的赌场经营执照，预计需要投资超过10亿欧元，仅赌场特许经营权就可能需要成本超过5亿欧元。云顶大马（GENM）、硬石娱乐集团（Hard Rock Entertainment）、金神赌场集团（MGE）、凯撒娱乐（Caesars Entertainment）都提交了有关赌场执照和产业租赁条款的建议书，要求希腊官员放宽土地租赁条款。Lamda集团在2019年9月18日宣布，其董事会将召开特别股东大会，就对雅典旧机场项目增资6.5亿欧元进行决议。

（四）发展邮轮项目

邮轮产业是旅游业中增长较快、附加值较高的部分，包括邮轮设计建造、邮轮运营、邮轮港口运营以及相关的配套行业和服务行业，与产业链的结合是提升邮轮产业经济效益的有效途径。

希腊的港口众多，而比雷埃夫斯港是希腊最大的邮轮港口，也是地中海最大的邮轮港口之一，三分之二以上的旅客在此过境。该港口拥有专用邮轮普遍所需的基础设施，并提供广泛的服务。由于许多重要的旅游景点近在咫尺，这也使它成为吸引游客的旅游目的地之一。2018年10月，希腊旅游业联合会发布的数据证实了海上旅游业对希腊经济的重要性。根据这些数据，近年来，海上旅游项目包括海上航行、游艇和客运约占希腊GDP的3.5%。2017年，超过460万人乘坐3415艘船（主要是游轮）访问了希腊港口。希腊共有22座游艇码头，有170052艘船只在此注册。

虽然如此，当地从邮轮上获得的经济效益仍然较低。一是因为游客在此过境停留时间较短，因而消费有限；二是相较于比雷埃夫斯，雅典对游客们的吸引力更大。为此，比雷埃夫斯市政府确立了城市品牌“目的地——比雷埃夫斯”，举办以邮轮旅客为对象的活动和文化活动，以鼓励邮轮旅客来港旅游。为了吸引游客和发展邮轮项目，当地政府采取了一系列措施：店铺开放时间更具灵活性、在港口附近提供更有针对性的商店、食品和饮料店等。随着港口管理局私有化的完成，地方当局和其他与本地邮轮利益相关者加强合作，为比雷埃夫斯提供了更全面的服务和协调一致的解决方案。[①]

其他问题如对于来到比雷埃夫斯的游客来说，想要到城市中心或其他地方缺少公共交通工具，而公共汽车的路线、车站牌、时刻表没有翻译，交通拥挤。这些问题在一定程度上降低了比雷埃夫斯的吸引力。因此，加强与其他项目的合作，提高比雷埃夫斯港的吸引力，建设便捷的公共交通，提供英语指示牌，将是发展邮轮项目的基础。

第四节 前景：挑战与机遇

2017 年底，世界旅游协会评估，根据通货膨胀调整，旅游业对希腊国内生产总值的贡献从 2012 年的 285 亿欧元增加到 2017 年的 350 亿欧元，增长了 23%。据分析，十年内这一数字将再增长至 56%，达到 547 亿欧元。[②] 2019 年 7 月 25 日，希腊总理米佐塔基斯强调，要充分挖掘希腊旅游业的潜力和优势，因此需要制定明确的发展目标和清晰的时间表。希腊旅游部长埃莱娜·库图拉（Elena Kountoura）表示，计划通过鼓励新的投资加大欠发达旅游区的旅游活动。

希腊旅游业的优势在于其丰富的自然和文化资源，拥有具有灵活性的旅游供应商，有可靠的健康和卫生系统，以及企业和家庭的高度参与，可以提高服务质量，增加来访游客的满意度。希腊旅游业的主要机遇是信息

---

① OECD, *Cruise Shipping and Urban Development*: *The Case of Piraeus*, 2017.

② 希腊经济新闻，2017 年 12 月 11 日，https：// greece. greekreporter. com/2017/12/11/data-shouw-further-growth-in-greek-tourism-and real-estate/.

技术支持、运输成本低、旅游需求趋势相对稳定、基础设施建设持续发展，以及中国和俄罗斯等新兴市场的潜力逐渐得以挖掘。希腊旅游业的主要缺陷体现为管理和销售方面问题多、缺乏规模经济和质量标准、成本较高、规章和条例不完善，以及季节性问题突出。面临的威胁主要有环境恶化、供应过剩、地缘政治危机以及恐怖主义活动等。

一　希腊旅游业面临的挑战

单一的大众旅游模式主导下的希腊旅游业优势在下降，其降低了当地利益相关者对其土地和资源的控制，危及其预期效益和未来的繁荣。这不仅与相关旅游产品的生命周期有关，而且也与企业之间、同一地区（例如同一岛屿上）不同区域之间、国家的不同地区之间或国家之间的激烈竞争有关，行业内同类型产品的供应也存在同样问题，因此出现了收入停滞或减少的现象。廉价的和无差别的 3S（Sun，Sea，Sandy）旅游目的地使希腊的竞争地位逐渐下降。希腊正面临着传统和新兴旅游目的地之间竞争的困境，需要通过改进模式、产品差异化和丰富希腊旅游产品，在全球市场重新定位，必须制定具有一致性的长期战略规划以实现旅游目的地的可持续性。

希腊旅游业有两个显而易见的特点：国际游客的季节性和对航空运输严重依赖。一方面，强烈的季节性需求导致基础设施供不应求，另一方面，在大多数地区，旅游季节一般为 3—4 个月的时间，这种状况又使得基础设施不能充分利用，也因此很难实现投资的全面回报。如果改变或升级大众旅游模式，季节性问题将会得到更好的解决。

中小旅游企业与旅游目的地之间的相互关系非常明显，一个旅游目的地的缺陷会具象地反映在中小旅游企业的竞争力上，反之亦然。随着纵向一体化的国际旅游组织获得对当地企业的控制权，其利用全球化将权力集中在更少的旅游运营公司的做法，也将威胁到希腊中小旅游企业的生存。中小旅游企业面临过于依赖旅行社、没有稳定的政策规则和条例作为规范、成本增加及地面运输基础设施不足等问题，同时也缺乏促进环境可持续性的专业知识和专业精神，这些都在一定程度上导致了盈利能力的降低。因此，增加中小旅游企业与旅游目的地之间的配合和协作，确定质量标准，成为紧迫的任务。

自然环境和建筑环境的降级是一个更加严重的问题，而政治干预往往会妨碍中小旅游企业的发展，需要在保持中小旅游企业灵活性优势的基础上，政府投资对其进行专业化培训，提升专业能力、经济规模和议价能力。另外，地区局势不稳定等外部因素也将影响希腊旅游业的稳定性。

二 希腊旅游业未来的机遇

希腊旅游业面临着广泛的问题和挑战，这些问题和挑战威胁着希腊旅游业提供高产品质量和旅游体验的能力，也威胁着希腊旅游业为国家繁荣做出贡献的能力，但希腊旅游业也具备不少优势条件。

研究和调查表明，关于受访者未来再次赴希腊旅游的主要原因："海滩/阳光"仍是多数人的选择，这证明了希腊的"海滩和阳光"项目是其优势所在，因而需要充分挖掘旅游目的地的优势，利用当下的机遇，以加强希腊旅游业的竞争力。

首先，信息和通信技术（ICTs）的发展为旅游目的地和中小旅游企业提供战略宣传的技术手段和工具支持，使其能够有效管理其提供的信息、传播信息和建立分配机制，为城市品牌的树立提供有效支持。

其次，航运是希腊经济的重要来源，改进运输政策有利于旅游业的再发展。航空方面，放松航空运输管制和降低航空公司成本是有利的举措。例如，2013 年，希腊的瑞安航空（Ryanair）航班的开通，大大促进了经济增长。在海运方面，虽然过去旅游业航海项目已经取得成功，希腊平均每年吸引约 80 万名游客到此旅游，但由于限制非希腊船只，阻碍了国际游轮行业的潜在业务和收入。事实证明，在取消沿海运输限制法后，比雷埃夫斯码头的游轮套餐旅行停留时间增加了 73%。

此外，在没有访问另一个国家的情况下，沿海运输法禁止在同一国家上船和离船，这一规定使游轮航线过程复杂化，并阻止游轮线路将希腊纳入其行程中。

再次，希腊旅游业受益于全球旅游需求的持续增长，特别是来自新兴市场的需求，越来越多的人需要旅游和旅游服务，中小旅游企业的市场份额有望增加，因为它们往往比大型组织更能满足新兴专业的需求。另外，相比于只限于希腊范围内的旅行，包括开罗或伊斯坦布尔在内的旅游套餐，对来自中国或印度的游客更具有吸引力。旅游套餐是一个不断增长的行业，通过建立了若干伙伴关系，为那些因年龄、收入或残疾而被排除在休闲和教育旅行之外的人，提供一种旅行途径，特别是在欧洲旅游淡季期间，这一战略有可能促进希腊旅游业进一步增长。

希腊旅游业发展的机遇主要来自外部环境，因此希腊旅游目的地的规划、管理和营销人员应充分利用自己的优势和机遇，以获得旅游业可持续的竞争地位。

希腊旅游业的现状和未来发展分析：

优势 · 自然和文化景点/资源 · 旅游提供商具有灵活性 · 特制的产品交付方式 · 个性化与供应商的关系——消费者和员工 · 创业活动和家庭的参与 · 航空运输基础设施 · 健康和卫生系统	缺陷 · 管理和营销 · 依赖旅行社 · 缺乏规模经济 · 金融约束 · 季节性 · 缺乏人力资源管理 · 缺乏质量标准 · 高生活成本（一般） · 政策法规不完善 · 环境可持续性 · 地面交通基础设施
机会 · 信息技术 · 运输（低成本航空公司） · 增加旅游需求的大小 · 新兴市场，中国和俄罗斯 · 旅游需求的趋势 · 基础设施建设	威胁 · 环境恶化 · 供过于求 · 全球化 · 缺乏可见性 · 基础设施 · 政治危机/战争/恐怖主义 · 政治干预

资料来源：Buhalis，2001；Varvaressos Soteriades，2011；2013 年世界经济论坛。

第三篇
双边关系研究

第一章　双边关系的演进与前瞻

自1972年建交以来，中国与希腊两国高层互访频繁，政治互信稳固，双方相互理解并尊重彼此核心利益和重大关切，两国领导人间的密切交往对促进双边关系发展具有重要引领作用。中希关系发展成为全面战略伙伴关系。经济合作与人文交流是中希关系的两个轮子，海运和海洋合作是中希经贸投资合作的引擎。中希关系正在成为不同规模、不同制度、不同文化国家之间和平相处、合作共赢的成功典范。中希两国之所以能够和平共处与合作共赢归因于三大支柱：一是双方都从战略和长远把握双边关系，尤其是在事关各自核心利益的问题上坚定支持对方的正当立场；二是双方把共建“一带一路”视为两国共同的机遇，大力推进发展战略对接与优势互补；三是相互尊重，人文交流持续拓展。①

第一节　双边政治关系发展历程

一　中希建交

冷战两极世界格局一度阻碍了中希两国发展外交关系。尽管如此，东西两大文明摇篮的中国和希腊之间的文化交流并没有止步，一些希腊船东曾冲破国际禁运，帮助中华人民共和国运输物资。

中希建交的重大背景是国际格局的演变。20世纪60年代末70年代初，国际形势发生了深刻变化，美国释放出与中国改善双边关系的意愿，中国外交战略随之发生重大调整。1970年1月，中美恢复大使级会谈。

---

① 王毅：《中希关系是不同文明互学互鉴的典范》，新华社，2017年4月24日，http://www.xinhuanet.com/world/2017-04/24/c_1120859530.htm.

1972 年 2 月，美国总统尼克松访华，中美两国政府在上海发布联合公报，中美关系实现正常化。与此同时，经过长期的外交努力，1971 年 10 月，中国重返联合国并恢复了联合国安理会常任理事国地位。鉴于冷战时期中欧关系的“派生性”，中美和解消除了部分西欧国家在发展对华关系上的顾虑，因此，自 1972 年 3 月起，美国的欧洲盟友英国、荷兰、联邦德国等陆续同中国建交。

在此潮流下，1972 年 6 月 5 日，中华人民共和国驻阿尔巴尼亚人民共和国特命全权大使和希腊王国驻阿尔巴尼亚人民共和国特命全权大使，共同签署了《中华人民共和国和希腊王国关于建立外交关系的联合公报》，两国政府根据互相尊重主权和领土完整，互不干涉内政和平等互利的原则，决定自签署公报日起，互相承认并建立正式外交关系，在 6 个月内互派大使。希腊承认中华人民共和国政府为中国唯一合法政府。希腊与台湾当局断交，将其原驻台使馆改为“远东贸易中心”（1990 年又更名为“台北经济文化办事处”）。

中希两国建交后，双方政治关系保持稳定，经贸关系发展快速。1973 年，两国签署了《中希贸易支付协定》《中希海运协定》及《中希民航运输协定》等一系列协议。1979 年，希腊总理康斯坦丁・卡拉曼利斯访问中国，两国政府签署了科技交流与合作协定，双方建立了科技合作混委会，执行的合作项目涉及农业、能源、海洋学、生物、医学、基础科学等领域。1985 年，双方续签为期 4 年的文化交流协定执行计划。20 世纪 80 年代，中希两国总理实现互访，希腊总统、议长及外长等高官先后访华。中希贸易额从建交初期的 170 万美元，增加到 1989 年的 1 亿美元。

中希两国建交及双边关系得以持续推进源于一系列因素的推动，除了世界政治局势大背景之外，至少还有三方面原因。

一是 20 世纪 70 年代希腊外交政策因塞浦路斯问题而调整。1974 年 7 月，希腊军人政府发动推翻塞浦路斯共和国总统马卡里奥斯都主教的军事政变，企图将塞并入希腊，之后不久，土耳其以保护土族居民为由出兵塞浦路斯并占领塞北部领土，由此造成塞浦路斯被希、土两族分而治之的局面。由于美国等西方国家没有惩罚侵犯塞浦路斯的土耳其，希腊国内反西方声音强烈，卡拉曼利斯政府因此宣布退出北约，并且表达了希腊在经济和军事上要摆脱依赖美国的决心。在 1981 年 10 月希腊大选中，泛希腊社会主义党（泛希社运党）获胜，党魁安德烈亚斯·乔治乌·帕潘德里欧出任总理并组阁，宣称希腊将调整对单一集团一边倒的外交政策，反对一切军事集团，甚至主张希腊走南斯拉夫式的取向中立化的“第三条道路”。帕潘德里欧还呼吁美国希腊军事基地撤离。尽管泛希社运党上台执政后采取了务实政策，但仍倾向于实施多元外交政策。

二是中国恢复联合国安理会常任理事国身份与联合国主导解决塞浦路斯问题，提高了中国在希腊外交中的地位。捍卫塞浦路斯希腊人的安全被看作是希腊国家安全利益攸关问题，因而成为希腊对外政策的优先目标。土耳其出兵塞浦路斯后，在希腊政府的要求下，联合国成为塞浦路斯危机调解的主要场所，为此联合国专门任命了塞浦路斯问题特使，多次发布决议敦促外国军队撤离，并召集希土两个民族进行对话。联合国安理会于1975 年提出了第 367 号决议，这是一种基于联邦制式的解决方案。1983年联合国大会通过了第 37/253 号决议要求土耳其军队撤出塞浦路斯。1984—1986 年，联合国先后起草三份相关协议。

三是中国与欧共体建立外交关系，中欧经贸合作逐步加强，欧共体成为希腊与中国发展双边关系的新平台。冷战时期，欧共体在中国对外关系中处于“第二世界”的地位，中国支持欧洲联合自强。1975 年 5 月 6 日，中国与欧洲经济共同体建立关系。1978 年 2 月，欧共体与中国签订了第一个双边贸易协定。该协定规定双方相互给予最惠国待遇，成立了中国—欧共体贸易联合委员会。1983 年 11 月 1 日，中国与欧共体正式宣布全面建交。1985 年 5 月，欧共体与中国签订了第二个贸易与经济合作协定。该协定除了规定双方继续相互给予最惠国待遇外，还拓宽了双边经贸合作的领域，在工业、采矿、农业、科技、能源、通信和环保等方面继续全面合作。

同一时期，希腊政府调整对欧政策，从反对欧洲一体化转向积极加入欧共体。早在 1974 年 7 月卡拉曼利斯执政时期，希腊政府宣布加快进入欧共体进程作为希腊外交政策的最优先目标。1981 年 1 月 1 日，希腊正式成为欧共体成员。1981 年 10 月，上台执政的帕潘德里欧政府初期对欧共体持抵触情绪，认为希腊加入欧共体是服从西方大国的利益，但不久，帕潘德里欧改变了对欧共体的看法，重新将希腊的欧洲化作为外交政策的重点，采取了一系列与欧共体政治、经济和社会标准趋同的政策，支持欧共体引入防务和安全一体化原则和政策。

二　中希全面战略伙伴关系的建立

20 世纪 90 年代之后，中国和希腊不断加强政治对话与政治磋商，两国在政治、经贸、文化、科技和军事等领域的友好合作关系得到进一步发展。

2000 年 2 月 29 日，中国与希腊两国外交部在北京签署了政治磋商议定书，决定建立政治磋商机制。根据议定书，两国外交部原则上轮流在北京和雅典举行年度政治磋商，以全面评估两国关系，探讨发展两国紧密合作的途径和方法并就国际问题交换看法，以及双方外交使团在国际组织内加强合作和交换意见。2000 年 4 月，中国国家主席江泽民应希腊总统斯特凡诺洛斯的邀请，对希腊进行国事访问，这是自中希两国建交以来中国国家元首第一次访问希腊。两国领导人达成了进一步巩固和加强中希面向 21 世纪的长期稳定的友好合作关系的共识，致力于在新千年把中希互利友好合作提高到新水平。2002 年 6 月，希腊总理康斯坦丁·西米蒂斯正式访问中国，双方就经贸、科技、文化及奥运会合作议题进行讨论。希腊外长帕潘德里欧则于 1999 年和 2002 年先后两次访华。

由于政治关系的良好发展，中希贸易进一步密切。根据中国海关统计，2000 年中希贸易额达 6.27 亿美元，2005 年则超过 20 亿美元。自 21 世纪初起，希腊企业对华投资增加，双边经济技术合作加强。双方建立了政府间经贸混委会，定期商讨双边经贸合作事宜。

政治互信也促进了中希双边军事交流与合作。1996 年，国务委员兼国防部长迟浩田过境访问希腊。1997 年 3 月 15 日，因为阿尔巴尼亚内乱严重，中国驻阿尔及利亚使馆紧急安排华人撤离回国。在紧要关头，希腊政府伸出了援助之手，决定派军舰协助中国人员撤离。1997 年 11 月，希腊国防部长访问中国，这是两国建交后第一位来华正式访问的防长。1998 年 8 月，希腊国防总参谋长访华。2002 年 3 月，中国中央军委副主席兼国防部长迟浩田访问希腊，签署了中华人民共和国国防部和希腊共和国国防部军事领域合作议定书。2002 年 7 月，中国海军环球航行舰艇编队首访希腊。2005 年 8 月，希腊国防部长率团访华。中希两军之间其他级别的交往日益增多。

随着政治磋商、经贸合作、文化及军事交流的逐步加强，中希全面战略伙伴关系的建立水到渠成。希腊总理科斯塔斯·卡拉曼利斯于2006年1月19日至21日对中国进行了正式访问，其间，中希两国发表了《关于建立全面战略伙伴关系的联合声明》。按照声明，双方在政治上尊重对方的核心利益，希腊继续恪守一个中国原则，反对“台独”；双方加强在地区与国际事务协调与合作，希望塞浦路斯问题能以联合国有关决议为基础，早日得到公正、持久、切实可行的解决。支持联合国秘书长为解决塞浦路斯问题所作努力，主张安理会和国际社会采取的任何措施都应有利于促进塞浦路斯问题的解决；希腊重申赞同欧盟解除对华军售禁令，并重视中国在国际和地区事务中发挥重要作用，如在朝鲜半岛局势、塞浦路斯问题的解决等；尊重文明与文化的多样性，承认和尊重各国历史文化、社会制度、发展模式的差异性；根据《世界人权宣言》及有关国际条约，促进对人权的保护。中希全面战略伙伴关系的建立标志着两国关系进入了一个新的发展阶段，双边关系开始全面发展。

中国与希腊都追求弘扬奥林匹克友好与和平的精神内涵，并通过奥运合作深化双边关系。2005年7月，双方签署《关于成立中希奥运联委会备忘录》，11月又签署了《关于中希奥运安全合作的谅解备忘录》，以加强奥运会的合作交流。主要的合作领域包括：吸收和借鉴希腊举办2004年奥运会的成功经验，对北京奥运会的组织和筹备工作提供指导性意见和建议，并研究解决北京奥运会在组织和筹备方面存在的问题；促进双方运动员在备战2008年奥运会方面的交流和合作；组织开展各种形式的奥运宣传文化活动。2007年9月至2008年9月，希腊文化年在华举办，进一步增加了两国人民之间的相互了解和友谊。

2008年6月，希腊总统卡罗洛斯·帕普利亚斯对中国进行国事访问，这是希腊国家元首时隔20年再次访华。两国领导人就发展中希全面战略伙伴关系达成广泛共识。帕普利亚斯还表示，奥运会是促进世界各国人民友好、推进和平发展的盛会，反对将奥运会政治化。

2008年11月24日—25日，中国国家主席胡锦涛访问希腊，答谢希腊对中国举办奥运会以及对汶川地震的援助。汶川地震后，希腊总统、总理、外长及反对党领袖都表达了对汶川地震的深切慰问。中希双方进一步加强教育、文化与科技等领域的合作。两国领导人共同见证了中远太平洋同比雷埃夫斯港务局签署集装箱码头运营权协议。

中希全面战略伙伴关系的定位有着广阔而深刻的国际国内背景：

第一，希腊在中国伙伴外交中占据较重要地位。中希两国没有地缘战略利害冲突也不存在任何历史遗留问题。希腊支持中国的核心利益，成为中国的支点伙伴国，而推进与支点伙伴国的政治及安全合作有助于中国缓解崛起的外部困境。希腊也是中国的重要经贸伙伴尤其是在海运和海洋领域。希腊是巴尔干和东南欧地区经济较发达的国家，是欧盟和北约成员国，地区政治影响力较大，而且希腊在巴尔干地区积极推进稳定与合作政策，成为不稳定地区中的一个稳定支柱。1999 年 3 月，北约决定轰炸南斯拉夫联邦共和国，希腊公开反对北约的军事行动，没有派兵参加北约的空袭行动。希腊的态度和决定赢得了声望，成为维持地区稳定的国家。

第二，中国加入 WTO 为增强中希经贸合作提供了新机遇。中国坚持改革开放政策，对外经济合作是中国外交的重要组成部分。“以经济建设为中心”和“融入国际体系”成为中国和平崛起的主要途径。新时期中国外交战略的基本目标是促进外资、技术、原料和能源输入同时促进中国产品的输出。中国加入 WTO 为希腊的产品出口和投资打开了市场空间，双方在海上贸易和港口发展等领域的合作快速发展。希腊看好中国市场潜力，为此成立了中国—东南亚经济合作中心和亚洲论坛。

第三，中希全面战略伙伴关系的建立还在于这一时期中欧关系的全面发展。中国深化改革开放，经济快速增长，综合国力不断增强。欧洲一体化进程的顺利发展，欧盟对华战略思路发生转变，对话与合作占据欧盟对华政策的主导地位。欧盟主动推进中欧关系发展，连续发表了多份对华政策文件。1995 年，欧委会发表了《欧盟对华关系长期政策》[①] 的纲领性文件，欧盟开始正视“中国的崛起及其对地区和世界的影响”，提出在 21 世纪与中国发展长期、稳定、全面、独立的关系。中国在 1997 年亚洲金融危机中的负责任态度以及中国加入 WTO 的预期，促使欧委会于 1998 年 3 月通过了《与中国建立全面伙伴关系》公报[②]，公报指出欧盟应与中国建立“更加符合中国不断增长的政治和经济力量的新的全面伙伴关系”，

---

① European Commission, “A Long-Term Policy for China-Europe Relation”, 1995.

② European Commission, “Building a Comprehensive Partnership with China”, 1998.

提升欧中双边政治对话。

中欧关系从以经贸关系为主向更广泛的政治和战略关系方向发展。2003年6月，欧盟共同外交与安全政策高级代表索拉纳在提交欧盟理事会的《欧洲安全战略》草案中，把中国称为欧盟的主要战略伙伴之一。2003年9月，欧盟委员会发表了《成熟的伙伴关系：欧盟和中国的共同利益和挑战》[①]的政策文件，文件指出："欧盟和中国在国际舞台上作为战略伙伴进行合作具有非常明显的利益；通过进一步加强合作，欧盟和中国能更好地保障它们的共同安全以及它们在亚洲及更广泛范围中的其他利益。"

这一时期，希腊与欧盟大市场的关系愈加密切。2000年6月，欧盟理事会正式批准希腊成为欧洲经济货币联盟的第12个成员国。同时希腊积极推动欧盟共同安全与外交政策。欧盟框架为中希关系的发展提供了更广阔的空间。

三 新时期中希全面战略伙伴关系的深化与加强

（一）尊重彼此核心利益和重大关切

21世纪的第二个十年，国际金融危机加快了国际政治经济格局的变化。在新的国际形势下，中希两国高层密集互动，强调互尊互信、互利共赢是双边关系的坚实基础，双方表达了深化和加强全面战略伙伴关系的愿望。

2010年10月，温家宝总理访问希腊，双方发表了《中希关于深化全面战略伙伴关系的联合声明》。2013年5月，希腊总理安东尼斯·萨马拉斯访华，两国政府共同发表了以"深化务实合作，促进共同发展"为主题的联合声明。2014年6月，李克强总理访问希腊，其间，他阐述了以和平、合作、和谐为核心的中国海洋观，中希两国共同发表了《关于深化全面战略伙伴关系的联合声明》。2014年7月，中国国家主席习近平在前往巴西出席金砖国家领导人第六次会晤并对拉美四国进行国事访问途中经停希腊，与希腊总统帕普利亚斯和总理萨马拉斯就两国全面战略伙伴关系

---

① European Commission, "A Maturing Partnership-Shared Interests and Challenges in EU-China Relation", 2003.

发展交换意见。2016 年 7 月，希腊总理亚历克西斯·齐普拉斯对中国进行正式访问，其间，两国发表《中华人民共和国和希腊共和国关于加强全面战略伙伴关系的联合声明》。

2019 年 11 月 10—12 日，应希腊共和国帕夫洛普洛斯总统邀请，中国国家主席习近平对希腊进行国事访问，访问期间，习近平主席同帕夫洛普洛斯总统和米佐塔基斯总理分别举行会谈，就双边关系及共同关心的国际和地区问题深入交换意见，达成广泛共识。双方发表了《中华人民共和国和希腊共和国关于加强全面战略伙伴关系的联合声明》。

在政治上，中希两国互尊互信，尊重对方主权和领土完整，在涉及彼此核心利益和重大关切问题上相互理解、相互支持。在新的历史时期，希腊重申坚决奉行一个中国政策，尊重中国主权和领土完整，支持中国实现国家统一。尊重中国根据本国国情选择的发展道路；中方肯定希方在维护东南欧、地中海和巴尔干地区稳定、安全和繁荣方面发挥的建设性作用。中国支持推动塞浦路斯问题在联合国安理会有关决议基础上，得到公正、合理、持久的解决。希腊总理米佐塔基斯指出，中国是维护地区乃至全球稳定的关键因素。希腊高度重视中国，赞赏中国的发展理念和取得的发展成就，中国是可靠的合作伙伴，在涉及中国核心利益问题上坚定支持中方。①

在有关人权问题上，中国和希腊都反对以人权为借口干涉别国内政，主张以对话代替对抗。2017 年 6 月，希腊阻止欧盟在联合国发表一份批评中国人权纪录的声明，希腊认为中欧人权对话机制是一个更有效和更具有建设性的途径，反对“不具建设性的批评”。希腊的态度反映了其在人权问题上一贯尊重和理解中国的立场。

中希两国继续加强军事交流与合作。作为总体外交的组成部分，中国的军事外交服从、服务于国家总体外交战略。中希两军交流合作逐步增多。2015 年 2 月 16 日，中国海军第十八批护航编队抵达希腊比雷埃夫斯港，进行为期 4 天的正式友好访问，这是中国海军舰艇编队第 3 次访问希腊，此前曾于 2002 年、2010 年两次访希。2017 年 7 月 23 日至 26 日，中国海军远航访问编队抵达希腊进行为期 4 天的友好访问。访问期间，编队

---

① 《习近平会见希腊总理米佐塔基斯》，《人民日报》2019 年 11 月 5 日第 2 版。

指挥员先后拜会了希海军参谋长、国防总参谋长、海军舰队司令及比雷埃夫斯市议会议长，并参观了希海军萨拉米斯基地以及潜艇和军舰，并与希海军在萨罗尼科斯湾进行海上联合演练。在海上联合演练特别是反海盗演练中，中希双方重点演练了拦截与驱离、登临与搜索两个科目，这对于提高两国海军执行非战争军事行动起到了积极作用。

中希两军在教育、训练和战略海运领域加强合作。希腊陆军建立了“军事多语言教学中心”汉语实验室，为希腊军队培养汉语人才。中国军方则向“雅典多国海上运输协调中心”派驻观察员。

希腊政府曾多次施以援手，帮助中国从海外撤侨。2011 年 2 月 22 日到 3 月 5 日，利比亚危机期间，中国政府撤出 35860 名中国在利比亚人员，其中的 13185 人在希腊政府支持下从希腊克里特岛中转回国。2014 年 7 月底利比亚安全局势恶化，希腊海军“萨拉米斯”号护卫舰开赴黎波里，79 名中国公民及十多名其他国家人员搭乘护卫舰抵达希腊比雷埃夫斯港。

（二）“一带一路”倡议开创务实合作新阶段

1. 深化经济金融合作。2009 年希腊爆发主权债务危机后，中国在国际和地区金融合作框架下为应对希腊债务危机发挥了积极作用。2010 年 10 月，中国总理温家宝在希腊面临困难之际对希腊进行正式访问，以实际行动支持希腊、欧元和欧盟。中国支持希腊推行结构改革，降低财政赤字，提高竞争力。两国签署了一系列经贸、海运、通信等领域的合作协议。在艰难应对债务危机之际，中国的投资帮助了希腊经济。除了受欢迎的资金注入外，中国的投资使希腊政府能够向它的债权人表明，第三方在该国投资，说明了希腊经济仍有前途。希腊副总理兼外交部长韦尼泽洛斯曾表示：中国企业在希腊的运营，是在困难时期对希腊经济的信任投票，也给数千名希腊人提供了工作岗位。中国企业在希腊的成功为其他国家的投资者起到了很好的示范作用。

2. 双方就加强发展战略对接合作达成高度共识。希腊在“一带一路”沿线占据重要的支点地位。希腊政府积极支持中国“一带一路”倡议，并将其视为重要的发展倡议。在“一带一路”倡议框架下，中国企业对希腊投资大幅增长。中希两国良好的政治关系对中国投资希腊具有重要作用，双方运用政府间联系机制，在互利共赢原则指导下加强各领域合作。

中希经贸混委会对双边经济合作进程进行规划和监督。

2017 年 5 月，齐普拉斯总理参加首届“一带一路”国际峰会。中国国家发展和改革委员会与希腊经济发展部共同签署了《中希重点领域 2017—2019 年合作计划》，随后举行了中希三年合作计划第一次会议。2017 年 11 月 2 日，中希三年合作计划第二次会议在希腊首都雅典举行，中国和希腊的政府官员及相关企业代表就加强两国在交通、能源、通信等领域合作进行交流讨论。

2018 年 8 月 27 日，希腊外长科齐阿斯访华，表达了希腊对“一带一路”倡议的认识。科齐阿斯指出，“一带一路”倡议整合了各方对于基础设施建设的优势和需求，充分利用各方资金，为有需要的国家提供融资和技术支持，实现互利共赢。中希两国外长签署了《中国和希腊共同推进丝绸之路经济带和海上丝绸之路建设的谅解备忘录》。2019 年 4 月，中国与希腊又签署了《关于重点领域 2020—2022 年合作框架备忘录》，将重点合作领域从交通、能源、信息通信领域进一步拓展到制造业和研发、金融领域。

3. “一带一路”框架下中希地方合作得以加强。地方外交或次政府外交是在中央政府政策指导下所从事的对外交往活动，是国家整体外交的重要组成部分。地方外交的目标是促进地方经济发展和社会进步，主要关注低政治领域议题如经济、文化、社会、环境等，地方外交具有非政治化和灵活性的特点。党的十八大报告指出了地方外交的功能定位，即“促进地方政府和人民之间的交流，有助于夯实国家外交的社会基础。”“一带一路”倡议的经济外交属性，为地方外交拓宽了舞台，中国与“一带一路”沿线国家之间的地方合作得到普遍欢迎和支持。中国与希腊的地方外交在中希整体外交中发挥着积极作用，中希两国地方政府通过缔结友好城市的方式进行文化交流和开展经济合作。例如，1985 年上海市和比雷埃夫斯市结为友好城市，开展港口、经贸、旅游、人文等领域的务实合作。2005 年北京市与雅典市、沈阳市与塞萨洛尼基市分别结为友好城市。

4. 中希司法合作逐步深化。随着两国“一带一路”经贸合作增多，人员交往日益密切，司法合作需求日益提高。2019 年 9 月 16 日，中华人民共和国最高人民法院院长周强率领中国法院代表团访问希腊，中希司法界在司法改革、海事司法、法院信息化、法官培训、法律文化、双边双方协助等领域拓展合作达成共识。2019 年 11 月，两国相关部门签署了通缉犯引渡条约。

总而言之，长期以来中国与希腊之间保持良好的双边政治关系。尤为重要的是，在希腊最困难的时期，中国伸出援助之手，为希腊带来了其急需的投资。希腊对华政策从“重商主义的务实政策”[①] 走向全面的战略伙伴政策。

（三）希腊加入中国—中东欧国家合作框架

希腊一直是中国—中东欧国家“16 + 1”合作的观察员国。2017 年 4 月，齐普拉斯总理提出，希方有区位优势，愿借力共建“一带一路”和中国—中东欧国家合作平台，发展战略性的对华关系。2019 年 4 月，在克罗地亚杜布罗尼克第八次中国与中东欧国家领导人会晤期间，希腊正式加入中国—中东欧国家合作框架。希腊总理齐普拉斯表示，希腊愿意作为“17 + 1”合作成员与该倡议所有国家展开合作，并希望与中国等国家建立合作网络和发展桥梁。他同时表示，希腊将在尊重欧盟法规和程序的前提下，利用这一重要的合作框架，促进希中经济共同发展。[②]

希腊加入中国—中东欧合作框架有助于中欧陆海快线建设的推进。中国—中东欧国家合作杜布罗尼克峰会讨论了中国参与雅典—布达佩斯铁路的建设，该铁路旨在连接塞尔维亚首都贝尔格莱德与北马其顿首都斯科普里，并最终扩展到希腊的比雷埃夫斯港。

希腊加入中国—中东欧合作框架，为中国与中东欧国家“三海港区”合作带来了新因素。根据 2016 年中国—中东欧国家合作《里加声明》，中国愿意与波罗的海、亚得里亚海、黑海地区的中东欧国家开展“三海港区合作”，推动三海的重点港口合作，支持临港产业园区建设，鼓励开展港区相关铁路、公路、航道、物流中心等基础设施合作。三海港区的黑海地区国家大都位于巴尔干，与希腊相近且有着较密切的经贸关系。

中国—中东欧国家合作杜布罗尼克峰会声明重申，与会方愿在《里加声明》涉及的“三海港区合作”框架下开展合作，欢迎中国与中东欧国

---

① Francois Godement and Jonas Plesner and Alice Richard, “The Scramble for Europe”, *European Council on Foreign Relations Policy Brief*, July 2011.

② 《希腊正式加入中国—中东欧合作》,《经济日报》2019 年 4 月 16 日第 4 版。

家开展港口合作，包括利用内河航运和多式联运带来的机遇推动亚欧货物运输，重视海洋环境和科学合作在发展蓝色经济、提升投资前景方面的潜力。

2019 年 11 月 4 日，习近平会见前来参加第二届中国国际进口博览会的希腊总理米佐塔基斯时强调，欢迎希腊加入中国—中东欧合作机制，期待希腊发挥积极作用。米佐塔基斯表示，希腊将同中方一道维护多边主义，积极参与中东欧国家同中国的合作。①

第二节　多边组织框架下的协调与合作

一　在联合国框架下的协调与相互配合

中希两国共同支持维护以联合国为核心的战后国际秩序，对联合国的地位和作用持一致立场。根据《联合国宪章》和公认的国际法准则，各国应坚持相互尊重国家主权和领土完整的原则。两国愿意加强在联合国等国际组织中的协调与合作，推动建设相互尊重、公平正义、合作共赢的新时代国际关系。

中国和希腊对塞浦路斯问题的解决存在共识，双方希望塞浦路斯问题能以联合国安理会有关决议为基础，早日得到公正、持久、切实可行的解决。两国都支持联合国秘书长为解决塞浦路斯问题所作的努力，主张安理会和国际社会采取的任何措施都应有利于促进塞浦路斯问题的解决。

双方尊重包括《联合国海洋法公约》在内的国际法，坚持在包括《联合国海洋法公约》在内的国际法基础上维护海洋秩序，以及其中规定的航行和飞越自由。维护这一秩序与地区稳定符合两国利益。支持有关国家致力于根据国际法、地区和双边协议和平解决领土争议和海洋权益问题，欢迎有利于缓和紧张局势地建立信任措施。②

中希两国在联合国“打击索马里海域海盗联络小组”框架内，开展打击海盗合作，保障国际航运安全。双方同意探讨签署合作打击索马里海域海盗的备忘录的可能性。希方对中国在打击亚丁湾海盗及中国海军在该

① 《习近平会见希腊总理米佐塔基斯》，《人民日报》2019 年 11 月 5 日第 2 版。

② 《中华人民共和国和希腊共和国关于加强全面战略伙伴关系的联合声明》。

海域为希腊商船护航方面所做贡献表示赞赏。针对东地中海和中东地区仍存在一些问题和冲突，中国作为联合国安理会常任理事国，愿意在该地区发挥更大的建设性作用，推动不同的宗教、政治力量开展对话，以和平方式解决冲突。

两国在联合国框架下的千年发展目标、维和、大规模杀伤性武器等领域开展对话合作。

二 欧盟整体框架下的中希合作

中国与希腊共同推动和深化中国—欧盟全面战略伙伴关系。希腊希望自己在中欧关系中能够扮演桥梁和纽带作用，积极促进中欧合作。

成员国在欧盟的影响力取决于多方面因素。华莱士研究表明可以通过7 项指标判断一个成员国在欧盟的影响力大小，这 7 项指标包括客观政治分量、主观政治分量、经济实力、游说观念、社会经济实践的吸引力、强制性要求及一贯性。[①] 这些指标涉及成员国的整体实力、协调力、信誉及入盟时间等。

尽管从整体看，希腊在欧盟内的影响力不大，但欧盟决策模式为小的成员国提供了影响欧盟政策的渠道。2014 年上半年，希腊担任欧盟轮值主席国，为推动中欧关系发展做出了积极贡献。希腊副总理兼外交部长韦尼泽洛斯曾表示，希腊把自己看作是中国在欧盟内的“大使”，双方经济合作的空间非常广阔。希腊愿意在欧盟层面继续加强与中国合作，减少双方合作的壁垒，从而发挥双方真正巨大的投资潜力。

中希两国在《中欧合作 2020 战略规划》框架下，加强经贸投资、互联互通、数字经济、科技创新、绿色发展、人文交流、G20 及全球治理等重点领域合作。推动中欧深化海洋合作，加强在海洋综合管理、海洋空间规划、海洋知识、海洋观测与监测、海洋科技研发、海洋经济发展、海洋能源利用方面的交流与合作，促进低碳能源技术合作；在交通和基础设施领域，双方加强在智能、高端和互联互通的基础设施网络方面的合作，扩大在亚欧供应链物流网络兼容、海上运输市场和航线、铁路服务、物流、

---

① H. Wallace, W. Wallace, *Policy-Making in the European Union*, Oxford: Oxford University Press, 2004.

交通安全合作。

中国一直支持欧洲一体化及欧元区稳定。李克强总理在 2014 年 6 月访欧期间指出，希腊债务问题是欧洲内部事务，但希腊能否留在欧元区，不仅关系到欧元的稳定，也事关世界金融稳定和经济复苏。中国一贯支持欧洲一体化进程，希望看到一个繁荣的欧洲、团结的欧盟、强大的欧元。

在共建“一带一路”的背景下，中欧互联互通平台为中希双方在海陆运输、港口和服务领域的发展提供了新的重要机遇，这不仅使区域基础设施得以升级，还将为全球贸易做出贡献。[①] 中欧互联互通平台框架涉及“一带一路”倡议与“泛欧交通运输网络政策”对接，旨在推进交通设施互联互通，商谈具体项目、相关政策、规则、标准等软硬件方面的务实合作。2018 年 8 月，王毅在同希腊外长科齐阿斯共见记者时指出，我们愿将“一带一路”倡议同欧洲投资计划和欧洲互联互通计划深度对接，推动开展更多第三方合作，探索多方联合融资的新方式。

2018 年 7 月，中国与欧盟共同签署在海洋领域建立蓝色伙伴关系的宣言，目标是促进海洋治理和海洋渔业的可持续发展，共同应对气候变化和海洋生态保护。2019 年 9 月 5 日，首届中欧蓝色伙伴关系论坛在布鲁塞尔举行，中国与欧盟及其成员国就海洋治理、蓝色经济、可持续渔业等议题上进行深入交流。希腊无疑是中欧蓝色伙伴关系的重要成员。

中希两国在推进中欧投资协定谈判，开展中欧自由贸易区联合可行性研究，以及通过对话和磋商解决中欧经贸摩擦等议题上也存在较多共识。

希腊对华政策在与欧盟保持整体性的基础上，表现出一定程度的自主性，如在欧盟对华武器禁运、中国的完全市场经济地位以及欧盟投资审查制度等方面，希腊拥有自身的利益和政策视角。2006 年希腊重申赞同欧盟解除对华军售禁令，继续在欧盟内部为推动尽早解禁而努力。2010 年温家宝总理访问希腊时，希腊表示欧盟应该解除对中国的军售禁令。同时，希腊支持欧盟承认中国完全市场经济地位。希腊政府认为，中国在世界贸易组织框架内取得了实质性进展，承认中国完全市场经济地位问题具有积极、重要的政治意义，因而希腊将继续在欧盟内相关讨论时发挥积极

---

① 《中华人民共和国和希腊共和国关于加强全面战略伙伴关系的联合声明》，2016 年 7 月 5 日。

推动作用。希腊反对欧盟设立外资审查机制，不赞成所谓“带有政治动机”投资的说法。

三　中希在其他国际多边组织内的协调与合作

鉴于国际金融危机的教训，中希两国达成一系列共识，即推动国际金融体系改革，加强对具有重要金融中心地位的发达经济体的监督和对跨境资本流动的监督；探讨加强对信用评级机构监管、强化评级机构的披露要求和成立欧洲自主的信用评级机构的倡议。双方都认为可制定针对信用评级机构的全球统一监管标准，加强对评级机构的监管。

作为亚欧会议成员，中国和希腊积极支持亚欧互联互通合作。在 2014 年 10 月亚欧首脑会议上，李克强总理倡议从三方面着手构建面向和平与发展的亚欧新型全面伙伴关系，即和平安全与稳定发展；互联互通与贸易投资自由化；人文交流和社会发展。作为亚欧互联互通的重要节点，希腊积极回应李克强总理倡议，支持亚欧科技创新合作中心开展合作。2016 年在希腊设立了亚欧科技创新合作欧洲协调机构，这标志着亚欧科技创新中心落户欧洲。亚欧科技创新合作中心于 2015 年成立，目标在于推动亚欧各国开展科技合作活动，支持亚欧各国之间科技资源共享和网络资源共享，推动亚欧人才培养和政府项目申报，讨论亚欧科技创新合作涉及的资金、政策与法律、知识产权保护等相关议题。

第三节　中希关系发展前瞻

一　希腊的中国观

21 世纪以来，随着中国国际地位不断上升，希腊政府将中国看作是全球性经济强国，在国际事务中发挥越来越重要的作用，愿意与中国进行密切的经济合作，欢迎中国在希腊的交通、能源、通信及其他领域投资。希腊政府认为，中国在巴尔干半岛和中东欧地区的基础设施投资，能够提升地区互联互通水平，有利于希腊更好地与中东欧及西欧的联通发展，从而进一步加强希腊作为亚欧联通枢纽地位，发挥其地理位置的重要性；希腊加入中国—中东欧国家合作框架，符合其历来将自身定位于巴尔干地区主导角色的外交政策。

2019年10月26日，希腊前总理帕潘德里欧在“读懂中国”广州国际会议接受媒体采访时表示，“一带一路”倡议正是能够让各国实现多赢合作的机会。帕潘德里欧希望中欧能携手帮助非洲发展，认为“一带一路”是加深中欧合作的催化剂。在全球合作方面，希望欧洲和中国能在非洲事务中加强合作，非洲是人口增长最快的大洲，如果长期没有发展，同样会给其他国家带来巨大的压力。

雅典派迪昂大学国际关系学院院长哈里·帕帕索提里欧教授出版了名为《从天堂帝国到21世纪崛起的超级大国》一书，认为两千年来中国一直是东亚的国际次体系中心，如今中国在国际舞台的崛起使中国人再次找到了自居世界中心的熟悉感，中国逐渐发展成为国际舞台上的超级强国。

希腊智库学者普遍认为，希腊政府对华友好政策得到了希腊民众的认可和支持。中国采用不同方式表达了对希腊的支持，包括购买主权债券、直接投资、扩大双边贸易等，助希腊克服危机、实现经济复苏。希腊政治学家佐格普鲁斯（Jorgos Tzogopoulos）认为，希腊和中国都拥有悠久的历史，这也使得两国民众都彼此存在好感。在希腊陷入债务危机的艰难时刻，北京公开表示支持希腊留在欧元区内。而且中方还斥资数十亿欧元购买了希腊国债，希腊人显然没有忘记这一点。①

希腊国际关系领域专家提出，中国创建亚洲基础设施投资银行有助于提高中国在亚洲的影响力，它对中国的外交政策影响主要表现在以下两个方面：（1）加大了中国以基建为主的发展模式的影响力。（2）有助于稳定金融市场，建设急需的基础设施项目，同时在与周边国家日益恶化的领土和海上纷争时刻树立积极形象。②

“连接欧洲”研究中心创始人迪米特里斯·拉皮迪斯认为：中希两国在多个层面和政治领域一直保持着密切关系，深化这种关系对双方来说都是必要的，而且双方的共同利益逐渐显现，与中国的良好合作稳固了希腊在欧盟内的地位。

希腊国际经济关系研究所报告指出，希腊在三个领域最支持发展中希关系。根据舆论调查，加强两国文化联系的支持率为87.5%，加强经济

---

① 希华时讯，2019年11月4日，https：//china. greekreporter. com.

② 《文明对话》于2015年由希腊学者乔治·佐戈普鲁斯博士创办。

合作的支持率为83.5%，发展双边政治关系的支持率为71.1%。尽管希腊媒体报道中国负面新闻较多，但并非敌对性质。

希腊哲学学会主席波塔基斯教授指出，虽然在物质财富的生产总量方面，希腊与中国之间存在巨大差异，但两国对于文化发展和精神进步所做出的贡献，却使得双方感到倍加亲近，因为希腊和中国都拥有可以追根溯源的共同人文价值基础。在公元元年前后，希腊人和中国人并没有实际往来与交流沟通，但是，他们对于人性、生命、道德与政治等问题的追问和思索，为后世人类奠定了坚实的精神基础。其相关的观念与理论，作为人类文明的共同遗产，均以不同方式反映在人类社会、自然规律、人际关系、人品人格、伦理行为、公平正义、言说意义等不同领域。所有这些思想遗产，在诸多方面为人类世界建立共同价值体系做出了重要贡献。[①]

希腊汉学家海尔（Pelagia Karpathiotaki）也发现，希腊和中国人民在不同的知识领域和艺术活动方面都有非常相似之处，而且，两国都把哲学作为一个独立的知识分支，这是其他的古代文明不曾有的。中希两国在社会生活方面存在许多相似之处，比如重视家庭、富有传统、友善和热情好客。这些价值观都是“灵魂价值观”，这两个国家的人民给予它们极大的重视。[②]

2019年10月14日，希腊《现代外交》杂志网站刊登了学者文章[③]，作者指出，西方决策者总是觉得，中国崛起会威胁资本主义经济模式以及西方自由民主的生存。是这样吗？根本不是。这里必须考虑的一个事实是，国际资本主义模式其实已经失灵，它见证了2008年全球金融危机；那些大投资家和大亨没有保持好盈利与投资之间的稳定平衡，结果是全球生产效率走低，而这又对全球的繁荣产生不利影响。过去几十年，英国殖民霸权文化和美国挑起的冲突令世界陷入灾难性状况。在这种情况下，中国的崛起为贫困经济体播下希望的种子，或者为贫穷经济体做出发展的表率，这些都是中国的标志性成就，西方却对此愤怒不已。

笔者认为，西方决策者不应散布反华和恐华的情绪，而理应把中国的

---

① 波塔基斯：《希腊与中国哲学中的共同价值》，李中泽译，《哲学动态》2014年第3期。

② 鄂潘：《重视“灵魂价值观”，中国和希腊像极了》，《小康》2015年第19期。

③ 伊尔凡汗：《西方、反华与合作》，希华时讯，2019年10月17日。https://china.greekreporter.com.

崛起视为一块蛋糕并欢迎，同时在合作框架下保障自身利益。从长远而言，这样才是行之有效的。因为从目前的情况看来，中国一直在强调合作与进步。一些西方国家宣称中国搞地缘政治博弈，这种观点显然站不住脚。中国采取了一种不同的经济模式。中国从未对任何国家强推自己的文化和影响力。

希腊共产党从自身意识形态角度对中国改革开放发展事业和中国特色社会主义建设提出了看法。希共认为中国共产党领导中国改革开放取得了伟大成就；把握住了社会主义方向，在坚持社会主义公有制原则基础上，推动多种经济所有制共同发展。在希共看来，改革开放是中国共产党的一项伟大创举，因为中国创造了比西方资本主义发展速度还要快的社会主义建设奇迹，中国的社会主义建设在很短时间内解决了资本主义几个世纪都无法解决的问题，从而充分证明社会主义具有光明前途和强大生命力。

不过，希共对中国经济发展过程中存在的“资本主义现象”表示担忧。2016 年 10 月，在第 18 届共产党和工人党国际会议上，希腊共产党指出，法西斯主义是垄断资本用来行使权力的一种基本形式，而资本主义制度是法西斯主义的根源。希腊共产党代表还批评中国、越南、古巴“搞资本主义，偏离社会主义方向，滑向了修正主义”；批评中国自实行改革开放政策后，与帝国主义的斗争精神下降甚至丧失了，在某些国际政策上甚至同最大的帝国主义者美国相互呼应和合作。希腊共产党对中国特色社会主义认知的偏差和态度上的疏远，总体上是出于一种革命同志的“亲者爱”的朴素的阶级感情，并无心理上的恶意和政治上的敌意，这主要与其所处的环境和地位，及其长期对社会主义理论认识有关。①

希腊社会对中国形象持较为正面看法。2013 年希腊民调显示，83% 的希腊人想与中国发展强大的经济关系。希腊民意调查公司“公共焦点”调查结果显示，希腊绝大部分民众对中国和中国人持积极看法，普遍欢迎中国和希腊之间的合作，70% 的受访者对中国这个国家的看法正面。根据皮尤研究所调查，2019 年希腊媒体对中国持正面看法超过 51%，高于其他欧洲国家，持负面看法占 32%。

---

① 唐海军、林建华：《希腊共产党对中国特色社会主义的认知》，《学术探索》2017 年第 12 期。

总之，中国在希腊的经济重要性不断加强，互尊互信、互利共赢是双边关系的坚实基础。2015 年 7 月 19 日的西班牙中国政策网站文章指出，中国的务实主义为希腊提供了一个提高战略地位的空间，在债务危机形势下，这对希腊当局具有重大意义。但中国会足够谨慎，避免做出任何让欧盟主要伙伴感到不舒服的举动。针对德国《法兰克福汇报》于 2017 年 9 月 14 日刊登的两篇《担心东南欧依赖中国》和《就像一串珍珠链》的文章，希腊驻德国大使馆媒体联络办公室主任尼古劳斯·弗拉哈基斯于 2019 年 9 月 27 日在该报发表题为《希腊不依赖中国》的说明文章称，欧洲人应客观平衡地观察希腊和中国的关系。弗拉哈基斯指出，中国在希腊投资活动的发展是希腊地缘战略位置和优势对比的结果，这涉及双边互惠关系，这种关系建立在对中国和欧盟成员国发展经济关系普遍起决定作用的原则和规则之上。

二 双方发展战略对接的长期需要

(一)“一带一路”建设提升希腊的区位优势

希腊积极支持中国“一带一路”倡议，并将其视为重要的发展倡议。无论左翼联盟还是新民主党执政都支持“一带一路”倡议，积极寻求合作机会，原因在于“一带一路”倡议提升了希腊的区位优势，有利于希腊恢复经济增长。“一带一路”合作推动了地区互联互通，巴尔干、中东欧和黑海地区一些国家对中希在交通、能源、电信等领域开展多边合作有兴趣。2019 年 5 月，李克强总理在会见希腊总理齐普拉斯时指出，希腊地理区位优越，可以发挥连接亚欧的枢纽作用。中方支持“一带一路”倡议对接希方发展战略，在金融、科技、数字经济等领域加强合作，愿扩大希腊优质农产品进口。齐普拉斯也希望借助“一带一路”建设扩大希腊在区域内的影响力和辐射作用，发挥希腊在全球航运和旅游业的中心作用，成为欧亚互联互通、经贸、旅游的枢纽。在他看来，地中海东南沿海、波罗的海地区应该成为连接东西方的桥梁。中国远洋海运集团有限公司在希腊比雷埃夫斯港的投资非常重要，比港已成为全球航运的门户，也使希腊成为各国进入中东欧和地中海的门户。

(二)“后救助时代”希腊经济增长高度依赖外资

按照欧洲债权人的要求，2018 年 5 月齐普拉斯政府向欧盟提交了

“后救助”时代希腊增长战略。增长战略将扶持那些具有比较优势的经济部门，如农业和食品、旅游业、制造业和能源；寻求和吸引关键部门的私人投资，这些部门包括交通基础设施和物流、能源、航运、制药等。同时，为了便利化外来投资者，增长战略也涵盖了行政管理、司法和税收体系等领域的改革。

希腊政界的共识基本较一致，即希腊政府必须打消国际伙伴和外来投资者的疑虑，保证继续推进改革和吸引更多的投资。尽管欧盟统一大市场非常重要，但这并不意味着希腊可以忽视其他全球市场的存在，这是希腊从金融和债务危机中吸取的重要教训之一。2017 年 12 月，希腊总理齐普拉斯在会见中国国务院副总理马凯时表示，希腊经济非常渴求投资，中国投资的存在非常重要并且非常受欢迎。2019 年 10 月，希腊议会通过了新民主党政府提出的“投资希腊”发展法案，该法案制定了一系列鼓励外资的措施。

（三）希腊地区能源枢纽的战略目标

希腊的战略目标是成为架起欧亚非三大洲的桥梁、东地中海区域的交通运输、能源和服务的枢纽。希腊不仅将自身定位于海上运输枢纽，而且要发展为地区能源枢纽，因此希望获得来自外部的投资支持，欢迎中国企业投资。希腊有成为地区能源枢纽的潜力。跨亚得里亚海天然气管道项目（TAP）是亚欧能源互联互通大项目，该管道项目计划将阿塞拜疆的天然气经由土耳其、希腊，进入意大利。TAP 可以为保加利亚、阿尔巴尼亚、波黑、克罗地亚等东南欧国家供应天然气。希腊境内管道将直达萨塞洛尼基（Thessaloniki）港、卡瓦拉（Kavala）港和阿历山德鲁波利斯（Alexandroupolis）港。

2018 年 11 月，希腊—保加利亚天然气管道（GBI）项目已由欧委会批准，管道长 182 千米，计划年输送能力 30 亿立方米。希腊拥有阿提卡液化气终端和端维索萨（Revithousa）液化气终端，希腊政府计划通过 GBI 项目与西巴尔干国家形成供需合作关系。希腊环境和能源部长指出，GBI 项目的战略意义在于使希腊成为东南欧地区的能源枢纽和欧洲的一个主要的能源门户。俄罗斯南溪管道项目遭遇欧盟的否决而停止后，希腊有意与俄罗斯继续合作，加入俄向欧供气的“土耳其管道”项目（取代南溪项目），期待成为俄气进入欧洲的重要过境国和新枢纽。

另外，近年东地中海和埃及发现油气资源后，埃克森美孚、道达尔等公司开始在希腊进行油气勘探。希腊积极推动建设东地中海油气管道项目，将东地中海油气输往欧洲。2017 年 12 月 5 日，以色列、塞浦路斯、希腊和意大利四国能源部长在塞浦路斯签署了关于铺设以色列—塞浦路斯—希腊—意大利水下天然气管道的谅解备忘录。管道线路将穿过希腊大陆、克里特岛和意大利的相关水域。管道建成后，每年预计能够输送 120 亿至 160 亿立方米的天然气。

（四）新民主党政府继续加大对华全面合作力度

基里亚科斯·米佐塔基斯上台执政后表示将继续开展结构性改革，采取市场化政策吸引更多的国际投资。在 2019 年第 84 届萨洛尼卡国际博览会上，米佐塔基斯赞扬中国在希腊经济重建中发挥的作用，并称希腊与中国实现了“合作共赢”。在提到中国对希腊的投资时，他指出，中远海运集团在比雷埃夫斯港的“旗舰项目”是在长达 10 年的债务危机中启动的，所产生的效益为遭受紧缩政策打击的希腊民众带来了好处。

2019 年 11 月 5—10 日，米佐塔基斯总理率领由 68 家希腊企业组成的代表团参加第二届中国国际进口博览会，他明确表示希腊将继续向中国开放，欢迎中国企业投资；指出希中强大而持久的友谊和伙伴关系建立在相互尊重彼此文化遗产和强有力的经贸关系之上，希腊希望继续通过高层交往加强希中政治交流，同时保持两国关系在所有合作领域的良好发展势头。①

三　影响中希关系未来发展的不确定因素

（一）希腊国内政治经济因素是决定未来中希关系发展的关键

希腊国际经济关系研究所报告在谈及外资投资希腊不成功的原因时认为，根源在于希腊政局不稳定，法律法规不确定，以及投资红线设定与欧盟规则的限制。报告还指出，针对包括中国在内的外来投资，希腊政府需要回答的关键问题包括：是否有充分的政治意愿和管理能力，有效克服外资面临的各种障碍和困难；希腊国家对包括中国项目在内的外国投资的潜

---

① 于帅帅、李晓鹏：《“进博会是展示希中友好关系的最佳机会”：访希腊总理米佐塔基斯》，新华网，2019 年 11 月 2 日，http：//www. xinhuanet. com/2019 - 11/02/c_ 1125184509. htm.

在影响是否能够适合地进行监督和评估。①

国际机构对希腊债务的实质性监管仍然继续，希腊政府与欧盟和国际债权人在一系列宏观政策上需要加大协调力度。希腊政界普遍认为，“后救助”项目不应该受到欧盟的干涉，而且应该允许希腊管理自己的增长战略。历届政府都对国际救助人束手束脚的严格监管持抵触情绪，希望“干净退出”，意指希腊不仅退出救助计划而且要退出监管，行使自主决策权。

（二）第三方因素的干扰

欧盟对“一带一路”总体认知是机会大于威胁，提出了欧亚互联互通战略，表示要与中国加强基于规则的互联互通合作，但强调成员国要在欧盟整体层面加强协调并予以法规规范方面的约束如投资审查机制。欧盟委员会将对在策略性科技、基础设施建设等方面的外资投资进行审查，其所涉及的领域包括港口、能源、卫生、航空航天等。该投资审查机制尽管不具有强制性，但仍然会给中国在希腊的投资带来不同程度的影响，中国在希腊的大多数投资均集中在港口和基础设施建设等领域。

2019 年初以来，美国政府多次表示要重塑其在东地中海的战略，加强与希腊的经济、外交及军事关系。美国高官频频发出“担忧中国在希腊投资的长期影响”的告示。2019 年 10 月，美希两国共同发表战略对话声明指出，鉴于东地中海重新崛起为一个地缘政治至关重要的地区，双方强调重视战略性防务与安全伙伴关系；在地区合作方面，双方重申希望在“3 + 1”模式（希腊，塞浦路斯，以色列和美国）的框架内继续和加强在各个部门的合作，以促进东地中海的稳定并解决更大区域的共同安全关切。美国还表示支持希腊加入“三海倡议”以及为加强欧洲南北互联互通所作的相关努力；美国期待希腊扮演欧洲能源供应安全卫兵的角色。

在 5G 技术及设备采购方面美国向希腊政府施加压力。2020 年 1 月初，希腊总理米佐塔基斯访问美国，美方提出电信领域的安全问题尤其是与 5G 建设相关的问题。

---

① IIEA Report, “Chinese Investment in Greece and the Big Picture of Sino-Greek Relations”, December 4, 2017.

（三）地区安全与政治风险影响投资合作

巴尔干和地中海地区各种传统的领土安全问题、非传统安全风险和地缘政治竞争，包括希腊与土耳其之间的海洋边界划分冲突、移民与难民问题等，这些问题有可能不同程度地影响未来中希之间的投资与经济合作。

中希关系大事件（1972 年 6 月—2019 年 11 月）

1972 年 6 月 5 日	中华人民共和国与希腊王国建交
1979 年	希腊总理康斯坦丁·卡拉曼利斯访华，两国政府签署了科技交流与合作协定，双方建立了科技合作混委会
1997 年 11 月	希腊防长访华，是两国建交后第一位来华正式访问的防长
2000 年 4 月	江泽民主席对希腊进行国事访问
2002 年 6 月	希腊总理康斯坦丁·西米蒂斯正式访问中国
2002 年 7 月	中国海军环球航行舰艇编队首访希腊
2005 年 7 月、11 月	中希两国分别签署《关于成立中希奥运联委会备忘录》和《关于中希奥运安全合作的谅解备忘录》
2006 年 1 月	希腊总理科斯塔斯·卡拉曼利斯访华，两国发表了《关于建立全面战略伙伴关系的联合声明》
2007 年 9 月至 2008 年 9 月	希腊文化年在中国举办
2008 年 6 月	希腊总统卡罗洛斯·帕普利亚斯对中国进行国事访问，这是希腊国家元首时隔 20 年再次访华
2008 年 11 月	中国国家主席胡锦涛访问希腊，两国领导人共同见证了中远太平洋同比雷埃夫斯港务局签署集装箱码头运营权协议
2010 年 10 月	中国总理温家宝访问希腊，这是中国总理 24 年来对希腊进行的首次访问，双方发表了《中希关于深化全面战略伙伴关系的联合声明》
2013 年 5 月	希腊总理安东尼斯·萨马拉斯访华，两国政府共同发表了以“深化务实合作，促进共同发展”为主题的联合声明
2014 年 6 月	中国总理李克强访问希腊，并出席中希海洋合作论坛。双方决定于 2015 年举办“中希海洋年”

续表

2014 年 7 月	中国国家主席习近平在前往巴西出席金砖国家领导人第六次会晤并对拉美四国进行国事访问途中经停希腊，与希腊总统帕普利亚斯和总理萨马拉斯就两国关系发展交换意见
2016 年 7 月	希腊新任总理亚历克西斯·齐普拉斯对中国进行正式访问，两国发表《关于加强全面战略伙伴关系的联合声明》
2017 年 5 月	希腊总理齐普拉斯参加“一带一路”国际合作峰会，双方共同签署了《中希重点领域 2017—2019 年合作计划》
2017 年 12 月	中国国务院副总理马凯访问希腊
2018 年 8 月	希腊外长访问中国，双方签署《中国和希腊共同推进丝绸之路经济带和海上丝绸之路建设的谅解备忘录》
2018 年 10 月	李克强总理在布鲁塞尔参加中欧峰会期间会见希腊总理齐普拉斯
2019 年 4 月	中希两国签署关于重点领域 2020—2022 年合作框架备忘录，将重点合作领域从交通、能源、信息通信领域进一步拓展到制造业和研发、金融领域
2019 年 5 月	希腊总统帕夫洛普洛斯对华进行国事访问，并出席亚洲文明对话大会
2019 年 9 月	中国外长王毅和希腊外长登迪亚斯会晤，就“一带一路”倡议和“17 + 1”合作框架内进一步促进两国关系发展达成共识
2019 年 11 月	纪录片《习近平治国方略》希腊首播仪式在雅典举行，并于 11 月 8 日至 10 日在希腊国家电视台播出
2019 年 11 月	希腊总理米佐塔基斯率团参加第二届中国国际进口博览会开幕式，中国国家主席习近平与米佐塔基斯会晤，双方都表达了继续保持高层交往，深化友谊互信，推动务实合作的愿望
2019 年 11 月	应希腊共和国总统帕夫洛普洛斯邀请，中华人民共和国主席习近平于 2019 年 11 月 10 日至 12 日对希腊进行国事访问。其间，中国与希腊共同发表了《关于加强全面战略伙伴关系的联合声明》，并签署多项协议，内容范围覆盖农业、能源、通信、教育、金融等领域

第二章　海运与海洋合作

自1972年中国与希腊建交以后，海运业成为两国政府优先推动合作的行业。进入20世纪90年代之后，随着和平与发展成为世界主流，干扰两国海运业发展的外部因素逐步扫除，中希海运经贸合作进一步拓展。海运合作既受益于中国和希腊两国政治关系的稳定，又推动两国朝着全面战略伙伴关系方向发展。在“一带一路”倡议框架下，中希海运合作进入了新阶段。中远海运集团投资希腊比雷埃夫斯港项目成为中国与希腊海运合作成功的标志。希腊总理米佐塔基斯评论说，在债务危机时期，中远海运集团对比雷埃夫斯港的投资建设，展现了极大的勇气和远见卓识。[①]

第一节　海运业合作

一　希腊海运业在世界海运中的地位

希腊可耕种土地有限，却拥有众多岛屿和广阔的海岸线，地处东地中海海上航线交叉口，自然地理条件驱使古希腊人驰骋海上，在爱琴海从事贸易活动，因此，自古以来，海运一直是希腊经济活动的支柱。青铜时代的希腊人就在克里特岛和希腊南部的迈锡尼城进行陶、黄金、铜等货物交易。之后，贸易活动逐步扩张到了地中海沿岸的埃及、腓尼基及黑海沿岸。

希腊航运业的鼎盛时期始于18世纪初，当时处于奥斯曼帝国统治下的爱琴海贸易以至整个东地中海的贸易几乎完全掌握在希腊人的手中。18

---

① 《希腊总理呼吁中国投资者信任希腊》，希华时讯，2019年11月5日，https：//china. greekreporter. com.

世纪，欧洲与奥斯曼帝国之间的商业往来活跃尤其是海上贸易需求上升，然而欧洲国家普遍不熟悉和不了解奥斯曼的语言、习惯和交易方式，希腊人正好成为合适的中介。18 世纪下半叶，希腊人在奥斯曼帝国的贸易领域扮演重要角色。到 18 世纪末，作为中介商的希腊人逐步成长为独立的船东并拥有了自己的企业网络。1821—1829 年，航运业曾一度受到独立战争的影响而发展缓慢。1830 年希腊独立后，希腊商业船队活跃在地中海和北欧之间的海上。到 19 世纪末，希腊商船总吨位较独立前翻了两番。1894 年希腊船队居世界排名第 13 位。①

进入 20 世纪，希腊商船经营实行国际化发展，除了本土的比雷埃夫斯港以外，航运公司总部广泛分布于伦敦、纽约、蒙特利尔、布宜诺斯艾利斯、蒙特卡洛、巴黎、苏黎世等地。出于政局、经济及税收等因素，希腊船队悬挂美国、英国、埃及、巴拿马、加拿大、马耳他、利比里亚以及新加坡、中国香港等的旗帜。希腊船队成功的秘诀之一是海外希腊商人和船队组成的联系广泛的非正式的“俱乐部”。

第一次世界大战后希腊航运快速发展。20 世纪 30 年代，世界航运危机时期，希腊船东以最低价购买大量二手货船。第二次世界大战后，现代希腊海运业逐渐发展壮大。欧洲主要港口都设有希腊办事处，希腊船主同时在北美、南美、东北亚和南非设立办事处。随着国际贸易的发展，自 20 世纪 60 年代后期起，希腊船队开始转向太平洋和印度洋。

希腊是传统的海洋国家和世界海洋事务大国，也是当代希腊享有世界重要地位的象征。2010 年以来，希腊船东的船队增长量最大。从 2013 年起，希腊取代日本成为全球最大的船东国，近年来有稳定的新船交付，其在二手船交易市场也较为活跃。据克拉克森研究，2018 年至今，来自希腊船东的液化天然气（LNG）轮船订单占全球所有 LNG 轮船订单的45%。希腊船东精通船舶管理、运营和资本运营，欧洲银行虽然大幅缩减航运资产，但其对老牌的希腊船东的支持依然不减。希腊船东还抓住了中国航运租赁市场发展的机会。

从 2018 年开始，希腊船东潘诺斯·拉卡里迪斯（Panos Laskaridis）担任欧盟船东协会（ECSA）主席。根据《2018 年联合国海洋运输报告》

---

① Gelina Harlaftis, *A History of Greek-owned Shipping*, New York: Routledge, 1996.

显示，截至2018年1月1日，希腊船只载重吨位排行世界第一，总吨位达到3.3亿吨，拥有4371艘超过1000总吨的船只，总承载量占世界总量的17.3%。希腊船队规模达4199艘，载重吨位3.09亿吨，占全球总吨位的16.7%，居世界第一。希腊船东控制的船队约占全球商船队的四分之一，拥有世界级的航运枢纽，是名副其实的世界第一航运大国。在船舶买卖市场上，希腊船东以绝对的优势独占鳌头。[①] 截至2018年11月，希腊商船已经增加到4746艘（超过1000gt），运力3.6545亿载重吨，占全球商船船队的19.89%，占欧盟的49.15%。

据2018年6月克拉克森航运情报，自2008年金融危机至2018年的10年里，希腊船东的船队占世界船队规模从13%增长到17%，合计船队规模2.18亿总吨，船队价值约为1050亿美元。

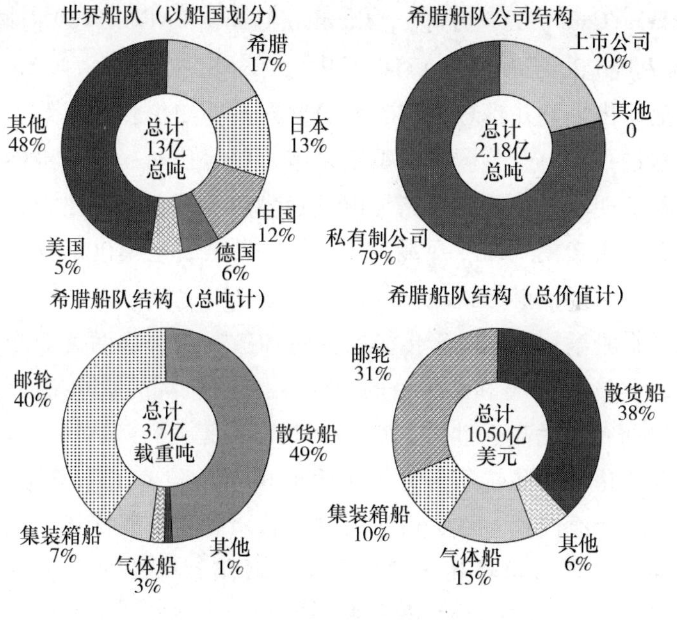

图Ⅲ-2-1　世界船队及希腊船队构成

资料来源：克拉克森研究所（Clarksons Research），2018年6月4日。

① 中华人民共和国驻希腊共和国大使馆经济商务处，2018年5月24日，http://www.gr.mofcom.gov.cn/.

希腊航运业 2019 年的新订单继续领先于其他国家，共订购了 57 艘新船，其中包括昂贵的液化天然气运输船，总价值 40.5 亿美元。根据 Vessels Value 数据，希腊在每种船舶交易类别中均排名前五位，加上二手船交易，希腊的航运交易额位居全球第一。希腊相关方和船东 2019 年迄今共产生了 239 笔交易，总金额达 66.32 亿美元。

希腊航运业的特点：一是家族经营。希腊船运业主要由中小私营企业主组成，大多为涉及散装/不定期运输的家族企业。由于其固有的特性，希腊航运能够长期保有竞争力，并展现出极大的灵活性和适应性。希腊船主非常愿意与说家乡话的忠诚合作者打交道，雇佣亲戚朋友，在他们看来这样更易于相互理解，船员的工作效率高。希腊海运企业大都是私营企业，在国际上具有相当高的地位。据《海运与金融》公布的最新希腊船东 400 强榜单，希腊前 5 家海运企业及其船舶载重吨位分别为：Anangel-Maran Tankers/Gas（2238 万吨），Euronav-Gaslog LNG（1709 万吨），Navios（1455 万吨），Dynacom（1318 万吨），Cardiff（1299 万吨）。

二是全球化经营并且总是瞄准大的世界市场如伦敦、纽约。希腊船主驻扎伦敦超过百年，与英国海上基础设施、保险公司、金融机构及航运其他服务有着长期联系。希腊船东是市场趋势的引领者，专注大容量货物以及特殊的商船买卖模式即“反周期方式”，往往最先嗅出市场拐点，在资产价格变化的时候能够敏锐地抓住出手机会。

三是希腊船东一直专注于传统的油轮和散货船，这两类船型合计占希腊船队总载重量的 89% 和总价值的 70%。希腊船队的 75% 的运力由私营船东公司所拥有，远高于世界 50% 的平均私有率。

经济全球化为希腊航运带来了更大的机遇。随着国际贸易不断增长，海上运输需求持续旺盛。作为海运大国，希腊凭借整体优势，一直提倡国际范围内的海上自由贸易和海运自由化的政策，坚持在商业基础上的自由、公平竞争。海运业是希腊经济最重要的支柱，为希腊贡献 6% 的 GDP，希腊海运业的领先地位令其在国际上有着广泛的合作与交流。

海运业不仅是国民经济的基石，更是希腊经济的一张名片。通过海运业务，希腊同世界主要经济政治力量建立了战略贸易伙伴关系。也正是由于这样的特性，希腊船东在希腊国内政治经济生活中是举足轻重的利益团体，大的船东甚至能够左右国家外交政策。

希腊船东委员会和希腊船东协会影响较大，前者代表着大型船东的民间组织，希腊船东协会（Union of Greek Shipowners）成立于1916年，是全球最具影响力的三大国际海运展之一——波塞冬国际海运展——的主办机构。目前，希腊95%的货船船东都是该协会的会员。作为希腊航运业主要代表机构，UGS积极参与国际海运商务活动，在促进希腊船队参与国际航运竞争中起到了不可替代的作用。[①] UGS是多个国际航运组织的成员。自1981年希腊加入欧盟后，UGS即成为欧盟船东协会（ECSA）及欧盟经社理事会的成员。此外，它也是国际船业协会（ICS）以及国际船业联盟（ISF）的会员。同时，UGS与波罗的海及国际海事委员会（BIMCO）、国际油轮船东协会（TINTERTANKO）、国际散装船船东组织（INTERCARGO）等有着密切的联系。UGS还与国际海事组织（IMO）、经合组织（OECD）、国际劳工组织（ILO）、联合国贸发会议（UNCTAD）、国际商会（ICC）、国际海事局等国际机构保持着密切的合作关系。鉴于欧盟在制定和执行海运政策方面的重要性，UGS每年都派人赴布鲁塞尔的欧盟总部访问并与希腊驻欧洲议会的议员进行定期会晤。

希腊政府长期为本国船东提供优惠的税收政策。在希腊债务危机期间，按照国际救助计划，欧盟委员会质疑希腊航运业税收机制的某些方面违反了欧盟的国家援助规定。德国财长要求希腊政府废除希腊航运业的一系列赋税优惠。UGS对此发表声明指出，希腊航运业正在运作的制度和财务框架的任何根本性改变，都将产生不可预计的后果，损害和破坏希腊最重要的战略部门之一。希腊政府和UGS称，希腊航运采取的船舶吨位税模式于1953年引入并于1975年重建。希腊航运税收机制早于欧盟国家援助准则，希腊海事框架构成了加入前法律，该法律在1981年加入欧洲经济共同体时得到承认。[②]

按照希腊法律，希腊船东可以免缴税收，激进左翼联盟政府上台后曾考虑中止该规定，但船东威胁要将企业迁移到国外，政府最后只能放弃。2019年2月，希腊船东协会董事会与政府签署协议，每年向国库贡献至

---

① 中华人民共和国驻希腊共和国大使馆经济商务处，http：//www. gr. mofcom. gov. cn/article/jmjg/200211/20021100049617. shtml.

② https：//www. globaltrademag. com/global-trade-daily/，Feb. 2，2016.

少 7500 万欧元，相当于希腊船东企业股息的 10%。

希腊船东的融资渠道趋向多元：一是商业银行信贷融资、融资租赁、资本市场证券融资等方式。其中，以商业银行贷款为主。目前，融资租赁方式募集资金也占较高比重；二是通过股票市场筹集资金。希腊船东的上市时间主要集中在 2005—2008 年。Diana、Dryships、Danaos 等航运企业都在此期间成功在美国纽约证券交易所和纳斯达克证券交易所上市。三是通过债券市场进行融资。①

希腊航运业发展面临着诸多挑战。尽管希腊航运占希腊经济比重巨大，但与其在该行业中所占的庞大市场份额并不相称。航运业对希腊人平均收入的影响仅为 150 美元，不及其他航运大国平均值的 1/3。虽然希腊控制着 40% 以上的欧盟船队，但其对欧盟航运业产生的营业额的贡献只有 3%。希腊经济能否从航运业进一步收益，取决于发展巴尔干地区的协同效应，需要开发与地区有关国家在航空、铁路和船舶等解体基础设施领域更加紧密的联系。②

希腊造船能力有限，大的货船建造成本高；虽然拥有世界一流的修船技师和工匠，但修船设施未尽其用。

航运业的税收很低，但许多希腊船舶悬挂其他国家的国旗以避免缴纳希腊税，一些希腊航运大亨仍然抱怨说，他们的航运业面临着一些艰巨的挑战，包括有限的借贷来源和严格的环境限制。

由于多年债务危机的影响，希腊的银行背负着大量不良贷款，尽管希腊银行业在减少资产负债表上不良贷款的高额负担方面取得了进展，但其融资能力仍然受到限制。2019 年 7 月，希腊最大的银行比雷埃夫斯银行（Piraeus Bank）尝试开辟新的融资渠道，与重要的亚太地区金融集团探索潜在的战略合作机会，以便为希腊航运公司提供融资解决方案。

从战略角度来看，全球贸易发展状态，英国脱欧可能导致北欧贸易量下降，能源通道的运输安全除却占据关键海峡和商道以外，还存在货运船只的构成、影响海运的新法规及海洋数字化的风险等。全球航运业面临着

---

① 《希腊航运业基本情况》，中华人民共和国驻希腊共和国大使馆网站，2019 年 6 月 18 日，http：//www. gr. mofcom. gov. cn/article/ztdy/201906/20190602873756. shtml.

② 《希腊航运业基本情况》，中华人民共和国驻希腊共和国大使馆网站，2019 年 6 月 18 日，http：//www. gr. mofcom. gov. cn/article/ztdy/201906/20190602873756. shtml.

与地缘政治、法规发展以及技术变革影响相关的重大挑战。海事金融是航运业的另一个核心主题，尤其有关银行金融、资本市场、替代融资机制和私募股权。

总之，希腊航运业需要尽快适应行业中融资、技术和环境法规的显著变化。

二 中希海运经济与造船业合作

中国和希腊在全球海运业中都扮演着重要角色。希腊作为全球市场上的传统船东国，长期保持着全球最大船东国的地位；而新兴的中国船东也成为市场关注的焦点。

据《2018 年劳合社榜》，2018 年全球航运业最具影响力的 100 名人物中有 15 名希腊人，在每个国家/地区中，希腊人的人数最多；其次是中国船东，其中有十二位最具影响力的人物。根据 2019 年 6 月克拉克森研究，自 2008 年至今，中国船队规模占世界船队的比重已经由 8% 上升到 12%；自 2014 年以来，中国和希腊的新造船吨位投资几乎不相上下。“一带一路”建设给航运市场和中国船队发展带来积极影响。随着中国更多的海外项目落地和完工，将会改变未来海运的运输网络，使得一些原本缺乏投资的国家具有出口能力，也同时增加全球海运贸易需求。

造船和航运在中希两国经贸关系中占据核心地位。中希海运合作在中国对外交往中具有开创性意义，海运业是中希经贸合作的重点之一，双方为此建立了政府间海洋合作委员会机制。中希经贸技术合作主要集中于海运业、造船和修船及海员劳务。早期以中国租用希腊船为主，之后双方在海运、造船和船员劳务等领域加大了合作力度，在船舶注册和集装箱运输方面也拓展了新的合作天地。中国与希腊在海运领域合作范围不断扩展并取得了巨大成效。

中国与希腊建交后，双方签署了《中希贸易支付协定》《中希海运协定》及《中希民航运输协定》等一系列有关的海运合作协议。其中，《中希海运协定》奠定了中希海运合作的基础，也促进了双方海运合作的发展。按照《海运协定》规定，两国在国际商业航运自由和平等互利的基础上发展航运，遵照《国际航运公约》制定的原则开展航运合作。

直至 20 世纪 90 年代中期以前，中希海运合作处于初级阶段。中国当时的经济结构及发展重心并没有将海运作为优先产业选择。希腊国内的农产品和工业制品对于中国也并没有吸引力。因此，中希海运合作的经贸基础尚为薄弱。中希海运合作真正起始于 1995 年《中希海运协定》的续签。

随着和平与发展成为世界潮流，干扰两国海运业发展的外部因素逐一被扫除。2002 年中国与欧盟签署海运合作协定。2005 年 6 月，希腊海运部长凯法尼亚斯访华，双方签署《加强港口发展与海上贸易合作备忘录》。2006 年，希腊总理卡拉曼利斯访华，其间，中希两国签署了《关于建立全面战略伙伴关系的联合声明》，中希关系达到战略合作的高度，双方领导人也强调了加强海运合作的共识。联合声明第十五条提到“鉴于造船和航运在两国经贸关系中发挥着独特的作用，双方决心为两国港务主管部门及其他涉及运输、安全及港口建设等部门间的合作提供便利；双方鼓励两国港口、航运企业开展合作，共同促进两国间的直达海运及经对方港口到邻近国家或地区的海上中转运输。”①

2006 年 4 月，中远集团远东—地中海航线上的集装箱班轮开始挂靠希腊比雷埃夫斯港，此航线的开通对中希两国双边贸易有极大的推动作用。同年 9 月，中希两国交通管理部门签署了《欧亚交通与海运合作备忘录》，该备忘录包含了连接两国交通基础设施发展规划，以及建立货物仓储、交通一体化系统和简化海关通关程序等内容。

在希腊爆发主权债务危机的背景下，2010 年中希两国签署《中希海事技术合作备忘录》，2011 年又签署海运合作行动计划。中国政府主导建立了 50 亿美元的“中国希腊船舶发展专项资金”，希望通过向有意购买中国建造船只的希腊船东提供贷款，振兴两国海运合作。

在企业层面，中国远洋运输总公司和中国海员技术服务总公司以及中国船级社分别在希腊设有办事机构。中国海运（集团）总公司海员对外技术服务有限公司驻希腊办事处于 1989 年正式成立，主要从事向希腊船东提供中国海员劳务并对海员进行管理的业务。1999 年该公司正式开辟了远东至地中海地区的集装箱航线，中国大型集装箱船首次开进希腊比雷

---

① 《中华人民共和国和希腊共和国关于建立全面战略伙伴关系的联合声明》，2006 年 1 月 19 日。

埃夫斯港口。

中国船级社（CCS）自1986年开始在希腊开展船舶检验和发证业务，2006年5月CCS与希腊海运部签署授权协议，获得了希腊政府的法定检验授权。2014年6月，CCS与希腊海运部长瓦勒乌奇奥蒂斯共同签署了新的《希腊政府授权中国船级社对希腊船舶和公司执行法定检验发证业务协议》。根据协议，CCS将代表希腊政府对悬挂希腊船旗的国家航运船舶及其公司，开展检验、审核和发证服务。新协议的签署，充分体现了两国在海运海事方面的紧密合作。2018年6月4日，CCS与希腊海岸警卫队续签船舶的法定检验授权协议，新授权涉及国内船和渔船及技术合作。

2001年，中国船级社设立了地中海地区委员会。CCS地中海地区委员会是中国船级社与地中海地区相关国家特别是希腊船东业界开展合作的重要机制，CCS作为中希、中塞海事合作的重要桥梁，在推动中国“21世纪海上丝绸之路”战略中发挥独特的纽带作用，促进希腊、塞浦路斯航运界与中国造船界、航运界和船舶融资机构的合作。2018年9月，中希双方在CCS地中海委员会平台下继续共同促进两国海上贸易、航运安全和海洋环境保护方面开展合作，并就低硫油新规、如何更好促进海上环境保护等海事界的热点问题进行了进一步的交流与合作。

中国是世界建造散货船最多的国家之一，也是希腊船东的主要合作伙伴。双方船舶与航运业不但在传统散货船、油船和集装箱船方面展开合作，而且已经涉及海洋工程装备方面的项目。中国成为希腊船东最大的造船目的地。从2000年到2015年，希腊船东在中国造船企业购买或订造的船舶1200艘，希腊承载了中国全球60%的货物出口运输任务。希腊船东与中国船厂一直保持紧密合作关系。中希在海运合作领域已经从船舶制造、海洋运输，全面拓展到港口管理、基础设施建设、临海产业园区建设、渔业、旅游、科技、金融、商贸等广泛领域。

受益于“一带一路”倡议及中国“海洋强国”战略的提出，中希海运合作迎来了快速发展的新机遇。2014年8月15日，中国政府发布了《关于促进海运可持续健康发展的若干意见》，提出了建设海运强国的目标并将海运业列为对经济社会发展重要的产业。《意见》提出，到2020年，中国将基本建成安全、便捷、绿色、高效、具有国际竞争力的现代海运体系，适应国民经济安全运行和对外贸易发展需要。在2015年中国政府发布的《推动共建丝绸之路经济带和21世纪海上丝绸之路的愿景和行动》以及2017年发布的《“一带一路”建设海上合作设想》两份文件中，海运建设都被定位为中国同“一带一路”沿线国家进行战略对接的重点领域。

《“一带一路”建设海上合作设想》（以下简称《设想》）建议加强国际海运合作，完善沿线国家之间的航运服务网络，共建国际和区域性航运中心；通过缔结友好港或姐妹港协议、组建港口联盟等形式加强沿线港口合作，支持中国企业以各种方式参与沿线港口的建设和运营。同时，《设想》也建议提升海运的便利化水平。加强与有关国家的沟通协调，围绕规范国际运输市场、提升运输便利化水平等方面紧密合作。加快与有关国家在口岸监管互认、执法互助、信息互换等方面的合作。

中希海运合作在此背景下开启了新的时代。2014年6月李克强总理访问希腊，其间，双方签署一系列海运合作协议。涉及船舶航运领域的合作包括中国国家开发银行与希腊高世迈（Costamare）航运公司签署的价值15亿美元集装箱船只协议；与希腊海运部签署的价值约10亿欧元的关于比雷埃夫斯港3号码头扩建、物流等开发项目；由中国工银金融租赁公司与希腊利博瑞集团就在中国船厂建造6艘散货船和集装箱船的融资租赁项目；以及与希腊戴安娜航运（Diana Shipping）签署的价值2亿美元节能环保散货船建造项目的船舶融资专项合作协议。中国进出口银行也达成了两项航运领域的商业合作协议：一是联手挪威第一大银行DNB与希腊Thenamaris航运公司签署约4亿美元贷款和融资框架协议；二是为希腊Oceanbulk海运公司提供贷款。

2016年4月，中远海运集团与希腊共和国资产发展基金正式签署比雷埃夫斯港务局（PPA）股权买卖协议和股东协议，中远集团以3.685亿欧元的对价完成了对PPA67%股份的收购，从而正式成为比港的经营者。

中希在海运合作领域已经从船舶制造、海洋运输，全面拓展到港口管理、基础设施建设、临海产业园区建设、海洋经济与科技等广泛领域。中远比雷埃夫斯港的成功是中国与希腊“一带一路”互利共赢合作的典范，比港也是希腊参与“一带一路”建设的重点项目和标志性项目。以中远比港为代表的中国项目为中国企业、投资在希腊树立了良好的口碑，也带动了当地就业、经济、基础设施等多方面发展。

2017 年 5 月，习近平主席在与希腊总理齐普拉斯会晤时强调，希腊建设重要国际物流中转枢纽战略同“一带一路”倡议相互契合。中希双方应该着力将比雷埃夫斯港打造成地中海地区重要的集装箱中转港、海陆联运桥头堡、国际物流分拨中心，为中欧陆海快线以及“一带一路”建设发挥重要支点作用；齐普拉斯则表示，“一带一路”倡议富有远见，有助于亚欧大陆经贸、能源、运输、网络的互联互通。[①]

三　海洋合作论坛与海洋合作年

海运经贸合作推动中国与希腊开展更广泛的海洋事务对话与合作。2014 年李克强总理访问希腊期间，两国举行了首届中希海洋合作论坛，并决定于 2015 年双方共同举办“海洋合作年”活动。中希海洋合作论坛旨在讨论海洋共同开发、海洋资源可持续地利用开发以及保护海洋环境问题等议题。

中希海洋合作论坛也扩展到了南欧国家。2015 年 11 月 7 日，中国与南欧国家海洋合作论坛举行，中国国家海洋局与希腊、意大利、西班牙、葡萄牙、塞浦路斯、马耳他的政府官员共同探讨了全方位海洋合作的前景，探讨南欧六国参与 21 世纪海上丝绸之路建设，以及海上丝绸之路与南欧国家提出的环地中海蓝色经济合作圈对接的可能性。

2015 年 3 月 27 日中希海洋合作年在北京启动，主题是“深化海洋合作，共建蓝色文明”，中希两国副总理共同出席。双方在海洋基础设施建设、海洋科技、海洋文化等诸多领域开展了一系列交流活动，并达成近 30 项合作成果。双方举办了中希暨中南欧海洋科技研讨会；召开了中希海洋科技联合委员会第一次会议，共同研究确定中希海洋科技合作项目；中希的海洋科技机构和大学签署海洋科技合作协议，共建中国—希腊海洋科技联合实验室。在海洋人文合作方面，举办中希海洋政策与海洋法研讨会，促进两国在海洋管理、划界、海商法、水下文化遗产保护等领域的对话和交流。

中希海洋合作年是中国首次以海洋合作为主题举办的双边友好年，是落实 21 世纪海上丝绸之路战略的重要工作之一，有利于推动中希及中欧

---

① 《习近平会见希腊总理齐普拉斯》，《人民日报》2017 年 5 月 14 日第 2 版。

海洋合作迈向新高度和21世纪海上丝绸之路向欧洲自然延伸。2016年7月，李克强总理与访华的齐普拉斯总理共同出席了第二届中希海洋合作论坛开幕式。根据2019年11月11日的中希联合声明，两国致力于海洋可持续发展，双方愿意加强在国土空间规划、生态保护修复、海洋经济、海洋综合管理、海洋基础科研等领域的务实合作。

与此同时，中国与希腊加强了海洋和平对话与合作。中希两国在尊重1982年《联合国海洋法公约》等国际法的基础上，推进双边海洋合作，坚决反对海洋霸权，致力于在尊重历史事实和国际法的基础上，通过当事方直接对话谈判解决双边海洋争端和纠纷。双方坚定支持维护海上和平秩序的行为，坚决反对破坏海上和平秩序的行为。在包括《联合国海洋法公约》在内的国际法基础上维护海洋秩序，以及其中规定的航行和飞越自由。双方支持有关国家致力于根据国际法、地区和双边协议和平解决领土争议和海洋权益问题。①

通过海洋对话，中国也表达了自己的“海洋观”，即“通过发展海洋事业带动经济发展、深化国际合作、促进世界和平，努力建设一个和平、和谐、合作的海洋”。同时回应外部对中国建设海洋强国目标的重大关切，表明中国愿意努力维护联合国海洋公约，走和平发展道路，维护海上航行自由和航道安全，共同发展海洋经济，推动海洋和平合作与发展。

另外，中希两国还在国际海事领域协调与配合，继续加强在国际海事组织和国际劳工组织，以及在国际海运二氧化碳减排领域加强协调和配合。

第二节　“一带一路”海运合作案例：中远比港项目

一　中远比雷埃夫斯港项目的由来

比雷埃夫斯港位于希腊雅典西南萨罗尼科斯湾畔，距离雅典仅12千米，是阿提卡大区比雷埃夫斯州的首府，是欧洲东南部连接中东、北非及

---

① 《中华人民共和国和希腊共和国关于加强全面战略伙伴关系的联合声明》，2016年7月4日。

黑海地区的重要门户。自前5世纪起，比雷埃夫斯就成为地中海东部的运输枢纽与贸易中心，担负了当时雅典的海上贸易任务。自前4世纪后，比雷埃夫斯港逐渐衰落，而自19世纪中后期起，比港又迎来了一次复兴，重新成为希腊最重要的港口和航运中心。

第二次世界大战后，由于希腊政府不愿就船主在第二次世界大战中的损失与盟军征用船只进行损失赔偿，大多数的船主将公司总部从比港转移至伦敦、纽约、亚历山大等地从事海运业务。在20世纪60年代的军政府时期，希腊政府为提高税收，以优厚的条件吸引船主回到比港，之后政府也延续了给予船主优厚待遇政策，以此吸引企业回归维持比港航运业的发展。

比港的私有化议案早在2003年欧盟法令框架下就已经出台。欧盟法令旨在打破大企业对港口货运业的垄断，为港口服务引进更多竞争。港口工人们担心自身饭碗可能就此不保，因而强烈反对并引发了包括希腊港口工人在内的欧洲港口工人大罢工，之后该议案遭到欧洲议会的否决。

2004年3月，新民主党上台执政，希腊政府把推行结构性改革作为其主要任务之一，其主要思路是通过市场化和私有化，改善投资环境，吸引民间和外来投资，增加经济的外向度，增强整体经济竞争力。2005年之后，比港的经营遇到较大困难，工会发动了大规模罢工，迫使原挂靠比雷埃夫斯港的几个主要航运商把航线转挂其他港口，港口吞吐量同比下跌9.5%。由于比港业务经营亏损严重，希腊政府开始加快推进比港私有化，公开向世界招标。2006年希腊总理卡拉曼利斯访华，其间，他提出希望加强与中国政府和企业合作的建议，推动中国企业参与比港私有化过程。

比港陆地面积为272.5平方米，岸线总长约24千米。比港内陆可延伸至巴尔干地区，海运辐射可至地中海、黑海、北非等周边地区。2008年6月，经过招标程序，中远集团以4.98亿欧元的标价获得了比雷埃夫斯港2号、3号码头35年特许经营权。2008年11月25日，时任中国国家主席胡锦涛访问希腊，中希两国签署了一系列合作协议，其中就包括了《比雷埃夫斯港集装箱码头特许经营权转让协议》，中远集团与比雷埃夫斯港务局正式签署比雷埃夫斯集装箱码头特许经营权协议，并成立了中远海运比港集装箱码头有限公司（简称PCT）。这是中国企业首次获得欧洲大型港口长期特许经营权。该项合作也得到了希腊船东的支持，认为这将有助于港口的扩建，使其成为通往巴尔干及更多地区的商业中转站。

实际上，中远集团当时接过了一个烂摊子。2009 年 10 月，中远比雷埃夫斯集装箱码头有限公司成立并接管码头事务。2010 年 5 月，2 号码头建设改造项目动工；2011 年 10 月，3 号码头建设开工。2012 年 5 月，2 号码头建设改造项目全部完工，比特许协议中规定的工程进度提前 2 年完成。2014 年，比港 3 号码头改建工程才全部完工。在此期间，中远集团的工程及设备投资额为 5.53 亿欧元。2016 年 7 月 4 日，希腊总理齐普拉斯访华期间与李克强总理一同见证了中远集团及希腊资产发展基金签署比雷埃夫斯港口管理局（PPA）股权转让协议确认函，完成了中远集团收购比港港务局 67% 股权的重要一步。8 月 10 日，中远集团与希腊共和国资产发展基金签署了《比雷埃夫斯港务局多数股权交易完成备忘录》，中远集团以 3.685 亿欧元的对价完成了对 PPA 67% 股份的收购，从而正式成为比港的经营者。中远比港目前有 6 大业务板块：集装箱码头业务、物流仓储业务、修造船业务、邮轮码头业务、汽车船码头业务及渡轮码头业务。

希腊特殊的地理位置形成了希腊港口在国际航运业中的特殊区位优势。港口区位优势可以分成陆上区位优势和海上区位优势两类。陆上区位优势包括港口及港口腹地交通网络密集度、城市发达程度等，海上区位优势包括航运战略枢纽影响度和航运战略通道影响度。在海上区位优势方面，希腊靠近苏伊士运河和黑海海峡这两条战略要道，是地中海的航运枢纽。

希腊成为“一带一路”建设的战略支点与港口区位优势相关。在与地中海沿线其他港口相比，比雷埃夫斯港拥有更便捷的地理位置和更完善的配套设施。从制度方面看，希腊是东南欧地区较早加入欧盟的国家，经济发展水平较高，法律法规相对较完善。

二　成就

自中远海运正式参与比港私有化至今，中远集团在比港取得了经济效益与社会效益双丰收。近年来，中远比港公司利润快速增长，不断创造新的就业岗位，对希腊直接经济贡献 6 亿欧元（包括特许经营权费、雇员工资、税收等）。希腊知名智库“经济与工业研究所”报告指出，到2025年，比港项目将为希腊财政增收4.747亿欧元，创造3.1万个就业岗位，提高希腊GDP 0.8个百分点。

比港码头吞吐量从接管之初的68万TEU（标准箱）提升到了2017年的500万TEU，比港年集装箱吞吐量约占希腊全国箱量的70%—80%。2018年在完成了3号码头扩建后，比港总吞吐能力达720万TEU。由于中远集团投资改造港口基础设施，2018年比港集装箱吞吐量从2010年的88万TEU增长到491万TEU，航运服务水平排名全球第五，成为地中海第二大港口和全球发展最快的集装箱港口之一，港口的竞争力和重要性不断提升。

据波罗的海航运交易所2019年7月15日报告，比雷埃夫斯港口群的综合评估排名居全球十大航运枢纽行列。2019年1—7月，中远比港完成集装箱吞吐量327.5万标准箱，超过西班牙瓦伦西亚港的323.1万标准箱。根据比港港务局的统计数据，2019年港口集装箱码头吞吐量预计将达到550万至580万标准箱，问鼎地中海第一大集装箱港口地位。[①] 欧盟智库布鲁盖尔研究所形容比港发展“史无前例”。

2019年中远集团又提交了一份更具创新的总体规划，其中包括对扩大海上游轮码头、新基础设施和酒店建设的更多投资，投资总额约为6亿欧元，将创造约3000个新工作岗位。

2019年9月，希腊总理米佐塔基斯在第84届塞萨洛尼基国际博览会开幕式上发表讲话指出，中国远洋运输公司（中远集团）在比雷埃夫斯港的“旗舰项目”是在长达10年的债务危机中启动的，为长期遭受紧缩打击的民众带来福祉，期望将产生更大的财富。2019年11月4日，米佐塔基斯总理在参加第二届中国国际进口博览会期间访问了中远集团总部，他表达了期待双方共同合作使比雷埃夫斯港成为欧洲最大港口的战略目标。

2019年10月9日，希腊港口发展和规划委员会批准了中远比雷埃夫斯港港务局提交的后续发展规划。2019年11月11日，习近平主席访问

---

① 中华人民共和国驻希腊共和国大使馆经济商务处，2019年9月12日，https://gr.mofcom.gov.cn/article/jmxw/201909/20190902898910.shtml.

希腊期间，双方签署了中远海运比雷埃夫斯总体发展计划谅解备忘录、比雷埃夫斯港基建工程系列融资协议。2019 年 11 月 15 日，在北部希腊工业联合会举行的 2019 年塞萨洛尼基峰会讲话中，希腊航运部长 Yiannis Plakiotakis 表示：中远集团在比雷埃夫斯的投资是在未来一段时间内释放希腊投资潜力的关键。

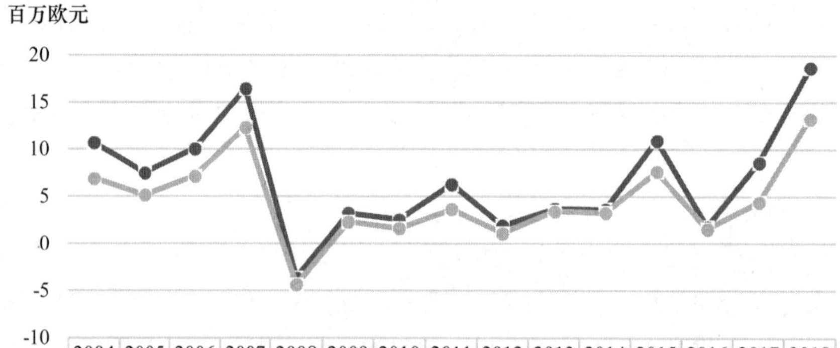

	2004	2005	2006	2007	2008	2009	2010	2011	2012	2013	2014	2015	2016	2017	2018
税前利润	11	7	10	16	-4	3	3	6	2	4	4	11	2	9	19
税后利润	7	5	7	12	-4	2	2	4	1	3	3	8	2	4	13

图 III－2－2　2004—2018 年比雷埃夫斯港经营效益

资料来源：比雷埃夫斯港港务局官网，http：//www. olp. gr/en.

中远集团不仅在比港取得了良好的经济效益，而且实施国际化经营，履行企业社会责任。据中华人民共和国驻希腊共和国经济商务处资料，2019 年 6 月 24 日，中远海运比雷埃夫斯港务局举行新闻发布会，发布了首份《企业社会责任报告（2018 年度）》。这是比港港务局自 1930 年成立以来发布的首份企业社会责任报告。报告从公开透明的公司治理，关注员工福利、安全和健康，积极参与社会帮扶和救助，坚持环境保护和绿色发展理念，履行强制性投资责任等方面介绍了公司近三年来在履行企业社会责任方面所做的主要工作及取得的良好社会反响。中远比港企业社会责任报告的公布，标志着中远海运比港在企业治理理念上与希腊企业管理文化的进一步融合；也将对中远海运比港践行《第二届“一带一路”国际合作高峰论坛圆桌峰会联合公报》主旨精神，即“重视绿色发展、加强民心相通、开展务实合作”起到积极的促进作用。

三　问题与思考

中远比港项目是推动中希经贸关系发展的关键动力，是“一带一路”国际合作的典范。不过，有研究指出，中远比港作为“一带一路”建设的成功案例在欧洲其他国家的可复制性不高。例如在意大利的瓦多港、西班牙的瓦伦西亚港。不论是瓦多港还是瓦伦西亚港，都难以将海运成本优势与铁路运输时间效率充分相结合。因此，对欧港口投资需要着眼于“一带一路”建设整体布局，加强中国企业在欧港口项目的统筹规划。在充分发挥各自优势的同时，避免地方政府或企业因未来自身利益而各行其是，真正做到对欧洲南线的港口投资和北线的中欧班列之间的协调兼顾。对已经存在的缺失，需要从改进相关管理规划入手，调整项目所在区域的战略布局。①

中远比港未来建设中也存在一些不可预知的风险，例如劳工激进分子罢工破坏企业正常运营、事先不清楚的海底古迹遗址、希腊社会反资本主义的传统意识形态及国际战略竞争因素等。

出于地缘政治和市场竞争角度，一些西方国家政客和媒体质疑中国进入欧洲一些港口基础设施的动机。对此，欧洲政策研究中心（CEPS）的詹姆斯·莫兰（James Moran）指出，在进行比雷埃夫斯招标之类的行动时，并没有可行的欧洲替代方案。而且，就希腊提高效率而言，大多数观察家都认为中国在该港口的投资是有益的。希腊前财长瓦鲁法基斯则批评一些欧洲人妖魔化中国，夸大中国在欧洲投资的规模和影响力。

2018 年 12 月，荷兰莱登亚洲研究中心发表报告指出，该项目对东道国和投资国本身都带来了收益，中远集团也为其自身和股东创造了额外的盈利来源。针对一些西方智库对比港投资可能是政治干预的疑问，该报告分析认为，中远集团的总体目标与中国政府的目标似乎紧密一致，即旨在将比港打造成为主要的运输枢纽，这符合中国对外政策的目标。尽管如此，商业逻辑和盈利都是关键目标，政治目标和商业目标之间的确切关系

---

① 桑小川：《中国对欧港口投资的缺失与风险：以比雷埃夫斯港为例》，《国际论坛》2019 年第 3 期。

尚不明确。而接受采访的几位希腊国际关系研究的专家则表示，希腊对中国的战略依赖有限，不赞同所谓的希腊外交政策已成为亲中国反欧盟的说法。①

第三节　希腊与中欧陆海快线

希腊位于东地中海的海上十字路口，是欧洲与亚洲商业和文明交流最古老的桥梁。希腊还是中东北非石油天然气输往欧洲的关键过境国，对欧洲能源供应安全起着不可或缺的作用。希腊有显著的海上区位优势，随着比雷埃夫斯港和巴尔干半岛交通基础设施改善，以及匈塞铁路的建成，希腊的陆上区位优势也日渐突出。

希腊作为中欧陆海运输中转关键节点，也成为陆海快线上必不可少的合作国家。中欧陆海快线具有成本优势（与全铁路货运班列相比），兼顾了货主对时效性与经济性的需求，拉近了中国与东南欧的距离。陆海快线建设使得“21 世纪海上丝绸之路”和“丝绸之路经济带”可以在比雷埃夫斯港成功对接，为中国同欧洲内陆地区的经贸运输开辟一条新的海铁联运线路，减少了对现有西欧大港口的依赖度。

希腊位于巴尔干半岛的最南端，南部海岸线正好位于地中海的中部地区，从希腊前往中东、北非及西欧的海上航线直线距离都只有约 500 海里。比雷埃夫斯港是地中海中距离苏伊士运河到直布罗陀轴线最近的港口，是船舶通过地中海前往大西洋、通过红海前往印度洋、通过马尔马拉海前往黑海，从而连接巴尔干半岛、南欧地区、黑海地区与西欧、中东欧地区、中东、非洲的良好中转港。通过该港口的建设，可以使中国的海外利益在欧洲区域获得新的支点。而希腊可以作为海运航线的中转站，改变原本单一的远东—印度洋—西欧航线结构。

过境比港的航运具有时间优势。上海到中欧和东南欧航程天数对比如下：（1）从上海到匈牙利布达佩斯：经比港到达需 23 天，经意大利的特

① Frans-paul van der Putten, “The Motives behind COSCO’s Investment in the Port of Piraeus”, in Leiden Asia Centre, “Assessing China’s Influence in Europe through Investment in Technology and Infrastructure, Four Cases”, December, 2018.

里斯特港28天，经汉堡需35天；（2）从上海到波兰华沙：经比港24天，经特里斯特港28天，经汉堡35天，经格但斯克36天；（3）从上海到罗马尼亚布加勒斯特：经比港24天，经特里斯特港28天，经保加利亚的康斯坦察港30天。

除了在海运领域希腊独有的地缘优势以外，在陆路，希腊也拥有得天独厚的优势。原本从远东运抵欧洲腹地的货物通过海运需要30天左右，而经过中欧陆海快线，货物运抵希腊南部比雷埃夫斯港后，转运铁路，经马其顿、塞尔维亚到匈牙利布达佩斯，航程可以缩短7—11天。

随着中欧陆海快线运营模式的不断升级，将带动铁路沿线物流、仓储等基础设施建设，进一步提升企业在该地区的竞争优势。中国、美国、德国及意大利等国的跨国企业开始利用比雷埃夫斯港的中转功能，在此设立了物流分拨中心。2013年美国惠普与中远（COSCO）签署协议，使用比港作为向地中海和欧洲其他地区配送在中国生产产品的基地。中捷经比雷埃夫斯的供应链已经建立，惠普从比港到中欧的交通路线形成"陆海快线"图：从希腊经过巴尔干到达中欧，然后这条走廊又经波兰到波罗的海，与中欧班列相连。由此，中远比港成为地中海上的主要枢纽及中国与欧盟之间的重要门户，比港的国际物流枢纽作用越来越凸显。

根据中远海运统计显示，2018年1月至10月，其通过中欧陆海快线累计完成货量4.4万标准箱，同比增长28%。2017年以来，中欧陆海快线直接辐射7个国家，有效改变欧洲货物中转格局。[①] 以中远比港为枢纽的55条海运航线，辐射地中海周边地区并连接世界各大洲；每周从比港发往中东欧的集装箱铁路班列多达16班至18班。以比港为枢纽的"中欧陆海快线"从最初的比港到捷克单一服务产品扩大到多元化铁路服务产品，覆盖希腊、北马其顿、塞尔维亚、匈牙利、保加利亚、罗马尼亚、奥地利、斯洛伐克、捷克在内9个国家、1500个网点、7100万人口。

2019年4月12日，在第八次中国—中东欧国家领导人峰会期间，希腊正式宣布加入中国—中东欧国家"16+1"合作框架。希腊加入中国—

① 刘瑾：《中远海运：建设贸易大国的"海上驼队"》，《经济日报》2018年12月24日。

中东欧国家合作框架，将进一步助力中欧陆海快线建设，促进希腊地中海海上交通枢纽地位的进一步发展，也将有助于中东欧地区和巴尔干地区的稳定。2019 年 11 月，两国政府有关部门达成了关于加强双边和中欧陆海快线框架下的海关贸易安全与便利化合作共识。

第三章 “一带一路”倡议与贸易投资合作

“一带一路”倡议促进了中国和希腊的贸易与投资合作。随着希腊经济复苏，中希双边贸易额逐年增长。在两国政府间协议的推动下，中国十多家大型企业开始稳步进入希腊交通基础设施、能源、电信、海洋、制造业、金融、农业等领域。中远比雷埃夫斯港项目成为两国“一带一路”互利共赢合作的典范。

整体而言，得益于“一带一路”倡议的推动，中国企业虽然在希腊加大了投资的力度和关注度，对希腊投资领域的广泛性和深入性有所提升，但由于希腊整体经济体量、法律投资标准、复杂的政治和社会状况，以及中国企业对希腊市场了解不充分等问题，中国企业在希腊的投资仍然处于初级阶段，尚未完全成熟地进入希腊市场。就投资前景看，新民主党政府持自由主义市场理念，并承诺创造对外资更加好友的营商环境，其实施的一系列减税政策有助于提升希腊人的消费力，因此，全球投资者大都看好希腊市场前景，外国投资出现了增长势头。在此背景下，中希经贸投资合作的空间也将增大。

第一节 中国与希腊的贸易状况

一 中国与希腊贸易整体情况

最近十年来，中国与希腊贸易总体呈现下滑见底又波动性震荡的态势。根据中国商务部网站“贸易报告”栏目历年数据显示，2008 年中国与希腊货物贸易额达 50.6 亿美元，是中国同希腊货物贸易量的峰值。随着金融危机和欧债危机接踵而至，2009—2012 年，中希货物贸易连续下滑，贸易额分别为43.6亿美元、40.0亿美元、39.2亿美元、33.8亿美元，2012年比2008年的峰值下降33.2%。2013年中希货物贸易额34.9亿美元，同比上升3.2%，2014年继续上升5.4%至36.8亿美元。2015年，由于希腊再次因债务救助问题遭遇巨大经济困难，中希贸易受到冲击，双边贸易额仅为30.9亿美元，比2014年大幅萎缩了16%。

2016年和2017年中希贸易在希腊经济形势趋好的大背景下有所恢复，增长率分别为15.2%和1.4%，但尚未恢复到2011年的水平。根据中国商务部2018年10月公布的数据，2017年，中国出口希腊47亿美元，同比增长13.0%，希腊对中国出口4.2亿美元，同比增长51.7%，占希腊出口总额的1.7%，提升0.4个百分点。2018年1—8月，中国与希腊双边贸易额46.4亿美元，同比增长50.0%。其中，中国对希腊出口42.8亿美元，同比增长51.6%，自希腊进口3.6亿美元，同比增长33.6%。①

据欧盟统计局统计，2018年上半年，希腊与中国的双边货物贸易额为24.7亿美元，增长50.0%。其中，希腊对中国出口4.1亿美元，增长77.6%，占希腊出口总额的2.1%，提升0.6个百分点；希腊自中国进口20.6亿美元，增长45.5%，占希腊进口总额的6.3%，提升1.3%。矿产品是希腊对中国出口的首位产品，1—6月出口额为3.3亿美元，占希腊对中国出口总额的80.8%，同比增长103.6%。机电产品是希腊自中国进口的第一大类商品，1—6月进口额为8.7亿美元，占希腊自中国进口总额的42.2%，增长了53.5%。其中，机械设备进口5.9亿美元，增长63.8%；电机和电气产品进口2.8亿美元，增长了35.4%。

据希腊驻华大使馆公开资料，近年希中双边贸易平均每年保持快速增长超过50%。从2016年起，希腊对中国的出口取得了可观的成绩，2018年的贸易额几乎是2017年的两倍，并创下了9亿欧元的纪录。双边贸易额从2016年的32亿欧元增长到2018年的45亿欧元。

根据中华人民共和国商务部数据，2018年全年，中国与希腊的进出口总额706372万美元，中国对希腊出口额649956万美元，从希腊进口额56416万美元，与2017年相比，进出口总额增长了36.3%，出口增长

① 《2017年希腊货物贸易及中希双边贸易概况》，https://countryreport.mofcom.gov.cn/record/view110209.asp?news_id=58018.

36. 8%，进口增长 31. 2%。[①] 根据中国商务部 2019 年 11 月 14 日发布的信息，中希双边货物贸易额由 2013 年的 36. 5 亿美元发展到 2018 年的 70. 6 亿美元，增长了近一倍。2019 年 1—9 月，中希双边贸易额达到 63. 5 亿美元，同比增长 21. 4%。而据希腊《每日报》，2019 年上半年，希腊对中国的出口增长了 42. 7%，对中国的出口额为 4. 812 亿欧元，中国在希腊出口市场的排名也从 2018 年同期的第 16 位上升至第 12 位。[②]

据中国海关数据，2019 年 1—6 月中国从希腊进出口商品总值为 413755. 6 万美元，同比增长 21. 4%；2019 年 1—6 月中国对希腊出口商品总值为 381169. 3 万美元，同比增长 20. 8%；2019 年 1—6 月中国从希腊进口商品总值为 32586. 3 万美元，同比增长 28. 5%。[③]

不过，从希腊整体对外贸易格局看，中希贸易关系重要性尚待提升。2017 年，希腊货物进出口总额为 893. 4 亿美元，比上年（下同）增长 16. 0%。其中，出口 326. 1 亿美元，增长 15. 8%；进口 567. 3 亿美元，增长 16. 0%，贸易逆差 241. 2 亿美元，增长 16. 3%。从希腊主要贸易伙伴来看，欧盟国家是其最大贸易伙伴。2017 年希腊对欧盟国家的出口额为 174. 86 亿美元，占其出口总额的 53. 6%，自欧盟国家的进口额为 295. 46 亿美元，占其进口总额的 52. 1%。希腊对欧盟国家的进出口占其外贸总额达 52. 6%。从国别看，德国和意大利分别是希腊的第一和第二大贸易伙伴。2017 年，希腊与德国、意大利贸易总额分别为 82. 34 亿美元和 80. 73 亿美元，分别占其贸易总量的 9. 2% 和 9. 0%。中国占希腊外贸总额的 4. 04%，是希腊排名第 17 位的出口目的地和第六大进口来源地。2019 年上半年，意大利、德国和塞浦路斯仍然是希腊最重要的出口市场，其次为土耳其、保加利亚、美国、黎巴嫩、英国、西班牙和法国。因此，中国无论是作为与美国、欧盟、日本一样的重要经济体，还是以单独国家而言，均非希腊重要的贸易伙伴。

从中希贸易在希腊对外贸易中份额占比的历史数据来看，中国在希腊贸易中的分量较低。2007—2017 年，中国占希腊外贸比重处于 3. 53%—

---

① http：//www. mofcom. gov. cn/article/tongjiziliao/sjtj/xyfzsbjmsj/201903/20190302846188. shtml.

② http：//gr. mofcom. gov. cn/article/jmxw/201909/20190902897064. shtml.

③ 华经产业研究院网站资料，2019 年 6 月 25 日，http：//www. huaon. com/story/459768.

5.56%，其中2013年为3.53%，为最低的一年，2010年则为5.56%，这种状况主要受希腊整体外贸环境的影响。2009年之后，希腊外贸量大幅衰退，速度高于中希贸易衰退速度，使得中希贸易份额出现“被动上升”。中希两国要建立更密切的经贸关系，需要通过提升产品竞争力和市场开放程度等方式实现。

从贸易平衡的角度来看，中国虽对希腊有贸易顺差，但并非希腊的主要逆差来源。2017年希腊前五大贸易逆差来源地依次是俄罗斯、德国、伊拉克、韩国和中国，逆差额分别为36.0亿美元、36.0亿美元、35.0亿美元、32.57亿美元和25.37亿美元，占希腊逆差比重分别为14.92%、14.92%、14.51%、13.50%和10.51%，希腊对欧盟贸易逆差则高达120.6亿美元，占其外贸逆差比重的50%。因此，中希贸易平衡问题与希腊其他贸易伙伴相比并不严重。

从整体来看，希腊对中国长期保持贸易逆差的态势，但近年来随着“一带一路”倡议对中希经贸和投资关系发展的促进作用，特别是比雷埃夫斯港的投资建设的带动，使得双边经贸关系整体更趋平衡。

二 希腊出口商品及中希贸易的商品结构

希腊的前四大类出口商品分别是矿产品、贱金属及制品、食品饮料烟草和机电产品。2017年出口分别为108.9亿美元、37.7亿美元、28.0亿美元和26.7亿美元，占希腊出口总额的33.4%、11.6%、8.6%和8.2%，分别增长32.2%、25.3%、6.5%和4.1%。在矿产品中，矿物燃料出口101.3亿美元，占希腊出口总额的31.1%，增长32.8%。而根据美国中央情报局的“世界概况”网站资料，希腊主要工业为食品和烟草加工业、纺织业、化工业、金属产品制造业、采矿业和炼油业，主要出口包括食品和酒类、制造业产品、炼油类产品、化工产品及纺织产品，可以看出希腊主要优势的出口和工业产业为石化产品、金属制品、食品饮料烟草产品，工业和出口竞争力偏弱。①

希腊的前四大类进口商品是矿产品、化工产品、机电产品和运输设

① “The World Factbook”, https://www.cia.gov/library/publications/the-world-factbook/geos/gr.html.

备，2017年分别进口139.7亿美元、69.1亿美元、67.6亿美元和59.2亿美元，占希腊进口总额的24.6%、12.2%、11.9%和10.4%，增长率依次为27.7%、11.1%、7.5%和31.4%。与其出口商品相比，进口产品偏中高端的制造业产品及石油等石化业的原料，因此可见其出口竞争力较弱，而这种竞争力和产品结构互补的特点在中希贸易中也有所体现。

希腊对中国出口的主要产品包括矿产品、纤维素浆及纸张、机电产品、贱金属及制品、化工产品、纺织品及原料、食品与饮料和烟草七大类，占希腊对中国出口额的比重分别为72.4%、5.2%、4.4%、3.9%、3.4%、2.3%和1.2%。矿产品是希腊对中国出口的首位产品，2017年出口3.9亿美元，占希腊对中国出口总额的72.4%，同比增长78.6%。其中，盐、硫黄、土及石料、石灰及水泥等出口2.6亿美元，同比增长92.5%；矿物燃料出口1.3亿美元，同比增长55.5%。纤维素浆及纸张、机电产品为希腊对中国出口的第二和第三大类商品，2017年出口2787万美元和2389万美元，占希腊对中国出口总额的5.2%和4.4%。

三 中国在中希贸易中的主要优势和主要劣势产品

据中国商务部资料，中国对希腊出口的主要产品包括机电产品、家具及玩具和杂项制品、纺织品及原料、贱金属及制品、塑料和橡胶、鞋靴和伞等轻工产品、化工产品七大类，占比分别为42.4%、12.1%、10.3%、7.6%、5.0%、4.8%、3.5%。

分产品比较来看，中国部分高端制成品在希腊市场具备一定优势。机电产品是希腊自中国进口的第一大类商品，2017年进口额13.0亿美元，占希腊自中国进口总额的42.4%，同比下降2.9%，其中，机械设备进口8.4亿美元，同比下降1.5%；电机和电气产品进口4.6亿美元，同比下降5.4%。机电产品为希腊对中国出口的第三大类商品，2017年出口额2389万美元，占希腊对中国出口总额的4.4%，机电产品内中国顺差为12.76亿美元，显示中国机电产品在希腊市场具备相当强的优势。与其他国家相比，中国机电产品仍显示出较强的竞争力。2017年中国机电产品占希腊进口比例达19.3%，为希腊机电产品最大进口国，希腊其他机电进口国主要是德国、意大利、荷兰、比利时，分别占希腊进口份额的16.8%、11.9%、9.1%和3.2%。然而，中国机电产品在希腊市场也遭遇较大的竞争压力，其优势有缩水的可能，2017 年希腊进口中国机电产品缩减了 2.9%，而德国、意大利、荷兰、比利时则分别增长了 16.8%、11.9%、9.1% 和 3.2%。

家具玩具也是中国在希腊市场的优势产品，2017 年中国占希腊该产品进口份额达 31.3%，意大利、德国、英国、荷兰和波兰的市场份额分别为 12.4%、8.7%、4.9%、4.7% 和 4.5%，总计市场份额 35.2%，中国与欧盟在这一产品领域属于竞争水平相当。

中国也是希腊鞋靴伞产品最大进口来源国，2017 年占希腊进口份额的 22.3%，主要竞争者也来自欧盟，包括比利时、意大利、西班牙、荷兰和德国，占希腊进口份额分别为 17.4%、14.2%、8.2%、6.3% 和 5.9%。

由此可以看出，在希腊市场上，中国产品的主要竞争对手包括欧盟国家和土耳其，在希腊自中国进口的十大类商品的国别、地区构成上可以看出，中国对希腊出口的主要产品，包括了机电产品、鞋靴、伞等轻工产品、家具、玩具、杂项制品、化工产品、纺织品及原料、皮革制品、箱包、贱金属及制品、光学、钟表、医疗设备、塑料、橡胶、陶瓷、玻璃。欧盟国家在前六大出口商中至少占有 2—5 家。其中德国和意大利在希腊十大类进口商品占前六位，由此显示中国产品和欧盟产品在希腊市场形成了激烈竞争。与此同时，在一些高端制造业产品中，欧盟产品相比中国产品具有较强的优势，如化工产品和光学、钟表、医疗设备中，前六名被欧盟国家和瑞士包揽，欧盟在两大类产品中的进口分别至少高达 59.2% 和 57.1%，而化工产品是希腊进口的第二大类产品，年进口额达 69.1 亿美元，占希腊进口总额的 12.2%，中国在希腊化工产品进口中仅占 1.54%，显示中国此项出口中的劣势地位。同时，在希腊主要进口产品中，2017 年运输设备进口 59.2 亿美元，占希腊进口总额的 10.4%，而中国对希腊的运输设备出口仅为 5000 万美元，在这一主要市场中竞争力欠佳。

四 希腊在中希贸易中的主要优势产品分析

由于希腊的经济体量、出口竞争力、贸易规模的限制，其产品占中国市场的份额有限。2017 年，希腊对中国出口 5.4 亿美元，根据中国海关信息网海关统计快讯显示，希腊对华出口仅占2017年中国1.84万亿美元进口的0.029%，仅占欧盟2017年对华出口2448.7亿美元的0.22%。而在主要产品中，希腊产品在中国总产品占比中也处于低微的比例。希腊对中国出口最主要产品为矿产品，2017年占中国进口比例为0.1%。但与此同时，希腊对华出口对中国对外贸易有较大互补作用，如矿产品、贱金属及制品、食品饮料烟草三大类产品，均为中国市场所需求的产品。

在中国经济逐步转型升级、人民对生活水平和品质的要求日益提升的情况下，希腊的矿产品及贱金属及制品将融入中国制造的产业链中，优质的食品饮料烟草产品将有利于满足中国民众对高品质生活的需求。同时，其类似产品价格比美国、欧洲、加拿大、澳大利亚等国同类产品性价比更高，出口优势行业在中国市场发挥更大空间。

五 重要的双边贸易平台

塞萨洛尼基博览会（塞博会）和上海国际进口博览会已经成为促进中希贸易的重要平台。塞博会是希腊乃至巴尔干半岛展出规模最大、影响力最强的综合性国际贸易博览会之一。展览内容涵盖高新技术、电信、能源、基础设施、文化、旅游等行业，是企业拓展地中海地区市场的一个优质平台。中国分别于1998年和2017年两次成为这一大型博览会的主宾国。

上海国际进口博览会为发展中希经贸合作和希腊产品进入中国市场提供了新平台。2018年11月，希腊左翼联盟政府外交部常务副部长卡特鲁加洛斯专程参加首届中国国家进口博览会，并表示中国向世界进一步打开市场，深信希腊将从中受益匪浅。对于希腊的私营企业来说，希望能通过上海进口博览会结识到中国公共和私营部门的合作伙伴，为希腊的经济复苏添动力。希腊的“希华集团”以“最希腊”元素为亮点，推介希腊产品，致力于将希腊的支柱产业与特色产品打入中国市场。

2019年1月，中国·希腊国家馆在上海自贸试验区正式开馆，这是首届中国国际进口博览会闭幕后，第一个落户上海的外国国家展示交流平台。希腊国家馆将成为综合性窗口，集中展示希腊的整体国家形象，汇聚来自希腊的优质商品，并涵盖贸易推广、科技、环保、文化体育交流与旅游推介等领域。中希两国相关部门就城市交通、银行、智慧城市解决方案等项目与希腊贸促会签署全面合作备忘录。

希腊以主宾国身份参加了2019年第二届中国国际进口博览会。希腊国家馆展现希腊的“共享精神”，表达希腊愿意与中国在经贸领域进行全面合作的设想。希腊企业局则主办“商业角”，向中国商界和民众介绍希腊投资和贸易方面的新商机，主要涉及旅游、房地产、能源、食品、生命科学、制药、物流和制造业等领域。雅典货币博物馆和希腊文化部分别在希腊馆内组织“果实与象征”珠宝展览和“希腊五千年文明”文物复制品展览，美食区有26家希腊食品和酒类企业，展现纯正的希腊农产品，如橄榄油，蜂蜜，羊奶酪和当地葡萄园的优选葡萄酒。

在第二届上海国际进博会期间，希腊企业局与希腊外交部合作，于2019年11月4日组织和举办了中希两国企业家之间的B2B会议及希腊商业论坛，有200多名中国企业代表参加B2B会议，与希腊企业家共同探索合作机会。希腊商业论坛旨在加强和促进希腊与中国的经济关系，以及在新的更多的领域发展双边投资和贸易伙伴关系。希腊总理米佐塔基斯出席商业论坛，并发表题为《希腊与中国经济合作新时代》的主旨演讲。

表Ⅲ-2-1 **希腊从主要贸易伙伴的进口（包括石油产品）状况比较（2018年1—6月）** （单位：百万美元,%）

国家和地区	金额	同比	占比
总额	32618	16.9	100
德国	3502	23.0	10.7
意大利	2820	30.6	8.7
伊拉克	2432	64.8	7.5
俄罗斯	2259	11.5	6.9
中国	20165	45.5	6.3
荷兰	1589	12.0	4.9
法国	1368	15.6	4.2
西班牙	1188	21.4	3.6

续表

国家和地区	金额	同比	占比
保加利亚	1079	18.3	3.3
土耳其	1050	38.3	3.2
比利时	1020	6.8	3.1
英国	854	37.2	2.6
哈萨克斯坦	830	38.9	2.6
沙特阿拉伯	612	11.8	1.9

资料来源：欧盟统计局，2018 年。

第二节 中国与希腊双边投资现状

一 中希双边投资状况与结构

据联合国贸发会公布的数据库数据显示，2017 年，希腊外来直接投资存量 323.7 亿美元，流量为 40.46 亿美元，流量达到 2009 年以来最高，存量则为 2010 年以来最高。从 2000 年开始至金融危机前的 2007 年，希腊的外来直接投资存量呈现波动增长态势，投资存量从 2000 年的 141 亿美元增至 2007 年的 532.2 亿美元，增长了 3.77 倍，每年投资流量在 5025 万美元至 53.54 亿美元之间。2007 年后，由于遭受国际金融危机和欧债危机的影响，外资大批从希腊撤出，希腊的投资存量大幅波动下跌，从 2007 年的历史最高点跌至 2014 年的 215.5 亿美元的低位，年投资量在 3.29 亿美元至 44.98 亿美元。2015—2017 年，随着希腊经济的持续复苏、财政债务问题得到稳步控制，外国投资者对希腊市场信心有所上升，2015—2017 年的投资流量分别为 12.71 亿美元、30.68 亿美元和 40.46 亿美元，其中 2017 年投资流量达到了 2009 年以来的最高，同时投资存量也在稳步复苏。2017 年希腊的外来直接投资存量为 2011 年以来的最高，但仍然低于金融危机前的水平。①

就中国对希腊投资而言，国际金融危机和欧债危机是中国企业进入希

① 联合国贸发会议网站，http：//unctadstat.unctad.org/wds/ReportFolders/reportFolders.aspx.

腊投资市场的契机。希腊市场的不景气及“价值洼地”属性与中国企业“走出去”两期叠加，使得中国在希腊投资迅速增加。根据2018年9月商务部、国家统计局、国家外汇管理局联合发布《2017年度中国对外直接投资统计公报》数据显示，2009年，中国对希腊的投资存量仅为168万美元。中国投资在2009—2012年稳步增长，2012年已经达到598万美元，是2009年的3.56倍。2013年中国对希腊投资存量激增至1.19亿美元，是2012年的20倍。2013—2017年，随着中远集团在希腊比雷埃夫斯港等重大项目带动下，中国对希腊投资存量继续稳步增长，2017年中国在希腊投资存量达到1.82亿美元的历史最高点，比2013年增长了52.94%。从流量方面看，2011年中国对希腊投资流量仅43万美元，2016年达到2939万美元的历史高位，为2011年的68.34倍，2017年略下降至2857万美元。①

根据中国商务部2019年11月14日发布的信息，截至2019年9月，希腊在华投资192个项目，投资总额达到1亿美元，中国对希腊各类投资总额超过23亿美元。2019年11月，中希两国政府签署了关于推动双边投资合作高质量发展、三年合作计划项目清单以及希腊西红花、猕猴桃输华等领域的合作文件。双方企业签署了多份商业协议，涉及港口、物流、金融、能源等领域，总金额约9亿美元，进一步深化了中希在投资、基础设施建设等领域的务实合作。

虽然中国对希腊投资出现较快增长，但在存量和规模上仍然属于偏低的水平。2017年，中国对希腊投资存量仅占到中国对欧盟投资存量的0.21%，2017年中国对希腊投资流量仅占到中国对欧盟投资流量的0.28%，中国对希腊投资存量与希腊吸收外资存量之比仅为0.56%，与希腊其他的主要投资来源国相比，中国的投资占比较低。而希腊对中国投资也仅占中国外来投资的极低比例，截至2016年2月，希腊对中国累计投资9613万美元，在中国吸收外资的比例中几乎忽略不计。

希腊的主要投资来源仍是欧盟国家及瑞士。根据希腊央行的数据，截至2016年底，希腊吸收外国直接投资存量为214.99亿欧元，同比增长

---

① 《2017年度中国对外直接投资统计公报》，http：//images. mofcom. gov. cn/hzs/201810/20181029160118046. pdf.

37.49 亿欧元，增幅达 21.12%，其中吸收德国、卢森堡、荷兰、法国和瑞士的投资存量分别为 49.27 亿欧元、44.61 亿欧元、44.58 亿欧元、18.9 亿欧元、12.16 亿欧元。[①] 按照希腊央行的数据测算，2016 年德国、卢森堡、荷兰、法国和瑞士五国占希腊吸收外资的比例分别为 22.92%、20.75%、20.74%、8.79% 和 5.66%，合计达到 78.85%。

中国在希腊投资的主要产业包括交通运输业、通信技术服务和能源行业。交通运输业主要项目包括中远海运（香港）有限公司在希腊设立的中远海运（希腊）比雷埃夫斯港口公司，中远海运太平洋有限公司在希腊设立的中远比雷埃夫斯集装箱码头有限公司、中远海运集团在希腊设立的中远希腊代理有限公司。信息技术服务包括中兴通讯股份有限公司设立的“中兴希腊通讯公司”，华为技术有限公司创立的华为技术希腊子公司。能源领域包括中水电国际投资有限公司设立的阳光希腊投资有限公司，汉能控股集团设立的汉能希腊国家公司，新时代集团设立的新时代集团希腊公司。2017 年中国神华与希腊 Copelouzos 集团签署协议，开发绿色能源项目，升级改造发电设备，投资计划近 30 亿欧元。2017 年 11 月国家能源集团与希腊 CG 公司签署收购色雷斯 4 个风电项目公司 75% 股权协议。

中国与希腊两国企业在新能源领域的合作越来越活跃。2019 年 11 月 11 日，中国与希腊签署了克里特岛 MINOS 50 兆瓦光热发电项目合作协议。中国工商银行提供融资支持，中国能建葛洲坝国际公司与浙江中控太阳能公司联合体成为项目的 EPC 承包商，英国 Nur Energie 公司为开发商，希腊 PRENECON 承担当地的施工建设。该项目建成后，每年可提供相当于当地电力需求 10% 的清洁电力，从而有利于岛内的生态环境与旅游资源保护，希腊政府描述其为“关键的绿色项目”。该项目是中国企业在希腊承接的第一个电力行业绿地项目，该项目还获得了欧盟 NER300 计划的支持。

在收购并购方面，中国企业以能源和航运基础设施领域为主。2016 年 8 月，中远海运集团以 3.685 亿欧元收购了比雷埃夫斯港务局 67% 的股

---

① 《对外投资合作国别（地区）指南·希腊》，https://www.yidaiyilu.gov.cn/wcm.files/upload/CMSydylgw/201808/201808281125033.pdf.

份，并按照协议在2016—2021年内在比雷埃夫斯港增加3亿欧元的强制投资；2017年5月，经欧盟和希腊的批准，中国国家电网公司以3.2亿欧元收购希腊公共电力公司下属独立输电网络公司24%的股权。此外，中国在希腊投资还包括承包劳务，2016年中国企业在希腊新签承包工程合同13份，总金额7618万美元，完成营业额2.99亿美元，主要项目包括华为公司承建希腊电信设施等。其他并购项目包括：2011年复星集团收购了希腊芙丽芙丽（Follie Follie）9.96%的股份，2014年增持到13.85%，2017年复星又收购了希腊酒店和度假村项目。

金融领域合作逐步增加。2016年，中国开发银行与希腊中央银行签署备忘录，为希腊能源领域基础设施项目提供融资，国家开发银行与希腊共和国资产负债基金签署协议，旨在促进中国企业参与希腊私有化进程。国家开发银行希腊工作组积极拓展与希腊企业局、希腊国家资产开发基金的合作，同时也为在希腊投资项目、符合资质要求的中国企业提供融资服务。

中国工商银行于2018年启动与希腊经济和发展部谈判，准备在希腊首都设立总部，并与希腊银行合作获得在希腊当地的营业执照。中国工商银行业务聚焦于银行投资、工业与基础设施建设领域。2019年10月25日，中国工商银行在希腊设代表处获批。中国银行则于2019年11月1日正式在希腊雅典设立支行。

此外，阿里巴巴进驻希腊，其支付宝系统已被纳入希腊国民银行的支付系统中。

到2019年底，已有数十个中资企业在希腊投资经营，涉及领域和行业非常广泛，涵盖了基础设施、电商、金融、能源、航运、房地产、电信等。中希双向投资总体规模不大，集中在海运、电信和光伏领域。

由于依据不同的统计方式，中国企业在希腊的投资数据也不一样。截至2017年底，希腊驻华大使馆资料显示中国企业投资为14亿欧元，欧洲复兴开发银行的数字是40亿欧元（部分涉及银行贷款），而美国企业研究所（AEI）的报告则认为，中国在希腊投资累计达57亿美元。[①]

---

① IIEA Report, "Chinese Investment in Greece and the Big Picture of Sino-Greek Relations", December 4, 2017.

据希腊经济报道网站2018年7月11日报道，2018年希腊的前四大外来直接投资商中有两家来自中国，分别为中国中远集团投资比雷埃夫斯港、中国能源投资集团投资希腊的新能源（风电）和常规电力。①

表III-3-2 2009年以来中国在希腊的重要投资

	中国公司	希腊公司	行业
2009年	中远海运	比雷埃夫斯港	港口运输
2014年	国家开发银行	Costa Mare	集装箱运输
2014年	进出口银行	The Namaris Ocean Bulk	集装箱运输
2014年	工商银行	Libra Diana Shipping	集装箱运输
2014年	中航技进出口	Veritas Ship Management	集装箱运输
2015年	工商银行	Terna Energy	能源
2016年	中远海运	比雷埃夫斯港	港口运输、码头
2017年	国家电网	独立电力运输网	能源、电力
2017年	国家能源公司	希腊CG公司	风电
2019年	中国能建葛洲坝国际公司	希腊PRENECON	太阳能

资料来源：中华人民共和国驻希腊共和国大使馆经济商务处网站。

表III-3-3 2010年以来重要的中希政府间双边投资合作协议

序号	时间	双边协议
1	2010年	关于加强双边投资合作的谅解备忘录
2	2011年	关于加强基础设施领域合作谅解备忘录
3	2014年	关于加强双边经济投资合作的谅解备忘录
4	2016年	中国商务部投资促进局与希腊企业局双向投资合作谅解备忘录
5	2016年	中国国家开发银行与希腊央行签署合作备忘录

① https://greece.greekreporter.com/2018/07/11/top-4-direct-foreign-investments-in-greece-for-2018/.

续表

序号	时间	双边协议
6	2016 年	中国商务部投资促进局与希腊企业局双向投资合作谅解备忘录
7	2017 年	两国签署重点领域 2017—2019 年三年合作计划
8	2017 年	中国证监会与希腊资本市场委员会证券期货监管合作谅解备忘录
9	2018 年	签署科技创新合作行动计划
10	2018 年	中华人民共和国政府与希腊共和国政府关于共同推进丝绸之路经济带和 21 世纪海上丝绸之路建设的谅解备忘录
11	2019 年	两国签署关于重点领域 2020—2022 年合作框架计划
12	2019 年	希腊投资发展部与中国商务部的双向投资合作谅解备忘录；中远海运比雷埃夫斯总体发展计划谅解备忘录；比雷埃夫斯港基建工程系列融资协议

第三节　中国企业的投资机遇

一　希腊的政界、商界及学界普遍看好中希经贸合作前景

总体上，希腊从政府高层到民间，对于中国和希腊经贸合作、投资合作以及“一带一路”框架下的互联互通合作均持有较为积极的态度。希腊人普遍认为“一带一路”对希腊来说是巨大的机遇，因为参与这一倡议能突出希腊优越的地理位置这一比较优势。希腊自认为是亚洲、欧洲和北非之间的桥梁，希望成为中国产品进入欧洲和北非的大门，也希望这些地区的产品通过这座大门走进中国市场。同时希腊主流也普遍认为比雷埃夫斯港见证了“一带一路”倡议的成功，是“一带一路”倡议下两国经贸互利合作的典范。

2019 年 10 月，希腊发展和投资部长乔治亚季斯表示，与中国建立更牢固的关系对希腊有利，双方合作为欧洲国家树立了榜样。“一带一路”倡议帮助希腊渡过了艰难时期。中国企业对比雷埃夫斯港的投资是双边合作的成功案例，这项投资的成功超出了预期；他还认为希腊与中国的合作是一个很好的例子，这将有助于其他欧洲国家考虑更多的中国投资。

二　双边高层政治共识的引领

中国和希腊领导人的友好互动是双方投资合作的重要引领。2008 年

11 月 25 日，在时任国家主席胡锦涛和希腊总理卡拉曼利斯的见证下，中希两国签署了一系列合作协议，其中包括中国中远集团与希腊比雷埃夫斯港务局就比港特许经营权的协议。2014 年 7 月，李克强总理访问希腊并视察比港运营情况；同月，习近平主席在访问拉美途中经停希腊，并在会见希腊总统帕普利亚斯时，强调经营好比港项目的重要性。2015 年 2 月 12 日，中国总理李克强应约同希腊总理齐普拉斯通电话，中希两国领导人重申比港项目对中希关系的重要性。通过高层的肯定，能够有效争取办好项目的政治意愿和外部环境。

2016 年 7 月，希腊总理齐普拉斯访问中国，其间两国发表了《中希加强全面战略伙伴关系的联合声明》。2017 年 5 月，希腊总理齐普拉斯参加了首届“一带一路”国际高峰论坛，其间中希双方签署了《中希重点领域 2017—2019 年合作计划》，希腊成为亚洲基础设施投资银行创始成员国。

2018 年 8 月，中国和希腊两国外长共同签署《中国和希腊共同推进丝绸之路经济带和海上丝绸之路建设的谅解备忘录》，希腊由此成为第一个签署“一带一路”备忘录的欧洲发达国家。

2019 年 4 月，中国与希腊签署了《关于重点领域 2020—2022 年合作框架计划》。新的三年合作计划将两国重点合作领域从交通、能源、信息通信领域进一步拓展至制造业和研发、金融领域，并提出了双方拟重点探讨的一批合作项目。

2019 年 10 月 15 日，中国国家发展改革委副主任宁吉喆和希腊发展和投资部长耶奥尔亚季斯（Spyridon-Adonis Georgiadis），在北京共同主持召开中希重点领域 2020—2022 年合作框架计划指导委员会第三次会议，商定第二轮备选合作项目清单和下一步重点工作。中国外交部欧洲司、国家能源局国际司，以及国家开发银行、工商银行、中国银行，国家电网、国家能源集团、中远海运、中色股份、葛洲坝国际、中成股份、四川交投等多家企业及金融机构参会。吸引外资、促进增长是当前希腊政府施政的重要优先方向。为此，会议期间，耶奥尔亚季斯部长访问了国家电网有限公司、中铁高新工业股份有限公司、中国成套设备进出口集团有限公司等多家中国企业，欢迎中国企业同希腊合作伙伴积极开展交流与合作，参与希腊国家发展建设，实现互利共赢。

2019 年 11 月 1 日，希腊总理米佐塔基斯在前往中国出席第二届中国国际进口博览会前接受新华社采访时指出：希中两国关系的基石是相互尊重以及源于悠久的历史遗产和扎实的商业合作。希腊致力于创造友好、开放的企业家环境，并确保投资机会均等，期待两国在一些重要领域如农业、内陆运输、航运、能源、电信及研发，取得更深、更实质性的合作。11 月 4 日，米佐塔斯基总理在希腊—中国商业论坛上发表了“希中合作新纪元”的主旨演说，希腊政府致力于推动减税等改革措施，释放经济增长潜力，大力吸引外商投资，创造友好营商环境，将对希中之间各领域交流给予支持。目前中国对希腊的投资主要集中在基础设施、能源、房地产领域，比如中远海运集团对比雷埃夫斯港的投资建设就展现了极大的勇气和远见卓识。他期待今后在旅游、农业、物流、医疗、可再生能源、科研和技术创新等领域加强与中方合作，推动两国在双边投资和贸易合作中进一步实现互利共赢。①

在 2019 年 11 月习近平主席访希期间，中希双方签署了十多项协议，内容范围覆盖农业、能源、通信、教育、金融等广泛领域，包括希腊投资发展部与中国商务部的双向投资合作谅解备忘录、希腊农业部与中国海关总署关于希腊西红花对华出口协议、希腊农业部与中国海关总署关于希腊猕猴桃对华出口协议、希腊大陆与克里特岛电网互联项目意向书，等等。

三　希腊政府连续推出改善投资环境的一系列措施

在欧债危机期间，希腊受到国际货币基金组织、欧洲央行和欧盟委员会的联合贷款救助，救助方对希腊经济提出的要求之一即是希腊应当推进其经济的结构改革，减少政府的财政负担，增加国家的财政盈余能力。而结构性改革的重要组成部分即是公共部门的私有化进程。希腊的能源、交通、航运等基础经济部门公有化程度高，希腊政府在国际债权人的要求下，为了减轻政府财政补贴及发放员工工资的负担，积极推进私有化进程，使得这一进程成为外国投资者的重要机遇。

近年来，希腊提出了一系列旨在吸引外资，鼓励创新的法案，包括新

① 《希腊总理呼吁中国投资者信任希腊》，希华时讯，2019 年 11 月 5 日，https://china.greekreporter.com.

投资法、商业中心/集团内部服务中心法、新税法等。通过这些法案，希腊政府力图为战略投资创建良好环境，通过一系列优先事项安排及鼓励政策，使得投资程序更加快捷、透明和富有成效。新投资法规定，外来投资在达到一定要求，如投资规模、投资领域、投资区域、雇佣人员数量及高科技含量等标准后，将给予更为优惠的条件。

2017 年初，希腊政府提出就加强同中国在交通物流、能源和电信领域的投资以及对以上项目的融资合作支持提出相关建议，该建议与“一带一路”倡议高度契合。在电信领域，希腊政府正积极推动“下一代网络”建设计划，主要包括光纤电缆铺设。

同时，希腊政府也在推动经济环境的改善，多项基础设施项目开始施工或复工，希腊政府还成立了跨部门协调委员会、改革行政管理体制、筹备新的战略投资法等，以提高行政效率，吸引外来投资。希腊基础设施和交通部公布了 28 项基础设施发展规划，包括铁路、交通枢纽、机场、地铁、港口、公路、隧道等，多以 PPP 融资为主，给外国资本的参与提供了机遇。

新民主党政府为促进经济增长，进一步加大了吸引外资的力度，加快私有化进程，降低税收，完全取消了资本流动控制，这一系列新政为中国企业投资提供了机遇。希腊政府已经批准了中远比港新投资计划，完成了国家电力公司下属独立输电网络公司 24% 股权转让等项目。为吸引投资，希腊新政府改善投资营商环境，致力于取消对包括雅典在内的阿提卡省新建工业及制造业工厂的限制，以增加工业园区和商业园区的数量，为企业提供更多便利和设施。

新民主党政府采取新的促进经济增长措施，加大市场开放和加快私有化进程，把私有化作为经济增长的工具，重新启动被左翼联盟政府延迟的大型私有化项目如雅典老国际机场埃里尼科项目、罗德岛地块交易项目、科孚岛上的地产项目、克里特岛的高尔夫度假地项目等。欧盟委员会表示将在财政、政治和运营等方面支持希腊新政府采取的一系列鼓励经济发展的新政。

2019 年 10 月 25 日，希腊议会批准“投资希腊”发展法案。该开发法案简化了投资者的流程，特别是有关环境，城市规划和土地使用规划的法规，旨在减少烦琐的手续并加快建设和投资程序。米佐塔基斯总理表示："投资希腊"法案使希腊的投资行业进入21世纪的数字时代，并鼓励充分就业。"投资希腊"发展法案可以释放投资，加快程序，减少官僚作风，并为创造许多新工作铺平道路。

四　希腊宏观经济呈现向好趋势

希腊统计局公布的数据显示，2019年二季度，GDP增速为1.9%，延续了一季度1.3%的复苏势头，这也是希腊自2009年债务危机以来最高的经济增速。2019年1—7月，希腊主要预算盈余为17.79亿欧元，较2018年同期的9.26亿欧元大幅增加。具体来看，希腊国家预算净收入为286.05亿欧元，比设定的264.55亿欧元的目标高出8.1%；税收收入为262.48亿欧元，比257.15亿的预设目标高出2.1%；国家预算支出为304.56亿欧元，比预期减少了6.27亿欧元。由于解除了资本管制，希腊在国际市场借贷成本创历史新低。

希腊的4家大银行欧洲银行、阿尔法银行、国民银行和比雷埃夫斯银行，将加入欧盟委员会于2019年10月中旬批准的国家不良贷款减少计划，即"大力神计划"，并做出相应的政策调整，以期降低不良风险敞口。

希腊财政部于2019年9月16日正式向欧洲稳定机制和欧洲金融稳定工具提出申请，要求提前偿还国际货币基金组织向希腊提供的部分救助贷款。希腊财政部认为此举有助于增强希腊信誉，提振民众对希腊经济的信心，并将节省上千万欧元的利息支出。此外，这还能改善政府债务可持续性，并对希腊信用评级产生积极影响。

国际评级机构纷纷上调了希腊长期主权信用评级，前景展望为稳定或乐观，理由是预期希腊财政预算目标将能够顺利实现，以及希腊政府完全取消资本管制措施。

第四节　中国企业面临的投资挑战

一　希腊投资营商环境较复杂

希腊的营商环境对中国企业投资构成一定的挑战。根据2018年世界银行《营商环境报告》，希腊在开办企业、跨境贸易等领域有较高的得分，但在产权登记、信贷、电力获得、合同执行、办理施工许可证等方面严重落后。希腊投资者保护指数为3.3，远低于经合组织（OECD）平均值的6.0。《2018年全球人才竞争力指数》报告指出，希腊在企业与政府关系、人才集群发展、商业与劳动力发展前景等方面的排名靠后。

尽管新民主党政府下决心改善营商环境，但仍受到选举政治、党派冲突、工会等各方面的掣肘。2019年8月，欧委会就希腊退出救助机制一周年指出，希腊政府需要继续重点关注全面解决债务危机时期遗留的社会和经济后果，继续走负责任的财政政策和结构改革之路。除了希腊政治经济内部因素外，欧元区整体发展走势也将影响到希腊。2019年9月，欧央行行长德拉吉描述了欧元区存在的多重风险包括地缘政治、保护主义等。

从中国企业角度看，希腊独特的地理位置和良好的投资环境有吸引力，但中国企业缺乏开拓希腊市场的经验，与希腊各级政府及各界的联系不够紧密，而投资必须要基于了解当地的市场情况和深度的市场调查。中国企业对希腊和欧盟的法律法规的了解有待深入。在实践中，希腊当地的法律法规、劳工、环保标准等，经常成为中国企业的难题。

希腊的劳工法规灵活度不高，在解雇工人和临时工问题上对企业限制较大，如企业只有在事先通知和给予补偿的情况下才能解雇员工，未经通知解雇的员工可获得双边补偿，被解雇员工补偿最高可达两年工资，150名雇员以上的公司每月只可解雇5%的员工，且绝对数量不能超过30人。在劳动时间上，希腊《劳动法》规定一周工作不超过40小时，超出时间将依法做出补偿；在雇员休假问题上，希腊法律规定员工每年休假时间最长可达30个工作日。劳工规则对于企业相对不利，对员工相对有利，因此企业必须结合当地劳工法规状况评估项目的劳动力成本，否则在执行阶段，实际成本将远高于估算成本，给企业项目盈利造成较大冲击。

此外，欧盟以外的居民在希腊工作将受到严格而复杂的审查程序，当地雇员休假、罢工等造成的人力缺口难以中国雇员进行补充，这就给正常生产经营造成了风险。鉴于此，中远集团对于员工因素造成的不稳定问题有独特的管控措施。一是在待遇、人文关怀上，中远集团给出的条件远高于希腊当地企业，使员工自感工作机会珍贵，防范罢工的潜在风险。二是在出现罢工或者旷工问题时，在希腊相关法律范围内惩罚违规员工，在成本最小化同时达到震慑效果最大化的目的。中远集团的经验可以为中国在希腊的投资企业提供借鉴。

投资项目所获批的必要法律程序也会给项目落地实施带来不确定性。如2016年在中远集团收购比港港务局股份的过程中，中远集团的收购方案虽然击败了荷兰和菲律宾的竞争者，成为唯一候选人，但中远和比港港务局所签署的协议仍旧需要经过希腊私有化基金、希腊议会以及欧盟竞争事务监管机构的审批，若极端或民粹政治力量上扬，当地劳工部门举行抗议活动，涉及比港的审批机构在民意和政治光谱的绑架下会拖延甚至反对外方的投资计划，给项目带来时间和财务上的损失。

因此，工会、劳资关系问题始终是中国企业需要重视的问题。左翼联盟政府暂停了集体工资协议以降低劳动力成本，结果遭到选民的抛弃。2019年7月上台执政的新民主党政府提出了有关促进经济增长法案，希望通过这项“经济增长法案”消除投资障碍，增加就业岗位，但该法案遭遇希腊工会的质疑和抵制。希腊全国公务员协会（ADEDY）于2019年9月24日发起24小时罢工，向政府施压，要求撤回一项议会准备表决的“经济增长法律草案”中涉及劳动法规和社会保险的内容。工会认为，该法案的部分规定，如限制罢工权、养老金私有化等，会降低职工的保障并损害职工的应有权利。这是新民主党上台后面对的首次大罢工，罢工得到了议会内所有左翼政党的支持。

中国投资企业需关注希腊政府不断变化的环境保护政策，尤其是有关自然遗产、海底遗址等方面。新民主党政府准备推出环保新政，禁止使用一次性塑料，关闭褐煤发电厂，计划到2030年，实现可再生能源使用增至35%，同时打算通过一项保护文化和自然遗产的相关环保法律。

二　欧盟投资监管制度可能成为中方企业进入希腊的新壁垒

近年来，中国企业不仅在希腊，在整个欧洲的投资均逐渐增加，这种趋势使得欧盟加大了对中国企业的投资的防范与限制力度。近两年，随着中国企业在欧投资不断增加，特别是2016年美的公司收购德国机器人制造商库卡后，投资保护成为欧盟及成员国普遍的呼声，对于外国投资项目的干涉频频出现。2017年9月，欧委会提出了欧盟外资审查框架，包括审查范围、欧委会职权、成员国权利与义务等，将国家安全、关键基础设施、关键技术、重点产业领域纳入监管范围，同时审查外国投资方是否有政府背景及资金支持。

欧委会有权对投资个案进行分析、调查并提出意见，监管各国投资监管法规的修改和落实。欧盟要求成员国严格执行框架，在框架生效 30 天后向欧委会通报外国投资情况，新立案审查项目为成员国及欧委会各留出 25 天时间评估并提出意见。各成员国如果对他国项目存有“安全担忧”，可向欧委会和其他成员国就该项目提出本国的意见。欧盟的投资审查框架给予了欧委会监视、审查各成员国外国投资的权力，也给了成员国影响其他成员国内外国投资项目的权力，使得欧盟及对外国投资持消极态度的国家对欧盟范围内的外国投资项目有了更大影响力。①

该投资审查机制于 2019 年 4 月正式生效，投资审查框架作为有法律约束力的欧盟政策正式落地，将加强欧盟对中国企业在希腊投资的审查力度。中国企业在希腊的投资中，很大一部分为基础设施投资、通信网络投资，而近年来欧盟以及主要大国以“国家安全”为口号，炮制出了所谓“关键基础设施”的概念，“关键基础设施”不仅包括高科技企业，也包括港口、核电、通信枢纽等基础设施，将许多中国企业在希腊的投资项目纳入这一概念范畴。德国智库“墨卡托中国研究所”曾发表报告建议，成员国评估外资进入科技企业时和基础设施时，应更多考虑国家安全因素，暗示希腊等国在吸引外资时“只看经济”。欧盟以及主要大国普遍认为希腊等国与中国在政治、经济方面加强密切合作是“中国有意提升在这些国家的影响力”，认为欧盟的共同外交政策、对外一个声音说话等方面的团结受到“中国投资的损害”。

三 当地媒体的压力

虽然希腊政府非常欢迎并且支持中国企业投资希腊，但这并不意味着希腊民间对中国企业的投资行为也十分欢迎，尤其是希腊媒体。在中国企业进入希腊之初，当地部分媒体渲染中国利用公平交易规则和价格倾销，来实行不公平竞争。媒体的宣传，加上当地人民对中国的不了解和两国制

---

① 董一凡、王朔：《欧盟经济保护主义新态势及发展前景》，《现代国际关系》2018 年第 5 期。

度差异，有可能推动当地舆论环境朝着对中国投资不利的方向发展。以比港项目为例，由于债务危机以后，整个希腊经济陷入危机，中国企业经营红火，并收购了希腊优质资产的使用权或所有权，在媒体煽动下，部分希腊人得出了中国企业“趁火打劫”“只顾发财不顾当地百姓疾苦”的结论。类似的情况和舆论很可能影响选民乃至议员的情绪，最终在立法和执法问题上给中方造成困难。

四 政局风险

中远等中国企业在希腊投资的项目属于 BOT 模式（build-operate-transfer，建设—经营—转让）项目，其主要特点是政府通过给予企业公共资源的经营使用权，换取基础设施的免费投资，企业为了从获取的经营权上获取更大的利润，势必要对原有基础设施进行追加投资。中远比港项目周期长达 35 年，中远集团并未获得产权，且两个码头的建设时间均超过两年，实际盈利在未来的 30 余年中。因此，此类项目面临的政治风险较大。据《中国企业国际化报告（2014）》蓝皮书分析，在 2005—2014 年发生的 120 起“走出去”失败案例中，有 25% 是政治原因所致，有 8% 的投资事件在审批环节因东道国政治派系力量的阻挠而失败，还有 17% 是在运营过程中因东道国政治动荡领导人更迭等原因而遭受损失。

所在国政局变动所造成的风险。比港项目经历了欧债危机，其间希腊更换了数届政府，从中间派到左派再到中间派，直至“激进左翼联盟”。债务危机期间，希腊的公共部门减员减薪等力度较强，使民意对政府将“赚钱的港口”交由外国人经营不满加剧，希望政府“充公”此类资产的诉求加强。从政府的角度看，债务危机使其急切需要扩大收入来源，向诸如比港的项目加征税收乃至收回经营权的意愿强烈。此外，政权频繁更迭使商业和投资的不稳定性增强，商业信心降低，港口等依附实体经济和贸易的服务产业受到冲击尤大，2009—2011 年，比雷埃夫斯港传统集装箱吞吐量同比分别下降 6. 80% 、2. 22% 和 13. 82% 。

激进左翼联盟在 2019 年大选中败北，但其社会基础仍然较为广泛，党内反资本主义的意识形态较强。正是因为激进左翼联盟内部反资本主义力量的压力，激进左翼政府对私有化改革实行了战略性的拖延政策。虽然总理齐普拉斯和财政部长一直力邀外国投资者到希腊投资，但国内政府机构对外国投资设置了障碍，从而造成希腊政府含糊不清的投资立场：一方面，高层官员欢迎投资；另一方面，官僚主义障碍又耽搁投资进程。①

中远集团提出的新发展规划就曾被希腊有关部门以古迹保护和环境原因被搁置。2019 年初，希腊中央考古委员会（KAS）宣布比雷埃夫斯的大部分地区成为具有考古价值的地方，这为中远集团进一步投资设置了障碍。KAS 拒绝了比雷埃夫斯港务局计划建造购物中心、浮船修理码头和豪华酒店的计划，理由是他们的建设和运营可能会影响该地区的古物。著名的雅典机场开发项目也有类似遭遇。希腊文化部将雅典机场的部分地区称为“具有考古意义”之后，该项目就停滞不前。而且希腊林业局宣布该地区的一部分要发展成为林地，这意味着项目不能授予建筑许可。

希腊的结构性改革进程对中国投资非常重要。中国企业进入希腊有一个“机会窗”。中国投资进入希腊，除了企业“走出去”国家战略的推动外，还得益于国际救助计划对希腊的附加条件，如结构性改革和私有化、劳动力市场改革与限制工会随意罢工权利等。虽然希腊正在走出债务危机的阴影，但其经济复苏动力依然有限，在经济发展上仍存在众多问题，包括高额债务、公共机构低效率、法律法规不确定性较大及执行不力、政府管理部门协调难度大等问题。由于希腊贸易和投资仍旧严重依赖欧盟，其需要在西方和中国之间寻求平衡，比如，希腊塞萨洛尼基港未出售给中国投资人，而是卖给了一家德法俄合股公司。

五 美国战略竞争因素影响上升

事实上，中国在希腊投资已经遭遇“美国因素”的阻挠。美国参议院外交事务委员会委员埃利奥特·恩格尔曾经明确表示，美国对希腊吸引中国投资的积极态度有所不满，并建议美国应加紧介入。2017 年 5 月，复星集团与另外两家中国公司试图收购一家希腊保险公司，美国商务部长罗斯介入，直接致函希腊经济部长提出美国方面的相关要求。最终，美国和希腊合资的卡拉莫斯投资公司赢得竞标，该公司的商业伙伴希腊企业埃

① Philip Chrysopoulos, “Geostrategic Powerplay Hinders Massive Chinese Investment in Greece”, https://greece.greekreporter.com/2019/04/09/geostrategic-powerplay-hinders-massive-chinese-investment-in-greece/.

克辛集团也一同赢下招标。①

美国政府越来越加大了对希腊的影响力。由于土耳其进入塞浦路斯海上经济专属区所引起的希腊与土耳其关系紧张，希腊担心爱琴海海上希土两国间力量失衡，以及希腊对美国投资的需求，希腊希望得到来自美国的更多的军事帮助。2019 年 9 月 17 日，在由希腊欧洲与外交政策基金会和希腊美国大学国际关系研究所联合主办的东地中海能源发展大会上，美国驻希腊大使杰弗里·皮亚特公开表示，美国正在与该地区伙伴合作，排除俄罗斯和中国的影响。“我们认识到比雷埃夫斯港的私有化进入了中国。塞萨洛尼基港的私有化符合俄罗斯的利益。我们非常希望亚历山德鲁波利斯私有化能够对美国投资者或欧洲投资者具有吸引力，因为这与该地区更大的地缘政治故事有关”②。2019 年 10 月 7 日，美国与希腊发表共同战略声明，根据声明，在投资领域，美国将与希腊合作，为希腊重要基础设施提供投资筛选程序和机制帮助。在 5G 技术及网络设备方面，美国不断对希腊施加压力。

此外，美国还试图利用美希双边能源合作，成为改变希腊和整个东地中海地区能源格局的决定性角色，进而影响希腊的外交政策。美国已开始对希腊出口液化气，并开展能源管道建设合作。

第五节 经贸投资合作的未来发展

一 重视对当地市场规则的适应

企业对外投资是一种经济行为，企业应当在投资行为发生前向目标市场发出明确的投资意图信号，要让当地政府民众认识到，中国投资行为是本着互利共赢、共同发展，同时遵守当地相关法律法规来实行的。中国的投资对于推进希腊经济发展，拉动其他欧盟国家的发展都具有重大作用。

中国企业对希腊的投资大多属于战略性与长期性的，因此，企业应当

① “Chastised by E. U. , a Resentful Greece Embraces China's Cash and Interests”, https: //www. nytimes. com/2017/08/26/world/europe/greece-china-piraeus-alexis-tsipras. html.

② Tasos Kokkinidis, “US Ambassador Warns of the ‘Malign’ Influence of Russia and China in Greece”, https: //greece. greekreporter. com/2019/09/17/u-s-ambassador-warns-of-the-malign-influence-of-russia-and-china-in-greece/.

慎重开展投资行为，强化国际经营水平。中国企业在希腊市场的顺利推进需要注意的有：（1）努力熟悉当地的法律法规和市场惯例，注意积累社会关系，广泛搜集信息，分析成功和失败的案例。（2）积极关注当地政策变化，比如税收政策，补贴优惠政策。（3）在当地努力寻找合适的合作伙伴，帮助企业尽快融入当地市场，避免本地企业的恶性竞争。（4）在进入希腊市场之前努力做好市场调研工作，积极同中国驻希腊的办事机构取得联系，索取相关资料获取咨询服务等。

同时，中国企业应借助希腊的咨询企业、法律及人才来适应当地市场。比如希腊企业家季米特里斯·萨马拉斯在1983年创立了萨马拉斯集团的三角洲工程咨询公司，曾经为德国超市Lidl、法兰克福机场管理公司Fraport，加拿大投资人与希腊采矿公司的合作，希腊地方空港私有化等提供咨询服务。三角洲工程的合伙人卡尔夫普欧罗指出，中国人和我们欧洲人有不同的习惯，应当帮助中国企业了解希腊的法律、熟悉时间表和流程，同时中国和欧洲在结构性、合同、确认、日期、成本及项目的融资、预算设想和时间概念上有较大差异性，当地咨询公司和律师事务所将帮助中国企业避免更多麻烦。同时，希腊服务行业对中国项目提供更多服务，也促进当地经济和就业反震，使得“一带一路”合作更具互惠性和包容性，更显示中国投资和贸易为当地提供实实在在的利益。

二 加强与各级政府的沟通

与多数西欧国家不同，希腊的社会和商业基础结构较缺乏，利益集团处于相对弱势的地位，通常是政府而非私人性的企业集团引导和管理经济生活。希腊国民经济中很大比例的部门与政府活动息息相关，尤其是在公用设施、建筑、银行、保险、石油化工等行业，政府或直接拥有使用权，或对其补贴，或占用大量股份。

中方企业需要积极关心当地政府的换届和国会选举，尤其要关心当地政府的选举情况，关心当地政府的经济政策动向；要对希腊国会所关心的焦点和热点问题予以关注，对企业经营相关的重要议题，企业可以旁听国会辩论；与所在地区的经济、产业和就业事务有影响力的议员保持沟通，报告公司的发展态势和对当地经济社会所做的贡献，反映企业发展中遇到的问题和困难；对企业采取的可能给当地带来重大影响的措施，企业需要听取议员的意见。企业需加强与政府和议会人员沟通，同时注意遵守当地法律法规、文化风俗、注意社会责任。

三　改进与媒体打交道的方式

为提高中国企业在当地社会的公众形象，企业要以平等、信任、真诚的态度面对媒体，与媒体形成良性互动的和谐关系。企业在重大并购、涉及当地社会敏感问题时，特别是遭遇不公正的舆论压力时，应当注重宣传引导，通过媒体同大众交流。中国企业应建立正常的信息披露制度，并及时在媒体上予以发布。中远集团在希腊的公共传播经验非常值得借鉴：一是高度重视舆论工作，中远集团高度重视社会责任问题，将其纳入公司政策和战略的重要组成部分；二是通过人文交流来增进当地社会与企业的感情，中远公司不但培养希腊雇员在海运、港口等与业务相关的专业技能，提出了“生活”计划，并重视回馈企业所在的社区，举办慈善活动，以此来营造于有利于企业的舆论；三是注重媒体传播，邀请 BBC、《金融时报》等西方有影响力的媒体报道。

四　加强与欧盟及其他国际金融机构的对话与合作

作为欧盟成员国，希腊的基础设施部门得到欧盟财政转移支付的支持。截至 2019 年 10 月，希腊在利用欧洲战略投资基金（EFSI）撬动投资方面位居欧盟榜首。希腊从欧洲投资银行获得 27 亿欧元，有望带动 121 亿欧元的总投资额。从希腊政府公布的发展规划可以看出，希腊大型基础设施建设项目多采用 PPP 合作方式，资金来源主要为投资方、欧盟及相关机构（欧洲投资银行、欧洲复兴发展银行等），希腊政府和希腊银行受困于债务危机难以提供资金支持，欧盟资金落实情况较好。希腊允许外国投资者参与当地基础设施投资，并根据欧盟法律对参与项目投标的主体做出要求。

第四章 “一带一路”倡议与人文交流

人文交流是中国与希腊合作的三大支柱之一，中希两国之间的互尊、互信与互鉴是双方合作的重要基础。中国与希腊两大文明古国为人类文明发展进步做出了巨大贡献。文化为人民架起桥梁，增进沟通、友谊和相互理解。希腊人知道中国的老子、孔子，中国人也熟知苏格拉底、柏拉图、亚里士多德等古希腊先贤。“一带一路”倡议推动了中希双边经贸投资合作，也活跃了双方的人文交流，两国在戏剧、文学、电影、教育、科技、青年、旅游、智库等诸多领域的合作不断拓展，并取得较为丰硕的成果。

第一节 人文交流的目标

广义的人文交流内容包含政治、经济、法律、国防、外交、文学、艺术等所有人类文明成果；人文交流主体的类型非常多元化，从个体、企业到政府及国际组织等；人文交流的方式非常多样化，包括学术交流、文艺会演、体育赛事、参观展览、影视媒体、网络空间等。科技和通信技术的发展使得新时代的人文交流更加便捷和丰富多彩。

约瑟夫·奈在20世纪90年代提出的“软实力”概念是认识人文交流的一个视角。奈认为“软实力是一种吸引人的力量，来自能产生吸引力的资产”，构成国家“软实力”的三个部分分别是文化、价值观和外交政策。文化的魅力要比后两者具有更丰富的内容，更少敏感性和竞争性，人文交流也因而成为国家间合作的黏合剂。交流互鉴使人类文明得以传播，并使得全球范围内的文明进程有真正实现包容发展的可能，而这一点是所有经济竞争、军事竞赛所不能比拟也无法达到的。

“国之交在于民相亲，民相亲在于心相通”①。人文交流对国家间关系的发展具有社会基础性意义。人文交流可以提供给所有国际关系行为体平等表达的机会，为新型国际关系理论提供了新的补充思考的方向，也为构建和谐和平的世界提供了切实有效的路径方法。“一带一路”倡议提出了“五通”的概念，包括政策沟通、设施联通、贸易畅通、资金融通、民心相通五条，其中“民心相通”是长效措施，需要通过人文交流才能实现。

在对外交往中，“要尊重世界文明多样性，以文明交流超越文明隔阂、文明互鉴超越文明冲突、文明共存超越文明优越”。② 尤其是对中国和欧洲这两块具有悠久历史文化的大陆来说，文明的交往具有超越其他地区所有交往的非凡意义。习近平主席在 2014 年曾指出：“文明因交流而多彩，文明因互鉴而丰富。任何一种文明，不管它产生于哪个国家、哪个民族的社会土壤之中，都是流动的、开放的。这是文明传播和发展的一条重要规律”。“我们应该推动不同文明相互尊重、和谐共处，让文明交流互鉴成为增进各国人民友谊的桥梁、推动人类社会进步的动力、维护世界和平的纽带”。③

2019 年 5 月，希腊总统帕夫洛普洛斯访华并出席亚洲文明对话大会，他强调所谓的“文明冲突论”是十分错误的，真正的文明是以人为本的，是尊重多样性的。文明之间应该搭建沟通的桥梁，这是开展合作的基础。

中希两大文明间的交流古已有之，源远流长。古希腊不但是古丝绸之路的重要终点，而且早在丝绸之路开辟前几百年，中国的丝绸就已经辗转被远销至爱琴海沿岸。中国和希腊各自拥有独特的传统，人文交流使双方关系越来越密切。中国圣贤孔子和希腊伟大的哲学家苏格拉底处于同一时代。中国哲学与古希腊哲学中有关人性、道德、人与自然和谐等方面，拥有共同价值和思维方式，在政治、教育等领域也有较接近的理念。④

自 1972 年 6 月 5 日建交以来，中希两国在涉及人文交流方面的合

① 习近平：《携手推进“一带一路”建设》，《习近平谈治国理政（第二卷）》，外文出版社 2017 年版，第 510 页。

② 习近平：《决胜全面建成小康社会，夺取新时代中国特色社会主义伟大胜利——在中国共产党第十九次全国代表大会上的报告》，人民出版社 2017 年版，第 59 页。

③ 习近平：《文明因交流而多彩，文明因互鉴而丰富》，《人民日报·海外版》2014 年 3 月 28 日第 1 版。

④ 波塔基斯：《希腊语中国哲学中的共同价值》，李中泽译，《哲学动态》2014 年第 3 期。

作得到了长足的发展。中国著名翻译家、学者罗念生翻译出版了有关古希腊文学、戏剧、诗歌、散文、哲学等领域大批著作，为中国研究古希腊文学奠定了基础并做出了卓越的贡献，为此，1987 年 12 月希腊雅典科学院授予罗念生“最高文学艺术奖”，1988 年希腊潘雅奥斯大学授予他荣誉博士学位。冷战时期，被誉为“希腊的鲁迅”的希腊作家尼克斯·卡赞扎基斯曾经两次来华，1957 年访问中国时还受到了周恩来总理的接见。

第二节 人文交流活动与文化产业合作

一 政府间双边协议促进人文交流

中希两国的人文交流是以业已生效的文化合作协议以及相关的文化交流项目为基础。随着两国在各领域的交流和合作越发紧密和深入，中希双边人文交流合作蓬勃发展。

1978 年中国与希腊签署了文化交流与合作协定。据此，自 1985 年起双方连续签订为期 3 年或 4 年的文化交流协定执行计划。

中希两国政府共同推动“人文奥运”，倡导和弘扬奥林匹克友好与和平的精神内涵。1997 年 10 月在巴黎举行的联合国教科文组织第 29 次全体会议上，希腊文化部长埃万耶洛斯·维尼泽洛斯首次提出“文化奥运”的概念，主要特色就在于把文化作为奥运会的一个组成部分，在两届奥运会中间的 4 年间，举办“文化奥运会”。第一届“文化奥运会”从 2000 年庆祝 21 世纪开始至 2004 年奥运会结束，其中“文化之旅”项目在希腊驻世界各国使馆的帮助下，选派能代表希腊文化的艺术团出访五大洲一些重要国家的城市，当中重要的一站就是中国北京。2004 年 8 月 13 日，为纪念第 28 届奥运会和将奥运会会旗从雅典迎接到北京，中国国家邮政局和希腊邮政联合发行了《奥运会从雅典到北京》纪念邮票，全套 2 枚。

体育交流是中希人文交流的重要内容。由中国田径协会和希腊马拉松市共同主办的首届中希马拉松发展论坛于 2018 年 4 月 27 日在马拉松长跑发源地——希腊马拉松市隆重开幕。这次活动旨在以马拉松活动为契机，加大中希两个文明古国在体育、文化、旅游等多领域开展合作交流，介绍产业推广、科学跑步等方面的经验，并就如何传承马拉松文化、弘扬马拉松精神进行了深入的交流。

文化年是加深中希两国人民相互了解和认识的重要途径。2006 年 1 月，希腊总理卡拉曼利斯访问中国时，中希双方共同签署了《中华人民共和国和希腊共和国关于建立全面战略伙伴关系的联合声明》，并决定于 2007 年 9 月至 2008 年 9 月在中国举办“希腊文化年”。“希腊文化年”主题活动包括戏剧演出、歌剧、舞蹈舞剧、民间音乐会、现代流行音乐表演、电影展映、纪录片、各类艺术作品展览、各类主题会议及图书展览等。2010 年 10 月，中国总理温家宝访问希腊，双方发表了《中希关于深化全面战略伙伴关系的联合声明》，两国主管部门续签了《文化交流执行计划》，并将其作为深化全面战略伙伴关系的重要举措。希腊举办了中国文化日、中国文化周等活动，如 2013 年 11 月到 12 月，中国驻希腊大使馆分别在希腊的米诺斯岛、爱奥尼亚省莱夫卡达市、克里特岛首府伊拉克利翁市举办中国文化日活动，向当地人介绍中国的历史、艺术及生活。

“一带一路”倡议推出之后，中希两国在文化领域的交流日益密切。在 2017 年中希文化交流年的框架内，双方频繁举行跨文化交流活动，进一步加强两国在艺术领域的联系。2017 年秋，中国美术馆策划了“中国写意——来自中国美术馆的艺术”赴希腊雅典展出，展览精选中国美术馆的馆藏精品，通过意笔、意象、意境三部分让观众领悟到作品中所独具的中国精神、时代风格和文化自信；2018 年 11 月，由中国美术馆、雅典国家当代美术馆合作举办的“道之为物：由象及神”展览，展出的是雅典国家当代美术馆围绕文字和纸张等元素的馆藏作品，共有来自希腊和国际社会 40 位艺术家的 80 件作品参与。2018 年底，中希两国演职人员合作排演了中希双语戏剧《赵氏孤儿》，既呈现“跨文化”舞台意象，又合于“有机的整体”及合于“内涵的表达”，从而使得葆有深厚文化传统的中国戏曲进入国际文化语境。[①] 中希双语《赵氏孤儿》成为中国话剧国际交流的开创之举。

互设文化中心是中国与希腊加强相互交流与相互了解的重要渠道。2014

① 《中希双语〈赵氏孤儿〉与“跨文化戏剧”》，搜狐网，2019 年 1 月 23 日，http://www.sohu.com/a/291077583_800278.

年6月19日，中国驻希腊大使邹肖力和希腊文化、体育部长康斯坦丁·塔苏拉斯在希腊总理府分别代表中希两国政府签署了中国希腊互设文化中心的协定，旨在以文化中心为常设机构来指导、协调、运营双方的文化艺术交往活动。2016年10月3日，雅典中国文化中心正式建立，中共中央政治局常委、中央书记处书记刘云山与希腊议长武齐斯共同为雅典中国文化中心揭牌。中国文化中心的基本职能是介绍中国国情，开展文化活动、教学培训、思想交流，提供信息服务等，打造优秀中国文化艺术展示平台。

2017年4月27日，中国—希腊文化交流与文化产业合作年启动仪式在希腊雅典正式启动，两国政府决定在音乐、电影、文学、图书出版等领域加强合作，签署了《中华人民共和国国家新闻出版广电总局与希腊共和国文化体育部关于电影合作拍摄的协议》和《中华人民共和国国家新闻出版广电总局与希腊共和国文化体育部关于“中希经典和现代图书互译出版项目”的合作备忘录》；启动“中希经典和现代图书互译出版”项目，该项目旨在鼓励两国通过互相出版对方的优秀图书推进双方在文化领域的交流与合作，扩大两国民众对对方国家优秀图书的了解。按照约定，未来5年各方将至少翻译和出版对方国家25部作品。

2017年9月，希腊文化与体育部长科尼奥尔都女士访华，双方签署《希中文化交流年合作备忘录》，并签署了希腊国家剧院和中国国家话剧院的合作谅解备忘录。为此，中希两国国家剧院创作了双语话剧《阿伽门》,《阿伽门》是古希腊悲剧之父埃斯库罗斯悲剧三部曲《俄瑞斯忒亚》中的第一部。2019年2月20日，该剧在北京首演。

在“中希经典和现代图书互译出版项目”的合作备忘录框架下，中国出版业参加了第十四届萨洛尼卡国际书展，中国图书进出口（集团）总公司共组织国内8家出版社参展，展出了250多种近400册精品图书，标志着两国在图书、翻译、出版等领域的合作迈上了新高度。

2019年11月1日，由中国国务院新闻办公室指导，中国图书进出口（集团）总公司主办的“从丝绸之路到‘一带一路’：2019中国主题图书文化创意展”开幕式在希腊雅典举办。该展览展示了《习近平谈治国理政》《习近平谈“一带一路”》《“一带一路”这五年的故事》等系列精品图书，展现“一带一路”倡议带来的更多内容与丰富内涵，也呈现了中国出版文化产业在新时代取得的丰硕成果。

2019 年 11 月 8 日，受雅典城市博物馆的邀请，中国美术家协会承办了“从水墨中来——中国动漫希腊行”展览活动，展览选取了中国动漫百年来最具有代表性的作品，以及在中国最有影响力的当代动漫艺术家的作品，共 100 余件。展览活动是一个让希腊了解中国的独特机会，以动漫艺术为载体，可以让更多的希腊年轻人了解中国。

在海洋人文合作方面，2015 年双方举办中希海洋政策与海洋法研讨会，旨在促进两国在海洋管理、划界、海商法、水下文化遗产保护等领域的对话和交流；希方派团出席厦门国际海洋周活动和舟山（中国）海洋文化节等活动，中方派团参加在希腊举行的欧盟海洋日活动；两国政府部门推动国家文物局水下文化遗产保护中心与希腊专业机构建立合作关系。2016 年，中华人民共和国国家文物局与希腊共和国文化和体育部签署了关于水下文化遗产合作的谅解备忘录。

地方政府在中希人文交流合作中作用极为重要，是沟通政府与民间的有效渠道。2015 年 2 月 11 日，由中国文化部、中国驻希腊大使馆主办，甘肃省文化厅、希中协会承办的“影像丝绸之路——甘肃风情图片展”开幕式在雅典举行，这是中国地方政府与文化部门首次在希腊进行“一带一路”倡议的推广活动，也让希腊民众了解到中国丰富多彩的文化艺术成果。此次活动也产生了示范效应，中国很多省份都积极在希腊开展独具特色的文化艺术活动。

城市是中希人文交流的重要平台。2016 年 10 月 16 日，中国南京市与希腊马拉松市签署建立友好城市关系协议，根据协议，南京市与马拉松市将根据平等互利的原则，在艺术、文化、教育、历史、体育和经贸等方面开展多种形式的交流与合作，促进共同繁荣发展。2016 年 11 月，由希腊历史名城联盟和中国人民对外友好协会共同主办的首届“中希城市论坛”在雅典扎皮翁宫隆重举行。来自中国 8 个省、14 个市以及希腊 85 个城市的地方政要，以及经济、文化、教育机构代表等 400 余人与会，共同探讨加强“一带一路”倡议框架下的中希地方合作，在地方交流、能源、科技、马拉松、文化产业、教育、体育等领域加强合作。

在《中希文化交流和文化产业合作年》协议的促进下，2017 年 4 月，“中国杭州传统工艺创新展”在希腊举行。2017 年希腊“上海之夜”——上交会南欧展招待会在希腊萨洛尼卡举行等。5 月 13 日，中国人民对外友好协会与希腊历史名城联盟在北京共同举办中希地方友好合作对话会；9 月，贵州省代表团访问希腊，推动贵州省和希腊在文化领域的交流与合作。2018 年 1 月 20 日，杭州歌剧舞剧院《遇见大运河》演出团一行到访希腊，先后在鲁特拉琪市和希腊寰宇文化中心，举行了东西方以“运河”为关键词的文化交流，这也是“中国大运河”与“希腊科林斯运河”跨越时空的一场“对话”。

希腊对中国的文化交流和推广活动同样丰富多彩。由希腊驻广州总领事馆主办、福建省人民政府外事办公室协办的“希腊时光”摄影展于 2017 年 3 月 14 日在福州开幕。2017 年 5 月 25 日，由希腊驻广州总领事馆主办的“聆听希腊”摄影展在广州红专厂艺术区开幕，这也是 2017 中希文化交流与文化产业合作年的系列活动之一。2017 年 6 月 16 日至 25 日，广州话剧院演出了《俄狄浦斯王》，这是古希腊戏剧在广州的首次亮相。2019 年 9 月初，为了增进相互了解，广东省政府主办的“中希友好故事会”在雅典举行，双方人员分别讲述了各自在对方国家工作、学习和生活的经历和中希友好故事。

2018 年 5 月 15 日，中希文化交流中心——希华馆在上海正式揭幕。希华馆是中希“一带一路”大型合作项目基地，承载着希腊知名企业家 Kontomichalos 夫妇的梦想，即在亚洲兴建一座地标式的希腊文化中心，展示希腊文化和美食的魅力。希华馆将定期举办希腊主题产品展览、艺术品和手工品展览，希腊历史、学术讲座，希腊建筑学实地讲座、研讨会、希腊语学习、品酒会、烹饪课以及私人定制商务或个人派对等。

二 共同推动创建“文明古国论坛”

作为东西两大文明古国，中国与希腊都主张通过文明对话互鉴，促进世界和平、包容、合作。2016 年 10 月 19—20 日，由故宫博物院、北京故宫文物保护基金会主办的“世界古代文明保护论坛”在北京开幕，来自国际文物保护与修复研究中心、国际博物馆协会、国际古迹遗址理事会 3 个国际组织，与中国、埃及、希腊、印度、伊朗、伊拉克、意大利、墨西哥 8 个文明古国的近 50 位考古学家、历史学家和博物馆学者，共同探讨在当今国际环境下，世界文明古国文化遗产在保护方面存在的问题，推动世界古代文明在当今人类发展中发挥持久作用。

鉴于人类古老文明对推动全球化和促进世界和平发展的重要性，希腊外长科齐阿斯提议成立“文明古国论坛”，推动以史为鉴、文明对话的新进程，中方对此积极响应。2017 年 4 月 24 日，中国、希腊、埃及、伊朗、伊拉克、意大利、秘鲁、玻利维亚 8 国外长在雅典共同发表关于建立“文明古国论坛”宣言，认为丰富和多元的文化构成了人类社会伟大遗产；强调通过持续交流与合作，加强文明对话，促进不同文化和人民之间相互理解、认同和宽容；通过文明对话弥合分歧和增进相互理解。与会各国同意轮流担任轮值主办国，每年举行部长级会议。

希腊总统帕夫洛普洛斯致开幕辞时表示，不同文明之间的对话和协调，有助于克服当前战争和恐怖主义带来的挑战，帮助受危机困扰的欧洲找回和平与团结这一失落的文明之根。不同文明之间的交流将打破隔离的高墙，建起沟通的桥梁。中国外长王毅指出，面对充满不确定、不稳定的国际环境，人们有必要从优秀的文明遗产中得到启示，即和平、包容、合作，焕发古老文明新活力，共建人类命运共同体。文明古国论坛为促进不同文明、不同种族、不同宗教之间的相互了解和包容发挥积极作用。第二届文明古国论坛于 2018 年 7 月在玻利维亚举行。

在此背景下，为了加强古文明研究与交流，希腊爱琴海大学地中海研究中心和中国河南大学黄河文明研究中心开展定期交流合作。

三　多边机制下的中希人文交流

中国与欧盟人文交流合作平台同样助力中国与希腊的人文交流。中欧领导人峰会、中欧高级别人文交流对话机制等，为中希之间的人文交流拓宽了渠道。中国与欧盟在 2003 年签署了关于加强文化交流与合作的联合声明。2010 年 10 月，首届“中欧文化高峰论坛”在布鲁塞尔举行，开启双方高层次文化学术交流活动并形成惯例。2011 年的“中欧青年交流年”是中欧建交以来双方联合举办的第一个主题年，也是一次大规模的人文交流活动。2013 年 11 月，第十六次中欧领导人会晤期间，双方共同制定并发表的《中欧合作 2020 战略规划》，确定了中欧在和平与安全、繁荣、可持续发展、人文交流等领域加强合作的共同目标。2014 年 3 月，中国国家主席习近平访欧，提出了中欧打造和平、增长、改革、文明四大伙伴关系倡议，推进了中欧及中希之间的人文交流。

2016年，在希腊首都雅典举行的中欧文明对话会是其中影响力较大的一次人文交流盛会。来自中国和欧洲近200名政要和专家学者与会，探讨了在当前人类社会面临的诸多挑战面前，加强中欧文明对话的必要性和应采取的措施。迄今，中欧双方已建立近70个磋商和对话机制，涵盖政治、经贸、人文、科技、能源、环境等各领域。在所有的文化科技交流合作活动中，希腊都是重要的参与者之一。

在国际层面上，国际组织在人文交流上发挥着不可替代的重要作用。中国与希腊在联合国及其他国际组织中，广泛开展人文交流对话，增进两国友好合作关系。

四 艺术交流活动与文化产业合作

借“一带一路”，中国和希腊的社会力量积极开展具有民族特色的艺术交流活动，探索文化产业合作。希腊人对中国传统戏剧艺术有极大兴趣。2015年7月29日晚，中国评剧院在希腊埃莱夫西纳市举办的埃斯库罗斯艺术节上，表演了根据古希腊悲剧《俄瑞斯忒亚》改编的评剧《城邦恩仇》，给古典希腊戏剧注入中国元素，获得了希腊人的高度赞扬。2017年8月10日，中国戏曲文化展在位于雅典西北部的古希腊悲剧家埃斯库罗斯的家乡埃莱夫西纳市开幕。2017年9月17日，由中国国家京剧院领衔演出的《杨女将》登上雅典音乐厅的华丽舞台，此前昆曲经典《牡丹亭》在雅典阿迪库斯露天古剧场上演。

中国现代影视音乐艺术获得希腊民众的喜爱。2014年9月15日，中国电影周在雅典隆重开幕；2015年8月17日和19日，中国爱乐乐团在希腊举行了两场音乐会，开创了中国交响乐团在希腊巡演的先河，希腊之行也是此次中国爱乐乐团“弘高创意——中国爱乐乐团2015丝绸之路巡演”的最后一站。2018年9月28日夜，希腊雅典大音乐厅上演中国歌剧舞剧院的中国民乐交响乐演出。2019年9月20日，由中国对外文化集团有限公司承办，在中国远洋海运集团有限公司的赞助下，中盟文化出品的音乐剧《诗经·采薇》亮相希腊比雷埃夫斯市政剧院。

美术交流增进相互了解。中国陶瓷艺术在希腊进行展示活动，受到希腊民众的欢迎。2014年12月，中国当代陶瓷艺术展在希腊亚洲艺术博物馆开幕，来自中国30名陶瓷大师的60件作品在希腊展出；2017年5月，一个为期两个月的现代陶瓷艺术展“新丝绸之路——中国历史名窑当代汝瓷艺术希腊展”在希腊亚洲艺术博物馆正式开展；2017 年 9 月 22 日，雅典首次迎来了来自中国美术馆的写意艺术展；2018 年 1 月 17 日，由中国书画世界联合会、希腊中国经济文化合作商会主办的中国书画世界行希腊展览会在雅典举行。

中华武术也走进希腊。2018 年 4 月中国少林武僧表演团队在希腊首都雅典举行武术表演和“世界太极和气功日”活动，推广中国的太极文化。6 月，少林功夫学校在希腊雅典新寰宇剧院举办“少林功夫演出”，希腊观众对少林风好评如潮。

此外，公益性的艺术品展览活动为希腊民众近距离观察中国传统艺术提供了机会。例如，“从齐白石故乡吹来的风”——中国湘潭书画家作品展暨纪录片《齐白石对话毕加索》开拍仪式于 2018 年 3 月 26 日在希腊举行；由中国美术家协会主办的“艺术与和平——中国当代美术作品展”于 2018 年 5 月 10 日在希腊第二大城市塞萨洛尼基市马其顿当代艺术博物馆开幕；2018 年 9 月雅典卫城博物馆与故宫博物院合作在卫城博物馆举办乾隆时期文物展，展出与乾隆皇帝有关的 162 件来自故宫博物院的珍贵文物，这也是该批文物首次到海外展出。

中希大学生艺术交流活动活跃。2012 年 8 月 22 日，北京大学生艺术团前往希腊参加中希建交 40 周年的公益性演出，演出内容包含中国舞蹈和器乐艺术。2013 年北京大学生艺术团再次来到希腊，与当地艺术团联袂演出，再次展现了中国大学生的风采。随后的 2015 年，北京大学生艺术团受邀参加了为期一周的第 53 届希腊莱夫卡斯国际民俗艺术节。

第三节　教育、科技与旅游等领域的合作

一　教育领域的合作与学术交流*

教育合作是中希两国人民相互了解的重要方式。教育领域的人文交流为“一带一路”民心相通提供支持，对新时期中希全面战略伙伴关系建设发挥促进和推动作用。

---

* 本节有关内容转引自《希华时讯》，https：//china. greekreporter. com/.

早在1972年，上海外国语大学著名的现代希腊语学者朱圣鹏教授就创建了希腊语系，开展希腊语教学。之后，北京外国语大学、广东外国语大学、对外经贸大学等陆续开设了希腊语专业。北京大学于2000年12月1日创建了希腊研究中心，主要研究古典学和西方历史。2017年北京外国语大学成立了希腊研究中心，希腊总理齐普拉斯出席了该中心的揭牌仪式，中心主要开展对希腊政治、经济、文化等各方面的深入研究。2013年10月15日，南开大学历史学院教授陈志强被授予“希腊最高文学艺术奖勋章”，这是希腊政府对中国教育工作者高度认可的表现。

中希两国大学之间的交流合作十分活跃，并通过合作协议开展有关语言教学、翻译、研究等方面的定期交流。2016年2月，来自中国和希腊的40多所大学、科研机构和相关组织的代表在雅典举行中希高等教育和研究合作研讨会，这是中国和希腊建交40多年来规模最大、规格最高的同类教育交流活动，目的是扩大两国教育机构之间的交流，为两国学生到对方国家接受教育提供便利，相关协议包括在希腊研究推广汉语教育的可行性，以及在希腊高校开设中国研究课程等内容。

2019年5月23日，首届中国—希腊高等教育论坛在希腊的雅典大学举行，来自中希两国数十名高校校长和教授参与论坛并就进一步加强中希教育国际交流与合作进行探讨。两国政府部门就《中希教育合作协议2019—2022年》文本进行磋商。2019年11月，中国社会科学院与艾卡特里尼·拉斯卡里迪斯基金会（Aikaterini Laskaridis Foundation）达成关于设立中国研究中心的协议。

孔子学院在中希文化交流及中国文化传播领域发挥着公共外交的功能。2009年10月，由雅典经济大学与中国对外经济贸易大学合作创办的希腊第一家孔子学院在雅典经商大学正式成立。雅典商务孔子学院是雅典民众学习中文的课堂和了解中国的窗口，2018年5月21日，由雅典商务孔子学院主办的欧洲部分孔子学院联席会议在希腊首都雅典召开，雅典商务孔子学院常设“北京夏令营项目”，定期带领希腊公民前往北京市进行文化学习的交流活动。希腊第二所孔子学院在塞萨洛尼基开设。2019年11月11日，中国国家孔子学院与希腊色萨利大学签署关于设立孔子学院的协议。

中希两国中小学开展基础教育方面的友好交流合作也在进行。例如，

2015年6月16日，国务院发展研究中心课题组访问希腊，分别同雅典莫莱伊蒂斯学校主席卡尔黛利和帕拉斯盖瓦市第三小学校长达齐奥斯座谈，就中希基础教育情况交换了看法，两国小学校长还签订了校际友好合作协议。2016年1月29日至2月8日，天津市南开中学代表团访问希腊，受到雅典—普西贡中学热情接待。2017年8月21日，“2017中国华文教育基金会名师欧亚巡讲团”在希腊雅典中文学校举办中文课程教学培训，来自雅典中文学校和塞萨洛尼基华文学校的多名中文老师参加培训。2018年4月3日，中国国务院侨办授予雅典中文学校“华文教育示范学校”称号，以表彰雅典中文学校开设互动实景课。

希腊的民间力量积极推进汉语教学和学术交流。希腊—美国教育基金会资助汉语课程，认为增设汉语课程不但为希腊学生添加一项语言技能，而且能使他们拥有未来职业生涯所需的全球视野。基金会下属的雅典学院和普希基柯学院从2008年9月起就在其特设项目中开设了汉语课程。

为了从政治、经济、商务和文化等多层面更好地了解中希关系，希腊的乔治·佐戈普鲁斯博士创办了文明对话网，将其作为一个寻找机会探索合作领域的平台，同时也是一个分析和中国、希腊以及欧洲相关议题的论坛。文明对话网定期更新文化和教育领域的新闻，例如通过报道博物馆参观和展览活动、希腊学校和机构的中文教学、日益增多的赴希腊中国游客等来展现中国文明。网站还有专题报道企业家和政府对中希两国合作带来影响的看法，同时，也定期刊登不少中国视角的文章，使读者了解中国人和媒体对希腊及希腊人的看法。

除了教育方面，历史悠久的中医文化吸引着希腊人的了解兴趣。中医在中国与希腊人文学术交流中发挥了特色作用。2017年6月15日，安徽中医药大学与希腊医学界权威专家学者就中希两国的医疗合作，以及中医药在希腊的推广等问题进行了交流和讨论。2018年3月12日，上海中医药大学与希腊西阿提卡大学签订合作协议，共同在希腊建立首个太极健康中心海外分中心——“太极健康希腊分中心”，希望通过合作，促进双方文化交流，造福希腊当地民众，并使该中心成为深化两国人民友谊的桥梁和纽带。

2018年11月，希腊国家疾控中心医学专家与陕西省神木县医院签署了双方合作研究协议：联合研究儿童感染与传染病防治项目，并成立了中国—希腊儿科研究所（Sino-Hellenic Institute of pediatrics）。这是陕北及神木县医院首次与希腊签署的合作协议。

两国宗教界经常开展交流活动。例如，2014 年 8 月 28 日，中国佛学界的代表、杭州佛学院院长、灵隐寺住持光泉法师带领的“杭州佛学院艺术团”一行 56 人抵达雅典，开展佛教文化艺术演出，参加第二十届国际音乐—舞蹈节，参观了当地考古博物馆和考古文物展。光泉法师还于 9 月 2 日下午率众僧在雅典举办了“世界和平暨华侨华人团结友爱祈福法会”，受到主办方希腊伊拉索纳农业民族博物馆和当地华人华侨的热烈欢迎。

二 科技合作在多个领域开展

自 1979 年中国与希腊签订科技合作协议以来，两国科技合作混委会定期举行，不少项目取得了较好的研究成果和经济社会效益。“一带一路”倡议推进中希科技创新合作。由中国科技部与希腊教育、研究与宗教事务部共同负责，联委会在规划、推动和协调双边全方位科技创新合作中发挥重要作用。

2010 年 6 月 10 日，中国科技部科技交流中心与希腊研究技术基金会正式签署合作备忘录，目的是通过信息和人才交流等形式积极推动两国民间科技交流与合作。2012 年至 2015 年，中希两国共实施了 37 个政府间研究项目，涉及纳米材料、农业生物技术与食品、健康与生物医药等领域。

2014 年 6 月，中希第 11 届科技合作联委会会议在希腊雅典举行。双方同意进一步加强两国科技型中小企业的产学研创新合作，双方讨论修改了《中希科技合作备忘录》的具体内容，在李克强总理访希期间，双方签署《中华人民共和国科学技术部与希腊共和国教育与宗教事务部/研究与技术秘书处合作谅解备忘录》，启动双方在可再生能源与节能、环境（尤其是海洋环境）、材料、农业与食品、健康与生物医药等领域的新一轮务实项目合作；在 2015 年中希海洋合作年期间，双方在海洋基础设施建设、海洋科技、海洋文化等诸多领域开展了一系列交流活动，并达成近 30 项合作成果。[①]

---

① 中华人民共和国外交部网站，https：//www. fmprc. gov. cn/web/gjhdq_ 676201/gj_ 676203/oz_ 678770/1206_ 679834/sbgx_ 679838/.

在文物保护修复领域，两国合作成果丰富。2016 年，中国与希腊共同成立了“中希文物激光技术联合实验室”，实验室由故宫博物院和希腊电子结构与激光研究所联合筹建，双方以联合实验室为平台，开展采用激光技术保护和修复文物，在技术开发、人才培养等方面开展深入合作。2017 年 2 月 21 日，希腊赫拉克莱冬博物馆宣布与中国科学技术馆达成协议，在位于雅典的赫拉克莱冬博物馆举行主题为“古代中国科学技术”展览，在中国则举行了“我找到了！古希腊科学、文化和技术”主题展览。

2018 年 5 月 18 日，中希科技合作联委会第 12 次会议在希腊首都雅典举行，双方同意进一步加深在科技领域的深入合作，商定在环境与可持续发展、能源、农业食品、文化遗产保护、电子信息、新材料、生命科学、科技园区等领域，继续深化创新合作。双方还签订了《中希科技创新合作行动计划》，加强科技合作，优先方面包括研发、人工智能、预测与处理自然灾害。在双边协议推动下，四川射洪硅化木国家地质公园和希腊莱斯沃斯木化石森林世界地质公园管理方，在北京延庆签订公园战略合作框架协议，标志着我国化石保护保育工作与国际尖端水平接轨。

按照 2019 年 11 月 11 日发布的《中华人民共和国和希腊共和国关于加强全面战略伙伴关系的联合声明》，两国政府愿意以中希政府间科技合作协定签署 40 周年为契机，全面深化两国科技创新和人才交流合作，在科技合作联委会和“一带一路”科技创新行动计划框架下加强科技发展战略对接，支持共同资助联合研究项目、共建联合实验室和科技园区、技术转移等合作，共同落实《2019—2021 中希研究与技术合作执行计划》。

三　媒体交流

中希两国新闻界的定期互访促进了相互了解。《中希时报》则用中文和希腊语，向世界讲述好“中国故事”。《中希时报》作为希腊以及南巴尔干地区第一份及最大的华文媒体报纸，于 2005 年 1 月在希腊正式注册发行，自创刊起陆续与中新社、新华社、凤凰卫视、中央电视台、《人民日报》（海外版）、《环球时报》、《新民晚报》、香港《文汇报》及希腊报刊等媒体建立长期合作关系，同时与中国多个省市地方侨办侨联建立专版刊登新闻宣传共享等合作机制。《中希时报》希腊文版直接进入希腊国会议员、政府总理、各个部门的主管部长的办公室。据 2018 年 5 月 24 日首期海外华文传媒新媒体影响力榜发布，希腊《中希时报》名列“总榜”第 34 名，“社交媒体榜”第 69 名，以及“网站传播力榜”第 9 名。

两国媒体的交流合作逐步增强。2016 年 6 月中下旬，中国广西电视台和希腊国家电视台共同主办的“中国广西电视展播周”在希腊举行；中央电视台《开讲啦》节目于 2016 年 8 月 11 日在希腊国家电视台演播厅录制了“跨越海上丝绸之路”特别节目，录制主题为“仰望星空”，节目还邀请了希腊天体物理学家色诺芬·莫塞斯和中国航天领域空间科学的专家吴季教授同台讲述科学探索的奥秘；2017 年 4 月 20 日，新华社与希腊国家通讯社——雅典通讯社签署新媒体合作谅解备忘录；2017 年 4 月 25 日，中国国际广播电台与希腊莱夫卡达市政府在希腊首都雅典签署了媒体合作协议，根据协议，双方将在节目互换、网站合作、报道协作等方面开展合作，并根据双方意愿扩展合作领域。

2019 年 11 月 11 日，希腊通信和信息总秘书处与中国国家广播电视总局签署关于广播、电子媒体和视听媒体的谅解备忘录。

四 旅游合作与人员往来

旅游业对中希两国民众相互了解起着重要作用。“一带一路”激发了中国人了解希腊的热情。中国游客前往希腊旅游呈现出快速增长趋势，两国旅游业合作的范围不断拓展、市场推广不断加强。2014 年 6 月上海开通了到雅典的直航包机。

希腊国家旅游组织（GNTO）中文官方网站于 2014 年 7 月 2 日上线，正式开启对希腊景点、线路、文化、美食、购物等旅游要素的官方线上推广，同年在最受中国大陆游客欢迎的前十大旅游目的地中，希腊首都雅典位列其中。希腊 Naftemporiki 英文网站报道，根据 Hotel. com 的研究，最受中国游客青睐的欧洲城市中，雅典列巴黎和伦敦之后，居第三位。

2015 年 5 月 27 日，在第三届波塞冬海洋旅游论坛期间，中希旅游合作论坛暨海南省邮轮游艇产业推介会在雅典举行，目的是提升双方旅游合作规模和质量以及推介海南海洋旅游和邮轮游艇产业。2015 年，国际海岛旅游大会在浙江省舟山市举行，围绕海岛旅游的相关议题，双方展开广泛讨论并达成诸多合作意向。为了加大希腊旅游在中国公众当中的吸引力和便捷度，2017 年 9 月，中国国际航空公司开通北京到雅典的直航，并将逐步扩大上海、广州、成都、重庆等其他城市。

希腊驻华大使罗卡纳斯提出，希腊成为中国游客独一无二的旅游目的地有三个原因：一是两国建立在信任、自信和相互钦佩基础上的天然友谊；二是中希两国已形成强有力的政治、经济、文化关系的纽带；三是由于希腊美丽的自然环境和珍贵的历史遗迹，如长达19万千米的长海岸线，数百个有人居住的岛屿，众多的港口和码头，各种考古遗址，500多家博物馆等。如此优越的条件加上中国境外旅游的消费需求，使得两国在旅游业的发展上呈现蒸蒸日上的趋势，也在普通民众中培育了更多友善、了解的种子。希腊方面为提高中国游客赴希旅游的兴趣做出了很多努力，如拍摄了以希腊作为旅游目的地的纪录片、签证便利化等。

自2016年起，中国赴希腊旅游人数快速增长。2016年前往希腊的中国游客为8.9万人次，2017年比2016年增加了35%，高达12万人次。原因在于：一是中国30个城市已有定期航班飞往希腊塞萨洛尼基、赫拉克里翁、克里特岛、米克诺斯、圣托里尼岛等地。二是希腊雅典国际机场于2018年12月19日起发布微信小程序，专门为到访的中国游客提供快捷、便利与实用的机场服务指南；三是移动支付也已登陆希腊，为中国游客带来购物便利。

为进一步促进两国间的人员交流和旅游合作，从2017年9月起，中国国际航空股份有限公司已开通北京—雅典直飞航班。2018年，北京—雅典航线共执飞262个往返航班，承运旅客50669人。2019年前9个月共执飞210个往返航班，承运旅客46140人，同比增长17%。2019年10月，中国和希腊民航局签署了一项谅解备忘录，就商签新的航空运输协定进行了深入探讨，就进一步扩大两国间航权安排等达成了协议。除了国航外，中国几家大型航空公司也已向中国民用航空局申请开通飞往希腊的新航线。吉祥航空公司宣布自2020年6月起开通从上海浦东到雅典的航线，海航也申请开通成都直飞雅典的航线。希腊将在成都设立总领馆，成都—雅典直航航线计划于2020年开通，以推动两地之间的经贸合作、旅游与文化交流。

中国与希腊商谈于2021年互办文化和旅游年等活动，这将进一步促进人文交流。双方同意通过在华推广希腊文化和在希腊推广中国文化的方式稳步加强旅游合作。

结　论

“和羹之美，在于合异”。人类文明多样性是世界的基本特征，也是人类进步的源泉。多样带来交流，交流孕育融合，融合产生进步。[①] 中希两国文化、艺术、教育领域交流精彩纷呈，科技、海洋合作不断密切，双边人员往来持续扩大。“良好的文化交往对国际关系是个重要的支撑和补充，合理的交往规范和目标是在相互尊重中促进彼此的理解，尤其是达到互相启发，共同提升对世界的理解能力，从而形成更开阔的认识格局。”[②]

中国和希腊两个文明古国之间的人文交流取得了丰硕的成果，两国人民的了解也得以不断加深。总的来说，中国与希腊的人文交流活动场次多，参与广泛，内容丰富，层级多样，影响深远。

文化、艺术交流是拥有悠久历史文化传统的中希两国之间的重要内容，在政府的大力支持和民众的响应下，正呈现出如火如荼的景象。作为人文交流的主要载体，文化艺术交往具有时代性、流行性、前沿性等特点，尤其是在网络社会条件下通常能产生即时的轰动效应，这其中既包括综合性的文化交流活动，也包括某些专业领域的单项艺术交流。深化人文交流、促进民心相通，仍然是中希关系未来发展的重要任务。

中希人文交流过程中还存在着一些障碍因素不容小觑，例如只有24个字母的希腊语和汉语的直接沟通就存在着较大的困难，大部分时候双方都是通过中间语言英语进行交流，这或多或少会影响到原汁原味的思想体会。“现代世界的概念、价值和词汇依然主导着国际关系的思维”[③]，中希

---

① 《习近平新时代中国特色社会主义思想三十讲》，学习出版社2018年版，第291页。

② 苏长和：《互联互通世界的治理和秩序》，《世界经济与政治》2017年第2期。

③ Robert Cooper, *The Breaking of Nations: Order and Chaos in the Twenty-First Century*, London: Atlantic Books, 2003, p. 22.

两国在生活方式、表达方式上的差异也会发生一些阻碍作用。更现实的是，随着两国交流越来越广泛，中国的希腊语人才和希腊的汉语人才都严重不足，这种状况也影响了彼此对对方内部政治经济和社会现状的更深入的了解与考察。

希腊是中国“一带一路”倡议路线图的重要节点，因此，人文交流让政府和民众需摆脱战略或价值理念上的分歧，专注于两国人民的福祉，人文交流的机制化尤为重要，特别是青年学生之间的交流需要长远的机制保障；旅游需要尽可能在旅行设计、旅客指引、消费内容上渗入两国优秀的文化基因，使双方的人文交流进一步结出硕果。

参考文献

《对外投资合作国别（地区）指南·希腊（2018）》，2019 年。

《推动共建丝绸之路经济带和 21 世纪海上丝绸之路的愿景与行动》，2015 年 4 月。

《万国博览·欧洲卷》，新华出版社 1999 年版。

贝娅特·科勒—科赫、托马斯·壳诺特：《欧洲一体化与欧盟治理》，顾俊礼等译，中国社会科学出版社 2004 年版。

程大雁：《西方文明的摇篮：希腊》，希腊新艺术出版公司 2004 年版。

丹纳：《艺术哲学》，傅雷译，人民文学出版社 1963 年版。

房龙：《人类的艺术》，衣成信译，中国文联出版公司 1989 年版。

黑格尔：《哲学史讲演录》，贺麟译，商务印书馆 1978 年版。

霍华德·威亚尔达主编：《全球化时代的欧洲政治》，陈玉刚等译，上海人民出版社 2010 年版。

姜云飞：《欧元区主权债务危机：最优货币区理论再思考与实证》，上海人民出版社 2015 年版。

卡尔·雅斯贝尔斯：《大哲学家》，社会科学文献出版社 2010 年版。

莱因哈特、罗格夫：《这次不一样：八百年金融危机史》，綦相、刘晓锋、刘丽娜译，机械工业出版社 2012 年版。

罗伯特·D. 卡普兰：《即将到来的地缘战争》，涵朴译，广东人民出版社 2013 年版。

马克·马佐尔：《黑暗大陆：20 世纪的欧洲》，赵博文译，中信出版集团 2016 年版。

彭树智：《文明交往论》，陕西人民出版社 2002 年版。

G. 萨拜因：《政治学说史》，盛葵阳、崔妙因译，商务印书馆 1986 年版。

宋晓敏编著：《列国志·希腊》，社会科学出版社 2008 年版。

约翰·科里奥普罗斯、萨莱米斯·维莱米斯：《希腊的现代进程——1821 年至今》，郭云艳译，上海人民出版社 2008 年版。

巴曙松、孙兴亮、顾磊：《主权 CDS 对欧元区主权债务危机的影响》，《国际金融研究》2012 年第 7 期。

王家强、韩丽颖：《欧洲：欧债危机再获喘息时机——评希腊第二轮救助计划》，《国际金融》2012 年第 3 期。

谢世清、修忆：《希腊主权债务危机的演变和援助效果评析》，《宏观经济研究》2017 年第 7 期。

徐英东：《希腊债务危机的成因及 IMF 救助方案对希腊的影响》，《中国城市经济》2011 年第 30 期。

詹向阳、邹新、程实：《希腊撬动全球经济——希腊赚钱债务危机的演变、影响和未来发展》，《国际金融研究》2010 年第 7 期。

郑秉文：《欧债危机下的养老金制度改革——从福利国家到高债国家的教训》，《中国人口科学》2011 年第 5 期。

Misha Glenny, *The Balkans: Nationalism, War and the Great Powers 1804 – 1999*, 2000.

Mink, Reimund, "General Government Pension Obligations in Europe", *IFC Bulletin*, No. 28, 2008.

Hellen Wallace and William Wallace, *Policy-Making in the European Union*, Oxford: Oxford Universiti Press, 2004.

Richard Clogg, *A Concise History of Greece*, Cambridge: Cambridge University Press, 1992.

Kenneth Scott Latourette, *Christianity in a Revolutionary Age, II: The Nineteenth Century in Europe*, 1959.

SETE institute, *Greek Tourism Developments and Prospects Issue.*

Nicholas G. Pirounakis, *The Greek Economy*, New York: St. Martin's Press, 1997.